이 책에 쏟아진 찬사

신석기 시대 농업 혁명부터 인공지능의 부상까지 테크놀로지의 과거와 미래를 놀랍게 아우르는 여행을 다음과 같은 하나의 강력한 줄기가 관통하고 있다. '테크놀로지는 운명이 아니며 어떤 것도 섭리로 예정되어 있지 않다.' 인간은 불완전한 제도와 서로 충돌하기 일쑤인 충동들을 가진 존재이지만, 그래도 운전대를 잡고 있는 것은 여전히 인간이다. 우리가 만든 차량이 정의를 향해 달리게 할지 낭떠러지로 떨어지게 할지 결정하는 것은 여전히 우리가 해야 할 몫이다. 거침없이 진전되는 자동화와 멈출 수 없는 추세처럼 보이는 부와 권력의 집중이 특징인 현시대에, 이 책은 우리가 통제력을 되찾을 수 있으며 되찾아야만 한다는 본질적인 사실을 상기시켜 준다.

— 아비지트 배너지, 에스테르 뒤플로, 2019년 노벨경제학상 수상자, 『가난한 사람이 더 합리적이다』, 『힘든 시대를 위한 좋은 경제학』 저자

아세모글루와 존슨은 천년 이상을 아우르며 테크놀로지 변화의 역사를 큰 획으로 서술한다. 저자들은 경제학자들이 테크놀로지 변화에 대해 보이는 열정이 맹목적이며, 권력이라는 요소를 심각하게 간과하고 있음을 정조준한다. 더 일찍 나왔어야 할 중요한 책이다.

— 앵거스 디턴, 2015년 노벨경제학상 수상자, 『절망의 죽음과 자본주의의 미래』 저자

아세모글루와 존슨의 이전 저술에 이미 중독된 사람이 아니라면 이 책이 그렇게 만들기에 충분할 것이다. 그들의 중독성 있는 트레이드 마크, 즉 우리 삶에 영향을 주는 거대한 질문과 반짝거리는 서술이 이 책에서도 어김없이 드러난다. 강력한 새 테크놀로지들은 자연적으로 우리 모두에게 이득을 주는가? 150년 전에 산업혁명은 우리의 조상들에게 행복을 가져다주었는가? 오늘날 인공지능은 우리에게 더 큰 행복을 가져다줄 것인가? 읽고, 즐기고, 당신의 삶의 양식을 선택하시라!

— 재레드 다이아몬드, 퓰리처상 수상작 『총 균 쇠』 저자

이 독보적인 책 덕분에 오늘날 사회, 경제, 테크놀로지가 어떻게 합류하는지 더 잘 이해할 수 있게 되었다. 역사적인 서술과 학문적인 분석이 더 나은 미래를 만들 구체적인 아이디어와 절묘하게 종합되어 있다. 사정없이 직설적으로 메시지를 전하면서도 낙관을 품을 수 있는 희망의 근거 또한 제시한다.

— 재런 러니어, 『지금 당장 당신의 SNS 계정을 삭제해야 할 10가지 이유』 저자

아세모글루와 존슨은 테크 분야의 막강한 거물들이 세계 경제 전체를 인공지능에 넘겨주기 전에 작심하고 유감을 전하고 싶었을 것이다. 경제의 역사는 기술 진보가 자동적으로 더 폭넓은 번영을 가져다주지는 않음을 명백하게 보여준다. 인공지능 같은 기술의 진보는 소수의 부유한 특권층만 이득을 보는 결과로 이어질 수도 있다. 미국의 도금 시대에 산업에서 벌어진 혁신이 진보적인 정치로 제어되어야 했듯이, '코드 시대'인 오늘날에도 인공지능 기술을 통한 감시의 새로운 파놉티콘이 도래하는 것을 막으려면 노조, 시민사회, 반독점 활동가뿐 아니라 입법과 규제도 필요하다. 마이크로소프트 경영자에게는 이 책이 달갑지 않겠지만 나머지 우리 모두에게는 중요한 경종이 되어줄 책이다.
— 니얼 퍼거슨, 스탠퍼드 대학 후버 연구소 시니어 펠로우, 『광장과 타워』 저자

반드시 읽어야 할 책이다. 지극히 중요한 문제와 강력한 해법을 치밀한 논증과 함께 설득력 있고 유려하게 제시한다. 아세모글루와 존슨은 과거 사례에 대한 역사적 서술과 오늘날 인공지능과 소셜미디어가 어떻게 임금을 내리누르고 민주주의를 훼손하는지에 대한 깊이 있는 연구를 결합해 우리가 테크놀로지를 관리하고 통제하는 방식에 혁명이 필요함을 역설한다. 역사적 사례들에서 알 수 있듯이, 테크놀로지는 지배층이 권력을 더 폭넓게 공유하도록 압력을 받을 때만 공공의 이익을 위해 복무할 수 있다. 아세모글루와 존슨은 그것이 오늘날에는 어떤 모습일지 보여준다.
— 리베카 헨더슨, 하버드 대학 교수, 『자본주의 대전환』 저자

인공지능 테크놀로지는 빠르게 변화하고 있으며 그 속도는 더욱 빨라질 것으로 보인다. 아세모글루와 존슨의 강력한 책은 이제 우리가 정말로 이득을 나누고 의도치 않았던 악영향을 줄이기 위해 신중한 선택을 내려야 할 때임을 보여준다. 테크놀로지는 억만장자들의 손에만 맡겨두기에는 너무나 중요하다. 모든 곳의 모든 사람이 이 책을 읽어야 하고 의사결정의 테이블에 앉을 수 있어야 한다.
— 로 칸나, 실리콘밸리가 지역구인 미국 하원의원

현존하는 최고의 경제학자 중 두 명이 긴 역사를 아울러 기술 진보의 경제학을 면밀히 고찰했다. 그들의 발견은 충격적이고 놀랍다. 풍성한 연구를 토대로 유려하게 쓰인 이 책은 혁신의 정치경제학을 생각하는 방식에서 새로운 시작을 알리는 책이 될 것이다.
— 조엘 모키어, 노스웨스턴 대학 역사학, 경제학 교수

사진1) 페르디낭 드 레셉스, "위대한 운하 건설인."

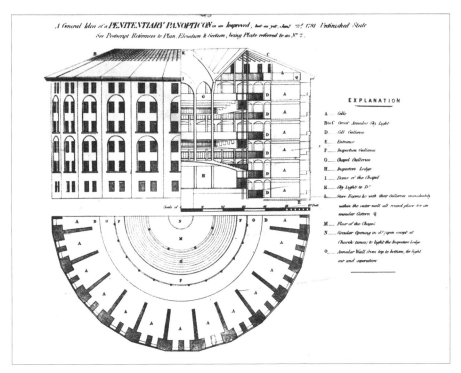

사진2) 제러미 벤담의 파놉티콘. 감옥, 학교, 공장에서의 더 "효율적인" 감시를 위해 1791년에 제안되었다.

사진3) 수에즈 운하. 레셉스는 [이집트 총독의 지지를 이끌어 내기 위해] 다음과 같이 말했다고 한다. "[인간 자부심의 기념물인 피라미드를 지은 이집트 군주들의 이름은 다 잊혔습니다. 하지만] 위대한 해양 운하를 개통하는 군주의 이름은 시간의 끝이 올 때까지 세기를 이어가며 기려질 것입니다."

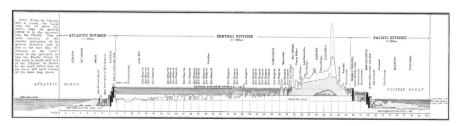

사진4) 파나마에 갑문이 없는 운하를 짓겠다는 레셉스의 비전은 2만 명 이상이 사망하고 수많은 사람을 재정적인 재앙에 빠트린 완전한 실패로 끝났다.

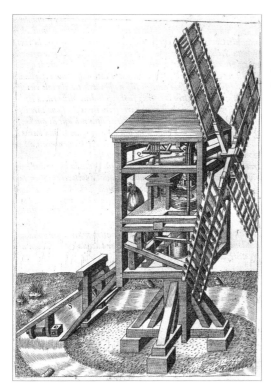

사진5) 중세에 있었던 주요 기술 혁신은 생산성을 크게 증대시켰지만 농민에게는 거의 이득을 가져다주지 않았다.

사진6) 중세에 생산성 향상으로 얻어진 이득은 링컨 대성당 같은 장엄한 건축물의 건설을 가능하게 했다. 이 건물은 1311년부터 1548년까지 세계에서 가장 높은 건물이었다.

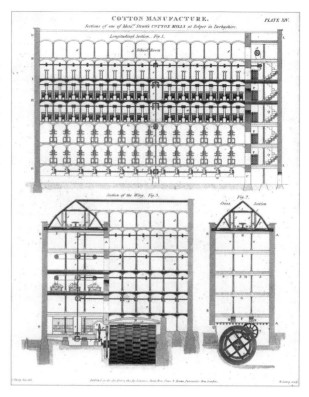

사진7) 더비셔의 벨퍼에 있었던 사진 속의 공장처럼 수력을 이용한 대규모 직물 공장은 평균생산성을 100배 이상 증대시켰다. 하지만 노동 여건은 건강에 몹시 해로웠고 노동자들은 자율성을 가질 수 없었으며 아동 노동이 만연했고 임금은 계속해서 낮은 수준에 머물러 있었다.

사진8) 영국 하트퍼드에 있던 올세인트 노동구빈원 수용자들이 제분소에서 몸을 갈아 넣어가며 곡식을 갈고 있다. 구빈법으로 "지원"을 받던 사람들 대부분이 이와 같은 고된 노동을 했다.

사진9) 일라이 휘트니의 조면기는 미국 남부에서 면화 생산량을 획기적으로 늘렸지만 이는 노예제가 확대되고 강화되는 길을 닦았다.

사진10) 일라이 휘트니는 미국 북부에 "호환성 부품"을 도입하는 데서도 개척자였다. 호환성 부품의 도입으로 저숙련 노동자의 생산성이 크게 높아졌고 [미국에 희소하던] 숙련 노동자에 대한 필요성을 줄일 수 있었다. 사진 속의 부품은 찰스 배비지가 고안한 기어 장치다. 배비지는 "완전히 자동화된 계산 기계"를 만들고자 했다[컴퓨터의 원형인 해석기관을 발명해 컴퓨터의 아버지로 불린다].

사진11) 조지 스티븐슨이 설계, 제작한 기관차 "로켓"이 1829년 레인힐 기관차 경주 대회에서 우승했고 이후 세상을 휩쓸게 되는 기관차의 설계에 토대가 되었다.

사진12) 영국 유스턴 기차역에서 승객을 기다리고 있는 "아르키메데스"호. 1880년대에 제작되었다. 철도 회사들은 노동자에게 높은 임금을 지급했고 영국 산업의 팽창을 선봉에서 이끌었다.

DIPHTHERIA   SCROFULA   CHOLERA

FATHER THAMES INTRODUCES HIS OFFSPRING TO THE FAIR CITY OF LONDON
(*A Design for a Fresco in the New Houses of Parliament.*)

사진13) 사람과 산업이 배출하는 오염 물질이 템즈강으로 버려지면서 감염병이 발생하기에 이상적인 조건을 만들었다.

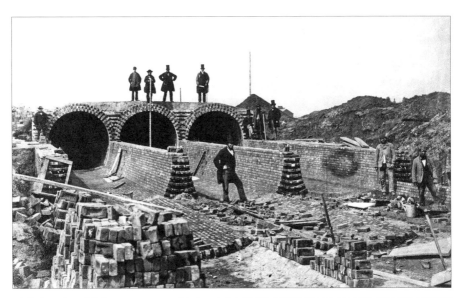

사진14) 조지프 바잘게트Joseph Bazalgette(위 맨 오른쪽)가 설계한 런던의 하수도 시스템은 상상력과 실행에서 고대 이집트의 피라미드에 필적할 만하다. 물론 공중 보건에 기여한 바로 보자면 바잘게트가 남긴 영향이 훨씬 크다.

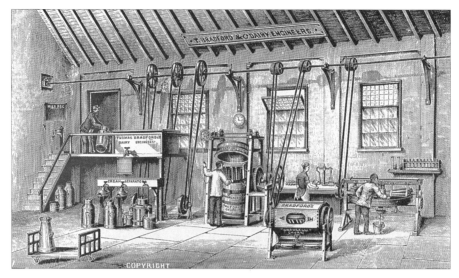

사진15) 19세기 낙농 제품 공장 삽화. 이 시기 공장을 묘사한 그림을 보면 모든 기계가 동일한 구동축에 벨트로 연결되어 있다.

사진16) 헨리 포드는 "모터는 기계를 작업 순서에 따라 배열할 수 있게 했고 그것만으로도 산업의 효율성을 족히 두 배는 높였을 것"이라고 말했다. 사진은 1919년 포드의 루지 공장이고, 공장 전체가 전기로 돌아가고 있다.

사진17) 현대 미국에서의 길항 권력 발달과 관련해 결정적인 순간: 전미자동차노조 조합원들이 1937년 미시간주 플린트의 제너럴 모터스 공장에서 생산을 멈추고 편안히 앉아 시간을 보내고 있다.

사진18) 1981년, 미국항공관제사노조 조합원들이 시위를 하고 있다. 이들의 파업은 로널드 레이건 대통령에 의해 진압되었다.

사진19) 1885년 런던 로열 앨버트 도크에서 항만 노동자가 짐을 한 번에 하나씩 나르고 있다.

사진20) 오늘날의 도크에서는 노동자 한 명과 크레인 한 대가 수많은 컨테이너를 나른다.

사진21) 1959년 IBM 컴퓨터.

사진22) 2022년 포르쉐 공장의 로봇들. 장갑을 낀 노동자 한 명이 지켜보고 있다.

사진23) 앨런 튜링의 암호 해독기 봄브Bombe를 재구성한 모조품. 봄브는 제2차 세계대전 때 영국이 독일군 암호를 해독하는 속도를 크게 높였다.

사진24) MIT 수학과 교수 노버트 위너는 1949년에 "누그러지지 않는 잔혹함으로 전개되는 산업혁명"에 대해 현명하게 경고했다.

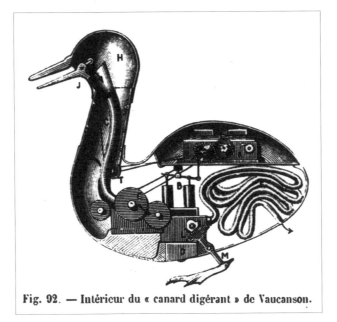

Fig. 92. — Intéricur du « canard digérant » de Vaucanson.

사진25) 자크 드 보캉송의 음식물을 소화시킬 수 있는 기계 오리 상상도.

사진26) 인간을 보조하는 기술: 컴퓨터를 편리하게 작동할 수 있게 해주는 최초의 마우스로, 엥겔바트가 고 안했다. 1968년에 훗날 "모든 시연의 어머니"라는 별명이 붙게 되는 컴퓨터 콘퍼런스에서 선을 보였다.

사진27) "그저 그런 자동화": 무인 계산대에서 바코드를 긁으려 하는 고객들. 때로는 잘 되지 않기도 한다.

사진28) 페이스북이 무엇이 사람들이 보기에 적합하고 무엇이 적합하지 않은지 결정하는 중이다.

사진29) 아마존의 대형 물류센터에서 면밀하게 이루어지는 노동자 모니터링.

사진30) 중국판 디지털 감시: 사회신용 점수를 확인하는 기계.

사진31) 밀턴 프리드먼: "기업의 사회적 책임은 이윤을 늘리는 것이다."

사진32) 랠프 네이더: "거대 기업이 제약받지 않고 저지르는 행동은, 스스로는 제약을 부과할 줄 모르는 기업의 금권 귀족 통치에 우리의 민주주의를 복속시킨다."

사진33) 테드 넬슨: "민중에게 컴퓨터 권력을!"

사진34) 일론 머스크:
"로봇이 모든 일을 우리보다 잘하게 될 것이다."

Power and Progress

권력과 진보

권력과 진보

기술과 번영을 둘러싼 천년의 쟁투

대런 아세모글루·사이먼 존슨 지음 | 김승진 옮김

생각의힘

일러두기

1. 이 책의 원제는 『Power and Progress: Our Thousand-Year Struggle Over Technology and Prosperity』이며, 한국어판 제목은 『권력과 진보: 기술과 번영을 둘러싼 천년의 쟁투』다.

2. 단행본과 정기간행물은 『 』, 영화는 「 」, 연설, 시 등은 ' '로 표기하였다.

3. 이 책은 대체로 국립국어원의 표준어 규정 및 외래어 표기법을 따랐으나, 일부는 관례와 원어 발음을 고려하였다.

4. 본문 중 대괄호([ ])는 매끄러운 이해를 돕고자 원문에 없는 내용을 추가한 것이다. 그중 옮긴이 주석은 마지막에 '―옮긴이'라고 밝혔다.

5. 인용문의 강조 표시는 저자가 추가한 것이 아니라 원문대로다.

6. 이 책에서 쓰인 용어 중 몇몇 용어에 관한 설명은 다음과 같다.

   ―진보progress: 테크놀로지나 사회 등이 발달, 발전, 개선, 향상, 진전되어 가는 것을 포괄적으로 의미하는 경우 '진보'로 옮겼고 문맥에 따라 발달, 향상 등 유의어를 함께 사용했다 (어떤 사회가 선택한 '진보'의 방향이 일부 집단에게만 유리하고 다른 집단에게는 해를 끼치는 경우도 배제하지 않는다). 정치적 보수 성향과 대비되는 정치적 진보 성향을 의미하는 표현으로는 문맥상 혼동의 여지가 없는 경우에는 '진보'를 사용했고 필요한 경우 '진보 성향'을 사용했다(이 의미로 '리버럴'이 쓰인 곳도 있다). 20세기 초 미국에서 광범위한 개혁 운동이 벌어진 시기인 Progressive Era는 '진보 시대'로 옮겼고, 이 시기에 활동한 저널리스트, 공동체 활동가, 정치인 등을 일컫는 표현으로는 '진보 시대 개혁가'를 사용했다.

   ―테크놀로지Technology: 'technology'와 'skill'의 구분을 위해 전자는 테크놀로지, 후자는 기술로 옮기는 것을 원칙으로 했으나 '기술 진보'처럼 혼동의 여지가 없고 technology를 '기술'로 쓰는 것이 더 자연스러운 경우에는 그렇게 옮겼다. '기술적 실업technological unemployment' '사회적 기술social skill'과 같이 학계에서 굳어진 용어는 그대로 써주고 영문을 병기하였다.

7. 사진 자료는 본문과 별도로 수록하였다.

아라스, 아르다, 아수에게 더 나은 미래를 위해 이 책을 바칩니다. – 대런

언제나처럼 루시, 셀리아, 메리에게 이 책을 바칩니다. – 사이먼

만약 공장의 기계가 갖는 잠재력이
현재의 공장 시스템이 인간의 가치를 평가하는 방식과 결합된다면,
우리는 누그러지지 않는 잔혹함으로 전개되는 종류의 산업혁명에 처하게 될 것이다.
이 시기를 해를 입지 않고 지나가고자 한다면, 유행하는 이데올로기를 볼 게 아니라
사실관계를 봐야 한다.
— 노버트 위너Norbert Wiener, 1949년

차례

프롤로그

진보란 무엇인가

날마다 우리는 경영자, 기자, 정치인들로부터, 때로는 MIT의 몇몇 동료 교수들로부터도, 전례 없이 발달하는 테크놀로지 덕분에 우리가 더 나은 세상을 향해 멈출 수 없는 추세로 전진하고 있다는 이야기를 듣는다. 여기 당신의 새 휴대폰이 있다. 저기 최신 전기차가 지나간다. 차세대 소셜미디어에 오신 것을 환영한다. 아마 머지않아 과학의 진보로 암, 지구온난화, 어쩌면 무려 빈곤까지도 해결될 것이다.

불평등, 환경 오염, 극단주의 등등 문제도 많겠지만, 다 더 나은 세상을 낳기 위한 산통이라고 한다. 그리고 어쨌거나 테크놀로지를 추동하는 힘은 멈춰지는 게 아니라고 한다. 멈추고 싶다 한들 불가능하며, 멈추려는 시도는 몹시 현명하지 못한 일일 것이다. 그보다는 미래에 가치가 있을 만한 역량에 투자하는 식으로 우리 자신을 바꾸는 편이 더 낫다. 여전히 남아 있는 문제가 있다면 뛰어난 기업가와 과학자들이 해법을 발명해 낼 것이다. 더 많은 기능을 가진 로봇, 사람 수준의 인공지능, 또 그 밖에 필요한 어떤 혁신이든지 말이다.

빌 게이츠Bill Gates, 일론 머스크Elon Musk, 혹은 심지어 스티브 잡스Steve Jobs가 약속한 모든 것이 다 이뤄지지는 않으리라는 것을 사람들이 모르는 바는 아니다. 하지만 우리 세계는 그들의 테크노-낙관주의에 흠뻑 빠져 있다. 모든 곳에서 모든 사람이 자신이 할 수 있는 힘껏 혁신을 하고 효과가 있는 것들을 알아내야 하며 거친 모서리들은 나중에 다듬어 나가면 된다는 것이다.

우리는 전에도 여기에 와본 적이 있다. 사실 매우 많다. 두드러진 사례 하나는 1791년 제러미 벤담Jeremy Bentham이 **파놉티콘**이라는 감옥 설계 아이디어를 제시했을 때 시작되었다. 벤담은 원형 건물 안에 중앙 감시탑을 두고 적절한 조명을 갖추면, 간수 본인은 노출되지 않으면서 모든 죄수가 간수가 자신을 언제나 지켜보고 있다는 느낌을 갖게 할 수 있다고 주장했다. 그는 이것이 좋은 행실을 유도하기에 매우 효율적인 (즉 비용이 적게 드는) 방법이 되리라고 생각했다.

이 아이디어는 영국[1707년 잉글랜드와 스코틀랜드의 합병 이후로는 "영국"으로 표기했고 그 이전, 혹은 그 이후이더라도 잉글랜드를 별도로 표기해야 할 필요가 있을 때는 "잉글랜드"로 표기했다. -옮긴이] 정부에서 어느 정도 호응을 얻었지만 충분한 자금 지원으로는 이어지지 않았고, 원래 설계안대로의 파놉티콘 감옥은 지어진 적이 없다. 그렇지만 파놉티콘은 현대인의 상상을 사로잡았다. 프랑스 철학자 미셸 푸코Michel Foucault에게 파놉티콘은 산업 사회의 핵심인 억압적 감시의 상징이었다. 조지 오웰George Orwell의 『1984』에서 파놉티콘은 도처에 편재한 사회 통제

수단으로 그려진다. 마블Marvel 영화 「가디언즈 오브 갤럭시Guardians of the Galaxy」에서 파놉티콘은 기발한 탈옥이 가능한 결함 있는 설계로 등장한다.

감옥으로서 제안되기 전에 파놉티콘은 공장이었다. 이 아이디어의 주인공은 제러미 벤담의 동생이자 당시 러시아에서 그리고리 포템킨Grigory Potemkin 공을 위해 일하던 해군 엔지니어 새뮤얼 벤담Samuel Bentham이었다. 새뮤얼 벤담은 소수의 감독관이 최대한 많은 노동자를 지켜볼 수 있게 하는 방법으로 파놉티콘을 고안했다. 제러미 벤담이 기여한 바는 이 원칙을 다양한 조직으로 확대한 것이다. 그는 지인에게 파놉티콘 아이디어를 설명하면서 "이 간단하고 일견 뻔해 보이는 고안이 학교, 공장, 감옥, 심지어 병원에서도 얼마나 큰 효과를 약속해 주는지를 보면 놀라게 될 것"이라고 말했다.

파놉티콘이 왜 그렇게 강한 호소력이 있었는지는 쉽게 이해할 수 있다. 그러니까, 당신이 관리자 입장이라면 말이다. 그리고 당대 사람들은 파놉티콘의 매력을 놓치지 않았다. 더 나은 감시 방법이 있으면 더 순응적인 행동을 끌어낼 수 있을 것이고, 이것이 사회에 득이 될 수 있는 다양한 방식을 상상하기란 어렵지 않았다. 제러미 벤담은 박애주의자였고 사회의 효율성을 개선해 모든 이가, 적어도 그의 생각으로는 모든 이가 더 큰 행복을 얻을 수 있게 돕고자 했다. 벤담은 오늘날 공리주의功利主義, utilitarianism의 창시자로 여겨지는데, 이것은 사회 구성원 전체의 후생을 총합 수준에서 극대화하려는 원칙을 의미한다. 일부 사람들이 약간 쥐어짜이는 대신 다른 일부 사람들이 훨씬 큰 이득을 얻을 수 있다면, 이것은 충분히 고려해 볼 가치가 있는 개선이었다.

하지만 파놉티콘은 단지 효율성이나 공공의 이익에 대한 것만이 아니었다. 공장에 감시를 도입한다는 말은 높은 임금으로 동기를 부여하지 않고도 노동자들이 일을 더 열심히 하게 만들 수 있음을 의미했다.

공장 시스템은 18세기 후반에 영국 전역으로 빠르게 확산되었다. 파놉티콘식 건물 자체를 지으려는 움직임이 일지는 않았지만 많은 고용주가 벤담이 제시한 일반적인 접근법과 일치하는 방식으로 노동을 조직했다. 직물 공장은 전에 숙련 직조공이 하던 일을 잘게 쪼갠 뒤 핵심 부분은 새로 도입한 기계가 담당하게 했다. 그리고 핸들 당기기 같은 단순 반복 업무는 여성과 아동을 포함해 저숙련 노동자를 고용해 많게는 하루 열네 시간씩 일하게 했다. 또한 아무도 생산 속도에 차질을 빚지 않도록 노동자들을 면밀히 감독했고, 낮은 임금을 지급했다.

노동자들은 열악한 노동 여건과 허리가 휘어지는 고된 업무에 고충을 쏟아냈다. 많은 이들이 가장 끔찍하다고 여긴 것은 공장에서 따라야 하는 규율이었다. 1834년에 한 직물 노동자는 이를 다음과 같이 표현했다. "아무도 역직기 작업을 하고 싶어 하지 않을 겁니다. 사람들은 그것을 좋아하지 않아요. 소음이 너무 심해서 미칠 지경이라고 하는 사람도 있습니다. 게다가 수직기로 작업하는 사람이라면 절대로 따르지 않을 규율에 맞추어야 합니다."

새로운 기계는 노동자들을 단순한 부품으로 전락시켰다. 1835년 4월에 의회의 위원회에 출석한 또 다른 직물 노동자는 [많은 직조공들이 아이들이 부상을 입을까 봐 아이들을 공장에 보내기 두려워하는 것이냐는 질문에] 이렇게 진술했다. "저는 분명히 그렇습니다. 그들이 수작업을 하는 노동자를 대체하는 기계를 발명한다면 기계를 다룰 사람으로 틀림없이 아이들을 구하려 할 것입니다."

기술 진보가 학교, 공장, 감옥, 병원이 더 잘 돌아가게 해줄 것이고 이것이 모두에게 득이 되리라는 것이 제러미 벤담에게는 너무나 자명했다. 과하게 격식을 갖춘 옷차림에 우스꽝스러운 모자를 쓰고 휘황한 어휘를 구사하는 그를 오늘날의 실리콘밸리에 데려다 놓으면 생뚱맞아 보이겠지만, 그의 사고는 오늘날 유행하는 견해와 놀라울 정도로 비슷하다. 이 견해에 따르면 새로운 테크놀로지는 인간의 역량을 확장해 주고 그것이 경제 전반에 적용되면 효율성과 생산성을 크게 증가시킨다. 그다음에 사회는 조금 늦게든 빠르게든 그 이득을 분배할 방법을 알아낼 것이고, 이는 모두라고 말해도 될 만큼 많은 사람에게 이득을 가져다줄 것이다. 그 논리에 따르면 아무튼 그렇다.

현대 경제학의 아버지로 불리는 18세기 스코틀랜드 학자 애덤 스미스Adam Smith 또한 현대의 벤처캐피탈 이사회에 합류하거나 「포브스Forbes」에 글을 쓴대도 이상하지 않을 것이다. 스미스의 견해에서, 더 나은 기계의 도입은 거의 자동적으로 노동자들의 더 높은 임금으로 이어진다.

더 좋은 기계, 더 나은 솜씨, 더 적절한 분업과 작업의 분배, 이 모두가 진보의 자연스러운 효과인데, 이런 것들 덕분에 특정한 업무를 수행하는 데 필요한 노동의 양은 훨씬 적어진다. 따라서, 사회가 번영함에 따라 노동의 실질 가격이 매우 상당한 정도로 상승한다 하더라도…

그렇든 아니든 저항은 어차피 무용하다. 벤담, 스미스와 동시대에 살았던 에드먼드 버크Edmund Burke는 상업의 법칙이 "자연법칙이며 따라서 신의 법칙"이라고 말했다.

신의 법칙에 어떻게 저항할 수 있겠는가? 멈출 수 없는 테크놀로지의 행진에 어떻게 저항할 수 있겠는가? 그리고, 어쨌거나 간에 이러한 발전에 저항을 왜 하는가?

이 모든 낙관이 무색하게 지난 1000년의 역사는 발명과 혁신이 "공유된 번영"과는 딴판인 결과를 불러온 사례로 가득하다.

- 개선된 쟁기, 더 체계화된 윤작, 말의 사용 확대, 훨씬 개량된 수차와 풍차 등 중세와 근대 초기 농업에서 나타난 일련의 기술 발달은 인구의 90퍼센트 가까이를 차지하던 농민에게 거의 아무런 이득도 가져다주지 않았다.
- 중세 말부터 시작해 유럽에서 선박 설계가 개선되고 대양을 가로지르는 교역이 가능해지면서 유럽의 일부 사람들이 막대한 부를 획득했다. 하지만 동일한 종류의 선박이 아프리카에서 수백만 명을 노예로 납치해 신대륙으로 운송했고 수 세기간 이어진, 그리고 오늘날에도 그 끔찍한 영향이 남아 있는 억압적인 시스템을 불러왔다.
- 영국 산업혁명 초기의 직물 공장은 소수의 사람들에게 막대한 부를 창출해 주었지만 노동자들의 소득은 100년 가까이 증가하지 않았다. 직물 노동자 본인들이 절절히 잘 알고 있었듯이, 되레 노동 시간이 늘었고 공장의 노동 여건과 인구가 밀집한 도시의 생활 여건 모두 가혹하게 악화되었다.
- 혁명적인 혁신이라 할 만한 조면기로 면화 재배의 생산성이

크게 높아졌고 미국은 세계 최대의 면화 수출국이 되었다. 하지만 이 동일한 발명이 남부 전역에서 면화 대농장이 운영될 수 있게 함으로써 노예제의 가혹함을 한층 더 강화했다.

- 19세기 말에 독일 화학자 프리츠 하버Fritz Haber가 발명한 합성 비료는 농업 산출을 크게 증대시켰다. 그러나 하버를 비롯한 과학자들은 동일한 원리를 적용해 화학 무기를 고안했고, 화학 무기는 제1차 세계대전 때 수십만 명의 사상자를 냈다.
- 이 책의 후반부에서 상세히 논의하겠지만, 지난 몇십 년 사이 컴퓨터의 놀라운 발달로 소수의 사업가와 기업계 거물이 지극히 부유해졌다. 그러는 동안 대학을 졸업하지 못한 대부분의 미국인은 뒤로 밀려났고 많은 이들의 실질소득이 심지어 감소했다.

이 지점이면 몇몇 독자들이 다음과 같이 이의를 제기할지도 모르겠다. 결국에는 우리가 산업화에서 막대한 이득을 얻은 게 사실 아닌가? 쥐꼬리만큼 얻기 위해 고된 노동을 해야 했고 때로는 굶주려 죽기까지 했던 과거 세대보다 우리는 제품과 서비스의 생산 방식을 향상시켜 훨씬 더 번영을 누리고 있지 않은가?

맞다. 우리는 조상들보다 훨씬 풍요롭게 산다. 서구 사회를 보면 가난한 사람도 300년 전 사람들보다 생활 수준이 높다. 우리는 훨씬 더 건강하고 훨씬 더 오래 살며 몇백 년 전 사람들은 상상조차 해보지 못했을 수준의 안락함을 누린다. 그리고 물론 과학 기술의 진보가 이 이야기의 핵심이고 앞으로 "공유된 번영"을 달성하기 위한 어떤 과정도 과학 기술의 진보를 토대로 해야 할 것이다. 하지만 이제까지 경험한 "공유된 번영"의 사례들은 기술 진보 자체에 내재된 요인에 의해 자동적으로 보장되어 있던 결과가 아니었다. 공유된 번영은 기술 진보의 방향과 사회적으로 이득을 분배하는 방식이 협소한 지배층의 이익에만 복무했던 제도적 배열에서 멀어졌을 때, 오로지 그랬을 때만 생겨날 수 있었다. 우리가 진보의 수혜를 입은 것은 맞지만, 그것이 가능했던 주요 이유는 우리 앞의 세대들이 그 진보가 폭넓은 사람들을 위해 작동하게끔 만들었기 때문이다. 18세기 작가이자 급진주의자 존 셀월John Thelwall이 언급했듯이, 노동자들이 공장과 도시에 밀집되면서 공동의 이해관계를 위해 함께 뭉쳐 목소리를 내고 경제 성장의 이득이 더 평등하게 분배하도록 요구하는 것이 비교적 용이해질 수 있었다.

중요한 사실은, 절대적으로 치명적이지는 않은 모든 질병이 그렇듯이, 그러한 독점과 소수의 손에 자본이 추악하게 집중되는 것이 그 자체로 막대한 치료의 씨앗을 가지고 있다는 점이다. 인간이란 본성상 사회적이고 말하기를 좋아해서 자신이 가진 작은 지식을 자랑스럽게 내보이고 기회만 있으면 자신의 지식 창고를 열정적으로 채우려 한다. 고로, 무엇에 의해 인간이 한데 뭉치게 되든 (거기에 얼마간의 악덕은 존재하겠지만) 그것은 지식의 확산에 도움이 되며 궁극적으로 인간의 자유를 증진시킨다. 따라서 모든 대규모 작업장과 공장은 의회의 어떤 행동도 침묵시킬 수 없고 법원의 어떤 판사도 해산시킬 수 없는 일종의 정치 조직이다.

선거권의 확대, 노조의 부상, 노동자 권리 보호의 법제화로 19

세기 영국에서 생산 활동의 조직 방식과 임금의 설정 방식이 크게 변모했다. 이것이 미국에서 들어온 혁신의 파도와 결합하면서, 테크놀로지의 방향도 단지 노동자가 수행하던 업무를 기계로 대체하거나 노동자를 감시할 새로운 방법을 발명하는 쪽이 아니라 노동자의 생산성을 높여주는 쪽을 향하도록 재설정되었다. 그 후 한 세기간 이러한 테크놀로지가 서구 유럽 전역에, 이어서 전 세계에 퍼졌다.

오늘날 세계 대부분의 사람들이 조상보다 생활 수준이 높은 이유는 우리 앞에 있었던 산업 사회 국면들에서 시민과 노동자가 스스로를 조직해 테크놀로지와 노동 여건에 대해 상류층이 좌지우지하던 선택에 도전했고 기술 향상의 이득이 더 평등하게 공유되는 방식을 강제해 냈기 때문이다.

이제 이 일을 우리가 다시 해야 한다.

좋은 소식은 자기공명영상, mRNA 백신, 산업용 로봇, 인터넷, 막대한 컴퓨팅 역량, 전에는 측정이 불가능했던 것들에 대한 방대한 데이터 등 믿기지 않을 정도로 뛰어난 도구가 우리 손 닿는 곳에 있다는 점이다. 우리는 이러한 혁신을 진짜 문제들을 해결하는 데 사용할 수 있을 것이다. 하지만 이와 같은 놀라운 역량의 방향이 사람들을 돕는 쪽을 향해야만 가능한 일이다. 그리고 현재의 방향은 그렇지가 못하다.

역사가 말해주는 교훈에도 아랑곳없이, 오늘날의 지배적인 내러티브는 250년 전 영국에서 지배적이었던 내러티브로 놀랍도록 가깝게 되돌아간 듯 보인다. 아니, 우리는 제러미 벤담, 애덤 스미스, 에드먼드 버크의 시대보다 테크놀로지에 대해 더 엘리트주의적이고 더 맹목적으로 낙관하는 시대를 살아가고 있는 듯하다. 1장에서 보겠지만, 오늘날 굵직한 의사결정을 내리는 사람들은 "진보의 이름으로" 생겨난 고통에 또다시 눈과 귀를 닫고 있다.

우리가 이 책을 쓴 이유는 진보가 결코 자동적인 과정이 아님을 보여주기 위해서다. 오늘날의 "진보"는 또다시 소수의 기업가와 투자자만 부유하게 하고 있으며 나머지 대부분의 사람들은 역량과 권한을 박탈당하고 이득은 거의 얻지 못하고 있다.

테크놀로지에 대해 더 포용적인 새 비전이 생겨날 수 있으려면 사회의 권력 기반이 달라져야 한다. 19세기에도 그랬듯이, 그러려면 통념에 맞설 수 있는 조직과 반론이 있어야 한다. 널리 퍼진 비전에 도전하고 테크놀로지의 방향이 협소한 지배층의 통제를 벗어나게 하는 것은 19세기 영국이나 미국에서보다 오늘날이 더 어려울지 모른다. 하지만 결코 그때보다 덜 필요하지는 않다.

1장

테크놀로지에 대한 통제

창세기에 기록되어 있듯이, 인간은 타락으로 순수를 잃었고 피조물에 대한 힘도 약해졌다. 하지만 이 두 가지 상실 모두 어느 정도는 이 세계에서도 회복될 수 있다. 전자는 종교와 신앙에 의해, 후자는 기술과 과학에 의해.

─프랜시스 베이컨Francis Bacon 『신논리학Novum Organum』 1620년

오히려 나는 완벽해진 과학으로 무장하고 현재의 산업 시스템을 그것의 논리적인 결론으로 이끌어 가고 있는 진정한 귀족 계급을 보았습니다. 그들의 승리는 단순히 자연에 대한 승리만이 아니었습니다. 그것은 자연에 대한, 그리고 동료 인간에 대한 승리였습니다.

─H. G. 웰스H. G. Wells, 『타임 머신The Time Machine』 1895년

1927년에 창간호가 나온 이래 『타임』의 "올해의 인물Man of the Year"은 거의 언제나 한 명이었고 대개는 전 지구적으로 중요하게 여겨지는 정치인이나 미국의 산업계 지도자 등이었다. 그런데 1960년에 『타임』은 일군의 똑똑한 사람들을 한꺼번에 올해의 인물로 선정했다. 바로 미국의 과학자들이었다. 다양한 분야에서 열다섯 명의 남성(안타깝게도 여성은 없었다)이 뛰어난 업적과 함께 이름을 올렸다. 그해 올해의 인물 기사에서 『타임』은 과학과 테크놀로지가 마침내 승리했다고 선포했다.

영어 단어 테크놀로지technology는 "숙련된 장인"을 뜻하는 그리스어 테크네tekhne와 "말하다" "이야기하다"라는 뜻의 로기아logia에서 비롯된 말로, 기법에 대한 체계적인 연구를 의미한다. 테크놀로지는 단순히 물질적 재화의 생산에 새로운 방식을 적용하는 것만을 의미하지는 않는다. 그보다 훨씬 광범위하게, 우리가 주위 환경을 재구성하고 생산을 조직하기 위해 하는 모든 활동과 관련이 있다. 테크놀로지는 영양 상태, 물질적 풍요, 건강 등을 향상시키기 위해서, 하지만 종종 감시라든가 전쟁, 심지어는 제노사이드처럼 이와는 매우 다른 목적을 위해서 인간의 집합적인 지식을 사용하는 방식이다.

1960년에 『타임』이 영예의 인물로 과학자들을 정한 이유는 지식의 전례 없는 발달이 현실에 적용되면서 인간 존재의 모든 것을 변모시켰기 때문이다. 나아가, 앞으로 벌어질 진보의 잠재력 또한 무한해 보였다.

이것은 17세기 영국 철학자 프랜시스 베이컨을 위한 승리 세리머니였다고도 말할 수 있었다. 베이컨은 1620년에 출간된 『신논리학』에서 과학 지식이 무려 자연에 대한 정복을 가능케 해줄 것이라고 주장했다. 이후 수 세기 동안 세계가 자연재해, 감염병, 광범위한 빈곤 등으로 계속 고전하면서 베이컨의 주장은 영감을 주는 희망 이상으로는 보이지 않았다. 하지만 1960년 무렵에는 베이컨의 비전이 더 이상 판타지가 아니었다. 『타임』 편집진이 언급했듯이, "『신논리학』 이후 340년 동안 벌어진 과학적 변화가 그 이전 5000년 동안의 변화를 훨씬 능가"했기 때문이다.

1963년에 케네디 대통령은 미국 국립과학원National Academy of Science에서 이렇게 말했다. "세계의 오랜 역사에서 오늘날 과학 탐구의 영역에서 볼 수 있는 것보다 더 흥분되고 보람 있었던 시기는 상상할 수 없을 것입니다. 우리가 빗장을 푸는 모든 문마다 전에는 존재하리라고 생각지도 못했던 새로운 문이 족히 10개는 있으리라는 것을 나는 압니다. 그러므로 우리는 계속 앞으로 나아가야 합니다." 미국과 서구 유럽에서 이제는 풍요가 많은 이들의 일상에 스며들어 있었고 이들 나라에, 또 세계의 나머지에 다음에는 무엇이 올지 모두들 큰 기대를 품고 있었다.

이렇게 기운 나는 평가는 실제로 이룩한 성취에 바탕을 둔 것이었다. 그 이전 수십 년 사이에 산업화된 국가들에서 생산성이 비약적으로 증대해 미국, 독일, 일본 등지의 노동자들은 불과 20년 전에 비해서도 평균적으로 훨씬 더 많은 것을 생산하고 있었다. 자동차, 냉장고, 텔레비전, 전화 등 새로운 소비재가 점점 더 많은 사람에게 구매 가능한 가격대가 되었다. 항생제는 결핵, 폐렴, 티푸스 같은 치명적인 질병을 통제할 수 있게 해주었다. 미국은 핵추진 잠수함을 만들었고 달에 사람을 보낼 준비도 하고 있었다. 이 모두가 기술 혁신 덕분이었다.

이러한 발전이 풍요뿐 아니라 병폐도 가져올 수 있다는 것을 많은 이들이 모르지 않았다. 기계가 인간에 맞서는 쪽으로 돌아서는 이야기는 적어도 메리 셸리Mary Shelley의 『프랑켄슈타인Frankenstein』으로까지 거슬러 올라갈 수 있는 과학 소설의 단골 소재다. 더 현실적이지만 과학 소설 못지않게 섬뜩하게, 산업 생산이 야기한 오염과 환경 파괴, 그리고 핵전쟁의 위협(이것 자체도 응용물리학에서 벌어진 놀라운 발달의 결과다) 등이 점점 더 가시적인 문제로 드러나고 있었다. 그럼에도, 테크놀로지가 모든 문제를 해결할 수 있다고 확신하게 된 세대가 보기에 과학 지식의 발달이 일으킨 고통은 극복 불가능한 문제로 여겨지지 않았다. 인류는 자신의 지식을 통제할 수 있을 만큼 충분히 현명하며, 놀라운 혁신을 이루는 데 사회적 비용이 따른다면 해법은 한층 더 유용한 것들을 발명하는 데 있으리라고 본 것이다.

"기술적 실업technological unemployment"에 대한 우려가 늘 있긴 했다. 기술적 실업은 1930년에 경제학자 존 메이너드 케인즈John Maynard Keynes가 새로운 생산 방식이 인간 노동력의 필요성을 줄여서 대규모 실업을 일으킬지 모른다는 가능성을 나타내기 위해 만든 말이다. 케인즈는 산업 테크놀로지가 앞으로도 빠르게 향상될 것이라고 생각했지만, 이는 "노동의 사용을 절약하는 수단이 발견되는 속도가 노동의 새로운 사용처가 발견되는 속도를 능가함으로써 실업이 발생할 수 있다는 의미"라고도 설명했다.

이러한 두려움을 언급한 사람이 케인즈가 최초는 아니다. 현대 경제학의 또 다른 아버지인 데이비드 리카도David Ricardo는 처음에는 테크놀로지에 대해 낙관적이었다. 그는 테크놀로지가 노동자의 생활 수준을 꾸준하게 향상시켜 주리라고 보았고, 1819년에는 의회에서 "기계가 노동에 대한 수요를 줄이지 않았다"고 말하기도 했다. 하지만 1821년에 그의 독창적인 저서 『정치경제학과 과세의 원리Principles of Political Economy and Taxation』 제3판을 찍으면서 리카도는 "기계에 관하여 On Machinery"라는 장을 추가하고 이렇게 설명했다. "이 질문에 대해 내 견해를 말해두어야 할 것 같다. 더 숙고해 본 결과 내 견해가 상당히 달라졌기 때문이다." 같은 해에 사적인 서신에서도 리카도는 "오늘날 노동이 하는 모든 일을 기계가 할 수 있게 된다면 노동 수요가 사라질 것"이라고 언급했다.

그러나 리카도와 케인즈의 우려는 주류 견해에 그리 영향을 주지 못했다. 주류 견해에서 달라진 점이라면 1980년대에 개인용 컴퓨터와 디지털 도구가 빠르게 확산되기 시작하면서 낙관주의가 한층 더 강화된 것이었다. 1990년대 말에 경제 발전과 사회 발전의 가능성은 무한해 보였다. 빌 게이츠는 "여기에 관여된 [디지털] 테크놀로지들은 라디오, 신문 등 과거에 있었던 모든 커뮤니케이션 테크놀로지를 포괄하는 상위 집합"이라며 "그것들 모두가 훨씬 더 매력적인 무언가에 의해 대체될 것"이라고 말했는데, 빌 게이츠뿐 아니라 당대의 많은 테크 업계 사람들이 이러한 견해를 가지고 있었다.

모든 것이 늘 좋게 굴러가지만은 않겠지만, 애플 공동 창업자 스티브 잡스는 2007년의 한 콘퍼런스에서 다음과 같은 유명한 말로 시대정신을 완벽하게 포착했다. "어제에 대해 걱정하지 말고, 가서 내일을 발명합시다."

사실 『타임』의 낙관적인 평가도, 그 이후에 등장한 테크노-낙관주의도 단지 과장한 것만이 문제가 아니었다. 1980년 이후에 미국에서 대다수의 사람들에게 벌어진 일을 완전히 간과하고 있기도 했다.

1960년대에는 25~54세 미국 남성 중 노동시장에서 벗어나 있는 사람, 즉 장기 실업자이거나 일자리를 구하고 있지 않은 사람의 비중이 약 6퍼센트에 불과했지만 오늘날 이 숫자는 약 12퍼센트나 된다. 대학을 나오지 못한 남성들이 괜찮은 보수를 주는 일자리를 구하기가 점점 더 어려워진 것이 주요인이었다.

전에는 대졸자와 대졸이 아닌 사람 모두를 포함해 미국 노동자들이 전반적으로 괜찮은 임금에 더해 직업 안정성과 커리어 발전의 기회 등을 가질 수 있는 "좋은 일자리"를 접할 수 있었다. 하지만 이제 대학을 나오지 않은 사람에게는 이러한 일자리가 거의 사라졌다. 이와 같은 변화로 수백만 명의 경제적 전망이 뒤흔들리고 망가졌다.

지난 반세기간 미국 노동시장에서 이보다 더 큰 변화는 임금 구조의 변화였다. 제2차 세계대전 이후 몇십 년 동안 경제가 빠르게 성장했고 그 과실은 폭넓게 공유되었다. 모든 배경의 노동자와 모든 숙련 수준의 노동자가 실질소득(인플레 반영)의 빠른 성장을 경험했다. 하지만 더 이상은 아니다. 디지털 테크놀로지가 모든 곳에 존재하게 되었고, 기업가와 경영자, 그리고 몇몇 투자자가 막대한 부를 얻게 되었지만 대부분의 노동자는 실질임금이 거의 오르지 않았다. 대학을 나오지 않은 사람들은 1980년대 이래로 평균 실질임금이 감소했고, 대학은 나왔지만 대학원을 나오지 않은 사람들의 소득 증가도 그리 크지 않았다.

새로운 테크놀로지가 불평등에 대해 갖는 함의는 이러한 숫자를 훨씬 넘어선다. 대부분의 노동자에게는 좋은 일자리가 사라진 반면 컴퓨터 과학자, 엔지니어, 금융인 같은 소수 고학력 인구의 소득이 급격히 증가하면서, 우리는 두 계층이 분리된 이중 구조 사회로 나아가고 있다. 경제적 수단 및 사회적 인정을 누리는 사람들의 삶이 대다수 노동자의 삶과 분리되고 이 간극이 날마다 더 벌어지고 있는 것이다. 이 상황은 영국의 작가 H. G. 웰스가 『타임 머신』에서 그린 미래 모습과 비슷하다. 이 책은 테크놀로지가 사람들을 너무나 강력하게 분리한 나머지 인류가 완전히 구별되는 별개의 두 종으로 진화한 미래의 디스토피아를 보여준다.

이것은 미국만의 문제가 아니다. 저임금 노동자에 대한 보호가 더 잘 제도화되어 있고, 단체 협상과 비교적 높은 수준의 최저임금 등이 보장된 스칸디나비아 국가들, 프랑스, 캐나다 등에서는 저학력 노동자들이 미국에 비해 큰 임금 하락을 겪지는 않았다. 하지만 이들 나라에서도 불평등은 확대되었고 대학을 나오지 않은 사람이 가질 수 있는 좋은 일자리는 점점 더 귀해졌다.

리카도와 케인즈의 우려를 무시해서는 안 된다는 것이 이제는 자명해 보인다. 물론 기술적 실업이 재앙적인 수준으로 나타나지는 않았고 1950년대와 1960년대에는 노동자들도 사업가와 기업 소유주 못지않게 생산성 증가의 득을 보았다. 하지만 오늘날의 상황은 매우 다르다. 지금은 불평등이 치솟고 있고, 새로운 기술 진보가 계속해서 이루어지는 와중에도 임금 소득자들은 대체로 뒤로 밀려나고 있다.

지난 1000년의 역사가 보여주는 사례와 현대의 실증근거 모두 한 가지 사실을 더없이 명백하게 보여준다. 새로운 테크놀로지가 광범위한 번영으로 이어지는 것은 전혀 자동적인 과정이 아니라는 점이다. 그렇게 되느냐 아니냐는 사회가 내리는 경제적·사회적·정치적 "선택"의 결과다.

이 책은 그러한 선택의 속성이 무엇인지, 테크놀로지, 임금, 불평등의 관계에 대해 과거와 현재의 사례가 말해주는 바는 무엇인지, 그리고 혁신을 "공유된 번영"에 복무하도록 이끌려면 무엇을 할 수 있을지 탐구한다. 논의의 토대를 놓기 위해 1장에서는 다음 세 가지의 기본적인 질문을 던져보고자 한다.

- 새로운 기계와 생산 기법이 언제 임금을 증가시키고 언제 그렇지 않은지를 결정하는 요인은 무엇인가?
- 더 나은 미래를 일구는 방향으로 테크놀로지의 경로를 다시 잡으려면 무엇이 필요한가?
- 테크 기업가들과 미래주의자들 사이에 지배적인 오늘날의 사고와 특히 인공지능에 대한 새로운 열광은 왜 앞에서 말한 방향이 아닌 더 우려스러운 방향을 향해 돌진하고 있는가?

진보의 밴드왜건

기술의 진보가 "공유된 이득"으로 이어지리라는 낙관은 단순하고도 강력한 개념 하나에 토대를 두고 있다. 바로 "생산성 밴드왜건"으로,

생산성을 높여주는 새로운 기계와 생산 방법이 임금도 높여주리라는 개념이다. 테크놀로지가 발달하면서 생산성 밴드왜건이 사업가나 자본 소유자만이 아니라 자신이 나아가는 길에 있는 모든 사람을 데리고 가리라고 상정된다.

모든 종류의 업무에 대한 수요(따라서 각 업무를 수행할 노동자에 대한 수요)가 동일한 속도로 증가하지는 않을 것이므로 기술 혁신이 불평등을 야기할 수 있다는 점은 오래전부터 경제학자들이 잘 알던 바다. 그렇더라도 모두가 기술 향상에서 적어도 얼마만큼이라도 이득을 얻을 수는 있을 터이므로 일반적으로 기술 향상은 모든 배를 들어올리는 파도로 여겨진다. 이 말이 맞다면 기술에 의해 완전히 뒤로 밀려나는 사람은 아무도 없어야 하고 더 빈곤해지는 사람은 더더욱 아무도 없어야 한다. 이와 같은 통념에 따르면, 심화되는 불평등을 고쳐 공유된 번영에 더 탄탄한 토대를 놓으려면 노동자들은 새로운 기술과 더불어서 일하는 데 필요한 능력을 갖추어야 한다. 저명한 테크놀로지 전문가 에릭 브린욜프슨Erik Brynjolfsson은 이를 다음과 같이 간명하게 표현했다. "공유된 번영을 일구기 위해 무엇을 해야 하는가? 답은 테크놀로지의 속도를 늦추지 않는 것이다. 기계에 맞서 경주하기보다 기계와 더불어서 경주해야 한다. 이것이 우리 앞에 놓인 커다란 과제다."

생산성 밴드왜건 개념의 토대가 되는 이론은 간명하다. 어느 기업이 더 생산적이 되면 생산량을 늘리고 싶을 것이다. 그러려면 더 많은 노동자가 필요할 것이고 따라서 고용에 나서게 될 것이다. 그리고 많은 기업이 동시에 그렇게 할 경우 이들은 집합적으로 임금을 끌어올리게 된다.

실제로 일어나는 일이기도 하다. 일례로 20세기 전반기에 미국 경제의 가장 역동적인 분야 중 하나는 자동차 산업이었다. 포드, 그리고 이어서 GM은 새로운 전기 기계 장비를 도입하고 공장 시스템을 효율적으로 재조직했으며 더 좋은 제품을 선보였다. 그러면서 생산성이 치솟았고 고용도 급증했다. 1899년에는 자동차 업계에서 1,000~2,000명 정도의 노동자가 2,500대의 자동차를 생산했는데, 1920년대가 되면 자동차 업계 종사자가 40만 명이 넘게 된다. 1929년 무렵에 포드와 GM은 각각 연 150만 대의 자동차를 팔고 있었다. 자동차 생산의 전례 없는 확대는 공식적인 교육을 받지 않은 노동자까지 포함해 경제 전체적으로 임금을 끌어올렸다.

　20세기 대부분의 기간 동안 다른 분야에서도 생산성이 빠르게 증가했고 실질임금도 마찬가지로 빠르게 증가했다. 놀랍게도, 제2차 세계대전 후부터 1970년대 중반까지 미국에서 대졸자의 임금 상승 속도는 고졸자의 임금 상승 속도와 거의 비슷했다.

　하지만 실제로 일어나는 일이기는 해도 자주 일어나는 일은 아니다. 안타깝게도 1970년대 중반 이후 벌어진 일은, 멈추지 않고 전진하는 밴드왜건이 존재한다는 개념과 부합하지 않는다. 생산성의 이득이 사회에서 어떻게 공유되느냐는 테크놀로지가 정확히 어떻게 달라지는지, 그리고 경영자가 노동자를 대우하는 규칙, 규범, 기대가 그 사회에 어떻게 형성되어 있는지에 달려 있다. 이를 이해하려면 생산성 밴드왜건 개념에서 생산성 증가와 임금 상승을 연결시키는 인과 관계의 두 단계를 더 상세히 분석해 볼 필요가 있다. 생산성 밴드왜건 논리에 따르면, 첫째, 생산성이 증가하면 기업은 고용을 늘리고 생산을 확대해 수익을 높이려고 할 것이다. 즉, 노동 수요가 증가할 것이다. 둘째, 기업들이 더 많은 노동자를 필요로 하게 되면서 노동자들을 자기

회사로 불러오고 이직을 막기 위해 주어야 할 만큼 임금이 상승한다. 그런데 불행히도 두 단계 모두 보장되어 있는 것이 아니다. 다음 두 절에서 차례로 살펴보기로 하자.

자동화의 우울

널리 믿어지는 개념과 달리 생산성 증가가 반드시 노동자에 대한 수요 증가로 이어지는 것은 아니다. 일반적으로 "생산성"은 노동자 1인당 산출량, 즉 총산출을 총고용으로 나눈 값으로 정의된다. 노동자 1인당 산출량(평균생산성)이 증가하면 기업이 더 많은 노동자를 고용하고 싶어지리라는 것이 생산성 밴드왜건 개념에서 기대되는 바다.

하지만 노동자 1인당 산출량이 증가한다고 해서 꼭 기업이 더 많은 노동자를 채용하고자 할 인센티브가 생기는 것은 아니다. 기업 입장에서 고용을 늘릴 것이냐 아니냐를 결정할 때 중요한 고려사항은 **한계생산성**이다. 이는 한 명의 노동자를 추가로 고용할 때 그 노동자가 추가적으로 기여할 산출량(추가적인 생산량 또는 추가적인 고객 서비스의 양 등)을 말한다. 한계생산성과 평균생산성은 다른 개념이다. 평균생산성이 늘어나도 한계생산성은 변하지 않거나 심지어 감소할 수도 있다.

평균생산성과 한계생산성의 차이를 더 분명히 알기 위해 우스개로 자주 이야기되는 미래 시나리오 하나를 생각해 보자. "미래의 공장은 사람 한 명과 개 한 마리, 이렇게 딱 둘만 고용하게 될 것이다. 사람이 하는 일은 개밥을 주는 것이고 개가 하는 일은 사람이 기계에 손을 대지 못하게 하는 것이다." 이 가상의 공장이 굉장히 많은 양의 제품을 생산한다면 평균생산성, 즉 총산출을 한 명의 (인간) 노동자로 나눈 값은 매우 높을 것이다. 하지만 노동의 한계생산성은 미미하다. 유일한 인간 노동자가 하는 일은 개밥을 주는 것이고, 이 이야기에 함의된 바로는 개와 사람 둘 다 내보내도 산출량은 크게 영향받지 않을 것이다. 더 좋은 기계를 들여온다면 1인당 산출량이 한층 더 높아지겠지만 이 공장이 노동자와 개를 더 고용하려 하거나 유일한 노동자의 임금을 올려주지는 않으리라고 예상하는 것이 합리적이다.

이 이야기는 극단적이지만 현실적으로도 매우 중요한 점 하나를 말해준다. 20세기 전반기에 포드와 GM이 그랬듯이 자동차 공장이 더 나은 제품을 선보이면 그 회사 제품에 대한 수요가 증가하며, 이는 노동자 1인당 매출과 노동의 한계생산성을 모두 상승시키는 경향이 있다. 회사는 늘어난 제품 수요에 부응하기 위해 용접공, 도색공 등 노동자가 더 필요해질 것이고, 필요하다면 더 높은 임금을 지급하려 할 것이다. 이와 달리, 회사가 산업용 로봇을 도입하기로 했다면 어떻게 될까? 로봇이 용접과 도색 업무 대부분을 수행할 수 있고 인간 노동자를 대규모로 고용하는 생산 방식에 비해 비용이 훨씬 적게 든다면, 노동자의 평균생산성은 상당히 증가하겠지만 인간 용접공과 도색공은 덜 필요해질 것이다.

이것은 보편적으로 나타나는 문제다. 산업용 로봇 같은 많은 새로운 테크놀로지들이 기계와 알고리즘이 수행하는 업무군을 확대하면서 전에 그 업무들을 수행했던 인간 노동자를 대체한다. 자동화는 평균생산성을 높이지만 노동의 한계생산성을 높이지는 않으며 오히려 감소시킬 수 있다.

케인즈가 걱정한 것이 바로 자동화였고, 그가 집필을 하던 20

세기 초에 자동화는 새로운 현상이 아니었다. 영국 산업혁명 초기에 직물 분야에서 벌어진 많은 상징적인 혁신들 모두가 새로운 방적기와 방직기로 숙련 장인 노동력을 대체하는 것과 관련이 있었다.

여러 가지 면에서 자동화가 노동에 미치는 영향은 세계화가 미치는 영향과 비슷하다. 커뮤니케이션, 교통, 물류 분야에서의 커다란 혁신으로 지난 몇십 년 사이 일자리를 대거 해외로 이전할 수 있게 되었다. 조립 공정이나 고객 서비스 같은 업무를 노동 비용이 싼 나라로 옮기는 것이다. 애플 등 많은 기업이 이러한 오프쇼어링offshoring을 통해 비용을 줄이고 수익을 높일 수 있었다. 오늘날 애플의 제품은 여러 나라에서 생산되는 부품으로 만들어지며 거의 전적으로 아시아에서 조립된다. 하지만 산업화된 국가들에서 이러한 추세가 노동자들에게 미친 영향은 그 업무를 수행하던 국내 노동자들이 해외의 노동자들로 대체된 것이었지 강력한 생산성 밴드왜건이 발생한 것이 아니었다.

자동화와 오프쇼어링은 생산성을 높였고 기업의 수익도 몇 배로 증가시켰지만 미국이나 그 밖의 선진국에 "공유된 번영" 비슷한 것도 가져오지 않았다. 경제적 효율성을 높이는 방법이 노동자를 기계로 대체하고 생산을 저임금 국가로 옮기는 것만 있는 것은 아니다. 노동자 1인당 생산성을 증가시킬 수 있는 방법은 많으며, 5~9장에서 설명하겠지만 역사 내내 그랬다. 어떤 혁신은 자동화나 오프쇼어링을 유발하기보다 노동자가 생산에 기여할 수 있는 정도를 높여준다. 예를 들어, 자동차 기계공의 업무를 보조해 주는 소프트웨어가 개발되어 그가 정밀 작업을 훨씬 더 잘 수행하게 해주면 노동의 한계생산성이 증가할 수 있다. 이것은 노동자를 대체할 목적으로 산업용 로봇을 도입하는 것과 완전히 다르다.

노동의 한계생산성을 높이는 데 이보다도 더 중요한 것은 새로운 업무의 창출이다. 다시 자동차 업계를 보면, 1910년대부터 시작해 헨리 포드Henry Ford의 지휘하에 생산 방식이 대대적으로 재조직되면서 많은 부분이 자동화되었다. 하지만 그와 동시에 대량생산과 어셈블리 라인 시스템은 디자인, 장비 작동, 사무 관리직, 기술직 등에서 새로운 업무를 대거 창출했고 이로써 자동차 업계의 노동자 수요가 크게 증가했다(7장에서 상세히 설명했다). 새로운 기계가 인간 노동력이 쓰일 새로운 용처를 만들어 내면 노동자가 생산에 기여할 수 있는 방식이 확대되고, 이는 한계생산성을 높일 수 있다.

새로운 업무 창출의 중요성은 미국의 초창기 자동차 산업만의 이야기가 아니다. 지난 두 세기 내내 새로운 업무의 창출은 고용과 임금이 증가하는 데 중요한 요인이었다. 지난 몇십 년 사이 빠르게 성장한 직종 중 상당수(영상의학과 의사, 네트워크 엔지니어, 컴퓨터 기반 기계 운전원, 소프트웨어 프로그래머, IT 보안 전문가, 데이터 분석가 등)는 80년 전에는 존재하지도 않았다. 오래전부터 존재했던 직종(은행 출납원, 교수, 회계사 등) 종사자들도 컴퓨터와 첨단 커뮤니케이션 도구를 사용하는 업무를 포함해 제2차 세계대전 이전에는 존재하지 않았던 종류의 업무들을 한다. 이러한 사례 거의 모두에서 새로운 업무의 창출은 기술 진보의 결과였으며 고용 증가의 주요인이었다. 또한 새로운 업무의 창출은 생산성 증가에서도 핵심적인 부분이었는데, 새로운 제품들을 선보이고 생산 과정을 더 효율적으로 재조직하는 데 도움이 되었기 때문이다.

기술적 실업과 관련해 리카도와 케인즈가 말한 최악의 두려움이 현실화되지 않은 이유는 이와 같은 새 업무의 창출과 밀접하게 관련이 있다. 20세기 내내 자동화가 매우 빠르게 이루어졌지만 노동 수요는 줄지 않았는데, 이는 자동화가 노동자가 수행할 새로운 활동과 업무를 창출하는 또 다른 발달 및 재조직화와 함께 진행되었기 때문이었다.

한 업계에서 자동화가 도입될 때 비용이 충분히 많이 줄거나 생산성이 충분히 많이 높아진다면 자신의 업계에서, 혹은 경제 전체적으로 고용을 끌어올릴 수 있다. 이 경우에 새로운 일자리는 그 업계의 자동화되지 않은 업무들이나 연관 업계들의 활동이 확대되는 데서 발생한다. 20세기 전반기에 자동차 산업의 빠른 성장은 자동차 산업에서 자동화가 되지 않은 기술직, 사무직 노동자의 수요를 증가시켰다. 또한 이에 못지않게 중요한 것으로, 자동차 공장의 생산성 증가는 석유, 철강, 화학 업계의 확대를 촉진한 주요 동력이었다(휘발유, 차체, 타이어를 생각해 보라). 또한 자동차의 대량생산은 교통 분야에 완전히 새로운 가능성을 불러왔고 다시 이는 특히 도시의 지리를 변모시키면서 유통, 엔터테인먼트, 서비스 업계에서 새로운 업무를 창출했다.

하지만 자동화로 인한 생산성 증가의 이득이 작으면 새로운 일자리가 거의 창출되지 않는다. 9장에서 우리는 이러한 자동화를 "그저 그런 자동화so-so automation"라고 불렀다. 예를 들어, 슈퍼마켓에 무인 계산대를 도입하면 바코드 찍는 일을 노동자에게서 고객에게로 전가함으로써 생산성에 약간의 이득을 얻을 수 있다. 하지만 계산원 고용이 줄 때 다른 곳에서 동시에 새로운 업무가 창출되지는 않는다. 슈퍼마켓 제품 가격이 획기적으로 낮아지지도 않고 식품 생산이 획기적으로 확대되지도 않으며 고객의 삶의 방식이 달라지지도 않는다.

새로운 테크놀로지가 제러미 벤담의 파놉티콘처럼 감시에 초점을 맞출 때도 노동자에게 악영향을 미친다. 노동자를 더 면밀히 지켜볼 수 있게 되면 약간의 생산성 증가를 얻을 수 있겠지만, 9장과 10장에서 논의했듯이 이것의 주된 기능은 노동자들에게서 노력을 더 많이 짜내는 것이고 때로는 이에 더해 임금도 낮추는 것이다.

그저 그런 자동화와 노동자 감시에 초점을 둔 혁신에서는 생산성 밴드왜건이 발생하지 않는다. 또한 새로운 테크놀로지가 가져다주는 생산성 이득이 상당히 크더라도 그것의 주된 기능이 자동화를 통해 노동자를 몰아내는 것이라면 생산성 밴드왜건이 일어나지 않는다. 산업용 로봇은 이미 현대의 제조 공정을 혁신적으로 바꾸고 있는데, 노동자에게 새로운 업무와 기회를 창출해 줄 다른 테크놀로지들의 발달과 함께 진행되지 않는다면 노동자에게는 거의 혹은 전혀 이득을 주지 못한다. 미국 제조업의 심장부였던 중서부 도시들에서 볼 수 있듯이, 어떤 경우에는 로봇의 빠른 도입이 대규모 정리해고와 지역공동체의 오랜 쇠락을 가져왔다.

이 모든 것이 테크놀로지와 관련해 주목해야 할 가장 중요한 것 하나를 가리킨다. 바로 **선택**이다. 생산성 향상을 위해 우리의 집합적인 지식을 사용하는 방법은 아주 많으며 혁신의 방향을 잡는 방법은 그보다도 더 많을 것이다. 디지털 도구를 감시에 사용할 것인가? 자동화에 사용할 것인가? 아니면 새로운 업무를 창출함으로써 노동자의 역량을 강화하는 데 사용할 것인가? 미래의 진보를 어느 방향으로 이끄는 데 우리의 노력을 쏟을 것인가?

생산성 밴드왜건 효과가 미미하고 이득이 폭넓게 공유되게 할 자기조정적인 메커니즘이 없을 때 테크놀로지와 관련된 선택은 더욱 중대한 결과를 낳게 될 것이고 그러한 선택을 내리는 사람들의 경제적·정치적 권력은 더욱 강력해질 것이다.

요컨대, 생산성 밴드왜건이 상정하는 인과관계 사슬의 첫 번째 고리는 구체적으로 어떠한 선택이 내려지느냐에 달려 있다. 가용한 기술을 사용하는 방식과 새로운 기술을 개발하는 방식 모두가 단순히 업무를 자동화해 인간 노동력이 불필요해지게 만들거나 노동자에 대한 감시를 강화하는 방향이 아니라 노동의 한계생산성을 높이는 방향을 향하도록 만들어야 하는 것이다.

노동자의 권력이 중요한 이유

불행히도, 노동의 한계생산성 증가만으로 모든 이의 생활 수준과 임금이 올라가는 생산성 밴드왜건이 발생하는 것은 아니다. 인과관계 사슬의 두 번째 고리를 생각해 보자. 노동에 대한 수요가 증가하면 기업들이 노동력을 확보하기 위해 더 높은 임금을 지급해야 한다. 하지만 그렇지 않을 수도 있는데, 세 가지 정도의 이유를 생각해 볼 수 있다.

첫째, 노동자가 고용주와 맺고 있는 관계가 억압적인 경우다. 인간 역사 대부분 동안 농업 노동자들은 자유민이 아니었고 노예 혹은 그 밖의 형태로 예속된 노동자였다. 노예가 더 장시간 일하게 하려면 주인은 노예의 임금을 올려주는 것이 아니라 억압을 강화해서 더 많은 노동과 산출을 뽑아낼 것이다. 그러한 여건에서는 미국 남부의 조면기처럼 획기적인 혁신도 "공유된 이득"으로 이어지지 않을 수 있다. 4장에서 살펴보겠지만, 꼭 노예제가 아니더라도 충분히 억압적인 관계가 형성되어 있으면 새로운 기술이 억압을 강화하려는 유인을 만듦으로써 노예와 농민 모두를 더 가난하게 만들 수 있다.

둘째, 명시적인 강압이 없더라도 다른 고용주와의 경쟁이 없다면 생산성 증가로 노동자에 대한 수요가 높아져도 고용주는 임금을 올리지 않을 것이다. 이른 시기 농업 사회들에서 농민은 법적으로 영주의 땅에 예속되어 있었고, 다른 영주의 땅에서 일자리를 찾아보거나 그러한 일자리로 옮겨갈 수 없었다. 18세기 영국에서도 더 나은 일자리를 잡으려 한 노동자는 종종 감옥에 갇히는 신세가 되었다. 밖에서 당신이 취할 수 있는 선택지가 감옥뿐이라면 고용주는 당신에게 후한 임금을 주지 않을 것이다.

이와 같은 사례는 역사에서 무수히 찾아볼 수 있다. 중세 유럽에서 풍차의 도입, 윤작 방식의 개선, 말의 사용 확대로 농업 생산성이 크게 높아졌다. 하지만 농민 대부분의 생활 수준은 거의 혹은 전혀 나아지지 않았다. 추가적인 산출 대부분은 소수의 지배층에게, 특히 대대적인 건설 붐에 흡수되었는데, 이때 유럽 전역에서 기념비적인 대성당들이 세워졌다. 1700년대에 영국이 산업화에 들어서고 기계와 공장이 확산되기 시작했을 때도 처음에는 임금이 오르지 않았고, 노동자들의 생활 수준과 여건이 오히려 악화된 사례가 많이 존재한다. 한편, 같은 시기에 공장 소유주는 어마어마한 부를 획득했다.

셋째, 그리고 현대에 가장 중요한 이유는 임금이 인간의 개입 범위 밖의 시장 요인에 의해서만 결정되는 것이 아니라 종종 협상의 결과로 결정된다는 점이다. 현대의 기업은 시장에서의 지위, 규모와 범위, 기술적 전문성 등에 힘입어 막대한 수익을 올리곤 한다. 포드는 20세기 초에 대량생산 기법을 개척해 질도 좋으면서 가격대도 낮은 자동차를 생산하기 시작했고, 이는 포드의 수익성을 막대하게 높여주었다. 창업자 헨리 포드는 20세기 초에 가장 부유한 기업인 목록에 이름을 올렸다. 경제학자들은 이 같은 거대 이윤을 "경제적 지대"라고 부른다(간단히 "지대"라고 부르기도 한다). 위험의 정도를 감안해 투자자가 합리적으로 기대할 수 있는 일반적인 투자 수익을 넘어서 그 이상으로 얻게 되는 수익이라는 의미에서다. 경제적 지대가 존재하는 경우, 노동자의 임금은 단순히 외부의 시장 요인에만 의해서가 아니라 "지대의 분배"가 어떻게 이루어지느냐에 따라서도 결정된다. 초과 수익을 어떤 몫으로 분배할 것인가가 정해지는 과정에서 노동자가 얼마나 협상력을 발휘할 수 있는지에 달려 있는 것이다.

경제적 지대의 한 가지 원천은 시장 권력이다. 대부분의 나라에서 프로 스포츠 팀은 수가 제한되어 있고 많은 자본을 필요로 하기 때문에 진입 장벽이 있다. 1950년대와 1960년대에 미국에서 야구는 매우 수익성 있는 비즈니스였지만 선수들은 보수를 많이 받지 못했다. 구단이 TV 중계료 수입을 어마어마하게 올리고 있었는데도 말이다. 그런데 1960년대 말부터 선수들이 협상력을 높일 수 있는 방법을 찾으면서 상황이 달라졌다. 오늘날에도 여전히 구단주에게 강력한 협상력이 있지만, 전에 비해서는 지대를 선수들과 더 많이 나눠야 한다는 압박을 받는다.

노동자들이 선의로 기꺼이 더 열심히 일하도록 동기를 부여하기 위해, 또는 지대를 나눠야 한다는 사회적 규범의 압력을 받아서 고용주들이 지대를 나눌 수도 있다. 헨리 포드는 1914년 1월 5일에 사내 최저 임금을 일거에 시간당 5달러로 크게 올린 것으로 유명하다. 결근을 줄이고 근속을 유도할 수 있으며 아마 파업의 위험을 줄이는 데도 도움이 되리라고 생각해 내린 결정이었다. 그 이후로 많은 고용주들이 비슷한 시도를 했고, 특히 사람을 채용하고 오래 근속시키는 것이 어렵거나 노동자를 동기부여하는 것이 회사의 성공에 결정적으로 중요한 경우에는 더욱 그랬다.

전반적으로, 리카도와 케인즈가 모든 세부사항까지 다 맞지는 않았을지 모르지만 생산성 증가가 필연적, 자동적으로 폭넓게 공유되는 번영을 가져오는 것은 아니라는 점은 정확하게 이해하고 있었다. 공유된 번영은 새로운 테크놀로지가 노동의 한계생산성을 높이고 테크놀로지의 이득이 기업과 노동자 사이에 분배될 수 있어야만 가능하다.

더 근본적으로, 그렇게 되느냐 아니냐는 경제적·사회적·정치적 "선택"에 달려 있다. 새로운 기법과 기계는 아무런 가로막는 것 없이 하늘에서 내려오는 선물이 아니다. 기존의 기술이 어떻게 쓰이는지에 따라, 또 새로운 혁신을 위한 노력이 어느 방향을 향하는지에 따라, 노동 비용을 줄이기 위한 자동화와 감시에 초점을 맞출 수도 있고 새로운 업무의 창출과 노동자의 역량 강화를 가져올 수도 있다. 더 광범위하게는 공유된 번영을 가져올 수도 있고 막무가내로 심화되는 불평등을 가져올 수도 있다.

이론적으로 이 선택들은 "사회"가 집합적으로 내려야 할 의사결정이다. 하지만 현실에서는 기업가, 경영자, 미래주의자, 때로는 정치인이 내리며, 그 선택은 기술 진보의 과정에서 누가 승자가 되고 누가 패자가 되는지에 결정적인 영향을 미친다.

낙관해도 좋지만 단서가 있다

최근 몇십 년 사이 불평등은 치솟았고 많은 노동자들이 뒤로 밀려났으며 생산성 밴드왜건은 발생하지 않았지만, 희망을 가져도 좋을 이유 또한 존재한다. 인간의 지식에 어마어마한 진전이 있었고, 이러한 과학적 발전을 토대로 공유된 번영을 일굴 수 있는 여지도 막대하다. 우리가 진보의 방향에 대해 지금과 다른 선택을 내리기 시작한다면 말이다.

한 가지 점에서는 테크노-낙관주의가 옳았다. 디지털 테크놀로지들이 이미 과학 지식의 발달 과정을 혁명적으로 변모시켰다는 점 말이다. 인류가 쌓아온 방대한 지식이 이제 우리 손이 닿는 곳에 존재한다. 과학자들은 원자힘 현미경부터 MRI 장치, 뇌 스캔 장비에 이르기까지 놀라운 기능을 가진 측정 도구들을 가지고 있으며, 30년 전만 해도 공상으로 보였을 정도로 방대한 데이터를 처리할 수 있는 어마어마한 컴퓨팅 역량도 가지고 있다.

과학의 발전은 발명가들이 서로의 연구를 토대로 혁신하면서 누적적으로 이루어진다. 과거에는 지식의 전파가 오늘날과 비교할 수 없이 느렸다. 1600년대에 갈릴레오 갈릴레이Galileo Galilei, 요하네스 케플러Johannes Kepler, 아이작 뉴턴Isaac Newton, 고트프리드 빌헬름 라이프니츠Gottfried Wilhelm Leibniz, 로버트 훅Robert Hooke 같은 과학자들은 도착하는 데 몇 주, 심지어는 몇 달씩도 걸리는 서신으로 자신의 발견을 동료 학자들과 공유했다. 니콜라스 코페르니쿠스Nicolaus Copernicus는 지구를 우주의 중심이 아니라 태양 주위의 궤도상에 올바르게 위치시킨 지동설을 1500년대 초에 정립했다. 가장 널리 읽힌 저서 『천체의 회전에 관하여On the Revolution of the Celestial Spheres』가 출간된 것은 1543년이지만 그가 지동설을 글로 쓴 것은 1514년이다. 그런데 케플러와 갈릴레오가 코페르니쿠스의 연구를 바탕으로 자신들의 이론을 발달시키기까지는 1514년부터 한 세기가 걸렸고, 이 개념이 널리 받아들여지는 데는 두 세기가 넘게 걸렸다.

이와 달리 오늘날에는 과학적 발견이 빛의 속도로 공유되며, 절박한 필요가 있을 때는 더욱 그렇다. 보통은 백신 개발에 몇 년씩 걸리지만 2020년 초에 모더나는 바로 얼마 전에 발견된 SARS-CoV-2 바이러스의 유전자 염기 서열이 밝혀지고 불과 42일 만에 백신 후보 물질을 개발했다. 개발, 시험, 승인의 전 과정에 1년도 걸리지 않았고 COVID 바이러스가 일으키는 심각한 질병에 대해 놀랍도록 안전하고 효과적인 보호 방법을 제공했다. 오늘날은 아이디어를 공유하고 기술적 노하우를 전파하는 데 그 어느 때보다 장벽이 낮으며 과학의 누적적인 역량도 그 어느 때보다 강력하다.

하지만 이러한 진보를 바탕으로 더 많은 과학적 발견이 이뤄지고 그것들이 수십억 인구의 삶을 더 나아지게 만드는 쪽으로 쓰이게 하려면 테크놀로지의 방향을 바꾸어야 한다. 그리고 이것은 우리 시대의 맹목적인 테크노-낙관주의에 도전하고 과학과 기술의 혁신을 사용하는 새로운 방법을 개발하는 데서 시작해야 한다.

좋은 소식이자 나쁜 소식은, 과학과 지식을 사용하는 방법이 우리가 어떠한 비전을 가지고 있는지에 좌우된다는 점이다. 비전은 우리가 어떻게 우리의 지식을 구체적인 문제를 해결하기 위한 기술과 방법으로 전환해 낼 수 있을지 상상하는 방식을 의미한다. 비전은 우리가 내릴 선택의 모양을 잡는다. 우리가 열망하는 것이 무엇인지, 그것을 달성하고자 할 때 어떤 수단을 추구할지, 어떤 방법을 고려하고 어떤 방법을 고려에서 제외할지, 우리가 취할 행동의 비용과 이득을 어떻게 인식할지 등에 대해 구체적인 틀을 제공하는 것이 비전이기 때문이다. 요컨대 비전은 우리가 테크놀로지를, 그것이 가져다줄 이득과 유발할지 모르는 피해를 상상하는 방식이다.

나쁜 소식은, 가장 좋았던 시기에조차 현존하는 도구로 무엇을 할 것인지와 새로운 혁신의 방향이 어디를 향하게 할 것인지를 결정하는 데 권력자의 비전이 과도하게 큰 영향을 미쳤다는 점이다. 그 경우에 테크놀로지가 사회에 가져오는 결과는 권력자의 이해관계 및 신념과 부합하며 여기에서 다른 이들은 종종 피해를 입는다. 좋은 소식은, 선택과 비전이 바뀔 수 있다는 점이다.

혁신가들이 공유하는 비전은 지식의 축적에 필수적이고 사회가 테크놀로지를 사용하는 방식에도 핵심적인 영향을 미친다. 유럽 경제를, 이어서 세계 경제를 변모시킨 증기기관을 생각해 보자. 18세기 초부터 시작된 빠른 혁신은 해결되어야 할 문제가 무엇인지에 대한 공통된 인식에 기반하고 있었다. 그 과제는 열에너지를 이용해 기계적인 작업을 수행하는 것이었다. 최초로 널리 사용된 증기기관은 1712년경에 토머스 뉴커먼Thomas Newcomen이 발명했고, 반세기 뒤에 제임스 와트James Watt와 사업 파트너 매튜 볼턴Matthew Boulton이 별도의 콘덴서를 설치하는 등 뉴커먼의 설계를 개선해 더 효과적이고 상업적으로 훨씬 더 성공적인 엔진을 만들었다.

이들의 공통된 관점이 무엇이었는지는 이러한 혁신으로 달성하고자 한 목표가 무엇이었고 그 목표를 어떤 방법으로 달성하려 했는지에서 잘 드러난다. 이들은 증기로 실린더 안의 피스톤을 움직여 그 힘으로 기계를 구동시키고자 했고, 그다음에는 다양한 용처에 쓰일 수 있도록 그러한 장치들의 효율성을 높이고자 했다. 공유된 비전은 혁신가들이 서로에게서 배울 수 있었다는 의미이기도 하지만, 무엇보다 그들이 문제에 비슷한 방식으로 접근했다는 의미이기도 하다. 그들은 압축된 증기가 실린더 내부를 진공으로 만들어서 대기압이 피스톤을 누를 수 있게 하는 "대기압" 엔진 방식에 압도적으로 초점을 두었고, 1720년에 제이콥 로이폴드Jacob Leupold가 처음 고안한 "고압" 엔진 등 여타의 방식은 집합적으로 배척했다. 18세기의 과학적 합의가 대기압 엔진이었던 것과 달리, 19세기가 되면 고압 엔진이 표준이 된다.

초창기 증기기관 발명가들의 비전은, 이들 모두가 목표에 매우 강하게 동기부여되어 있었고 그 때문에 자신의 혁신이 불러올지 모를 비용(이를테면 증기 동력으로 물을 빼내는 기술이 향상되어 뚫을 수 있었던 탄광에서 아주 어린 아이들이 무시무시하게 가혹한 노동 여건에서 일하게 되는 상황)을 고려해 보려고는 하지 않았다는 의미이기도 했다.

증기기관만이 아니라 모든 테크놀로지가 그렇다. 테크놀로지는 그것의 기저에 있는 비전과 떨어져 존재하지 않는다. 우리는 우리가 직면한 문제를 해결할 방법을 찾고자 한다(이것이 비전이다). 우리는 어떤 종류의 도구가 도움이 될 수 있을지 상상한다(이것도 비전이다). 우리는 우리에게 열려 있는 다양한 경로 중에서 소수의 몇 가지에만 초점을 맞춘다(이것도 비전의 한 측면이다). 그다음에 우리가 이해하고 있는 바를 바탕으로 이런저런 접근을 시도하면서 실험하고 혁신한다. 그 과정에는 결함도 있을 것이고 비용도 발생할 것이며 어떤 사람들에게 큰 고통을 가하게 되는 등 의도치 않은 결과도 거의 틀림없이 발생할 것이다. 이를 고려해 해당 비전의 추구를 제어하거나 더 나아가서는 그 비전을 포기하는 것이 책임 있는 행동이라고 결정하는 것 또한 비전의 한 측면이다.

그렇다면 어떤 테크놀로지 비전이 지배적인 비전이 되는지는 무엇이 결정하는가? 물론 우리가 내리는 선택은 집합적인 지식을 가장 잘 사용할 수 있는 방법이 무엇일지를 고려해 내려지지만, 순전히 공학기술적 의미에서 무엇이 합리적인가가 꼭 결정적인 요소인 것은 아니다. 서로 다른 선택지는 서로 다른 집단에 이득을 가져다주므로 선택은 근본적으로 권력의 문제이며, 3장에서 보겠지만 특히 다른 이들을 자신의 비전 쪽으로 설득할 수 있는 권력의 문제다. 더 많은 권력을 가진 사람이 다른 이들을 자신의 관점 쪽으로 설득할 가능성이 크며, 대개 그 관점은 그들 자신의 이해관계와 부합할 것이다. 그리고 자신의 생각을 사회가 공유하는 비전의 자리에 올려놓을 수 있는 사람은 권력과 사회적 지위가 한층 더 높아질 것이다.

인류가 성취한 기념비적인 기술 진보에 너무 속지 말아야 한다. 공유된 비전은 우리를 덫에 빠뜨릴 수도 있다. 기업은 경영진이 판단하기에 수익을 가장 크게 높일 수 있다고 여겨지는 쪽에 투자한다. 가령 어느 기업이 새로운 컴퓨터를 도입하기로 했다면 이를 통한 매출 증가가 컴퓨터 구매에 들어간 비용을 충분히 상쇄하리라고 판단했다는 의미여야 한다. 하지만 공유된 비전이 행동을 이끄는 세계에서는 일이 꼭 그렇게 전개되지만은 않는다. 모두가 인공지능이 꼭 필요하다고 믿는다면 기업은 더 이득이 되게 생산을 조직할 다른 방법이 있더라도 인공지능에 투자하게 될 공산이 크다. 마찬가지로, 대부분의 연구자가 특정한 방식의 기계 지능을 개발하는 데 집중하고 있다면 다른 연구자도 신실하게, 때로는 맹목적으로 그 길을 따르게 될 것이다.

이 문제는 전기나 컴퓨터 같은 "범용 기술general-purpose technologies" 사용과 관련해 더 막중한 결과를 낳을 수 있다. 범용 기술은 수없이 많은 적용이 가능한 플랫폼을 제공하며 아주 많은 분야와 사람들에게 이득을 줄, 하지만 때로는 비용을 유발할 잠재력이 있다. 또한 이러한 플랫폼에서는 잠재적으로 매우 다양한 발전 경로들이 나올 수 있다.

전기는 단순히 값싼 에너지이기만 한 것이 아니었다. 전기는 라디오, 가전제품, 영화, TV 등 수많은 새로운 제품이 나올 수 있는 길을 닦았다. 전기 동력 기계들도 새로이 등장했다. 더 나은 조명, 개별 기계 각각에 직접 제공되는 동력 시스템, 새로운 정밀 작업과 기계 작업 등을 통해 공장 시스템의 근본적인 재구성도 가능해졌다. 전기를 기반으로 하는 제조업이 발달하면서 천연자원 및 화학물질, 화석연료 등 다른 산업에서 생산되는 투입 요소와 소매 및 교통 서비스에 대한 수요도 증가했다. 또한 신종 플라스틱, 염료, 금속, 차량과 같은 새로운 제품들이 나왔고, 이것들이 다시 다른 산업들에서 사용되었다. 그와 동시에, 전기는 제조 과정에서 훨씬 높은 수준의 오염이 발생할 수 있는 길도 닦았다.

범용 기술은 수많은 방식으로 발달해 갈 수 있지만, 공유된 비전이 특정한 방향으로 고착되면 그것을 깨고 나와 사회적으로 더 유익할 법한 대안적 궤적을 탐구하기가 어려워진다. 그리고 그러한 결정에 피해를 입게 될 사람들의 의견은 반영되지 않는다. 자연히 이는 진보의 방향이 지배적인 비전을 가지고 있는 강력한 의사결정자에게 유리하고 목소리를 낼 수 없는 사람들에게는 불리한 방식으로 사회적 편향성을 띠게 만든다.

사회신용체계social credit system를 도입하기로 한 중국 공산당의 결정을 생각해 보자. 사회신용체계는 개인, 기업체, 정부기관 등에 대해 방대한 데이터를 수집해 그들이 믿을 만한지와 규칙을 잘 지키는지를 추적하고자 한다. 2009년에 지역 단위에서 처음 시작되었지만 전국적으로 적용해 소셜미디어에 당이 선호하는 바에 어긋나는 글을 올린 개인이나 기업의 블랙리스트를 만들려는 목표를 가지고 있다. 14억 명에게 영향을 미칠 이 결정은 소수의 당 지도부가 내렸다. 사람들은 발언의 자유와 결사의 자유, 교육, 공공 기관 취업, 타 지역이나 해외로의 여행, 심지어는 공적 서비스를 이용하거나 주거지를 구할 가능성 등이 모두 이 시스템의 영향을 받게 되었지만 당 지도부는 이들의 의견을 수렴하지 않았다.

독재 국가에서만 벌어지는 일이 아니다. 2018년에 페이스북 창업자이자 CEO인 마크 저커버그Mark Zuckerberg는 사용자들에게 "의미 있는 사회적 상호작용"을 제공하기 위해 알고리즘을 수정할 것이라고 발표했다. 현실에서 이것이 의미한 바는 페이스북 알고리즘이 언론 기관이나 잘 확립된 기성 브랜드보다는 가족이나 친구 등 다른 사용자들이 올린 포스팅을 더 상위에 노출한다는 것이었다. 목적은 "사용자 관여user engagement"를 높이는 것이었는데, 이는 사람들이 자신이 아는 사람이 올린 포스팅에 관심을 더 보이고 클릭도 더 많이 하는 경향이 있음을 페이스북이 알게 되어서 내려진 결정이었다. 알고리즘을 바꾸고 나서 발생한 주요 결과 중 하나는 가짜 정보와 정치적 양극화의 증폭이었다. 거짓 정보나 오도의 소지가 있는 내용이 사용자에게서 사용자에게로 빠르게 확산되었기 때문이다. 이 변화는 페이스북 사용자(당시 약 25억 명이었다)에게만 영향을 미친 것이 아니었다. 페이스북을 사용하지 않는 수십억 명도 가짜 정보가 급속히 확산되어 정치가 쇠락하면서 간접적으로 영향을 받았다. 알고리즘을 바꾸기로 한 결정은 저커버그와 페이스북 최고운영책임자 셰릴 샌드버그Sheryl Sandberg 등 몇몇 최고위 경영자와 엔지니어가 내렸고, 이들은 페이스북 사용자들과 민주주의의 쇠락으로 영향을 받게 될 시민들의 의견을 묻지 않았다.

중국 공산당과 페이스북의 의사결정을 추동한 요인은 무엇이 었는가? 둘 다 과학과 테크놀로지 자체에 내재한 속성에 의해 내려진 결정은 아니었다. 자신의 경로를 거침없이 나아가는 진보의 행진이 반 드시 거치게 되는 다음 단계여서 나타난 일도 아니었다. 두 사례 모두 에서 우리는 [의사결정자의] 이해관계가 파괴적인 결과를 가져왔음을 볼 수 있다. 반대자를 억압하려는 이해관계, 그리고 온라인 광고 수입 을 늘리려는 이해관계와 같이 말이다. 사회가 어떻게 조직되어야 하고 무엇이 우선순위여야 하는가에 대한 지배층의 비전도 핵심적인 역할 을 했다. 하지만 더 중요한 것은 테크놀로지가 통제에 동원되었다는 점이다. 중국의 경우에는 사람들의 정치적 견해를 통제하기 위해, 페 이스북의 경우에는 사람들의 데이터와 사회적 활동을 통제하기 위해 테크놀로지가 사용되었다.

이것이 프랜시스 베이컨이 놓친, 그리고 275년의 인간 역사가 더 지나고 나서 H. W. 웰스가 깨달은 지점이다. 테크놀로지는 통제의 문제이며 자연에 대한 통제이기만 한 것이 아니라 인간에 대한 통제 이기도 하다는 점 말이다. 이는 단순히 기술 변화에서 어떤 이들이 다 른 이들보다 더 이득을 본다는 의미만이 아니다. 더 근본적으로, 이것 은 생산을 조직하는 서로 다른 방식이 일부 사람들의 부와 권력을 강 화하고 다른 사람들의 권력을 훼손한다는 의미다.

중국 공산당과 페이스북 이외의 수많은 다른 맥락에서도 이러 한 점들은 혁신의 방향을 생각할 때 마찬가지로 중요하다. 기업 소유 자와 경영자는 종종 자동화를 하고 싶을 것이고 노동자에 대한 감시 를 강화하고 싶을 것이다. 생산 과정을 더 많이 통제할 수 있고 임금 비용을 아낄 수 있으며 노동자의 권력을 약화시킬 수 있을 것이기 때문이다. 기업에서 이러한 수요가 발생하면 이는 발명가들이 자동화와 감시에 초점을 두어 연구를 하게 만드는 인센티브가 된다. 노동자 친화적인 기술을 개발하는 것이 생산을 늘리고 공유된 번영에 기여하는 데 더 나을 수 있을 때에도 말이다.

권력을 가진 사람들에게 유리한 비전에 사회가 단단히 홀려 있는 경우도 있을 수 있다. 그러면 그 비전은 기업계와 테크 분야의 지배층이 자신의 부와 정치 권력, 사회적 지위를 한층 더 높이려는 계획을 밀어붙이는 데 도움이 된다. 지배층은 자신에게 좋은 것이 곧 공공선에도 최선이라고 진심으로 믿고 있을 수도 있다. 어쩌면 자신의 고결한 경로가 모종의 고통을 유발한다 해도 진보를 위해 충분히 치를 가치가 있는 비용이라고까지 믿게 될 수도 있다. 고통을 겪고 비용을 떠맡게 된 사람들이 목소리를 내지 못할 때는 더욱 그럴 것이다. 이렇게 자기중심적인 비전으로 추동된 지배층은 매우 상이한 결과를 가져올 수 있는 상이한 경로들이 존재한다는 사실을 부인한다. 누군가가 대안적인 경로를 그들 앞에 제시하기라도 하면 그들은 격분할지도 모른다.

의견도 동의도 구하지 않은 채로 사람들에게 파괴적인 비전이 강요되는 것에 해법은 없는가? 테크놀로지의 사회적 편향을 막을 방도는 없는가? 앞으로도 우리는 고통은 무시하면서 과잉 확신에 찬 비전 하나가 지나가면 역시 고통은 무시하면서 과잉 확신에 찬 또 다른 비전이 들어서는 영원한 사이클에 갇혀 있을 수밖에 없는가?

그렇지 않다. 더 폭넓은 사람들의 목소리를 듣고 모든 이에게 미치게 될 영향을 두루 고려하는 포용적인 비전의 가능성을 보여주는 사례 또한 역사에서 찾아볼 수 있고, 따라서 우리에게는 희망을 가져도 좋을 만한 이유가 있다. 길항 권력이 생겨나서 기업계와 테크 분야의 지배층에게 [자신의 의사결정에 대해 설명할] 책무를 부과하고, 생산 방법과 혁신의 방향을 더 노동자 친화적인 쪽으로 밀고 갈 수 있다면 공유된 번영의 실현 가능성이 더 높아진다.

포용적인 비전이라고 해서 누군가가 얻는 이득이 다른 누군가가 겪는 비용을 정당화하느냐와 같은 까다로운 질문을 피해가는 것은 아니다. 하지만 포용적인 비전은 의사결정이 사회에 일으키게 될 결과 전체를 인식하고자 하며, 이득을 얻지 못하는 사람들의 목소리를 침묵시키지 않고자 한다.

이기적이고 협소한 비전으로 갈지 더 포용적인 무언가로 갈지도 "선택"이다. 이것은 길항 권력이 생겨날 수 있는 요인들이 있는지, 권력층이 아닌 사람들이 스스로를 조직해서 자신의 목소리를 낼 수 있는지에 달려 있다. 강력한 지배층의 비전에 갇히지 않으려면 대안적인 권력을 가지고 지배 권력에 대항할 방법을 찾아야 하며, 더 포용적인 비전으로 이기적인 비전에 저항하는 방법을 찾아야 한다. 그런데 안타깝게도 인공지능의 시대에 그렇게 하기가 점점 더 어려워지고 있다.

이번 것은 불이다

초기 인류의 삶은 불의 도래로 차원이 다르게 변모했다. 남아프리카의 동굴인 스와르트크란스 집결지Swartkrans에서 고대 유인원의 유골이 출토되었는데, 표범 아니면 곰 같은 맹수에게 잡아먹혀 죽은 것으로 추정되었다. 그 당시 먹이사슬의 꼭대기에 있던 포식자에게 인간은 쉬운 사냥감이었을 것이다. 우리 조상들에게 동굴 같은 어두운 곳은 특히나 위험해서 되도록 피해야 할 곳이었을 것이다. 그런데 같은 동굴에서 그보다 뒤인 약 100만 년 쯤 전의 것으로 보이는 그을음 자국과 함께 최초로 불을 사용한 흔적이 나타났다. 점차로 여기에서 발견된 고고학적 기록들은 사람과 동물 사이에 완전한 역전이 발생했음을 보여주었다. 이때 이후로는 [동물에게 잡아먹힌 사람뼈가 아니라 사람에게 잡아먹힌] 동물뼈가 주로 발견된 것이다. 불을 통제할 수 있게 되면서 원시 인류는 동굴을 장악할 수 있게 되었고, 다른 포식자 동물과의 권력 관계를 완전히 역전시킬 수 있었다.

지난 1만 년 동안 있었던 그 어떤 테크놀로지도 우리가 어떤 존재이며 무엇을 하는가의 모든 면에 불처럼 근본적인 영향을 미쳤다고 말할 수 없을 것이다. 그런데 이제 막상막하의 후보가 하나 나타났으니, 바로 인공지능AI이다. 적어도 인공지능을 맹렬히 촉진하는 사람들의 주장에 따르면 그렇다. 구글의 CEO 순다르 피차이Sundar Pichai는 이렇게 말했다. "AI는 인류가 해온 모든 일 중 가장 중요한 일일 것입니다. 저는 인공지능이 전기나 불보다도 더 근본적인 것이라고 생각합니다."

AI는 "지능적 기계"를 개발하려는 컴퓨터 과학 분야를 통칭하는 표현이다. "지능적"이라는 말은 고역량을 보여줄 수 있는 기계와 알고리즘(문제 해결을 위한 순차적 지시)을 말한다. 오늘날의 지능적 기계는 20년 전만 해도 많은 이들이 가능하리라고 상상하지 못했을 수많은 일을 수행한다. 안면 인식 소프트웨어, 내가 찾으려는 게 무엇인지 추측하는 검색엔진, 내가 좋아할 법한, 혹은 적어도 구매할 법한 물건을 소개하는 추천 시스템 등등 사례는 무궁무진하다. 또 최근에는 많은 시스템이 사람이 말이나 글로 제시하는 질문과 컴퓨터가 내놓는 답변 사이의 인터페이스에 이런저런 종류의 자연어 처리 테크놀로지를 사용하고 있다. 애플의 "시리"나 구글의 검색엔진은 날마다 전 세계에서 사용되는 AI 기반 시스템의 사례다.

인공지능의 열렬한 주창자들은 실로 인상적인 몇몇 성취들도 이야기한다. AI 프로그램들은 수천 개의 물체와 이미지를 인식할 수 있고 100개가 넘는 언어 사이에 기본적인 번역을 제공할 수 있다. 암 진단에도 도움을 준다. 경험 많은 금융 애널리스트보다 투자를 잘할 때도 있다. 변호사가 수천 건의 문서에서 진행 중인 사건과 관련된 판례를 찾아낼 수 있게 돕기도 한다. 자연어로 제시된 지시를 컴퓨터 코드로 변환할 수도 있다. 요한 제바스티안 바흐Johann Sebastian Bach가 작곡한 것과 으스스하도록 비슷하게 들리는 음악도 작곡할 수 있고 (밋밋한) 신문 기사를 작성할 수도 있다.

2016년에 AI 회사 딥마인드가 내놓은 "알파고"는 세계 최고의 바둑 기사 중 한 명과 대결해 승리했다. 이듬해에 나온 체스 프로그램 "알파제로"는 어떤 체스 마스터와 대결해도 이길 수 있다. 알파제로는 스스로 학습하는 프로그램인데, 놀랍게도 자신을 상대로 게임을 한 지 9시간 만에 인간을 초월하는 실력에 도달했다.

이러한 승리에 고무되어 AI가 우리 삶의 모든 면에 좋은 쪽으로 영향을 미치리라는 가정이 널리 퍼졌다. AI가 인간을 더 풍요롭고 건강하게 해주고 그 밖에 여러 고고한 목적을 달성할 수 있는 역량도 훨씬 더 키워주리라고 말이다. 최근에 이 주제를 다룬 어느 책은 부제에서 "인공지능이 모든 것을 변모시킬 것"이라고 선언했다. 구글 중국의 전 회장인 리카이푸Lee, Kai-Fu는 "인공지능이 인류 역사에서 가장 변혁적인 테크놀로지일지도 모른다"고 말했다.

하지만 성배에 담긴 성수에 파리가 빠져 있으면 어떻게 하는가? AI가 우리 대부분이 생계를 의지하고 있는 노동시장을 근본적으로 교란해서 임금과 노동의 불평등이 확대되면 어떻게 하는가? AI의 주된 영향이 생산성을 높이는 것이 아니라 권력과 풍요를 평범한 사람들에게서 데이터를 통제하고 기업의 핵심 의사결정을 내리는 사람들에게로 이동시키는 것이면 어떻게 하는가? 그 길에서 개도국의 수십억 인구를 더 가난해지게 만들면 어떻게 하는가? AI가 피부색 등에 기반한 기존의 편견을 강화하면 어떻게 하는가? AI가 민주적 제도와 기관들을 파괴하면 어떻게 하는가?

이 모두가 실제로 우려해야 할 일임을 보여주는 사례가 점점 많이 쌓이고 있다. AI는 산업화된 나라에서만이 아니라 세계 모든 곳에서 불평등을 증폭시키는 경로로 기울어져 있는 것으로 보인다. 또한 AI는 테크 기업들과 권위주의적 정부가 수집하는 방대한 데이터에서 연료를 공급받아 민주주의를 질식시키고 독재를 강화하고 있다. 9장과 10장에서 살펴보겠지만, 현재로서 AI는 생산력 향상에는 그다지 기여하지 못하면서도 경제를 근본적으로 바꾸어 놓고 있다. 모든 것을 종합해 볼 때, AI에 대해 오늘날 새로이 솟고 있는 열광은 익숙한 테크노-낙관주의의 강화된 버전이라고 볼 수 있을 것 같다. AI 테크놀로지가 자동화와 감시, 그리고 이미 디지털 세계에 에워싸여 버린 평범한 사람들의 권력을 약화하는 데 초점을 두고 있다는 점은 아랑곳없이 말이다.

대부분의 테크놀로지 리더들은 이와 같은 우려를 진지하게 생각하지 않는다. 우리는 AI가 기본적으로 득이 되리라는 이야기를 주구장창 듣는다. 교란이나 파괴가 발생한다면 그것은 불가피하게 발생하는 단기적인 문제이며 쉽게 고쳐질 것이라고 한다. 여기에서 패자가 발생한다면 해법은 더 많은 AI라고 한다. 딥마인드의 공동 창업자 데 미스 하사비스Demis Hassabis는 AI가 "이제까지 발명된 테크놀로지 중 가장 중요한 것"이 되리라고 생각할 뿐 아니라 AI가 "어떻게와 왜를 질 문할 수 있는 우리의 역량을 더욱 깊어지게 함으로써 지식의 변경을 넓히고 전적으로 새로운 과학적 발견 경로의 빗장을 풀면서 수십억 명의 삶을 더 나아지게 할 것"이라고 확신한다.

하사비스만이 아니다. 수많은 전문가들이 이와 비슷한 주장을 편다. 중국의 인터넷 검색업체 바이두의 공동 창업자이자 몇몇 AI 벤 처에 투자한 투자자인 로빈 리Robin Li는 이렇게 말했다. "지능 혁명은 생산과 라이프스타일에서의 해롭지 않은 혁명이며 우리가 생각을 하 는 방식에서의 혁명이기도 하다."

많은 이들이 이보다 한발 더 나아갔다. 저명한 경영자, 발명가 이자 저자인 레이 커즈와일Ray Kurzweil은 AI 관련 기술이 "초超지능" 혹 은 "특이점"을 향해 가고 있다고 자신 있게 선포했다. 우리가 한계 없 는 번영에 도달해 물질적 목적을 모두 달성하고 몇몇 비물질적 목적 까지도 달성하게 되는 지점을 의미한다. 커즈와일은 AI 프로그램이 인 간의 역량을 너무나 많이 초월해서 그것 자체가 초인적인 역량을 산 출하거나, 더 환상적으로는 인간과 결합해 초인을 만들게 될 것이라고 내다본다.

공정하게 말하자면, 모든 테크놀로지 리더들이 이와 같은 낙관 과 확신에 넘치는 것은 아니다. 억만장자 빌 게이츠와 일론 머스크는 배열이 어긋난, 어쩌면 사악한 초지능과 통제를 벗어난 AI의 발달이 인류의 미래에 미칠 영향에 대해 우려를 표명해 왔다. 하지만 "세계 최대 부자"라는 타이틀이 붙곤 하는 두 사람 모두 하사비스, 리, 커즈와일 같은 사람들과 한 가지 점에서는 의견이 일치한다. 대부분의 테크놀로지는 좋은 것이며, 인간의 문제들을 해결하기 위해 우리는 테크놀로지, 특히 디지털 테크놀로지에 의존할 수 있고 의존해야만 한다는 것이다. 하사비스는 이렇게 말했다. "인간 행동이 기하급수적으로 향상되거나, 즉 인간이 획기적으로 이기심을 줄이고 단기적인 시각에 덜 매몰되고 더 협업적이고 더 너그러워지거나, 아니면 테크놀로지가 기하급수적으로 향상되는 것이 필요해질 것이다."

이러한 미래주의자들은 테크놀로지의 변화가 "언제나" 진보일지는 질문하지 않는다. 그들은 사회적 문제들에 대한 해답은 당연히 더 많은 테크놀로지라고 여긴다. 처음에 뒤로 밀려나게 될 수십억 명에 대해서는 조급하게 걱정하지 않아도 된다고 한다. 밀려난 사람들도 곧 이득을 얻게 될 것이기 때문이라는 것이다. 진보의 이름으로 우리는 계속해서 행진해 나가야 한다고 한다. 링크드인 공동 창업자 리드 호프만Reid Hoffman은 이렇게 말했다. "우리가 향후에 안 좋은 20년을 지나게 될 수도 있을까? 물론 있다. 하지만 당신이 진보를 향해 일하고 있다면 당신의 미래는 현재보다 나을 것이다."

프롤로그에서 보았듯이, 테크놀로지의 유익한 힘에 대한 믿음은 새로운 것이 아니다. 프랜시스 베이컨의 주장과 인류의 불 사용에 대한 이야기에서처럼 우리는 테크놀로지가 자연과 우리의 관계를 역전시켜 줄 것이라고 믿곤 한다. 불 덕분에 인간은 약해 빠진 사냥감이 아니라 지구상에서 가장 포악하고 파괴적인 포식자가 되었다. 우리는 다른 수많은 테크놀로지도 이와 동일한 렌즈로 본다. 바퀴를 발명해 거리를 정복했고 전기를 발명해 어둠을 정복했고 의약 기술을 발명해 질병을 정복했다는 식으로 말이다.

이 모든 주장과 달리, 선택된 경로가 모든 이에게 혜택을 주리라고 가정하지 말아야 한다. 생산성 밴드왜건은 종종 허약하며 저절로 생겨나는 것도 아니기 때문이다. 우리가 오늘날 목도하고 있는 것은 공공선을 향해 멈추지 않고 전개되는 진보가 아니라 강력한 테크놀로지 리더들이 공유하는 비전이 발휘하는 영향력이다. 그들의 비전은 자동화, 감시, 대규모 데이터 수집에 초점을 맞추고 있으며, 공유된 번영을 훼손하고 민주주의를 약화시키고 있다. 또한 그들의 비전은 소수 지배층의 부와 권력을 증폭시키는 동시에 대부분의 평범한 사람들을 희생시키는데, 이것은 우연이 아니다.

이러한 과정은 이미 새로운 "비전 과두 귀족"을 출현시켰다. 동일한 배경과 비슷한 세계관, 비슷한 야망을 가진, 그리고 불행히도 비슷한 사각지대를 가진 소수의 테크놀로지 리더들을 말한다. "과두 귀족"이라고 일컫은 이유는, 동일한 사고방식과 태도를 가진 소수로 구성된 배타적인 집단이 사회적 권력을 독점하고서 그 권력이 목소리를 내지 못하는 사람들에게 미치는 파괴적인 영향은 무시하고 있다는 의미에서다. 이들이 사회 전반적으로 지배력을 유지할 수 있는 힘은 탱크나 로켓에서 나오는 것이 아니라 권력의 회랑에 접할 수 있고 여론에 영향을 미칠 수 있다는 점에서 나온다.

비전 과두 귀족은 실제로 놀라운 경제적 성공을 거둔 사람들이기 때문에 너무나 설득력 있어 보인다. 새로운 테크놀로지, 특히 기하급수적으로 증가하는 인공지능의 역량이 막대한 풍요와 자연에 대한 막강한 지배를 가져다주리라는 내러티브도 이들의 설득력을 강화한다. 비전 과두 귀족은, 특유의 약간 책벌레 같은 방식으로, 카리스마가 있다. 가장 중요하게 이들 현대판 귀족은 저널리스트, 여타의 기업계 인사, 정치인, 학자, 모든 종류의 지식인 등 대중의 견해를 구성하고 관리하는 사람들을 잘 홀린다. 중요한 주장들이 논의될 때면 비전 과두 귀족은 언제나 테이블에 앉아 있고 언제나 마이크를 앞에 두고 있다.

현대판 과두 귀족을 제어하는 것은 매우 중요하며, 이는 꼭 우리가 벼랑에 서 있어서 그런 것만은 아니다. 지금이 우리가 행동에 나서야 할 때인 이유는 그들이 한 가지 면에서는 옳았기 때문이다. 우리가 사용할 수 있는 놀라운 도구가 있고 디지털 테크놀로지가 인류가 해낼 수 있는 것의 범위를 크게 증폭시켜 줄 수 있으리라는 점 말이다. 하지만 이는 그러한 도구를 사람들에게 이롭게 사용하기로 선택해야만 가능한 일이며, 우리가 현재의 글로벌 테크 지배층 사이에 널리 받아들여지고 있는 세계관에 도전하지 않는다면 그런 일은 벌어지지 않을 것이다. 그들의 세계관은 역사에 대해, 그리고 혁신이 인간에게 어떻게 영향을 미치는지와 관련해 역사가 말해주는 함의에 대해 특정한 종류의 부정확한 해석을 토대로 하고 있다. 우리는 그 역사를 다시 평가해 보는 데서 논의를 시작하고자 한다.

이 책의 내용

이 책의 나머지 부분에서는 1장에서 소개한 개념을 더 상세히 개진하고 지난 1000년간 벌어진 사회적·경제적 발달 과정을 재해석할 것이다. 우리는 그러한 발달 과정을 테크놀로지의 방향과 진보의 종류를 두고, 또한 누가 승자가 되고 누가 패자가 되며 왜 그래야 하는지를 두고 벌어졌던 투쟁의 결과로 해석하고자 한다. 우리의 초점이 테크놀로지이므로 논의의 대부분은 가장 중요하고 큰 영향을 남긴 기술적 변화가 있었던 곳 위주로 전개했다. 따라서 농업에서는 서유럽과 중국, 산업혁명에서는 영국과 미국, 디지털 테크놀로지에서는 미국과 중국에 집중했다. 또한 우리는 논의 전반에서 때로는 나라마다 상이한 선택을 내린다는 점과 주요 경제권의 테크놀로지가 다른 곳들의 의지에 의해, 또는 강제적으로 전 세계에 퍼져나가면서 세계의 나머지 지역에 어떤 영향을 미치는지에도 주목했다.

2장("운하의 비전")은 굉장히 성공적이었던 비전이 어떻게 우리를 탈선의 길로 떨어뜨릴 수 있는지 보여주는 역사적 사례를 살펴본다. 수에즈 운하 건설에서 프랑스 엔지니어들이 거둔 괄목할 만한 성공은 동일한 개념을 파나마에서 적용하려고 했을 때 발생한 대대적인 실패와 극적으로 대비된다. 페르디낭 드 레셉스Ferdinand de Lesseps는 수만 명의 투자자와 엔지니어를 성공적으로 설득해 파나마에서도 갑문 없이 해수면 높이의 운하를 짓는다는 비현실적인 기획에 투자하게 했고, 이는 2만 명 이상이 사망하고 훨씬 더 많은 사람이 재정적인 재앙에 빠지는 결과로 이어졌다. 이것은 그 어떤 테크놀로지의 역사에도 경종을 울릴 수 있는 사례다. 거대한 재앙은 강력한 비전에 뿌리가 있는 경우가 많고, 그 비전은 과거의 성공에 뿌리가 있는 경우가 많다.

3장("설득 권력")은 테크놀로지와 관련된 문제와 사회적인 문제들에 대해 중요한 의사결정을 내릴 때 설득 권력이 갖는 핵심적인 역할을 강조한다. 우리는 설득 권력이 정치적 제도들과 의제를 설정하는 능력에서 나온다는 점과 길항 권력 및 더 폭넓은 사람들의 목소리를 통해 과잉 확신에 찬 이기적인 비전의 고삐를 잡을 수 있다는 점을 살펴볼 것이다.

4장("비참함의 육성")은 우리 접근 방식의 주요 개념을 신석기 시대 정착 농경의 시작에서부터 중세와 근대 초기의 토지 운영과 생산 방식에서 벌어진 주된 변화에 이르기까지, 농업 기술의 진화 과정에 적용한다. 이 시기들에 획기적인 기술 변화가 있었지만 자동적으로 진보의 밴드왜건이 발생했다는 증거는 찾을 수 없었다. 농업에서 벌어진 굵직한 기술적 전환은 소수의 지배층을 더 부유하고 강력해지게 만들었을 뿐 농촌의 노동자들에게는 거의 이득을 가져다주지 못했다. 농민들에게는 정치적·사회적 권력이 없었고 테크놀로지의 발달 경로는 지배층의 협소한 비전을 따라갔다.

5장("중간 정도의 혁명")은 세계 역사상 가장 중요한 경제적 전환이라 불러도 과언이 아닐 산업혁명을 재해석한다. 산업혁명에 대해서는 많은 저술이 나와 있지만, 담대하게 계층 상승을 꿈꾸게 된 새로운 중간 계층, 기업인, 사업가 사이에 공유되었던 비전은 충분히 강조되지 않은 경우가 많다. 이들 새로운 계층의 견해와 열망은 16세기와 17세기부터 잉글랜드에서 "중간 정도" 계층 출신인 사람들에게 역량과 권한을 강화해 주기 시작한 제도적 변화에 뿌리를 두고 있었다. 그러나 [소박한 배경 출신이지만] 부와 사회적 지위를 높이고자 했던 새로운 사람들의 야망에 의해 산업혁명이 추동되긴 했어도, 그들의 야망 또한 "포용적"이라고 말할 수 있는 것과는 거리가 멀었다. 우리는 정치적·경제적 제도의 변화가 어떻게 생겨났는지 살펴보고, 자연이 어떻게 통제될 수 있으며 누구에 의해 통제될 수 있는지에 대해 새로운 개념을 불러오는 데 그러한 제도적 변화가 결정적으로 중요했음을 알아볼 것이다.

6장("진보의 피해자")은 이 새로운 비전이 낳은 결과로 초점을 돌려 산업혁명의 첫 국면에 어떻게 대부분의 사람들이 더 궁핍해지고 역량이 약화되었는지 알아보고, 이것이 자동화로 치우친 테크놀로지 편향의 결과이자 테크놀로지 선택 및 임금 결정 과정에 노동자의 목소리가 부재했던 것의 결과였음을 설명할 것이다. 대부분의 사람들은 산업화로 경제적인 생계뿐 아니라 건강과 자율성에도 피해를 입었다. 이 끔찍한 상황은 19세기 후반에 평범한 사람들이 스스로를 조직해 정치적·경제적 개혁을 요구하며 압력을 넣을 수 있게 되면서 달라진다. 이로써 생겨난 사회적 변화는 테크놀로지의 방향을 바꾸었고 노동자들의 임금을 밀어올렸다. 이것은 "공유된 번영"의 작은 승리였을 뿐이고 그 이후로도 서구 국가들은 공유된 번영을 달성하기 위해 테크놀로지와 제도의 배열을 둘러싸고 기나긴 투쟁의 경로를 가게 된다.

7장("투쟁으로 점철된 경로")은 테크놀로지의 방향과 임금 설정, 그리고 더 일반적으로 정치를 둘러싸고 벌어진 힘겨운 투쟁이 서구가 경험한 가장 놀라운 경제 성장의 토대가 되었음을 살펴본다. 제2차 세계대전 이후 30년 동안 미국 등 산업화된 국가들은 매우 빠른 경제 성장을 경험했고 그 과실은 대부분의 인구 집단 사이에 광범위하게 공유되었다. 경제 영역에서의 이러한 추세는 교육의 확대, 의료의 확대, 수명의 증가와 같은 여타의 사회적 발전과 나란히 이루어졌다. 또한 7장에서는 테크놀로지의 변화가 어떻게 해서 자동화만 가져온 것이 아니라 노동자들에게 새로운 기회도 창출해 줄 수 있었는지, 그리고 어떻게 이것이 길항 권력을 강화시킨 제도에 토대를 두고 있었는지 살펴볼 것이다.

8장("디지털 피해")에서는 현대로 넘어와서, 어떻게 우리가 길을 잃고 전후 몇십 년간 존재했던 공유된 번영의 모델을 저버리게 되었는지 살펴본다. 상황이 180도로 달라지게 된 핵심 요인은 테크놀로지의 방향이 노동자들에게 새로운 업무와 기회를 창출해 주는 데서 멀어져 자동화와 노동 비용 감소에 집중하게 되었다는 데 있다. 이러한 방향 전환은 불가피한 일이 아니었다. 그보다는 노동자, 노조, 정부 규제 등이 만들어 내는 압력이 부족해서 생긴 일이었다. 그리고 이와 같은 사회적 추세는 공유된 번영이 훼손되는 결과를 가져왔다.

9장("인공 투쟁")은 1980년 이후 우리를 공유된 번영의 길에서 탈선시킨 비전이 우리가 디지털 테크놀로지와 인공지능의 향후 국면을 어떻게 인식하는지에도 변화를 가져왔음을 살펴보고, 그 비전하에서 인공지능이 어떻게 경제적 불평등의 경향을 심화시키고 있는지도 알아본다. 테크 분야의 수많은 리더들이 주장하는 것과 달리, 현재의 인공지능 테크놀로지는 인간이 수행하는 대부분의 업무에서 기껏해야 미미한 이득만 가져다주었을 뿐이다. 게다가 인공지능이 노동자를 감시하는 데 쓰이면 불평등을 증폭시키는 데에만 그치지 않고 노동자의 역량과 권력도 약화시킨다. 더 심각하게, 자동화를 전 세계에 수출하면서, 인공지능의 현재 경로는 개도국에서 지난 수십 년 동안 이뤄온 경제적 성과를 도루묵으로 만들게 될지도 모른다. 이 중 어느 것도 꼭 그래야만 하는 불가피한 일이 아니다. 오히려 인공지능과 기계 지능에 대한 현재의 강조는 디지털 테크놀로지가 발달해 갈 수 있는 수많은 경로 중 매우 특정한 한 가지 경로일 뿐이다. 이 경로는 소수에게만 막대한 이득을 주고 나머지 사람들은 뒤로 밀려나게 하는 쪽으로 근본적인 분배 효과를 일으킨다. "기계 지능"에 초점을 두기보다 "기계 유용성"을 향해 노력하는 것이 더 좋은 결실을 가져다줄 것이다.

62

"기계 유용성machine usefulness"이란 기계가 이를테면 노동자의 역량을 보완함으로써 인간에게 유용해질 수 있는 방법을 의미한다. 또한 우리는 과거에 "기계 유용성"이 추구되었을 때 디지털 테크놀로지가 매우 생산적으로 적용될 수 있었지만 기계 지능과 자동화를 추구하는 쪽으로 기울면서 그러한 접근이 점점 더 밀려나게 되었음을 보게 될 것이다.

10장("민주주의, 무너지다")은 인공지능을 사용한 대규모 데이터 수집으로 정부와 기업이 시민에 대한 감시를 강화할 수 있게 되면서 우리가 한층 더 심각한 문제에 직면하게 되었음을 살펴본다. 그와 동시에, 인공지능으로 돌아가는 광고 기반 비즈니스 모델이 가짜 정보를 쏟아내고 극단주의를 증폭시키고 있다는 점도 살펴볼 것이다. 인공지능의 현재 경로는 경제에도 좋지 않고 민주주의에도 좋지 않으며, 불행히도 이 두 문제는 서로를 강화한다.

11장("테크놀로지의 경로를 다시 잡기")은 이와 같은 해로운 경향을 어떻게 돌릴 수 있을지 개괄하면서 이 책의 결론을 갈음한다. 우리는 테크놀로지 변화의 방향을 다시 잡을 수 있는 표준적인 방법을 제시했으며, 여기에는 내러티브를 바꾸고, 길항 권력을 일구고, 테크놀로지의 사회적 편향이 야기하는 구체적인 측면들을 다루기 위해 기술적·규제적·정책적 해법을 개발하는 것이 포함된다.

2장

은하의 비전

행복한 신들의 시기심을 깨우지 않게 조심조심 걸어라. 자만을 피해라.

−C. S. 루이스C. S. Lewis, "감옥에서 나온 상투어A Cliché Came Out of Its Cage" 1964년

위원회가 갑문 운하를 짓기로 결정했다면 나는 일어나서 모자를 쓰고 집에 돌아갔을 것입니다.

−페르디낭 드 레셉스, 1880년, 파나마 운하 건설 계획에 대해 이야기하며

1879년 5월 23일 금요일, 페르디낭 드 레셉스는 파리에서 열린 "대양 간 운하 연구를 위한 국제회의Congrès International d'Études du Canal Interocéanique" (이하 '파리 국제회의'로 표기)에서 발언을 하기 위해 자리에서 일어났다. 이 시대의 가장 야심 찬 건설 프로젝트를 진행할 최적의 방법을 논의하기 위해 전 세계의 전문가가 모인 참이었고, 그 프로젝트는 중앙아메리카를 가로지르는 운하를 건설해 대서양과 태평양을 연결하는 것이었다.

그보다 며칠 전이던 회의 첫날, 레셉스는 그가 선호하는 계획을 이야기했고 그렇게 정해질 것이라고 확신했다. 그가 미는 계획은 [갑문을 두지 않은] 해수면 수위의 운하를 파나마에 짓는 것이었다. 레셉스는 첫날 회의를 다음과 같은 재치 있는 말로 맺었다고 전해진다. "신사 여러분, **아메리칸 스타일로** 빠르게 가시지요. 다음 주 화요일이면 다 통과되어 있게 합시다."

미국 대표단은 이 농담을 재미있어 하지 않았다. 이들은 니카라과에 운하를 짓는 안을 밀고 있었다. 이들의 분석에 따르면, 니카라과 운하 쪽이 공학적으로나 경제적으로나 장점이 더 많았다. 또한 미국 대표단뿐 아니라 회의에 참석한 다른 많은 전문가들도 갑문 없는 해수면 높이의 운하가 중앙아메리카의 어느 지역에서도 현실성이 있으리라고 확신하지 못했다. 그래서 다른 안들을 더 진지하게 고려해야 한다는 요구가 여러 차례 나왔지만 레셉스는 완강했다. 운하는 파나마에 지어져야 했고, 갑문을 하나도 두지 않고 해수면 높이에서 배가 지나가도록 지어져야 했다.

레셉스를 이끄는 비전은 그가 굳게 믿고 있던 세 가지 신조에 뿌리를 두고 있었다. 첫째는 19세기판 테크노-낙관주의였다. 그는 진보란 모든 이에게 득이 되며 대양 간 운하 건설은 물자를 세계 곳곳에 실어나르는 데 드는 시간을 획기적으로 줄여줌으로써 진보를 추동하는 프로젝트가 되리라고 생각했다. 또한 이러한 인프라의 건설은 당대의 기술 발전을 가장 중요하게 적용하는 프로젝트가 될 것이었고, 레셉스는 그 과정에서 어떤 장애물이 나타나든지 간에 과학과 기술이 달려와서 구제해 줄 것이라고 믿었다. 둘째는 시장에 대한 믿음이었다. 규모가 아무리 큰 프로젝트라도 민간 자본으로 자금을 충당할 수 있으며, 프로젝트에서 나오는 수익으로 투자자들이 이득을 얻으면 이것 또한 공공선에 복무하는 한 가지 방법이 될 터였다. 셋째는 그가 보지 않은 사각지대와 관련이 있는데, 레셉스는 유럽의 우선순위에만 관심을 두었을 뿐 비유럽인의 운명은 중요하게 고려하지 않았다.

레셉스의 사례는 한 세기 반 전의 일이지만 우리 시대의 디지털 테크놀로지를 이해하는 데도 시사점을 준다. 이 이야기는 강력하고 설득력 있는 비전이 어떻게 사회의 지배적인 비전의 자리에 등극하는지, 그리고 그것이 어떻게 테크놀로지의 최전선을 밀어붙여 확장하는지 보여준다. 좋은 쪽으로도, 때로는 나쁜 쪽으로도 말이다.

레셉스는 프랑스의 많은 기관에서 지지를 받았고 한때는 이집트 당국의 지지도 받았다. 그가 굉장한 설득력을 가질 수 있었던 이유는 수에즈에서 대대적으로 성공을 거둔 경험이 있었기 때문이었다. 그는 프랑스 투자자들과 이집트 당국이 수에즈 운하에 대한 그의 계획을 받아들이도록 성공적으로 설득했고, 프로젝트의 진행 과정에서 봉착하게 될 어떤 난제도 새로운 테크놀로지가 나타나 해결해 줄 수 있다는 것을 실제로 보여주었다.

하지만 성공의 정점에 있었을 때도 레셉스가 상정한 진보가 모두를 위한 것이지는 않았다. 수에즈 운하 건설 현장에서 일해야 했던 이집트 노동자들은 이 기술적 위업의 수혜자가 될 법하지 않았고, 레셉스의 비전은 그들의 고통에 전혀 영향을 받는 것 같지 않았다.

파나마 프로젝트는 강력한 비전이 어떻게 그들 자신의 기준으로 보더라도 대대적으로 실패할 수 있는지도 보여준다. 레셉스는 확신과 낙관에 사로잡혀서 파나마에서 나타난 어려움을 인정하려 하지 않았다. 다른 모든 사람에게는 그 어려움이 너무나 명백하게 보이는 상황에서도 말이다. 프랑스 건설 공학은 기가 죽을 수밖에 없는 대실패를 겪었고 투자자들은 돈을 날렸으며 2만 명이 넘는 사람들이 헛되이 목숨을 잃었다.

우리는 동양으로 가야만 합니다

1798년 초, 28세의 사령관 나폴레옹 보나파르트Napoleon Bonaparte는 이탈리아에서 오스트리아군을 막 패퇴시켰다. 이제 그는 다음번의 커다란 모험을 찾고 있었고 프랑스의 공공의 적 1호인 대영 제국의 코를 납작하게 눌러줄 수 있는 것이면 금상첨화일 터였다.

　　프랑스의 해군력이 영국 자체를 침략하기에는 역부족이었으므로 나폴레옹은 영국이 중동 지역에서 누리던 이득에 타격을 주고 아시아로 가는 새로운 교역로를 뚫는 방안을 제시했다. 게다가 한 동료에게 말했듯이 그는 "모든 위대한 영광은 언제나 동양에서 획득되었으므로 우리는 동양으로 가야만 한다"고 생각했다.

　　"동양"은 유럽이 야망을 펼칠 수 있는 무대였다. 또한 "뛰어난 우리가 너희를 도와주겠노라"식 견해에 따르면 프랑스가 이집트를 침공하는 것은 이집트의 근대화를 돕는 일이 될 터였다(혹은 적어도 그렇다는 논리로 정당화할 수 있을 터였다).

　　1798년 7월에 피라미드에서 그리 멀지 않은 곳에서 2만 5,000명의 나폴레옹 군대가 맘루크의 정예 기병대 6,000명과 이들을 지원하는 1만 5,000명의 보병대에 맞닥뜨렸다. 맘루크인들은 고대 노예 전사의 후손으로, 중세부터 이집트를 통치해 온 지배층이었다. 전사 귀족인 이들은 맹렬하고 무시무시한 전투 기술로 유명했고, 각각의 기병이 완전무결한 복식을 하고 카빈 총 한 자루와 두세 자루의 권총, 창 여러 자루, 그리고 초승달 모양의 칼인 시미타 한 자루로 무장하고 있었다.

　　맘루크 군의 위용은 압도적이고 무시무시했다. 하지만 경험 많은 나폴레옹의 보병 군단은 방진을 구성하고 이동식 대포를 사용해 맘루크의 공격을 가볍게 누르고 승리했다. 맘루크는 수천 명의 병사를 잃은 반면 프랑스의 피해는 사망자 29명과 부상자 260명이었다. 곧 수도 카이로가 빠르게 함락되었다.

이집트 사람들이 원했든 아니든 간에 나폴레옹은 이집트에 새로운 아이디어들을 가져왔다. 나폴레옹의 이집트 원정단에는 가장 오랜 고대 문명인 이집트 문명을 연구하기 위해 파견된 167명의 학자와 과학자도 포함되어 있었다. 이들의 연구는 1809년에서 1829년 사이에 무려 23권짜리인 『이집트에 대한 묘사Description de l'Égypte』로 출간되었고 이로써 현대 이집트학이 시작되었으며 많은 유럽인들이 이집트에 한층 더 매료되었다.

프랑스 정부가 나폴레옹에게 맡긴 임무 중에는 홍해와 지중해를 연결하는 운하의 건설 가능성을 알아보는 것도 있었다.

동양 원정군의 사령관은 이집트를 점령하고 영국인이 동양에서 가진 모든 것으로부터 영국인을 몰아내라. 홍해의 영국인 정착지를 파괴하라. 연후에, 수에즈 지협을 깎아내고 모든 필요한 조치를 취해서 프랑스 공화국이 홍해에 자유롭고 배타적으로 접근할 수 있게 하라.

나폴레옹은 이집트 사막을 탐험하고서 고대에 쓰이던 운하의 제방으로 이어지는, 오랫동안 사용되지 않아 방치된 길을 우연히 발견하게 된 것으로 보인다. 프랑스 전문가들이 고대 운하의 남아 있는 흔적을 조사했고 이 운하가 지난 600년 동안에는 사용되지 않았지만 과거 수천 년간 간헐적으로 사용되어 왔음을 알아냈다. 또 얼마 후에 그들은 홍해와 지중해를 가로막고 있는 지협의 폭이 100마일[약 160킬로미터]도 되지 않는다는 기본적인 지리적 사실을 알아냈다.

전에 사용되었던 경로는 작은 운하들을 거쳐 나일강으로 들어가는 간접적인 경로였다. 홍해에 면한 수에즈 북부에서부터 지협의 중간 지점쯤에 있는 비터 호수까지 올라간 뒤 서쪽의 나일강으로 들어가는 경로였고, 남북을 직접 잇는 경로는 시도된 적이 없었다. 아무튼 유럽의 전쟁과 영광의 추구로 관심이 넘어가면서 남북을 직접 연결하는 운하 프로젝트는 한 세대 동안이나 선반에 처박혀 있었다.

자본의 유토피아

레셉스의 비전을 이해하려면 프랑스의 사회개혁가 앙리 드 생시몽 Henri de Saint-Simon과 그의 열렬한 추종자들이 설파한 사상을 알아보아야 한다. 귀족 출신 저술가인 생시몽은 인간의 진보가 과학적 발명과 새로운 아이디어를 산업에 적용함으로써 추동된다고 보았다. 하지만 그는 이러한 진보에는 올바른 리더십이 반드시 필요하다고 생각했다. "모든 계몽된 국민은 재능 있는 사람에게 가장 높은 사회적 지위가 주어져야 한다는 견해를 받아들일 것이다."

권력은 귀족인 본인의 집안도 포함하는 "게으름뱅이"(생시몽의 표현이다)가 아니라 노동으로 생활해 가는 사람들, 그중에서도 "재능 있는 사람"들이 가져야 했다. 그는 이러한 능력본위주의가 자연스럽게 산업과 기술의 발달을 촉진할 것이고, 그 결과로 달성될 번영이 프랑스만이 아니라 전 세계적으로 폭넓게 공유될 수 있으리라고 생각했다. 어떤 이들은 생시몽을 초창기 사회주의자라고 묘사하기도 하지만, 생시몽은 사유재산과 자유로운 기업 활동의 중요성을 굳게 믿는 사람이었다.

생전에는 거의 주목을 받지 못했지만 1825년에 사망하고 얼마

지나지 않아 생시몽의 사상이 세를 얻기 시작했다. 부분적으로는 바르텔르미 프로스퍼 앙팡탱Barthélemy Prosper Enfantin이 생시몽의 저술을 읽고 열렬한 사도가 되어 전도에 나선 덕분이었다. 명문 공대인 에콜 폴리테크니크를 졸업한 앙팡탱은 뛰어난 젊은 엔지니어들을 휘하에 불러모았다. 이들은 산업과 기술에 대한 생시몽의 믿음을 종교 신조급으로 신봉했다.

운하, 그리고 나중에는 철도가 그들이 그 신조를 적용한 주요 영역이었다. 앙팡탱은 이러한 종류의 투자가 기업에 의해 조직되고 민간 자본으로 충당되어야 한다고 생각했다. 정부의 역할은 프로젝트 진행에 필요한 "이권"을 양허하는 것, 즉 투자자들이 매력적인 수익을 올리기에 충분한 기간 동안 해당 인프라를 짓고 운영할 권리를 주는 것으로만 한정되어야 했다.

생시몽과 앙팡탱 이전에도 운하는 오랫동안 유럽 사람들의 꿈이었다. 앙시앵 레짐ancien régime[프랑스 대혁명 이전의 구체제] 시기에 프랑스의 가장 유명한 공학적 성취는 미디 운하Canal du Midi였다. 1681년에 개통된 240킬로미터 길이의 운하로, [갑문을 통해] 해발 약 190미터 높이까지 올라가면서 툴루즈와 지중해를 연결했다. 미디 운하로 대서양과 지중해 사이에 최초로 직접적인 수상 운송이 가능해졌고 이는 선박의 이동 시간을 크게 줄여주었다.

18세기 후반기에 영국에서는 "교통 혁명"이 초기 산업화에 불을 지피고 있었다. 수십 개의 운하가 지어져 잉글랜드의 강들을 바다로 연결했다. 북미에서도 수상 교통은 매우 중요했으며, 여기에서 최고봉은 1825년에 개통된 이리 운하Erie Canal였다.

1830년대에 앙팡탱은 수에즈 운하가 "공유된 번영"을 전 지구적인 규모로 가져다줄 수 있는 종류의 인프라라고 믿었다. 그에 따르면 프랑스와 영국만이 아니라 이집트와 인도도 운하로 이득을 볼 것이었다. 앙팡탱은 그의 집단이 가졌던 신조의 종교적 신비주의와 오리엔탈리즘 둘 다를 드러내면서, 서양(유럽)은 남성이고 동양(인도 등)은 여성이며 수에즈 운하가 개통되면 상호 득이 되는 전 지구적 혼인의 형태로 세계가 연결되는 것이라고 말했다.

1801년에 프랑스가 이집트에서 철수한 뒤 오스만 제국은 무함마드 알리Mohammed Ali 장군을 파견해 이집트 통치권을 확보하려 했다. 알리는 1805년에 공식적으로 이집트 총독이 되었고 이후 약 6년간 그의 군대와 이집트의 전통적인 지배층인 맘루크 귀족 사이에 팽팽한 대치 상태가 이어졌다.

1811년 3월 1일에 무함마드 알리는 카이로 요새에서 잔치를 열고 맘루크 지배층을 초청했다. 분위기는 좋았고 음식도 훌륭했지만, 맘루크 귀족들은 중세부터 있었던 좁은 길로 몰아져 몰살당했다.

맘루크 세력을 소탕한 알리는 이집트를 근대화시키는 독재자로 스스로를 내세우면서 서구의 현대적인 테크놀로지와 사상을 들여와 권력을 강화했다. 그가 통치한 43년 동안 알리는 관개 프로젝트, 공중 보건 캠페인 같은 공공 프로젝트에 유럽의 엔지니어와 전문가들을 널리 활용했다. 1833년에 도착한 앙팡탱의 팀은 이러한 분위기에 찰떡같이 적응했고 몇몇 프로젝트에서 자신의 유용성을 어렵지 않게 입증했다. 그중 하나는 수문을 이용해 나일강의 범람을 통제하는 보 시스템이었다.

하지만 앙팡탱은 이집트를 가로지르는 운하의 공사권을 양허받는 데는 실패했다. 이집트 총독 알리는 쇠락하고 있는 본국 오스만 제국의 권력과 영국과 프랑스로 대표되는 떠오르는 세력 사이에서 미묘한 균형을 잡아야 한다는 것을 잘 알고 있었다. 수에즈 운하는 유럽과 오스만 제국이 서로 어느 정도 거리를 유지하게 하는 절묘한 지정학적 곡예를 교란할 수 있었다. 게다가 지중해와 홍해가 직접 연결되면 이집트의 주요 도시들을 거치지 않게 되어서 이집트의 경제적 번영에 해가 될지도 몰랐다.

나중에 앙팡탱과 그의 팀은 고국에 돌아온 뒤 사업에서 큰 성공을 거두게 되는데, 1840년대에 그들이 거둔 가장 주목할 만한 성공은 프랑스에서 철도 회사들과 대규모 주식 발행을 담당할 수 있는 합자 은행들을 세운 것이었다. 프랑스 정부는 장거리 철도 건설 시도에서 계속 실패했지만 민간 영역은 훨씬 더 성공적이었다. 이러한 상황에서 또 하나의 커다란 아이디어가 뿌리를 내리기 시작했는데, 소규모 투자자들이 충분히 많이 모이면 대규모의 산업 프로젝트에도 충분히 자금을 댈 수 있다는 개념이었다.

하지만 수에즈 운하에 대해서는 지협의 열쇠를 단단히 틀어쥔 이집트 지배자 알리가 1848년에 숨질 때까지 단호한 불허 입장을 굽히지 않았다. 앙팡탱은 말년이던 1864년에 이렇게 인정했다. "내 손에서는 운하 계획이 실패했다. 나는 모든 불리한 난관을 다루고 카이로, 런던, 콘스탄티노플에서 동시에 싸움을 밀어붙이는 데 필요한 유연성이 없었다. … 성공하려면, 레셉스처럼 피로와 장애물을 알지 못하는 악마의 투지와 열정이 있어야 한다."

레셉스, 비전을 발견하다

전해지는 이야기에 따르면, 1832년에 레셉스는 나폴레옹 원정대의 조사팀이 고대에 홍해와 지중해를 이었던 운하의 흔적을 발견했다는 내용을 읽게 되었다고 한다. 얼마 뒤 그는 앙팡탱을 만났고 수에즈 운하가 영예와 수익을 모두 드높이면서 세계를 연결할 방법이 되리라는 아이디어에 매료되었다.

레셉스는 당대의 사상들을 흠뻑 받아들이고 있었다. 우선, 외교관이라는 배경과 그와 사회적으로 교류하는 집단의 속성 덕분에 자연스럽게 오로지 유럽인의 관점에서 세계를 보는 오리엔탈리즘을 갖게 되었다. 그는 경력의 첫 20년을 지중해 인근 국가들에서 프랑스의 이해관계를 대표하는 외교관으로 보냈다. 유럽인의 사고가 우월하다는 암묵적인 믿음은 그의 회고록 『40년을 돌아보며Recollections of Forty Years』전체에 걸쳐 더없이 명백하게 드러나 있다. 그는 프랑스가 "문명화의 사명"을 가지고 있다고 생각했고, 이 개념은 1820년대의 알제리 정복을 비롯해 프랑스의 식민지 확장을 정당화한 논리였다.

또한 레셉스는 거대한 인프라 프로젝트가 세계를 연결하고 장거리 교역을 더 낮은 비용으로 더 용이하게 만들어 주리라는 생시몽의 사상도 깊이 내면화했다. 한 발 더 나아가 레셉스는 이러한 프로젝트에는 민관 파트너십이 필수적이라고 강조했다. "정부는 그러한 사업을 독려할 수는 있지만 실행할 수는 없다. 그렇다면 우리가 동원해야 하는 것은 대중이다…"

이에 더해 레셉스는 어떤 어려움에 봉착하더라도 독창적인 기술이 언제나 구원해 줄 것이라고 믿었다. 1850년대인 이 시점에는 생시몽의 시대에 가능했던 것보다도 테크놀로지가 훨씬 더 발달해 있었다. 증기기관은 점점 더 강력한 기계를 돌릴 수 있게 개량되었고 야금술의 발달로 강철 등 더 견고한 금속이 나오면서 건설에 혁명을 일으켰다.

레셉스가 보기에 엔지니어들은 대개 상상력이 부족해서 늘상 무엇이 왜 불가능한지만 이야기하고 있었다. 레셉스는 크게 생각할 수 있을 법한 전문가들을 찾아나섰다. 수로를 준설할 수 있는 새로운 장비, 길을 가로막고 있는 무거운 바위를 치울 수 있는 새로운 방법, 감염병으로부터 노동자들을 보호할 새로운 조치와 같은 것들 말이다. 그는 해법을 상상하고 자금을 끌어오는 것이 자신의 역할이라고 생각했다. 그가 가장 좋아한 경구 중 하나는 특히 생시몽적이었다. "재능 있는 사람들이 늘 나타날 것이다." 레셉스에게 이 말은 어떤 문제가 생겨나더라도 뛰어난 사람이 기술적 해법을 찾아내리라는 의미였다. 무엇이 문제인지를 모두가 전적으로 명백하게 인식하게 될 지점까지 자신이 모두를 데리고만 간다면 말이다.

나폴레옹의 팀이 처음 조사한 이래로 수에즈에 지어져야 할 운하가 어떤 형태여야 할지에 대해 활발한 기술공학적 논의가 있었다.

대부분의 운하는 갑문이 필요하다. 네모나게 막힌 공간의 양쪽에 수문을 단 것으로, 수문을 열고 닫아 물의 수위를 조절해서 배가 경사진 언덕을 올라갈 수 있게 한다. 네모난 공간 안의 수위를 운하가 연결하는 양쪽 중 낮은 쪽에 맞추고 그쪽 수문을 열면 배가 그 안으로 들어올 수 있다. 그다음에 수위가 낮은 쪽 수문을 닫고, 높은 쪽에서 물을 채워 배를 목표 수위까지 들어 올린다. 높은 데서 낮은 데로 배가 내려갈 때는 이 과정을 거꾸로 하면 된다.

중국은 1000년도 더 전에 실용적인 갑문을 개발했다. 그 이후의 중요한 개량으로는 15세기의 "쌍개문"을 들 수 있다. 레오나르도 다 빈치Leonardo da Vinci가 고안했다고 알려진 쌍개문은 앞으로 밀어서 여는 날개형으로 수문을 만들어 두 날개가 수위가 높은 쪽을 향해 연귀를 형성하게 함으로써 물이 새어 들어오지 않게 단단히 막는 동시에 문을 더 쉽게 여닫을 수 있게 했다. 그다음의 주된 개량은 프랑스에서 고안된 벨브로, 갑문 안으로 들어오는 물의 흐름을 조절할 수 있었다. 허드슨강 쪽의 알바니와 오대호에 면한 버팔로를 연결하는 경이로운 이리 운하가 개통되었을 때는 83개의 갑문을 통해 바지선이 총 173미터를 올라갈 수 있었다.

앙팡탱의 팀은 홍해의 조류가 더 높긴 하지만 지중해와 홍해의 평균 수위가 대략 같다는 사실을 알아냈다. 갑문이 있으면 수에즈 지협의 어디에서도 피할 수 없는 조류의 영향은 줄일 수 있겠지만, 아무튼 이론상으로는 갑문을 두지 않고 해수면 수위에서 배가 곧바로 오가는 운하가 가능하다는 뜻이었다.

레셉스는 갑문이 운행 속도를 크게 늦추게 되리라고 생각해 갑문을 두지 않기로 했다. 그는 갑문 때문에 생기는 지연이 수에즈의 새로운 항로가 약속해 줄 선박 운송의 흐름을 용납할 수 없게 저해하는 격이라고 생각했다. 그는 훗날 다음과 같은 언명으로 설파하게 되는 원칙을 줄곧 단단히 고수했다. "이제 배는 절대로 지연되어서는 안 된다."

하지만 마른 호수들을 사용한다는 아이디어는 마음에 들었다. 그래서 레셉스는 북쪽에서는 지중해, 남쪽에서는 홍해와 연결해 마른 호수들에 물을 채우고 나머지는 그 물의 힘을 빌린다는 계획을 세웠다.

평범한 사람들이 소소한 지분을 구매하다

1849년에 프랑스 정부의 외교 정책이 갈팡질팡하는 가운데 정부와 갈등을 빚게 되면서 레셉스의 전도유망하던 외교관 경력이 갑자기 끝나 버렸다. 43세에 은퇴하게 된 레셉스는 집안이 소유한 영지로 내려갔다. 공직 생활은 명백히 끝난 상황이었다. 몇 년 동안 그는 농업 개량 방법을 연구하고 저명한 생시몽주의자들과 공상적인 프로젝트들에 대해 서신을 주고받으면서 프랑스 시골 신사의 삶을 누렸다. 그러던 중 1853년에 아내와 아들 한 명이 성홍열 비슷한 병으로 목숨을 잃는 비극이 닥쳤다. 깊은 비참함에 빠진 레셉스는 몰두할 만한 무언가가 절실하게 필요했다. 머지않아 이집트에서 벌어질 사건들이 그에게 몰두할 만한 것을 훨씬 뛰어넘는 무언가를 제공하리라고는 꿈에도 알지 못했다.

1848년에 병석에 든 무함마드 알리가 권좌에서 밀려났고 뒤를 이은 큰아들 이브라힘 파샤Ibrahim Pasha도 같은 해에 사망했다. 1854년 7월에는 그다음 총독이 예기치 않게 숨지면서 무함마드 알리의 넷째 아들 무함마드 사이드Mohammed Said가 이집트의 통치자가 되었다.

레셉스가 프랑스의 고위 외교관으로 이집트에 머물던 1830년대에 무함마드 알리는 레셉스에게 10대 소년이던 무함마드 사이드의 체중 감량을 도와달라고 부탁한 적이 있었다. 레셉스는 이 특이한 임무를 기꺼이 맡아서 무함마드 알리에게 좋은 인상을 주었을 뿐 아니라 엄격한 승마 프로그램(레셉스와 사이드 둘 다 승마를 좋아했다)을 넉넉한 양의 파스타와 결합함으로써 사이드에게서도 점수를 딸 수 있었다.

1854년 말에 레셉스는 도중에 몇몇 저명한 생시몽주의자들에게 조언을 구하고 지도를 빌리기 위해 잠시 멈춘 것만 빼고는 한달음에 이집트로 내달렸다. 그는 환대받았고 새로운 총독의 사막 캠프에 초대도 받았다. 이것은 굉장한 영예였고 그의 앞날에 대한 상서로운 전조였다. 레셉스에 따르면, 어느 날 아침에 텐트에서 나왔는데 동쪽 지평선에서 해가 떠오르는 가운데 갑자기 서쪽에서 무지개가 떠서 하늘을 가로질렀다고 한다. 훗날 그는 그것이 자신이 동양과 서양을 통합할 수 있으리라고 말해주는 신호였다고 해석했다.

그날 저녁에 레셉스는 무함마드 사이드에게 현대의 테크놀로지가 고대의 모든 성취를 능가할 운하를 짓는 데 어떻게 쓰일 수 있는지를 매우 솔깃하게 이야기했다. 훗날 레셉스 본인이 밝힌 바에 따르면 그는 이렇게 말했다고 한다. "인간 자부심의 기념물인 피라미드를 지은 이집트 군주들의 이름은 다 잊혔습니다. 하지만 위대한 해양 운하를 개통하는 군주의 이름은 시간의 끝이 올 때까지 세기를 이어가며 기려질 것입니다."

무함마드 사이드는 프랑스에서 생시몽주의자들이 장거리 철도를 지을 때 프랑스 정부가 제공했던 것과 비슷한 이권을 레셉스에게 양허했다. 이집트 정부가 운하 회사에 99년간 토지와 운영권을 양도하고 그 대가로 수익의 15퍼센트를 분배받기로 했다. 레셉스는 운하 프로젝트를 홍보해 자금을 조달하는 일과 공사 및 운영을 담당하게 될 것이었다. 자금은 민간에서 조달하고, 적어도 서류상으로는 모든 금융 위험을 민간 출자자들이 지게 되어 있었다.

1856년에는 법적인 틀과 대략의 설계가 나왔다. 이집트에서 일하고 있어서 현지 사정을 잘 아는 두 명의 프랑스 엔지니어가 만든 설계였다. 레셉스는 해외의 공학 전문가들에게도 조언을 구했는데 모두

남북을 직접 잇는 운하가 기술적으로 가능하다는 데 동의했다. 이제 레셉스는 사람들이 돈을 대도록 설득해야 했고 또한 영국이 방해하지 않도록 설득해야 했다.

1850년대 중반에 영국과 인도 사이의 화물은 대부분 바다로 운송되었는데, 위험한 아프리카 해변을 빙 둘러가는 경로를 따라 6개월이나 걸렸다. 1835년에 동인도회사는 홍해를 가로지르는 우편 운송로를 열었다. 수에즈에서 카이로까지 약 80킬로미터의 사막길을 말이나 당나귀가 끄는 마차로 이동한 뒤 나일강으로 내려와 작은 운하로 알렉산드리아까지 가는 경로였다. 이 육지 경로는 시간을 2개월 이하로 줄여주었지만 귀하고 부피가 작은 화물만 운송할 수 있었다. 1858년에 이 경로의 국제 운송을 더 원활하게 하고 여행객의 편의를 높이기 위해 수에즈와 알렉산드리아 사이에 철도가 개통되었다.

홍해의 바람과 해류는 유럽의 장거리용 범선이 다니기에 적합하지 않았고 약 190킬로미터 길이의 운하를 따라 커다란 배를 끌고 간다는 것은 현실성이 없어 보였을 것이다. 하지만 레셉스는 장거리 선박 운송 분야에 도래할 다음의 테크놀로지를 정확하게 예견했다. 바로 증기선이었다. 그리고 수에즈 운하는 증기선에 안성맞춤이었다.

1857년 초 무렵이면 레셉스는 수에즈 운하가 어떻게 여객 시간을 단축시키고 글로벌 상업을 변모시킬 수 있을지에 대해 매우 유려하게 이야기할 수 있었다. 하지만 비전은 공유되지 않으면 의미가 없다. 그리고 바로 여기에서 레셉스의 역량이 진가를 발휘했다. 그의 투지와 카리스마 덕분이기도 했지만 더 중요하게는 그가 딱 맞는 청중에게 이야기했고 영향력 있는 인맥을 가지고 있었기 때문이었다.

레셉스는 1857년 봄과 여름에 영국에서 16개 도시를 돌며 20

회의 모임에서 연설을 했고 저명한 기업가들을 최대한 많이 만났다. 맨체스터나 브리스톨처럼 인도산 면화를 영국의 공장으로, 또 제조품과 (필요하다면) 군인을 영국에서 인도로 빠르게 운송하는 것의 가치를 기업계가 곧바로 알아본 도시들에서 커다란 호응을 얻었다.

이들의 지지 선언으로 무장한 레셉스는 총리 팔머스톤 경Lord Palmerston을 찾아갔다. 원래도 자주 방문하던 사이였는데, 실망스럽게도 팔머스톤 경은 운하에 대해 일관되게 호의적이지 않았다. 수에즈 운하가 수익성 있는 교역로에서 영국을 배제하려는 나폴레옹의 계획을 이어받은 프로젝트라고 생각했기 때문이다. 영국 정부는 계속해서 깊은 의구심을 가지고 있었고, 카이로, 콘스탄티노플, 그밖에 영국이 영향력을 미칠 수 있는 모든 곳에서 운하 프로젝트를 열심히 방해했다.

전혀 꿈쩍하지 않고, 1858년 10월에 2년간의 맹렬한 홍보 활동을 마무리한 레셉스는 드디어 주식을 발행할 준비를 마쳤다. 레셉스는 중개인을 건너뛰고 직접 참여하는 투자자를 최대한 많이 모을 작정이었다. 그는 액면가 500프랑짜리 주식 40만 주를 발행했다.

500프랑이라는 가격은 당시 프랑스 사람들의 연평균 소득보다 약간 높았다. 매우 비쌌지만 빠르게 늘고 있던 프랑스 중산층이 구매하지 못할 정도는 아니었다. 또한 운하 회사의 주식은 서유럽의 모든 국가와 미국, 오스만 제국에서도 판매되었다. 마지막 투자 설명회에서 레셉스는 보르도, 마르세유와 프랑스 밖의 오데사, 트리에스테, 빈, 바르셀로나, 토리노를 직접 방문했다.

1858년 11월 말경까지 2만 3,000명이 주식을 구매했고 이 중 2만 1,000명이 프랑스인이었다. 다른 곳에서의 수요는 미미했고, 영국, 러시아, 오스트리아, 미국에서는 아무도 레셉스의 주식을 사지 않았다.

영국 신문들은 이 주식을 산 사람들이 호텔 웨이터, 사제, 식품점 직원 등이라고 콧방귀를 뀌었고 팔머스톤 경도 이렇게 비웃었다. "평범한 사람들이 소소한 지분을 구매하는 데 홀렸다."

하지만 이렇게 비아냥거리는 사람들보다 레셉스가 한 수 위였다. 레셉스는 프랑스의 전문직 종사자들에게 지지를 받고 있었다. 엔지니어, 판사, 은행가, 교사, 사제, 공무원, 상인 등이 주식을 구매했다. 또한 레셉스는 이집트 통치자의 지지도 받고 있었다. 남는 주식을 모두 떠맡기로 하면서 무함마드 사이드가 무려 17만 7,000주를 보유하게 되었다. 여기에 연간 수입 전체보다 많은 돈이 들어갔다. 이집트는 수에즈 운하에 전부를 걸었다.

엄밀히 그들이 강제 노동을 하고 있다고는 말할 수 없다

미래주의자들의 권력은 다른 이의 막대한 고통을 포함해 특정한 것들을 보려 하지 않는 데서도 나온다. 유럽의 상업과 산업, 그리고 물론 유럽 중심적인 의미에서 교역 확대의 비전을 가지고 있던 레셉스도 마찬가지였다. 이집트의 총독과 오스만 제국의 술탄은 잘 구워삶을 필요가 있었지만, 뒤로 밀려나거나 필요하다면 강제 동원되기도 할 이집트 민중이 겪을 일은 그의 계산에 들어 있지 않았다. 그런데도 그의 비전은 그와 당대의 많은 사람들이 생각한 "진보" 개념에 잘 부합했다.

1861년에 공사가 시작되었을 때 대부분의 노동력은 이집트 정부가 부역 노동을 동원해 조달했다. 농민이 일정 기간 의무적으로 공공 사업에서 일하게 하는 것을 일컫는다.

이후 3년간 어느 한 시점을 보아도 대략 6만 명의 남성 노동자가 이런저런 방식으로 운하 공사에 관여되어 있었다. 몇천 명은 운하 일을 시작하기 위해 집을 떠나 나일 계곡에서 공사장으로 이동하고 있었고, 몇천 명은 공사장에서 땅을 파고 있었고, 몇천 명은 부역 기간을 마치고 집으로 돌아가고 있었다. 동원 할당량을 채우기 위해 공직자들은 운하 프로젝트가 아니었다면 자기 땅에서 일하거나 자기 지역의 공공 사업에 참여했을 사람들을 운하 공사에 징발했다. 그들을 공사 장소로 데려오는 일과 그들의 노동을 감독하는 일은 군대가 맡았다.

노동 조건은 가혹했고 그 가혹함은 전혀 누그러지지 않았다. 막대한 양의 돌덩이를 곡괭이로 파서 양동이에 담아 날라야 했다. 쉬는 날 없이 연중 일했고 심지어 무슬림의 금식월인 라마단에도 일했다. 잠은 사막의 노천에서 잤고 물품은 최소한으로만 지급받았으며 생활 환경은 매우 불결했다. 임금은 시세의 절반이 안 되었고 그마저 무단 이탈자를 막기 위해 한 달 일을 다 채운 뒤에만 지급했다. 회사가 쉬쉬하기는 했지만 구타도 일상적으로 일어났다. 부역 기간이 끝나서 고향으로 돌아갈 때는 갈 방법을 각자 알아서 찾아야 했다.

수에즈 운하 프로젝트에 비판적이던 영국인들은 레셉스가 사실상 노예 노동으로 공사를 하고 있다고 비난했다. 한 의원은 "[수에즈] 회사가 뻔뻔하게 거대한 악을 자행하고 있다"고 말했다. 또 다른 영국의 고위 정치인은 "이 강제 노동 시스템은 이집트의 인구를 퇴락시키고 의기를 꺾으며 생산 자원의 뿌리를 타격하고 있다"고 말했다. 이에 대한 레셉스의 반응은 그의 일반적인 접근 방식을 잘 보여주는데, 그는 이집트에서는 원래 다 그렇게 한다는 말로 간단히 반박했다.

동양 국가에서는 정부 개입이 없다면 어떤 공공 프로젝트도 수행되지 못한다는 것은 사실입니다. 하지만 일반적으로 이 지협의 노동자들에게 규칙적으로 보수가 지급되고 음식이 잘 공급되고 있음을 생각할 때, 엄밀히 그들이 강제 노동을 하고 있다고는 말할 수 없을 것입니다. 수에즈 지협에서 그들은 자신의 본래 직업에 종사했을 때보다 훨씬 나은 생활 여건을 누리고 있습니다.

하지만 1863년이 되자 레셉스의 행운이 바닥났다. 아직 40대 초반의 나이에 무함마드 사이드가 갑자기 사망했고 뒤를 이은 이스마일Ismail은 영국에 더 귀를 기울였다. 수에즈 운하를 비판하는 영국인들은 술탄이 오스만 제국 전역에서 강제 노역을 금지했으므로 술탄이 파견한 이집트 총독의 관할 지역에서 레셉스가 부역 노동을 이용하는 것이 불법이라고 오랫동안 주장해 왔다. 그리고 이제 운하를 무산시키기 위한 외교적 노력에 한층 더 피치를 올려 이스마일의 마음을 자신들 쪽으로 기울이는 데 성공한 듯 보였다. 한동안 외교 공방이 오가고 나서, 1864년에 프랑스 황제 루이 나폴레옹이 이집트 총독과 수에즈 운하 회사 사이의 분쟁 조정 절차에서 중재자 역할을 맡게 되었다.

루이 나폴레옹(나폴레옹 보나파르트의 조카로, 지지자들 사이에서는 "말에 오른 생시몽"으로 통했지만 빅토르 위고Victor Hugo는 "작은 나폴레옹"이라고 조롱했다)은 레셉스 편이었다. 레셉스 사촌의 딸과 혼인한 사이이기도 했지만, 꼭 그게 아니더라도 그는 프랑스의 영광을 드높여 줄 거대한 프로젝트들을 아주 좋아했다. 그의 치세에 중세부터 있었던 파리 중심가의 좁은 골목들이 오늘날 잘 알려진 넓고 가로수가 울창한 대로로 바뀌고 있었고 프랑스 전역에 총 수천 킬로미터 길이의 철도도 놓이고 있었다.

영국 정부가 눈엣가시인 레셉스의 프로젝트를 중단시키려 애쓰던 동안 레셉스는 "소소한 지분을 구매한 평범한 주주들"에게 의지해 이에 맞설 수 있었다. 루이 나폴레옹은 레셉스 집안과의 사적인 관계가 아니더라도 프랑스 투자자들과 척을 질 생각이 없었다. 그는 부역 노동은 중단하겠지만 이집트 총독이 그로 인한 손해를 운하 회사에 넉넉하게 보상한다는 조건을 건 타협안을 제시했다.

이렇게 해서 레셉스는 상당한 현금을 확보했지만 현지 노동력 대부분을 잃었다. 유럽 노동자는 물론 다른 어느 곳의 노동자도 강요된 조건에서 이집트인들이 수행했던 고된 노동을 하러 이집트로 가라고 설득될 리 만무했고, 하물며 레셉스가 지불할 수 있는 임금 수준에서는 분명히 불가능했다.

재능 있는 프랑스인들

비전에 불을 때는 연료는 낙관이다. 레셉스의 낙관에서 핵심은 테크놀로지와 (프랑스의) 재능 있는 사람들이 늘 문제를 해결해 주리라는 믿음이었다. 천운으로, 그에게 그러한 구원이 절실히 필요했을 때 마침 그런 사람 두 명이 나타났다. 1863년 12월에 폴 보렐Paul Borel과 알렉상드르 라발레이Alexandre Lavalley가 준설 회사를 세웠다. 둘 다 에콜 폴리테크니크 출신으로, 보렐은 프랑스에서 철도를 지은 경험이 있었고 얼마 전에는 기차용 엔진 제조도 시작했다. 라발레이는 영국에서 특수 기계를 설계한 적이 있었고 금속학 전문가였으며 러시아에서 항구에 심층 수로를 건설하는 데 관여하기도 했다. 이들은 운하 공사의 노동 생산성을 크게 높여주리라는 희망을 걸기에 드림팀이었다.

레셉스가 처음에 사용한 준설 기계는 원래 나일강에서 사용하도록 설계된 것이었고 기본적으로 입자가 고운 퇴적토 제거용이었다. 그런데 운하를 지으려면 무거운 모래와 돌을 옮겨야 했다. 각각의 굴착기를 현지 조건에 따라 세심하게 조정해야 했는데, 현지 조건은 운하 경로상의 지점마다 크게 달랐다. 보렐과 라발레이의 회사는 더 개량된 준설과 굴삭 기계를 개발했고, 곧 이들의 회사는 점점 규모가 커져가는 운하 준설 작업에 기계 대부분을 공급하고 유지보수를 담당하는 업체가 되었다. 1869년이면 수에즈 운하 공사에서 300대의 기계가 돌아가고 있었다.

주 수로에서 퍼낸 7,400만 세제곱미터의 흙과 돌 중 보렐과 라발레이의 준설 기계로 작업한 것이 약 75퍼센트로 추산되며, 대부분 1867년과 1869년 사이에 이루어졌다. 운하가 개통된 1869년 11월 무렵이면 프랑스는 최악의 조건에서도 땅을 파내고 흙과 돌을 옮길 수 있는 능력에서 세계 선두를 달리고 있었다.

주요 이슈 모두에서 레셉스의 생각이 옳았음이 입증되었다. 해수면 높이의 운하는 실현 가능한 정도가 아니라 이상적이었다. 공사에서 맞닥뜨린 난관은 현장의 필요에 부응해 생겨난 테크놀로지의 진보로 모두 해결되었다. 수에즈 운하는 세계 교역에서 유럽의 장악력을 획기적으로 강화해 전략적인 면에서도 레셉스의 예상이 맞았음을 보여주었다.

투자자들의 자본은 한동안 꽤 위험해 보였다. 처음에는 운하의 물동량이 예상보다 느리게 증가했기 때문이다. 하지만 곧 금융에 대해서도 레셉스가 옳게 내다보았음이 판명되었다. 증기선이 범선을 대체했고 크기도 점점 더 커졌으며 세계 교역량이 급증했다. 수에즈에 해수면 높이에서 바로 오갈 수 있는 운하가 존재한다는 것의 장점은 모든 유럽인에게 더없이 명백했다. 1870년대 말에는 화물선뿐 아니라 여객선도 최대 2,000명의 승객을 싣고 수에즈 운하를 밤낮으로 오갔다. 갑문이 없어서 속도가 더뎌지지 않았기 때문에 수에즈 운하를 통과하는 데는 하루가 채 걸리지 않았다. 유럽의 관점에서 볼 때, 레셉스의 비전은 약속했던 과실을 모두 가져다주었다.

더 기적적으로, 영국이 운하를 지지하는 쪽으로 돌아서 주기를 바랐던 레셉스의 기대도 실현되었다. 1870년대 중반이면 수에즈 운하 물동량의 3분의 2가량이 영국 화물이었고, 배들이 쉬지 않고 움직이게 하는 것은 영국에서도 전략적 우선순위가 되어 있었다. 1875년에 이집트 정부가 재정난에 처한 것을 기회 삼아 영국의 벤저민 디즈레일리Benjamin Disraeli 총리는 운하 회사의 상당 지분을 인수했다. 이제 수에즈 운하는 세계에서 가장 강력한 해군의 보호하에 놓이게 되었다.

운하 회사 투자자들은 환호했다. 6년 예정이던 공사에 10년이 걸린 것이라든가 연간 물동량이 500만 톤이 되리라던 초기 예상치가 1870년대에 들어서고 한참이 지나도록 실현되지 못한 것 등은 아무래도 좋았다. 미래는 점점 더 커지는 증기선의 세상일 것이었고 수에즈 운하는 증기선에 안성맞춤이었다.

1880년이면 수에즈 운하 회사는 주가가 네 배 이상이 되었고 연간 15퍼센트의 배당을 지급하고 있었다. 결국, 레셉스는 뛰어난 외교관이자 대담한 투자자이기만 한 것이 아니라 금융의 귀재이기도 했다. 이제 사람들은 그를 "위대한 프랑스인"이라고 불렀다.

파나마 드림

중앙아메리카를 가로질러 운하를 뚫는다는 아이디어는 적어도 1513 년으로까지 거슬러 올라갈 수 있는 유럽의 오랜 꿈이었다. 그때도 모험가들이 두 대양 사이를 빠르게 이동할 수 있는 방법을 찾고 있었다. 남아메리카를 빙 둘러 케이프 혼을 지나는 지난한 항로가 있었지만 19 세기 중반이면 대부분의 여행객들은 파나마까지 배로 가서 기차로 바꿔 타고 약 80킬로미터 거리의 지협을 가로지르는 쪽을 선호했다.

1819년에 스페인 정부가 운하 건설을 위한 절차상의 조치를 밟았지만 건설은 이루어지지 않았고, 이후 반세기 동안 유럽의 다른 나라들에서도 이런저런 계획이 숱하게 나왔지만 모두 성사되지 못했다. 그러다가 태평양 교역이 증가하면서 1879년에 중앙아메리카를 가로지르는 운하가 다시 의제로 떠올랐다. 어디에 지을지를 두고 두 곳이 팽팽히 경합했는데, 각각 지지하는 전문가들이 있었고 그곳의 장점을 뒷받침하는 [공학적·경제적] 주장들이 있었다.

미국은 니카라과 경로를 강하게 주장했다. 여러 개의 갑문을 설치해 카리브해부터 고지대의 커다란 호수까지 배가 올라가게 한 뒤 다시 차차로 내려가 반대쪽 바다에 닿게 한다는 계획이었다. 명백한 단점은 갑문을 너무 많이 두어야 해서 운행 시간이 크게 늦춰지리라는 점이었다. 또 화산 활동에 대한 우려도 있었는데, 레셉스도 놓치지 않고 화산이 분출하면 갑문에 문제가 생길 수 있다고 냉큼 지적했다.

다른 후보지는 파나마였는데, 수에즈와 비슷한 점이 많다고 여겨졌기 때문에 레셉스가 크게 솔깃해한 안이었다. 중앙아메리카 운하를 논의하는 장에 처음 들어왔을 때부터도 레셉스는 수에즈 운하처럼 갑문을 하나도 두지 말고 배가 해수면 높이에서 다닐 수 있게 해야 한다고 줄기차게 주장하는 것으로 유명했다.

1878년에 레셉스의 법률 대리인이 운하 공사 예정지의 관할국이던 콜롬비아 정부로부터 공사권과 조차권에 대한 양허장을 받았다. 수에즈 때처럼 정부가 토지를 장기간 임대하고 대신 수익의 일부를 분배받는 조건이었다. 또한 그때처럼 레셉스가 공사와 자금 조달을 담당하기로 했다.

하지만 중대한 차이가 하나 있었는데, 파나마에는 부역 노동력이 없었고 현지 노동력이 부족했다. 그래도 레셉스는 전혀 굴하지 않고 자마이카 등 카리브해 인근 식민지 섬들에서 노동력을 조달할 수 있으리라고 생각했다. 그가 생각하기에, 서인도 제도 노동자들은 유럽인에 비해 더 낮은 임금과 더 고된 여건에서도 일할 용의가 있을 것이었다. 또한 레셉스는 수에즈에서처럼 기계가 노동 생산성을 높여줄 것이고 필요할 때면 언제나 새로운 기술이 나타나 구해주리라고 확신했다.

역시 수에즈 때처럼 레셉스는 국제적인 전문가들에게 의견을 구했다. 이번에는 자금 조달에 도움이 되도록 전문가들이 공개적으로 지지를 천명하게 하는 데 더 관심이 있었지만 말이다. 1879년 5월 파리 국제회의에 전문가들이 모였을 때, 레셉스는 그가 이미 찜한 안을 거기에 모인 전문가들이 추천하게 만들 필요가 있었다.

날마다 저녁까지 이어지는 회의에서 미국과 프랑스는 각각의 안에 대한 공학적 사실과 경제적 함의를 놓고 논쟁을 벌였다. 파나마 안은 땅을 더 많이 파내야 해서 비용이 50퍼센트 정도 더 들 것으로 예상되었으며 더 많은 노동자들을 더 오랜 기간 질병에 노출시킬 위험이 있었고 비가 더 많이 와서 유역 관리도 더 어려울 수 있었다. 니카라과 안은 갑문을 두어야 하는데 지진이 나면 갑문이 손상되기 쉬울 터였다. 기타 등등. 기타 등등.

파리 국제회의는 경합하는 아이디어들이 자유롭고 공정하게 경쟁하는 장으로서 의도된 자리가 전혀 아니었다. 참가자의 상당수는 레셉스가 자신을 지지해 줄 사람으로 미리 신중하게 고른 사람들이었다. 그런데도 5월 23일에는 레셉스의 편이 밀리고 있는 게 명확해 보였다. 하지만 타이밍에 대한 완벽한 감각으로 레셉스가 적시에 자리에서 일어나 연설을 하면서 주요 이슈들을 정면 돌파했다. 그는 메모 없이 연설을 해서 모든 세부사항을 꿰고 있음을 보여주었고, 곧 그곳에 모인 사람들을 거의 그의 뜻대로 쥐락펴락할 수 있었다.

레셉스는 수에즈의 경험을 통해 위대한 성취에는 위대한 노력이 필요하다는 것을 알게 되었다고 말했다. 파나마에서도 당연히 많은 어려움에 처할 것이다. 쉬운 일이라면 그런 프로젝트를 하는 게 무슨 의미겠는가. 어려움은 있겠지만, 이번에도 재능 있는 사람들과 테크놀로지가 해법을 가지고 나타나 해결해 줄 것이다. 레셉스 본인이 기록한 바에 따르면 그는 이렇게 말했다고 한다. "저는 파나마 운하가 수에즈 운하보다 시작하기도, 끝마치기도, 유지하기도 더 쉬울 것이라고 주저 없이 장담할 수 있습니다."

수에즈에서는 자본금이 바닥났을 때 새로운 자금원이 딱 나타나 주었다. 땅을 파내는 노동력이 부족해졌을 때는 새로운 준설 기계가 발명되었다. 치명적인 콜레라가 닥쳤을 때는 효과적인 공중 보건 조치로 대응할 수 있었다. 이러한 성공에서 레셉스는 대담함에 보상이 따른다는 것을 알게 되었다. 비전에는 야망이 필요하다. 레셉스는 이를 다음과 같이 표현했다.

> 펠루시움만에 항구를 짓기 위해, 멘잘레호의 수렁을 건너기 위해, 엘기스르의 문턱을 넘기 위해, 사막의 모래를 가로질러 땅을 파내기 위해, 어느 마을로부터도 25리그나 떨어진 거리에 공사 현장 캠프를 세우기 위해, 비터 호수의 바닥을 매우기 위해, 모래가 운하로 들어오는 것을 막기 위해, 어떤 미친 꿈이 있었어야 했을지 생각해 보십시오!

미국의 한 참가자는 레셉스에 대해 "위대한 운하 건설가이고 그의 나라 사람들 모두에게 두루 영향력을 가지고 있었으며 충분히 그럴 만했다"며 "친절하고 기꺼이 남을 돕는 사람이었지만 매우 야망이 큰 사람이기도 했다"고 인상평을 남겼다.

최종 표결 때 73세의 레셉스는 자신이 직접 이 프로젝트를 관리하겠다고 선언했다. 참가자들은 깊이 감화되었고 레셉스가 지지하는 안이 다수표를 얻었다. 운하는 파나마에 지어질 것이었다.

행복한 신들의 시기심을 깨우다

파리 국제회의가 끝난 뒤 레셉스는 파나마로 가서 마침내 직접 현장을 살펴보았다. 1879년 말에 도착한 그와 그의 가족은 왕족이 방문한 것처럼 귀빈 대접을 받았다. 계기가 있을 때마다 사람들이 거리에 나와 환호했고 줄줄이 마련된 연회에도 사람들이 가득했다.

레셉스는 병에 걸리는 사람이 별로 없는 건기에 도착해서 우기가 시작되기 전에 떠났다. 그래서 파리 국제회의에서 사람들이 그에게 경고하려 했던 상황, 그리고 강물 수위가 빠르게 상승해 재앙적인 진흙사태가 발생하는 경우처럼 곧 그의 엔지니어들이 고전하게 될 상황을 보지 못했다. 레셉스는 감염병이 만연할지 모른다는 우려도 일축했다. 그는 기자들에게 답사 기간에 있었던 유일한 건강 문제는 아내의 피부가 약간 그을은 것뿐이었다고 말했다.

첫 답사에서 세부사항들을 부주의하게 간과한 나머지 파내야 할 흙과 돌의 양이 크게 잘못 추산되었다. 파리 국제회의 때 제시되었던 원래의 추산치는 4,500만 세제곱미터의 땅(대체로는 돌덩이)을 파내야 한다는 것이었고, 레셉스의 파나마 출장에 동행한 아홉 명의 기술위원회가 다시 추산한 양은 7,500만 세제곱미터였다.

그런데 프랑스가 이후 8년간 실제로 파낸 땅은 적어도 5,000만 세제곱미터였고, 프랑스가 파나마 프로젝트를 포기하고 25년 뒤에 파나마 운하 건설을 재개한 미국은 1904년부터 1914년까지 2억 5,900만 세제곱미터를 더 파내야 했다. 해수면 높이까지 파는 것은 시도도 하지 않은 것이었는데도 말이다.

레셉스는 너무 늦게까지도 파나마의 지리적 현실을 한사코 부인했다. 모든 곳이 적어도 해발 90미터 이상인 큰 산맥이 공사 경로를 가로막고 있었고 범람하기 쉬운 위험한 강이 운하 경로와 교차하고 있었지만 레셉스는 이를 인정하지 않았다. 나중에 한 전문가는 해수면 높이까지 파려면 200년은 걸렸을 것이라고 말했다.

수에즈 운하는 완공까지 10년이 걸렸다. 그런데 레셉스는 파나마에서 운하가 6년, 길어도 8년이면 지어질 수 있다고 줄곧 낙관했다. 그의 역할은 무엇이 가능한지를 상상하는 것이었지 무엇이 잘못될지를 걱정하는 게 아니었다. 파나마에 다녀와서 아들에게 보낸 편지에서 그는 이렇게 언급했다. "우리 엔지니어들과 함께 파나마 지협의 여러 지역을 둘러본 나로서는, 그들이 파리와 퐁텐블로 사이만큼밖에 안 되는 거리에 두 대양을 잇는 해수면 높이의 운하를 짓는 게 현실성 있다고 선언하는 데에 왜 그렇게 오래 주저해야 했는지 이해가 가지 않는다."

이어서 또 하나의 막대한 계산 착오가 나왔다. 파리 국제회의 때는 파나마 경로를 택할 경우 비용이 12억 프랑 정도 들 것이라고 이야기되었고, 이는 수에즈 운하에 들어간 최종 비용의 세 배였다. 그런데 레셉스와 함께 파나마에 답사를 갔던 기술위원회는 비용 추산치를 8억 4,700만 프랑으로 낮춰 잡았다. 근거는 모호했다. 그리고 1880년대 초에 파나마에서 미국으로 오는 길에 레셉스는 6억 5,000만 프랑으로 비용을 또다시 낮춰 잡았다.

파리로 돌아와서는 프로젝트가 잘 될 것이라고 여전히 확신하고서 전에 본인이 필요하다고 생각했던 것보다도 훨씬 적은 자본금을 모으기로 했다. 겨우 3억 프랑이었다. 이번에도 그에게 달리 생각해 보라고 직언하는 사람은 아무도 없었다. 레셉스는 외교관 초년 시절에 무함마드 알리 총독이 해주었다는 말을 즐겨 인용했다. "기억하시오. 성취해야 할 중요한 일이 있을 때 당신이 두 명 있다면 지나치게 많은 것이오."

1880년 12월에 레셉스의 회사는 주당 500프랑에 60만 주를 발행했다. 이번에는 대중의 관심을 불러일으키기 위한 용도로 큰 은행들에 4퍼센트의 커미션을 주었다. 언론에 긍정적으로 보도되게 하는 데 150만 프랑 이상이 지출되었다.

레셉스가 얼마 전에 직접 파나마에 갔다가 건강하게 돌아왔다는 사실이 큰 도움이 되었다. 10만 명 이상이 공모에 참여했고, 발행 물량에 비해 수요가 두 배나 몰렸다. 8만 명의 주주가 각각 1~5주를 구입했다.

하지만 파나마 운하를 짓는 데는 첫 번째 공모로 조달한 자본의 적어도 너댓 배가 필요했다. 회사는 늘 자금이 부족했고 매년 돈을 더 조달하기 위해 고전했다. 비용이 초기의 추산치를 넘어서기 시작하자 레셉스에 대한 신뢰도 무너지기 시작했다.

수에즈 때는 재정 문제가 생겼을 때 든든하게 받쳐준 사람이 있었다. 처음에 발행 주식이 다 팔리지 않았을 때는 무함마드 사이드가 안 팔린 것을 모두 떠맡아 주었고, 중간에는 루이 나폴레옹이 넉넉한 보상을 받을 수 있게 분쟁 조정 협상을 해주었다. 더 나중에는 루이 나폴레옹이 대규모의 복권형 채권 발행이 승인되도록 직접 정치적인 지원을 제공했다. 복권형 채권은 당첨되는 일부 투자자가 막대한 현금을 받을 수 있기 때문에 대중의 참여를 독려하는 데 유리한 면이 있었다. 통상적인 자금 시장에서 채권 발행에 실패한 결정적인 순간에 레셉스는 복권형 채권으로 1억 프랑을 조달할 수 있었다. 하지만 루이 나폴레옹은 1870년에 프로이센과의 전쟁에서 패하면서 권좌에서 밀려났고, 이제 제3공화국을 이끌고 있는 선출직 정치인들은 레셉스와 파나마 운하 회사 주주들에게 긴급 유동성을 공급하는 데 훨씬 관심이 적었다.

차그레스강의 죽음들

현장 공사는 1881년 2월에 시작되었고 처음에는 항구와 강의 준설에 합리적인 수준의 진전이 있었다. 하지만 더 높은 지대로 올라가면서 준설 작업이 점점 더 어려워졌다. 그리고 우기가 되자 모든 것이 무너지기 시작했다.

여름에 황열병이 닥쳤다. 6월에 운하 노동자 중 첫 사망자가 나왔다. 한 추산치에 따르면, 그해 후반기에 60명이 말라리아나 황열병으로(각각 정확히 어느 질병으로 사망했는지 특정하기는 어렵다) 사망한 것으로 추정되며, 이 중에는 고위 관리자도 있었다.

하지만 10월이 되어서도 레셉스는 파나마에 감염병이 돌고 있다는 사실을 계속 부인했다. 그는 황열병 발병자는 모두 이미 감염이 된 채로 그곳에 도착한 사람들이었다고 주장했다. 이러한 태도는 곧 익숙한 패턴이 되었다. 어떤 어려움이 발생해도 부인하고 보는 것이다. 1882년 9월에 상당한 규모의 지진이 일어났을 때 레셉스는 더 이상의 지진은 없을 것이라고 공개적으로 장담하기까지 했다.

걱정스러운 징후들이 더 많이 나타나기 시작했다. 1882년에 공사 총괄을 맡은 원도급업체가 손을 떼겠다고 했다. 그런데도 레셉스는 꿈쩍도 않고서 파나마 운하 회사가 직접 준설 작업을 맡기로 하고 1883년 3월에 건설 총책임자를 새로 파견했다.

레셉스의 장담에도 현지에서 질병 문제는 계속 악화되었다. 새로 온 총책임자의 가족도 사망했는데 황열병이었을 가능성이 크다. 이러한 상황인데도 레셉스는 계속 밀어붙여서 1884년에는 노동력을 1만 9,000명으로까지 늘렸다. 말라리아와 황열병은 계속해서 프랑스

인과 현지인 모두의 목숨을 무서운 기세로 앗아갔다.

　　이 중 어느 것도 불가피한 일이 아니었다. 프랑스와 영국, 그 밖의 유럽 국가들이 그 이전 한 세기간 열대 지방에서 군사 작전을 벌이면서 발달시킨 보건 조치들을 파나마에 도입할 수도 있었을 것이고, 그랬더라면 사망률을 자릿수가 달라지게 줄일 수 있었을 것이다. 하지만 이것은 연간 준설량이 크게 감소하리라는 의미이기도 했다. 감염병이 만연할지 모른다는 점은 레셉스에게 진작부터 아주 분명하게 제기되었던 문제였다. 파리 국제회의에서도 이 우려가 제기된 바 있었다. 하지만 그는 중앙아메리카에서 질병 문제에 대해 올라오는 모든 보고를 적들이 퍼뜨리는 가짜 정보라고 일축하기로 선택했다.

　　1881년에서 1889년 사이 누적 사망자 수는 2만 2,000명으로 추산되며 이 중 5,000명이 프랑스인이었다. 어떤 해에는 프랑스에서 온 사람 절반 이상이 사망했고 어느 한 시점을 보아도 노동력의 3분의 1은 병에 걸려 있었을 것이다.

　　계약 업체가 아니라 레셉스의 회사에 직접 고용된 사람들은 무료로 의료 서비스를 받을 수 있었다. 병원이라 해도 고인 물에서 모기가 번식하고 병동에서 감염병이 퍼지는 여건이었기 때문에 의료 서비스의 효용이 꼭 좋기만 했다고는 볼 수 없었지만 말이다. 계약 업체에 고용된 사람들의 상황은 더 나빴다. 날마다 병원비를 낼 수 없을 경우, 이들은 아파서 쓰러지면 사실상 길에 그냥 버려졌다.

　　이토록 수많은 사람이 수에즈에서 이집트 노동자들이 겪은 강압보다 훨씬 극적이고 가시적으로 희생되고 있는데도 레셉스의 고집은 조금도 꺾이지 않았다. 그는 자신이 믿은 가상의 현실에 고착되었고 실제 현실에서 날마다 벌어지는 문제에서는 저만치 멀리 떨어져 있었다. 1882~1885년의 결정적인 시기에, 현지의 상황은 점점 더 끔찍해져 가는데도 레셉스는 잘 취합된 양질의 정보를 토대로 자신의 직원이 보내오는 보고에조차 귀를 기울이지 않았다.

1880년대 중반이면 레셉스는 채권 시장을 너무 여러 차례 이용한 상태였고, 약속된 이자를 지급해야 하는 조건에 따라 상당한 위험 프리미엄을 지출해야 했다. 1885년 5월에 레셉스는 수에즈 운하 때 크게 도움이 되었던 복권형 채권의 발행 가능성을 타진했다. 복권형 채권을 발행하려면 의회의 승인이 필요했다. 정치적 지지를 끌어내기 위해 레셉스는 1886년 2월에 파나마를 다시 한 번 방문했다. 그는 2주간 머물렀고, 이번에도 화려한 행사가 이어졌으며 매 순간 그가 주인공이었다. 운하 회사의 고위 엔지니어 한 명은 "자신 이외에 어느 누구에게 어떤 찬사라도 돌아갈라치면 그의 왕관에서 빛줄기를 훔쳐가는 것처럼 보였다"고 언급했다.

여전히 레셉스는 해수면 높이의 운하를 약속된 공기 내에 약간 늘어난 예산으로 지을 수 있다고 확신했다. 하지만 이번에는 세 명의 전문가(한 명은 프랑스 의회가 보낸 사람이고 두 명은 파나마 운하 회사 사람이었다)가 독립적인 조사를 통해 해수면 높이의 운하가 타당성이 없다고 결론 내렸다. 레셉스가 가진 어마어마한 설득 권력에도 불구하고 의회는 실제 사실관계에 관심을 기울이기 시작했고 충분히 많은 의원이 그의 설득에 흔들리지 않았다.

1887년 10월, 레셉스는 마침내 한발 물러서서 갑문을 포함하는 B안을 고려하기 시작했다. B안 운하의 설계는 당시에 한창 자신의 이름을 딴 탑을 만드느라 바빴던 알렉상드르 귀스타브 에펠Alexandre Gustave Eiffel에게 맡기기로 했다. 숱한 곡절 끝에 레셉스는 7억 2,000만 프랑 규모의 복권형 채권 발행에 대해 의회의 승인을 얻었다. 하지만 1888년 12월까지 최소 요구 자본금을 모집하는 데 실패했고 파나마 운하 회사는 정리 절차에 들어갔다.

몇 해 뒤에 레셉스는 불명예스럽게 사망했다. 그의 아들과 몇몇 관련자는 사기죄로 감옥에 갔다. 운하는 버려졌다. 하지만 정말로 비용을 치른 사람은 레셉스가 아니었다. 투자자들은 10억 프랑 이상을 날렸고 5,000명의 프랑스인이 목숨을 잃었으며 주로 서인도 제도의 노동자들이던 또 다른 1만 7,000명도 사망했다. 이들 모두, 사실상 아무것도 짓지 못한 프로젝트에 희생되었다.

아메리칸 스타일의 파나마

1904년에 미국인들이 파나마 운하 프로젝트를 재개했을 때 그들이 사용한 철도와 준설 장비는 프랑스인들이 예전에 사용하던 것과 별로 다르지 않았다. 또한 처음에는 황열병 유행을 일으키는 등 프랑스인들이 했던 것과 동일한 실수도 많이 했다.

프랑스가 실패한 이유는 기망적인 비전에 갇힌 나머지 당대에 활용 가능했던 지식과 기술로 시도해 볼 수 있었을 또 다른 경로를 보지 못했고, 현실에서 발생하는 난관 또한 보지 못했다는 데 있었다. 그들은 쌓여가는 증거와 쌓여가는 시신이 그들의 방식이 가진 오류를 가시적으로 보여주고 있었는데도 경로를 바꾸지 않았다. 이 프로젝트를 이끈 것은 하나부터 열까지 레셉스의 비전이었다. 그리고 그의 비전에는 테크노-낙관주의와 잘못된 확신이 결합되어 있었다. 이 비전은 단지 진보의 이름으로 권력을 갖지 못한 사람들에게 비용을 지우기만 한 것이 아니었다. 이것은 반증을 무시하게 만드는 오만이 일으킨 재앙이기도 했다. 현실의 사실관계들을 무시하면서, 프로젝트는 재앙을 향해 행진했다.

당연히 미국인들도 그들의 선호와 그들의 아이디어가 있었다. 그들도 레셉스처럼 현지인에게 미칠 영향에 관심을 기울이지 않았고 그들이 고용한 이주 노동자들의 여건은 혹독했다. 하지만 커다란 차이가 하나 있었다. 레셉스가 갖다 씌운 과잉 확신이 없었기 때문에 이들에게는 실패와 오류가 무언가를 의미할 수 있었다. 특히 본국의 정치인들이 이를 반영해 의사결정을 할 수 있었다. 초기에 문제가 발생하자 운하 프로젝트의 고위 인사들이 교체되었고 새로운 사람, 새로운 아이디어, 새로운 기법이 들어왔다. 준설이 지연되고 질병의 위험이 커지자 시어도어 루스벨트Theodore Roosevelt 대통령은 현지에서 활동하는 미국 경영자에게 프로젝트 총괄을 맡겼다. 현지 사정에 밝고 노동자들의 건강을 유지하는 지극히 중요한 문제를 포함해 현장의 문제에 더 민감하게 대응할 수 있는 사람이 프로젝트를 진행하게 하기 위해서였다.

미국은 쿠바를 점령했을 때 열대 지방의 보건 문제에 대해 많은 것을 알게 되었고, 새로 알게 된 모기 퇴치 기법을 파나마에 들여왔다. 길에서 잡초를 제거했고 공사 현장 경내에 고인 물이 없게 했다. 병원균이 번식하는 원천을 제거하기 위해 도로와 배수로도 개선했다.

운하 건설과 준설 자체에 대한 과학적 지식은 프랑스가 시도했던 때에 비해 딱히 더 개선되지 않았지만, 레셉스의 비전에서 벗어나자 미국인들은 같은 지식을 다르게, 더 효율적으로 사용할 수 있었다.

또한 미국의 엔지니어들은 미국의 철도 건설에서 얻은 방대한 경험에서 굴착, 준설, 물류 등을 최적으로 조직할 아이디어를 끌어냈다. 일례로, 프랑스인들은 흙과 돌을 충분히 빠르게 치우는 방법을 알아내지 못해 고전했지만, 미국의 총괄 책임자는 기차가 계속해서 들어오고 나가게 하기 위해 레일을 빠르게 다시 놓고 또다시 놓는 철도 스케줄링 시스템을 도입할 수 있었다.

새로이 도입된 옛 아이디어가 하나 더 있는데, 아이러니하게도 이것은 수에즈에서 사용되었던 방법이었고 파나마에서도 제안된 적이 있었다. 해수면 높이의 운하를 지으려면 땅을 너무 많이 파내야 했다. 그렇다면, 골치 아픈 차그레스강의 물을 일부 돌려 고지대에 인공 호수를 만들면 어떻겠는가? 그다음에 큰 갑문들을 두어서 배가 인공 호수까지 올라갔다가 반대편으로 넘어가게 하면 될 터였다.

수에즈 운하는 지금도 갑문이 없지만 지도를 자세히 보면 파나마 운하와 놀랍도록 비슷한 구조를 볼 수 있다. 수에즈에서 레셉스의 엔지니어들은 지중해부터 비터 호수까지 운하를 판 다음에 마른 염호에 바닷물을 채워 (작은) 내륙 바다를 만들었다. 레셉스는 수에즈에서 정작 중요한 교훈이 아니라 엉뚱한 교훈을 가져온 셈이었다. 고집스럽게 갑문을 거부할 게 아니라 준설량을 줄이기 위해 자연 지형을 활용했던 것을 모방했어야 했다. 안타깝게도, 수에즈 운하가 완공되었을 시점이면 레셉스는 하나의 사고방식에 너무나 고착되어서 다른 모든 선택지는 그의 고려 범위에 들지 못했다.

우리가 테크놀로지를 가지고 무엇을 하는가는 우리가 그리는 진보의 방향이 무엇인지와 무엇을 감당 가능한 비용이라고 생각하는지에 달려 있다. 또한 우리가 실수와 현장에서 나오는 증거에서 무엇을 배우는지에도 달려 있다. 이것이 오류도 있었고 몇몇 지점에서는 프랑스 못지않게 냉혹했지만 미국의 비전이 프랑스의 비전보다 우월할 수 있었던 이유다.

비전의 덫

레셉스는 카리스마도 있었고 사업가적 안목도 있었고 야망도 있었다. 프랑스 권력층에 연줄도 있었고 때로는 이집트 당국의 지지도 받았다. 또한 그가 전에 거두었던 성공은 동시대의 많은 사람을 매혹했다. 더 중요하게, 레셉스는 거대한 공공 인프라 투자와 기술 진보가 유럽뿐 아니라 전 세계의 모든 이에게 득이 되리라는 19세기판 테크노-낙관주의를 설파했다. 이 비전이 프랑스 대중, 그리고 프랑스와 이집트의 의사결정자들이 그에게 동참하게 만들 수 있었던 요인이었다. 이러한 비전의 역할이 없었다면 레셉스는 약 190킬로미터에 걸쳐 이집트의 사막을 가로지르는 공사에 엄두를 내볼 만한 의지를 가질 수 없었을 것이고, 계획대로 일이 돌아가지 않기 시작했을 때도 그러한 의지를 가질 수는 더더욱 없었을 것이다. 비전이 없으면 테크놀로지는 아무것도 아니다.

하지만 비전은 가시 범위를 제한하는 왜곡된 렌즈이기도 하다. 레셉스가 수에즈에서 발휘한 멀리 보는 안목과 기술 진보에 대한 믿음은 찬사받을 만했을지 몰라도, 해수면 높이의 운하를 짓겠다는 그의 접근 방식에서 그에 못지않게 핵심적이었던 요인은 수만 명의 이집트인 부역 노동력을 사용할 수 있다는 점이었다. 그가 생각하는 진보에

이 노동자들은 포함되지 않았다. 그 자신의 기준으로도 레셉스의 비전은 대대적으로 실패했는데, 이는 가장 큰 강점이던 자신감과 명료한 목적의식이 치명적인 약점이기도 했기 때문이었다. 자신의 비전에 갇혀서, 실패를 인식하고 상황의 변화에 맞게 적응하는 것이 그에게는 너무나 어려웠다.

　　두 운하 이야기는 이러한 동태적 과정의 가장 해로운 측면을 보여준다. 레셉스는 파나마에 전과 동일한 믿음과 동일한 프랑스 전문가와 동일한 방식으로 조달한 프랑스 자본을 가지고 왔고, 본질적으로 유럽에서 동일한 제도적 지원을 받았다. 하지만 이번에는 무엇이 필요한지를 제대로 파악하지 못했고 자신의 생각에 배치되는 사실들이 계속해서 나오는 현장 상황에 직면해서도 한사코 계획을 수정하지 않으려 했기 때문에 실패했다.

　　몇 가지 면에서 레셉스의 감수성은 놀랍도록 현대적이었다. 거대 프로젝트에 대한 선호, 테크노-낙관주의, 민간 투자의 힘에 대한 믿음, 목소리를 내지 못하는 사람들이 처하게 될 운명에 대한 무시 등을 보건대 레셉스는 오늘날의 기업 이사회에 들어가도 잘 어울렸을 것이다.

　　파나마 운하의 재앙이 주는 교훈은 오늘날에도 유의미하며, 오히려 오늘날 시사점이 더 크다. 1879년 파리 국제회의에서 한 미국 참가자는 이렇게 말했다. "이 회의의 실패는 공화국의 시민이라면 반드시 스스로 생각해야 하며 어떤 다른 사람이 이끄는 데로도 그냥 따라가면 안 된다는 유익한 교훈을 줄 것입니다." 애석하게도, 이제는 우리가 이 교훈을 잘 알게 되었노라고 말하기는 어려울 것 같다.

　　진보의 이름으로 사람들에게 부과된 재앙의 사례에서 얻은 시사점을 토대로 오늘날의 실패를 논의하기에 앞서 던져보아야 할 중요한 질문들이 있다. 레셉스의 비전은 어떻게 해서 그토록 지배적인 비전이 될 수 있었을까? 그는 어떻게 사람들을 설득할 수 있었을까? 다른 이들의 목소리, 특히 그의 비전으로 고통받는 사람들의 목소리는 왜 들리지 않았을까? 답은 사회적 권력과, 또한 정말로 우리가 "공화국의 시민"으로서 살아가고 있는지와 관련이 있다.

3장

설득 권력

이와 같은 좁은 의미에서의 권력은 투입이 얼마가 되었든 산출에 더 우선순위를 부여하는 능력, 듣고 있기보다는 말할 수 있는 능력을 의미한다. 어느 면에서 이것은 무언가를 배우지 않아도 사는 데 아무 지장이 없을 수 있는 능력이다.

—칼 도이치Karl Deutsch, 『정부의 신경망The Nerves of Government』 1963년

대체로 우리는 들어본 적도 없는 사람들에 의해 통치되고 정신이 구성되고 취향이 형성되고 아이디어를 떠올린다.

—에드워드 버네이스Edward Bernays, 『프로파간다Propaganda』 1928년

진보의 방향은 사회가 어떤 비전을 따르는가에 좌우되며, 따라서 누가 승자가 되고 누가 패자가 되는지도 사회의 비전에 좌우된다. 파나마 운하의 재앙을 야기한 것은 (상당한 오만과 결합한) 페르디낭 드 레셉스의 비전이었다. 그렇다면, 그의 비전은 어떻게 해서 그토록 지배적인 비전이 될 수 있었을까? 왜 레셉스의 견해는 사람들이 어려움을 무릅쓰면서 돈과 목숨을 걸 만큼 설득력이 있었을까? 답은 사회적 권력에, 특히 수만 명의 소액 투자자를 설득할 수 있었던 힘에 있다.

레셉스는 사회적 지위와 정치적 연줄, 그리고 수에즈 운하 건설의 놀라운 성공에 힘입어 어마어마한 신뢰를 획득할 수 있었다. 그는 카리스마도 있었고 그 카리스마는 매우 솔깃하고 그럴듯한 이야기로 뒷받침되었다. 그는 프랑스의 고위 권력자뿐 아니라 일반 대중과 투자자도 파나마 운하가 프랑스에 폭넓은 부와 이득을 가져다줄 것이라고 믿게 만들 수 있었다. 그의 비전이 높은 신뢰를 얻은 이유 중 하나는 그 비전이 당대 최고의 공학적 전문성에서 나온 것으로 보였기 때문이었다. 또한 누구의 이해관계가 정말로 중요한가와 관련해 레셉스는 입장이 꽤 명료했고, 자금을 투자한 사람들과 완전히 일치하는 이해관계를 가지고 있었다. 그의 초점은 프랑스의 우선순위와 프랑스의 영예, 그리고 운하에 돈을 댄 유럽 투자자들의 수익이었다.

요컨대, 레셉스에게는 설득 권력이 있었다. 그는 자신이 이룩한 성공으로 유명했고, 사람들이 그의 말에 귀를 기울였으며, 자신의 견해를 밀어붙일 때 확신과 자신감을 풍겼고, 의제를 설정하는 능력도 있었다.

권력은 어떤 개인이나 집단이 암묵적 또는 명시적인 목적을 달성할 수 있는 능력을 말한다. 하나의 빵을 두 사람이 갖고 싶어 할 때 누가 가질지 좌우하는 것이 권력이다. 꼭 물질적인 목적에만 해당되는 이야기는 아니다. 테크놀로지의 미래와 관련해 누구의 비전이 우세해질 것이냐와 같이 비물질적인 것이 목적이 되기도 한다.

권력이란 결국 강압이 아니냐고 생각할지도 모르겠다. 하지만 꼭 그렇지는 않다. 물론 한 사회 내부에서도, 또한 사회들 사이에서도 분쟁과 갈등은 언제나 존재했고 큰 침략과 정복이 드물지 않게 끼어드는 등 인간 역사에는 늘 폭력이 있었다. 평화로운 시기에조차 머리 위에는 늘 전쟁과 폭력의 위협이 드리워 있었다. 폭도가 짓밟고 지나가는 상황에서 저 빵이 내 것이라고 주장하거나 자신의 견해를 표명할 기회를 갖기는 훨씬 어려울 것이다.

하지만 현대 사회가 주로 의지하는 권력은 설득의 권력이다. 어떤 대통령, 장군, 혹은 부족장이라도 순전히 강제로 군인들을 전쟁터에 밀어 넣을 수 있을 만큼의 강압적 권력을 갖기는 어려울 것이다. 명령 한 번으로 법을 바꿀 수 있는 정치 지도자도 거의 없을 것이다. 사람들이 정치 지도자에게 복종하는 이유는 [단순히 폭력에 눌려서가 아니라] 사회적 제도, 규범, 믿음이 그 지도자에게 큰 지위와 권위를 부여했기 때문이다. 사람들이 그를 따르는 이유는 그를 따르기로 설득되었기 때문이다.

감히 짐을 쏘고자 하는 자가 있다면, 자, 짐이 여기 있노라!

1789년 프랑스 대혁명 이후 10년간 일군의 공화주의적 정치 제도가 생겨났다. 하지만 반복적인 쿠데타와 처형 등 엄청난 혼란과 무질서도 생겨났다. 1799년에 권좌에 오른 나폴레옹 보나파르트는 법 앞의 평등, 과학의 가치에 대한 인정, 귀족 특권의 폐지 등 대혁명의 핵심 원칙을 수호하는 동시에 프랑스 사회에 안정도 가져다줄 지도자로 보였다.

몇 차례의 전쟁에서 승리하고서 1804년에 나폴레옹은 스스로 황제의 자리에 올랐다. 그때부터 그는 혁명의 충실한 아들이자(그가 주장하기로는 그랬다) 막강한 통치자였고(이것은 실제로 그랬다), 어마어마한 사회적 권위가 뒤를 받쳐주는 가운데 정치를 완전히 장악했다. 수십만 명의 프랑스 청년이 징집병과 자원병으로 나폴레옹을 따라 이탈리아 원정에 나섰고 유럽을 가로질러 러시아 깊숙한 곳까지 들어갔다. 나폴레옹에게 특별한 경제적 권력이 있어서가 아니었다. 또한 단순히 그가 황제여서나 그가 지휘하는 프랑스군이 대단히 놀라운 화기를 가지고 있어서도 아니었다.

나폴레옹이 마지막으로 프랑스에 귀환했을 때 그가 가졌던 설득의 힘이 단적으로 드러난 장면이 있었다. 이번에는 [원정에서의 귀환이 아니라] 엘바섬에서의 귀환이었다. 일련의 패배 후에 지중해의 엘바

섬에 유배된 나폴레옹은 1815년 초에 그곳을 탈출해 소수의 심복과 함께 프랑스 남부 해변에 도착했다. 그리고 북쪽으로 올라가다가 그르노블 근처에서 제5보병 연대와 맞닥뜨렸다. 이 시점에 나폴레옹은 공식적인 정치 권력도, 돈도, 강압을 행사할 수 있는 물리력도 없었다.

하지만 개인적인 호소력은 여전했다. 나폴레옹은 말에서 내려 그를 체포하러 온 군인들에게 다가갔다. 그리고 사거리 내에 도달했을 때 결연하게 말했다. "제5보병 연대여, 감히 짐을 쏘고자 하는 자가 있다면, 자, 짐이 여기 있노라! 내가 너희들의 황제인가 아닌가? 내가 너희들의 옛 장군이 아닌가?" 군인들은 "황제 폐하 만세"를 외치며 달려 나왔다. 훗날 나폴레옹은 자신이 "그르노블 전에는 모험가였고 그르노블에서 통치자이자 군주가 되었다"고 말했다. 다시 스스로 황제를 칭한 나폴레옹은 8주 만에 28만 군인을 거느리게 되었고 유럽의 적들에게 다시 한 번 두려운 존재가 되었다.

나폴레옹은 막대한 강압 권력과 정치 권력도 가지고 있었지만 그러한 권력을 행사할 수 있었던 것은 설득의 힘 덕분이었다. 그리고 그 이후로 현재까지 약 200년 동안 설득의 힘이 갖는 중요성은 더욱 커졌다. 미국 금융 분야의 권력이 이를 잘 보여준다.

머리 꼭대기의 월가

강압 권력과 정치 권력도 그렇듯이 얼마나 큰 경제 권력을 행사할 수 있느냐도 다른 사람을 설득할 수 있는 능력에 달려 있다. 경제 권력과 설득 권력의 결합은 오늘날 모든 곳에서 볼 수 있으며 미국에서는 특히 더 두드러지게 볼 수 있다. 소수의 사람들이 입이 떡 벌어질 만큼 굉장한 부를 소유하고 있으며, 그 부는 그들에게 높은 사회적 지위와 정치적·사회적 사안에 대한 큰 발언권을 부여한다. 경제 권력을 가장 가시적으로 볼 수 있는 곳을 꼽으라면 단연 거대 은행과 그 은행을 이끄는 금융인들이 있는 월가다.

월가의 권력은 어디에서 나오는가? 2007~2008년 금융위기가 오기 직전과 금융위기 도중에 어떤 일이 벌어졌는지를 살펴보면 이 질문에 꽤 명백한 답을 얻을 수 있다.

과거에 미국의 은행 산업은 분절적이고 분산되어 있었다. 아주 많은 소규모 금융기관이 지역 단위로 영업을 했고 전국적으로 운영되는 큰 금융기관은 거의 없었다. 그런데 1970년대에 진행된 일련의 규제 완화와 함께 시티그룹 같은 소수의 대형 은행이 인수합병 등으로 규모를 키우기 시작했고, 곧 거의 모든 종류의 금융 거래를 수행하는 거대 기업이 되었다. 이 시기에 민간 영역의 일반적인 사고방식, 아니 사실상 거의 공식적인 시대정신이라 해도 과언이 아니었을 사고방식에서 "더 크다"는 "더 효율적"이라는 의미였고, 따라서 매우 큰 거대 은행들이 더 나은 서비스를 더 낮은 비용으로 제공할 수 있으리라 여겨졌다.

국제 경쟁에 대한 고려도 작용했다. 유럽 경제가 더욱 통합됨에 따라 유럽 금융기관들의 규모가 커지고 이들이 국경을 넘어 영업할 수 있는 여지도 커졌다. 미국의 거대 은행들은 자신도 유럽 은행들이 누리는 것과 마찬가지로 큰 규모와 전 지구적인 활동 범위가 주는 장점을 가질 수 있으려면 국경을 넘어 자유로운 영업이 허용되어야 한다고 주장했다. 저널리스트, 재무장관, 국제 금융 규제 당국자 모두 이 내러티브를 받아들였다.

　　2008년의 금융위기로 향해 가던 시기에 몇몇 거대 은행은 주택 가격이 계속 오르기만 하리라는 데 베팅했다. 막대한 위험을 감수한 대신 이 은행들의 수익과 경영자 및 트레이더들이 받는 보너스가 엄청나게 팽창했다. 과도한 위험을 감수하고 막대한 차입 자본을 이용해서 거둔 수익이었다(자기 자본을 늘려 투자하는 것보다 차입 자본으로 투자하는 것이 수익성이 더 높았다. 하지만 이 전략은 상황이 잘 돌아가는 한에서만 유지될 수 있었다). 파생상품이라고 알려진 복잡한 금융 기법도 은행 업계에 막대한 수익의 원천이 되었다. 옵션이니 스왑이니 하는 금융상품들을 거래하면서, 금융위기 직전의 호황기 동안 금융기관의 장부상 수익이 치솟았다. 2000년대 초의 약 5년 동안 미국의 기업 이익 전체에서 금융 분야가 차지하는 비중이 40퍼센트가 넘었다. 하지만 곧 고통스럽도록 명백해지듯이, 이 동일한 금융상품의 구조가 주택 가격을 비롯해 자산 가격이 폭락했을 때 금융기관의 손실을 엄청나게 증폭시켰다.

　　대서양 양쪽 모두에서 재무장관과 중앙은행 당국자들은 은행을 금융 손실에서 보호하기 위한 정책들을 제시했다. 그 은행들이 주택 대출을 받으려는 사람들에게 오도의 소지가 있는 정보를 주고 시장과 규제 당국에 위험을 잘못 밝히는 등 문제적인, 심지어는 불법적인 행동에 관여한 장본인들인 경우에도 말이다. 미 법무부의 한 고위 당국자는 위기를 불러온 데 책임이 있는 당사자들을 형사적으로 기소하기가 쉽지 않다고 고충을 토로했다. 이 은행들은 본질적으로 "감옥에 넣기에는 너무 큰too big to jail" 상태가 되어 있었다. 이렇게 법적인 처벌을 사실상 면제받고 이어서 공적 자금으로 전례 없는 규모의 지원까지 받을 수 있었던 것은 거대 은행 경영자들이 강압적 권력을 사용할 수단이 있었기 때문이 아니었다.

거대 은행들은 감옥에 넣기에만 너무 큰 것이 아니라 "망하게 두기에도 너무 큰too big to fail" 상태가 되어 있었다. 위기가 닥쳤을 때 은행 등 대형 금융기관들은 자신들에게 좋은 것이 경제에도 좋은 것이라고 정책결정자들을 성공적으로 설득함으로서 후한 구제 금융을 받아 냈다. 2008년 9월에 리먼브라더스가 도산한 뒤, 주요 금융기관 중 도산하는 곳이 하나라도 더 생기면 시스템 차원의 문제가 되어 경제 전체가 피해를 입을 것이라는 생각이 사회의 지배적인 견해로 굳어졌다.

이러한 견해에서는 거대 은행 등 금융기관을 보호하는 것이 최우선적으로 중요해진다. 그 금융기관의 주주, 채권자, 경영자, 트레이더까지 조건을 거의 달지 않고 최대한 많이 보호해야 한다고 말이다. 이 서사는 설득력이 있었기 때문에 강력할 수 있었고, 설득력이 있었던 이유는 정책을 결정하는 사람들이 이 서사가 은행들이 자신의 이익을 위해 지어낸 꿍꿍이가 아니라 경제학적으로 도출된 합리적인 결론이라고 생각했기 때문이었다. 금융 저널리스트, 학자, 연구자 등 중요한 사람 거의 모두가 이 서사를 믿었고 어떤 정책을 취해야 할지와 관련해 이 견해를 널리 전파하기 시작했다. 훗날 주요 의사결정자들은 거대 은행을 도움으로써 자신이 미국 경제뿐 아니라 세계 경제까지 구했다고 뿌듯해했다.

설득 권력은 가시적으로 잘 드러나지 않아 포착하기가 쉽지 않을 수 있다. 정치 권력은 정치 제도(입법의 규칙이 어떻게 되어 있는가, 누가 행정적 권한을 갖는가 등)에서, 그리고 서로 다른 개인과 집단이 효과적으로 정치적 연합을 형성할 수 있는 능력에서 나온다. 경제 권력은 경제 자원을 통제할 수 있는 역량과 그 자원으로 어떤 행동을 할 수 있느지에 좌우된다. 강압 권력은 폭력 수단을 얼마나 장악하고 있느냐에서 나온다. 그런데, 설득 권력은 어디에서 나오는가?

거대 은행 및 그곳의 경영진과 투자자들이 구제된 과정을 살펴보면 설득 권력의 두 가지 원천을 발견할 수 있다. 하나는 아이디어의 힘이고, 다른 하나는 의제 설정의 힘이다.

아이디어의 힘

어떤 아이디어는 엄청나게 설득력이 있으며 딱 맞는 맥락에서 확신을 가지고 표현되면 더욱 그렇다. 또한 아이디어가 자기 복제가 될 경우, 즉 많은 사람이 설득되어 다시 그 아이디어를 전파할 경우 더 널리 확산되고 영향력도 커진다. 반복되는 아이디어가 강력한 아이디어다.

어떤 아이디어가 사람들에게 받아들여지고 반복되고 널리 퍼질지 아닐지에는 여러 요인이 영향을 미친다. 제도적인 요인도 있고 사회적 지위와 연결망도 중요하며 카리스마처럼 그 아이디어를 촉진하는 사람의 개인적인 특질도 영향을 미친다. 다른 조건이 동일하다면, 단순해서 이해하기 쉽고 근사한 스토리로 뒷받침되며 진실처럼 들리는 아이디어가 잘 전파된다. 적절한 유형의 사회적 지위를 가진 사람이 지지를 밝혀주는 것도 도움이 된다. 가령 리더로서의 능력을 인정받은 사람이나 공신력 있는 지식 집단의 일원으로 여겨지는 사람이 지지를 표하면 강력한 아이디어가 되는 데 크게 도움이 된다. 나폴레옹에게는 프랑스 학사원Institut de France이 있었고 월가에는 경영대학원의 금융, 재무 분야 교수와 로스쿨 교수들이 있었다.

월가가 정책과 규제 방향에 큰 영향을 미칠 수 있게 되는 데는 아이디어가 지대한 역할을 했다. 거대 금융 기업을 만든 경영자들은, 현대 경제 전체가 소수의 거대 금융기관이 정부 규제를 거의 받지 않고 매끄럽게 돌아가는 데 달려 있다는 개념을 촉진했다. 금융 산업이 경제에서 차지하는 비중이 커지고 금융인들이 사회적 지위를 획득해 가면서, 또한 영화와 신문에 금융권 초고소득자들의 막대한 연봉과 고급스러운 라이프스타일이 화려하게 그려지면서, "거대 금융은 좋은 것이다"라는 아이디어는 더욱 옳고 설득력 있게 들렸다.

여기에서 생겨난 선망과 권위를 마이클 루이스Michael Lewis의 1989년 베스트셀러 『라이어스 포커: 최고를 향한 거짓말쟁이들의 도전Liar's Poker: Rising Through the Wreckage on Wall Street』에 대한 대중의 반응에서 단적으로 볼 수 있다. 『라이어스 포커』는 루이스가 본인의 실제 경험에 바탕해 채권 트레이더의 세계를 다룬 책으로, 거대 금융의 관행과 오만함, 가치관을 비판하려는 취지에서 쓰인 책이다. 루이스는 사람들이 그러한 금융기관에 들어가지 않기로 결정하는 데 이 책이 일조하기를 바랐다고 밝히기도 했다. 하지만 책이 출간되었을 무렵에는 월가의 유혹적인 힘이 너무나 커져서, 이 책을 읽은 야망 있는 대학생에게 금융 분야의 영혼 없는 문화와 냉혹한 인물상이 이쪽 진로를 추구하는 데 전혀 거리낌을 불러일으키지 않는 게 분명해 보였다. 루이스에게 금융 분야에 들어갈 수 있는 방법을 조언해 달라는 독자도 있었다. 루이스 본인의 평가를 빌리면, 되레 이 책은 사람들을 월가로 끌어들이는 데 일조하고 있었다.

강력한 설득력을 갖는 아이디어는 어디에서 나오는가? 어떤 개인이나 집단이 그러한 아이디어를 촉진할 카리스마와 자원을 갖게 될지 아닐지는 무엇이 결정하는가? 이 과정은 상당 부분 무작위적이라고 말해도 틀리지 않을 것이다. 개인의 창조성과 재능도 물론 중요하다. 그런데 누가 사회적 지위와 카리스마를 갖고 누가 창조성과 재능을 계발할 기회를 갖는지는 그 사회의 속성과 규칙에 깊이 영향을 받는다.

많은 사회에서 소수자, 여성, 그 밖에 경제 권력이나 정치 권력이 없는 사람들은 자신의 아이디어를 이야기하는 데서만이 아니라 창조적인 아이디어를 생각하는 것 자체에서도 장벽을 겪는 경우가 많았다. 극단적이지만 시사점이 있는 한 사례로, 영국령 서인도 제도에 노예를 활용한 대농장 경제가 정점이었을 때 이곳의 일부 지역에서는 노예에게 글을 가르치는 것이 금지되었다. 또한 역사의 대부분 시기에 여성은 과학계와 기업계의 리더 자리에서 의도적으로 배제되거나 그러한 자리를 추구하지 말도록 독려되었다.

심지어 개인의 카리스마도 사회적 제도와 여건에 영향을 받는다. 카리스마는 단순히 타고나는 것이 아니다. 카리스마는 확신과 사회적 연결망에 크게 좌우된다. 거대 은행의 권력은 아이디어와 내러티브만의 문제가 아니었다. 은행 경영진과 이사회 멤버들은, 막대한 경제 권력을 가지고 있고 그들의 아이디어를 잘 전파해 줄 수 있는 사회적 네트워크에 속해 있었다. "거대 금융은 좋은 것"이라는 아이디어는 이를 뒷받침하는 이론과 실증근거를 열정적으로 제공하는 경제학자들과 입법가들에 의해 반복되었다.

창조성과 카리스마가 있고 열심히 노력한다고 해서 꼭 영향력 있는 아이디어를 갖게 되는 것은 아니다. 어떤 아이디어가 너무 엉뚱하거나 너무 시대를 앞서가는 것으로 여겨져 제쳐질지, 아니면 그럴 법하고 설득력 있게 보일지는 그 사회에서 권력을 가진 개인과 집단의 지배적인 믿음에 크게 좌우된다. 당신이 딱 맞는 아이디어를 딱 맞는 사람들에게 딱 맞는 타이밍에 이야기할 수 있다면, 정말로 운이 좋은 것이다.

이것은 공정한 시장이 아니다

서로 다른 아이디어들이 어떻게 경합을 벌이는지 논할 때 사회과학자들은 이를 시장에서의 과정에 빗대곤 한다. 이 비유에는 그럴 만한 면이 있다. 이 비유에 따르면, 아이디어들은 사람들의 관심과 수용도를 놓고 서로 경쟁하며 더 나은 아이디어가 자연적으로 우위를 갖는다. 오늘날에는 거의 아무도 태양이 지구를 돈다고 생각하지 않을 것이다. 한때는 그 아이디어가 저항할 수 없는 진실로 보였고 이슬람교와 그리스도교 모두에서 1000년 넘게 믿어진 신조였는데도 말이다.

지동설은 이르게는 기원전 3세기에도 제시된 바 있지만 아리스토텔레스와 프톨레마이오스의 천동설에 밀려났다. 전근대 유럽에서 아리스토텔레스는 거의 모든 과학적 질문에 있어 최고 권위자로 여겨졌으며, 프톨레마이오스는 천동설을 정교하게 체계화했고 천문표를 사용하는 일 등에서 천동설의 실용적인 가치도 입증했다.

하지만 더 정확한 아이디어가 점차 우세해지는 것은 충분히 가능하며 일관된 과학적 방법론으로 뒷받침되면 더욱 그렇다. 누군가가 이론으로 계산한 예측치가 다른 이들의 실증적인 검증에 의해 확인되는 것도 여기에 크게 기여한다. 이 과정에는 시간이 꽤 걸릴 수 있다.

프톨레마이오스의 체계는 1000년경부터 무슬림 학자들에게 도전받기 시작했지만 지구가 모든 것의 중심이라는 아이디어가 완전히 버려지지는 않았다. 현대적인 형태의 지동설은 1500년대 초에 니콜라우스 코페르니쿠스에 의해 발달했고 1600년대 초에 요하네스 케플러에 의해 중대하게 진전되었으며 다시 얼마 뒤에 갈릴레오 갈릴레이에 의해 더욱 발전했다. 그리고 이 아이디어와 그것의 함의가 유럽 과학계 전반에 전파되는 데 다시 수십 년이 걸렸다. 1687년에 갈릴레오와 케플러의 아이디어를 토대로 한 뉴턴의 『프린키피아Principia』가 출간되었고 1822년에는 가톨릭 교회도 지구가 태양을 돈다고 인정했다.

이렇듯 "아이디어의 시장" 개념에 타당한 면이 있긴 해도 테크놀로지 선택이 어떻게 내려지는지 이해하기에는 불완전한 프레임이며, 바로 이것이 우리가 이 책에서 개진하려는 주장의 핵심이다. 많은 이들에게 **시장**이라는 단어는 상이한 아이디어들이 자신의 강점을 바탕으로 경합을 벌이는 평평한 운동장을 연상시키겠지만, 대부분의 경우에 이는 사실이 아니다.

진화생물학자 리처드 도킨스Richard Dawkins가 강조했듯이, 양질은 아니지만 눈길을 끄는 아이디어가 놀라운 성공을 거두기도 한다. 음모론이나 투자 광풍의 사례를 생각해 보라. 또한 아이디어에서도 "부익부" 현상이 나타난다. 앞에서도 언급했듯이, 어떤 아이디어가 더 많이 반복되고 사람들이 그것을 더 많이, 더 다양한 원천에서 듣게 되면 더 그럴 법하고 설득력 있어 보이게 된다.

"아이디어의 시장" 개념의 더 큰 문제는 사람들의 눈에 어떤 아이디어가 타당하다고 보이는지가 사회에 권력이 어떻게 분배되어 있는지에 영향을 받는다는 데 있다. 강력한 사람들이 자신의 아이디어를 밀고자 할 때 쓸 수 있는 무기는 자신감과 사회적 네트워크만이 아니다. 그들의 목소리가 조직과 제도에 의해 증폭될 수 있는지, 그리고 그들이 반대에 맞서는 데 필요한 권위를 가지고 있는지도 중요하다. 당신은 테크놀로지를 어떻게 발달시킬 것인가에 대해 좋은 아이디어를 가지고 있을 수도 있고 테크놀로지가 의도치 않게 유발한 결과에 사회가 더 관심을 기울여야 한다는 데 대해 논리적·실증적으로 잘 뒷받침된 이유를 가지고 있을 수도 있다. 하지만 당신의 아이디어가 왜 더나은 테크놀로지 경로인지를 설명할 수 있는 사회적 수단이나 다른이들이 당신 말을 듣게 만들 사회적 지위가 없다면 당신의 아이디어는 그리 멀리 나아가지 못할 것이다. 이는 설득 권력의 두 번째 원천인의제 설정의 힘과 관련이 있다.

의제 설정

질문을 던지고 우선순위를 설정하고 선택지에 무엇이 포함되고 무엇이 포함되지 말아야 할지 정할 수 있는 사람은 대중의 담론에 모양을 잡고 대중을 설득하는 데 막강한 영향력을 갖는다. 인간이 집합적으로 가지고 있는 지식은 막대하며 그것을 사용할 수 있는 능력도 놀라울 정도로 어마어마하다. 이것이 테크놀로지가 사회에 그토록 중요한 이유일 것이다. 하지만 우리의 뇌와 논증 능력에는 한계도 있다. 우리는 성긴 범주를 적용해 사고하고 때로는 잘못된 일반화를 한다. 빠르고 간단한 어림법heuristics에 의존해 결정을 내리는 경우도 많다. 또한 이미 믿고 있는 것에 대한 증거만 선택적으로 발견하는 경향(확증 편향)

이나 실제로는 드문 사건을 훨씬 더 자주 일어나는 일로 착각하는 경향 등 수많은 "인지 편향"도 가지고 있다.

이 책의 주제와 관련해 특히 중요한 것은, 복잡한 문제에서 선택을 내려야 할 때 우리가 아주 소수의 선택지만 고려하는 경향이 있다는 점이다. 물론 자연스러운 일이다. 가능한 선택지를 다 고려하는 것은 불가능하고, 의견을 가졌을 법한 사람 모두에게 동일한 정도로 관심을 기울이며 의견을 듣는 것도 불가능한 일이다. 안 그래도 우리 뇌는 이미 신체 에너지의 20퍼센트를 소비한다. 그리고 진화 과정에서 우리의 뇌가 지금보다 훨씬 더 정교하고 강력해질 수는 없었을 것이다. 어떤 과자와 치즈를 살지 정할 때 모든 선택지를 다 고려하려면 100만 가지가 넘는 경우의 수를 따져봐야 한다(과자도 치즈도 알려진 것만 각각 1,000종은 되기 때문에 1,000에 1,000을 곱해야 경우의 수가 나온다). 일반적으로는 이렇게 많은 선택지를 고려할 필요가 없다. 지름길과 잘 연마된 어림법으로도 충분히 괜찮은 결정을 내릴 수 있기 때문이다.

가장 강력한 어림법 하나는 다른 이들로부터 배우는 것이다. 우리는 관찰하고 모방한다. 이와 같은 인간 지능의 사회적 측면은 집합적 지식을 일구는 데 막대한 자산이다. 학습과 의사결정의 과정을 효율적으로 만들어 주기 때문이다. 하지만 여기에는 취약점도 많으며, 권력을 가진 사람들은 그 취약점을 충분히 악용할 수 있다. 이를테면 우리가 학습한 것이 실은 우리에게 좋은 것이 아니라 누군가가 우리가 그렇다고 믿게끔 만든 것이었을 수 있다.

우리는 사회적으로 저명한 사람들의 말을 듣고 그들로부터 따라 배우는 경향이 있다. 이것도 자연스러운 일이다. 수천수만 명의 조언과 경험에 일일이 관심을 갖기는 불가능할 테니, 자신이 하는 일을 잘 알고 있다고 입증된 사람에게 집중하는 것은 좋은 결정을 내리기에 유용한 어림법이다.

하지만 누가 그런 사람인가? 당면한 일과 관련해 해당 분야에서 이미 성공을 거둔 사람은 명백히 그런 사람이라고 보아도 무방할 것이다. 하지만 많은 경우에 우리는 구체적인 업무에서 실제로 뛰어났던 사람들을 관찰하지는 않는다. 합리적인 어림법은 권위가 있는 사람에게 집중하는 것이다. 사실 거의 본능적으로 우리는 사회적 지위가 있는 사람의 아이디어와 조언이 관심을 기울일 가치가 더 크다고 믿는다.

사회적 지위와 특권이 있는 사람을 따라 하고 성공한 사람을 모방하는 성향은 실로 우리의 정신에 깊숙이 각인된 본능 같아 보인다. 이르게는 생후 12개월인 아기에게서도 모방 행동을 볼 수 있다.

심리학자들은 아이들이 성인의 행동을 어떻게 모방하는지, 아니 어떻게 "과잉 모방"하는지에 대해 오랫동안 연구해 왔다. 한 실험에서, 성인 진행자가 위와 앞, 이렇게 두 군데에 자물쇠가 달린 플라스틱 퍼즐 상자에서 장난감을 꺼내는 모습을 아이들에게 보여주었다. 그는 먼저 위의 자물쇠를 열고 그다음에 앞의 자물쇠를 열어서 앞으로 장난감을 꺼냈다. 즉 위의 자물쇠를 따는 첫 단계는 전적으로 불필요했다. 그런데도 아이들은 첫 단계까지 충실히 따라 했다. 불필요한 줄 몰라서 그랬을까? 전혀 그렇지 않았다. 실험의 막바지에 아이들에게 물어보았더니 모두 위쪽 자물쇠를 여는 것이 "멍청하고 불필요한" 일이라고 말했다. 그런데도 그것을 모방했다. 왜 그랬을까?

답은 사회적 지위와 관련이 있는 것으로 보인다. 아이들의 눈에 성인은 전문가이고, 전문가라는 위치가 부여하는 사회적 지위를 가지고 있다. 따라서 의구심을 밀어내고 성인의 행동을 따라 하려는 경향을 보이게 된다. 성인이 그렇게 했으니 멍청하고 불필요해 보여도 그 행동에 무언가 이유가 있으리라고 생각하는 것이다. 실제로, 연령대가 더 높은 아이들을 대상으로 한 실험에서, 사회적 실마리와 사회적 관계를 인식하는 데 뛰어난 아이일수록 과잉 모방 경향을 더 크게 보이는 것으로 나타났다. 그러한 아이들이 사회적 지위를 파악하는 데 더 능하며 자신이 파악하기에 전문가라고 인식되는 사람의 행동을 더 잘 따라 한다는 의미다.

비슷한 실험에서 침팬지는 첫 단계를 건너뛰고 곧바로 앞 자물쇠를 열었다. 침팬지가 더 똑똑해서가 아니라 인간 전문가(로 보이는 자)를 존중·승인·모방하는 데 관심이 더 적어서였을 것이다.

모방 행동을 한 차원 더 깊이 파고든 또 다른 독창적인 실험에서, 연구자들은 미취학 연령대의 아이들에게 두 명의 모델이 동일한 물체를 각자 다른 방법으로 사용하는 모습이 담긴 동영상을 보여주었다. 아이들은 사전에 다른 동영상에서 구경꾼들(연구자들이었다)이 둘 중 어느 모델을 더 눈여겨보는지 관찰한 상태였다. 아이들은 구경꾼이 더 많이 보았던 모델에게 더 주의를 기울이는 경향이 있었고, 두 방식 중 하나를 선택하라고 하자 구경꾼이 더 많이 보았던 모델을 따라 하는 경우가 훨씬 더 많았다.

여기에서 아이들은 무엇을 어떻게 사용하는지 알기 위해서만 모방을 하는 것이 아니었다. 아이들은 [모델뿐 아니라] 다른 학습자들을 따라 하고 있었다. 연구자들은 다른 학습자들[구경꾼들]에 대한 모방을 권위의 징표를 찾으려는 행동이라고 해석했다. 두 모델 중 누가 권위자이고 이 상황에 맞는 전문가로 여겨지는지 알려주는 실마리를 찾으려 한 행동이었다는 것이다. 성공한 사람이라고 여겨지는 사람의 견해와 행동에 더 귀를 기울이게 되는 것은 거의 자연스러운 본능 같아 보인다. 더 의미심장하게, 누구를 성공한 사람이라고 여길지 판단할 때 우리는 다른 사람들이 누구를 더 많이 따르는지를 본다. 결국, 다시 사회적 지위로 귀결되는 것이다!

사회적 지위를 존중하고 성공한 사람을 모방하는 것에는 명백한 진화상의 논리가 있다. 성공한 사람이 성공한 이유는 올바른 선택을 했기 때문일 가능성이 크다. 하지만 이러한 모방에는 분명한 단점도 있다. 높은 사회적 지위와 권위를 가진 사람에게 더 많은 관심을 기울이는 것은 강력한 피드백 과정을 일으킨다. 사회적 권력을 획득할 수 있는 또 다른 자원을 가진 사람은 더 높은 사회적 지위를 갖게 되고, 사람들은 그의 말에 더 귀 기울이게 되며, 그러면 그 사람에게 더 큰 설득 권력이 부여된다.

다른 말로, 우리는 너무나 모방을 잘 하는 존재여서 우리가 많이 접하게 되는 아이디어와 비전에 내포된 정보를 흡수하지 않기가 어렵다. 그런데 많은 경우 그 아이디어와 비전은 강력한 의제설정자들에게서 나온 것이다. 실험에서도 이를 뒷받침하는 결과를 볼 수 있다. 믿을 만한 정보가 아니라는 표시까지 붙어 있는 정보마저 그것을 진지하게 받아들이려는 마음이 드는 것을 억누르기가 쉽지 않은 것이다. 장난감 상자 실험에서 연구자들이 발견한 것도 정확히 이 점이었다. 아이들은 위쪽 자물쇠를 여는 행동이 불필요한 줄 알면서도 모방했다. 잘못된 정보가 올라온 소셜미디어에서도 이러한 행동이 발견되었다. 신뢰할 만한 정보가 아니라는 표시를 명백하게 붙여놓아도 많은 사람들이 정보값을 적절히 에누리하지 못했고, 따라서 여전히 그들의 인식은 잘못된 정보에 영향을 받았다.

의제설정자들은 우리의 이러한 본능을 활용한다. 당신이 의제를 설정할 수 있다면 당신은 사회적 지위를 얻을 만한 사람일 것이고 사람들은 당신의 이야기를 귀담아들을 것이다.

은행가들의 의제

2007~2008년의 금융위기로 치달아 가던 시기에 글로벌 거대 은행의 경영자들은 방대한 의제 설정 권력을 가지고 있었다. 물질적 부에 큰 가중치를 부여하는 미국 문화에서 그들은 매우 성공적인 사람으로 여겨졌다. 은행 업계가 점점 더 큰 위험을 감수하고 그 대가로 점점 더 높은 수익을 올리면서, 금융계의 경영자들은 한층 더 부유해졌고 그들의 권위도 한층 더 높아졌다.

하지만 일이 잘못 돌아가게 되자 그 동일한 금융 기업들이 이번에는 너무나 큰 손실을 입어서 도산할 지경에 처했다. 이때가 "망하게 두기에는 너무 크다" 카드가 쓰인 시점이다. "금융 기업들이 거대해지고 매우 높은 차입 비율로 영업하는 것이 좋은 것"이라는 아이디어를 믿었던 정책결정자들은 이제 그 거대해진 금융 기업들을 망하게 두면 경제에 더 큰 재앙이 올 것이라는 아이디어를 믿게 되었다.

대공황 시대의 유명한 은행 강도 윌리 서튼Willie Sutton은 왜 은행을 털었냐는 기자의 질문에 이렇게 대답했다. "거기에 돈이 있으니까요." 오늘날 금융계의 거물들도 거기에 돈이 있기 때문에 열심히 설득 권력을 구축한다.

위기가 닥친 2007~2008년에 거대 은행의 경영자들은 금융에 굉장한 전문성을 가진 사람들로 여겨졌다. 경제에서 중요한 영역을 장악하고 있었고 언론과 정치인들이 그들을 고도의 전문 지식을 가지고 고소득을 올리는 매우 뛰어난 사람들로 묘사하며 추어올렸기 때문이다. 이러한 지위와 그 지위에 따라오는 설득 권력에 힘입어 10여 명 정도밖에 안 되는 은행가들이 미국 경제 앞에 놓인 선택지의 프레임을 구성했다. 그 프레임에 따르면 미국이 가진 선택지에는 두 가지 길밖에 없었다. 은행의 주주, 채권자, 경영자를 후하게 구제해 주거나, 은행을 망하게 두어서 경제를 폐허에 빠뜨리거나.

이와 같은 프레임은 충분히 현실성 있던 다른 방법들을 선택지에서 밀어냈다. 가령 은행에 재정을 지원해서 법적 실체로서는 계속 존재하게 하되 주주와 경영자가 이득을 얻지는 못하게 하는 방법도 있을 수 있었지만 배제되었다. 위법한 행동으로 고객을 속여 금융 붕괴를 불러오는 데 일조한 은행가들을 해고하거나 법적으로 처벌한다는 개념도 밀려났다. 또한 그들의 프레임은 어려움에 처한 주택 소유자에게 지원을 늘리는 것이 명백히 고려되어야 할 해법 중 하나라는 점도 배제했다. 그들이 확산시킨 지배적인 견해에 따르면, 주택 소유자의 파산은 시스템 차원의 위험이 아니며 주택 담보 대출을 받은 사람의 상환금을 깎아주면 은행의 수익에 악영향을 미친다는 것이다!

그들의 프레임은 당초에 위기를 불러왔고 그다음에는 정부의 구제를 받은 바로 그 금융기관 경영자들이 후한 보너스를 받는 것을 일시적으로 중지시키지조차 못했다. 보험회사 AIG는 2008년 가을에 정부가 1,820억 달러의 긴급 지원을 해준 덕분에 생존했는데도 아무런 제재 없이 임직원 보너스로 거의 5억 달러를 지출할 수 있었다. 회사를 도산 가까이로 몰아넣은 장본인들도 포함해서 말이다. 1930년대 이후 최악이라고 불리는 불황 속에서 가장 크게 구제금융을 받은 금융기관 중 아홉 곳이 총 5,000명의 임직원에게 1인당 100만 달러 이상의 보너스를 지급한 것으로 알려졌다. "뛰어난" 사람들이 계속 회사에 남아 있게 하려면 후한 보상이 필요하다는 논리였다.

이 같은 의제 설정에는 월가가 더 폭넓은 범위에 걸쳐 가지고 있는 사회적 네트워크가 크게 일조했다. 은행 업계 외부 사람 중 무엇이 의제로 올라와야 하는지 정하는 데서 발언권이 큰 사람들이 이 네트워크에 많이 포함되어 있었기 때문이다. 금융 부문과 정부 부문 사이에서 돌아가는 회전문도 중요한 역할을 했다. 당신의 친구와 전 직장 동료들이 당신에게 특정한 방식으로 세상을 보라고 하면 당신은 거기에 관심을 기울이게 된다.

물론 의제 설정은 아이디어와 관련이 크다. 당신이 설득력 있는 아이디어를 가지고 있으면 의제를 설정하기가 더 쉬울 것이고, 당신이 의제 설정에 더 성공적일수록 당신의 아이디어는 더 강력하고 설득력 있게 들릴 것이다. "거대 금융은 좋은 것"이라는 레토릭이 저항할 수 없을 정도로 강력해진 것은 은행가들과 그들에게 동의하는 사람들이 그 방향으로 스토리를 짜고 질문을 구성하고 증거를 해석했기 때문이었다.

아이디어와 이해관계

2007~2008년의 위기 직전과 위기 동안 월가에서 벌어진 술책을 보면

의제 설정 권력이 중요한 이유는 특정한 개인이나 집단이 자신의 이해관계를 관철할 수 있게 해주기 때문이라는 생각이 들 법하다. 물론 아이디어는 그것을 퍼뜨리는 권력자의 정치적·경제적 이익에 보탬이 된다. 하지만 의제 설정의 영향력은 자기중심적인 이익 추구의 수준을 훨씬 넘어선다. 사실 노골적으로 당신에게 좋은 것을 다른 이들에게 따라 하라고 하면 거부감을 불러일으킬 것이고 당신은 원하는 것을 얻겠다고 투박한 시도를 하는 사람으로 보일 것이다. 당신의 아이디어가 성공적일 수 있으려면 협소한 이해관계를 초월하는, 적어도 그렇게 보이는 더 폭넓은 견해로서 이야기되어야 한다.

　　종종 강력한 아이디어들이 노골적으로 이기적이지는 않은 데는 또 다른 이유도 있다. 당신이 어떤 아이디어를 진심으로 믿는다면 그 아이디어를 더 잘 옹호하고 촉진할 수 있을 것이고, 나 자신을 위한 것이 아니라 진보를 위한 것이라고 생각하면 진심으로 믿기가 더욱 쉬울 것이다. 따라서 "거대 금융은 좋은 것"이라는 레토릭을 관료, 정책 결정자, 기자처럼 은행 구제에 직접적인 금전적 이해관계가 훨씬 적은 사람들이 강하게 지지하게 된 것이 이 비전의 성공에 더욱 중요했다.

　　그런데 이 같은 다이내믹은 아이디어와 이해관계가 때로는 분리되기도 한다는 것을 말해준다. 일단 당신이 어떤 아이디어를 믿게 되면, 그 아이디어가 당신이 현실을 읽는 방식과 상충하는 것들 사이에 가중치를 부여하는 방식의 틀을 잡는다. 이런 식으로 당신은 당신의 이해관계와 상관이 없는 아이디어에 의해 움직이기 시작한다. 어떤 견해가 열정적으로 믿어지면 더 지배적인 견해가 되기 쉽고 전염성 있는 견해가 되기도 더 쉽다.

　　레셉스가 파나마에서 해수면 높이의 운하라는 특정한 설계에 집착해 노동자들을 가혹한 여건으로 내몬 것은 개인의 경제적 이해관계 때문이 아니었다. 재능 있는 사람들이 언제나 기술적인 해법을 가져와 주리라는 마법 같은 믿음도 자기중심적인 계산에서 나온 것이 아니었다. 레셉스는 그것이 당대에 활용 가능한 과학 지식과 테크놀로지를 공공선을 위해 사용하는 옳은 방법이라고 진심으로 믿었다. 여기에 더해 그는 매우 성공적이었던 과거 사례를 가지고 있었고 많은 사람이 그의 말을 듣게 할 수 있었기 때문에 사람들을 설득할 수 있었다.

마찬가지로, 글로벌 금융위기 전후에 지배적이었던 것은 거대 은행 경영자들의 이해관계만이 아니었다(저기요, 그들의 이익에 매우 부합하기는 했는데요?). 그때 지배적이었던 것은 이 저명한 은행가들 본인이 전적으로 믿고 있던 비전이었다(아무튼 그들은 어마어마한 부자였잖아요!). 2009년에 투자은행 골드만삭스의 CEO 로이드 블랭크페인Lloyd Blankfein이 한 말을 빌리면, 투자은행가들은 자신이 "신의 일"을 하고 있다고 생각했다. 기자, 의원, 대중을 그토록 강력하게 홀릴 수 있었던 요인은 과거의 성공 사례와 공공선을 위한 일이라는 내러티브의 조합이었다. 이러한 관점에 이의를 제기하는 사람은 지당하게도 준엄한 분노를 샀다.

지금까지 우리는 아이디어가 전파되고 지배적인 위치로 올라가는 과정에 대해, 그리고 프레임을 설정할 수 있는 사람에게 특권을 부여하는 의제 설정의 역할에 대해 알아보았다.

그렇게 할 수 있는 사람은 누구인가? 사회적 지위가 높은 사람이다. 그런데 사회적 권력이 많은 사람은 의제 설정 능력도 클 것이므로, 여기에서 우리는 악순환으로 빠질 수 있는 피드백 고리를 보게 된다. 당신이 더 큰 권력과 지위를 가지고 있다면 의제를 설정하기가 더 쉬워지고, 당신이 의제를 설정하는 사람이라면 다시 더 큰 권력과 지위를 획득하게 된다. 그렇지만 게임의 규칙이 어떻게 짜여 있는지도 매우 중요하다. 게임의 규칙이 설득 권력상의 불평등을 증폭할 수도 있고 제한할 수도 있기 때문이다.

게임의 규칙이 당신을 억압할 때

미국에서 남북 전쟁 이후에 벌어진 일은 의제 설정력의 중요성을 잘 보여준다. 그리고 의제 설정력은 협상 테이블에 앉을 수 있느냐와 밀접한 관련이 있다. 당시에 북부에는 전쟁이 남부의 정치·경제·사회를 대대적으로 변모시키는 계기가 되어야 한다고 본 열렬한 노예제 폐지론자들이 있었고, 그들은 이것이 오래도록 고질적이던 문제를 없애는 일이라고 생각했다. 저명한 노예제 폐지론자 새뮤얼 그리들리 하우Samuel Gridley Howe는 남북 전쟁 직전에 이렇게 말했다. "우리는 노예제의 권력이 완전히 정복되고 **해방이 확실해지기** 전까지는 끝나선 안 될 투쟁에 들어섰다."

　　1863년 새해 첫날 선포된 "노예 해방 선언Emancipation Proclamation"은 미국 역사의 새 국면을 열었다. 1865년 말에는 노예제 폐지를 명시한 수정헌법 13조가, 1868년에는 해방 노예 모두에게 동등한 보호과 시민권을 부여한 수정헌법 14조가 비준되었다. 하지만 이러한 변화가 문서상의 문구만으로 이뤄질 일은 아니었으므로, 이들은 연방군을 남부에 주둔시켜 실행을 강제하려 했다. 이어서 1870년에는 수정헌법 15조가 비준되어 흑인 남성의 선거권을 보장했다. 이제 누군가의 선거권을 "인종, 피부색, 과거의 예속"에 기초해 부정하는 것은 위법이 되었다.

처음에는 정치 영역을 포함한 모든 영역에서 모든 이에게 동등한 권리를 보장한다는 이상을 실현해 가고 있는 것으로 보였다. 이 시기를 "재건Reconstruction" 시대라고 부르며, 이때 흑인들이 괄목할 만한 경제적·정치적 이득을 획득했다. 이제 그들은 대농장에서 저임금과 일상적인 폭력을 참고 있지 않을 것이었다. 이제 그들은 무시무시한 위협에 덜 시달리면서 자신의 사업을 시작할 수 있을 것이었다. 이제 그들은 아이들을 학교에 보내지 못하게 가로막히지 않을 것이었다. 흑인들은 새로이 얻게 된 경제적 역량과 정치 참여 기회에 뛰어들었다. 남북 전쟁 전에는 남부 주 거의 대부분에서 노예의 교육을 금지했고, 1860년에 남부의 성인 흑인 인구 중 90퍼센트가 문맹이었다. 하지만 1865년 이후로 상황이 달라졌다.

흑인의 기회를 확대하려는 폭넓은 움직임의 일환으로, 1870년까지 흑인들은 100만 달러가 넘는 교육 자금을 모금해 지출했다. 흑인 농민들은 자신의 땅을 소유하고자 했고 무엇을 심을지, 어떻게 살아갈지를 스스로 결정하고자 했다. 도시의 흑인들도 더 나은 임금과 노동 조건을 획득하기 위해 파업을 조직했고 노동 조건과 임금 인상을 요구하는 청원을 진행했다. 농촌에서도 노동시장이 변모하기 시작해 흑인들이 계약 조건과 임금 구조에 대해 단체협상을 할 수 있게 되었다.

경제적인 향상은 정치적인 대표성 확대로 더욱 힘을 얻었다. 1869년에서 1891년 사이에 버지니아주 의회에는 모든 회기에 적어도 한 명의 흑인 의원이 있었다. 노스캐롤라이나주에는 52명, 사우스캐롤라이나주에는 47명의 흑인 주 의원이 있었다. 더 놀랍게도, 1869년에서 1876년 사이에 처음으로 미국에 두 명의 흑인 연방 상원의원(둘 다 미시시피에서 당선되었다)과 15명의 흑인 연방 하원의원(사우스캐롤라이나, 노스캐롤라이나, 루이지애나, 미시시피, 조지아, 앨라배마에서 당선되었다)이 생겼다.

하지만 곧 모든 것이 무너졌다. 이르게는 1870년대 후반기부터도 흑인의 정치적·경제적 권리가 다시 제약되기 시작했다. 역사학자 밴 우드워드Vann Woodward는 이렇게 설명했다. "남부에서 극단적인 인종주의를 받아들이게 된 것은, [전에는 아니었다가] 그쪽으로 입장이 바뀐 것이었다기보다는 [내내 존재했던] 그 입장이 표출되지 않게 막고 있던 반대쪽의 힘이 느슨해졌기 때문이었다."

맹렬한 논란이 일었던 1876년 대선에서 헤이즈-틸든 타협 Hayes-Tilden Compromise이라고 불리는 이면 합의가 이뤄지면서 인종차별주의에 반대하는 힘이 크게 느슨해졌다. 이 타협으로 공화당 후보 러더포드 헤이즈Rutherford Hayes가 백악관에 들어갈 수 있었는데, 연방군을 남부에서 철수시키고 "재건 시대"를 끝내기로 동의했기 때문에 가능한 일이었다.

남부는 "재건" 시대에 이어 "복원Redemption" 시대라 불리는 시대로 들어서게 된다. 남부 백인들이 연방의 개입과 흑인 해방 세력이 바꾸어 놓은 것으로부터 남부를 "복원Redeem"하겠다고 나선 시대를 말한다. 남부의 백인 지배층은 시계를 거꾸로 돌리는 데 성공했고, 20세기 초 가장 영향력 있는 흑인 지식인이었던 W. E. B. 두 보이스W. E. B. Du Bois의 표현을 빌리면, 남부는 "단순히 흑인을 위협하기 위한 군사 캠프"나 다름없게 되었다.

물론 이러한 군사 캠프는 억압을 위한 것이었고, 여기에는 법적으로 억압하기 위해 지역과 주 차원의 법을 제정하는 것뿐 아니라 법체계 외부에서 벌어지는 린치와 살해도 포함되었다. 하지만 이러한 강압 권력이 성공적으로 행사될 수 있었던 것은 남부의 인종주의자들이 미국의 나머지 사람들에게 흑인에 대한 체계적인 차별, 폭력, 강압이 사회적으로 충분히 용인될 수 있는 것이라고 설득하는 데 성공했기 때문이었다. 남부 백인들이 가졌던 설득의 힘은 특히 남부 외의 사람들이 인종 분리와 체계적 차별을 "짐 크로Jim Crow"라고 불리는 법의 형태로 용인하게 만드는 데 주효했다.

어떻게 해서 모든 것이 이렇게 잘못 돌아갈 수 있었을까? 물론 여기에는 많은 답이 있을 것이다. 하지만 가장 중요한 요인들은 완전한 경제적·사회적 평등이라는 아이디어가 사회의 지배적인 아이디어가 되기에는 사회적 권력과 의제 설정의 힘이 부족했다는 점과 관련이 있었다.

우선, 흑인에게 경제적 역량이 온전히 주어지지 못했다. 당대의 저명한 반노예제 정치인이었던 조지 워싱턴 줄리언George Washington Julian은 1864년 3월에 남부의 토지 개혁을 주장하면서 이렇게 말했다. "의회가 노예제를 완전히 폐지하거나 영원히 금지하도록 헌법을 수정한다 해도 옛 농업 방식이 가진 귀족 권력의 기반이 남아 있다면 무슨 소용이겠습니까? 300명 중 단 한 명만, 혹은 500명 중 단 한 명만 토지를 소유할 수 있는 상황에서라면, 법은 결코 진정한 자유를 보호할 수 없을 것입니다." 불행히도, 옛 농업 방식이 가진 권력 기반은 사실상 도전받지 않았다.

링컨 대통령도 경제적 자원에 접할 수 있게 하는 것이 흑인의 자유를 진전시키는 데 핵심적으로 중요하다는 것을 알고 있었고, 윌리엄 셔먼William Sherman 장군이 자유민이 된 흑인에게 "40에이커의 땅과 노새 한 마리"[오랜 노예 노동에 대한 물리적 보상 차원에서 400만 명의 흑인에게 제공하기로 약속되었던 보상. -옮긴이]를 분배하는 일에 착수했을 때 이를 지지했다. 하지만 링컨이 암살되고 대통령이 된 앤드루 존슨 Andrew Johnson은 노예제 옹호자였다. 그는 곧바로 셔먼의 토지 분배를 철회했고, 해방 노예들은 경제적 자립에 필요한 어떤 자원도 받지 못했다. 사실 "재건 시대"가 한창이던 때조차도 흑인의 경제적 여건은 백인 지배층의 의사결정에 좌우되었다. 더 안 좋게도, 노예 노동력에 의지하던 대농장 시스템이 없어지지 않았다. 많은 대농장 소유주들이 여전히 방대한 토지를 소유했고 여전히 극도로 억압적인 고용 관계에서 저임금으로 일하는 흑인 노동력에 의지하고 있었다.

이에 못지않게 중요한 점으로, 재건 시대의 실패는 흑인이 진정한 정치적 대표성을 획득하지는 못했다는 사실과도 관련이 있었다. 그들은 온전하게 대표되지 못했다. 워싱턴에 흑인 정치인이 있었을 때도 진정한 권력의 자리에 있었다고는 말할 수 없었다. 중요한 위원회에 들어가지 못했고 중요한 협상이 이뤄지는 이면의 밀실에도 들어가지 못했다. 그 결과 의제를 설정할 수 없었고 방향타를 돌리는 논쟁을 이끌 수도 없었다. 그리고 흑인이 전국 단위의 공직에 진출하는 것 자체가 재건 시대가 추진력을 잃고 무너지면서 끝나버렸다.

흑인들은 남북 전쟁에 나가 싸우고 죽었다. 노예제와 짐 크로법으로 고통을 겪은 사람들도 그들이었다. 하지만 그들의 삶과 정치적 미래에 대한 의사결정이 다른 이들의 손에 달려 있었기 때문에, 그들에게 주어진 것이 무엇이었건 정치적 계산과 이합집산의 변화에 따라 얼마든지 다시 철회될 수 있었고 실제로 그렇게 되었다. 앤드루 존슨이 대통령이 되었을 때나 헤이즈-틸든 타협이 있었을 때처럼 말이다.

혹인들이 자신이 원하는 것이 무엇이고 그것을 어떻게 달성할 수 있는지 몰라서가 아니었다. 이는 재건 시대의 첫 국면에서 잘 볼 수 있었다. 하지만 실질적인 정치적 대표성과 의제에 영향을 미칠 수 있는 역량이 없었기 때문에 전국적인 담론의 내러티브를 그들 쪽으로 구성해 낼 수 없었다. 그리고 중앙 권력의 회랑에서 정치와 우선순위가 그들에게 적대적인 방향으로 향하기 시작했을 때는 이 변화가 가져올 악영향을 완화하기 위해 의지할 만한 수단이 없었다.

19세기 말에 미국은 필리핀, 푸에르토리코, 쿠바, 파나마 등지로 제국주의적인 팽창 정책을 추진했고, 이와 함께 전국적으로 인종주의가 다시 한 번 발흥했다. 1896년에 대법원은 "플레시 대 퍼거슨Plessy v. Ferguson" 사건에 대한 중요한 판결에서 "인종적 본성을 제거하는 데 입법이 할 수 있는 일은 없다"며 남부에서 짐 크로법을 정당화하던 "분리되었으되 평등하다" 원칙[인종 분리 원칙]이 합헌이라고 판결했다. 그나마 이것은 더 추악한 빙산의 일각일 뿐이었다. 1901년 10월에 (동등한 권리를 주장하는 매체) 『애틀랜틱 먼슬리Atlantic Monthly』 편집진은 북부에서의 분위기 변화를 다음과 같이 요약했다.

우리의 해외 영토 획득이 미래에 어떤 이득을 가져다주리라 예상되든 간에, 미국 내에서 평등한 권리의 달성에는 해를 끼친다는 것이 이미 판명 났다. 이는 혹인의 진보에 반대하는 세력을 강화했고, 정치적 권리의 완전한 평등이 실현되는 것을 늦추는 데 그 무엇보다 크게 일조했다. 더 강하고 똑똑한 인종이 지구 반대편에서 "새로이 붙잡은 투박한 종족들"에게 자신의 의지를 맘대로 부과해도 된다면, 사우스캐롤라이나와 미시시피에서라고 그렇게 하지 말아야 할 이유가 없어지는 것이다.

『애틀랜틱 먼슬리』의 같은 호 기고자 중에는 당대의 가장 저명한 역사학자이던 윌리엄 A. 더닝William A. Dunning도 있었다. 더닝은 뉴저지 출신의 북부 사람으로, 뉴욕의 컬럼비아 대학에서 교육을 받았고 이후에도 내내 컬럼비아 대학 교수로 재직했다. 하지만 그와 그의 많은 제자들은 "재건 시대"에 남부에서 벌어진 변화에 매우 비판적이었다. 그들은 "카펫 배거carpetbagger"[남북 전쟁 이후 출세를 위해 북부에서 남부로 간 사람들을 경멸조로 부른 말]가 자유민들의 투표를 좌지우지하며 협잡을 벌였고 "스캘러웨그scalawag"[남부 백인 중 북부에 영합한 사람들을 비난조로 일컫는 말]가 이를 돕고 방조했다고 주장했다. 이와 같은 이른 바 더닝 학파의 견해가 20세기 전반기에 남부뿐 아니라 북부에서도 미국 사회의 통념을 형성했고, 출판물과 영화에서 미국 역사가 기술되는 방식에 영향을 미쳤다. 대표적으로, 역사상 가장 영향력 있는 영화 중 하나로 꼽히며 정치적·사회적 견해에 깊이 영향을 미친 D. W. 그리피스D. W. Griffith 감독의 1915년 영화 「국가의 탄생The Birth of a Nation」은 흑인을 매우 적대적으로 묘사하면서 인종주의와 쿠 클럭스 클랜Ku Klux Klan의 폭력을 정당화하고 있다.

주요 집단들이 당신의 견해에 귀를 기울이지 않는 상황에서, 어떻게 당신이 인종주의에 맞서 자신을 보호할 수 있겠는가? 그리고 어느 정도라도 의제 설정력을 갖지 못한다면 대다수의 사람들은 당신의 말을 듣지 않을 것이다.

제도의 문제다

재건 시대 이후 흑인들의 상황이 왜 그렇게 안 좋게 돌아갔는지 이해하려면 경제적·정치적 권력과 그 기저에 있는 경제적·정치적 제도를 이해해야 한다.

경제적·정치적 제도는 누가 다른 이들을 설득하기에 가장 좋은 기회를 갖는지에 영향을 미친다. 정치 시스템의 규칙은 누가 온전히 대표되고 정치 권력을 갖게 될지, 따라서 누가 협상 테이블에 앉을 수 있을지를 결정한다. 당신이 왕이거나 대통령이라면 의제 설정에 아주 큰 영향력을 행사할 수 있을 것이고 명령을 내려 직접적으로 의제를 정할 수도 있을 것이다. 마찬가지로 경제적 제도는 지지를 동원하고 필요하다면 정치인과 기자에게 돈도 줄 수 있는 자원과 경제적 네트워크를 누가 가질지를 결정한다.

당신이 솔깃한 아이디어를 가지고 있으면 설득 권력은 강해지는데, 앞에서 보았듯이 이것도 어느 정도 제도에 의존한다. 당신이 부유하거나 정치적으로 강력하다면 높은 사회적 지위를 갖게 될 것이고, 이는 당신의 말이 더 설득력을 갖게 해줄 것이다.

사회적 지위는 사회의 규범과 제도에 의해 부여된다. 경제적 성공과 선한 행동 중 무엇이 더 중요한가? 우리 사회는 집안의 부를 물려받은 사람과 자수성가한 사람 중 누구를 더 우러러보는가? 신을 위해 말하고 신에게 말한다고 주장하는 사람은 어떻게 보는가? 우리는 은행가들이 받들어 모셔야 마땅한 사회적 존중과 높은 지위를 가져야한다고 생각하는가, 아니면 1950년대에 미국에서 대체로 그렇게 여겨졌듯이 그들도 평범한 기업인이라고 생각하는가?

사회적 지위는 여타 영역에서의 권력 불균형을 강화한다. 당신의 지위가 높을수록 그것을 경제적 이득을 위해 사용할 여지가 커지고, 그러면 정치적으로 목소리와 영향력이 더 커질 것이며, 어떤 사회에서는 강압 권력도 더 많이 갖게 될 것이다.

제도와 아이디어는 공진화한다. 오늘날 세계의 많은 사람들이 민주주의를 소중히 여긴다. 민주주의라는 아이디어가 널리 퍼졌고 민주주의가 좋은 정부 형태라고 인정하고 있기 때문이다. 민주주의가 더 나은 경제 성과와 더 공정한 기회의 분배를 가져온다는 것을 보여주는 실증근거가 이러한 신뢰에 기여한다. 민주주의에 대한 신뢰가 무너지면 민주주의 제도도 곧 무너질 것이다. 여러 연구에 따르면, 민주주의가 경제 성장, 공공 서비스, 안정성 등에 더 잘 기여하는 것으로 나타나면서 민주주의에 대한 사람들의 지지가 상당한 정도로 증가했다. 사람들은 민주주의로부터 더 나은 것을 기대하고, 민주주의가 그것을 가져다주는 데 성공하면 민주주의는 더욱 번성한다. 하지만 기대한 바를 가져다주지 못하면 민주주의는 더 이상 사람들에게 매력적인 전망이 아니게 된다.

정치 제도가 아이디어에 미치는 영향은 이보다도 더 크다. 물론 더 나은 아이디어, 과학적 근거나 탄탄한 사실관계로 뒷받침되는 아이디어는 유리하다. 하지만 일이라는 게 꼭 그렇게 명쾌한 것은 아니어서, 의제를 독점할 수 있거나 더 안 좋게는 반론을 제쳐놓을 수 있는 아이디어가 유리해지는 경우도 많다. 정치적·경제적 권력은 누가 목소리를 갖고 누가 의제를 설정할 수 있는지, 그리고 상이한 비전을 가진 다양한 사람들 중 의사결정 테이블에 누가 올라올지를 결정하므로 매우 중요하다. 중요한 공간에서 당신이 환영받는다면 당신의 설득 권력은 커질 것이고 정치적·경제적 권력도 새로이 구성할 수 있을 것이다.

역사적인 전개 과정도 중요하다. 일단 당신이 협상 테이블에 앉아 중요한 문제를 논의하고 의제에 영향을 미치게 되면 당신은 앞으로도 거기에 계속 앉게 될 가능성이 크다. 그러나 남북 전쟁 이후의 상황이 잘 보여주었듯이 이러한 배열은 달라질 수 있으며, 특히 권력의 균형이 이동하는 결정적인 순간에 달라지는 경우가 많다. 그러면 새로운 사고방식과 선택지가 갑자기 실현 가능해 보이고 심지어는 불가피한 것으로 보이게 된다.

역사는 운명이 아니다. 사람들은 "주체적 역량agency"을 가진 존재여서 사회적·정치적·경제적 선택을 통해 악순환 고리를 끊어낼 수 있다. 설득 권력도 운명이 아니다. 우리는 누구의 견해가 가치 있게 여겨지고 사람들이 귀 기울이는 것이 될지, 누가 의제를 설정할지도 선택을 통해 재구성할 수 있다.

설득 권력은 절대적으로 부패한다

우리가 강력한 권력을 가진 사람들의 비전을 받아들이게 될 가능성이 크긴 하지만, 적어도 그들의 비전이 충분히 포용적이고 열려 있기를 희망해 볼 수는 있지 않을까? 특히 그들이 자신의 생각이 합당함을 보이기 위해 공공선을 언급하고 있으니, 더욱 그런 기대를 해보아도 좋지 않을까? 그들이 책임 있게 행동할 것이고 따라서 다른 이들에게 부과되는 비용에도 아랑곳없이 자기중심적인 비전을 맹렬히 추구할 때 발생하는 피해는 생기지 않으리라 기대해 봄직하지 않을까? 하지만 이러한 기대는 희망사항에 그치기 쉽다. 영국 역사학자이자 정치인인 액턴 경Lord Acton이 1887년에 다음과 같은 유명한 언명에서 지적했듯이 말이다.

> 권력은 부패하는 경향이 있으며 절대 권력은 절대적으로 부패합니다. 위대한 인물은 거의 언제나 나쁜 인간입니다. 권한이 아니라 영향력만 행사할 때도 그렇습니다. 그러니 부패의 경향성 또는 확실성을 권한이 한층 더 강화하는 경우에는 더더욱 그럴 것입니다. 직위가 그 직위에 있는 사람에게 신성함을 부여한다는 개념보다 더 이단적인 것도 없을 것입니다.

이때 액턴 경은 왕과 교황에 대해 한 저명한 대주교와 논쟁하는 중이었는데, 절대적인 권력을 가진 통치자가 절대적으로 잘못된 행동을 하는 사례는 역사에서도 또 오늘날에도 적지 않게 찾아볼 수 있다.

액턴 경의 논점은 설득 권력에도 아주 잘 들어맞으며, 여기에서 설득 권력은 자기 자신을 설득하는 힘도 포함된다. 사회적으로 강력한 사람들은 그들의 아이디어가 (그리고 많은 경우에 그들의 이해관계도) 중요하다고 스스로를 확신시키고, 다른 사람들의 견해와 고통을 합당하게 무시할 수 있는 방법을 찾아낸다. 레셉스가 이집트의 부역 노동자들에 대한 강압을 합리화할 수 있었던 데서, 또 파나마에서 수천 명의 목숨을 앗아간 말라리아와 황열병의 증거들을 무시할 수 있었던 데서 볼 수 있었듯이 말이다.

사회심리학자 대커 캘트너Dacher Keltner의 연구는 이러한 유형의 부도덕함이 어떻게 생겨나는지를 잘 보여준다. 지난 20년간의 연구에서 켈트너와 동료들은 권력이 강해질수록 사람들이 더 이기적으로 행동하고 자신의 행동이 다른 이들에게 미치는 영향을 무시하는 경향이 커진다는 점을 보여주는 실증근거를 방대하게 발견했다.

일련의 연구에서 켈트너와 동료들은 가격이 낮은 차를 모는 운전자와 비싼 차를 모는 운전자의 행동을 비교해 보았는데, 비싼 차들은 교차로에서 자기 차례가 되기 전에 다른 차 앞으로 끼어드는 확률이 30퍼센트가 넘는 반면, 비싸지 않은 차는 5퍼센트 정도에 불과했다. 보행자에 대한 행동에서는 차이가 심지어 더 컸다. 연구팀은 보행자의 역할을 맡아 차가 다가올 때 길을 건너려 해보았다. 가장 비싼 차는 45퍼센트 이상이 보행자보다 먼저 지나간 반면 가장 비싸지 않은 차는 거의 그러는 법이 없었다.

실험실 연구에서도 더 부유하고 사회적 지위가 높을수록 무언가를 옳지 않게 취하거나 주장하는 식으로 속임수를 쓰는 경향이 더 크다는 점이 발견되었다. 켈트너의 연구팀은 [시나리오를 주고 자신이라면 어떻게 할 것 같은지 묻는 방식으로] 피실험자들의 자기 보고를 분석한 결과, 상대적으로 부유한 사람들의 답변에 이기적인 이익 추구를 암시하는 내용이 더 많다는 사실을 발견했다. 자기 보고형 실험에서뿐 아니라 피실험자가 속임수 등 비윤리적인 행동을 했는지 추적할 수 있도록 설계한 실험에서도 비슷한 결과가 나왔다.

더 놀랍게도, 피실험자가 자신의 지위가 더 높다고 인식하게 만드는 것만으로도(가령, 돈이 더 적은 사람과 자신을 비교해 보게 하는 식으로) 속임수 등 비윤리적인 행동을 촉발할 수 있었다.

왜 권력을 가진 사람들이 이기적이고 비윤리적인 행동을 더 많이 하게 되는 것일까? 켈트너의 연구는 무엇이 용인될 수 있고 무엇이 그렇지 않은지, 또 무엇이 공공선을 위한 것인지에 대한 "자기 설득"이 중요한 요인임을 말해준다. 부유하고 저명한 사람들은 자신이 마땅히 가져야 할 몫을 가져가는 것이라거나 심지어는 탐욕이 도리를 벗어난 것이 아니라고 스스로를 설득한다. 1987년 영화 「월스트리트Wall Street」에서 부도덕한 은행가 고든 게코는 "탐욕은 옳고 탐욕은 효과가 있다"고 말한다. 흥미롭게도, 켈트너의 연구팀은 부유하지 않은 사람들도 탐욕을 긍정적으로 묘사하는 언명을 보여주는 식의 미세 조작을 통해 부유한 사람처럼 행동하게끔 유도될 수 있음을 보여주었다.

앞에서 우리는 현대 사회에서는 설득 권력이 사회적 권력의 가장 중요한 원천이라고 주장했다. 그리고 그 설득의 힘으로 당신은 당신이 옳다고 자기 자신을 설득하며, 다른 이들의 소망, 이해관계, 고통에는 점점 더 민감도가 떨어지게 된다.

비전과 테크놀로지를 선택하기

사회적 권력은 우리 삶의 모든 측면에서 중요하다. 하지만 진보의 방향을 결정하는 데서 특히 중요하다. 아무리 공공선에 기여한다고 주장하더라도 새로운 테크놀로지가 자동적으로 모든 사람에게 이득을 주지는 않는다. 많은 경우, 가장 큰 이득을 얻는 사람들은 혁신의 경로를 좌우하는 비전을 가진 사람들이다.

우리는 가용한 지식을 구체적인 문제 해결을 위한 테크놀로지로 어떻게 전환시킬지 상상하는 방식이라고 비전을 정의했다. 1장과

2장에서처럼, 여기에서도 "테크놀로지"는 새로운 제품이나 생산 기법 개발에 과학 지식을 적용하는 것보다 훨씬 폭넓은 의미를 갖는다. 증기기관으로 무엇을 할 수 있을지 알아내거나 어떤 종류의 운하를 지을지 결정하는 것은 테크놀로지와 관련해 우리가 내리는 선택이다. 농업에서 생산 활동을 어떻게 조직할 것인지나 그 과정에서 누구에게 강압을 행사할 것인지를 결정하는 것도 그렇다. 따라서 테크놀로지에 대한 비전은 경제와 사회의 거의 모든 측면에 스며든다.

사회적 권력이 갖는 일반적인 특징은 테크놀로지의 비전과 관련해서 특히 핵심적이다. 자연에 대한 인류의 지배력을 고양하는 방법에 대해 강렬하고 설득력 있는 내러티브를 가지고 있다면 다른 이들, 그 견해에 동의하지 않는 사람들과 그 견해에서 고통받는 사람들을 옆으로 제쳐놓을 수 있다. 그들의 고통에 대해서는 기껏해야 립 서비스 수준의 언급이 나올 뿐이다. 비전이 과잉 확신으로 이어지면 이러한 문제는 더 증폭된다. 이제 그 비전의 경로를 방해하는 사람이나 다른 경로가 있을 수 있다고 주장하는 사람은 중요치 않거나 시대에 뒤떨어졌거나 틀린 견해를 가졌다고 여겨지며, 따라서 무시되고 짓뭉개져도 괜찮은 사람이 된다. 비전은 모든 것을 합리화한다.

이기적이고 오만한 비전을 제약할 수 있는 길이 없다는 말이 아니다. 하지만 책임 있는 행동이 저절로 생겨나리라고 기대할 수는 없다는 의미이기는 하다. 액턴 경이 지적했듯이, 우리는 커다란 권력을 가진 사람들이 알아서 발휘해 줄 사회적 책임성에 기대서는 안 된다. 미래를 구성하는 강력한 비전과 꿈을 가지고 있는 사람들의 사회적 책임성에는 더더욱 기댈 수 없다. 또한 설득 권력이 부패할 수 있고 강력한 사람들이 다른 이들의 고충이나 우려를 이해하거나 신경 쓰지 않을 가능성이 크다는 점에서도 권력자의 책임 있는 행동에 기대를 걸기는 어렵다.

미래를 재구성하는 길은 길항 권력을 창출하는 것이고, 특히 다양한 목소리와 이해관계와 관점이 지배적인 비전에 맞서 균형추 역할을 하게 하는 것이다. 폭넓은 사람들이 접할 수 있고 의제 설정에 다양한 아이디어가 영향을 미칠 수 있는 경로를 열어줄 제도를 일굼으로써, 우리는 소수만 누리는 의제 설정의 독점을 깨뜨릴 수 있다.

이것은 제도의 문제인 만큼이나 (사회적) 규범의 문제이기도 하다. 사회가 무엇을 용인 가능하다고 여기고 무엇을 고려하지 않거나 억압하기로 하는지의 문제인 것이다. 또한 이것은 평범한 사람들이 지배층과 미래의 비전을 설파하는 사람들에게 압력을 행사할 수 있느냐의 문제이고 지배적인 비전에 사로잡히지 않고 자신의 견해를 갖기로 선택할 의지가 있느냐의 문제다.

또한 우리는 이기적이고 과잉 확신에 찬 비전을 제약할 방법을 찾아내야 하며, 이것 역시 제도와 규범의 문제다. 오만한 비전은 그것이 테이블에 올라온 유일한 목소리가 아닐 때 훨씬 덜 강력해진다. 그것은 가볍게 밀쳐낼 수 없는 효과적인 반론으로 도전을 받을 때 약해진다. 그리고 사람들 사이에서 그것이 오만이라고 인식되어 조롱을 살 때 (바라건대) 사라지기 시작할 수 있다.

여기에 민주주의가 관련 있는 이유

이러한 목적을 100퍼센트 확실하게 달성할 수 있는 묘약이 있는 것은 아니지만, 민주적 정치 제도는 결정적으로 중요하다. 민주주의에 대한 찬반 양론은 플라톤과 아리스토텔레스 시대까지 거슬러 올라가는 유구한 역사를 가지고 있지만, 두 사람 모두 민주정에 열의가 있지는 않았고 민주주의가 불러올지 모를 불협화음을 크게 우려했다. 이러한 두려움과 오늘날 대중매체에서 너무나 자주 언급되는 민주주의의 회복력에 대한 우려에도 불구하고, 실증근거들은 민주주의가 경제 성장과 공공 서비스 제공, 그리고 교육, 건강, 기회의 불평등 감소에 유리하다는 것을 분명히 보여준다. 예를 들어, 민주화된 사회는 민주화 이후 20~30년에 걸쳐 1인당 GDP가 약 20퍼센트 상승한 것으로 나타났고 종종 이와 함께 교육과 건강에 대한 투자도 증가했다.

왜 민주정이 독재나 군주정보다 나을까? 물론 답은 하나가 아니다. 어떤 독재 정권은 정말로 엉망진창이고, 대부분의 비민주 정권은 정치적 연줄이 있는 기업과 개인을 우대해서 그들에게 독점권을 주고 지배층의 이익을 위해 자원을 탈취하도록 허용하는 경향이 있다. 민주정은 과두제를 깨뜨리는 경향이 있으며 통치자의 행동을 제약하고 그들이 법을 준수하도록 강제한다. 민주적 제도는 다른 제도에 비해 부유하지 않은 사람들에게 더 많은 기회를 주고 사회적 권력을 더 평등하게 분배한다. 또한 내부적인 분쟁을 평화적인 수단으로 해결하는 데도 종종 꽤 능하다(최근에는 미국에서도, 다른 곳들에서도 민주적 제도가 이 일을 그다지 잘 하지 못하고 있는데, 이에 대해서는 10장에서 살펴볼 것이다).

민주정이 더 성공적인 데는 또 다른 이유도 있다. 여러 목소리가 존재할 때 생기는 불협화음은 사실 민주주의의 가장 큰 장점일 수 있다. 하나의 견해가 정치적·사회적 선택을 지배하기 어렵다면, 다른 이들이 그것을 원하는지나 그것이 다른 이들에게 도움이 되는지를 고려하지 않고 지배층의 비전을 일방적으로 부과하기가 더 어려워질 것이다. 그렇게 되는 것을 막아주는 요인들이 많이 있을 것이기 때문이다.

　　민주적 제도의 이와 같은 장점은 200년도 더 전에 프랑스 철학자 니콜라 드 콩도르세Nicolas de Condorcet가 제시한 개념과 관련이 있다. 콩도르세는 "배심원 정리"(그의 표현이다)를 통해 민주제의 장점을 주장했다. 그에 따르면 배심원단(가령, 서로 다른 견해를 가진 열두 명으로 구성된 배심원단)은 한 명이 결정할 때보다 더 나은 결정을 내릴 가능성이 크다. 사람들은 저마다 관점과 편향이 있고 또 사안마다 관점과 편향이 다를 것이다. 그 중 한 명이 의사결정자나 통치자가 되면 안 좋은 결정을 내릴 수 있지만 서로 다른 관점을 가진 사람들이 모이면 결국에는 그들의 견해가 조정되고 통합되어서, 충분히 있을 법한 조건하에서 더 나은 결정을 내리게 될 것이다. 잘 돌아갈 경우, 민주적 체제는 커다란 배심원단처럼 작동한다.

　　그런데 우리가 주장하고자 하는 민주제의 장점은 이와 관련은 있지만 조금 다르다. 민주제의 장점은 단순히 여러 견해가 통합된다는 데 있는 것이 아니라 다양한 견해가 서로에게 길항 요소로 작용할 수 있다는 데 있다. 따라서 민주제의 장점은 상이한 견해 사이의 숙의에서도 나오지만 여기에서 종종 발생하는 불일치 자체에서도 나온다. 1장에서도 언급했듯이, 우리의 접근 방식이 함의하는 바는 다양성이 그저 "있으면 좋은 것"에 그치는 게 아니라는 점이다. 다양성은 과잉 확신에 찬 지배층의 비전에 맞서고 그것을 제약하는 데 반드시 필요하다. 또한 다양성은 민주제가 강점을 발휘하게 하는 데도 필수적이다.

이 주장은 서구 민주 국가의 정치적 지배층 사이에 널리 믿어지고 있는 통념과 거의 정반대라고 볼 수 있다. 오늘날의 통념은 "테크노크라트에게 위임"한다는 아이디어를 토대로 한다. 최근 몇십 년 사이에 강하게 세를 얻은 이 견해에 따르면, 통화정책, 조세정책, 구제금융, 기후변화 완화, 인공지능 규제와 같은 중요한 정책의 결정은 해당 분야의 전문가인 테크노크라트들에게 위임되어야 한다. 대중은 그러한 정책의 세부 내용에 과도하게 관여하지 않아야 사회적으로 더 좋다.

하지만 바로 이 테크노크라시적 접근이 월가 은행들의 과도한 행동을 부추기는 정책을 가져왔고, 그다음 2007~2008년의 금융위기 때 그 은행들을 믿을 수 없을 만큼 너그럽게 용서하고 구제해 주는 정책을 가져왔다. 금융위기 직전과 직후, 그리고 금융위기 동안 핵심 의사결정 대부분이 비공개로 이뤄졌다는 점은 시사하는 바가 있다. 민주주의를 테크노크라시로 접근하면 특정한 비전에 사로잡히기 쉽다는 것이 우리의 주장이다. 2000년대 초에 대부분의 정책결정자들이 "거대 금융은 좋은 것"이라는 견해를 받아들였던 것처럼 말이다.

우리의 분석으로는, 협소한 비전이 지배하는 전제정으로 향해 가는 것을 피할 수 있게 해준다는 데 민주정의 장점이 있다. 그리고 그렇게 되려면 민주주의에 다양한 목소리가 존재하는 것을 환영하고 강화해야 한다. 테크노크라시적 합의는 평범한 사람들을 옆으로 밀쳐놓지만, 사실 평범한 사람들 본인은 민주주의에 필요한 것이 무엇인지 잘 알고 있는 것으로 보인다. 설문조사 결과들을 보면 민주주의에 대한 사람들의 지지는 과도하게 지배하려 드는 전문가에 대한 경멸과 나란히 가는 경우가 많다. 민주주의를 믿는 사람들은 전문가들과 그들이 정하는 우선순위에 자신의 목소리를 양보하고 싶어 하지 않는다.

고도로 기술적이고 전문적인 문제에 대해서는 평범한 사람들이 유의미한 정보를 제공할 수 없다고 주장하는 전문가들 때문에 이러한 다양성이 제대로 펼쳐지지 못하곤 한다. 물론 우리도 열역학 법칙을 정식화하거나 가장 좋은 음성 인식 알고리즘이 무엇인지 결정하는 데 모든 배경의 시민이 참여해야 한다고 주장하는 것은 아니다. 우리가 말하고자 하는 바는, 상이한 테크놀로지 선택(가령, 알고리즘이나 금융상품이나 물리 법칙을 어떻게 이용할 것인가에 대한 선택)은 상이한 사회적·경제적 결과를 낳으며 그러한 결과가 바람직한 것인지, 또 받아들여질 수 있는 것인지를 판단하는 데는 모든 사람이 목소리를 낼 수 있어야 한다는 것이다.

어떤 기업이 군중 속에서 사람들을 특정하기 위해, 혹은 제품 마케팅을 더 잘하기 위해, 혹은 사람들이 저항에 참여하지 못하게 하기 위해 안면 인식 기술을 개발하기로 할 때, 그 소프트웨어를 **어떻게 설계할지**는 그 기업 엔지니어들이 가장 잘 판단할 수 있을 것이다. 하지만 그러한 소프트웨어가 **개발되고 활용되어야 하는지 아닌지**에 대해서는 사회 전체적으로 목소리가 나올 수 있어야 한다. 다양한 목소리가 나올 수 있으려면 이러한 결과들이 더 명백하게 알려져야 하고 비전문가들이 자신이 보고 싶은 결과가 무엇인지에 대해 말할 수 있어야 한다.

요컨대, 민주제는 우리가 "포용적인 비전"의 제도적 토대라고 생각하는 것의 핵심 기둥이다. 부분적으로 이는 대개 민주제가 사회적 권력이 더 평등하게 분배되고 더 나은 법체계가 존재하게 해주기 때문이다. 하지만 이에 못지않게 중요한 것은 민주제가 평범한 사람들이 양질의 정보에 접할 수 있고 정치적으로 활발히 참여할 수 있게 해주는 틀이자, 다양한 관점과 견해가 테이블에 올라오게 하고 의제 설정의 독점을 막으며 길항 권력이 육성되게 할 사회적 규범과 압력이 존재하게 해주는 틀이라는 점이다.

비전은 권력이고 권력은 비전이다

더 포용적인 쪽으로 방향이 잡히지 않을 때 진보는 많은 사람이 뒤로 밀려나게 만드는 길을 갈 수 있다. 진보의 방향성에 따라 승자와 패자가 달라지므로 이를 둘러싸고 종종 투쟁이 벌어지며, 여기에서 누가 선호하는 방향성이 우세해지는가는 사회적 권력에 의해 정해지는 경우가 많다.

3장에서 우리는 현대 사회에서는 설득 권력이 (심지어 경제 권력, 정치 권력, 강압 권력보다 더) 이러한 의사결정에 핵심적으로 영향을 미친다고 주장했다. 레셉스의 사회적 권력은 탱크와 대포에서 나온 것이 아니었고 그가 특별히 부유하거나 특정한 정치적 직위를 가지고 있어서도 아니었다. 그것은 레셉스가 설득의 힘을 가지고 있었기 때문이었다.

설득은 테크놀로지 선택에서 특히 중요하며, 다른 이들을 설득할 수 있는 사람의 테크놀로지 비전이 지배적인 비전으로 떠오를 가능성이 크다.

또한 우리는 설득 권력의 원천에 대해서도 알아보았다. 아이디어 자체의 질과 그것을 주장하는 사람의 개인적인 카리스마는 물론 중요하다. 하지만 설득 권력을 구성하는 데는 더 시스템적인 요인도

작용한다. 의제를 설정할 수 있는 사람들, 일반적으로 지위가 높고 권력의 회랑에 접할 수 있는 사람들은 설득 권력을 갖기가 더 쉬울 것이다. 그런데 사회적 지위와 권력에의 접근성은 사회의 제도와 규범에 의해 형성된다. 중요한 의사결정이 이루어지는 테이블에 다양한 목소리와 이해관계의 자리가 있을지 없을지를 좌우하기 때문이다.

우리는 과잉 확신에 찬 이기적인 비전을 제약하고 길항 권력을 일구기에 가장 확실한 방법이기 때문에 그러한 다양성이 중요하다고 강조했다. 이 주장은 일반론이지만 이번에도 테크놀로지의 맥락에서 특히 더 중요하다.

또한 우리는 설득 권력이 강력한 자기강화적 동학을 일으킨다는 것도 살펴보았다. 더 많은 사람이 당신의 말을 귀담아들으면 당신은 더 큰 지위를 얻게 되고, 경제적·정치적인 성공을 거둘 가능성도 더 커진다. 그러면 당신의 아이디어를 더 강력하게 퍼뜨릴 수 있을 것이고 당신의 설득 권력은 더 증폭될 것이다. 다시 이는 당신의 경제적·정치적 자원을 확대해 줄 것이다.

이러한 순환 고리는 테크놀로지 선택에서 특히 더 중요하다. 테크놀로지의 풍경은 누가 번영하고 누가 가라앉는지만이 아니라 누가 사회적 권력을 가질지에도 결정적인 영향을 미친다. 새로운 기술로 부유해지고 특권과 목소리가 커진 사람들은 더욱 강력해질 것이다. 또한 테크놀로지 선택 자체가 지배적인 비전에 의해 결정되며 그 비전을 가진 사람의 권력과 지위를 강화한다.

이러한 자기 강화적인 동학은 악순환이기 쉽다. 역사학자들과 정치경제학자들은 부유한 사람들의 정치적 영향력이 더 커지고 다시 그로 인해 더욱 부유해지는 메커니즘을 오랫동안 지적해 왔다. 테크놀로지의 미래를 지배하는 현대판 "비전 과두 귀족"에 대해서도 마찬가지로 이야기할 수 있을 것이다.

강압 권력을 가진 사람보다는 설득 권력을 가진 사람에게 지배되는 게 훨씬 낫지 않느냐고 생각할지도 모르겠다. 어느 면에서는 그렇기도 하다. 하지만 두 가지 면에서 현대 사회에서는 설득 권력도 강압 권력만큼이나 해로울 수 있다. 첫째, 설득의 힘을 가진 사람들은 자신의 결정으로 고통받게 될 사람이나 그 결정이 일으킬 우발적 피해에 신경 쓰지 않는 쪽으로 이미 스스로를 설득했을 가능성이 크다(자신이 역사의 올바른 쪽에 서 있고 공공선을 위해 일하는 것이라고 믿기 때문이다). 둘째, 설득 권력을 가진 사람이 편향된 선택을 내릴 때는 폭력에 의지하는 사람이 내리는 선택보다 덜 가시적이고 덜 자명해서, 그것을 포착하고 고치기가 더 어려울 수 있다.

이것이 비전의 덫이다. 어느 비전이 지배적이 되면 그것의 족쇄를 떨쳐버리기 어려워진다. 사람들이 그 비전의 가르침을 믿게 되기 때문이다. 그리고 비전이 통제를 벗어나서 과잉 확신과 비용에 대한 맹목적인 무시를 모든 이에게서 촉진하게 되면 상황은 훨씬 더 나빠진다.

오늘날 테크 분야 밖의 사람들과 권력의 회랑에서 멀리 있는 사람들은 좌절과 분노를 느끼고 있으며 충분히 그럴 만하다. 하지만 그들이 비전의 덫에 대해 할 수 있는 일이 없는 것은 아니다. 대안적인 내러티브를 육성할 수도 있고 더 포용적인 제도를 일굴 수도 있으며 지배적인 비전의 덫을 약화할 또 다른 사회적 권력의 원천을 강화할 수도 있다.

테크놀로지는 매우 유연하기 때문에 대안적인 경로를 지원해

줄 설득력 있는 이야기는 무궁무진할 수 있다. 언제나 테크놀로지의 선택에는 많은 가능성이 존재하며 서로 다른 선택은 매우 상이한 결과들을 가져온다. 우리가 하나의 아이디어나 협소한 비전에 고착되어 있다면, 많은 경우에 이것은 선택지가 부족해서는 아니다. 그보다 이것은 의제 설정력과 사회적 권력을 가진 사람들이 하나의 아이디어와 비전을 우리에게 부과했기 때문이다. 이 상황을 고치려면 내러티브를 바꾸어야 한다. 즉 현재의 비전을 분석해 이것이 유발하는 비용을 드러내고 테크놀로지의 미래에 대해 지금과 다른 대안을 보여주는 데 더 많은 담론과 관심을 할애해야 한다.

또한 평범한 사람들은 의제 설정력을 확대하기 위해 민주적 제도를 일구는 노력도 할 수 있다. 다양한 집단이 테이블에 앉을 자격이 생기면, 경제적 불평등과 그에 따르는 사회적 지위의 격차가 제약되면, 법과 규칙으로 다양성과 포용성이 공고히 제도화되면, 소수 지배층의 견해가 테크놀로지의 미래를 공중 납치하기가 더 어려워질 것이다.

이후의 장들에서 우리는 제도적·사회적 압력이 적어도 때로는 더 포용적인 방향으로 비전과 진보의 방향을 잡아갈 수 있었음을 보게 될 것이다. 우리가 제시하는 대안은 전에 이뤄진 적이 있었고, 다시 이루어질 수 있다.

이러한 개념을 현재의 맥락에 적용하기 전에, 4, 5, 6장에서는 테크놀로지 변화의 영향이 단선적이지 않고 때로는 다수 대중의 궁핍을 가져오기도 한다는 점을 전前 산업 사회 농업 분야와 산업화의 초기 국면을 통해 살펴보고자 한다. 두 경우 모두에서 협소한 비전이 공공선의 이름으로 혁신과 신기술의 적용을 추동했고, 여기에서 생긴 이득은 그 기술을 장악한 사람들에게만 돌아갔을 뿐 대부분의 사람들은 득보다는 해를 입었다. 탄탄한 길항 권력이 발달했을 때에서야 이와 다른 방향의 진보, 공유된 번영을 가져오는 진보가 나타나기 시작할 수 있었다.

4장

비참함의 육성

그리고 바빌론, 너무나 자주 파괴된 바빌론.
누가 그렇게 여러 번 그것을 다시 지었을까?
황금빛으로 찬란히 빛나던 리마에서, 건설 노동자들은 이 중 어
떤 집에 살았을까?

─베르톨트 브레히트Bertolt Brecht, "어느 책 읽는 노동자의 궁금증
  Questions of a Worker Who Reads" 1935년

이 구역의 가난한 사람들은 이렇게 말할 것이고 아마도 사실일
것이다. 의회가 재산을 정성껏 지켜주는지 어쩐지는 모르겠지
만, 내가 아는 것은 나한테 소 한 마리가 있었는데 의회가 그것
을 빼앗아 갔다는 것뿐이오.

─아서 영Arthur Young, "가난한 사람들을 더 잘 유지하고 지원하기
  위해 황무지를 사용하는 것의 적절성에 관한 고찰An Inquiry into
  the Propriety of Applying Wastes to the Better Maintenance and Support of the
  Poor" 1801년

이탈리아 학자 프란체스코 페트라르카Francesco Petrarca는 476년에 서로 마 제국이 멸망하고 나서 도래한 시기를 일컬어 "암흑과 짙은 암울함에 둘러싸인 시기"라고 말한 것으로 유명하다. 시와 예술의 발달이 거의 없었던 것을 두고 한 말이었지만, 이 언명은 수 세대의 역사학자와 사회비평가들이 로마 제국의 영광이 막을 내린 이후의 800년간에 대해 사고하는 방식을 규정했다. 이러한 통념에 따르면, 1300년경 르네상스가 시작되기 전까지의 이 시기에는 본질적으로 어떤 종류의 진보도 없었고 테크놀로지의 혁신도 없었다.

이제 우리는 이 통념이 틀렸다는 것을 안다. 중세 유럽에도 중요한 기술 변화와 생산성 향상이 있었다. 이 시기에 있었던 몇 가지 실용적인 혁신을 꼽아보면 다음과 같다.

- 더 나은 윤작 기법이 발달했다.
- 동물 사료와 토양에 질소를 추가해 비옥도를 높이는 용도로 두과豆科 식물[콩과 식물]을 사용하는 방법이 확대되었다.

- 6~8마리의 소가 끄는 바퀴 달린 대형 쟁기가 사용되었다.
- 밭갈이와 교통수단 용도로 말의 사용이 확대되었다.
- 마구, 등자, 안장, 말굽이 개량되었다.
- 분뇨를 비료로 사용하는 방법이 확대되었다.
- 외바퀴 손수레가 널리 퍼졌다.
- 초창기 형태의 난로와 굴뚝이 생겨서 실내 대기질이 개선되었다.
- 기계식 시계가 사용되었다.
- 와인 제조에 통 압착기가 사용되었다.
- 좋은 거울이 사용되었다.
- 실 잣는 물레가 사용되었다.
- 베틀이 개선되었다.
- 철과 강철의 사용이 개선되었다.
- 석탄 접근성이 확대되었다.
- 모든 종류의 광물에 대해 광산의 규모가 커졌다.
- 바지선과 항해선이 개량되었다.
- 스테인드글라스 창 유리가 발달했다.
- 최초로 안경이 사용되었다.

하지만 이 시대에는 정말로 암흑기라 부를 만한 면도 있었다. 실제로 땀 흘려 노동하는 사람들은 여전히 매우 고된 삶을 살았고 유럽의 몇몇 지역에서는 농민의 생활 수준이 사실상 낮아진 것으로 보인다. 어느 면에서, 이 시기의 기술 진보와 경제적 진보는 인구 대다수에게 해를 끼쳤다.

중세의 테크놀로지 혁신 중 가장 중요한 것을 꼽으라면 수차와 풍차를 이용한 방앗간을 들 수 있을 것이다. 수차와 풍차의 중요성이 점점 커진 것은 1066년 노르만의 잉글랜드 정복 이후 잉글랜드 농촌에서 벌어진 변화에서 잘 볼 수 있다. 11세기 말에 잉글랜드에는 약 6,000개의 물레방아가 있었고, 이는 350명당 하나꼴이었다. 그런데 그 이후 200년 동안 물레방아의 수는 두 배가 되었고 각각의 생산성도 상당히 증가했다.

　　초기의 물레방아는 맷돌 아래의 수평판에서 작은 바퀴가 돌아가는(바퀴의 차축이 맷돌과 바퀴를 수직으로 연결하는 형태였다) "수평 물레방아"였다. 그러다가 커다란 바퀴가 건물 밖에서 수직으로 돌아가고 기어 장치를 통해 그것을 곡식을 가는 시스템과 연결한, 더 효율적인 "수직 물레방아"가 도입되었다. 이것은 굉장히 놀라운 개선이었다. 5~10명이 작동하는 작은 크기의 수직 물레방아 하나가 2~3마력의 힘을 낼 수 있었고, 이는 손으로 일하는 노동자 30~60명에 맞먹었다. 이로써 생산성이 적어도 세 배 이상 높아질 수 있었다. 중세 후기에 도입된 대형 수직 물레방아는 손으로 작업할 때에 비해 노동자 1인당 산출을 많게는 스무 배나 높여주었다.

　　수차는 충분한 유량과 충분히 경사진 곳이 필요해서 장소에 제약이 있었다. 그러다가 1100년대부터는 풍차가 기계식 동력에 대한 접근성을 한층 높여주면서, 빵과 맥주 생산을 위해 곡물을 빻거나 모직물 생산에서 직물을 두들겨 축융시키는 과정에 기계 사용이 획기적으로 확산되었다. 풍차 덕분에 이스트앵글리아 같은 평지의 비옥한 땅에서도 경제 활동이 크게 촉진될 수 있었다.

　　1000년에서 1300년 사이 수차와 풍차를 비롯한 농업 테크놀로지의 발달로 단위면적당 산출이 대략 두 배로 늘었다. 이러한 혁신은 모직물 산업에 시동을 걸었고, 훗날 영국의 산업화에 결정적인 역할을 한다. 정확한 숫자는 알기 어렵지만 1100년에서 1300년 사이 1인당 농업 생산성이 15퍼센트가량 증가한 것으로 추산된다.

이렇게 기술이 발달하고 생산성이 향상되었으니 실질소득도 높아졌으리라 예상하기 쉬울 것이다. 하지만 애석하게도 중세 경제에서 생산성 밴드왜건(생산성의 증가가 노동자들의 임금과 생활 수준을 끌어올리는 것)은 발생하지 않았다. 소수의 지배층을 제외하면 사람들의 생활 수준은 안정적으로 향상되지 않았고, 어느 경우에는 오히려 악화되었다. 중세에 농업 테크놀로지의 발달은 사람들 대부분을 더 깊은 궁핍에 빠뜨렸다.

11세기 초에 잉글랜드 농촌에서는 안락한 생활을 누리는 것이 불가능했다. 농민들은 힘겹게 일했고 생계 수준 정도의 소비를 했다. 게다가, 현존하는 증거들에 따르면 이후 두 세기 동안 이들은 한층 더 쥐어짜인 것으로 보인다. 노르만 정복자는 농업을 재조직하고 봉건제를 강화했으며, 명시적으로 또 암묵적으로 세금을 늘렸다. 농민들은 산출물 중 전보다 많은 양을 영주에게 바쳐야 했다. 중세의 영주들은 점차 더 가혹한 노동 여건도 강요했다. 잉글랜드 일부 지역에서는 농민들이 1년 중 영주의 땅에서 일하는 시간이 노르만 정복 이전에 비해 두 배로 늘기도 했다.

식량 생산은 증가했고 농민들은 더 열심히 일했지만, 이들의 영양 상태는 악화되었고 소비 수준은 생존이 불가능해질 경계선으로까지 떨어졌다. 기대수명은 여전히 낮았고, 어쩌면 더 낮아져서 출생 시 기대수명이 25세밖에 안 되는 경우도 있었다.

이어서 1300년대 초에는 일련의 기근이, 1300년대 중반에는 흑사병이 닥치면서 상황은 더욱 악화되었다. 흑사병으로 잉글랜드 인구의 3분의 1에서 2분의 1이 줄었다. 균이 워낙 치명적이었기도 했지만, 만성적인 영양실조와 결합된 것이 사망자가 어마어마한 규모로 발생하게 된 원인이었다.

수차, 풍차, 말굽, 물레, 외바퀴 손수레, 금속학의 발달로 증가한 산출이 농민에게 가지 않았다면, 다 어디로 갔을까? 일부는 더 늘어난 인구를 부양하는 데 들어갔다. 잉글랜드 인구는 1100년 220만 명이던 데서 1300년에는 500만 명으로 늘었다. 하지만 인구가 느는 동안 농업 노동력과 농업 생산도 늘었다.

전반적으로 생산성이 높아졌는데 인구 대부분의 소비 수준은 낮아졌으므로 잉글랜드 경제에 막대한 "잉여"가 발생했다. 잉여는 생산된 것(대체로는 식량, 목재, 의류) 중에서 인구의 생존과 재생산을 위해 필요한 최초 수준을 넘는 양을 말한다. 증가한 농업 잉여는 소수의 지배 계급이 누렸다. 지배 계급은 왕의 가신, 귀족, 고위 성직자 등을 다 포함해서 최대한 넓게 잡아도 인구의 5퍼센트가 채 되지 않았지만 중세 잉글랜드의 농업 잉여 대부분을 가져갈 수 있었다.

잉여 식량 중 일부는 새로이 떠오르며 번성하던 도시 인구를 부양하는 데로도 들어갔다. 1100년에 20만 명이던 도시 인구는 1300년경 100만 명으로 늘었다. 대부분의 농촌 지역과 크게 대조적으로, 도시에서는 사람들의 생활 수준이 향상된 것으로 보인다. 도시 거주자들은 사치품도 포함해서 다양한 물품을 구매할 수 있었다. 런던의 팽창은 이 시기 도시에서 볼 수 있었던 풍요의 확대를 잘 보여준다. 런던 인구는 세 배 이상 늘어서 약 8만 명이 되었다.

하지만 잉여의 대부분은 도시로 흡수된 것이 아니라 종교 교단으로 흡수되어 대성당, 수도원, 예배당을 짓는 데 들어갔다. 1300년경에 주교, 대주교, 그 밖의 사제들이 소유한 땅이 전체 농경지의 3분의 1에 달한 것으로 추산된다.

이 시기의 종교 건축 붐은 진정으로 놀라웠다. 1100년 이후 26개 도시에 대성당이 세워졌고 8,000개의 새 예배당이 지어졌다. 어마어마한 대형 프로젝트들도 있었다. 대부분의 사람들이 쓰러져 가는 집에 살던 시절에 대성당은 석조 건물로 지어졌고 대개 슈퍼스타급 건축가가 설계했으며 어떤 것은 완공되는 데 몇백 년이 걸렸다. 날마다 숙련 장인들을 포함해 수백 명이 일했고 채석장에서 돌을 캐고 자재를 나르는 등의 저숙련 육체노동도 많이 필요했다.

이러한 건축물을 짓는 데는 돈이 많이 들었다. 1년에 500파운드에서 1,000파운드 가량이 든 것으로 추산되는데, 이는 당시 저숙련 노동자 연 소득의 약 500배에 해당한다. 비용의 일부는 자발적인 헌금으로 충당되었지만 상당 부분은 농촌 인구에게 부과된 세금과 기타 부과금으로 채워졌다.

1200년대에는 어느 곳이 더 높은 성당을 지을 수 있는지 경쟁이 벌어지다시피 했다. 프랑스에도 대성당 건립 붐이 일었는데, 프랑스 생드니의 대주교 쉬제르Suger의 말에서 당대의 일반적이던 견해를 잘 볼 수 있다. 그에 따르면 이 영광스러운 건축물들은 상상할 수 있는 모든 장식을 담고 있어야 했고, 금으로 된 것이면 더욱 좋았다.

우리를 비판하는 사람들은 이러한 [성찬의] 찬미에는 신성한 영혼, 순수한 마음, 깊은 믿음만이 필요하다고 말한다. 물론 우리도 그러한 점들이 다른 무엇보다 중요하다는 데 전적으로 동의한다. 하지만 우리는 외양의 장식과 신성한 성배가 그에 못지않게 숭배에 많이 기여해야 하며 모든 내면의 순수함과 모든 외면적 고귀함이 함께 가는 것이라 생각한다.

프랑스에서 1100년에서 1250년 사이 많게는 총 산출의 20퍼센트가량이 종교 건축물을 짓는 데 쓰인 것으로 추정된다. 매우 높은 숫자인데, 이것이 사실이라면 기본적으로 사람들을 먹이는 데 필요한 최소량 이상의 산출은 거의 다 종교 건축물에 들어갔다는 뜻이다.

수도원도 늘었다. 1535년에 잉글랜드와 웨일스에 "크고 작은" 종교 건물이 810~820채 있었는데, 거의 모두가 940년 이후에 지어졌고 대부분은 1100년에서 1272년 사이에 처음 기록에 등장한다. 한 수도원은 농지 7,000에이커 이상을 소유하고 있었고, 또 다른 수도원은 1만 3,000마리가 넘는 양을 소유하고 있었다. 이에 더해 "수도원 교구"로 불린 30개의 마을이 수도원의 통치를 받고 있었다. 이 말은, 교단이 이 마을에서 나오는 수입으로도 소득을 올렸다는 뜻이다.

수도원은 탐욕스러웠다. 수도원은 건설에도 운영에도 돈이 많이 들었다. 1200년대 말에 웨스트민스터 사원의 연 수입은 1,200파운드였는데 대부분 농업에서 나오는 수입이었다. 이러한 농업 제국 중에는 진정으로 방대한 영역을 거느린 곳도 있었다. 가장 부유한 수도원 중 하나이던 베리세인트에드먼즈 수도원은 65개가 넘는 교회의 수입에 대해 권리를 가지고 있었다.

게다가 수도원은 세금이 면제되었다. 따라서 수도원이 점점 더 많은 토지를 보유하고 경제적 자원을 더 장악하면서 왕과 귀족의 몫이 줄어들었다. 1086년에는 교회가 전체 농지의 3분의 1, 왕이 6분의 1을 소유하고 있었는데(토지 가치 기준), 1300년에는 잉글랜드의 토지에서 나오는 전체 소득 중 왕에게 들어가는 것이 2퍼센트에 불과했다.

때때로 왕들은 이 불균형을 고치려 했다. 일례로 에드워드 1세는 교구 토지법Statutes of Mortmain(1279년)을 제정했는데, 왕의 허가 없이는 종교 조직에 토지를 헌납하지 못하게 함으로써 조세의 구멍을 메우려는 것이었다. 하지만 이러한 조치들은 효과가 없었다. 대주교와 수도원장이 통제하는 교회 법정이 법을 에둘러 가는 방법을 제공했기 때문이다. 중세의 왕은 교회로부터 수입을 떼어내 가져오기에 충분한 힘이 없었다.

종교 교단의 사회, 신분 질서의 사회

왜 농민들은 그들의 운명을 참고 견뎠을까? 왜 경제의 생산성은 높아지는데도 자신은 낮은 소비 수준과 장시간의 노동, 악화되는 건강 상태를 겪어야 하는 상황을 참고 있었을까? 물론 한 가지 이유는 중세 사회에 폭력의 사용에 특화된 귀족이 있었다는 점일 것이다. 그들은 필요하다면 무지막지한 폭력을 사용하는 것에 아무 거리낌이 없었다.

하지만 강압으로 할 수 있는 일에는 한계가 있다. 1381년의 농민대반란이 보여주었듯이 평범한 사람들이 화가 나면 진압하기가 쉽지 않다. 잉글랜드 남동부에서 미납 인두세를 징수하려 하자 농민들이 폭발했고, 이들의 반란은 급속히 세가 불어났다. 농민들은 인두세 폐지, 농노제 철폐, 일관되게 그들에게 너무나 불리한 판결을 해온 법원의 개혁 등으로 요구사항을 정식화하기 시작했다. 당대의 기록가인 토머스 월싱엄Thomas Walsingham에 따르면, "이들 무리는 자유를 외치며 자신의 영주와 동등해지기를, 또한 어떤 주인에게도 더는 예속되지 않기를 도모했다." 당대의 또 다른 기록가인 헨리 나이튼Henry Knighton은 이 사건을 다음과 같이 요약했다. "더는 자신을 원래의 불만[인두세와 그것의 징수 방식에 관한 불만]으로만 한정하지 않고, 또한 더는 작은 범죄로는 만족하지 않고, 더 급진적이고 무자비한 악을 계획하고 있었다. 그들은 지역의 모든 귀족과 영주가 완전히 파멸하기 전까지 물러서지 않을 작정이었다."

반란자들은 런던으로 쳐들어가 리처드 2세가 피신해 있던 런던 타워를 부수었다. 반란은 왕이 농노제 폐지를 포함해 그들의 요구를 들어주기로 하면서 끝났다. 하지만 왕이 더 큰 무력을 동원해 약속을 저버렸을 때 반란자들은 패배했고 많게는 1,500명이 붙잡혀 처형당했다. 사지 절단 등 잔혹한 방식으로 처형당한 경우도 적지 않았다.

하지만 대부분의 시기에는 불만이 이만한 수준으로 끓어오르지 못했는데, 이는 농민들이 침묵해야 한다고 설득되었기 때문이었다. 중세 사회는 [엄격한 신분 질서가 존재하는] "종교 교단의 사회society of orders"였다. 이 사회는 통치하는 자, 기도하는 자, 그리고 노동하는 자로 나뉘어 있었고, 모든 노동은 노동하는 자들의 몫이었다. 기도하는 자들은 노동하는 자들이 이러한 위계를 받아들이도록 설득하는 데 핵심적인 역할을 했다.

현대인의 상상 속에서 수도원 생활은 향수 어리게 그려지는 경우가 많다. 수사들은 아리스토텔레스와 같은 고대 학자들의 고전 저술이 그리스 로마 시대로부터 현재까지 이어질 수 있게 해준 주역으로 인정받으며, 서구 문명을 구한 사람들로 칭송받기도 한다. 수사들은 다양한 생산 활동에 관여했고, 오늘날에도 수도원은 핫소스부터 강아지 사료, 퍼지 과자, 꿀까지 많은 것을 생산하고 판매한다. 매우 최근까지 프린터 잉크를 생산하는 곳도 있었고, 벨기에 수도원이 만드는 에일 맥주는 세계적으로 유명하다(최고의 맥주로 꼽히는 베스트블레테렌 12는 벨기에의 생 시스투스 트라피스트 수도원에서 생산된다). 중세 수도회 교단 중 하나인 시토회는 땅을 개별해 작물을 재배하고 양모를 수출했으며 적어도 초기에는 타인의 노동에서 이득을 취하지 않는 것을 원칙으로 했다. 다른 교단들도 수사들이 마땅히 따라야 할 생활 양식으로 청빈을 요구했다.

하지만 중세의 수도원 대부분은 생산 활동을 하거나 빈곤과 싸우는 역할보다 기도하는 역할에 집중했다. 이 격동과 혼란의 시대에, 그리고 사람들이 깊이 종교적이던 시절에 기도는 매우 밀착적인 방식으로 설득에 관여할 수 있다. 사제와 교단은 사람들에게 삶의 조언을 제공했고, 기성의 위계질서를 정당화했으며, 더 중요하게는 사회와 생산이 어떻게 조직되어야 하는지에 대해 특정한 비전을 전파했다.

성직자의 설득 권력은 신의 대리인으로서 갖는 권위에 의해 증폭되었다. 교회의 가르침은 의문을 허용하지 않았다. 공개적으로 의구심을 표현하면 곧바로 파문될 수 있었다. 또한 법체계는 세속의 지배자뿐 아니라 종교 지도자들에게도 유리했고, 봉건 지배층이 관장하는 지방 법원이나 교단이 통제하는 교회 법정이 큰 권한을 가지고 있었다.

성직자의 권위가 세속 지배층의 권위보다 위에 있느냐 아니냐를 두고는 중세 내내 논쟁이 벌어졌다. 이 문제로 캔터베리 대주교 토머스 베케트Thomas Becket와 국왕 헨리 2세가 대립한 것은 유명하다. 헨리 2세가 성직자의 중대 범죄는 왕의 법정에서 다루어져야 한다고 주장하자 베케트는 이렇게 대응했다. "그렇게는 절대로 되지 않을 것입니다. 평신도가 사제를 심판할 수는 없기 때문입니다. 제가 저지른 일이든 또 다른 어떤 성직자가 저지른 일이든 간에 그것은 교회의 법정에서 심판받아야 합니다." 한때 베케트는 헨리 2세가 직접 발탁한 국새 상서이자 측근이었지만 이제는 자신이 자유를 위해 (더 정확하게는 자유의 한 가지 형태를 위해) 압제에 맞서는 인물이라고 생각했다. 하지만 왕은 이를 배신으로 여겼고 그의 분노는 [왕에게 과잉 충성을 바친 기사에 의한] 베케트의 살해로 이어졌다.

하지만 이러한 폭력은 역풍을 불러왔다. 종교 교단의 설득 권력을 한층 더 높여서 왕에게 맞설 수 있는 역량이 더 커지게 만들었기 때문이다. 베케트는 순교자로 널리 알려져 [1173년에] 시성되었고 헨리 2세는 베케트의 무덤 앞에서 공개적으로 참회해야 했다. 베케트의 무덤은 헨리 8세가 개신교 종교개혁에 영향을 받아서, 그리고 재혼을 하려고 가톨릭 교회에 반기를 든 1536년까지 내내 중요한 성지였다.

부서진 밴드왜건

사회적 권력의 불평등한 분배는 중세 유럽에서 왜 농민은 비참한 가난 속에 사는데 지배 계층은 풍족하게 생활할 수 있었는지를 설명해준다. 하지만 왜, 어떻게 해서 새로운 테크놀로지가 대부분의 대중을 더 가난해지게 만들었을까?

답은 사회적 편향성을 띤다는 테크놀로지의 속성과 관련이 있다. 테크놀로지가 어떻게 사용되는지는 언제나 권력을 가진 사람들의 비전 및 이해관계와 밀접하게 얽혀 있다.

중세 잉글랜드에서 생산의 가장 중요한 부분이 노르만의 정복 이후 재구성되었다. 노르만인들은 농민에 대한 영주의 지배를 강화했고, 임금, 농업 노동의 속성, 새로운 테크놀로지의 도입 방식 모두가 이러한 맥락 아래 결정되었다. 수차와 풍차에는 큰 투자가 필요했는데, 영주의 부와 정치 권력이 점점 증가하면서 자연스럽게 이들이 그러한 투자를 할 수 있는 사람이 되었고, 이와 같은 테크놀로지 투자는 농민에 대한 그들의 장악력을 한층 더 강화하는 방식으로 이루어졌다.

봉건 영주들은 방대한 토지를 직접 경영했고 자신의 땅을 부치는 차지농과 자신의 장원에 거주하는 모든 사람에게 상당한 통제력을 행사했다. 농촌 거주자들은 영주의 땅에서 무보수로 사실상 강제 노동을 해야 했으므로 영주가 갖는 통제력은 매우 중요했다. 노동의 정확한 조건(얼마나 오래 영주의 땅에서 일하는가, 그 시기가 수확 시기와 겹치는가 등)은 대개 협상으로 정해졌지만 분쟁이 발생하면 영주가 통제하는 지역 법정이 결론을 내렸다.

수차, 풍차, 말, 비료 등으로 생산성이 높아져 동일한 토지와 노동력에서 더 많은 소출이 나올 수 있게 되었지만 생산성 밴드왜건은 어디에도 보이지 않았다. 이유를 알려면 1장에서 설명한 생산성 밴드왜건의 경제학으로 돌아가 볼 필요가 있다.

수차와 풍차는 곡식 빻기 등 다양한 일에서 노동을 절약해 주었지만 노동의 한계생산성도 높여주었다. 따라서 생산성 밴드왜건 논리에 따르면, 고용주는 방앗간에서 일할 노동자를 더 고용하려 했을 것이고 노동력을 확보하려는 고용주들 간의 경쟁으로 임금이 올라갔을 것이다. 하지만 앞에서 설명했듯이 사회의 제도적 맥락이 여기에서 굉장히 중요하다. 노동에 대한 수요 증가가 더 높은 임금으로 이어지는 것은 강압적이지 않고 잘 기능하는 노동시장에서 고용주가 노동자를 끌어오기 위해 경쟁할 때만 성립하는 이야기다.

중세 유럽에 그런 노동시장은 존재하지 않았고 방앗간들 사이에 경쟁도 거의 없었다. 따라서 임금과 노동량, 노동 강도는 불가능한 수준으로까지 가혹해지지 않는 한 영주가 마음대로 정할 수 있었다. 또한 영주는 농민들에게 방앗간 사용료를 얼마나 받을지도 정할 수 있었고 세금과 기타 부과금도 정할 수 있었다. 노르만 봉건제하에서 더 큰 사회적 권력을 가지게 된 덕분에 영주는 노동자들을 한층 더 세게 조일 수 있었다.

하지만 새로운 기계의 도입과 그로 인한 생산성 증가가 굳이 농민을 더 쥐어짜고 농민의 생활 수준을 낮추는 쪽으로 쓰인 이유는 무엇인가? 새로운 테크놀로지가 생산성을 높였지만 영주가 노동자를 더 고용할 의향이 없거나 고용할 수 없는 상황을 생각해 보자. 그래도 영주는 여전히 더 생산적인 새 테크놀로지에 더 많은 노동 시간이 투입되기를 원한다. 이를 어떻게 달성할 것인가? 표준적인 설명에서는 종종 간과되지만, 한 가지 방법은 강압의 강도를 높여서 노동자의 노동 시간을 강제로 늘리는 것이다. 그러면 생산성 증가의 이득은 토지 소유자가 가져가게 되고 노동자에게는 기술 혁신과 생산성 증가가 직접적으로 해가 된다. 더 강도 높은 강압과 더 장시간의 노동에 (아마도 심지어는 더 낮은 임금에도) 처하게 되었기 때문이다.

중세 잉글랜드에 수차와 풍차가 도입되었을 때 벌어진 일이 바로 이와 같았다. 새로운 기계의 도입으로 생산성이 높아지자 봉건 영주들은 농민들을 더 강도 높게 착취했다. 노동 시간은 길어졌고 농민들이 자신의 작물을 경작할 시간은 줄었으며 실질소득과 가구 소비도 줄었다.

사회적 권력의 분배 방식과 당대의 지배적인 비전도 새로운 테크놀로지가 어떻게 개발되고 도입되는지에 영향을 미쳤다. 어디에 방앗간을 짓고 누가 그것을 통제할 것인지는 매우 중요한 의사결정이었다. 종교 교단의 사회이자 신분 질서의 사회이던 잉글랜드에서 영주와 수도원이 방앗간을 운영하는 것은 지극히 당연해 보였다. 또한 이들은 경쟁이 발생하지 않게 하는 데 권위와 권력을 사용할 수 있었다. 따라서 영주의 방앗간은 해당 지역 전체의 곡물과 직물을 처리했고 사용료도 영주가 결정했다. 어느 경우에는 농민들이 방앗간을 사용하지 않고 집에서 손으로 곡식과 직물을 처리하는 것을 영주가 금지하기도 했다. 테크놀로지가 이러한 경로를 따라 도입되면서, 경제적 불평등과 권력의 불평등이 강화되었다.

강압과 설득의 시너지

1191년에 풍차를 지으려 시도했던 딘 허버트Herbert the Dean의 사례는 중세 사회의 지배적인 비전이 종교적·세속적 지배층의 강압 권력의 지원을 받아 기술의 경로를 편향시키는 데 얼마나 핵심적인 역할을 했는지를 단적으로 보여준다. 베리세인트에드먼즈 수도원은 가장 부유하고 강력한 수도원에 속하는 곳이었는데, 수도원장은 허버트가 풍차 사업을 하려 하는 게 마음에 들지 않았고 풍차를 즉시 폐쇄할 것을 명령했다. 수도원의 방앗간과 경쟁하게 될 것이기 때문이었다. 수도원 쪽 사람이던 브레이크론드의 조슬린Jocelin of Brakelond의 기록에 따르면, "이 명령을 듣고 딘이 와서 말하기를, 자신의 자유로운 땅에 풍차를 지을 권리가 있으며 바람이 제공하는 자유로운 이득은 누구에게도 거부되어서는 안 된다고 주장했다. 또한 그는 이웃의 방앗간에 피해를 주지 않게 자신의 풍차로는 다른 이의 곡물이 아니라 자신의 곡물만 처리할 생각이라고 말했다."

허버트가 따르지 않자 대주교는 격노했다. "그대가 내 두 발을 자를 때 고맙다고 말할 수 있을 정도만큼 고맙구나. 신이여 보소서. 나는 그 건물이 무너지기 전에는 빵을 먹지 않을 것이다." 여기에서 관습법에 대한 수도원장의 해석은, 새 방앗간이 존재한다면 그 주변의 사람들이 그곳을 이용하는 것을 자신이 막을 수 없을 것이고 따라서 수도원의 방앗간이 경쟁에 직면하게 되리라는 것이다. 그와 동시에, 역시 그의 관습법에 따르면 애초에 수도원장의 허락 없이는 허버트가 새 풍차를 지을 권리가 없다.

논리적으로는 논란이 생길 여지가 있는 해석이었지만, 실질적으로는 허버트가 여기에 도전할 수 있는 길이 없었다. 수도원의 권리에 대한 모든 분쟁은 교회 법정에서 다투어지는데, 교회 법정은 강력한 수도원장의 손을 들어줄 것이 뻔했다. 허버트는 집행관이 들이닥치기 전에 황급히 풍차를 폐쇄했다.

새로운 테크놀로지에 대한 교회의 통제는 점점 더 강해졌다. 13세기 무렵 하트퍼드셔의 세인트올번스 수도원은 방앗간 개량에 100파운드를 들이고 나서 농민들에게 모든 곡식과 직물은 이곳에서만 처리해야 한다고 명령했다. 농민들은 다른 방앗간을 사용할 수 없었음에도 명령에 따르기를 거부했다. 직물을 집에서 손으로 두들겨 손질하는 것이 수도원이 부과한 비싼 사용료를 내는 것보다 나았기 때문이다.

하지만 이 정도의 자그마한 독립 행동도 새로운 테크놀로지의 유일한 수혜자가 되고자 하는 수도원의 계획에 배치되었다. 1274년에 수도원장은 농민들의 집에서 의복을 징발하려 했고, 이는 농민들과 수도사들 사이에 물리적인 대치 국면으로 이어졌다. 농민들이 국왕의 법정에 사건을 가지고 가 저항했을 때 판결은 당연히 그들에게 불리하게 내려졌다. 그들은 모든 직물을 수도원의 방앗간에서 다듬어야 했고 수도원이 정한 사용료를 내야 했다.

1326년에는 세인트올번스에서 한층 더 폭력적인 대치 국면이 벌어졌다. 농민들이 곡물을 집에서 손으로 빻는 것이 허용되느냐 아니냐를 두고 벌어진 갈등이었다. 농민들은 두 차례 수도원을 점거했지만 결국에는 수도원이 승리했고, 수도원장은 모든 농민 가정에서 맷돌을 압수해 수도원 정원에 길을 까는 데 사용했다. 50년 뒤, 1381년의 농민대반란 때 이곳 농민들도 수도원으로 쳐들어가 "치욕의 상징"인 정원의 돌길을 뜯어냈다.

전반적으로 중세 경제에도 테크놀로지의 진보가 없지 않았고 생산 방식도 주되게 달라졌다. 하지만 농민의 입장에서는 암흑 시대였다. 노르만 정복 이후 강화된 잉글랜드의 봉건제하에서 생산성 향상의 이득이 귀족과 종교 지배층에게만 돌아갔기 때문이다. 설상가상으로 농업의 재구성은 농민에게서 더 많은 잉여를 추출하고 농민에게 더 악독한 의무를 부과하는 식으로 이루어졌다. 농민의 생활 수준은 전보다 낮아졌다. 새로운 테크놀로지는 지배층이 전보다 더 크게 이득을 얻는 방식으로 사용되었고 농민의 비참함을 심화시켰다.

이 시기가 평범한 사람들에게 힘겨운 시대로 귀결된 이유는 종교 지배층과 귀족 지배층이 대다수의 인구가 번영을 누리기 어려운 방식으로 테크놀로지와 경제를 구성했기 때문이었다. 강한 신앙에 토대를 둔 설득 권력이 일상적으로 사람들을 통제했고, 이는 법정의 행동과 강압적 조치로 뒷받침되었다.

맬서스의 덫

중세에 생활 수준이 정체되어 있었던 데 대한 또 다른 해석은 토머스 맬서스Thomas Malthus의 이론에 뿌리를 두고 있다. 18세기 말에 맬서스는 가난한 사람들에게 무책임한 속성이 있다고 주장했다. 농민에게 소한 마리가 갈 수 있을 정도의 충분한 땅을 주면 그는 단순히 더 많은 아이를 낳으리라는 것이었다. 따라서 그는 이렇게 설명했다. "다른 방법으로 제약되지 않으면 인구는 기하급수적으로 증가한다. 반면 생산은 산술급수적으로 증가한다. 숫자에 대해 약간만 알아도 기하급수적 증가가 산술급수적 증가에 비해 얼마나 막대한지 알 것이다." 가용한 토지의 양에는 한계가 있으므로 농업 산출이 증가하는 속도는 인구가 증가하는 속도를 따라가지 못한다. 따라서 어쩌다 빈민의 생활 수준이 향상된다 해도 이는 오래가지 못하고 먹여야 할 입이 늘면서 빠르게 사라진다.

가난한 사람들의 비참함에 대해 그들 자신에게 탓을 돌리는 맬서스의 냉혹한 견해는 사실과 부합하지 않는다. 맬서스의 "덫"이라는 것이 존재한다면, "맬서스적 동학의 가차 없는 자연법칙이 있다는 생각의 덫"일 것이다.

농민의 빈곤은 그들이 어떻게 억압되었는지, 그리고 진보의 방향에서 누가 이득을 얻을지에 정치적·사회적 권력이 어떻게 영향을 미쳤는지를 빼놓고는 이해할 수 없다. 18세기 중반 이후처럼 빠르고 지속적으로 증가한 것은 아니었지만, 산업혁명 이전 수천 년 동안에도 테크놀로지와 생산성이 전혀 정체되어 있지는 않았다.

새로운 테크놀로지와 증가한 생산성에서 누가 이득을 얻었는지는 제도적 맥락과 테크놀로지의 유형에 달려 있었다. 많은 결정적인 시기(가령, 이 장에서 언급한 시기)에 테크놀로지는 강력한 지배 계층의 비전을 따라갔고 생산성의 증가는 다수 대중의 삶을 유의미하게 향상시키는 데로 이어지지 않았다.

하지만 지배층의 장악력에는 부침이 있었고 모든 생산성 향상이 수차 및 풍차의 사례에서처럼 완전히 그들의 통제 아래 놓인 것은 아니었다. 농민의 노동으로 토지의 산출이 증가했지만 영주가 그로 인한 잉여를 착취하기에 충분한 만큼의 지배력을 갖지 못한 경우에는 가난한 농민들의 생활 여건이 향상될 수 있었다.

흑사병 이후에 잉글랜드의 많은 영주들이 땅이 경작되지 못하고 놀고 있는데 노동력은 부족한 상황에 직면했다. 처음에는 예속된 농민에게 임금을 더 주지 않고 노동을 더 시키려고 했지만, 농민들이 더 높은 보상을 요구했다. 이에 깜짝 놀란 에드워드 3세와 그의 측근들은 이러한 요구를 막기 위한 법을 제정하는 것으로 대응했다. 1351년의 노동자 규제법Statute of Labourers은 다음과 같이 시작한다. "이제 많은 사람이, 특히 노동자와 하인들이 역병으로 숨진지라, 주인의 땅과 부족한 하인을 보면서 과도한 임금을 주지 않으면 일을 하지 않으려 하는 자들이 생겨났다." 이 법은 노동자가 일을 거부하면 수감 등 가혹한 벌을 받도록 했다. 또한 다른 고용주가 자신에게 속한 노동력을 더 높은 임금으로 빼내가지 못하게 하는 것도 중요했기 때문에 다음과 같은 규정도 두었다. "이에 더해, 아무도 관습적으로 정해진 것보다 많은 옷, 임금, 품삯을 지급하지 말아야 하며 받지도 말아야 한다…"

하지만 왕의 명령도 법도 소용없었다. 노동력의 부족은 농민에게 유리한 쪽으로 추를 움직였다. 농민들은 영주의 요구를 거부할 수 있었고 더 높은 임금을 요구할 수 있었으며 벌금 부과에 저항할 수 있었다. 필요하다면 다른 장원이나 도시로 갈 수 있었다. 나이튼의 표현으로, 노동자들은 "너무 거만하고 고집이 세져서 왕의 명령에 귀를 기울이지 않았고 누구든 그들을 데려오려면 그들이 요구하는 바를 주어야 했다."

그 결과 임금이 올랐다. 당대의 시인이자 논평가였던 존 가워 John Gower는 이렇게 묘사했다. "또 다른 한편으로, 어떤 일이든 간에 노동자가 너무 비싸져서 무어라도 일을 시키려 하는 사람은 전에 품삯이 2실링이었던 일에 대해 5실링이나 6실링을 주어야 한다."

1376년에 하원에 올라온 한 청원은 노동력 부족에 대해 전적으로 하인과 노동자의 권력이 강해진 것을 탓했다. 이 청원에 따르면 하인과 노동자들은 "주인이 그들에게 일을 잘못했다고 질책하거나 법이 정한 바대로 품삯을 주려고 하면 … 휙 그만두고서 그곳의 고용 관계에서 갑자기 나가버리고" 있었다. 청원자들은 "그들이 곧바로 새로운 곳에서 상당한 임금을 주는 일자리를 잡을 수 있으므로 이것이 선례가 되어 다른 모든 하인들도 새로운 곳으로 가도록 부추기고 있는 것"이 문제라고 토로했다.

노동력의 부족은 임금을 밀어 올린 데서만 그치지 않았다. 잉글랜드 농촌에서 영주와 농민 사이의 권력 균형이 달라졌고, 영주들은 아랫사람들이 존중을 표하지 않는다고 한탄하기 시작했다. 나이튼은 "열등한 사람들의 의복과 장식품이 요즘은 하도 득의양양해져서 장식이나 의복이나 소유물로는 누가 누구인지 분간이 안 될 정도"라고 언급했고, 가워는 "이제 하인이 주인이 되고 주인이 하인이 되었다"고 말했다.

농촌의 지배 계급이 계속해서 지배력을 유지했던 유럽의 다른 지역들에서는 봉건적 노동 관행이 이렇게 크게 해체되지 않았고 이와 비슷한 임금 상승도 없었다. 유럽 동부와 중부에서는 노동력이 부족한 상황에서도 농민들이 심지어 더 가혹한 대우를 받았고 따라서 요구사항을 정식화하지 못했으며 쉽게 도망쳐 갈 만한 도시도 더 적었다. 이들 지역에서는 농민의 권력이 강화될 수 있는 가능성이 계속해서 미미했다.

이와 달리 영국에서는 이후 한 세기 반 동안 지역 지배층의 권력이 잠식되었다. 그 결과, 이 시기에 대한 한 유명한 묘사에 따르면, "장원의 영주들은 좋은 조건을 제공해야만 했고 그렇지 않으면 자신의 농노가 다 사라지는 것을 보아야 했다." 이러한 사회적 여건에서 한동안 실질임금이 상승했다.

헨리 8세 때 진행된 수도원 해체와 그 이후의 농업 재조직화도 잉글랜드 농촌 사회의 권력 균형이 달라지게 만든 또 한 차례의 계기였다. 산업혁명이 시작되기 전에 잉글랜드 농민들의 실질임금이 서서히 증가한 것은 이러한 사회적 변화의 결과였다.

중세 시대 전반적으로 보면, 높은 산출로 인해 출산율이 증가하고 인구가 토지의 생산력보다 빠른 속도로 증가해 기근과 인구 급감으로 이어진 경우도 없지는 않았다. 하지만 맬서스는 이것이 유일한 경로라고 본 데서 틀렸다. 그가 그 이론을 정립했던 18세기 말에 잉글랜드에서는 인구뿐 아니라 실질임금도 수 세기간 서서히 오르고 있었고, 불가피한 기근이나 역병이 닥칠 기미는 보이지 않았다. 이 시기에 이탈리아 도시 국가들, 프랑스, 그리고 오늘날 벨기에와 네덜란드에 해당하는 지역 등 유럽의 많은 다른 곳들에서도 비슷한 추세를 볼 수 있었다.

맬서스의 이론에 더 결정적인 타격은, 중세에 새로운 테크놀로지로 인해 발생한 잉여가 가난한 사람들의 출산율을 과도하게 높여서 소진된 것이 아니라 화려한 사치품과 장식적인 대성당의 형태로 귀족과 교회에 의해 소진되었다는 점이다. 잉여의 일부는 런던 같은 큰 도시에서 비교적 높은 생활 수준을 지탱하는 데로도 들어갔다.

"맬서스의 덫" 논리를 강력하게 반박하는 증거는 중세 유럽뿐 아니라 고대 그리스에서도 발견할 수 있다. 아테네의 도시 국가들이 이끌던 기원전 9세기부터 기원전 4세기에 1인당 산출이 상당히 빠르게 증가했고 생활 수준도 상당히 높아졌다. 거의 500년 동안 꾸준히 가옥 규모가 커지고 설계가 개선되었다. 또한 가정에서 사용되는 물건이 크게 늘었고 1인당 소비가 증가했으며 그 밖에도 삶의 질에 대한 여러 지표들이 개선되었다. 인구가 증가했지만 맬서스의 동학이 작동했다는 증거는 찾아볼 수 없다. 고대 그리스에서 경제 성장과 번영의 시기를 끝낸 것은 정치적 불안정과 외부의 침입이었다.

기원전 5세기 정도부터 로마 공화정 때도 1인당 산출과 경제적 번영이 증가했다. 이 번영은 공화정에서 제정 시기로 넘어간 뒤 첫 세기까지 지속되었고, 이를 무너뜨린 것은 제정 시기에 압제적인 황제들이 일으킨 악영향과 정치적 불안정이었다.

유럽 이외의 지역에서도 산업화 이전 시기에 경제 성장이 맬서스의 동학으로 귀결되지 않고 상당 기간 이어진 사례를 볼 수 있다. 중국에서 성장과 번영이 장기간 이어졌음이 고고학적 증거로, 때로는 문서로 남아 있는 증거로도 확인되며, 유럽에 의해 식민화되기 전의 안데스 및 중앙아메리카 문명, 인더스 계곡과 아프리카 일부 지역의 문명도 마찬가지다.

역사적 증거는 맬서스의 덫이 자연법칙이 아니며 그 덫이 작동하느냐 아니냐는 그 사회의 구체적인 정치 경제 시스템에 달려 있음을 강하게 시사한다. 중세 유럽에서 대다수의 인구가 진보의 과실을 누리지 못하고 빈곤 속에 살게 된 것은 그 사회가 불평등, 강압, 왜곡된 기술 경로가 제도화된, 종교 교단의 신분제 사회였기 때문이다.

농경의 원죄

테크놀로지 선택에 사회적 편향이 개입되는 것은 중세 유럽만이 아니라 전 산업 사회 내내 있었던 일이다. 아니, 더 일찍은 몰라도 적어도 농경 자체가 시작되면서부터 내내 있었던 일이다.

인간이 동식물을 길들이고자 이런저런 시도를 시작한 것은 아주 오래전이다. 개는 1만 5000년 전부터도 호모 사피엔스와 함께 생활했다. 수렵 채집 시기에도 인간은 몇몇 동식물의 성장을 선택적으로 촉진했고 그들의 생태계에 영향을 미쳤다.

그러다가 약 1만 2000년 전부터 완전히 길들인 동식물을 바탕으로 하는 "정착 농경"으로의 전환이 일어났다. 우리는 이 과정이 전 세계의 적어도 일곱 곳에서, 거의 확실하게 서로 독립적으로 발생했다는 것을 알고 있다. 재배되기 시작한 핵심 작물의 종류는 지역에 따라 달랐다. 오늘날의 중동인 "비옥한 초승달" 지역에서는 두 종류의 밀(외알밀과 엠머밀)과 보리가 재배되기 시작했고, 중국 북부에서는 두 종류의 기장(차조와 수수), 중국 남부에서는 쌀, 메소아메리카에서는 호박, 콩, 옥수수, 남아메리카에서는 구황 작물(감자와 참마), 오늘날 미국 동부에 해당하는 지역에서는 다양한 종류의 퀴노아가 재배되었다. 사하라 이남 아프리카에서도 몇몇 작물이 재배되었고, 에티오피아에서는 커피를 재배했는데 이는 특히 경탄할 만하다.

문자로 남아 있는 기록이 없으므로 정확히 언제 어떤 일이 일어났는지는 알 수 없으며, 시점과 원인을 두고 여전히 여러 가설 간에 논쟁이 벌어지곤 한다. 어떤 학자들은 지구가 더워지면서 자연에서 얻을 수 있는 것이 풍성해진 것이 정착과 농경의 원인이 되었다고 본다. 어떤 학자들은 그와 반대로, 혁신의 어머니는 결핍이며, 주기적인 희소성이 가축화와 농경을 통해 산출을 증대시키도록 인간을 자극했으리라고 본다. 어떤 학자들은 정착 생활이 먼저 시작되고 그다음에 사회적 위계가 생겼다고 보며, 어떤 학자들은 무덤에서 출토된 부장품이 드러내는 물질적 위계가 정착촌보다 수천 년 앞선다고 본다. 어떤 학자들은 **신석기 혁명**이라는 말을 만든 유명한 고고학자 고든 차일드 Gordon Childe의 주장을 따라 신석기 혁명이 기술 진보와 인류 진보의 토대를 놓았다고 보는 반면, 어떤 학자들은 장-자크 루소Jean-Jacques Rousseau를 따라 풀타임으로 땅을 경작하기 위해 정착 생활을 시작한 것이 인간 사회의 "원죄"이며 이것이 빈곤과 사회적 불평등의 토대를 놓았다고 본다.

가장 가능성이 높아 보이는 가설은 정착 농경으로의 전환이 상당히 다양한 양상으로 전개되었으리라는 것이다. 인간은 다양한 작물로 실험을 했고 다양한 동물을 가축화했다. 초기의 정착 농경민들은 두과 식물(완두콩, 살갈퀴, 병아리콩, 기타 이들의 사촌들), 참마, 감자, 그리고 다양한 채소와 과일을 재배했다. 무화과도 초창기에 재배되기 시작한 식물 중 하나다.

또한 우리는 농경이 빠르게 전파되지는 않았다는 것도 알고 있다. 인근 지역에서 농경이 잘 확립된 뒤에도 많은 공동체가 수렵 채집을 계속 고수했다. 예를 들어, DNA 증거에 따르면 유럽의 수렵 채집민은 수천 년 동안이나 경작을 받아들이지 않았으며, 궁극적으로 유럽에서 농경이 시작된 것은 중동의 농민들이 넘어오면서부터였다.

이러한 사회 경제적 변화 과정에서 다양한 유형의 사회가 생겨났다. 튀르키예 중부의 괴베클리 테페에는 1만 1500년 전에도 정착촌이 존재했다는 고고학적 기록이 있다. 이곳에서는 1000년 이상 농경과 수렵 채집이 병행되었다. 풍성한 예술품도 포함해 무덤에서 출토된 부장품들은 이 문명에 상당한 수준의 위계와 경제적 불평등이 있었음을 말해준다.

또 다른 유명한 장소로, 괴베클리 테페에서 약 720킬로미터도 안 되는 곳에 차탈회윅이 있는데, 괴베클리 테페보다 약간 더 나중의 문명인 이곳은 매우 다른 특징을 보인다. 차탈회윅 문명도 1000년 넘게 지속되었는데, 괴베클리 테페와 달리 사회구조가 상당히 평등했던 것으로 보인다. 부장품에서 불평등이나 명백한 위계의 증거가 거의 발견되지 않았고 가옥의 형태도 모두 비슷비슷했다(특히 오랫동안 정착촌이 있었던 동쪽 지역이 그렇다). 차탈회윅 사람들은 경작한 곡물과 채집한 야생 식물, 사냥한 동물을 혼합해 건강을 유지하기에 충분한 영양을 섭취할 수 있었던 것으로 보인다.

그러다가 약 7000년 전에 "비옥한 초승달" 지역 전역에서 매우 다른 그림이 등장하기 시작한다. 정착 농경이 유일하게 중요한 경제 활동이 되었고 종종 한 가지 작물 위주로 이루어졌다. 경제적 불평등이 심화되었고, 생산은 하지 않으면서 많은 소비를 많이 하는 지배층이 존재하는 사회적 위계가 분명하게 확립되었다. 이 무렵에는 문자로 남겨진 역사 기록이 더 정확해지기 시작한다. 지배층과 그들의 필사가들이 작성한 기록이므로 중립적이지는 않겠지만, 이들이 풍요를 누렸고 사회의 나머지 사람들에게 막강한 권력을 행사했다는 점은 분명하다.

피라미드와 거대한 무덤을 지었던 이집트의 지배층은 비교적 더 건강했던 것으로 보인다. 변변치는 않았겠지만 모종의 의료 시스템에 접할 수 있었으며 적어도 미라로 남아 있는 지배층 인물들은 건강하게 장수했던 것 같다. 대조적으로, 농민들은 건강상의 여러 문제, 특히 물로 전파되는 기생충 질병인 주혈흡충증과 결핵, 탈장 등을 겪었다. 지배층은 안락하게 여행했고 고된 노동은 하지 않았으며 이러한 생활 양식을 유지하기 위해 나머지 사람들에게 세금을 부과했다. 세금을 내지 않는 사람은 매질로 벌을 받기도 했다.

곡식의 고통

더 이른 시기에는 상당한 다양성이 존재했지만 정착 농경이 발생한 대부분의 지역에서 점차 최고의 자리를 차지하게 된 것은 벼과 식물이었다. 밀, 보리, 쌀, 옥수수 등이 모두 벼과 식물에 속하며, 식물학자들이 영과穎果라고 부르는 작고 단단하고 마른 낟알 형태의 씨앗을 가지고 있다. 흔히 곡식이라고 통칭되는 벼과 식물에는 몇 가지 매력적인 특징이 있다. 물기 없이 건조해서 수확 후에 오래 보관하기 쉽다. 에너지 밀도(킬로그램당 칼로리)가 높아서 먼 거리로 운반하기 좋고, 이는 경작지에서 멀리 떨어진 곳의 인구를 부양하는 데 매우 중요하다. 또한 벼과 식물은 파종, 관리, 수확을 담당할 노동력이 있으면 대규모 경작이 가능하다. 이에 비해 구황 작물과 두과 식물은 보관이 더 어렵고 쉽게 썩으며 단위량당 칼로리가 더 낮다(벼과 식물의 약 5분의 1 정도다).

대규모 생산을 달성했고 농업에서 상당한 에너지를 얻을 수 있었다는 면에서 보면, 곡식 경작의 도입은 테크놀로지 발달의 대표적인 사례라고 할 수 있다. 이러한 종류의 작물과 그것을 재배하는 생산 기법 덕분에 큰 규모의 조밀한 정착 마을과 도시, 나아가 국가가 성립될 수 있었다. 하지만 이번에도 테크놀로지의 적용은 매우 불평등한 결과를 가져왔다.

5000년 전보다 더 이전에는 "비옥한 초승달" 지역에 인구 8,000명 이상의 도시가 있었다는 흔적이 없다. 그러다가 5000년 전에 우루크(이라크 남부)가 극적으로 기록을 깨고 인구수 4만 5,000명에 도달했다. 이후 2000년 동안 가장 큰 축에 속하는 도시들은 규모가 계속 커졌다. 4000년 전에 우르(역시 이라크)와 멤피스(이집트 통일 국가의 수도)는 인구가 6만 명에 달했다. 또한 우리는 3200년 전 테베(이집트) 인구가 8만 명이었고 2500년 전 바빌론 인구가 15만 명이었다는 것을 알고 있다.

남아 있는 증거들에서 확실히 알 수 있는 바로, 이 도시들 모두에서 새로운 테크놀로지는 중앙집권화된 사회의 지배층에게 큰 이득이 되었고 나머지 사람 대부분에게는 이득이 돌아가지 않았다.

　　정착 농경의 초창기에 사람들의 생활 수준이 정확히 어떠했는지는 알 수 없지만, 초창기의 중앙집권적 국가에서 대부분의 사람들이 풀타임으로 곡식 경작에 종사했고 이들의 생활 수준이 수렵 채집을 하던 조상보다 낮았다는 점은 명백해 보인다. 입수 가능한 추산치들을 보면, 수렵 채집민은 하루에 5시간 정도 일했고 다양한 종류의 식물과 고기를 먹었으며 상당히 건강했고 기대 수명도 21~37세로 짧지 않았다. 영아 사망률은 높았지만 일단 45세에 도달하면 그 이후로 14~26년은 더 살 것으로 기대할 수 있었다.

　　이와 달리, 정착해서 곡물을 경작하게 된 사람들은 하루에 두 배가량인 10시간 이상을 일했고, 노동 자체도 더 고되어졌으며, 곡식이 주요 작물이 된 후에는 더욱 그랬다. 이들의 식생활이 완전한 정착 생활을 하기 전에 비해 악화되었음을 보여주는 증거도 많다. 그래서 이들은 평균적으로 수렵 채집민보다 키가 10~13센티미터 더 작았고 골격 손상도 더 컸으며 치아에도 문제가 많았다. 정착 농경민은 감염병에도 더 취약했고, 출생 시 기대 수명이 19세 정도로 수렵 채집민보다 짧았다.

　　풀타임 농경은 특히 여성에게 고되었다. 이들의 골격에는 곡식을 가는 노동 때문으로 보이는 관절염의 흔적이 남아 있다. 아동 사망률도 농경 사회가 훨씬 더 높았고 농경 사회는 두드러지게 더 남성 지배적이었다.

　　왜 사람들은 더 고된 노동, 더 건강에 좋지 못한 삶, 너무나 적은 소비를 하게 만들고 그렇게 가파른 위계를 존재하게 만든 테크놀로지를 받아들였을까? 적어도 왜 침묵했을까? 물론 1만 2000년 전에 살았던 사람 중 누구도 정착 농경에서 어떠한 종류의 사회가 생겨날지 예견할 수 없었을 것이다. 그럼에도 중세 때도 그랬듯이 초창기 문명의 테크놀로지와 생산의 조직화 방식에 대한 선택은 지배층에게 유리했으며 다수의 사람들을 더 빈곤하게 만들었다. 신석기 시대 정착 농경의 경우에는 테크놀로지 발달과 전환이 중세의 수백 년보다 훨씬 긴 수천 년에 걸쳐 일어났고 지배층도 더 서서히 생겨났다. 하지만 두 경우 모두에서 지배층에게 압도적인 권력을 부여한 정치 체제가 전환 과정에 결정적으로 영향을 미쳤다. 또한 물론 명시적인 강압과 폭력도 중요했지만 종교 지도자와 정치 지도자들이 가졌던 설득의 힘이 종종 결정적인 요인이었다.

가장 초창기 농경 시대 때보다 노예제가 더 일반화되어서 고대 이집트부터 그리스까지 다양한 문명에 상당히 많은 노예가 존재했다. 그리고 노예가 아닌 사람들에게도 필요하다면 막대한 강압 권력이 행사되었다. 하지만 역시 중세에서와 마찬가지로, 날마다의 일상에서 사람들을 통제하고 관리하는 방식은 강압과 폭력이 아니었다. 강압과 폭력은 배경에 존재하는 요인이었고, 중심 무대에서의 통제 기제는 설득이었다.

피라미드 체제

파라오의 풍요로움을 상징하는 피라미드를 생각해 보자. 피라미드 건설이 평범한 사람들의 후생을 향상시키기 위한 공공 인프라 투자였다고는 말할 수 없을 것이다. 상당한 일자리를 창출하기는 했겠지만 말이다. 대략 4500년 전에 기자에 있는 쿠푸의 대피라미드를 짓는 데는 20년간 날마다 약 2만 5,000명의 노동력이 동원되어야 했을 것으로 추산된다. 중세의 어느 대성당에 견주어 보아도 훨씬 큰 공사였다. 2000년 넘는 기간 동안 모든 이집트 통치자는 자신의 피라미드를 짓고 싶어 했다.

한때는 피라미드 건설에 동원된 노동자들이 가혹한 억압과 착취를 받았으리라는 가정이 일반적이었다. 하지만 이제는 그렇지 않다는 사실이 알려져 있다. 피라미드 건설에 참여한 사람들은 꽤 괜찮은 임금을 받았고 상당수가 숙련된 장인이었다. 식사도 잘 제공받았다. 이를테면 가장 비싼 육류였던 소고기도 먹을 수 있었다. 금전적 보상과 설득의 조합으로 이들은 열심히 일해야 할 이유를 스스로도 믿게 되었을 것이다.

이들이 어떻게 일했는지 알 수 있는 흥미로운 기록이 남아 있다. 일례로 "쿠푸의 우라에우스 휘장을 단" 배에 승선한 노동자 팀이 시간을 어떻게 보냈는지에 대한 상세한 근무 일지가 전해지는데, 일상적인 처벌이나 강압이 있었음을 시사하는 언급은 없다. 기록을 보면, 중세의 대성당 건립에서처럼 피라미드를 짓는 데는 숙련 장인의 노동과 고된 육체노동(돌을 채석장에서 나일강까지 운반한 뒤 강을 따라 배로 날라서 다시 건설 현장까지 끌고 와야 했다)이 함께 사용되었던 것으로 보인다. 오늘날 몇몇 전문가는 중세 봉건제에서와 비슷하게, 그리고 1860년대에 레셉스가 수에즈 운하를 지을 때 사용했던 것과 비슷하게 평민 노동자에게 강제 부역 의무가 부과되었으리라고 보지만, 노예에 대한 언급은 나오지 않는다.

파라오 시대에 이집트의 숙련 장인들이 좋은 임금과 식사를 제공받을 수 있었던 것은 농업 노동력을 쥐어짜 확보한 잉여 식량이 존재했던 덕분이었다. 곡물 생산 기법의 발달로 비옥한 나일강 계곡 지역에서 곡식을 대규모로 경작해 도시로 운송할 수 있게 되었다. 하지만 이것은 평범한 농민들이 적은 보상을 받으면서 막대한 노동을 기꺼이 수행했기 때문에 가능한 일이기도 했다. 또한 이는 다시 그들이 파라오의 권위와 영광에 의해 설득되었기 때문에 가능한 일이었다. 물론 저항하면 파라오가 폭력과 강압으로 짓밟을 수 있다는 사실이 배경에 늘 깔려 있는 채로 말이다.

정확히 무엇이 이 고대인들에게 동기를 부여했는지는 알 수 없다. 2000년 전이나 7000년 전에 살았던 농민의 마음을 들여다볼 수도 없고, 그들은 자신의 야망이나 고통에 대해 기록을 남기지 않았다. 아무튼 종교가 이러한 삶이 적합하다고, 혹은 피할 수 없는 운명이라고 그들을 설득하는 데 일조했을 것이다. 중앙집권적인 농업 사회는 상당히 명백하게 위계적이었다. 맨 위에 신이, 그다음에 왕과 사제가 있었고, 농민은 바닥에 있었다. 불평하지 않고 현세의 삶을 감내하는 데 대한 보상은 종교마다 차이는 있었지만 대체로 "이연된 보상"의 형태였다. 신께서 현세의 네게 이 역할을 부여하셨으니 입 닥치고 가서 일해라.

이집트의 신앙 체계에서 주된 동기부여 아이디어는 지배자들이 내세에 더 잘 준비되도록 도와야 한다는 것이었다. 평범한 사람들은 내세에서도 아무런 향상을 기대할 수 없었을 것이다. 가령, 하인은 내세에서도 계속 하인일 터였다. 하지만 서비스를 제공할 사람, 피라미드를 짓는 데 노동을 할 사람, 통치자의 위대한 영광과 더 큰 기념물을 위해 자신의 식량을 내어놓을 사람이 누구일지는 신이 정하고 승인한 것이었다. 가장 운이 나쁜 사람은 주인이 사망했을 때 황천길을

직접 수행해야 했다. 몇몇 피라미드에서 출토된 부장품은 통치자가 매
장될 때 가신 등이 순장되었음을 보여준다.

　이집트 지배층은 사제 계층과 "신성한 왕"으로 이루어져 있었
으며 이들은 도시에 살았다. 왕은 신에게 정당성을 부여받은 존재이거
나 직접적인 신의 후손이라고 여겨졌다. 이는 이집트에서만 볼 수 있
는 패턴이 아니다. 거의 대부분의 초기 문명에서 사원 등 거대한 기념
물이 발견되며, 일반적으로 중세 교회가 대성당을 지었을 때와 동일한
이유를 가지고 있었다. 즉 지배층의 신성함을 기리고 강조함으로써 그
들의 통치를 정당화하고 사람들의 믿음을 유지하는 것이 목적이었다.

한 종류의 근대화

한두 종류의 곡물을 위주로 한 경작도, 농민에게서 잉여의 대부분을
추출한 고도로 위계적인 사회구조도, 예정된 섭리이거나 해당 작물에
내재한 자연법칙에서 비롯된 결과가 아니었다. 그것은 선택의 결과였
다. 비슷한 생태적 조건에서도 어떤 곳은 구황 작물이나 두과 작물처
럼 다른 유형의 농업에 특화했다. 차탈회윅에서는 경작한 곡물과 채집
한 야생 식물을 결합해 풍성한 식생활을 했고 가축으로 길들인 양과
염소 외에 오룩스[야생 소], 여우, 오소리 등 가축화되지 않은 동물에서
도 육류를 소비한 것으로 보인다. 이집트에서도 단일 곡물 경작으로
전환하기 전에 엠머밀과 보리의 경작이 물새, 영양, 멧돼지, 악어, 코끼
리 등에 대한 수렵과 병행되었다.

　또한 곡물 경작이라고 늘 불평등과 위계를 가져온 것도 아니었

다. 인더스 계곡과 메소아메리카의 비교적 평등한 문명이 이를 잘 보여준다. 동남아시아의 쌀 경작도 수천 년 동안 비교적 위계적이지 않은 사회구조에서 발생했으며, 사회 경제적 불평등이 커진 것은 청동기 시대에 새로운 농업 기술과 군사 기술이 도입되면서부터였다. 대규모로 곡물을 경작하는 정착 생활, 밀도 높은 잉여 추출, 톱다운식 통제는 지배층이 자신을 따르도록 나머지 사람들을 충분히 설득할 수 있고 충분히 강력한 힘을 가지고 있었을 때 내린 정치적·테크놀로지적 의사결정의 결과였다.

신석기 시대와 이집트 파라오 시대에 어떻게 새로운 테크놀로지가 선택되고 사용되었는지, 어떤 종류의 주장이 사람들로 하여금 기존의 사회적 배열을 버리고 그 주장을 받아들이도록 설득할 수 있었는지 등은 대략의 추측만 해볼 수 있을 뿐이다. 하지만 18세기 잉글랜드에서 농업 근대화의 새로운 비전이 어떻게 생겨났는지는 더 명확하게 살펴볼 수 있다. 한 가지 분명한 사실은, 그 테크놀로지를 선택함으로써 이득을 보는 사람들이 자신의 선택을 모종의 공공선 논리와 결합할 수 있었다는 점이다.

1700년대 중반이면 잉글랜드의 농업은 대거 달라져 있었다. 농노제 등 봉건 잔재는 사라지고 없었다. 지역의 경제 활동에 대해 직접적으로 명령을 내리면서 농민들이 영주가 소유한 땅에서 일정 기간 일하게 하고 영주가 소유한 방앗간만 이용하도록 강제하는 영주도 없었다. 또한 1500년대 중반에 국왕 헨리 8세는 수도원을 해체하고 수도원 소유의 땅을 매각했다. 이제는 토지를 소유한 신사 계층[gentry, 신분상으로는 귀족보다 아래이지만 토지 등의 형태로 자산을 소유한 계층을 말한다. ─옮긴이]이 농촌의 지배 계급이었다. 이들은 수백 에이커에 달하는 방대한 토지를 소유했고 농업을 근대화해 잉여를 늘릴 방법을 찾는 데 점점 더 맹렬한 관심을 기울이고 있었다.

농업 전환의 과정은 수 세기간 이어져 오고 있었으며 비료와 수확 기술이 개선되면서 생산성도 꾸준히 높아지고 있었다. 작물에 따라 차이는 있지만 그 이전 500년간 농업의 면적당 생산량이 5~45퍼센트가량 증가했다. 16세기 중반 이후로 경제적·사회적 변화는 한층 더 가속화된 것으로 보이며, 토지 소유자와 수도원의 권력이 약해지면서 생산성의 이득이 농민에게도 흘러가기 시작했다. 1600년경부터 실질임금이 더 꾸준히 상승했으며, 이와 함께 농민의 영양 상태가 개선되고 건강도 약간 더 나아졌다.

인구가 증가하면서 농업 산출물에 대한 수요도 증가했고 농업 산출을 어떻게 높일 것인가가 국가적인 정책 사안이 되었다. 물론 잉글랜드의 농촌 경제에는 근대화가 필요한 부분이 적지 않았다. 토지의 상당 부분은 이제 사유 재산이었고, 신사 계층과 그들의 땅을 부치는 차지농, 그리고 소규모 자영농들이 경영하고 있었다. 하지만 잉글랜드에는 "공유지"도 상당 정도 존재했다. 마을 사람들은 공유지에서 소에게 풀을 뜯게 하고, 장작을 모으고, 동물을 잡을 수 있는 비공식적인 관습적 권리를 가지고 있었다. 이에 더해 울타리가 없는 개방 경작지도 있었다. 그런데 토지가 귀해지면서 토지 소유자들은 공유지와 개방 경작지에 "울타리를 치고" 싶어 했다. 이는 지역 농민들에게서 그 땅을 사용할 수 있는 관습적인 권리를 박탈한다는 의미였다. 이러한 인클로저['인클로즈enclose'는 울타리를 친다는 의미의 영어 단어. -옮긴이]를 통해 비공식적 공유지를 공식적인 사유재산으로 전환하고 그것을 법으로 보장하는 과정이 이어졌고, 일반적으로는 기존의 영지를 확장하는 형태였다.

15세기 이래로 다양한 유형의 인클로저가 그때그때 임시적으로 진행되어 왔다. 잉글랜드의 많은 지역에서 토지 소유자들은 지역 농민들이 저항하지 말고 침묵하도록 설득함으로써 이를 달성했고, 그 대가로 금전적인, 혹은 그 밖의 보상을 제공했다. 하지만 18세기 말의 지배층은 토지 사용이 한층 더 근대화될 필요가 있다고 생각했고 특히 자신이 보유한 토지를 확대함으로써 근대화를 이루어야 한다고 생각했다. 전체 농경지의 3분의 1이 여전히 공유지였고 잠재적으로 그들의 사유지로 전환될 수 있었다.

이들이 내세운 논리는 생산성 증대와 국익이었지만 이들이 생각한 농업 근대화는 전혀 중립적이지 않았다. 이들의 근대화 계획은 농민들이 전에 가지고 있던 토지 접근권을 박탈하고 상업적 농업을 확대하는 것이었다. 이 시대 지배층의 비전에서 볼 때 토지가 없는 농민들이 가지고 있던 관습적 권리는 근대화로 없애야 할 구습이었다. 농민들이 관습적 권리를 내놓고 싶어 하지 않으면 내놓을 수밖에 없도록 압박해야 했다.

1773년에 의회에서 인클로저 법Enclosure Act이 통과되면서 대토지 소유자들은 원하는 대로 토지 재조정을 밀어붙이기가 더 수월해졌다. 의원들이 이 법을 통과시킨 이유는 인클로저가 국가의 이익에 부합한다고 믿었기 때문이었다. 혹은 그렇게 믿고 싶었기 때문이었다.

성공한 농민이자 영향력 있는 저자였던 아서 영Arthur Young은 이러한 주장을 명시적으로 개진한 대표적인 인물이었다. 초기 저술에서 그는 비료, 더 과학적인 윤작, 개량된 쟁기와 같은 새로운 농업 기술의 중요성을 강조했다. 그리고 토지 소유가 통합되면 이러한 테크놀로지가 더 쉽고 효과적으로 도입될 수 있을 것이라고 주장했다.

하지만 농민들의 저항은 어떻게 할 것인가? 이에 대한 아서 영의 관점을 이해하려면 당시의 맥락과 테크놀로지 및 농업 재구성을 이끌던 더 폭넓은 비전을 먼저 살펴보아야 한다. 영국은 여전히 위계적인 사회였다. 영국의 민주주의는 지배층에 의한, 지배층을 위한 민주주의였고, 투표권을 가진 사람이 성인 남성 인구의 10퍼센트도 안되었다. 더 안 좋게도, 지배층은 사회적 지위가 더 낮은 사람들에 대해 별로 신경 쓰지 않았다.

맬서스의 저술에서 당대의 분위기와 부유한 사람들의 세계관을 엿볼 수 있다. 맬서스는 가난한 사람들의 생활 수준이 애당초 너무 높아지지 않는 편이 더 인간적이라고 주장했다. 생활 수준이 상승하면 더 많은 아이를 낳아서 어차피 다시 비참함으로 떨어질 것이라는 이유에서였다. 또한 그는 "사람은 이 세상에 태어난 것으로 이미 [가져야 할 권리는 다] 가진 것이고, 정당하게 부양을 기대할 수 있는 부모로부터 부양받을 수 없거나 사회가 그의 노동을 원하지 않으면 식량에 대해 아주 작은 부분이라도 주장할 **권리**가 없고, 사실 그가 있는 곳에 있어야 할 이유 자체가 없다"며 "자연의 위대한 연회에 그를 위한 빈자리는 없다"고 말했다.

당대의 많은 중류층, 상류층 사람들과 마찬가지로 아서 영도 비슷한 개념에서 출발했다. 맬서스의 핵심 저술이 출간되기 거의 30년 전인 1771년에 영은 이렇게 주장했다. "상업과 제조업의 이해관계에 대해 말하자면, 낮은 계층 사람들은 계속 가난한 상태로 있어야 하며 그렇지 않으면 그들은 결코 부지런해지지 않으리라는 점을 바보가 아니라면 모두가 알 것이다."

낮은 계층 사람들의 태도에 대한 이 같은 불신과 농업에 더 나은 테크놀로지를 적용해야 할 절박한 필요가 있다는 믿음이 결합해, 영은 인클로저 확대를 주창하는 대표적인 인물이 되었다. 그는 농업위원회Board of Agriculture의 핵심 자문이 되었고, 이 직위에서 영국 농업의 현황과 개선 방안에 대해 권위 있는 보고서들을 작성했다.

이렇게 해서 영은 농업 기득권의 대변인이 되었고 각료와 의회는 그가 말하면 늘 귀를 기울이고 논의를 할 때 그의 글을 인용했다. 1767년에 그는 전문가 자격으로 인클로저를 지지하는 강력한 글을 썼다. "인클로저에서 발생할 보편적인 이득은 이제 완전히 입증되었다고 생각한다. 사실 너무나 명백히 입증되어서, 합리적이고 편견 없는 사람들 사이에서는 어떤 의구심도 허용되지 않을 정도다. 아직도 그것에 반대하는 사람은 경멸을 사도 마땅할 트집꾼이다." 이러한 관점으로 보면, 가난한 사람들과 교육받지 못한 사람들이 가지고 있었던 관습적 권리와 공유지에 대한 접근권을 박탈하는 것은 충분히 용인될 수 있는 일이었다. 토지의 재배열이 근대적인 테크놀로지를 적용할 수 있게 해주어서 식량 산출의 생산성과 효율성을 높여줄 것이기 때문이다.

점점 더 많은 대토지 소유자들이 자신이 원하는 것에 대해 대중의 지지와 의회의 승인을 받고자 몸이 달았고, 영은 이 점에서 매우 유용한 연합 세력이었다. 뭐니 뭐니 해도 영은 국익을 위해 무엇이 필요한지에 대해 면밀히 분석한 사람이었다. 따라서 그가 전통적인 권리를 없애고 그에 저항하는 사람들은 압박을 통해서라도 저항을 포기하게 만드는 것이 진보에 필요한 일이라고 말한다면, 그것은 영국 사회가 마땅히 치러야 할 비용이라고 생각될 수 있었다.

하지만 1800년대 초 무렵이면 인클로저가 일으킨 피해가 명백해지고 있었다. 적어도 보고자 하는 사람에게는 명백했다. 맬서스에게는 더 깊은 빈곤으로 내몰린 수많은 사람들이 별 문제가 아니었지만, 상당히 놀랍게도 영의 반응은 이와 달랐다.

당대의 편향에 영향을 받긴 했어도 영은 진정한 실증주의자였다. 그는 계속 현장을 돌아다니면서 인클로저가 실행될 때 실제로 어떤 일이 벌어지는지 관찰했다. 그런데 그가 현장에서 발견한 것이 점점 더 그의 견해와 충돌했다.

더 놀랍게도, 이 시점에 영은 인클로저에 대한 입장을 바꾸었다. 여전히 개방지와 공유지를 통합하는 것이 효율성 면에서 이득이 되리라고는 생각했지만 인클로저에 효율성 증대보다 훨씬 더 많은 것이 걸려 있다는 것을 깨달았다. 공유지에 접근할 수 있는 권리를 박탈하는 방식은 농업 테크놀로지의 전환에서 누가 승자가 되고 누가 패자가 될지에 막대한 영향을 미쳤다. 1800년이면 영은 정책 제안의 방향을 180도 바꾸게 된다. 그는 이렇게 언급했다. "한 집의 가장이 그의 소와 땅을 팔아야만 하도록 내몰린다면, 의회가 재산권을 지극히 잘 돌본다고 말하는 것이 가난한 사람에게 무슨 의미인가?"

그는 농업을 재조직하는 데는 다른 방법도 있다고 주장했다. 토지를 병합하는 것은 평범한 사람들의 권리를 짓뭉개지 않고도, 그들에게서 생계 수단을 박탈하지 않고도 가능했다. 농민들의 권리를 무단으로 박탈해야 할 이유는 전혀 없었다. 한발 더 나아가서 영은 농촌의 빈민에게 소나 염소 같은 생계 수단을 제공하는 것이 전혀 진보를 가로막는 일이 아니라고 주장했다. 생계 수단이 제공되면 농민들은 가족을 더 잘 부양할 수 있을 것이고 공동체에 더 크게 기여할 수 있을 것이었다. 어쩌면 기성 체제를 더 많이 지지하게 될 수도 있을 터였다.

영은 더 정교한 경제학적 진실도 알고 있었던 것 같다. 일단 가난한 농민들이 기존의 권리와 생계 수단을 상실하면 토지 소유자의 입장에서 값싼 노동력을 안정적으로 제공하는 풀이 된다는 사실 말이다. 아마 이것이 그렇게 많은 토지 소유자들이 농민의 생계 수단을 박탈하려 안달이 났던 이유 가운데 하나였을 것이다. 반면 농민들이 기본적인 자산을 갖도록 하는 것은 농촌 경제에서 노동자들의 임금을 올리는 방법이 될 수 있었다.

영이 인클로저를 주창했을 때는 영국 기득권 계층에게 저명한 전문가로 존중받았다. 그런데 그가 견해를 바꾸자 모든 것이 달라졌다. 그가 자신의 생각을 농업 위원회 명의로 출간하는 것이 더 이상 환영받지 못했다. 그의 농업 위원회 상사인 귀족은 인클로저에 반대하는 어떤 견해도 영국의 공직 사회에서 환영받지 못할 것이라고 분명히 못 박았다.

인클로저 운동의 역사는 설득 권력과 경제적 이해관계가 테크놀로지 변화에서 누가 이득을 얻고 누가 그렇지 못할지에 어떻게 영향을 미치는지를 잘 보여준다. 무엇이 진보이며 그것을 어떻게 달성할 수 있는가에 대해 영국 지배층이 가졌던 비전은 농업의 재조직화에 결정적으로 중요했다. 늘 그렇듯이, 이 비전은 그들의 이해관계와 부합하는 부분이 많았다. 이를테면, 가난한 사람들에게 보상을 거의 혹은 전혀 하지 않고 토지를 확보하는 것은 그것을 추진하는 사람들에게 명백하게 이득이 되었다.

공공선에 부합한다고 주장할 수 있는 비전은 새로운 테크놀로지가 승자만이 아니라 패자도 만들어 내는 경우에도, 아니 그런 경우에 더욱더 강력한 효과를 발휘한다. 테크놀로지 도입과 재조직화를 밀어붙이려는 사람들이 다른 사람들을 설득하는 데 도움이 되기 때문이다.

대체로 이러한 전환의 과정에는 설득해야 할 관련 당사자가 아주 많다. 자신의 관습적인 권리를 빼앗기게 될 가난한 농민을 설득시키기는 어려웠으므로 더 가능성이 높고 이 전환이 성공적으로 이뤄지는 데 더 본질적이었던 것은 도시 사람들과 의원 등 정치 권력자를 설득하는 것이었다. 인클로저를 빠르게 진행해야 할 필요성에 대한 영의 과학적인 분석은 이 과정에서 지대한 역할을 했다. 예상할 수 있듯이, 토지 소유자들은 그들이 듣고 싶은 결론이 무엇인지를 이미 알고 있었다. 그리고 영이 그것을 이야기했을 때는 그의 말을 환영했고 영이 생각을 바꾸자 그를 침묵시켰다.

테크놀로지 선택도 결정적으로 중요했다. 진보와 국익의 언어로 이야기됐을 때도 새로운 테크놀로지를 도입하는 데는 수많은 선택이 존재했으며, 이 결정이 지배층이 얼마나 이득을 얻고 농민들이 얼마나 고통을 겪을지를 결정했다. 가난한 농민의 관습적 권리를 완전히 박탈하는 것은 하나의 선택이었다. 그리고 이제 우리는 이 선택이 진보가 가차 없이 행진하는 경로상의 불가피한 결과가 아니었음을 알고 있다. 영국의 농업이 근대화되더라도 공유지와 개방지는 훨씬 더 오래 존재할 수도 있었다. 실제로 입수 가능한 증거들에 따르면 공유지와 개방지 형태의 토지 보유는 새로운 테크놀로지 도입과 산출 증대에 전혀 배치되지 않았다.

17세기에 개방지 농민들은 선도적으로 완두콩과 콩을 도입했고 18세기에 클로버와 순무를 도입한 사람도 이들이었다. 인클로저로 울타리가 쳐진 땅에 개선된 배수 시스템이 도입된 것은 사실이지만, 이러한 차이가 있었던 곳에서조차 1800년에 면적당 산출은 불과 5퍼센트만 더 높아졌을 뿐이었다. 원래도 물이 잘 빠지는 가벼운 토양의

땅과 목초지로 사용된 땅에서는 개방지 농민들의 산출과 인클로저가
진행된 땅에서의 산출이 10퍼센트도 차이 나지 않았다. 노동자 1인당
산출 면에서도 인클로저가 진행된 땅의 산출이 개방지에 비해 약간
더 높아졌을 뿐이었다.

농업의 이러한 재조직화는 이후 몇십 년간 영국 경제가 가게
될 경로를 설정했고 거기에서 누가 이득을 얻을지를 결정했다. 자산
소유자들은 이득을 얻었고, 필요하다면 의회가 입법으로 이들을 지원
했다. 자산이 없는 사람들은 이득을 얻지 못했다.

가난한 농민의 권리를 박탈하는 데 정당성을 제공한 것은 농업
을 기술적으로 근대화한다는 개념이었다. 그렇다면, 이러한 권리 박탈
이 18세기 말 영국에 너무나 필요했던 생산성 향상을 가져다주었을
까? 이에 대한 답은 생산성 이득이 전혀 없었다는 추산부터 상당히 증
가했다는 추산까지 다양하다. 하지만 불평등이 증가한 것과 자신의 땅
이 인클로저로 병합된 사람들이 패자가 된 것은 분명하다.

이 중 어느 것도 불가피한 결과가 아니었다. 관습적 권리의 침
해와 농촌 궁핍화의 심화는 기술적 진보와 국익이라는 명분으로 부과
한 선택의 결과였다. 그리고 토지 없는 농민의 삶을 더 비참하게 내몰
지 않고도 생산성을 올릴 방법이 있었다는 영의 분석은 지금도 여전
히 타당하다.

야만적인 조면기

인클로저의 역사가 매우 명백하게 보여주듯이 진보와 공공선의 이름

으로 주창되더라도 생산의 기술적 재조직화는 가뜩이나 권리가 적었던 사람들을 한층 더 바닥으로 내몰 수 있다. 매우 상이한 경제 시스템과 구성원으로 이루어진 두 개의 역사적 사례가 이러한 동학의 야만적인 함의를 상징적으로 보여준다. 먼저, 19세기 미국에서 조면기라는 혁신적인 테크놀로지가 어떠한 사회적 함의를 가지고 있었는지 살펴보자.

미국 경제사에서 일라이 휘트니Eli Whitney는 토머스 에디슨Thomas Edison과 더불어 가장 창조적인 혁신가로 꼽히며 변혁적인 진보를 가져온 발명가로 인정받는다. 휘트니는 1793년에 개량된 조면기를 발명했다. 이 조면기는 육지면 품종의 면화에서 씨와 솜을 빠르게 분리할 수 있었다. 휘트니 본인의 평가로, "예전 기계로는 50명이 했어야 할 일을 단 한 사람과 말 한 마리면 할 수 있는" 발명이었다.

미국의 초창기 면화 산업은 동부 연안에서만 잘 자라는 품종이 중심이었다. 육지면은 다른 데서도 잘 자라는 품종이지만 씨앗이 너무 끈적끈적해서 당시에 사용되던 조면기로는 솜을 분리하기가 어려웠다. 바로 이 점에서 휘트니의 조면기는 일대 혁신이었고, 육지면 품종이 자라는 곳이면 어디에서든지 면화 농장을 경영할 수 있게 해주었다. 면화 재배지가 확대되었다는 말은 남부 주들에서 노예의 수요가 증가했다는 의미다. 처음에는 사우스캐롤라이나주와 조지아주의 내륙으로, 나중에는 앨라배마주, 루이지애나주, 미시시피주, 아칸소주, 텍사스주로도 면화 경작이 확대되었다. 전에는 인구 밀도가 희박하고 유럽에서 온 사람들과 원주민들이 주로 식량 작물을 재배하던 지역에서 면화가 왕으로 등극했다.

남부의 면화 생산량은 1790년에 약 70만 킬로그램이던 데서

1800년에는 약 1,660만 킬로그램으로, 1820년에는 약 7,600만 킬로그램으로 늘었다. 19세기 중반이면 남부가 미국 수출의 5분의 3을 차지하고 있었고, 거의 모두가 면화였다. 당시에 전 세계 면화의 약 4분의 3이 미국 남부에서 재배되었다.

이러한 변혁적인 테크놀로지로 생산성이 극적인 증가를 보였으니 국익과 공공선을 이야기하는 것이 충분히 타당하지 않을까? 이 시기에 현장에서 면화 재배를 실제로 담당한 노동력도 이득을 얻지 않았을까? 생산성 밴드왜건이 발생하지 않았을까? 이번에도 답은 "전혀 그렇지 않다"이다.

남부의 토지 소유자들과 면화 산업의 공급망에서 처리, 생산, 교역을 담당했던 사람들은 상당한 이득을 얻었지만 면화밭에서 실제로 노동한 사람들은 더 깊은 착취로 내몰렸다. 심지어 중세 시대보다도 심하게, 강압적인 고용 관계에서 노동 수요의 증가는 임금 인상이 아니라 한 톨의 노동이라도 더 짜내기 위한 더 가혹한 처우로 이어졌다.

남부의 농장주들은 산출을 높이기 위해 새로운 면화 품종을 사용하는 등 다양한 혁신을 했다. 하지만 중세 유럽의 장원이나 미국 남부의 대농장처럼 인권이 약하거나 존재하지 않는 곳에서는 테크놀로지의 향상이 더 강도 높은 노동 착취로 이어지기 쉽다.

독립 직후인 1780년에 미국에는 55만 8,000명의 노예가 있었고 노예 무역이 불법화된 1808년 1월 1일에는 90만 8,000명의 노예가 있었다. 이때부터 해외에서 수입되는 노예 수는 거의 제로로 떨어지지만, 노예 인구 자체는 1820년 150만 명, 1850년에는 320만 명으로 늘었다. 1850년에 320만 명 중 180만 명이 면화밭에서 일했다.

1790년에서 1820년 사이에 25만 명의 노예가 남부 지역으로 강제로 이주당했다. 전체적으로는 100만 명의 노예가 조면기 때문에 새로이 생산성이 높아진 지역으로 이동해야 했다. 조지아주는 1790년 대에 노예 인구가 두 배로 늘었다. 사우스캐롤라이나주의 "업컨트리" 카운티 네 곳은 노예 인구 비중이 1790년 18.4퍼센트이던 데서 1820년 39.5퍼센트로 증가했고, 1860년에는 61.1퍼센트가 되었다.

조지아주 서배너의 판사 존슨은 휘트니의 기여를 이렇게 칭송했다. "빈곤으로 나락에 빠지고 게으름에 푹 잠겨 있던 사람들이 갑자기 부유하고 존경받는 사람이 되었다. 우리의 빚은 다 청산되었고, 우리의 자본은 증가했으며, 우리의 땅은 가치가 세 배로 올랐다." 물론 여기에서 "우리"는 백인이었다.

18세기에 버지니아주에서 노예 노동으로 재배된 대표적인 작물은 담배였다. 담배 재배를 하던 노예들의 삶은 명백히 좋지 않았지만, 남부 면화 농장으로의 이동은 이례적일 정도로 잔혹했고 면화 농장에서 노예들의 삶은 훨씬 더 악화되었다. 담배 농장에 비해 면화 농장은 규모가 훨씬 컸고 "엄격한 규율하에서 가차 없이" 노동이 진행되었다. 한 노예는 시장에서 면화 가격이 오르면 더 가혹하게 일하도록 내몰렸다고 회상했다. "잉글랜드 시장에서 가격이 오르면, 4분의 1페니의 절반만 올라도, 가련한 노예는 즉각 그 효과를 체감하게 됩니다. 더 많이 일하도록 내몰면서 채찍이 더욱 쉬지 않고 움직이니까요."

중세 잉글랜드에서와 마찬가지로 진보가 어떻게 발생했으며 누가 이득을 얻었는지에는 제도적 맥락이 핵심적으로 중요했다. 미국 남부의 경우에는 모든 것이 강압에 의해 구성되었다. 흑인에 대한 폭력과 가혹한 처우는 조면기가 남부의 광대한 영역을 경작 가능한 땅으로 열어젖혔을 때 한층 더 심화되었다. 이미 가혹하던 노예제는 더욱 가혹해졌다.

생산성 향상은 흑인 노동자들에게 더 나은 대우와 더 높은 임금을 가져다주지 않았다. 노예에게서 정확히 노동력을 얼마만큼 뽑아 냈는지 기록하고 산출을 더 쥐어짤 수 있는 계획을 세우기 위해 회계 기법이 개발되었다. 또한 고문이나 진배없는 가혹한 처벌이 일상적으로 일어났고 성폭력을 포함해 모든 종류의 폭력이 자행되었다.

3장에서 언급했듯이, 남부의 노예제는 상당 부분 북부의 백인이 그것을 용인하기로 설득되었기 때문에 가능했다. 18세기 미국에서 "진보"의 비전이 결정적으로 작용한 지점이 바로 여기였다. 자연 질서에서 백인이 위계의 가장 높은 곳에 위치한다는 생각에 토대를 제공한 인종주의적 개념은 오래전부터 있었다. 하지만 이제 여기에 새로운 개념이 부가되어서 노예제에 기반한 대농장 시스템의 존재가 미국 전체에서 더 잘 용인될 수 있었다.

사우스캐롤라이나주의 주지사가 되는 의원 제임스 헨리 해먼드James Henry Hammond는 "명백한 선positive good"의 원칙을 널리 퍼뜨렸다. 그리고 이 개념은 1825년에서 1832년 사이에 미국 부통령을 지내기도 한 상원의원 존 칼훈John Calhoun에 의해 더욱 정교화되었다. 이들의 입장은 노예제가 부도덕하다고 비판하는 사람들에 대한 직접적인 반박이었다. 1836년에 하원에서 해먼드는 이렇게 주장했다.

하지만 [노예제는] 악이 아닙니다. 오히려 나는 그것이 은혜로운 섭리가 우리의 영광스러운 지역에 내려주신 가장 큰 은혜 중에서도 최고의 은혜라고 생각합니다. 그것이 없다면 우리의 비옥한 토양과 풍성한 과실을 내어주는 우리의 기후는 우리에게 주어졌으되 헛되었을 것입니다. 우리가 그것을 누릴 수 있었던 지난 짧은 기간의 역사를 보면 남부의 부, 독창성, 방식에 찬사를 보내게 될 것입니다.

이어서 그는 미국이 노예 해방을 향해 간다면 그것을 저지하기 위해 폭력 사용도 불사할 것이라는 협박도 명백하게 드러냈다.

하원이 이 주제에 대해 입법화를 진행하는 순간, 그것은 "연합"을 해체하게 될 것입니다. 이 연단에 나의 자리가 있는 것은 내게 행운이었지만, 이 주제에 대한 입법화를 향해 첫 결정적인 조치가 취해지는 순간 나는 이것을 박차고 나갈 것입니다. 그리고 고향으로 돌아가 설교를 할 것이고, 필요하다면 연합의 해체와 내전을 위해 일할 것입니다. 혁명이 일어날 것이고 공화국은 피의 홍수에 가라앉을 것입니다.

그리고 노예들 본인도 만족하고 있다고 주장했다.

하나의 집단으로서 지구상에 이들보다 더 행복하고 만족스러워하는 인종은 없다고 나는 장담할 수 있습니다. 나는 그들 가운데서 태어나고 자랐습니다. 그리고 이제까지 내가 알고 경험한 것으로 볼 때, 그들은 행복할 모든 이유를 가지고 있습니다. 일의 부담은 적고, 좋은 옷과 음식을 제공받으며, 세계 어느 나라의 자유로운 노동자들보다 삶이 훨씬 낫습니다. 우리 자신, 그리고 우리 연맹체의 몇몇 다른 주 노동자들만이 그들보다 나을 것입니다. 그들의 삶과 인신은 법으로 보호되고 있습니다. 그들의 모든 고통은 가장 친절하고 가장 세심한 돌봄으로 완화되고 있습니다. 그들의 가정사는 소중하게 유지되고 있습니다. 적어도 내가 알기로는 그렇습니다. 양심에 거리낌 없이 말씀드립니다.

해먼드의 연설은 표준적인 후렴구가 되었고 여기에 담긴 요소들은 수십 년간 반복해서 설파되었다. 노예제는 남부 주의 일이니 다른 이들은 개입하지 말아야 한다, 노예제는 백인의 번영에, 특히 면화 산업에서 백인의 번영에 필수적이다, 노예들 본인도 행복해한다, 북부가 압박을 가한다면 남부는 노예제를 지키기 위해 싸움을 불사할 것이다, 등과 같이 말이다.

테크놀로지로 슬픔을 수확하다

얼핏 보면 19세기 미국은 볼셰비키 러시아와 비슷한 점이 없어 보일 것이다. 하지만 더 깊이 들여다보면 으스스할 정도로 유사한 점들을 볼 수 있다.

미국의 면화 산업은 개량된 조면기 같은 혁신을 포함한 새로운 지식 덕분에, 하지만 대농장에서 일한 흑인 노예들의 희생을 바탕으로 번성했다. 1920년대의 소비에트 경제는 트랙터, 콤바인 등의 기계가 농사 현장에 적용되면서 빠르게 성장하기 시작했지만 수백만 명의 소농이 희생되었다.

소비에트에서 강압은 지도자들이 이상적인 사회 유형이라고 여긴 것을 달성하는 수단으로서 정당화되었다. 레닌은 1920년에 "공산주의는 소비에트의 권력에 국토 전체의 전기화가 더해진 것"이라고 말함으로써 이 개념을 정식화했다.

처음부터도 공산주의 지도자들은 프레더릭 테일러Frederick Taylor의 "과학적 경영"이나 헨리 포드가 자동차 공장에 도입된 어셈블리 라인 같은 대규모 공장 운영에서 배울 게 많다는 것을 알고 있었다. 1930년대 초에 미국에서 엔지니어, 교사, 금속 노동자, 지하 파이프 기술자, 광산 전문가 등 약 1만 명의 숙련 기술자가 소련으로 와서 산업 테크놀로지의 도입과 적용을 도왔다.

공업을 일구는 것이 가장 주된 목적이었지만 1920년대 신경제 정책New Economic Policy 시기의 경험은 더 많은 사람이 공장에서 일하도록 하려면 충분하고 안정적인 곡물 공급이 뒷받침되어야 한다는 점을 알려주었다. 곡물 생산은 늘어나는 도시 인구를 부양하는 데만이 아니라 산업용, 농업용 기계의 수입 대금을 마련하기 위한 핵심 수출품으로서도 중요했다.

1920년대 초에 레프 트로츠키Lev Trotsky는 강제적인 농업 집단화가 소비에트 사회를 더 진전시킬 수 있는 방법이라고 생각했다. 반면 니콜라이 부하린Nikolai Bukharin과 이오시프 스탈린Iosif Stalin은 트로츠키에게 반대하면서 산업화는 소농을 유지하는 상태로도 가능하다고 주장했다. 레닌이 사망한 뒤 트로츠키는 권력을 잃고 처음에는 소련 내 카자흐스탄으로 추방되었다가 이어서 1929년에 국외로 추방되었다.

이 시점에 스탈린은 기존의 입장을 180도 바꾸어서 부하린을 누르고 농업 집단화를 추진했다. "쿨락"이라고 불리던 소농들이 점차 부유해지고 있었기 때문에 이들은 반反공산주의 세력으로 간주되어야 했다. 또한 스탈린은 우크라이나 사람들에 대해 깊은 의구심을 가지고 있었다. 내전 때 우크라이나 사람들 중 반혁명적 반란 세력을 지원한 사람들이 있었기 때문이다.

스탈린은 농업 집단화가 기계화와 결합되어야 한다고 생각했고 이 점에서 미국을 모델로 여겼다. 소비에트의 일부 지역과 토양, 기후가 비슷한 미국 중서부에서 농업이 빠르게 기계화되면서 생산성이 놀랍게 증가하고 있었다. 트랙터, 콤바인 등의 장비를 서구에서 사오려면 곡물을 수출해야 했는데, 곡물 증산과 관련해 미국의 기계화는 매우 고무적인 모델이었다.

1930년대 초에는 농업 집단화와 소규모 토지들의 병합이 전속력으로 전개되었고 소비에트의 농업은 훨씬 더 기계화되었다. 1920년대에 곡물 생산에 헥타르당 20.8인일人日(작업자 1인의 1일분 작업량)의 노동이 필요했는데 1937년에는 10.6인일로 줄었다. 주로는 트랙터와 콤바인 수확기 덕분이었다.

하지만 집단화는 대대적인 교란을 일으켰고 기근과 축산업의 파괴를 가져왔다. 소비에 쓰일 수 있는 산출(전체 생산량에서 씨앗과 사료로 쓸 몫을 뺀 것)은 1928년에서 1932년 사이 21퍼센트나 줄었다. 이어서 다시 증가하기는 했지만 1928년에서 1940년 사이에 전체적으로 농업 산출은 고작 10퍼센트만 증가했고, 대부분은 소비에트가 통제하는 중앙아시아 지역에서 이뤄진 관개 사업으로 면화 생산이 늘어서였다.

최근의 한 연구에 따르면 농업 집단화가 없었더라면 1930년대 말에 전체 농업 소출이 29~46퍼센트 더 높았을 것으로 추산되었다. 대체로는 축산에서의 생산이 더 높았을 것이었기 때문이다. 하지만 곡물의 "판매"(국가에 강제로 넘기는 것을 부르는 미사여구였다)는 1939년에 1928년에 비해 89퍼센트나 증가했다. 이는 농민들이 쥐어짜였다는 의미이고, 그것도 아주 가혹하게 쥐어짜였다는 의미다.

사람들이 목숨으로 치러야 했던 비용은 어마어마했다. 집단화

전에 인구가 1억 5,000만 명 정도였는데 집단화와 식량 강제 공출로 인한 "초과 사망excess death"이 400만~900만 명에 이르는 것으로 추산된다. 최악의 해는 1933년이었지만 그 전의 몇 년 동안도 사망률이 증가하고 있었다. 도시에서는 생활 수준이 향상되었고 건설 노동자와 공장 노동자들의 식량 사정도 점점 좋아졌지만 중세 잉글랜드와 19세기 미국 남부에서처럼 생산성 향상이 농업 노동자들의 실질소득을 높여주었거나 이들의 삶이 더 나아지게 해주었다는 흔적은 찾아볼 수 없다.

물론 스탈린의 비전은 중세 수도원장이나 남부 대농장 소유자의 비전과 달랐다. 소비에트에서 기술 진보는 종교 지배층이나 부유한 지배층의 이해관계였다기보다 프롤레타리아트에게 궁극적인 이득이 되게 하려는 것이었고, 그 궁극적인 이득이 무엇인지는 공산당이 가장 잘 알고 있다고 간주되었다.

실제로 이 시점에 기술 진보는 소비에트 지도자들이 약속한 바를 실현하고 있는 것 같기도 했다. 경제적 산출이 어느 정도라도 증가하지 않았다면 소비에트 지도자들이 권력을 유지하기 어려웠을 것이다. 그렇더라도, 그 사회의 지배층이 중세 봉건 지배층이건 미국의 대농장 소유자건 러시아의 공산당 지도부건 간에, 테크놀로지는 사회적으로 편향되어 있었으며 진보의 이름으로 적용되었을 때 막대한 파괴를 유발했다.

물론 이 중 어느 것도 강압을 강화하지 않고는 달성될 수 없었을 것이다. 수백만 명의 농민이 가혹한 착취를 견뎠던 것은 그렇지 않을 경우의 대안이 총살이거나 지금보다 더 가혹한 여건인 시베리아로 가는 것이었기 때문이었다. 농업 집단화 기간 도중과 직후에 공포 통치가 소비에트 전역으로 확산되었다. 1937년에서 1938년 사이에만 해도 약 100만 명이 처형되거나 감옥에서 사망했다. 또한 1930년에서 1956년 사이에 1,700~1,800만 명이 강제 수용소로 보내졌다. 이 숫자는 그밖에 강제로 쫓겨난 사람들과 가족들이 겪어야 했던 회복 불가능한 피해는 세지 않은 것이다.

하지만 이 경우에도 통제는 단지 강압만의 문제가 아니었다. 스탈린이 농업 집단화를 결정하자마자 공산당 프로파간다 시스템이 활동을 개시해 이를 "진보"라고 홍보하기 시작했다. 가장 먼저 설득해야 할 중요한 사람은 당원들이었다. 지도부가 계속해서 권력을 장악하고 지도부의 계획이 실행될 수 있으려면 당원들이 확신을 갖는 것이 꼭 필요했다. 스탈린은 가능한 모든 프로파간다 수단을 총동원해 국내외 모두에서 집단화를 "승리"로 내세웠다. "우리의 집단 농장 정책의 성공은 무엇보다 집단 농장 운동의 **자발적인 속성** 덕분이었고, **다양한 지역의 다양한 여건을 고려**한 덕분이었다. 집단 농장은 강요로 지어져서는 안 된다. 강요로 지어진다면 반동적이고 어리석은 일일 것이다."

소비에트의 농업 집단화 역시 테크놀로지가 농업에 적용되는 구체적인 방식에는 사회적 편향이 개입되며 그것은 "선택"의 결과임을 명백하게 보여준다. 농업을 재조직하는 방법은 아주 많았다. 그리고 소비에트 자체도 레닌의 신경제 정책 시대에 소농 모델을 실험했고 일부 성공하기도 했다.

이 장에서 언급한 사례들에서 지배층은 농업 테크놀로지의 경로를 자신의 비전에 따라 선택했고 그 선택의 비용은 수백만 명의 평범한 사람들이 치렀다.

근대화의 사회적 편향

우리는 테크놀로지와 그것이 가져다줄 진보에 집착하는 시대를 살고 있다. 앞에서 보았듯이 몇몇 저명한 미래주의자들은 오늘날이 가장 좋은 시대라고 말하고 또 다른 저명한 미래주의자들은 무한한 풍요와 연장된 수명, 심지어는 새로운 행성의 식민화에 이르기까지 더욱 놀라운 진보가 바로 우리 손 닿는 곳에 놓여 있다고 말한다.

테크놀로지 혁신과 변화는 늘 있었고, 무엇이 누구에 의해 달성되어야 하는지의 의사결정은 늘 권력을 쥔 사람들이 내렸다. 지난 1만 2000년 동안 농업 테크놀로지는 계속해서 발달했고 때로는 극적으로 발달했다. 생산성이 오르면서 평범한 사람들도 이득을 얻은 시기도 있었다. 하지만 이득이 폭넓은 사람들에게 흘러가는 것은 전혀 자동적으로 이뤄지지 않았다. "폭넓게 공유된 이득"은 토지를 소유한 지배층과 종교 지배층이 자신의 비전을 강요하면서 새로운 테크놀로지가 가져다준 잉여를 모두 추출하기에는 충분히 강력하지 못할 때만 나타날 수 있었다.

농업 전환의 결정적인 사례들에서, 대체로 이득은 훨씬 협소하게 공유되었다. 이러한 시기는 주로 지배층이 진보의 이름으로 빠른 전환의 과정에 시동을 건 시기였다. 하지만 빠른 전환은 어떤 명백한 공공선과도 함께 진행되지 않았고 새로운 테크놀로지를 촉진하는 사람들만 이득을 얻었을 뿐 나머지 사람들은 이득을 거의 얻지 못했다.

정확히 어떻게 공공선의 논리가 표방되었는지는 시대마다 다르다. 중세의 목적은 종교에 기반해 신분 질서가 잘 유지되는 사회였다. 18세기 말 잉글랜드에서는 식량 가격을 낮게 유지해 증가하는 인구를 부양할 수 있어야 했다. 1920년대 소비에트에서는 볼셰비키 지도자들이 그들 버전의 사회주의를 가장 잘 건설할 수 있는 방법이라며 변화를 주장했다.

이 모든 시기에 농업 생산성의 증가는 주로 지배층에게만 이득을 가져다주었다. 대토지 소유자이든 정부 당국자이든 간에, 어떤 기계를 사용할지, 파종, 수확, 기타 업무를 어떻게 조직할지 등은 그 변화를 주동한 사람들이 결정했다. 또한 생산성이 두드러지게 증가했는데도 대부분의 사람들은 일관되게 뒤로 밀려났다. 농업 현장의 노동자들은 농업 근대화의 이득을 얻지 못했다. 그들은 여전히 장시간 고되게 노동했고 가혹한 여건에서 생활했으며 물질적 후생은 향상되지 않았고 때로는 오히려 악화되었다.

생산성이 높아지면 필연적으로 그 이득이 사회 전체에 확산될 것이고 따라서 노동자들도 임금이 증가하고 노동 조건이 개선되리라고 보는 관점에서는 이러한 사례들을 설명하기 어려울 것이다. 하지만 기술 진보가 권력자들, 기술의 궤적을 자신의 비전 쪽으로 이끌 수 있는 사람들에게 유리하게 전개된다는 것을 인식하면, 이 모든 사례가 훨씬 더 이해하기 쉬워진다.

대규모의 곡물 경작, 영주와 수도원이 독점한 수차와 풍차, 노예제를 강화한 조면기, 소비에트의 농업 집단화 모두 구체적인 테크놀로지 선택의 사례이며, 명백하게 지배층의 이해관계와 관련이 있었다. 예상하다시피, 그다음에 온 것은 생산성 밴드왜건과는 전혀 비슷하지 않았다. 생산성이 증가하면서 권력자들은 농업 노동자들이 더 장시간 일하고 산출의 더 많은 부분을 내놓도록 쥐어짜서 잉여를 추출했다. 이는 중세 잉글랜드, 미국 남부, 소비에트 러시아 모두에서 공통된 패턴이었다. 18세기 말 영국의 인클로저는 약간 차이가 있지만(이 경우에는 농민들의 노동이 쥐어짜였다기보다는 공유지에서 장작을 모으고 동물을 잡고 가축에게 풀을 뜯길 수 있었던 관습적인 권리를 박탈당했다), 여기에서도 농촌의 빈민은 기술 변화의 패자가 되었다.

신석기 혁명 이후 몇천 년간은 어떤 일이 벌어졌을지 알 수 있는 자료가 이보다 적지만, 정착 농경이 완전히 확립된 약 7000년 전 무렵이면 최근의 역사에서 볼 수 있는 것과 비슷한 패턴이 나타났다. 곡물 생산을 기반으로 한 잘 알려진 고대 문명 모두에서 대다수의 인구는 수렵 채집을 하던 조상보다 못 살았고, 반면 지배층은 훨씬 더 잘 살았다.

이 중 어느 것도 진보의 불가피한 결과가 아니었다. 모든 곳에서 중앙집권적 전제 국가가 생겨난 것도 아니었고 농업의 발달이 꼭 강압과 종교적 설득에 특화한 지배층의 잉여 수탈을 필요로 한 것도 아니었다. 수차와 같은 새로운 테크놀로지를 꼭 지역의 지배층이 독점적으로 통제해야만 했던 것도 아니었다. 농업 근대화도 가뜩이나 가난했던 농민들에게서 꼭 땅을 더 빼앗아야만 가능했던 것이 아니었다. 거의 모든 경우에 대안적인 경로가 있었고 어떤 사회들은 대안을 선택했다.

대안적인 경로가 있었긴 하지만 농업 테크놀로지의 오랜 역사는 명백하게 지배층에게 유리하게 편향된 경로를 보여준다. 이는 지배층이 강압을 종교적 설득과 결합했을 때 더욱 극명하게 나타났다. 이러한 역사는 우리가 무엇이 진보이고 무엇이 아닌지를 말하는 아이디어에 접하면 늘 조심스럽게 살펴보아야 한다는 점을 다시금 상기시켜준다. 특히 강력한 사람들이 특정한 비전을 설파하려 할 때, 우리는 더더욱 조심해야 한다.

당연히 농업과 제조업은 많이 다르며 물리적인 상품의 생산과 디지털 테크놀로지, 또 미래의 인공지능 테크놀로지도 매우 다를 것이다. 그렇다면, 오늘날에는 희망을 좀 더 가져도 좋지 않을까? 어쩌면 우리 시대의 테크놀로지는 내재적으로 더 포용적이지 않을까? 오늘날 의사결정자들은 이집트의 파라오나 미국 남부 대농장주나 소비에트의 볼셰비키 지도자보다 더 계몽되지 않았을까?

다음 두 개의 장에서 우리는 산업화 시기에 실제로 앞에서 살펴본 사례들과 다른 경험을 했음을 보게 될 것이다. 하지만 증기기관이라는 테크놀로지나 그것에 대해 의사결정을 했던 사람들에게 내재적으로 더 포용적인 속성이 있어서는 아니었다. 이 시기의 경험이 이전과 달랐던 이유는 산업화로 다수의 사람들이 공장과 도시에 모이게 되었고 노동자들 사이에 새로운 열망이 창출되었으며 과거 농업 사회에서는 생겨나지 못했던 길항 권력이 발달할 수 있었기 때문이었다.

그리고 산업화의 첫 국면에서는 농업 근대화의 경우에서보다도 심지어 더 편향된 의사결정이 내려졌고 더 심한 불평등이 나타났다. 길항 권력이 부상해 극적으로 경로가 재조정된 것은 더 나중에서야 생긴 일이었다. 아주 많이 가다 멈추다 하고서야 서구의 상당 지역에서 기술 변화와 제도 발달이 공유된 번영을 촉진하는 쪽으로 방향 전환을 할 수 있었다.

8장부터 살펴보겠지만, 불행히도 최근 40년간 디지털 테크놀로지의 전개는 20세기의 더 이른 시기에 존재했던 공유의 메커니즘을 훼손했다. 그리고 인공지능이 도래하면서, 우리의 미래는 매우 충격적으로 과거 농업 사회와 비슷한 모습을 보이기 시작했다.

5장

중간 정도의 혁명

필요는 발명의 어머니라고 하지만, 필요가 너무나 맹렬히 사람들을 추동하고 있어서 오늘날을 별도로 구분하기 위해 "프로젝트의 시대"라고 칭하는 것이 전혀 부적절하지 않아 보인다.

—대니얼 디포Daniel Defoe, 『프로젝트에 관한 에세이An Essay upon Projects』 1697년

산업 기예의 승리는 가장 따뜻한 마음을 가진 주창자가 기대할 수 있었던 어느 정도보다도 빠르게 문명화의 대의를 달성할 것이며, 국가의 영원한 번영과 강성함을 이제까지 있었던 가장 놀라운 전쟁의 승리보다 훨씬 더 많이 달성할 것이다. 그렇게 해서 생겨난 결과와 그렇게 해서 발달된 기예는 앞으로 오랫동안 잉글랜드 통치하의 지역을 훨씬 넘어서는 광범위한 국가들에서 이로운 효과를 발휘할 것이다.

—찰스 배비지Charles Babbage, 『1851년 세계박람회: 산업, 과학, 그리고 영국 정부의 견해The Exposition of 1851: Views of the Industry, the Science, and the Government of England』 1851년

1851년 6월 12일 목요일, 잉글랜드 남부 서리에서 일군의 농업 노동자가 가장 좋은 옷을 차려입고 런던으로 가는 기차에 올랐다. 그들이 수도에서 보낼 하루는 한가한 관광이 아니었다. 그들은 지역 유지들의 후원으로 미래를 보러 런던 방문길에 나선 참이었다.

런던의 하이드파크에 특별히 지어진 거대한 수정궁에서 세계 박람회가 열리고 있었다. 전설적인 다이아몬드, 드라마틱한 조각상, 희귀한 광물 등이 선을 보였다. 하지만 박람회의 스타는 새로운 산업용 기계들이었다. 전시장을 둘러보는 서리의 농업 노동자들은 완전히 다른 행성에 도착한 것 같았다.

이곳에는 산업 생산의 거의 모든 측면이 전시되어 있었다. 실을 잣는 것부터 직물을 짜는 것까지 기계화된 면직물 생산의 전 과정이 잘 보이게 펼쳐져 있었다. 증기 동력으로 움직이는 "이동 기계"군도 방대했다. "마차, 철도, 해양 기계 포함, 직접적인 사용을 위한 기계들" 코너인 "제5군"에는 976개 품목이 전시되었고 "제조용 기계와 도구들"인 "제6군"에는 631개 품목이 출품되었다. 아마도 새로운 산업 세계의 모습을 시각적으로 가장 인상 깊게 보여준 것은 시간당 무려 240장의 봉투를 접을 수 있는 기계였을 것이다.

이 기계들은 유럽과 미국에서, 하지만 대부분은 영국 각지에서 출품된 것들이었다. 무엇보다 런던 세계박람회는 영국의 애국적인 성취였다. 총 1만 3,000명의 출품자 중 런던의 참가자가 2,007곳, 맨체스터가 192곳, 셰필드가 156곳, 리즈가 134곳, 브래드퍼드가 57곳, 스태퍼드셔 포터리스가 46곳이었다.

경제사학자 T. S. 애슈턴T. S. Ashton은 런던 세계박람회까지 이어진 한 세기를 다음과 같이 표현했다. "1760년경에 기기의 파도가 잉글랜드를 휩쓸었습니다.' 한 어린 학생이 산업혁명에 대한 질문에 이렇게 대답을 시작했고, 물론 부적절한 대답이 아니었다. 하지만 이것은 기기에 대한 이야기만이 아니라 다양한 종류의 혁신에 대한 이야기이기도 했다. 농업, 교통, 제조, 교역, 금융에서 어느 시대나 어느 장소에서도 비견할 만한 예를 찾을 수 없을 정도로 갑작스럽고 대대적으로 혁신이 일어났다." 증기기관은 자연에 대한 인간의 통제력을 괄목할 만하게 진전시켰고 런던 세계박람회를 보러온 사람들은 생애 안에 광산, 면직물, 교통 등에서 사용되는 테크놀로지의 대대적인 변화를 목격했다.

인간 역사 거의 대부분에서, 경제의 식량 생산 역량은 인구 증가와 대략 비슷하게 증가했다. 작황이 좋은 해에는 대부분의 사람들이 충분히 먹고 약간의 여유분을 보관할 수 있었다. 기근, 전쟁, 그 밖의 교란이 닥친 해에는 많은 이들이 굶주렸다. 오랫동안 1인당 산출 증가율은 0퍼센트 수준을 거의 넘지 못했다. 중세에 4장에서 살펴본 여러 혁신이 있었지만, 1700년경에도 유럽 농민의 삶의 질은 그보다 2000

년 전이나 7000년 전의 이집트 농민과 별반 다르지 않았다. 현존하는 최선의 증거로 추산해 볼 때, 서기 1000년경의 1인당 실질 GDP(물가 조정)는 그보다 1000년 전과 거의 비슷했다.

역사적으로 인구 규모는 세 국면으로 나뉜다. 첫 번째 국면은 기원전 400년부터 서기 1700년까지 인구가 1억 명에서 6억 1,000만 명으로 서서히 증가한 국면이다. 대부분의 사회에서 부유한 지배층은 인구의 10퍼센트를 넘지 않았고 다른 모든 이들의 생활 수준은 생존에 필요한 최소한을 별로 넘지 못했다.

두 번째 국면은 인구 증가에 어느 정도 속도가 붙은 국면으로, 1800년에 세계 인구가 9억 명까지 증가했다. 영국에서 막 산업화가 시작되긴 했지만 성장률은 여전히 낮았고 회의주의자들은 향상된 성장률이 지속되기 어려울 것이라는 예측에 수많은 이유를 댈 수 있었다. 다른 나라들은 테크놀로지의 도입이 이보다도 더 느렸다. 1000년에서 1820년 사이에 서구에서 1인당 연간 생산량 증가율은 0.14퍼센트에 불과했고, 전 세계적으로는 0.05퍼센트에 불과했다.

그리고 세 번째의 완전히 전례 없는 국면이 도래했다. 1820년이면 새로운 추세가 이미 뚜렷하게 나타나기 시작했는데, 이후 한 세기간 서구 유럽에서 1인당 산출이 두 배 이상 증가했다. 1820년에서 1913년 사이에 경제 규모가 큰 유럽 국가들은 연간 0.81퍼센트(스페인)에서 1.13퍼센트(프랑스) 사이의 1인당 산출 증가율을 보였다.

산업화 직전의 경제 성장은 잉글랜드에서 약간 더 빨랐고, 덕분에 잉글랜드는 여전히 당대의 파워하우스이던 네덜란드에는 못 미쳤지만 그 이전의 테크놀로지 선도 국가였던 이탈리아와 프랑스를 추월할 수 있었다. 잉글랜드의 1인당 생산은 1500년에서 1700년까지 두 배가 되었다. 브리튼(1707년에 잉글랜드와 스코틀랜드가 합병하면서 이렇게 불리게 되었다) 시기에 들어서서도 성장세가 이어져 이후 120년간 다시 산출이 50퍼센트 증가했다. 이 당시 영국[브리튼]은 세계에서 가장 생산적인 국가였다. 그리고 다시 100년간 1인당 산출은 가속적으로 증가해 연평균 성장률이 약 1퍼센트에 도달했다. 영국의 1인당 산출이 1820년에서 1913년 사이에 두 배 이상으로 늘었다는 의미다.

이러한 통계 뒤에는 다음과 같은 단순한 사실이 놓여 있다. 19세기 동안 엔지니어링의 모든 측면을 포함해 모든 면에서 유용한 지식이 극적으로 확대되었다. 철도 네트워크는 더 많은 제품을 더 싼값에 대량으로 운송하고 사람들이 전례 없는 방식으로 널리 여행할 수 있게 해주었다. 선박은 더 커졌고 장거리 해양 운송 비용은 크게 떨어졌다. 엘리베이터는 사람들이 더 높은 건물에서 살고 일할 수 있게 해주었다. 19세기 말이면 전기가 조명과 공장 시스템뿐 아니라 도시 에너지 시스템의 거의 모든 것을 변모시키기 시작했다. 또한 전기는 전신, 전화, 라디오, 더 나중에는 온갖 종류의 가전제품이 나올 수 있는 토대가 되었다.

의약과 공중 보건 분야에서의 주요 혁신으로 인구가 밀집한 도시에서 질병의 부담이 극적으로 줄었고 질병의 발병률과 사망률이 낮아졌다. 점차 감염병이 더 잘 통제되고 영아 사망률이 낮아져서 더 많은 아이들이 성인기까지 살아남게 되었다. 이에 더해 모성 사망률도 줄어서 기대수명이 크게 늘어났다. 산업화되고 있는 나라들에서 인구가 급격히 증가했다.

변화는 엔지니어링과 생산 방식의 실용적인 혁신에서만 나타난 것이 아니었다. 과학과 산업 사이의 관계도 대대적으로 변모했다. 전에는 뛰어나긴 하지만 [실제로 적용하기에는 너무] 이론적으로 보였던 것들이 이제는 산업에 근본적으로 중요한 것이 되었다. 1900년이면 세계의 주요 경제권은 다수의 산업화된 분야를 가지고 있었고, 가장 큰 기업들은 과학적 지식을 그다음 신제품으로 바꾸어 내기 위한 연구개발 부서를 두고 있었다. 진보는 발명과 유의어가 되었고, 둘 다 멈출 수 없는 추세로 보였다.

유용한 것들의 발명이 이렇게 광범위하게 추동될 수 있었던 요인은 무엇이었을까? 이 장에서 우리는 그 답이 상당 부분 새로운 비전에 있었음을 보게 될 것이다.

수정궁에 전시된 기계들은 최고 수준의 과학자나 좁은 상류층의 일원이 만든 작품이 아니라 주로 잉글랜드 북부와 중부에서 새로이 떠오르던 사업가 계층의 작품이었다. 이들 사업가-발명가들은 거의 대부분이 귀족이나 부유한 가문 출신이 아니라는 점에서 "새로운" 사람들이었다. 그들은 보잘것없이 시작해서 사업적 성공과 기술적 창조성을 통해 부를 일구려 한 사람들이었다.

5장에서 우리는 새로운 사업가-발명가 계층, 대니얼 디포가 "프로젝트의 시대"라고 부른 시대의 핵심이었던 계층이 생겨나고 담대한 열망을 품을 수 있게 된 것이 영국에서 산업혁명이 촉발된 주요 인이었다고 주장할 것이다. 이어서 6장에서는 이들이 가졌던 진보의 새 비전이 모든 이에게 이득을 주는 포용적인 것은 아니었으며, 이 상황은 19세기 말이 되어서야 달라지기 시작했음을 살펴볼 것이다.

뉴캐슬의 석탄을 운반하기

"프로젝트의 시대"를 가장 상징적으로 보여주는 인물이라면 조지 스티븐슨George Stephenson을 꼽을 수 있을 것이다. 그는 1781년에 노섬버랜드의 가난하고 문맹인 부모 슬하에 태어났다. 본인도 학교 교육을 받지 못했고 읽고 쓰는 것도 열여덟 살이 되어서야 할 줄 알게 되었다. 하지만 19세기 초에 스티븐슨은 선도적인 엔지니어로서뿐 아니라 산업 테크놀로지의 방향에 길을 잡는 미래지향적 혁신가로서도 이름을 날리고 있었다.

1825년 3월에 스티븐슨은 의회의 한 위원회에 출석했다. 그가 증언해야 할 사안은 리버풀과 맨체스터 사이의 철도 건설안에 대해서였다. 주요 항구와 떠오르던 면직물 생산지를 잇는 철도를 놓자는 계획이었는데, 어떤 경로로 짓더라도 토지 수용이라는 까다롭고 복잡한 과정을 거쳐야 해서 의회에서 법안이 통과되어야 했다. 철도 건설안을 지지하는 사람들은 스티븐슨에게 경로 측량을 의뢰했다.

철도 건설안에는 반대가 거세게 일었다. 반대 세력 중 일부는 재산권을 넘기고 싶지 않은 토지 소유자들이었고, 더 강력한 반대 세력은 동일한 경로의 운하를 소유해 높은 수익을 올리고 있던 사람들이었다. 이들은 철도가 들어서면 직접적으로 치열한 경쟁에 직면하게 될 터였다. 기록에 따르면 운하 소유자 중 한 명이던 브리지워터의 공작은 운하에서 연간 10퍼센트 이상의 수익을 올리고 있었는데, 당대 기준으로 매우 인상적인 수익률이었다.

의회 위원회에서 스티븐슨이 제안한 경로는 운하 업계가 고용한 저명한 변호사 에드워드 앨더슨Edward Alderson에게 난타당했다. 스티븐슨의 작업은 허술했다. 그가 제안한 다리 중 하나는 높이가 그 다리로 건너야 할 강의 최고 수위보다 약 90센티미터나 낮았다. 비용 추산치 중 일부는 한눈에 봐도 너무 대충 잡은 숫자였다. 게다가 스티븐슨은 측량의 기준점이 정확히 어떻게 정해졌는지와 같은 몇 가지 중요한 세부사항을 제대로 알고 있지 못했다. 앨더슨은 케임브리지 대학의 우등 졸업생이자 장래의 판사에 걸맞은 우아한 어휘로 철도 건설안이 "인간의 머리에서 고안된 가장 불합리한 계획"이라고 말했다. "저는 그[스티븐슨]가 계획이라는 것을 가지고 있지 않았다고 말씀드리겠습니다. 저는 그가 계획이라는 것을 가지고 있었던 적이 없다고 생각합니다. 그가 계획이라는 것을 만들 수 있다고 여겨지지 않습니다. … 그는 무지한 사람이거나 제가 차마 입에 담을 수 없는 무언가일 것입니다."

스티븐슨은 쩔쩔맸다. 그는 이런 유의 공격에 효과적으로 대응할 수 있는 훈련이 되어 있기에는 가방끈이 짧았고, 여전히 강한 노섬버랜드 사투리를 써서 잉글랜드 남부 사람들은 그의 말을 알아듣기조차 어려웠다. 자금과 인력이 부족했던 터라 측량에 뛰어난 사람들을 고용할 수 없었고 측량 작업을 적절하게 감독할 수도 없었다. 게다가 그는 앨더슨이 이렇게 공격적으로 질문하리라는 것을 알지 못했다.

하지만 스티븐슨이 엘더슨이 차마 입에 담지 않았던 무엇이었는지는 몰라도 무지한 사람은 분명히 아니었다. 1800년대 초에 그는 잉글랜드 북동부 타인사이드 탄광 지대 전역에서 믿을 만한 광산 엔지니어로 유명했고 갱도 운영과 관련된 기술적인 문제들을 해결해 주는 것으로 상당한 수입을 올리고 있었다.

1811년에 그는 일대 도약을 가져오게 될 발명을 하나 하게 된다. 초창기의 조악한 증기기관은 새로 문을 연 킬링턴의 하이 피트 광산에서 물을 효과적으로 빼내지 못하고 있었다. 그래서 광산이 쓸모없어질 판이었고 위험해질 수도 있었다. 인근의 모든 전문가에게 자문을 구했지만 소용이 없었다. 어느 날 저녁, 엔진실을 돌아보던 스티븐슨은 문제를 면밀히 관찰해 보았다. 그리고 작업자를 자신이 직접 고용할 수 있다면 물을 퍼올리는 기능을 크게 향상시킬 수 있으리라는 확신이 들었다. 이틀 뒤, 그는 갱도에서 물을 빼내는 데 성공했고 그다음은 역사가 되었다. 그리고 그 역사는 철도의 역사였다.

1812년에 스티븐슨은 "탄광대연합Grand Allies"이라고 불린 부유한 토지 소유자들의 탄광에서 모든 기계 문제에 대한 해결을 관장하는 사람이 되었다. 1813년에는 독립적으로 활동하는 자문 엔지니어가 되어서 "탄광대연합"에도 여전히 자문을 했지만 점점 더 증기기관을 직접 개발하고 현장에 적용하는 데 집중하기 시작했다. 그가 만든 엔진 중 가장 강력한 것은 약 90미터 깊이에서 분당 1,000갤런의 물을 빼낼 수 있었다. 또한 그는 지하에 고정 엔진들을 설치해 레일 위에서 석탄차를 끌어 운반할 수 있는 시스템을 만들었다.

광산부터 시장까지 레일을 통해 석탄을 옮긴다는 개념 자체는 이미 잘 알려져 있었다. 17세기 말 이래로 "마차 레일"이 있어서 보통은 나무로, 때로는 철로 만들어진 레일 위에서 말이 차량을 끌었다. 그러다 도시에서 석탄 수요가 증가하면서, 달링턴의 상인들이 여러 광산과 수로 사이를 연결하기 위해 개량된 레일망을 건설하기로 의기투합했다. 이들이 생각한 것은 승인된 운전자가 몰기만 한다면 어떤 종류의 차량이든 레일 위를 다닐 수 있게 허용하고 고속도로 톨게이트처럼 통행료를 받는 시스템이었다.

스티븐슨의 비전은 이와 달랐고 궁극적으로 훨씬 더 스케일이 컸다. 별 볼 일 없는 출신 배경에 교육은 주먹구구식 독학이었고 공격적인 케임브리지 변호사 앞에서 자신을 표현할 언변도 갖추지 못했지만, 스티븐슨의 야망은 한계를 몰랐다. 그는 문제 해결의 실용적인 방법으로서 테크놀로지를 믿었고 당대의 사회적 위계가 부과하는 제한적인 사고방식을 무시할 수 있을 만큼 자신감이 있었다.

스톡턴-달링턴 철도 건설법이 통과된 1821년 4월 19일, 스티븐슨은 달링턴의 저명한 상인이자 철로 건설안의 주요 지지자였던 에드워드 퍼스Edward Pearse에게 연락을 취했다. 이 시점에 이와 같은 철로 프로젝트에는 크게 세 가지의 접근법이 있었다. 계속해서 말을 사용하는 것, 고정 엔진을 설치해 언덕으로 차량을 끌어올린 뒤 나머지는 중력의 도움을 받는 것, 그리고 증기 동력으로 철로 위를 달리는 기관차를 만드는 것이었다.

전통주의자들은 말을 고수하려 했다. 번거롭기는 해도 이 방법은 잘 작동했다. 인상적인 경력을 가진 조금 더 미래지향적인 엔지니어들은 고정 엔진을 추천했다. 이것은 이미 지하에서 석탄 수레를 끄는 데 사용되고 있었다. 하지만 이 접근은 개량이긴 해도 그리 큰 혁신은 아닐 터였다.

스티븐슨의 생각은 당시에 일반적이던 아이디어와 크게 달랐다. 그는 금속으로 된 바퀴와 증기 동력 장치를 단 차량이 철로 위에서 충분히 쉽게 추진력을 낼 것이라고 생각했다. 당대의 통념으로는 매끄러운 레일에서 안전하게 가속과 감속이 가능할 만큼 마찰을 일으킬 수 있는 강력한 엔진을 만들기는 불가능했다. 얼음판 위에서 스케이트를 타는 것과 비슷하리라는 것이었다. 하지만 스티븐슨의 아이디어는 탄광에서의 실제 경험에 토대를 두고 있었다. 스티븐슨은 증기기관을 단 차량이 철로 위를 달리게 하는 것이 해법의 중요한 부분이 되어야 한다고 피스를 설득하기 시작했다.

스티븐슨이 이 주장을 밀어붙인 것은 이미 기관차를 설계해서 가지고 있었거나 철로 위에서 작동이 가능한 엔진을 만들 때 봉착하게 될 장애물들에 대한 해법이 있어서가 아니었다. 토머스 뉴커먼이 처음 개발하고 제임스 와트가 획기적으로 개선한, 그리고 조지 스티븐슨 본인이 하이 피트 광산에서 사용하기 위해 개량하기도 했던 기존의 저압, 혹은 "대기압" 엔진은 부피가 너무 크고 출력은 불충분했다. 더 강력한 고압 엔진이 있었지만 큰 규모에서도 안정적으로 작동한다는 것을 입증하지는 못한 상태였다. 무거운 석탄 차량을 날마다 언덕 위아래로 끌고 다닐 수 있다고 입증하는 것은 고사하고 말이다.

고압 엔진을 스스로 움직이기에 충분할 정도로 가볍게 만드는 것은 엄청난 난제였다. 초기의 모델은 동력이 누수되거나 충분하지 않았으며 비극적으로 폭발하기도 했다. 또한 연철은 철로로 쓰기에는 너무 약했고 엔진과 차량은 노면의 충격을 흡수할 모종의 완충 시스템이 필요했다.

이러한 어려움에도, 스티븐슨과 동료들은 기존의 엔진을 개량해 기관차가 당시로서는 놀라운 속도인 시속 10킬로미터로 약 50킬로미터 구간을 안전하게 운행할 수 있음을 입증해 냈다. 스톡턴-달링턴 화물 노선의 공식 개통과 스티븐슨 기관차의 등장은 전국적으로 관심을 끈 엄청난 이벤트였고 얼마 뒤부터는 전 세계에서도 이것을 보러 사람들이 찾아왔다.

하지만 곧 명백하게 드러나듯이 스톡턴-달링턴 철로에는 몇 가지 심각한 결함이 있었다. 우선, 단일 선로로 지어져서 양방향 차량이 동일한 레일을 사용했기 때문에 곳곳에 "교행 선로"[반대 방향에서 차량이 올 때 옆으로 비켜 있을 수 있도록 마련된 선로]를 두어야 했는데, 교행 선로에서 누가 누구에게 양보해야 하는지의 규칙은 안 지켜지기 일쑤였다. 이에 더해, 말이 끄는 석탄 차량을 모는 술 취한 마부 때문에 문제가 한층 더 복잡해졌다. 탈선과 주먹다짐이 흔하게 일어났다. 하나의 철로를 여러 차량의 운전자가 사용하게 하는 것은 운영 가능한 해법이 아니었다. 스티븐슨은 낙담하지 않고 이 고통스러운 경험에서 충분히 교훈을 숙지했고, 미래의 철도는 다르게 운영하기로 결심했다.

스티븐슨이 가진 자산은 야망과 기술적 노하우만이 아니었다. 증기 기관차에 대한 그의 열정에는 전염성이 있었다. 바로 이 열정이 일찍이 1821년 7월에 에드워드 퍼스가 "만약 철로가 건설되고 성공해서 물건만이 아니라 승객도 실어나르게 된다면, 요크셔 전체, 그다음에는 영국 전체가 철로 건설을 따르게 될 것"이라고 결론 내리고 동참하게 만든 요인이었다.

이후 5년 동안 스티븐슨은 엔진과 그것이 달릴 철로, 그리고 이 모두를 하나의 통합된 시스템으로 운영할 방법을 계속해서 개선했다. 그는 자신과 일할 사람을 늘 직접 채용하는 편을 선호했다. 대부분은 석탄 분야의 엔지니어였고 공식 교육은 거의 받은 적이 없는 사람들이었다. 이들은 이리저리 만져보고 뜯어보고 고쳐가면서, 문자 그대로도 상징적으로도 위험한 지평을 조심스럽게 밟아나가는 사람들이었다.

보일러가 폭발하기도 하고 중장비가 떨어지기도 하고 브레이크가 말을 안 듣기도 했다. 초창기 철도에서 사고는 결코 멀리 있는 일이 아니었다. 스티븐슨의 형과 매형 모두 이 시기에 산업 재해로 사망했다.

이러한 차질이 생기기는 했지만, 문제 해결사라는 스티븐슨의 평판은 높아졌다. 그리고 앨더슨이 의회에서 그를 치명적으로 난타한 것도 1826년에 마침내 리버풀-맨체스터 노선이 승인되는 것을 막지 못했다. 몇 가지 우여곡절이 더 있은 뒤 스티븐슨은 전체 프로젝트의 책임자가 되어 최초의 현대적 철로 프로젝트에서 설계와 건설을 지휘하게 되었다.

개통은 1830년 9월이었다. 선로는 이중 트랙이었고 그 위를 달릴 모든 기관차는 이 철도 회사 소유였다. 회사는 또한 기관차를 모는 노동자들에게 진지하게 집중해서 일하도록 요구했다. 그에 대한 보상으로, 지역 노동시장에서의 일반적인 임금이 주당 1파운드였는데 철도 회사는 두 배를 지급했다.

초창기의 기관사와 불 조절 노동자(엔진이 설치된 기관차에 기관사와 함께 탑승해 기관사 옆에서 엔진에 연료 공급을 조절하는 사람)는 엄청난 고숙련자여야 했다. 최초의 기관차는 브레이크가 없었기 때문에 멈추려면 일련의 밸브를 정확한 순서로 움직여 바퀴를 역방향으로 돌려야 했다. 처음에는 어두울 때 이것을 할 수 있는 기관사가 나라 전체에 단 한 명밖에 없었다(다른 이들은 옆에서 불 조절 노동자가 등불을 정확하게 비춰주어야 했다).

또한 표를 판매하는 사람은 상당한 현금을 만져야 하므로 부패에 유혹되지 않는 정직한 사람이어야 했다. 사람과 기계의 안전을 담당하는 사람은 제시간에 나와야 했고 규정을 잘 따라야 했다. 노동자에게 숙소와 유니폼을 제공하는 것도 도움이 되었지만 더 높은 임금을 지급한 것이 업계의 새로운 경제적 계산에서 핵심이었다. 또한 이는 생산성 증가의 이득이 노동자들에게 공유되게 하는 가장 중요한 방식이기도 했다.

스티븐슨과 그의 성공은 철도에서, 또한 더 광범위한 영역에서 벌어진 일을 상징적으로 보여준다. 실용적인 태도를 가진 사람들이 보잘것없는 배경에서 가진 것 없이 태어났어도 유용한 혁신 방안을 제시하고 자금을 모으고 실행시킬 수 있었다. 개별적으로 보면 이러한 혁신은 각각 구체적인 상황에 적용되어 이런저런 방식으로 기계의 효율성을 높임으로써 생산성을 증대시킨 작은 개선과 조정이었다.

이러한 과정이 낳은 한 가지 결과로, 새로운 교통 시스템이 생겨나 생산성이 극적으로 높아지고 완전히 전에 없던 가능성들이 창출되었다. 철도는 의도했던 대로 도시에서 석탄 가격을 낮추어 주었다. 하지만 철도의 진정한 영향은 이를 훨씬 넘어섰다. 철도는 여객 교통을 장·단거리 모두에서 중대하게 확대했고 금속 산업을 촉진해 19세기 후반에 영국의 산업화가 다음 단계로 넘어갈 수 있는 길을 닦았다. 또한 철도는 이후에 산업용 기계 분야가 발달하는 데도 중요한 토대가 되었다.

철도는 물질, 제품, 서비스의 운송도 혁명적으로 바꾸었다. 우유 같은 식품이 대도시에 날마다 운송될 수 있었고 더 먼 지역으로부터 조달이 가능해서 도보나 마차로 닿는 거리 안에 작은 농장들이 있을 필요가 없게 되었다. 사람들이 이동하는 방법과 거리를 인식하는 방식도 근본적으로 달라져서, 교외 지역이라든가 해변에 며칠 다녀온다든가 하는 개념이 생길 수 있게 되었다. 철도 시대 이전에는 대부분의 사람들에게 상상조차 하기 어려운 일이었다.

조지 스티븐슨의 사례는 산업혁명 초기에 영국이 철도와 거대한 공장, 빠르게 확장되는 도시, 교역과 금융을 조직하는 새로운 방식 등에서의 제반 혁신을 다른 나라보다 먼저 받아들일 수 있었던 더 근본적인 이유에 대해서도 실마리를 준다.

스티븐슨 같은 사람들은 새로운 유형의 인물이었다. 앞에서 보았듯이, 중세는 모든 이의 자리가 날 때부터 정해져 있는 엄격한 위계 사회였고 계층의 상향 이동 가능성은 매우 제한적이었다. 하지만 1700년대 중반이면 "중간 정도의" 사람들, 즉 내세울 것 없는 출신이지만 스스로를 중간 계층이라고 생각한 사람들이 영국에서 큰 꿈을 가질 수 있었고 사회 계층의 사다리에서 빠르게 위로 올라갈 수 있었다. 이와 관련해 주목할 만한 점이 세 가지 있다. 첫째, 그들은 산업화 이전 시대의 유럽이었다면 보잘것없는 신분 출신에게 가능하지 않았을 전례 없는 방식으로 계층 상승을 꿈꾸었다. 둘째, 이러한 야망은 주로 테크놀로지에 초점을 두고 있었다. 즉 테크놀로지가 실용적인 문제를 어떻게 해결해 줄 수 있을지, 그리고 그것이 어떻게 그들을 부유하고 유명해지게 해줄 수 있을지와 관련이 있었다. 또한 이들은 그 꿈을 실현하기 위해 기계 공학적인 숙련 기술을 방대하게 갖추고 있었다. 셋째, 가장 주목할 만한 점으로, 영국 사회가 이들이 꿈을 실천에 옮기도록 허용했다.

이들이 이와 같은 야망과 그것의 실행에 필요한 집념을 가질 수 있었던 것은 그 이전 몇 세기 동안 영국 사회에서 벌어져 온 사회적·제도적 변화 덕분이었다. 또한 이 변화는 중간 계층의 부상이 막을 수 없는 거대한 추세가 되게 했다.

구체적으로 어떻게 해서 이러한 태도가 "프로젝트의 시대"를 열게 되었는지로 넘어가기 전에, 테크놀로지가 이 과정에서 핵심적으로 중요했다는 사실을 먼저 생각해 보는 것이 좋을 듯하다. 이들이 테크놀로지에 초점을 둔 것은 그보다 앞서 이루어졌던 과학혁명의 영향이었을까? 과학혁명이 자연에 대한 사람들의, 특히 지식인들의 사고 방식을 바꾼 덕분이었을까? 다음 절에서 보겠지만, 대체로 그 답은 "아니요"다.

과학, 출발선을 박차고 내달릴 준비를 하다

1816년에 험프리 데이비Humphrey Davy 경은 과학적 업적을 인정받아 왕립학회에서 럼퍼드Rumford 메달을 수상하는 영예를 안았다. 전국적으로 저명한 화학자였고 런던의 왕립 연구소에서 연구 활동을 하던 데이비는 탄광 사고의 원인을 조사하고 정교한 실험실 연구를 수행해 치명적인 폭발 가능성을 줄일 수 있는 "안전등"을 고안했다. 전국에서 찬사가 이어졌고, 이는 개인적으로도 기쁜 일이었을 뿐 아니라 응용과학이 사람들의 삶을 더 나아지게 해줄 수 있음을 보여준 쾌거여서 더욱 뿌듯했다.

따라서 데이비는 과학 교육을 제대로 받지 않은 누군가가 자신과 동시에, 아니 어쩌면 더 먼저 그의 안전등 못지않게 효과적인 안전등을 발명했다고 주장한다는 사실을 알고 수치심을 느꼈다. 그 누군가는 조지 스티븐슨이었다.

데이비도 배경으로 보면 내세울 것 없는 출신이었지만 과학혁명이 낳은 사람이었고, 1660년에 설립된 "자연 지식의 진보를 위한 런던왕립학회Royal Society of London for Improving Natural Knowledge"에서 로버트 보일Robert Boyle(1627~1691), 로버트 훅Robert Hooke(1635~1703), 아이작 뉴턴Isaac Newton(1643~1727)의 계보를 정통으로 잇는 엘리트 과학자였다. 데이비는 산화질소를 포함해 여러 기체의 성질을 연구하는 데서 개척자였다. 또한 그는 배터리로 아크방전을 일으킬 수 있음을 보여주었고 이것은 전기와 인공조명 개발로 이어지는 결정적인 단계였다.

1816년 무렵이면 데이비는 자신감과 확신이 전혀 부족하지 않아서, 스티븐슨의 연구가 표절일 것이라고 성급하게 결론내렸다. 그리고 스티븐슨을 지지하는 것으로 잘 알려진 "탄광대연합"에 서신을 보내 그들이 탄광의 스타로 여기고 있는 사람이 사실은 그리 혁신의 최전선에 있는 사람이 아닐 수도 있다는 것을 인정하라고 촉구했다. "제가 속한 공적인 과학 단체들은 저의 과학적 명예와 영예, 그리고 진실성에 대한 이와 같은 간접적인 공격을 반드시 인지할 것입니다."

하지만 "탄광대연합"은 데이비의 주장에 설득되지 않았다. 스티븐슨이 언제 어떻게 안전등 개발을 시도하고 발명했는지는 그들이 신뢰하는 사람들 사이에서 잘 알려져 있었다. "탄광대연합" 일원이던 윌리엄 로시William Losh는 무엇이 독창적인 연구이고 무엇이 베낀 것인지를 런던에 있는 단체가 판단할 수 있다는 개념을 일축했다. "이 주제에 대해 말하자면, 저는 저의 행동에 만족하고 있으며 귀하가 속한 '공적인 과학 단체들'이 무엇을 인지하고 있든지 간에 저는 전혀 관심이 없다고 말씀드려야 할 것 같습니다."

스티븐슨의 또 다른 지지자인 스트래스모어의 백작이 보인 반응은 더 준엄했다. 그는 자신이 스티븐슨 같은 사람을 어떻게 보고 있는지와 왜 그를 지지하는지를 다음과 같이 설명했다. "저는 칭송할 만한 능력이 있는 어떤 개인도 단지 그가 모호한 지위에 있다는 이유만으로 비난과 비하를 당하게 허용하지 않을 것입니다. 오히려 그러한 지위야말로 그를 깎아내리려는 모든 시도에 맞서 그를 보호하는 데 더 노력을 기울여야겠다는 생각이 들게 합니다."

안전등 논란은 영국이 이 무렵에 "종교 교단의 사회"이자 신분 질서의 사회이던 중세에서 얼마나 멀리 왔는지뿐 아니라 혁신에 대해 두 가지의 대조적인 접근법도 보여준다. 첫 번째는 데이비가 대표하는 접근법으로, 오늘날 우리가 현대 과학적 방법론이라고 여기는 것에 토대를 두고 있다. 이 방법론은 빠르게 발달하고 있었고 19세기 초 무렵이면 대체로 "근거 기반의" 과학을 의미했다. 즉 가설을 세우고 그것을 실험실이나 그 밖의 통제된 환경에서 검증해야 하며 그 결과가 재현 가능해야 했다. 두 번째는 스티븐슨이 대표하는 접근법으로, 학술 저널 출판이나 과학계에서 인정을 받는 데는 관심이 없었고 현실에서 봉착하는 문제를 실용적으로 해결하는 데 초점을 두었다. 간접적으로는 이 접근도 당대의 과학 지식에 영향을 받았지만, 초점은 다 실용적인 지식이었고 [통제된 실험을 통해서보다는] 기계를 이리저리 뜯어보고 수정해 보면서 더 나은 방법을 찾는 과정에서 획득된 지식이었다.

이를 보여주는 생생한 사례로, 1829년에 "리버풀-맨체스터 철도 회사"가 기관차 공급업체를 선정하기 위해 개최한 "레인힐 기관차 경주 대회Rainhill Trials"를 들 수 있다. 스티븐슨은 리버풀-맨체스터 라인의 총괄 엔지니어로서 노선 설계와 건설을 책임지고 있었고, 이를 위해 어디에 다리와 터널이 있어야 할지, 어느 정도까지 경사면과 회전이 허용될지, 까다로운 습지를 어떻게 통과할지 알아내야 했다. 앞서 리버풀-맨체스터 철도 회사 이사회는 금속 바퀴를 가진 증기기관

차량이 철로 위를 달리게 하고 트랙을 각 방향으로 하나씩 놓은 이중 레인 계획을 승인했다. 술 취한 마부가 모는 마차 차량은 이 레일을 사용하도록 허용되지 않을 것이었다.

이사들은 기관차를 공급할 제조업체를 공개 시합을 통해 선정하기로 했다. 대회는 일반 대중에게 공개되고 미리 분명하게 특정된 기준에 따라 평가될 것이었다. 이 시점이면 1776년에 제임스 와트가 개발한 증기기관의 원리는 특허가 만료되어 누구나 이용할 수 있었다. 와트는 고압 엔진의 발달을 저해하려 했고 초창기 모델인 자신의 엔진에 대한 특허권을 지키기 위해 맹렬한 법정 싸움도 벌였다. 그 때문에 다른 이들이 혁신을 이어갈 수 있는 속도를 늦추었다고 비난받기도 한다. 어쨌거나 그의 특허는 1800년에 만료되었고, 이제는 그 지식을 다른 이들이 활용하는 데 아무런 장벽이 없었다.

레인힐 대회는 즉석 노벨상과 리얼리티 쇼의 혼합이라 할 만했다. 상금 자체도 상당했고(500파운드) 여기에서 나올 시장 규모가 영국에서만이 아니라 유럽과 미국, 머지않아 전 세계에서도 막대하리라는 것 역시 명백했다. 모든 발명가, 발명가 지망생, 과학자들이 하던 일을 멈추고 관심을 기울일 만한 행사였다.

이 대회는 이때까지의 인간 역사상 엔지니어링 분야에서 가장 강렬하고 눈길을 끄는 순간이었다고 말해도 과언이 아닐 것이다. 리버풀의 곡물상이자 리버풀-맨체스터 철도의 핵심 지지자였던 헨리 부스Henry Booth는 참가자의 규모에 깊은 인상을 받았다. "모든 계층의 사람들이 연락해 오고 있으며 각자 개선된 출력이나 개선된 차량을 제안하고 있다. 철학 교수부터 가장 내세울 것 없는 기술자까지, 모두가 자신이 기여할 수 있는 바를 제공하는 데 열의에 넘쳐 있다. 잉글랜드,

미국, 유럽 대륙 모두가 찬사를 보내고 있다."

모든 좋은 대회의 심사위원이 그렇듯이, 이사들은 무엇을 확인하고 싶은지 명확히 알고 있었다. 4~6개의 바퀴와 운전 가능한 보일러 압력 장치가 달린 기관차가 궤간이 56.5인치[약 143.5센티미터]인 레일 위를 달릴 수 있어야 하고, 엔진 하나당 비용은 550파운드가 넘지 않아야 했다. 또한 기관차 무게 1톤당 화물 3톤을 끌 수 있어야 하고 70마일[약 110킬로미터] 이상을 적어도 평균 시속 10마일[약 16킬로미터]로 달릴 수 있어야 했다. 이 대회는 "레인힐 평지"라고 알려진 평평한 트랙을 지나가되 양쪽 끝에서 어려운 경사로를 통과하도록 설계되었다.

대부분의 참가작은 사전 검토에서 구체적인 기준에 맞지 않아 탈락했고 다섯 개가 본심에 올라왔다.

하나는 이름이 "사이클롭드"였는데, 테크놀로지가 돌아올 수 없는 지점을 넘어섰음을 보여주는 농담 같았다. 사이클롭드는 말이 트레드밀을 걸으면 트레드밀에 연결된 바퀴가 굴러가게 되어 있었고 증기는 전혀 쓰이지 않았다. 결과는 빠른 탈락이었다. 그래서 진짜 경합은 네 개의 증기기관차 사이에 벌어졌다. "퍼시비어런스"는 시속이 10킬로미터를 넘지 못했고, "노블티"는 보일러가 누수되었고, "상 파레일"은 실린더에 금이 갔다. 우승작은 "로켓"이었고, 조지 스티븐슨과 아들 로버트 스티븐슨이 설계, 제작한 기관차였다.

왕립학회와 그곳의 회원들, 혹은 정통 과학계의 기성학자들은 이 대회에 기여한 바가 본질적으로 없다시피 했다. 기성 과학계의 일원 중 누구도 엔진 설계에 기여하지 않았고 금속 부품이 어떻게 주조되고 결합되어야 하는지 알아내는 데도 기여하지 않았으며 증기를 어떻게 발생시키고 연기는 어떻게 처리할지 판단하는 데도 아무 역할을 하지 않았다.

　　이 시대의 실용적인 혁신가들이 가지고 있었던 태도는 스티븐슨의 아들 교육에서 단적으로 드러난다. 그는 아들 로버트가 뛰어난 엔지니어가 되는 데 필요한 모든 지식에 가장 잘 접할 수 있는 기회를 주고자 했다. 이는 좋은 학교를 다녀야 한다는 말이기도 했지만 어느 정도까지만 그랬다. 로버트는 16세 때 학교를 그만두었다. 그리고 곧바로 아버지 등 현장에서 일하는 사람들과 함께 광산에서, 측량에서, 엔진 개조에서 발생하는 실제 문제들을 해결하는 일에 뛰어들었다.

　　더 중요한 것으로, 과학의 발달 자체만으로는 산업혁명이 왜 영국에서 먼저 일어났는지를 설명하지 못한다. 과학혁명은 유럽 전반에 걸친 일이었다. 보일, 훅, 뉴턴은 영국인이었지만 요하네스 케플러, 니콜라우스 코페르니쿠스, 갈릴레오 갈릴레이, 튀코 브라헤, 르네 데카르트 등 이 혁명에서 가장 혁신적이었던 학자들 상당수는 영국에 가본 적도 없었다. 그들은 서로와, 또 영국의 학자들과 라틴어로 교신을 주고받았고, 이처럼 과학혁명은 범유럽적인 혁명이었다.

　　장기간의 과학적 혁신이 유럽에서만 벌어진 것도 아니었다. 1500년에 중국은 과학에서 유럽보다 훨씬 앞서 있었고 1700년까지도 중국이 세계를 선도했다고 보는 학자들도 있다. 송대(960~1279년)는 특히나 창조적인 시기였다. 중국에서 처음 개발된 주요 기술 혁신은 대충만 꼽아봐도 화약, 물시계, 나침반, 물레, 야금, 천문학의 발달 등 굉장히 많다. 사실 중세와 산업혁명 초기 유럽의 주요 혁신은 거의 모두 직간접적으로 중국에서 기원을 찾을 수 있다. 비교적 일찍 유럽에 전해진 중국의 테크놀로지로는 외바퀴 손수레, 가동 활자 인쇄술, 시계 등이 있고, 나중에 산업혁명을 추동한 중요한 혁신으로는 기계적으로 실을 자을 수 있는 물레, 철 제련 기계, 운하 갑문 등이 있다. 또 중국에서는 한동안 국내 교역과 국제 교역 모두에서 지폐도 널리 쓰였다.

송대 이후에는 중국 당국자들이 과학적 탐구를 그리 독려하지 않았고 17세기에 유럽에서 있었던 것과 같은 엄정하고 실증적인 과학에 대해 공유된 비전이 생겨나지 않은 것은 사실이지만, 20세기에 들어설 때까지 중국에서 산업화가 이루어지지 않았다는 점은 오히려 과학의 발전 자체만으로는 산업혁명을 추동하기에 충분하지 않았다는 것을 말해준다.

산업화에서 과학이 수행하는 역할을 과소평가하려는 것이 아니다. 과학혁명은 적어도 세 가지 면에서 결정적으로 중요한 기여를 했다. 첫째, 과학은 야망 있는 사업가와 발명가들이 기계적 숙련과 기술을 익힐 수 있게 했다. 강철 및 철과 관련된 것을 포함해 몇몇 중대한 과학 혁신은 실용적인 지식의 일부가 되었고, 그럼으로써 사업가들이 새로운 기계와 생산 기법을 고안하는 데 쓸 수 있는 유용한 정보의 풀을 형성했다.

둘째, 6장에서 살펴보겠지만 1850년대 정도부터 과학적 방법론과 과학적 지식은 전자기와 전기의 발달로, 더 나중에는 신소재와 화학 작용에 대한 관심의 증가로 산업의 혁신에서 한층 더 중요해졌다. 이를테면 화학 산업의 발달은 과학적인 발견과 밀접한 관련이 있었다. 1859년 분광기의 발명이 대표적인 사례다. 그 밖의 분야에서도 전신(1830년대), 베세머 제강법(1856년), 전화(1875년), 전등(1880년에 상업화) 등이 직접적으로 과학적 연구에서 나온 발명품이다.

셋째, 조지 스티븐슨 같은 야망 있는 젊은이들이 그토록 테크놀로지에 끌린 이유는 그 이전에 "대항해 시대"가 형성한 분위기 속에서 자란 세대이기 때문이었다. "대항해 시대"는 15세기 중반부터 시작해 해양 테크놀로지가 크게 발달하면서 전에는 유럽인이 거의 접해보지 못했던 세계 각지로 진출했던 시기였다. 사람들의 인식에서 과학혁명은 발견의 과정, 잠재적으로 물리적·사회적 환경을 인간의 의지대로 구성해 가는 과정과 연결되었다. 이제 유럽인들은 전에는 너무 위험하던 물길을 따라 항해할 수 있었고 다른 인종을 정복할 수 있었으며 자연을 정복할 수 있었다.

하지만 과학이 직접적인 요인이 아니라면, 영국에서 가장 먼저 산업혁명이 시작되게 해준 요인은 무엇이었을까?

왜 영국에서였는가

이미 상세한 경제사 저술이 많이 나와서 산업 발달의 결정적인 기점이 된 사건들에 대해서는 기본적인 패턴이 잘 밝혀져 있다. 1700년대 초에 면직물 분야가 꾸준히 성장했고 영국 북부의 산업가들이 핵심적인 역할을 했다. 처음에는 방적에서, 다음에는 방직에서 새로운 기계가 도입되어 생산성을 크게 높였다.

그와 동시에 철 제품과 도기 제조 등 직물 산업 이외의 영역에서는 숙련 장인들이 활발히 활동하면서 품질을 개선하고 노동 생산성을 향상시키는 데 기계를 활용하는 방법을 알아냈다. 주목할 만한 진전의 한 가지 사례는 광산에서 물을 빼내는 데 사용하던 주 동력이 수력에서 증기로 바뀐 것이다. 이어서 19세기 초부터 증기는 공장에서도 주된 동력이 되었고, 1820년대부터는 증기기관에 바퀴를 단 차량이 도입되면서 생긴 교통 혁신으로 장거리 여행과 운송이 더 빨라지고 비용은 크게 낮아졌다. 19세기 동안에 새로운 금융 기법도 생겨나 장거리 교역과 대규모 공장 건설, 세계 곳곳에서의 철도 건설 붐에 자금을 조달하기가 더 용이해졌다.

이 모두가 반박하기 어려운 사실이고 언제 어떤 산업 분야가 부상했는지의 기본적인 시점에 대해서도 의문의 여지가 없다. 하지만 이러한 변화가 다른 곳보다 영국에서 먼저 일어난 이유는 무엇인가? 그리고 왜 18세기였는가?

산업혁명이라는 말이 생긴 19세기 말 이래로 많은 학자들이 "왜 영국이 가장 먼저였는가"에 대해 다양한 가설을 제시했다. 일별하면 대략 다섯 종류로 나누어 볼 수 있고 각각 지리적 요인, 문화적 요인(종교, 문화에 내재한 사업가 정신 등), 천연자원 요인, 경제적 요인, 정부 정책 요인에 주목한다. 독창적인 이론도 있지만 이 이론들 모두 설명하지 못하는 중요한 부분들을 가지고 있다.

첫 번째 부류의 이론은 영국의 지리적 조건이 경제 발달에 특히 유리했다고 보는 설명이다. 하지만 일반화가 가능한 주장이 되기에는 납득되지 않는 면이 있다. 잉글랜드 등 영국 해협 주변 지역은 적어도 16세기까지 경제적으로 낙후한 지역이었기 때문이다. 수천 년 동안 유럽의 번영은 지중해 일대에 집중되어 있었다. "대항해 시대"에 대서양 교역로가 열렸을 때도 영국은 새로운 식민지 경영의 이득을 얻는 데서 스페인, 포르투갈, 네덜란드에 훨씬 뒤처져 있었다.

4장에서 보았듯이 노르만이 잉글랜드를 정복한 1066년부터 1500년대 초까지 잉글랜드는 봉건제였다. 노르만 봉건제에서 세속 권력의 꼭대기에는 왕이 있었고, 그렇더라도 봉건 영주들은 주기적으로 문제를 일으켰으며, 왕의 통제력에 의구심이 높아질 때는 더욱 그랬다. 와중에 농민들은 가혹하게 억압되었다. 소수의 도시민은 차차 몇 가지 권리를 획득하게 되지만, 르네상스 시기(1330년대부터 1600년경까지)에 이탈리아의 주요 도시들이 성취한 도시민의 권리에는 비교가 되지 않았다. 예술 분야에서도 잉글랜드는 서유럽의 다른 지역이나 중국에 비해 낙후되어 있었다. 중세 내내 잉글랜드는 영구적인 가치를 갖는 것을 거의 생산하지 못했다.

　　섬나라라는 특징이 득이 되었을까? 오랫동안 외침을 막는 데서는 득이었을지 모른다. 하지만 1650년대부터 태평천국의 난과 아편전쟁이 있었던 19세기 말까지 기술적으로 가장 앞선 나라이던 중국에서 외침이나 사회의 불안정성은 테크놀로지 발달에 별로 문제가 되지 않았다. 그뿐 아니라 레콩키스타 시기의 스페인[700~1492년, 이슬람이 지배하던 스페인 남부를 그리스도교 세력이 되찾고자 한 시기. -옮긴이]과 르네상스 시기의 이탈리아 등 다른 유럽 지역에서도 군사적 분쟁이 꼭 번영을 저해한 것은 아니었다. 한편 프랑스와 스페인은 1600년대와 1700년대에 외침의 위협이 크게 없었고, 네덜란드는 스페인과 프랑스를 멀찍이 두어야 할 필요성에 의해 형성된 나라였다.

　　영국은 차차 막강한 해군을 거느리게 되지만 산업화에 접어들고서 한참 뒤까지도 경쟁국을 압도할 정도는 아니었다. 1500년대에 잉글랜드의 해군력은 스페인 함대에 현저히 못 미쳤고 1600년대에는 네덜란드에 반복적으로 패했으며 미국 독립혁명기인 1770년대에는 프랑스에 크게 패했다. 1588년에 잉글랜드는 스페인의 펠리페 2세가 "무적함대"를 거느리고 침공해 왔을 때 물리칠 수 있었지만, 해군의 기술력이나 전략이 더 우수해서가 아니라 운이 좋아서였다. 악천후와 몇 가지 실책으로 스페인의 침공이 수포로 돌아간 것이다.

영국은 수차를 돌리기에 좋은 강이 많고 처음에는 내륙 수로가 도로보다 더 편리하고 운송 비용이 적게 들었다. 또한 몇몇 강은 서로와, 또 바다와 운하를 통해 쉽게 연결되었다(그래서 브리지워터의 공작을 포함해 운하 소유자들이 처음에 철도의 발달에 맹렬히 반대했다).

하지만 독일, 오스트리아, 헝가리 등 유럽의 다른 나라에도 물길이 있었고 프랑스는 영국이 운하 인프라에 투자하기 한참 전부터 운하 건설에 진지하게 나섰다. 게다가 영국의 산업화에서 운하 교통은 이용된 시기가 길지 않았다. 산업혁명기 대부분에서 주요 교통수단은 기차였고, 영국의 개척적인 철도 사업가들은 엔진, 차량, 철도 관련 부품들을 유럽과 그 밖의 다른 나라에 널리 판매했다. 빌려오든 베껴오든 기존 설계를 개량하든 간에 철도 기술을 국경을 넘어 이전하고 개선하는 것은 어렵지 않았다. 예를 들어 1830년대에 마티아스 볼드윈 Matthias Baldwin은 미국 펜실베이니아주에서 기관차를 제작하고 있었고 1840년대가 되면 그의 엔진이 어느 수입산보다 미국 여건에서 장거리 운송에 더 적합하다고 주장할 수 있었다.

한편 또 다른 지리적 요인을 강조하는 일군의 이론도 일각에서 유행했다. 산업의 발달이 특정 위도 지역에서 더 쉽게 발생한다는 주장이었다. 부분적으로는 이곳 사람들이 내재적으로 더 건강하기 때문이라는 설명이었는데, 하지만 전 산업 사회의 잉글랜드에 딱히 두드러진 공중 보건상의 이점이 있지는 않았다. 영아 사망률은 높았고 기대 수명은 꽤 낮았다. 감염병에 대처할 수 있는 능력이 없었다는 사실은 흑사병이 잘 보여주었다. 흑사병으로 1300년대에 잉글랜드 인구의 3

분의 1에서 2분의 1가량이 사망했다.

"행운의 위도"에 무언가 또 다른 장점이 있지는 않았을까? 4장에서 보았듯이, 근동 지역과 지중해 동부 지역에서 "문명"이 다른 지역들보다 현저히 일찍 생겨났다. 즉 이 지역 사람들이 다른 어느 곳보다 더 오랫동안 문자를 사용했고 더 오랫동안 국가로 조직된 체제하에서 생활했다. 하지만 그들의 사회적·정치적 시스템이 지속적인 경제 성장을 견인한다는 점은 입증되지 않았다.

산업 테크놀로지를 널리 이용할 수 있게 1800년대에도 "비옥한 초승달" 지역은 새로운 기계를 도입하거나 거대한 공장을 짓는 데 뛰어들지 않았다. 그리스나 이탈리아 남부 등 초창기 문명을 일구었던 다른 지역들도 마찬가지다. 게다가 고대의 역사가 18세기 산업화에 부여한 어떤 특별한 장점이 있었다손 치더라도 그것을 하필 영국이 넘겨받았다는 것은 이상한 일이다. "비옥한 초승달"부터 버밍엄까지는 너무나 거리가 멀다.

이에 더해, 이 모든 지리적 특성은 영국과 중국을 구별해 주지 못한다. 중국은 중심부에 큰 강들이 있고 긴 해안이 있다. 또 중국의 상당 지역이 "행운의 위도"에 위치한다. 하지만 중국은 놀라운 과학적 발달을 산업 테크놀로지로 전환하지 않았다.

지리적 요인이 아니라면 문화적 요인이 영국을 다른 곳들과 구별되게 해주지 않았을까? 영국인 특유의 리스크에 대한 태도, 사업에 대한 태도, 공동체에 대한 태도, 혹은 다른 무언가가 영국에 유리한 점을 제공하지 않았을까? 이 설명도 1500년이나 1600년이 되기 전에 잉글랜드가 서유럽의 이웃 국가들에 비해 문화적인 강점을 딱히 보이지 않았다는 사실과 부합하지 않는다.

16세기 말에 잉글랜드 대부분이 가톨릭에서 개신교로 바뀐 것은 사실이다. 1600년대 초에 갈릴레오의 천문학 연구는 가톨릭 교단과 성경 해석 권한을 계속 독점하려 한 이탈리아 교황청에 의해 가로막혔다. 하지만 그 세기 말이 되어서도 아이작 뉴턴 등 잉글랜드인들역시 종교에 대해서는 여전히 조심스러웠다. 갈릴레오만큼 중세 신정주의의 잔재가 부과하는 방해나 개인적인 위험에 크게 직면하지는 않았지만 말이다.

개신교로 전환했는데도 산업 테크놀로지로는 이르게 전환하지않은 유럽 국가도 많다. 스칸디나비아, 독일, 오늘날 체코에 해당하는지역 등이 그렇다. 한편 프랑스는 가톨릭 지배적인 국가였는데 18세기에 일반적인 과학 발전의 수준은 적어도 영국과 비슷한 수준이었고, 19세기 초에는 산업 테크놀로지를 가장 빠르게 받아들인 나라 중 하나였다. 가톨릭이 지배적인 바이에른 지역에서도 혁신이 이루어졌다.이곳은 1800년대에 산업의 파워하우스가 되었고 오늘날까지도 그 지위를 누리고 있다. 또한 북서부 유럽에서 영국보다 먼저 직물 테크놀로지를 받아들인 곳은 인구 다수가 가톨릭이었던 브뤼헤(오늘날의 벨기에)였다. 브뤼헤는 13세기에 유럽에서 가장 숙련된 방직공과 방적공이 있는 곳이었다.

퀘이커교나 논콘포미스트 개신교처럼 잉글랜드 북부의 소수종교 집단이 결정적인 역할을 한 것 같지도 않다. 이러한 종교의 가르침이 몇몇 사람들의 전망과 야망에 영향을 미치기는 했겠지만, 종교개혁을 거친 대부분의 다른 나라들에도 이러한 소수 종교 집단이 있었고, 그런데도 늦게까지 산업화가 이뤄지지 않았다.

어쩌면 초창기에 혁신을 이끈 소수의 비범한 사업가들 덕분은 아니었을까? 물론 개인의 역량도 중요하다. 하지만 산업화로의 전환은 몇몇 개인의 수준을 훨씬 넘어서는 이야기다. 예를 들어, 1700년대에 직물 산업 분야에서 적어도 300명의 사람들이 현대적인 제조 기법 개발에 중대한 역할을 했다. 더 광범위하게, 산업혁명은 수천 명의 투자를 필요로 했고, 18세기와 19세기 초에 투자한 사람들과 그 밖에 관련된 의사결정자들을 다 합하면 아마도 수만 명이 관여되었을 것이다.

천연자원도 영국 산업화의 결정적인 요소가 아니었다. 자원과 관련해 가장 영향력 있는 이론 중 하나는 풍부한 석탄을 강조한다. 양질의 철광석 산지가 잉글랜드 중부와 북부의 석탄 매장지와 가까워서 유리했던 것은 사실이다. 하지만 이것은 영국 산업혁명의 결정적인 초기 국면을 설명하지 못한다. 그 국면은 수력으로 돌아가는 직물 공장이 이끌었다. 한 연구에서 제임스 와트의 증기기관이 발명되지 않았더라면 1800년에 영국 경제가 어떤 상황이었을지를 추산했는데, 결론은 다음과 같았다. "1801년 1월 1일에 영국이 도달한 발전 상태는 [와트가 증기기관을 발명하지 않았더라면] 1801년 2월 1일에 도달되었을 것이다. 즉 겨우 한 달 정도 늦어졌을 것이다!"

석탄과 철광석은 산업혁명의 두 번째 국면인 대략 1830년 이후에 훨씬 더 중요했고, 첫 국면에서 가장 중요한 천연자원은 면화였다. 그리고 면화는 영국에서도 그 밖의 유럽 대부분에서도 재배되지 않았다.

또 다른 일군의 주장은 영국에 유리한 점을 제공했을 법한 경제적 요인들을 강조한다. 가장 중요하게, 노동자들의 임금이 높아지면 노동 절약적 테크놀로지를 받아들이는 것이 훨씬 더 매력적이게 된다는 점에 주목한다. 새로운 테크놀로지로 비용을 절감할 수 있기 때문이다. 1700년대 중반이면 영국의 몇몇 지역에서, 특히 런던에서 노동자들의 임금이 세계의 거의 모든 다른 곳보다 높았다. 하지만 영국만의 이야기는 아니었다. 네덜란드와 프랑스의 상업이 발달한 지역에서도 임금이 높았다.

그리고 어쨌든 간에 노동 비용은 영국의 산업화에 기여한 요인이기는 했을지라도 주된 동인은 아니었다. 영국 직물 분야는 진정으로 놀라운 생산성 증가를 보였다. 1인당 산출이 처음에는 10배, 그다음에는 100배나 증가했다. 영국과 네덜란드 및 프랑스 사이의 그리 크지 않았던 임금 격차는 이러한 테크놀로지가 받아들여질지 아닐지, 언제 받아들여질지 등이 정해지는 데 결정적인 요소가 아니었다.

게다가 높은 임금 비용이 테크놀로지의 도입으로 이어진다는 논리는 노동 비용이 노동자의 생산성보다 높을 때 적용되는 이야기다. 노동자들이 그들에게 들어가는 비용보다 더 생산적이라면 그들을 테크놀로지로 대체하는 것은 매력적인 일이 아니다. 18세기에 영국에서 노동자들의 임금이 높았던 이유 중 하나는 이들이 고숙련 장인이기 때문이었다.

그렇다면 영국 노동력이 가지고 있었던 장인적 기술 혹은 실용적인 엔지니어링 기술이 영국에서 산업혁명을 가장 먼저 촉발시킨 요인이 아니었을까? 조지 스티븐슨 같은 혁신가들이 가지고 있었던 기계에 대한 지식은 물론 중요했다. 하지만 노동력 전반의 숙련 수준이 결정적인 요인이었던 것으로 보이지는 않는다. 특별한 숙련 기술을 가지고 있고 따라서 자신의 업계에서 높은 생산성을 올리고 있는 노동자는 영국 경제 전반에 그리 광범위하게 존재하지 않았다. 노동자 숙련도의 일반적인 지표로 삼을 수 있는 문해율을 보면, 1500년에는 잉글랜드 성인 중 불과 6퍼센트만 자신의 이름을 쓸 수 있었다. 1800년에는 이 숫자가 53퍼센트로 증가하지만, 네덜란드는 1500년과 1800년 모두 잉글랜드보다 문해율이 높았다. 벨기에는 1500년에는 앞섰다가 1800년에는 약간 뒤처졌다. 프랑스와 독일은 잉글랜드와 거의 비슷한 수준에서 시작했다가 1800년이 되면 각각 37퍼센트와 35퍼센트로 뒤처졌다.

게다가 이 시대의 상징적인 테크놀로지 대부분은 수백 년에 걸쳐 연마된 장인의 기술을 사용한 것이라기보다 그러한 장인의 기술을 기계와 값싼 저숙련 노동력(여성과 아이들도 포함)으로 대체하기 위해 개발된 것들이었다. 잘 알려져 있듯이 숙련 직조공들은 기계화로 일자리를 잃었고 이는 훗날 "러다이트 운동"이라고 불리는 유명한 저항 운동으로 이어졌다(이에 대해서는 6장에서 더 상세히 논의할 것이다).

농업 생산성도 딱히 영국의 결정적인 장점이 되었다고는 보기 어렵다. 농업 산출이 이전 수 세기 동안 증가했고 놀라운 도시 성장의 토대가 된 것은 사실이지만, 이 역시 영국만의 독특한 현상은 아니었다. 농업 생산성은 프랑스, 독일, 네덜란드 등 서구 유럽의 많은 지역에서 상승했고 이들 국가에서도 도시가 빠르게 성장했다. 게다가 4장에서 보았듯이 이러한 성장의 정도는 중세 유럽의 모든 곳에서 제한적이었으므로 그것 자체가 산업화를 촉발했을 법하지는 않다. 또한 이러한 이득이 폭넓게 공유되지 않았다는 사실은 농업 생산성 향상이 직물이나 사치품 산업에서 노동자에 대한 광범위한 수요 증가로 이어지지 않았을 것임을 시사한다.

상대적으로 높은 수준의 장인적 기술, 임금, 노동 생산성은 영국을 중국과도 구별해 주지 않는다. 역사학자 마크 엘빈Mark Elvin은 14

세기부터 중국이 "고수준 균형의 덫high-level equilibrium trap"에 빠져 있었다고 설명했다. 중국이 높은 임금과 높은 생산성을 가지고 있었는데도 산업화의 경향을 보이지 않았기 때문이다.

17세기와 18세기 초에 영국에서 인구와 식량 및 의복에 대한 수요가 빠르게 증가했다. 잉글랜드 인구는 1600년 410만 명에서 1700년에는 550만 명으로 늘었다. 하지만 이보다 더 빠른 인구 증가는 산업화 시기에 있었다. 이를테면, 1700년부터 최초의 인구 센서스가 이뤄진 1841년까지 인구가 대략 세 배로 늘었다. 이러한 증가는 부분적으로 소득의 증가와 영양 상태의 개선 덕분이었다. 또한 교통 혁명과도 관련이 있었는데, 도시로 충분한 식량이 들어올 수 있게 되었기 때문이다.

초기의 금융 혁신도 산업혁명의 기원을 이야기할 때 들여다볼 곳은 아니다. 훨씬 더 중요한 금융 혁신은 그보다 먼저 르네상스 시기의 이탈리아와 네덜란드에서 나타났고, 이는 지중해의 성장과 이후 대서양 교역의 증가를 가져왔다. 이때 잉글랜드의 금융 분야는 뒤처져 있었다. 1700년대 초에는 런던에 기반을 둔 금융가들이 장거리 교역에 투자를 했지만 (적어도 초기에는) 산업 영역에는 발을 깊이 담그고 싶어 하지 않았다. 교역에서 나온 이득은 교역에 재투자되었다. 영란은행의 설립은 공공 자금 조달과 해외 교역을 위한 신용 조달에 도움이 되었지만 산업 발달과는 꽤 동떨어져 있었다. 대부분의 경우 북부의 산업가들은 창업 자금을 자신이 모아 둔 소득과 친구, 가족, 동네 사람들에게 빌린 돈으로 조달했다.

비슷하게, 금융이나 사업상의 계약을 규율하는 법적 환경도 적어도 철도 시대까지는 번거롭기 짝이 없었다. 예를 들어, 현대적인 유한책임 회사는 1850년대까지도 법적으로 완전히 성립되지 않았다. 따라서 영국이 다른 유럽 국가에는 없는 법 제도상의 강점을 가지고 있었다고 보기는 어렵다.

　전반적으로, 영국이 기계를 사용하는 새로운 모험에 돈을 대기에 유리한 내재적인 장점을 가지고 있었다는 증거는 없다. 오히려 잘 구성되어 있던 유럽 대륙의 관습에 비해 영국의 상업 은행 시스템은 19세기 초까지도 여전히 초보적이었다.

　영국의 정부 정책이 영국에서 산업 성장이 먼저 추동되게 한 요인이었을까? 1688년의 명예혁명 이후로 영국에는 강한 의회가 있었고 토지 소유자와 상인의 재산권이 잘 보호되었다. 하지만 다른 나라들도 그랬다. 이를테면 프랑스도 토지 소유자들은 여전히 존재하는 봉건적 특권에 의해 잘 보호받았고 상인들도 재산권을 잘 보호받았다.

　영국 정부는 해외 제국 건설에 맹렬히 나섰고 점차 국제 교역을 지원한다는 명분으로 해군력을 강화했다. 하지만 영국의 식민지는 경제적인 면에서 보자면 오랫동안 규모가 작은 편이었다. 영국이 인도 대부분을 장악한 것은 18세기 후반이 되어서였고 그 직후에 북미의 식민지를 잃었다.

　노예 교역과 카리브해 대농장 경제에서 발생한 수익 추산치를 보면 이러한 종류의 인신매매와 착취가 산업화에 자원을 제공하는 데 실제로 기여했음을 알 수 있다. 하지만 이것의 직접적인 효과가 산업화의 규모를 설명할 수 있을 만큼 크지는 않았다. 게다가 잉글랜드가 대서양 노예 교역의 주된 참여자이긴 했어도 포르투갈, 스페인, 프랑스, 네덜란드, 덴마크도 노예 교역에 활발히 참여했고 몇몇 국가는 수세기 동안 영국보다 큰 수익을 얻었다.

영국에서 의도적으로 산업화를 지원한 정책이나 전략이 있었던 것도 아니었다. "산업 정책"이라는 개념은 어떠한 것들이 발명될 수 있을지, 그러한 발명품의 영향이 얼마나 근본적일 수 있을지를 아무도 이해하지 못하고 있다면 생겨날 수 없었을 것이다. 이때 유럽에서 산업 성장을 정책적으로 촉진하려 한 국가가 있었다면 1600년대에 장 바티스트 콜베르Jean Baptiste Colbert가 재무장관으로서 수출 산업을 장려했던 프랑스여야 더 말이 될 것이다.

거꾸로 어떤 사람들은 잉글랜드에 정부의 행동이 부재했던 것이 산업 발달의 주요인이었다고 주장한다. 애덤 스미스가 말한 자유방임이 영국의 경제 성장에 중요했다는 것이다. 하지만 산업화를 돕지도 막지도 않은 것은 다른 유럽 국가들도 마찬가지였다. 그리고 프랑스가 콜베르의 지휘하에 어느 정도 산업화 전략을 시행했을 때 프랑스의 산업 생산이 증가했으므로, 정부 정책의 부재가 영국의 비밀 무기였다고 생각하기는 어렵다. 그리고 어쨌거나 영국의 자유방임 시기는 초창기 산업화의 결정적인 국면보다 나중에 나타났고, 초창기 산업화의 결정적인 국면에서 영국은 모직물 산업을 보호하기 위한, 그다음에는 모직물의 수출을 촉진하기 위한 정책을 추진했다.

개천 용들의 나라

영국이 다른 나라들과 차이를 보이게 된 것은 개천 용들의 나라가 될 수 있게 해준 오랜 사회적 변화였다.

19세기 중반이면 영국에서는 수만 명의 중간 계층 사람들이 사업적 성공과 테크놀로지 개발을 통해 현재의 처지보다 훨씬 더 높이 올라갈 수 있으리라는 기대를 품고 있었다. 서구 유럽의 다른 나라들에서도 사회적 위계가 느슨해지고 부와 지위를 높이고자 하는 야망 있는 사람들이 있었지만, 이렇게 많은 수의 중간 계층 사람들이 기존의 계층을 벗어나 사회적 위계의 사다리를 올라가려고 한 나라는 당시에 영국 말고 없었다. 18세기와 19세기의 상당 기간 동안 혁신과 새로운 테크놀로지 도입에 결정적인 역할을 한 주역이 바로 이러한 "중간 정도의 사람들"이었다.

1700년대 초 무렵이면 대니얼 디포가 말한 "프로젝트의 시대"로 표현되는 정신이 영국의 시대정신이 되어 있었다. 중간 계층 사람들은 진보의 기회를 보았고, 건전한 투자를 통해서든 빠르게 부자가 되기 위한 금융 투기를 통해서든 그 기회를 잡는 데 나섰다. 1720년에 터진 남해회사 버블은 극단적인 사례이지만, 새로운 모험에 대한 당시 사람들의 기대를 잘 드러내며 특히 수익을 추구하는 소규모 투자자들의 열정을 잘 보여준다.

이러한 맥락에서 오늘날 우리가 산업 공정이라고 부르는 것과 관련해 혁신가들이 나타나기 시작했다. 초창기의 가장 성공적인 인물로는 1709년에 코크스 용광로로 선철을 만드는 방법을 개발한 에이브러햄 다비Abraham Darby, 1712년에 증기기관을 발명한 토머스 뉴커먼, 1769년에 방적기를 개발한 리처드 아크라이트Richard Arkwright, 1769년에 에트루리아 도기를 선보인 조사이아 웨지우드Josiah Wedgwood, 1776년에 증기기관을 상당히 개선한 제임스 와트 등을 꼽을 수 있다. 이들 대부분은 라틴어를 읽을 줄 몰랐고 학술적인 연구에는 많은 시간을 쓰지 않았다.

다비는 소규모 자영농의 아들이었다. 뉴커먼은 광산에서 쓰이는 철제 도구를 만드는 대장장이의 아들이었다. 아크라이트의 부모는 너무 가난해서 그를 학교에 보내지 못했고 그의 첫 직업은 이발사와 가발 제조공이었다. 웨지우드는 짐꾼의 열한 번째 아이로 태어났다. 와트의 아버지는 조선공으로 그나마 다른 사람들보다 지위가 높은 편이었는데, 제임스 와트가 학교를 다닐 무렵에는 사업이 망해서 도구 제조공으로 일자리를 구하고 있었다.

이들은 적어도 1850년 정도까지 테크놀로지를 선도했던 다른 모든 이들과 마찬가지로 공식 교육은 많이 받지 못했고 실용적인 문제에 천착한 사람들이었다. 조지 스티븐슨처럼 이들도 작게 시작했고 수십 년 동안 발명가로서 이런저런 개선을 해나가면서 투자자들과 고객들에게 자신이 고안한 것의 독창성을 인정받으며 사업을 확대했다.

이 시기에 대규모 산업체를 세운 226명 중 두 명만 귀족 출신이었고, 상류층과 어떤 연관이라도 있는 경우를 다 합해도 10퍼센트가 채 되지 않았다. 그렇다고 이들이 아주 바닥에서 시작한 사람들도 아니었다. 대부분은 작은 규모의 제조업이나 일종의 고숙련 수공업, 혹은 교역에 종사하는 아버지를 둔 사람들이었다. 그리고 대부분은 본인이 실용적인 기술을 직접 가지고 있었고 훗날 규모를 키워 큰 사업체의 운영자가 되기 전에 동일한 종류의 사업체를 작게 시작했다.

이들은 어마어마한 야망이 있었다. 중세 유럽처럼 종교 교단이 지배하는 신분제 사회였다면 그저 그런 집안의 자식이 전혀 기대해 볼 수 없었을 종류의 야망이었다. 더 놀랍게도, 이들은 사회 진보의 엔진이자 개인적인 지위 상승의 수단으로 테크놀로지에 주목했다. 하지만 뭐니 뭐니 해도 가장 놀라운 점은 그들이 성공했다는 사실일 것이다.

이러한 대담함이 어떻게 생겨날 수 있었을까? 무엇이 그들에게 테크놀로지로 가능한 것이 무엇일지를 상상할 수 있게 했을까? 그리고 무엇이 그들의 노력이 가로막히거나 무력화되지 않게 해주었을까?

이들이 등장했을 무렵이면 전부터 서서히 진행되어 오던 사회적·정치적 변화 과정이 잉글랜드 사회의 위계 구조에서 가장 경직되고 억압적인 몇몇 부분을 잠식한 상태였고, 그 덕분에 이러한 대담함이 생겨날 수 있는 길이 놓여 있었다. 1000년 전으로까지 거슬러 올라가는 개인주의 개념과 대중 주권 실험도 어느 정도 이러한 변화에 재료가 되었을 것이다. 하지만 가장 결정적이었던 것은, 이러한 사회적 변화의 모양을 잡고 귀족들이 새로이 떠오르는 사람들의 존재를 인정해야 한다고 생각하게 만든 굵직한 제도적 변화였다.

해체

1300년에는 무일푼으로 시작해 전국적인 명사가 된다는 개념이 대부분의 잉글랜드인에게 존재하지 않았다. 더구나 그것이 무언가 실용적인 것을 발명해서 가능하리라는 생각은 터무니없다고 여겨졌을 것이다. 1577년에 성직자 윌리엄 해리슨william Harrison은 저서 『잉글랜드에 대한 묘사Description of England』에서 잉글랜드 사회의 핵심 특징을 이렇게 설명했다. "잉글랜드에서 우리는 사람을 대략 네 종류로 나눈다." 그에 따르면, 신사(귀족도 포함해서), 도시민, 소규모 자영농, 그리고 가장 아래에 노동자, 가난한 농민, 장인, 하인이 있었다. 한 세기도 더 뒤에 그레고리 킹Gregory King도 [인구를 신분, 직위, 직업 위계별로 통계적으로 조사한] 유명한 연구 『계급, 신분, 직위, 직업Ranks, Degrees, Titles, and Qualifications』에서 비슷한 범주로 사람을 구분했다. 1577년에도, 1688년에도, 내가 어느 집단에 속하는지가 나의 사회적 지위와 권력을 결정지었다.

위계적 신분제는 널리 받아들여졌고 역사적으로도 뿌리가 깊었다. 1066년에 노르만이 잉글랜드를 정복한 이후 잉글랜드에서는 왕이 상당한 권력을 갖는 비교적 중앙집권적인 봉건제가 확립되었다. 군주의 목적은 결혼과 정복을 통해 영토를 획득하는 것이었고, 군은 봉건 영주와 지위가 낮은 귀족들이 의무적으로 제공하는 군사에 의존했다. 상업 활동은 거의 우선순위가 아니었다.

하지만 1300년에도 국왕의 지위를 잠식하는 일이 벌어지고 있었다. 1215년의 대헌장Magna Carta은 최초로 의회가 성립되는 길을 열었고 교회와 명문 귀족에게 몇 가지 권리를 부여했다. 립서비스 수준에서나마 더 폭넓은 사람들의 권리도 언급되었다. 그럼에도 엘리자베스 1세가 왕위에 오른 1558년에도 잉글랜드의 사회적 위계는 1300년대와 놀랄 만큼 달라진 것이 없었다. 또한 잉글랜드는 여전히 경제적으로 낙후해 있었고 르네상스 시기의 이탈리아나 오늘날의 벨기에와 네덜란드에 해당하는 지역에서 발달하고 있던 초창기 직물 산업에 비해서도 훨씬 뒤처져 있었다.

앞서 엘리자베스의 아버지 헨리 8세가 전통적인 체제에 충격을 가한 바 있었고, 실제로 그가 일으킨 변화는 광범위한 정치적 영향을 남겼다. 그는 앤 불린Anne Boleyn과 결혼하기 위해 가톨릭교회에 반기를 들었고 1534년에 자신이 잉글랜드 교회의 수장이라고 선포했다. 이어서 1536년에는 수도원을 해산하고 수도원이 가지고 있던 상당한 재산을 몰수했다. 이 과정이 시작되었을 때 남성 인구의 2퍼센트가 종교 교단에 속해 있었고 종교 교단이 전체 토지의 무려 4분의 1을 소유하고 있었다. 이 토지가 매각되면서 일군의 또 다른 사회적 변화가 이어졌다. 몇몇 부유한 가문이 소유한 토지가 상당히 증가했고 적어도 어느 정도 면적의 토지를 소유하게 된 사람도 늘었다.

헨리 8세의 통치가 끝날 무렵이면 중세 잉글랜드 사회 신분 질서의 많은 토대가 이미 무너지고 있었다. 하지만 이 변화의 결과는 엘리자베스 1세의 긴 통치기(1558~1603년)에서 더 잘 볼 수 있다. 그 이전 몇십 년 사이에 런던과 항구 도시들에서 강력한 상업 계급이 형성되었고 이들은 해외 교역에도 활발히 참여하면서 점점 더 목소리를 내는 강력한 세력으로 부상하고 있었다. 농촌에서의 변화는 어쩌면 이보다도 더 대대적이었다. 이 시기는 자영농과 숙련 장인이 경제적으로도 사회적으로도 비중 있는 세력으로 떠오른 시기였다.

이러한 사회적 변화는 잉글랜드가 해외 팽창에 나서면서 더 가속화되었다. 1492년 콜럼버스의 아메리카 "발견"과 뒤이은 1497년의 바스코 다 가마Vasco da Gama의 아프리카 희망봉 항해가 유럽인에게 수익성 있는 새로운 기회를 열어주었다. 영국은 식민지 경쟁에 늦게 뛰어든 편이었고 엘리자베스 치하 말기에도 식민지가 그리 많지는 않았다. 잉글랜드의 해군력도 스페인과 포르투갈에 맞설 만큼은 되지 못했다.

하지만 이 경우에 잉글랜드의 약점은 강점이기도 했다. 엘리자베스 여왕은 식민지 확장에 운명을 걸기로 결정했을 때 프랜시스 드레이크Francis Drake 같은 사략선 업자들의 힘을 빌렸다. 이들은 자신의 민간 선박에 무장을 하고 왕실의 특허장인 사략면장을 받아 스페인과 포르투갈의 선박을 상대로 해적질을 했다. 일이 잘 풀리면 왕은 상당한 수익을 분배받을 수 있었고, 실제로 드레이크의 성공적인 항해는 엘리자베스 여왕에게 상당한 수익을 가져다주었다. 그리고 일이 잘못되면 왕은 적어도 책임을 부인할 수 있었다.

대서양 교역은 교역상들 및 그들과 이해관계가 일치하는 국내 연합 세력들의 부와 담대함을 키웠고, 이는 잉글랜드에서 정치 권력의 균형점을 중대하게 이동시켰다. 런던과 항구 도시들은 높은 과세와 왕의 자의적인 권력 행사에 반대하는 모든 이에게 정치적 지지의 강력한 원천이었다. 교역상 등 해외 식민지에 이해관계가 있는 사람들은 점점 더 크게 정치적 목소리를 냈고, 정치적·사회적 격동의 시기에 이러한 목소리는 적지 않은 영향력을 가질 수 있었다.

17세기 초에 제임스 1세가 왕권신수설을 선포했을 때, 그는 노르만 군주들이나 이집트 파라오들에게도 익숙했을 사회를 상정하고 있었다. 왕은 지상의 신이었고 가장인 아버지가 가정을 통치하는 방식으로 나라를 통치할 권한이 있었으며 사회의 나머지는 행실이 좋은 자녀가 아버지를 대하듯이 왕을 우러러보고 복종해야 했다. 제임스 1세와 아들 찰스 1세의 이와 같은 태도와 그 태도에 수반되는 독단적인 행동은 농촌의 토지 소유 계층 및 도시의 상인 계층의 이해관계와 부합하지 않았고, 이는 1642부터 1651년까지 [왕당파와 의회파 사이에] 벌어진 잉글랜드 내전으로 이어졌다.

잉글랜드 내전의 당사자들은 이 사건의 전체적인 시사점을 알 수 없었겠지만, 무언가가 정말로 잉글랜드 사회 구조를 뒤흔들고 있다는 것이 명확히 드러나는 몇몇 순간들이 있었다. 이 시기의 정치적·사회적 변모가 어느 정도였는지는 "수평파Levellers"라 불리던 [의회파 내] 급진파의 사상에서 단적으로 볼 수 있다.

수평파는 잉글랜드 내전 초기의 사회 운동 세력이었다. 이들은 의회파의 군대인 신모범군New Model Army의 군인들로, 올리버 크롬웰Oliver Cromwell 등 신모범군의 지도부와 의견 차이를 보였다. 이들은 모든 이가 정치적 권리를 가져야 하며("1인 1표") 오늘날 우리가 인권이라고 부르는 권리들을 더 폭넓게 인정해야 한다고 주장했다. 이들의 입장, 그리고 이들과 지도부의 입장 차이는 1647년 10월과 11월에 [런던 근교 퍼트니에서] 열렸던 "퍼트니 논쟁Putney debates"에서 뚜렷하게 드러났다. 수평파의 견해를 가장 유려하게 펼친 토머스 레인버러Thomas Rainsborough는 다음과 같이 주장했다.

저는 정말로 잉글랜드에서는 가장 가난한 사람의 삶도 가장 위대한 사람의 삶과 다르지 않다고 생각합니다. 따라서 모든 사람이 자신이 직접 동의한 정부하에서 통치받아야 한다고 진심으로 생각합니다. 잉글랜드에서는 가장 가난한 사람도 엄격한 의미에서 자신의 목소리가 존재하지 않는 정부라면 그 정부에 제약되지 않아야 할 것입니다.

레인버러의 비전은 보편참정권에 기반하고 있었다.

저는 신의 법칙에서 군주는 20명의 의원을 뽑고 귀족은 2명을 뽑고 가난한 사람은 아무도 뽑지 말아야 한다는 내용을 발견하지 못했습니다. 자연법칙에서도 국제 법칙에서도 그런 것을 발견하지 못했습니다. 한편 저는 모든 잉글랜드인이 잉글랜드 법을 따라야 한다는 것은 **발견했습니다.** 또한 저는 모든 법의 토대가 국민에게 있다고 말하지 않을 사람은 없으리라고 생각합니다. 그리고 법의 토대가 국민에게 있다면, 저는 [선거권 부여에서 누가 면제(배제)되어야 하느냐와 관련해] 이러한 면제[투표권 부여에서 재산 등을 기준으로 아무도 배제하지 않는 것. – 옮긴이]를 추구할 것입니다.

올리버 크롬웰과 당시 사령관이던 페어팩스 경 등 신모범군 수뇌부는 이러한 주장을 일축했다. 이들은 정치적 권력이란 토지와 재산을 소유한 사람들의 손에 있어야 한다고 생각했다. 몇 차례의 치열한 논쟁이 있고서 수평파가 패했고 그들의 아이디어도 희미하게 사라졌다.

잉글랜드 내전에서 의회파가 왕당파를 누르고 승리했고 공화정이 들어서서 1660년까지 이어졌다. 하지만 [이것으로 왕권의 축소가 마무리된 것이 아니라] 그 이후의 30년 역시 왕권을 제한하려는 투쟁과 왕권의 제한으로 새로이 생겨난 권력의 공간에 어떤 사회 집단이 들어갈 것인가를 둘러싼 투쟁이 계속 이어진 시기라고 보아야 한다.

이 투쟁은 1688년의 "명예혁명Glorious Revolution"으로 정점에 올랐다. 하지만 여기에서 **혁명**이라는 단어는 오도의 소지가 있다. 영국의 명예혁명은 1789년의 프랑스 대혁명과는 성격이 전혀 달랐다. 토지 재분배도 없었고 수평파가 주장했던 보편 인권도 선언되지 않았으며 국가의 통치 방식에 극적인 변화가 생기지도 않았다. 무엇보다 중요하게, 권력을 획득한 사람들은 재산과 재산 소유자를 보호하는 것이 정치의 핵심 조직 원리가 되어야 한다고 생각했다.

이러한 사회적 조류는 잉글랜드가 (그리고 다음 시기에는 브리튼이) 빠르게 변화하기 시작할 수 있었던 이유를 이해하는 데도 중요하지만 그 변화의 속성을 이해하는 데도 도움을 준다.

이제 우리는 앞에서 제기한 질문에 몇 가지 답을 얻었다. 영국에서 산업혁명이 시작될 수 있었던 결정적인 요인은 비교적 평범한 배경 출신인 사람들에 의해 사업가 정신과 혁신이 추동될 수 있었다는 점이었다. 이들은 실용적인 기술을 가지고 있었고 테크놀로지와 관련해 창조적인 인물이 되겠다는 야망을 가지고 있었다.

이론상으로는 봉건 영주나 군벌도 혁신을 할 수 있었겠지만 그런 일은 거의 일어나지 않았다. 영주가 농노에게 혁신을 명령할 수도 있었겠지만 그런 일도 일어나지 않았다. 수도원장이 수도원의 자원을 혁신에 투자하도록 이끌 수 있었을지도 모르고 실제로 중세에 그런 일이 없지는 않았지만 자주 있지는 않았다. 따라서 새로운 집단의 부상이 산업에서의 혁신에 핵심 요인이었다고 말할 수 있을 것이다. 가장 중요하게, 이들은 기술과 숙련을 갖추고 있었고 부의 획득을 통해 계층을 상승시키고자 하는 열망이 있었다. 그리고 사회는 그들이 그렇게 하도록 허용해야 했다. 잉글랜드에서 봉건제가 쇠퇴하면서 중간 계층의 혁신가들이 꿈을 가질 수 있었고, 그것도 크게 가질 수 있었다.

잉글랜드에서만큼은 아니었어도 유럽의 다른 곳들에서도 봉건제가 쇠퇴했다. 농민 반란이 일어났고 프랑스, 독일, 스웨덴에서 새로운 철학적 개념이 생겨났다. 하지만 잉글랜드 내전과 명예혁명이 가져온 것처럼 권력 관계를 변화시키지는 못했고 잉글랜드 사회에서만큼 대대적으로 경제적·사회적 변모가 발생하지도 않았다.

이 관점은 중국과 관련해서도 올바른 해석을 내릴 수 있게 해준다. 중국에서도 다양한 과학적 혁신이 있었고 산업혁명의 몇몇 전제조건도 달성되었지만, 생산을 조직하는 기존의 방법과 기존의 사회적 위계에 도전할 새로운 사람들이 부상할 수 있는 제도적 배열이 존재하지 않았다. 이 점에서 중국은 예외가 아니었고 세계의 나머지 지역들과 비슷했다. 기존 사회 질서의 일각에서 과학적 개념이 발달했지만 기존 질서에 위협으로 보이지 않았고 실제로 위협이 되지 않았다. 그뿐 아니라 이러한 혁신은 군사적인 가치가 있었거나(가령 화약) 종교의례 날짜를 정확히 계산하는 데는 도움이 되었을 수 있지만(가령 천문학) 산업혁명의 기초가 되지는 못했다.

하지만 이 시기에 잉글랜드에서 벌어진 사회적 혁명은 기존의 사회적 위계에 진정으로 도전한 것은 아니었고, 부유해진 사람만 진지하게 대우받을 수 있었다는 점에서 혁명의 야망은 부의 획득에만 초점을 두고 있었다.

높은 사회 계층으로 올라가고 싶다면 부를 획득해야 했고, 역으로 부만 획득할 수 있다면 얼마나 높이 올라갈 수 있는지에는 한계가 없었다. 그리고 빠르게 변화하는 18세기 영국 경제에서 부는 더 이상 토지 소유하고만 관련 있지 않았다. 교역을 하거나 공장을 지어서도 큰돈을 벌 수 있었고 큰돈을 벌면 사회적 지위가 따라왔다. 이와 같이 상대적으로 유동적인 환경에서, 내세울 것 없는 집안 출신의 수많은 야심가들이 기존 사회 질서를 완전히 전복하기보다는 기존 질서가 다소 수정된 사회에서 개인적으로 성공을 통해 계층 상승을 이루고자 한 것은 당연한 일이었을 것이다.

토머스 터너Thomas Turner의 일기는 18세기 중반 그와 같은 중간계층 사람들이 가졌던 야망을 잘 보여준다. "아, 사업은 얼마나 즐거운가! (정직한 직업이기만 하다면) 활발하고 바쁜 삶은 게으르고 무기력한 삶보다 얼마나, 얼마나, 좋은가? 그리고 상업이 독려되는 바로 그 지점에 자신의 운이 놓여 있고 그것을 열정적으로 밀어붙일 기회를 가질 수 있을 때, 그는 얼마나, 얼마나, 행복한가?"

　　이것은 상업과 산업의 문제만이 아니었다. 새로운 테크놀로지의 발명은 "대항해 시대"에 중간 계층의 야심가들이 꿈과 야망을 펼치기에 자연스러운 장소였다. 옛 진리와 기성의 방식은 무너지고 있었다. 프랜시스 베이컨이 예견했듯 사람들은 점점 더 자연에 대한 정복을 마음에 품게 되었다.

새로운 것이 꼭 더 포용적인 것은 아니다

영국의 산업은 비전의 혁명을 통해 떠올랐다. 이 비전은 소박한 출신에 정식 교육도 많이 받지 못하고 물려받은 부도 거의 없는 사람들(소수의 여성도 포함해서)이 촉진하고 실행했다. 중요하게, 이들은 사회 질서 "내부에서의" 반란자였다.

　　옛 위계에 도전한 새로운 사람들이라고 하면 포용적인 비전을 갖지 않았을까 예상하기 쉬울 것이다. 또한 그랬다면 이 비전이 공유된 번영을 촉진하지 않았을까 생각할 수도 있을 것이다. 불행히도, 적어도 단기적으로는 그렇지 않았다.

　　18세기와 19세기 초의 영국에서 노동 빈민은 정치적 대표성을 가질 수 없었고 간헐적으로 시위를 하는 것 외에는 집합적인 요구를 드러낼 방도도 없었다. 그리고 새로운 비전으로 담대해진 중간 계층이 갈망한 것은 기존의 시스템 안에서 개인적으로 자신의 지위를 올리는 것이었다. 이들은 기존 시스템의 가치를 받아들이는 사람들이었고 리처드 아크라이트 등 많은 사람들이 기존 시스템 안에서 자신의 사회적 지위를 높이기 위해 영지를 구입했다.

당대의 논평가인 소암 제닌스Soame Jenyns의 말을 빌리면, "상인은 내내 저택, 탁자, 가구, 마차 등으로 귀족과 경쟁했다." 당대의 또 다른 논평가인 필립 스탠호프Philip Stanhope 체스터필드 백작도 "이 나라의 중간 계층은 더 나은 사람을 모방하느라 열심"이라고 언급했다.

중간 계층 출신의 야심가들은 도시와 농촌의 빈민에 대해 [엘리트주의적 진보 개념을 가진] 휘그 사관식 귀족주의의 내려다보는 듯한 태도를 받아들였다. 빈민은 "더 비천한 종류"의 사람들이고 자신들, 즉 시스템 안에 통합될 수 있는 사람들인 야망 있는 중간 계층과는 완전히 다르다고 여겨졌다. 그레고리 킹Gregory King은 이들 빈민이 국부에 기여하지 않고 오히려 "국부를 줄이고 있다"고 생각했다. 역시 당대의 인물인 윌리엄 해리슨William Harrison은 "[빈민은] 국가에서 목소리도 권한도 가질 수 없으며 다른 이들을 통치하는 것이 아니라 다른 이들의 통치를 받아야 하는 존재"라고 말했다.

이러한 비전을 가지고 있었으니 야심 있는 새로운 중간 계층이 자신의 부를 축적하는 데만 관심이 있었을 뿐 노동자와 사회 공동체의 생활 수준을 높이는 데는 관심이 없었다는 것은 이상한 일이 아닐 것이다. 6장에서 보겠지만, 그 결과 기술, 조직, 성장 전략, 임금 정책 등에 대해 산업가들이 내린 선택은 그들을 부유하게는 했지만 생산성 증가의 이득이 노동자들에게 공유되는 것은 가로막았다. 이러한 상황은 노동자들 자신이 정치적·사회적 권력을 충분히 획득했을 때에서야 달라지게 된다.

6장

진보의 피해자

근육 노동자, 혹은 **단순** 노동자들은 시장에서 날마다 더 거치적
거리는 존재가 되어가고 있다. 겨울이 다가오면서, 그들은 추위
에 떠는 채로 기계나 토지를 소유한 영주 앞에서 점점 더 낮게
몸을 조아린다. 허약해진 다리와 무너진 가슴으로 헛되이 거리
를 돌아다니면서 "일거리라면 무어라도" 구하려 한다.

-호레이스 그릴리Horace Greeley, 『수정궁과 그것의 교훈: 강의The
　Crystal Palace and Its Lessons: A Lecture』 1851년

산업 시대에서만 노동자들이 봉건 예속에서 거의 자유로워지지
않은 채로 단순한 물자나 소지품으로 쓰이는 것이 가능해졌다.
노동자들은 누구에게도 최악일 여건에 밀집되어 살도록 내몰렸
고 열심히 일해 번 돈으로는 완전한 폐허로 떨어질 권리밖에 살
수 없는 현실을 받아들여야 했다. 이 공장이 성취한 것은 이 노
동자들, 이러한 빈곤, 이와 같은 노예적 예속이 없었다면 달성될
수 없었을 것이다.

-프리드리히 엥겔스Friedrich Engels, 『1844년 영국 노동 계급의 상
　황The Condition of the Working-Class in England』 1845년

1842년에 나온 "아동 노동에 대한 왕립 위원회 실태 보고서Report from the Royal Commission of Inquiry into Children's Employment"는 큰 충격파를 던졌다. 그 이전 수십 년 동안 아동의 생활 및 노동 실태도 포함해 "잉글랜드의 상황"이라고 불리던 것에 대한 우려가 높아지고 있었다. 하지만 체계적인 정보가 거의 없다 보니 탄광과 공장에서 아이들이 정확히 무엇을 하고 있는지, 그리고 이것이 입법을 통해 다루어져야 할 사안인지와 관련해서는 상당한 의견 불일치가 있었다.

위원회는 3년에 걸쳐 전국적으로 아동, 아동의 가족, 고용주를 만나 상세한 실태 조사를 실시했다. 첫 보고서는 탄광에 초점을 맞추었고 긴 부록에 면담 대상자들이 한 말이 글자 그대로 실려 있었다.

매우 어린 아이들이 깊은 지하 갱도에서 장시간 고된 노동을 하고 있었다. 웨스트요크셔의 플록턴에 사는 데이비드 피라David Pyrah가 묘사한 것은 매우 전형적인 상황이었다.

나는 곧 11살이 됩니다. 스탠스필드 씨의 광구 중 하나에서 일했습니다. 크리스마스에 레일을 지지하는 침목이 내 쪽으로 떨어져 다리를 절게 되었고 그 이후로 일을 하지 못하고 있습니다. 보통은 6시에 일하러 갔지만 홀수 날에는 4시부터 일했습니다. 나오는 시간은 6, 7시, 때로는 3시였습니다. 일을 다 끝내면 그때 나왔습니다. 일은 매우 힘들었습니다. 갱도[의 높이]는 90센티미터 가까이 되었지만 입구는 그 절반 정도였습니다. 그 일이 싫었습니다. 너무 높이가 낮았고 밤까지 일해야 했기 때문입니다.

가장 작은 아이들은 갱도에서 트랩도어[앞뒤로 여닫는 날개형 문]를 열고 닫는 일을 했고 "트래퍼trapper"라고 불렸다. 몸집이 커지면 레일에서 석탄차를 끌었다. 이들은 "허리어hurrier"라고 불렸다. 갱도 높이가 낮아서 허리를 굽혀야 했고 때로는 네 발로 기어서 밀거나 끌어야 했다.

덴비 광산의 감독관이던 윌리엄 피커드William Pickard는 작은 공간에 들어가기 좋기 때문에 지하에서 아동 노동력이 매우 가치 있다고 말했다.

우리는 최근까지 트래퍼를 사용했습니다. 그 아이들은 이르게는 여섯 살부터 일을 시작했습니다. … 그리고 여덟 살이나 아홉 살이 되면 허리어가 되었습니다. 우리가 작업하는 가장 얇은 [석탄]층은 25센티미터 정도밖에 안 됩니다. 우리는 문을 66센티미터 높이로 만들었습니다. 가장 어린 아이들이 그곳에 갑니다.

남자 아이들뿐 아니라 여자 아이들도 고용되었다. 8세 세라 구더Sarah Gooder는 위험한 가스가 퍼지는 것을 막기 위해 설치된 트랩도 어를 여닫는 일을 했다.

> 나는 고버 광구의 트래퍼입니다. 일은 힘들지 않지만 등불 없이 일해 야 해서 무섭습니다. 새벽 4시에, 때로는 3시 반에 일하러 가고, 5시 반 에 나옵니다. 잠을 자러 갈 수 없습니다. 가끔 등불이 있으면 노래를 부릅니다. 하지만 어두울 때는 그러지 않습니다. 깜깜하면 감히 노래 부를 엄두를 못 내겠어요. 갱도 안에 있기가 싫습니다.

웨스트요크셔 오버튼의 15세 패니 드레이크Panny Drake는 지하 에서 석탄차를 끄는 일이 건강에 미치는 악영향을 더없이 명백하게 보여주었다.

> 때로는 머리로 석탄 수레를 밉니다. 그러면 머리가 너무 아픕니다. 건 드리기도 힘들어요. 짓무르기도 합니다. 두통과 감기, 기침, 목구멍 통 증에 자주 시달립니다. 글은 읽을 줄 모르고 내 이름 철자를 말할 수는 있습니다.

부모들도 자신의 아이가 무엇을 하는지 잘 알고 있었고, 집에 소득이 필요한데 광산이 아닌 다른 고용 가능성은 심지어 더 좋지 않 기 때문이라고 인정했다. 데이 부인은 이렇게 설명했다.

> 두 딸이 탄광에서 일하고 있습니다. 작은 애는 여덟 살, 큰 애는 5월에 열아홉 살이 됩니다. 탄광에 가지 않으면 아이들은 바가지를 들고 구

걸을 다녀야 합니다.

고용주들도 솔직했다. 어린아이들을 이런 식으로 고용하는 것은 광산의 수익성을 유지하기 위해서였다. 플록튼에 있는 한 광산의 소유주 헨리 브리그스Henry Briggs는 이렇게 말했다.

석탄층이 너무 얇을 때는 말이 끌 수 있는 갱도를 만들 수 없고 천정이 조금 더 높은 갱도를 만드는 것도 어렵습니다. 비용이 너무 많이 들 테니까요. 아이들이 갱도에서 일하지 않으면 플록튼의 가장 좋은 석탄층들이 채굴되지 못할 것입니다. 갱도 천장을 높이는 데 너무 큰 비용이 들 것이기 때문입니다.

나무는 중세 내내 가장 주된 연료원이었지만 1600년대부터도 석탄으로 대체되고 있었다. 석탄은 나무보다 에너지 밀도가 높고(단위 무게나 부피당 에너지가 더 많다) 바지선이나 범선으로 대량 운반을 하기에도 더 용이해서 단위 에너지당 운송 비용이 한층 더 저렴해질 수 있었다.

1700년대 중반 무렵에는 갱도가 지하로 더 깊이 내려갔다. 1600년대 말에는 수직 갱도가 50미터가 넘지 않았지만 1700년에는 100미터, 1765년에는 200미터, 1830년 이후로는 300미터가 되었다. 기계도 광산의 구조에 영향을 미치기 시작했다. 처음에는 수차와 풍차가 석탄을 들어올리는 데 사용되었고 1712년 이후로는 뉴커먼의 증기기관이 갱도에서 물을 빼내는 데 사용되었다. 18세기의 더 나중에는 노스이스트 등지에 대규모의 광산 지대가 생겨났고, 레일 위에서 말이

끄는 석탄차로 갱구부터 석탄을 운반했다. 깊은 갱도에서 물을 빼내려는 목적이 더 효율적인 증기기관의 개발을 추동한 주요 동기였으며, 증기기관 차량에 바퀴를 달아 석탄 운송을 개선하려던 노력이 1800년대 초에 조지 스티븐슨 같은 사람들이 철도 시스템을 발명하게 된 주요 동기였다.

1840년대 무렵 석탄 채굴은 첨단 기계 장비를 사용하는, 영국에서 가장 잘 확립된 현대적 산업 분야 중 하나였다. 20만 명 이상이 석탄 산업에 종사했고 광산마다 노동자 중 20~40퍼센트는 아동이었다.

노동 여건을 제대로 관찰한 사람들은 아동의 삶에 대해 아무런 환상도 가지고 있지 않았다. 물론 농촌 경제에서도 아이들은 여섯 살만 되면 집의 가축을 돌보았고 수확 시기에는 밭일을 했다. 또한 오래전부터 아이들은 실 잣기 등 부모가 수작업으로 하는 일에 일손을 보탰다.

하지만 믿을 수 없이 비위생적이고 위험한 조건에서 반쯤 벌거벗은 채 장시간 노동하는 아이들이 이렇게 대규모로 존재하는 것은 역사에서 비견할 만한 예를 찾아볼 수 없었다. 1850년대 중반에 아동의 노동 여건은 개선될 기미가 보이지 않았다. 변화라면, 갱도가 더 깊어지면서 노동 여건이 한층 더 악화되었다는 것뿐이었다.

탄광의 여건은 지독히 끔찍했지만 일반적이기도 했다. 왕립 위원회의 두 번째 보고서에 따르면 면직물 공장 등 그 밖의 산업 시설에서도 아이들은 탄광 못지않게 가혹한 조건에서 일했다. 아이들만 고통을 겪은 것이 아니었다. 노동자들은 공장제가 도입되기 전에 비해 실질임금은 오르지 않는데 더 장시간을 더 가혹한 여건에서 일해야 했다. 또한 위생 인프라가 없이 도시에 인구가 밀집하면서 오염과 감염병으로 사망률이 높아지고 수명이 짧아졌다.

빅토리아 시대에 소수의 사람들이 산업화 과정에서 매우 부유해지기는 했지만 대부분의 노동자는 산업화가 시작되기 전에 비해 수명이 줄고 건강이 악화되고 더 가혹한 여건에서 생활했고, 이 사실은 점점 더 간과할 수가 없게 명확해지고 있었다. 1840년대 중반이면 정치적 스펙트럼의 어디에 있든지를 막론하고 모든 저술가와 정치인들이 다음과 같은 질문을 던지기 시작했다. 왜 산업화는 많은 사람들의 삶을 악화시키는가? 이에 대해 무엇을 해야 하는가? 산업 성장을 촉진하면서 그 이득을 더 폭넓게 공유할 수 있는 방법은 없는가?

대안적인 방법은 있었다. 그리고 우리는 이 장에서 19세기 후반에 영국이 실제로 대안적인 방향으로 선회했음을 보게 될 것이다. 테크놀로지의 방향이 노동 대중에게 적대적인 쪽으로 치우치는 것은 늘 선택이었지 "진보"에 불가피하게 수반되는 결과가 아니었다. 이러한 편향을 돌리려면 그와 다른 선택이 다시 내려져야 했다.

테크놀로지의 변화가 노동 대중에게 새로운 기회를 열어주고 더 이상 임금을 내리누를 수 없게 되었을 때에서야 다수의 인구가 훨씬 더 나은 결과를 누릴 수 있었다. 그리고 이것은 공장주와 부유한 지배층에 맞서 일터에서, 이어서 정치 영역에서 길항 권력이 발달하면서 이루어질 수 있었다. 이러한 변화는 공중 보건과 인프라의 개선을 촉진했고 노동자들이 더 나은 노동 조건과 더 높은 임금을 협상할 수 있게 했으며 테크놀로지 변화의 방향이 재설정되는 데 기여했다. 하지만 세계의 나머지 지역 사람들, 특히 정치적 목소리가 없는 식민지 사람들에게는 산업화가 종종 끔찍한 영향을 미쳤다.

더 적게 받고 더 많이 일하다

생산성 밴드왜건의 논리대로라면 산업혁명 초기 국면에 테크놀로지가 빠르게 발달하면서 임금이 올랐어야 한다. 하지만 대다수 사람들의 실질임금은 정체되었다. 그와 동시에 노동 시간은 늘었고 노동 여건은 심하게 악화되어서 점점 더 많은 노동이 더 적은 시간당 임금으로 추출되었다.

식품비, 연료비, 주거비와 같은 필수 비용을 추산한 상세한 연구들이 많이 나와 있는데, 여기에서 발견할 수 있는 일반적인 패턴은 꽤 분명하다. 1600년대 말에 잉글랜드 사람 대부분은 중세의 농촌 거주자들과 거의 다르지 않은 수준의 생필품 꾸러미subsistence basket를 소비했다. 노동자의 식생활에서 핵심은 식품 형태(빵)와 음료 형태(에일맥주) 모두에서 곡물이 중심이었다. 잉글랜드의 주요 곡물은 밀이었고 주로 국내에서 재배되었다. 여기에 더해 계절에 따라 몇 가지 야채를 먹을 수 있었고 1주일에 한두 번은 약간의 고기도 먹을 수 있었을 것이다. 유럽의 다른 지역과 인도 및 중국에서도 노동자들은 이와 비슷한 수준의 생필품 꾸러미를 접할 수 있었던 것으로 보인다. 소비 수준을 추산한 연구들에 따르면, 대략 세 가지 패턴으로 시기가 구분된다.

첫째, 1650년부터 1750년 사이에 잉글랜드에서 실질임금이 서서히 향상되었다. 농업 생산성이 높아지고 아시아 및 아메리카 대륙과의 장거리 교역이 확장된 결과로 보인다. 교역은 런던과 브리스톨, 리버풀 같은 항구 도시의 소득을 높였고 전국적으로도 임금을 약간 높이는 효과를 가져왔다. 그 결과, 1750년경이면 잉글랜드의 임금은 유럽 남부, 인도, 중국보다 약간 높았다. 저숙련 노동자의 평균 칼로리 섭취는 중세보다 20~30퍼센트 많았고 이들은 500년 전의 사람들에 비해 약간 더 영양가 있는 식단과 더 많은 육류를 섭취할 수 있었다. 세계의 나머지 지역은 1200년대 수준의 빈약한 영양 상태 그대로였다.

둘째, 1750년경부터 상당히 빠른 속도로 생산성이 증가했고 이는 특히 직물 산업에서 두드러졌다. 가장 초기의 방적기는 시간당 산출을 거의 400배나 증가시켰다. 당시 인도에서는 면화 45킬로그램을 실로 잣는 데 5만 시간의 노동이 들었지만 잉글랜드에서는 1790년에 여러 개의 방추가 달린 방적기를 사용해 같은 양의 일을 1,000시간의 노동으로 해낼 수 있었다. 1825년이면 기계가 더 개선되어 이만큼의 일에 필요한 노동량이 135시간으로 줄었다.

하지만 실질임금은 거의 혹은 전혀 증가하지 않았다. 1800년대 중반에 저숙련 노동자의 소비 지출 여력은 50년 전, 심지어는 100년 전과도 별반 다르지 않았다. 산업화의 첫 세기 동안 대부분의 영국 노동자는 식생활도 그리 많이 개선되지 않았다.

셋째, 이 시기에도 숙련 노동자는 다른 이들보다 높은 임금을 받았지만 "숙련 노동자"의 범주가 크게 달라졌다. 1800년대 초에 수직기로 직물을 짜던 남성 직조공은 숙련 노동력으로 간주되었고 상당히 높은 임금을 받았다. 하지만 자동화가 되면서 남성 직조공의 일도 포함해 숙련 장인들이 담당했던 일자리의 상당 부분이 사라졌고(이 장의 뒷부분에서 살펴볼 것이다), 이들은 이제 저숙련 노동자가 되어 더 낮은 임금으로 일할 곳을 찾아야 했다. 적어도 1800년대 중반까지 숙련 노동자의 임금 증가는 안정적이지 않았고 금방 사라지기도 했다.

마찬가지로 중요하게는 이 시기 영국 노동시장의 변모는 더 장시간의 노동과 전에 비해 매우 달라진 노동 방식을 불러왔다. 경제사학자 얀 드 브리스Jan de Vries는 산업혁명Industrial Revolution이 사실상 "근면 혁명industrious revolution"이었다고 지적했다. 처음에는 영국에서, 그리고 곧이어 다른 모든 곳에서도 노동자들이 전보다 훨씬 더 열심히 일해야 했기 때문이다.

18세기 중반의 평균 노동 시간은 연간 2,760시간으로, 50년 전이나 100년 전과 크게 다르지 않았다. 그런데 1800년 경이면 평균 노동 시간이 이미 3,115시간으로 늘어 있었다. 이후 30년간 노동 시간은 더 늘어서 3,366시간이 되었고, 이는 주당 65시간에 해당했다. 그러나 더 장시간의 노동이 더 높은 소득을 의미하지는 않았다.

노동 강도와 노동 시간의 증가가 어느 정도까지 더 나은 경제적 기회에 반응한 노동자들의 자발적인 선택이었고 어느 정도까지 노동자의 의지에 반해 강요된 것이었는지에 대해 많은 논쟁이 있었다. 21세기에 안락의자에 앉아 있는 우리가 던져보기에 좋은 질문이긴 하지만, 1800년대 초에 대부분의 영국인들은 50년이나 100년 전 사람들보다 더 장시간 더 고되게 일하지 않으면 다른 방도가 없다는 것을 잘 알고 있었다. 새로이 등장한 공장 경제에서는 이것이 생존의 유일한 길이었기 때문이다.

산업혁명 전에도 많은 물건이 생산되었으며 작은 공방에서 숙련 장인들이 생산을 담당했다. 중세 말에 유럽에서 서적 생산이 급증했고 시계 제조도 비중 있는 생산 활동이었다. 1500년 이후에는 잉글랜드에서 모직물을 중심으로 직물 산업이 상당히 발달했고, 1600년대 무렵이면 석탄과 주석 광산도 산업으로서 잘 확립되어 있었다.

모직물 생산이 "선대제"로 이루어지던 시절에는 대부분의 생산 활동이 가내에서 이루어졌다. 사람들은 자기 집에 물레와 베틀을 놓고 자신의 속도로 일했고 생산량에 따라 보수를 받았다. 적은 보수에 고된 노동이긴 했지만, 언제 어떻게 일할지에 대해 각자가 상당한 자율성을 가질 수 있었다. 사람들은 이러한 유연성을 활용해 노동 시간과 노동 방식을 자신의 필요에 따라 조정했다. 이를테면, 병행하고 있는 농사일의 일정에 따라 직물 짜는 일을 조정할 수 있었다. 피곤하거나 전날 저녁에 술을 너무 많이 마셨다면 쉴 수도 있었다. 직조공들은 대개 월요일에는 일하지 않았고 때로는 화요일에도 일하지 않았다. 그리고 필요하면 금요일이나 토요일 밤에 일해서 보충했다. 대개는 몇 시간 일했는지 기록할 필요가 없었고 시계 자체가 없는 경우도 많았다.

하지만 공장 노동으로 이 모든 것이 달라졌다. 초창기 공장에 대한 오늘날의 이미지는 애덤 스미스가 『국부론』에서 묘사한 핀 공장 이미지에 기댄 바가 크다. 스미스가 그 책에서 강조하고자 한 바는 분업이 각각의 노동자가 특정한 업무에만 집중하게 함으로써 효율성을 얼마나 크게 높일 수 있는지였다. 하지만 초창기 공장 조직에서 분업 못지않게 기술적 효율성 증대에 큰 기여를 한 것은 노동자들에게 엄격한 규율을 부과한 것이었다. 공장은 노동자가 일하러 와야 하는 시간과 집에 돌아가도 좋은 시간을 엄격하게 정했고, 노동자들이 상당히 긴 노동 시간 및 훨씬 더 위계적인 의사결정 구조에 순응하도록 요구했다. 공장 조직의 많은 요소가 초창기의 근대적 군대 조직을 본뜬 것이었다.

군사 훈련은 1600년대 초에 네덜란드의 귀족이자 뛰어난 전략가로 이름을 날린 오라녜 공 마우리츠Maurits van Orange가 개발했다고 알려져 있다. 그는 총을 쏘는 과정을 20개의 구분 동작으로 나누고 표준화했다. 활동 방식을 더 완벽하게 개선하려는 노력은 로마 시대까지 거슬러 올라갈 수 있지만, 군사 훈련은 특히 군인들을 조직화하는 데 주효한 방식이었다. 구령에 따라 일제히 작은 움직임들을 취하게 함으로써 보병이 대오를 갖추어 행진을 하면서 방향을 바꾸고, 방진 대열을 구성하고, 역방향으로 이동하는 것 등이 가능해졌다. 몇 달만 훈련을 받으면 수백 명이 긴밀하게 하나가 되어 싸우는 법을 배울 수 있었고, 적의 화기나 기병의 공격에 맞닥뜨려도 침착하게 응집을 유지할 수 있었다. 이러한 방법을 사용하면서 군의 규모도 커졌다. 1600년대와 1700년대 초의 군대는 일반적으로 수만 명으로 이루어져 있었고 1640년대 잉글랜드 내전에서의 주요 병력이었던 신모범군은 2만 명이 넘었다.

공장을 의미하는 영어 단어 "factory"는 기름 짜는 도구나 방앗간을 의미하는 라틴어 단어가 어원이다. 1500년대에는 규모가 비교적 작은 사무소나 교역의 전초 기지를 의미하는 말로도 쓰였다. "물건을 만드는 건물"의 의미로 쓰인 용례는 1600년대 초부터 찾아볼 수 있다. 그러다가 1721년부터 이 단어는 꽤 새로운 무언가를 의미하기 시작했다. 기계가 돌아가는 곳에서 여성과 아동도 포함해 다수의 사람들이 모여 일하는 곳을 의미하게 된 것이다. 초창기 직물 공장에는 많게는 1,000명이 고용되어 있었고 반복 동작에 방점을 두고 업무를 단순한 부분들로 쪼갠 뒤 강한 규율을 부과해 모두가 한 몸처럼 일하게 했다. 물론 노동자의 자율성은 크게 줄었다.

당대의 가장 성공한 혁신가이자 공장 소유주였던 리처드 아크라이트는 첫 공장을 탄광 근처에 지었다. 당시에 그의 공장은 수력을 사용했기 때문에 동력원에 쉽게 접하기 위해 정한 입지는 아니었다. 아크라이트의 목적은 탄광 노동자의 가족들을 고용하는 것이었다. 여성과 아동은 고도로 규율 잡힌 군대식 시스템에서 성인 남성보다 말도 더 잘 듣고 손놀림도 디 민첩하다고 여겨졌다. 물은 밤낮으로 흐르니 공장은 쉬지 않고 돌아갈 수 있었다. 공장을 짓는 데는 돈이 많이 들었으므로 일단 투자를 하고 나면 사업가들은 공장의 장비를 가능한 한 밀도 있게 사용하고자 했다. 늦은 밤까지 공장을 돌리는 것은 당연했고 밤낮없이 가동할 수 있으면 더욱 좋았다.

오라녜 공 마우리츠가 이 시기에 생겨나던 공장들을 보았다면 아동이 대거 동원되었다는 점에는 놀랐겠지만 나머지는 매우 익숙하게 여겼을 것이다. 공장의 모든 노동자가 제시간에 와야 했다. 모두 기계를 다루는 방법을 배워야 했으며 대개는 제한된 범위의 동작으로 기계를 다루었다. 그리고 그 동작은 정확하게 수행되어야 했다. 패턴을 약간만 벗어나도 생산이 교란되거나 장비가 망가질 수 있었다. 프롤로그에서 살펴본 제러미 벤담의 파놉티콘이 그 형태로는 널리 도입되지 않았어도, 노동자들은 정신을 집중하고 명령을 잘 따르도록 면밀하게 감시, 감독되었다.

노동자들은 노동 여건에 대해, 특히 위계적인 구조에서 자율성이 상실되는 데 대해 불만을 표했다. 랭커셔의 한 민요가 이러한 정서를 잘 보여준다.

자, 모든 면직물 직조공들아, 아주 일찍 일어나야 한다
새벽부터 정오까지 공장에서 일을 해야 하니까
집 뜰에서 하루에 두어 시간 산책을 해서는 안 된다
그들의 명령을 따라야 하고
언제나 너의 직기에서 북이 움직이게 해야 하니까

산업 재해가 수도 없이 일어났지만 회사는 노동자의 안전이나 재해 보상에 관심이 없었다. 아들이 공장에서 사고로 숨진 맨체스터의 한 아버지는 이렇게 말했다. "나는 아들이 일곱 명 있었습니다. 하지만 일흔일곱 명이 있었대도 면직물 공장에는 한 명도 보내지 말았어야 합니다." 공장의 문제는 "아침 6시부터 밤 8시까지 이어지는" 고된 노동만의 문제가 아니었다. 노동 여건, 규율, 위험, 모두가 문제였다.

노동자들이 조직화되지 못했고 정치적 권력이 약했으므로 고용주들은 낮은 임금을 주어도 아무런 문제에 봉착하지 않았다. 공장 규율을 강화하고 노동 시간을 늘리고 노동 조건을 가혹하게 해도 마찬가지였다. 고용주는 강력하고 노동자는 그렇지 않은 상황에서는 생산성의 이득이 노동자와 공유되지 않고, 고용주의 이윤은 더 높아진다. 따라서 이 시기에 노동자들이 더 적게 받으면서 더 많이 일하게 된 것은 자본과 노동 사이의 지극히 불균형적인 권력 관계의 결과였다.

임금을 낮게 유지하고 최대한 많은 노동을 뽑아내려는 고용주의 목표는 빅토리아 시대 영국의 가혹한 빈민(고아 포함) 정책에서도 도움을 받았다. 일례로 아크라이트의 초창기 공장들은 노동자 상당수가 지역 구빈원에서 배정된 아이들이었다. 가족이 부양할 수 없어서 구빈원으로 보내진 아이들이었는데, 이 아이들은 법적으로 "도제" 신분이어서 배정된 일터를 떠나는 것이 허용되지 않았다. 배를 곯지 않으려면 어차피 다른 방도가 없기도 했을 것이다. 그 결과, 아이들은 더 높은 임금이나 더 나은 노동 조건을 요구할 수 없었다.

고대 이집트나 로마의 대규모 건설 프로젝트에서는 오랜 세월 일을 익힌 숙련 장인 노동력이 핵심이었다. 대조적으로, 영국의 공장들은 여성과 아동도 포함해 해당 업종에 대한 특별한 기술이 없는 사람들을 고용했다. 그리고 많은 이들이 일을 통해 새로운 숙련 기술을 획득하지도 못했다. 지하에서 트랩도어를 여닫는 일이나 머리로 석탄 수레를 미는 일은 숙련을 쌓을 수 있는 과정이라고 볼 수 없다. 그리고 아이들이 사고로 죽거나 다치면 또 다른 노동력으로 쉽게 대체되었다.

1800년경 영국의 면직물 산업은 세계 최대 규모였고 여기에서 막대한 부가 창출되었다. 아크라이트는 영국 최대 갑부 중 한 명이 되었고, 그가 데본셔 공작 부인에게 도박 빚을 갚으라고 5,000파운드를 빌려준 이야기는 유명하다. 중간 계층 출신 산업가들은 빠르게 계층 상승을 달성했다. 하지만 생산성 밴드왜건에 올라탄 사람은 많지 않았다.

그리고 아직 이것도 최악이 아니었다.

러다이트의 고난

1812년 2월 27일, 산업혁명에 문자 그대로도 은유적으로도 "스팀"이 한창 오르고 있던 때에 의회에서 바이런 경이 연단에 섰다. 낭만주의 시인으로 이미 유명한 젊은이였던 그는 글처럼 말도 유려했다. 하지만 그날 연설의 주제는 가혹하리만큼 현실적이었다. 그는 새로 발명된 직물 기계, 특히 방직 기계를 부수는 사람을 최고 사형에 처할 수 있게 하는 "기계 파괴 방지 법안Frame Breaking Act"에 반대 의견을 밝히려는 참이었다.

면화솜으로 옷을 만드는 것은 아주 오래전부터 있었던 산업이지만, 기록이 존재하는 2000년 내내 생산 방식에는 변화가 거의 없었다. 그러다가 1730년대부터 잉글랜드에서 일련의 발명이 이루어졌고 실 잣기가 기계화되었다. 이제 커다란 공장에서 대개 저숙련 노동자를 고용해 훨씬 낮은 비용으로 방적이 가능해졌다.

이에 따라 면사의 실질 가격이 과거의 15분의 1 수준으로 떨어졌다. 처음에는 숙련 직조공에게 좋은 소식이었다. 면사 가격이 떨어지자 면직물 산업이 확대되었다. 하지만 숙련 직조공에게 득이 되는 상황은 짧게 끝났다. 직물을 짜는 데도 기계화의 파도가 밀려왔기 때문이다. 직물 공장은 이제 방직 기계를 돌렸고 숙련 직조공에 대한 수요는 급감했다.

1811년에서 1812년 사이에 스스로를 "러다이트"라 칭하는 직조공들이 기계 파괴 운동을 벌였다. 러다이트라는 이름은 1779년에 방직기를 부수었다고 알려지면서 이와 같은 노동자들의 상징이 된 네드 러드Ned Ludd의 이름을 딴 것이다. 러다이트들은 공개 서한에서 자신들이 약탈이나 도둑질을 하려는 것이 아니라고 명확하게 밝혔다. 노팅엄셔의 러다이트들은 다음과 같이 선언했다. "약탈은 우리의 목적이 아니다. 지금 우리의 목적은 모든 이의 삶이 공통적으로 필요로 하는 것들을 얻는 것이다." 아랑곳없이, 정부의 대응은 기계를 파괴했을 때 받게 될 최고 형벌을 호주 유형에서 사형으로 높이는 법안을 발의한 것이었다.

바이런은 의회에서 [기계의 파괴는 이들의 잘못이 아니라 그들을 그렇게 내몬 정책의 잘못이므로 이들에게 책임을 물어 형벌을 높이는 것은 부당하다는 취지에서] 다음과 같은 열정적인 연설로 이후 200년간 테크놀로지와 일자리의 관계를 두고 벌어지게 될 긴 논쟁의 구도를 예고했다.

[… 절대적인 결핍만이 한때는 정직하고 성실했던 수많은 사람들을 본인과 가족과 공동체에 해가 되는 과도한 행동으로 이끌게 된다는 것을 알 수 있습니다… 기계를 도입하면 한 명이 많은 이의 일을 할 수 있고 많은 노동자가 일터에서 버려지게 됩니다. 그런데 그렇게 만든 제품은 품질이 낮아서 국내 시장에 나갈 수 없고 서둘러 수출품이 되어야 합니다. 이것이 업계에서 "거미의 제품"이라고 불리는 것입니다.] 거부당한 노동자들은 무지에 눈이 가려 인류에게 퍽이나 큰 득이 될 기예의 향상을 기뻐하지 못하고 자신이 기계의 진전에 희생되었다고 생각합니다. 어리석음에서 그들은 노동자들을 일자리에서 몰아내고 노동자들이 하는 일의 값어치가 낮아지게 만드는 향상 모두가 소수를 부유하게 하는 것이 아니라 근면한 빈민의 생존과 후생을 더 큰 목적으로 했어야 한다고 생각하는 것입니다…
[하지만 이러한 고통과 그 결과로 일어나는 교란의 진정한 원인은 더 깊은 곳에 있습니다. 이들이 집단을 이루어서 자신의 안락만이 아니라 생계 수단까지 파괴하려 한다고 사람들은 이야기하지만 진짜 원인은 이 가혹한 정책입니다…]

바이런은 정치를 오래 하지는 않았고 정치를 하는 동안 그리 영향력이 있지도 않았다. 이것은 불행한 일이었는데, 그가 정말 명료하고 설득력 있게 말하는 사람이었기 때문이다.

나는 이 반도를 가로지르며 전쟁을 보았습니다. 튀르키예의 가장 억압받는 지역에도 가보았습니다. 하지만 가장 압제적이고 불경한 정부 치하인 곳들에서도, 다시 돌아와서 기독교 국가의 심장에서 본 것 같은 파괴적인 비참함은 보지 못했습니다.

산업화는 좋은 일자리, 생계, 삶을 파괴했다. 이후 수십 년간의 전개 과정은 바이런의 말이 결코 과장이 아니었음을 보여주었다. 오히려 그가 본 것도 막대한 피해의 일부에 불과했다.

미국의 저명한 신문 발행인인 호레이스 그릴리도 1851년에 런던 세계박람회를 보러 왔다가 19세기 중반에 벌어지고 있던 수많은 고통의 원인이 기계(자동화)가 노동력을 대체하는 데 있다는 결론에 도달했다.

> 모든 면에서 발명의 행진이 지속적이고 빠르고 가차 없이 진전되고 있다. 30년 전의 수확 노동자는 오늘날 기계가 그가 할 수 있는 것보다 스무 배나 빠르게 수확하는 것을 보게 될 것이다. 전에는 수확 노동에서 3주 정도 꾸준한 일감을 얻을 수 있었다면 이제는 시중 드는 사람으로 3일간의 일감만 가질 수 있게 될 것이다. 일은 전에 못지않은 품질로 잘 이뤄지지만 훨씬 싸게 수행된다. 하지만 슬프게도 생산물 중 그의 몫은 줄어든다. 절삭 기계는 감탄할 만하게도 사람 200명이 할 일을 해내는데 임금은 서너 명에게만, 그것도 적은 금액만 지급하면 된다. 그리 비싸지 않은 봉제 기계는 침모 40명이 할 일을 쉽고 싸게 해낸다. 하지만 세상의 모든 침모들은 이런 기계를 가지고 있지 못할 것이다.

1장에서 보았듯이 기계는 자동화로 노동자를 대체하는 쪽으로도 쓰일 수 있고 노동자의 한계생산성을 높이는 쪽으로도 쓰일 수 있다. 후자의 사례는 수차와 풍차였다. 전에 손으로 했던 일의 일부를 대체했지만 값이 싸진 곡물과 모직물을 처리하는 데 필요한 노동력의 수요를 늘렸고, 새로운 업무가 창출된 것도 이러한 노동 수요 증가에 일조했다.

순전한 자동화는 이와 다르다. 노동자가 산출에 기여하는 바를 증가시키지 않아서 추가적인 노동력을 고용해야 할 필요를 일으키지 않기 때문이다. 그 때문에 자동화는 소득 분배에 더 극명한 결과를 낳는다. 아주 크게 이득을 보는 승자(가령, 기계의 소유자)와 아주 많은 수의 패자(가령, 일자리에서 밀려난 사람)를 낳게 되는 것이다. 따라서 자동화가 많이 진행되는 곳에서는 생산성 밴드왜건이 더 약하다.

자동화가 만연하면서(특히 직물 산업에서) 18세기 말과 19세기 초에 영국 경제에서는 기계화가 진행되었는데도 생산성 밴드왜건이 일어나지 않았고 임금도 증가하지 않았다. 영국의 초창기 공장 시스템에 대해 기록을 남긴 앤드류 유어Andrew Ure는 1835년 저서 『공장의 철학The Philosophy of Manufacturers』에서 이렇게 언급했다.

공장 고용에서는 분업, 아니 사람들이 가진 서로 다른 재능에 맞게 노동을 조정하는 것이 거의 고려되지 않는다. 오히려 어느 공정이 특정한 기술과 꾸준한 일을 필요로 할 때면 여러 가지 방식으로 불규칙성을 일으키는 **교활한** 노동자에게서 그 일을 가능한 한 빨리 떼어내 독특한 메커니즘이 그것을 담당하게 한다. 이렇게 너무나 스스로 잘 돌아가는 기계가 그 일을 맡게 되면 어린아이라도 그것을 다룰 수 있게 된다.

어린아이라도 그 일을 "다룰" 수 있게 된다는 것은 불행히도 은유가 아니었다.

276

러다이트 본인들은 기계가 자신에게 무엇을 의미하는지뿐 아니라 그것이 기계가 어떻게 사용될지와 누가 이득을 얻을지에 대한 선택의 문제라는 것까지 이해하고 있었던 것 같다. 글래스고의 한 직조공은 이렇게 말했다.

정치경제학 이론가들은 부와 권력이 확산되는 방식이나 더 낮은 사회 계층에 미치는 영향보다 부와 권력의 총량에 더 중요성을 둔다. 자본을 소유한 공장주들과 새로운 기계의 발명가들은 그것들을 자신의 수익 증대에 득이 되게 사용할 방법이 무엇일지만 연구한다.

직물 산업에서 생산성이 향상되면서 기계와 도구 제조 등 여타 분야에서도 일자리가 창출되긴 했지만 이 수십 년 동안의 시기에는 다른 영역에서 발생한 추가적인 노동 수요가 임금을 밀어 올리기에 충분하지 않았다. 게다가 이제 일자리를 잃은 숙련 직조공이 얻을 수 있는 어떤 새로운 일자리도 그들이 가진 숙련 수준과 이전의 소득 수준에 미치지 못했다. 직조 기계가 자신의 생계를 무너뜨리고 있다는 러다이트들의 우려는 틀린 것이 아니었다.

이 시기에 영국 노동자들은 노조가 없었고 단체 협상도 할 수 없었다. 최악으로 억압적이던 중세 시대의 노동 관계는 폐지되었지만 여전히 많은 노동자들이 준강제적인 고용 관계에서 고된 노동을 했다. 1351년의 노동자 규제법Statute of Labourers은 1863년이 되어서야 폐지되었고, 1562년에서 1563년 사이에 도입된 장인 규제법Statute of Artificers(노동자 규제법과 비슷하게 강제적인 부역 노동을 강요했고 계약 기간이 끝나기 전에 일터를 떠날 수 없게 했다)은 여전히 많은 노동자를 법으로 처벌하는 데 사용되고 있었다. 1823년과 1867년에는 노동자 쪽에서 계약을 깨지 못하게 하는 조항을 갱신하기 위해 주종법Master and Servant Act 개정안이 통과되었다. 이러한 법으로 1858년과 1867년 사이에 1만 명이 기소되었다. 대개 이와 같은 사건은 불만을 제기하는 노동자를 체포하는 데서 시작되었다. 이 법들은 일관되게 노동자들의 조직화를 저지하는 데 쓰였으며 1875년에서야 폐지되었다.

노동자 계급의 비참한 상황은 정치적으로 강력한 사람들이 가졌던 비전과 완전히 합치했다. 권력을 가진 사람들의 태도와 그것이 갖는 함의는 1832년에 구성된 "구빈법 실행에 관한 왕립 조사 위원회 Royal Commission into the Operation of the Poor Laws"에서 단적으로 볼 수 있다. 이 위원회는 엘리자베스 여왕 시절로까지 거슬러 올라가는 옛 구빈법의 개정안을 마련하기 위해 구성되었다.

옛 구빈법도 가난한 사람들에게 가차 없었고 전혀 너그럽지 않았지만, 이 시대의 새로운 사상가들이 보기에는 그들이 노동을 하도록 만들기에 충분치 않아 보였다. 따라서 위원회는 모든 빈민 구호가 노동구빈원의 맥락에서 이루어지게 하는 개편안을 제안했다. 수혜자가 구빈원에 있는 기간 중에도 행동을 잘 가다듬고 계속 일을 하게 만든다는 것이었다. 또한 위원회는 수혜 조건을 더 엄격하게 하고 구빈원의 여건이 지내기에 훨씬 더 안 좋아지게 해야 한다고 제안했다. 가난한 사람들이 구빈원에 가느니 노동시장에 나가 일하는 쪽을 택하게 만들기 위해서였다.

주로 귀족, 신사 계층, 중간 계층으로 구성된 납세자들의 부담도 줄게 될 터였다. 정치적인 합의가 이루어졌고 위원회의 제안은 1834년에 약간 완화된 버전으로 의회에서 통과되었다. 한 전문가의 표현을 빌리면 노동구빈원은 "가난한 사람을 처벌하기 위한 감옥 시스템"으로 귀결되었다.

이러한 환경에서 노동자들은 높은 임금을 받거나 수익을 공장주와 공유할 수 있는 기회를 거의 가질 수 없었다. 그런데 산업화 초기 국면의 문제는 노동자들이 더 장시간 동안 덜 자율적인 상태로 일하게 된 것과 실질임금이 오르지 않은 데서만 그치지 않았다. 사회적 권력에 의한 테크놀로지의 편향은 더 광범위한 궁핍화 효과를 일으켰다.

지옥문이 열리다

산업화는 막대한 오염을 일으켰고 석탄 사용이 늘어나면서 특히 더 그랬다. 초기의 직물 공장은 수력으로 돌아갔지만 1800년 이후로는 석탄이 점점 더 확산되던 증기기관에 동력을 제공했다. 대형 수차도 공장을 돌리는 데 사용되었지만 유량이 충분한 곳에서만 가능했다. 증기기관을 사용한다는 말은 공장이 어디에나 지어질 수 있다는 뜻이었다. 항구 근처, 석탄 산지 근처, 노동력이 풍부한 곳 근처, 혹은 이 모든 것이 있는 곳 근처 어디에든 말이다.

증기기관이 도입되면서 공장이 밀집한 산업 중심지는 굴뚝 숲을 이루었고 밤낮으로 매연을 뿜어냈다. 맨체스터는 1780년대에 첫 모직물 공장이 들어섰지만 1825년이면 104개의 공장이 돌아가고 있었다. 전해지기로는 맨체스터에 증기기관이 110대나 있었다고 한다. 한 기록에 따르면,

100마력의 증기기관 한 대가 880명에 맞먹는 힘을 낼 수 있고 5만 개의 방추를 빠르게 돌려 실을 뽑을 수 있다. 각각의 방추가 별도의 실타래를 만들고 전체가 이 목적으로 지어진 거대한 건물에서 돌아간다. 완전히 기계에 적합하도록 되어 있어서 낭비되는 공간이 한 군데도 없다. 750명이면 그와 같은 공장에서 이 모든 것을 작동시키기에 충분하다. 증기기관의 도움으로 그들은 20만 명이 자을 양에 맞먹는 실을 자을 수 있을 것이고 한 사람으로 계산하면 각각 266명어치의 일을 할 수 있을 것이다.

산업화 초기 국면에서 오염은 통제 불능의 수준이었다. 이로 인해 막대한 사망자가 발생했고 대부분의 사람들에게 삶의 질이 상상할 수 없을 정도로 저하되었다. 프리드리히 엥겔스는 오염이 노동자 계급 사람들에게 미치는 악영향을 맹렬히 비판했다.

오늘날 사회가 막대한 다수의 빈민을 대하는 방식은 역할 정도다. 그들은 큰 도시로 밀려 나와 시골에서보다 안 좋은 공기를 마셔야 한다. 그들은 건설 방식 때문에 환기가 다른 어느 곳보다도 안 되는 지역에서 살아야 한다. 그들은 청결의 모든 수단을 박탈당한다. 깨끗한 물 자체도 없다. 파이프는 돈을 내야 이용할 수 있고 강은 너무 오염되어서 청결의 목적으로는 쓰일 수 없기 때문이다. 그들은 모든 오물과 쓰레기와 폐수를 그냥 길거리에 버려야 한다. 구역질 나는 찌꺼기와 변까지도 말이다. 그 외에는 다른 방법이 없다. 따라서 그들은 자신의 거주지를 오염시킬 수밖에 없게 된다.

군 경력으로 잔뼈가 굵은 고위 장군 찰스 네이피어Charles Napier 경은 1839년에 맨체스터에 주둔해서 평화 유지 부대를 지휘하게 되었다. 엥겔스만큼 급진주의자는 아니었지만 그도 맨체스터의 여건에 경악했고 일기에 "지옥문이 열렸다!"고 기록했다.

악명 높은 런던의 스모그는 주로 석탄을 때는 데서 발생했는데, 한 세기도 넘게 200명당 한 명꼴로 사망할 만큼 심각한 "급성 공해 노출" 문제를 가져왔다.

오염은 19세기에 사람들의 수명을 줄인 여러 이유 중 하나에 불과했다. 도시 거주자에게 더 치명적인 위협은 감염병이었다. 1700년대에 천연두 등 잘 알려진 감염병을 통제하는 데서 진전이 있기는 했지만 인구가 과밀하고 빠르게 늘고 있던 산업 도시들은 새로운 질병이 생기고 퍼지기에 이상적인 조건이었다. 1817년에 최초로 전 지구적인 콜레라 대유행이 발생한 이후 19세기 말까지 콜레라가 주기적으로 발생했다. 그때가 되어서야 도시에 깨끗한 물을 안정적으로 공급하는 것의 중요성이 완전하게 인식되면서 콜레라가 수그러들 수 있었다.

인구가 과밀한 대도시에서 사망률이 빠르게 증가했다. 버밍엄은 1831년에 사망률이 1,000명당 14.6명이던 데서 1841년에는 27.2명으로 증가했다. 비슷한 수준의 사망률 증가가 리즈, 브리스톨, 맨체스터, 리버풀에서도 있었음이 기록으로 남아 있다. 새로운 공장 도시들에서는 아이의 절반이 5세를 넘기지 못하고 숨졌다.

맨체스터에는 7,000명이 넘는 인구에 변소가 33개뿐인 곳도 있었다. 서더랜드는 76명당 하나였다. 변소 대부분은 하수 시스템에 연결되어 있지 않아서 도시에 오물 구덩이들이 생겨났고 거의 잘 치워지지 않았다. 어차피 하수 시스템도 들어오는 인분을 제대로 처리하지 못했다.

　이러한 환경에서 오랜 질병인 결핵이 무서운 기세로 다시 등장했다. 결핵은 이집트의 미이라에서도 발견되었을 정도로 아주 오래된 질병이고 예전부터도 인구 밀도가 높은 곳에서 골칫거리였다. 하지만 19세기에 대도시에 밀집되고 비위생적인 생활 여건이 전례 없이 확산되면서 결핵은 주요 사망 원인이 되었다. 가장 심각했던 19세기 중반에 잉글랜드와 웨일즈에서 연간 6만 명이 결핵으로 사망했다. 연간 총 사망자가 35만에서 50만 명 사이이던 시기에 말이다. 또한 이는 대부분의 사람이 생애의 어느 한 시점에 결핵을 앓았다는 의미이기도 하다.

　아이들에게 잘 전파되는 감염병인 성홍열, 홍역, 이질 등은 20세기에 들어서고서 한참이 지나서까지도 치명적인 병이었고 효과적인 백신이 도입되고서야 겨우 수그러들었다. 호흡기 질환인 홍역과 결핵은 대기 오염으로 한층 더 심해져서 사망률 증가에 일조했다. 이 시기 내내 모성 사망률도 높았고 그 세기 말을 향해 가면서 손 씻기의 중요성이 널리 알려지기 전까지는 병원에서 감염되는 일도 흔했다.

　맨체스터는 1770년대 초에 인구가 2만여 명이었는데 1823년에는 10만 명 이상으로 늘었다. 과밀한 인구가 도시의 불결한 거리와 불충분한 물 공급과 도처에 오물이 널린 환경 속에서 부대끼며 살아가느라 고전했다.

　밀집되고 불결한 생활 여건, 고된 삶, 값싼 술은 또 다른 문제를 낳았다. 가정 폭력도 포함해서 각종 폭력 사건이 증가한 것이다. 가정 폭력은 산업화 이전에도 있었고 교육, 영양, 돌봄 등에서 아동이 잘 대우받는 것은 20세기가 되어서야 표준적인 규범으로 자리 잡지만, 다들 도수가 약한 에일을 마시던 시절에는 술로 인한 폭력이 상대적으로 적었다. 기록에 의하면 영국인들이 증류주를 마시게 된 것은 1706년 라미예 전투Battle of Ramillies 이후로 알려져 있으며, 1700년대에 진 소비가 급증했고 1800년대 중반에는 알콜 중독이 만연했다. 담뱃값이 저렴해지면서 담배도 노동자 계급이 소비할 수 있는 품목이 되었다.

이에 대해 영국의 식자층은 국가 전체적으로 도덕이 퇴락하고 있다고 개탄했다. 저술가 토머스 칼라일Thomas Carlyle은 1839년에 이와 관련해 쓴 영향력 있는 글에서 "잉글랜드의 상황"이라는 표현을 사용했다. 찰스 디킨스Charles Dickens, 벤저민 디즈레일리Benjamin Disraeli, 엘리자베스 개스켈Elizabeth Gaskell, 프랜시스 트롤로페Frances Trollope 등이 쓴 사회적 소설은 공장 생활의 해로운 측면을 적나라하게 묘사했다.

1899년에서 1902년 사이의 제2차 보어 전쟁Boer War 때 영국군에 대해 실시한 건강 검사는 국가 전체적으로 건강이 심각하게 악화된 상태임을 보여주었다. 산업화는 공중 보건상의 재앙을 불러왔다.

휘그 사관은 어디에서 잘못되었는가

토머스 매콜리Thomas Macaulay는 1848년에 출간된 저서 『영국사History of England』에서 영국 근대사를 다음과 같이 요약했다.

우리나라에서 지난 160년은 물리적·도덕적·지적 향상의 시기였다고 말할 수 있다. 자신이 몰락한 시기를 본인의 상상 속에만 존재하는 시대와 비교하는 사람들은 퇴락과 부패를 이야기할지도 모른다. 하지만 과거에 대해 정확한 정보를 가지고 있는 사람이라면 현재를 비참해하거나 시큰둥하게 보지 않을 것이다.

이와 같은 장밋빛 견해는 더 폭넓게는 "휘그 사관"으로 알려진 역사 해석을 반영하며, 스스로의 동력으로 작동하는 생산성 밴드왜건에 대한 더 현대적인 경제학의 가정과도 일맥상통한다. 두 관점 모두 종국에 진보는 다수 대중에게 이로우리라는 개념에 토대를 두고 있다.

영국의 공장 시스템 확산에 대해 앤드류 유어가 제시한 설명은 1830년대의 낙관주의를 잘 보여주며 오늘날의 테크 미래주의자들이 즐겨 쓰는 화법의 전조라고 하기에도 손색이 없어 보인다. 유어는 심지어 숙련 장인들이 일자리를 잃고 있다는 이야기를 하면서도 "공장 시스템은 앞으로 더욱 성장하면서 세계의 중심인 영국에서부터 지구 곳곳으로 이곳의 상업을 확산함과 함께 수많은 사람들에게 과학과 종교의 생명소를 전파해 문명을 가져다줄 수 있는, 기계와 정치경제 분야의 독창성으로 가득하다"고 자신만만하게 선포했다.

안타깝게도, 세상은 이러한 서술이 암시하는 것보다 훨씬 복잡하다. 바로 사회적·경제적 향상이란 저절로 이루어지는 것이 전혀 아니기 때문이다. 제도적 변화와 새로운 테크놀로지가 생겨났다고 해도 그렇다.

당시 휘그 사관의 낙관주의에는 이해할 만한 면도 없지는 않았다. 신사 계급과 새로운 상인 계급, 더 나중에는 산업가 계급 등 잉글랜드에서 떠오르고 있던 사회 계층의 견해를 반영하고 있기 때문이다. 또한 얼핏 보기에는 맞는 것 같기도 했다. 산업화가 새로운 사람과 새로운 아이디어를 전면으로 불러왔기 때문이다. 하지만 이 장에서 보았듯이 이러한 형태의 사회 변화가 그 자체의 자동적인 추동력으로 대다수의 사람들을 더 나은 삶으로 밀어 올려주지는 않았다.

1800년대 초에 아크라이트 같은 산업가들은 기존의 사회적 위계 사다리에서 위로 올라갈 수 있었다. 하지만 그는 사회적 장벽을 철폐하거나 진정한 기회의 평등을 만들려 한 것이 아니었고, "더 비천한 종류의" 사람들을 위해서 그렇게 하려 한 것은 더더욱 아니었다. "중간 정도의 계층" 출신인 이들 사업가들은 자신의 기회를 추구했고 개인적인 이동을 통해 상류층에 진입하고자 했다. 이들이 발달시킨 비전은 이러한 동기를 반영하고 있었고 또한 정당화했다. 당대의 지배적인 주장에 따르면 핵심은 효율성이었고 이는 국익에도 도움이 될 터였다. 새로운 기술적·경제적·정치적 지도자들은 진보의 전위였고, 이 진보에서 다른 모든 사람 역시 혜택을 입을 것이라고 상정되었다. 그들이 아직 온전하게 이해하고 있지 못할지라도 말이다.

생시몽, 앙팡탱, 레셉스와 같은 프랑스인들과 더불어 영국인인 벤담의 견해도 이러한 비전을 상징적으로 보여준다. 기술과 진보에 대한 강한 믿음에 더해 벤담주의자들은 두 가지의 핵심 개념을 추가로 가지고 있었다. 첫째, 성인 간에 상호 동의한 계약에는 정부가 개입하면 안 된다. 어떤 사람이 장시간 건강하지 못한 환경에서 일하기로 동의했으면 그 결과는 그가 알아서 감당할 일이다. 아동의 생명은 공공의 사안이 될 수 있겠지만 성인은 각자가 알아서 해야 한다.

둘째, 어떤 정책이건 그것의 가치는 관여된 사람들에게 얼마나 많은 이득을 창출해 주는지와 얼마나 많은 손실을 일으키는지를 가늠해 평가되어야 한다. 따라서 아동의 노동 조건을 개혁했을 때 아동이 얻게 될 이득을 고용주가 입을 피해와 견주어야 한다. 건강이 개선되고 학교에 다닐 수 있게 되는 등 아동이 얻게 될 이득이 막대하다 해도 고용주가 (주로는 이윤과 관련해서) 입을 손실이 더 크다면 이 개혁은 도입해서는 안 된다.

계층 상승 중인 "중간 정도의 사람들"을 포함해서 정치적 목소리를 낼 수 있는 사람들에게는 이것이 현대적이고 효율적인 생각으로 여겨졌고, 이는 설령 그 과정에서 피해가 발생하더라도 진보의 불가피한 행진을 막으려 해서는 안 된다는 믿음을 정당화했다.

19세기 초반 내내 이것이 (그리고 여기에 수반되는 모든 문제들도) 진보의 경로였다. 이 경로에 의문을 품는 사람이나 그것을 가로막으려는 사람은 멍청이이거나 그보다 더 안 좋은 무언가로 여겨졌다.

진보와 그것의 엔진

50년 뒤, 이제는 상황이 매우 달라져 있었다.

19세기 후반 들어 임금이 꾸준히 오르기 시작했다. 1840년에서 1900년 사이에 노동자 1인당 산출은 90퍼센트 증가했고 실질임금은 123퍼센트 증가했다. 저숙련 노동자의 소득도 상당히 증가하고 식생활 및 생활 여건도 개선되었다. 근대 들어 처음으로 생산성과 임금이 대략 같은 속도로 증가했다.

노동 여건도 개선되었다. 많은 노동자에게 평균 노동 시간이 하루 9시간으로 줄었고(건설과 엔지니어는 주당 54시간, 직물은 56.5시간, 철도는 72시간이 표준이었다) 일요일에는 거의 아무도 일하지 않았다. 일터에서 신체적 처벌은 드물어졌고 앞에서 언급했듯이 주종법은 1875년에 마침내 폐지되었다. 아동 노동 법제도 도입되어 아동의 공장 노동이 크게 줄었고 보편 무상 초등교육 운동도 벌어졌다.

공중 보건도 극적으로 개선되었다. 런던의 스모그가 완전히 통제되는 것은 반 세기나 더 뒤의 이야기지만, 대도시의 위생 여건이 개선되었고 감염병 통제에서도 광범위한 진보가 있었다. 출생 시 기대수명도 증가하기 시작해 19세기 중반에는 40세이던 데서 1900년이 시작될 무렵이면 45세가 되었다. 영국만의 이야기가 아니었다. 비슷한 진전이 유럽 전역과 또 그 밖의 산업화된 지역들에서도 나타났다. 그렇다면, 휘그 사관이 옳았다는 이야기가 아닌가?

그렇지 않다. 앞에서 묘사한 향상 중 어느 것도 저절로 오지 않았다. 도시가 깨끗해지고 생산성의 이득이 더 폭넓게 공유된 것은 자동적으로 나타난 결과가 아니라 정치적·경제적 개혁과 투쟁의 산물이었다.

생산성 밴드왜건은 두 가지 조건이 작동해야 나타날 수 있다. 노동의 한계생산성이 증가해야 하고 노동자들이 충분한 협상력을 가지고 있어야 한다. 두 요소 모두 영국에서 산업혁명이 시작되고 처음의 한 세기 동안에는 대체로 존재하지 않았지만 1840년대 이후로 생겨나기 시작했다.

바이런 경이 경악했듯이, 산업혁명의 첫 국면에서는 주된 기술 혁신이 모조리 자동화를 향해 있었고 가장 주되게는 방직공과 방적공을 대체했다. 1장에서 언급한 바와 같이, 자동화의 진전이 꼭 공유된 번영을 막는 것은 아니지만 자동화가 지배적인 경향이 되는 경우에는 문제가 생긴다. 자동화로 노동자들이 기존의 일에서 대체되는데 여타의 생산적인 영역에서 새로운 업무가 충분히 생기지는 않을 수 있는 것이다.

　바로 이것이 18세기 말까지의 상황이었다. 직물 노동자들은 일자리를 잃었고 전에 받던 수준의 임금을 주는 다른 일자리를 찾기 어려웠다. 바이런이 보았듯이, 그리고 대부분의 노동자 계급 사람들이 절감하고 있었듯이, 이것은 길고 고통스러운 국면이었다. 하지만 19세기 후반부에 접어들면서 테크놀로지의 방향이 달라지기 시작했다.

　이 시기의 가장 결정적인 테크놀로지를 꼽으려면 철도를 들 수 있을 것이다. 스티븐슨의 "로켓"이 레인힐 대회에서 1등을 했던 1829년 무렵에는 약 3만 명이 장거리 마차 운송에 종사하고 있었고 1,000개의 유료 도로 회사가 약 3만 2,000킬로미터의 도로를 관리하고 있었다. 그런데 10~20년도 채 되지 않아서 철도를 짓고 운영하는 데 수십만 명이 종사하게 되었다.

　증기기관으로 작동하는 기관차가 등장하면서 교통 비용이 크게 줄었고 마차를 통한 운송업과 같은 몇몇 영역에서 일자리를 없앴다. 하지만 철도는 자동화 기술이기만 한 것이 아니었다. 우선, 철도의 발달은 교통 산업에서 수많은 새로운 업무를 만들어 냈고 건설부터 기차표 판매, 유지보수, 엔지니어링, 경영 관리에 이르기까지 다양한 인간 역량을 요하는 다양한 일자리에서 노동 수요를 창출했다. 그리고 5장에서 보았듯이 철도 회사들이 높은 수익의 일부를 노동자들과 나누기로 하면서 이러한 일자리의 상당수가 노동 조건을 개선하고 임금을 높이는 데 기여했다.

　1장에서 보았듯이 기술 진보는 해당 영역이 아닌 영역에서도 노동 수요를 높일 수 있으며, 전후방 연관효과를 일으키거나 생산성을 충분히 크게 높이는 경우 이 효과는 더 커진다. 철도는 여객과 화물을 더 멀리, 더 낮은 비용으로 이동할 수 있게 함으로써 이를 달성했다. 철도 때문에 장거리 마차 이동과 운송은 거의 제로로 줄었지만 단거리 마차 이동과 운송은 증가했다. 여객과 화물이 기차로 장거리를 이동한 뒤에 목적지인 도시 안에서 다시 이동해야 했기 때문이다.

더 중요한 것은 철도와 인근 산업 사이의 연관효과였다. 철도가 성장하면서 철도에 들어가는 다양한 투입 요소에 대한 수요가 증가하거나 운송 서비스를 많이 이용하는 산업, 또는 철도로 인한 개선으로 생산이 확대될 수 있는 산업에서 수요가 증가하는 것을 말한다. 철도는 여러 투입 요소에 대한 수요를 늘렸고 특히 더 단단한 레일과 더 강력한 기관차를 만들기 위한 양질의 철 제품 수요가 크게 늘었다. 또한 철도 덕분에 석탄 운송비가 낮아지면서 금속 제련 산업이 확대되었고 철의 품질이 향상되었다.

완제품 운송비가 낮아진 것도 금속 제련 산업에 도움이 되었다. 이 업계는 1856년에 베세머 제강법이 개발되면서 막대한 양의 강철을 제조할 수 있었다. 강철 생산이 늘고 석탄 비용이 낮아지면서 또 한 차례의 연관효과가 발생했는데, 직물과 가공식품, 가구, 초창기 가정용품 등 새로 등장한 제품들을 생산하는 산업들이 성장한 것이다. 또한 철도는 도소매업의 성장도 촉진했다.

요컨대, 19세기에 영국의 철도는 자신이 속한 교통 영역뿐 아니라 수많은 연관 산업 분야에서도 생산성을 높이고 새로운 노동 기회를 창출하는 시스템 변혁적 테크놀로지의 원형을 보여주었다.

철도에서만 이러한 혁신이 일어난 것이 아니었다. 당시에 떠오르던 다른 많은 산업들도 노동의 한계생산성 향상에 기여했고, 새로운 제조 기법들은 숙련 노동자와 미숙련 노동자 모두에 대한 수요를 창출했다. 특히 철과 강철 분야의 발달에 힘입어 금속 산업이 이 과정의 최전선에 있었다. 1848년에 토목업협회Institute of Civil Engineers 회장은 이렇게 언급했다.

> 새로운 기계 및 공정과 함께 연철의 빠른 도입은 장인들이 공급할 수 있는 수준을 넘어서는 많은 노동력을 필요로 했다. 제철 분야에서 훈련받은 사람들이 현장에서 더 많이 필요해지고 있다. 새로운 노동자 계층이 형성되었고 공장이 확대되었다. 여기에 모든 종류의 기계적 장비를 만드는 도구 및 기계와 함께 철과 청동 주조 공장이 같이 들어섰다.

이들 새로운 산업은 1840년대의 전신, 1870년대의 전화와 같은 새로운 통신 도구로 생산성이 한층 더 높아졌다. 이는 통신 분야뿐 아니라 제조업 분야에서도 많은 일자리를 창출했고, 교통 분야와의 사이에 새로운 시너지도 생겨났다. 통신의 발달로 철도 운행과 물류의 효율성이 높아졌기 때문이다. 전신으로 우편이나 인편 같은 형태의 장거리 통신이 잠식되었지만 여기에서 사라진 일자리는 통신 업계에서 새로 생겨난 일자리 수에 비교가 되지 않았다.

전화도 처음에는 도시 내에서, 이어서 장거리 통신에서도 전신을 대체했지만 전신과 철도도 그랬듯이 순전히 자동화 기술이기만 한 것이 아니었다. 교환수, 유지보수 인력, 다양한 엔지니어 인력 등 전화 시스템을 구축하고 운영하는 데는 새로운 업무와 노동력이 많이 필요했다. 곧 전화는 공공시설 교환수, 그리고 모든 조직의 교환수로 수많은 여성이 고용될 수 있는 길을 열었다. 초창기에는 모든 통화가 교환수가 연결해 주어야 가능했다. 영국에 최초의 자동 다이얼 시스템이 등장한 것은 1912년이었고 런던에서 마지막 수동식 교환 전화가 사용된 것은 1960년이었다.

사실 전화가 발달하면서 전신의 사용도 함께 증가했다. 경쟁으로 가격이 낮아진 것이 한 이유였다. 전화가 등장하기 전이던 1870년에는 영국에서 연간 700만 건의 전신이 발송되었는데 1886년에는 이 숫자가 5,000만 건으로 증가한다. 미국에서도 1870년에 900만여 건이던 데서 1890년에는 5,500만 건 이상의 전신이 처리되었다.

전반적으로 이 테크놀로지들이 노동에 미친 영향은 산업혁명의 첫 국면에서 직물 산업이 자동화되었을 때보다 노동자들에게 더 우호적이었다. 새로운 업무가 창출되었고 다양한 영역에서 생산성 향상을 추동했으며 노동에 대한 수요를 늘렸기 때문이다. 하지만 이와 같은 결과는 새로운 생산의 방법을 어떻게 개발하고 사용할 것인가와 관련한 "선택"에 매우 많이 달려 있었다. 이에 대해서는 뒤에서 더 자세히 살펴볼 것이다.

대서양 너머에서 온 선물

영국이 공유된 번영을 향해 가는 데 크게 기여한 요인이 하나 더 있다. 대서양 너머에서 건너온 새로운 혁신이었다. 미국은 산업 성장에서 영국보다 후발 주자였지만 19세기 후반기에 급격한 성장을 경험했다. 미국이 밟아간 테크놀로지의 발달 경로는 효율성을 제고해 노동의 한계생산성을 높이는 데 초점을 두었고, 이 기술이 영국과 유럽으로 들어와 퍼지면서 이곳에서도 노동에 대한 수요를 증가시켰다.

　　미국은 토지와 자본은 풍부한 반면 상대적으로 노동, 특히 숙련 노동이 희소했다. 미국으로 이주해 온 소수의 숙련 노동자는 본국에서보다 높은 임금과 협상력을 누릴 수 있었다. 숙련 노동 비용이 높아서 미국의 발명은 단순한 자동화가 아니라 저숙련 노동자의 생산성을 높일 방법을 찾는 데 초점을 두었다. 장래에 [영국] 기계엔지니어협회 Institution of Mechanical Engineers 회장이 되는 조지프 휘트워스Joseph Whitworth는 1851년에 미국 산업을 시찰하고 이렇게 언급했다. "노동 계층의 숫자는 상대적으로 적지만 산업의 거의 모든 영역에서 기계의 도움을 활발히 받아 그 부족함이 상쇄되고 있으며 사실 기계가 적극적으로 도입되게 하는 주요인이 되고 있다." 프랑스의 E. 르바쇠르E. Levasseur도 1897년에 미국의 철강 공장, 견직물 공장, 육가공 공장 등을 방문하고 이렇게 언급했다. "미국인의 발명가적 천재성은 타고난 면도 있겠지만 높은 임금이 이를 촉진한다는 데 의심의 여지가 없어 보인다. 임금 비용이 높으면 사업가가 노동을 절약하고자 노력하게 되기 때문이다. 한편, 기계가 노동자의 생산력을 막대하게 높여주므로 노동자에게 더 높은 임금을 줄 수 있게 된다." 여기에 기여한 중요한 요소 하나가 일라이 휘트니가 개발한 "호환성 부품"이었다. 호환성 부품은 표준화된 규격 부품을 만들어서 다양한 사용처에 쓸 수 있게 한 것이다. 호환성 부품을 활용하면 저숙련 노동자도 어렵지 않게 총을 조립할 수 있었다. 휘트니 본인이 밝힌 바로, "기계의 정확하고 효과적인 작동을 통해서 오랜 경험을 통해 획득되는 기술인 장인적 숙련의 부족을 메우는 것"이 그가 호환성 부품을 개발한 목적이었다. 그런 종류의 숙련 기술을 "미국이 유의미한 정도만큼 확보하지 못하고 있기" 때문이었다.

영국도 포함해서 대부분의 유럽 테크놀로지는 숙련된 장인이 용처에 따라 부품을 일일이 조정하는 데 의존하고 있었다. 그런데 새로운 미국식 부품은 숙련 노동의 필요성만 줄인 것이 아니었다. 휘트니는 특화된 기계와 노동을 결합해 효율성을 높이는 "시스템 접근"을 구축하고자 했다. 영국의 한 의회 위원회는 미국의 무기 공장을 시찰하고서 이것이 주는 이득을 명백히 볼 수 있었다. "무기의 '조립'을 맡은 노동자들이 일렬로 놓인 상자에서 부품을 꺼내 드라이버 정도만 사용해서 슬롯을 제외하고 총의 모든 부분을 조립한다. 슬롯에는 밴드 스프링이 들어가는데, 그것은 양 끝을 작은 끌로 눌러 붙여야 한다." 이것은 탈숙련을 일으키는 테크놀로지가 아니었다. 새뮤얼 콜트Samuel Colt의 무기 공장에서 일했던 전직 감독관은 호환성 부품이 노동의 필요를 "절반가량" 줄여주었지만 "1급 노동자들이 필요했고 그들을 고용하기 위해 가장 높은 임금을 지급해야 했다"고 설명했다. 실제로 양질의 제품은 잘 훈련된 노동력 없이 생산될 수 없었다.

다소 거창하게 "미국식 제조 시스템American System of Manufacturing" 이라고 불리게 되는 방식의 출발은 매우 느렸다. 휘트니에게 들어온 첫 번째 총 주문 물량은 거의 10년이나 늦게 주문처인 연방 정부로 배달되었다. 그렇지만 그 후로 19세기 전반기에 무기 생산 방식이 혁신되면서 사업이 빠르게 확대되었다. 다음 타자는 재봉 기계였다. 1853년에 너대니얼 휠러Nathaniel Wheeler가 발명가 앨런 B. 윌슨Allen B. Wilson과 함께 세운 회사는 수작업으로 연간 800대가 채 안 되는 재봉틀을 생산하기 시작했다. 그러나 1870년대가 되면 호환성 부품과 특화된 새 기계를 사용해 연간 17만 대 이상을 생산하게 된다. 얼마 후에는 "싱어 재봉 기계 회사"가 한발 더 나아가 호환성 부품과 특화된 기계, 개선된 설계를 결합해 연간 50만 대 이상으로 생산량을 늘리게 된다. 그다음에는 목공 분야, 그다음에는 자전거 분야가 미국식 제조 시스템으로 생산이 변모했다.

1831년에 사이러스 매코믹Cyrus McCormick이 곡물 수확기를 발명했다. 1848년에 그는 생산지를 시카고로 옮겨 대평원 지역 농민들에게 연간 500대 이상의 수확기를 판매했다. 북미의 곡창 지대에서 농업 생산성이 증가하면서 전 세계적으로 식품 가격이 내려갔고 농촌의 젊은이들이 번성하는 도시로 이동했다.

1914년의 제조업 센서스Census of Manufacturers에 따르면 당시 미국에 409곳의 공작기계 회사가 있었다. 미국에서 생산된 많은 기계가 세계 어느 곳에서 만들어진 것보다 성능이 뛰어났다. 이르게는 1850년대 초부터도 "미국의 기계 산업에 대한 영국 조사 위원회British Committee on the Machinery of the US"는 보고서에서 이렇게 언급했다.

엔지니어와 기계 제조업자들이 일반적으로 사용하는 기계군에 대해 말하자면, 전체적으로는 잉글랜드보다 뒤처졌지만 거의 모든 산업 분야에서 특정한 장비를 하나의 작동에 맞게 조정하는 데서는 미국이 상당한 독창성과 대담한 에너지를 함께 보여주고 있다. 영국이 세계 시장에서 현재 점유하고 있는 위대한 지위를 유지하고자 한다면 이를 모방하는 것이 좋을 것이다.

곧 증기선과 전신의 도움으로 이러한 기계가 영국, 캐나다, 유럽에 도착했고 미국에서처럼 숙련 노동자와 미숙련 노동자 모두의 임금을 올렸다. 1854년에 새뮤얼 콜트는 런던의 템스강 옆에 무기 공장을 열었다. 싱어는 1873년에 스코틀랜드에 1주일에 4,000대의 기계를 생산할 수 있는 공장을 열었고 곧이어 캐나다 몬트리올에도 공장을 열었다.

새로운 기계가 효율성을 높여줄 가능성은 영국의 금속 및 공작 기계 산업에서 오래전부터 잘 알려져 있었다. 와트가 증기기관을 대폭 개선한 후, 그리고 아크라이트의 기계가 직물 산업에 도입된 후, 영국의 한 전문가는 이렇게 언급했다.

[면직물 및 기타 생산품의 생산성을 높이고자 하는] 지극히 바람직한 목적을 달성하는 데 있어서 유일한 장애물은 우리가 그러한 기계를 만들고 형성하는 것을 거의 전적으로 수작업 기술에 의존하고 있다는 데 있다. 우리는 더 안정적이고 생산성 있는 생산 주체가 필요하며, 이는 시스템상의 몇 가지 변화가 절실하게 필요함을 의미한다. 간단히 말해서, 정확한 기계에 대한 수요가 급증했는데 노동력이 규모 면에서나 역량 면에서나 시대가 원하는 바에 미치지 못하고 있다.

이러한 기계와 생산 방식이 도입되면서 영국 산업의 생산성이 높아졌고 그와 동시에 노동자들에게 새로운 기회와 업무도 확대되었다.

하지만 기술 변화 자체만으로는 임금을 높이는 데 충분하지 않다. 노동자들이 고용주에 맞설 수 있는 협상력을 갖추어야 하는데, 이것도 19세기 후반기에 이루어졌다. 산업이 확장되면서 기업들은 시장 점유율과 노동자 확보를 놓고 경쟁했다. 노동자들은 단체 협상을 통해 더 높은 임금을 획득하기 시작했다. 이것은 19세기 초에 시작된 긴 과정의 정점이었고, 1871년에서야 마침내 노조가 완전히 합법화되는 결실을 맺을 수 있었다. 그리고 이러한 제도적 전환은 정치적 대표성의 확대로 이어졌고 이는 다시 제도적 전환을 뒷받침했다.

길항 권력의 시대

영국 산업혁명의 첫 국면은 테크놀로지의 방향과 새로운 산업용 기계가 가져다줄 이득이 어떻게 분배되어야 할지(혹은 분배되지 않아야 할지)를 결정한 하나의 비전에 의해 구성되었다. 테크놀로지가 그와 다른 경로를 가고 생산성 향상의 이득이 그와 다르게 분배되는 데는 필연적으로 그와 다른 비전이 필요했다.

이러한 경로 변경의 첫 단계는 진보의 이름으로 다수의 인구가 되레 더 궁핍해지고 있다는 사실을 인식하는 것이었다. 두 번째 단계는 평범한 사람들이 조직화하고 길항 권력을 행사함으로써, 테크놀로지의 방향을 좌지우지하며 자신들만 더 부유해지게 하던 테크놀로지 기득권에 맞서는 것이었다.

중세 사회에서는 길항 권력의 조직화가 어려웠다. 종교가 발휘하던 설득의 힘 때문이기도 했지만 농촌의 경제 구조에서는 서로 활발히 생각을 나누고 조율하기가 어려워서이기도 했다. 그런데 산업화가 진전되고 도시의 인구 밀도가 높아지면서 상황이 달라졌다. 영국의 급진주의 저술가 존 셀월의 언명이 이를 잘 보여주는데, 그는 공장 시스템이 노동자의 조직화에 유리하다고 보았고 이를 다음과 같이 설명했다. "모든 공장에 소크라테스가 있을 수는 없고 모든 공장 도시에 그와 같은 지혜와 미덕과 사람들을 가르칠 수 있는 **기회**를 가진 사람이 있는 것도 아니지만, 많은 사람이 모일 수 있는 곳이면 어디에서나 소크라테스의 정신이 필연적으로 생겨날 것이다." 노동자들이 공장과 도시로 집중되면서 더 나은 노동 조건과 정치적 권리를 주장하는 운동이 불거져 나왔다. 그중 가장 두드러진 것을 꼽으라면 차티스트 운동을 들 수 있을 것이다.

1838년에 작성된 "인민 차터[헌장]People's Charter"는 정치적 권리에 초점을 두었다. 당시에 영국 성인 남성의 18퍼센트만 투표권을 가지고 있었고 그나마 1832년 선거법 개혁안이 통과되기 전 10퍼센트이던 데서 늘어난 것이었다. 차티즘은 평범한 사람들의 권리에 초점을 둔 더 급진적인 버전의 대헌장을 만들겠다는 목표에서 추동되었다.

인민 헌장의 6개항은 21세 이상 모든 남성의 보통선거, 의원의 재산 자격 폐지, 매년 선거를 통한 의회 구성, 300곳의 공평한 선거구 획정, 의원 수당 지급, 비밀투표였다. 차티스트들은 이러한 요구가 더 공정한 사회를 만드는 데 꼭 필요하다는 것을 알고 있었다. 1839년에 차티스트 운동 지도자 J. R. 스티븐스J. R. Stephens는 "보편참정권[보통선거]의 문제는 포크와 나이프의 문제이고 빵과 치즈의 문제"라며 "내가 의미하는 보편참정권은 땅에서 일하는 모든 사람이 좋은 코트를 걸칠 수 있고 좋은 모자를 쓸 수 있고 좋은 지붕이 있는 거처에 가정을 꾸릴 수 있고 좋은 식사를 상에 올릴 수 있는 것"이라고 말했다.

지금 보면 차티스트들의 요구는 완전히 합리적이며, 당대에도 점점 더 지지를 얻어서 300만 명 이상의 지지 서명을 받았다. 하지만 정치 시스템을 장악한 사람들의 완강한 반대에 부닥쳤다. 차티스트들의 청원은 의회에서 모두 거부되었다. 의회는 정치적 대표성을 확대하려는 어떤 법안도 통과시키려 하지 않았다. 운동의 지도자들이 체포되어 감옥에 가면서 차티스트 운동은 수그러들었고 1840년대 말에 해체되었다.

차티스트 운동은 쇠락했어도 정치적 대표성을 갖고자 하는 노동자 계급의 요구는 수그러들지 않았다. 1860년대에 전국개혁연합National Reform Union과 개혁연맹Reform League이 바톤을 이어받았다. 1866년에 하이드파크에서 정치 개혁을 요구하는 대대적인 시위가 벌어졌고, 이에 대한 반응으로 1867년에 제2차 선거법 개혁안Second Reform Act이 통과되었다. 이로써 21세 이상의 남성 가장 및 임대료로 연 10파운드 이상을 내는 남성 미혼 세입자에게 투표권이 주어져 유권자가 두 배로 늘었다. 1872년의 투표법Ballot Act으로 비밀투표가 도입되었고 1884년에는 참정권이 더 확대되어 남성의 3분의 2가 투표를 할 수 있게 되었다.

차티스트들은 노동자들의 조직화에서도 획기적인 진전을 가져왔고 노조 운동은 지속력을 입증했다. 노동자들은 스스로를 조직하고 파업에도 나섰지만 19세기 전반기에는 단체 협상을 위해 노조를 결성하는 것이 원칙적으로 불법이었다. 이를 변화시키는 것이 차티스트 운동의 주요 정치적 목표 중 하나였다.

이들의 압력은 1867년에 "노조 사안에 관한 왕립 조사 위원회Royal Commission on Trade Unions"의 구성에 결정적으로 영향을 미쳤고, 이는 노조의 법적 지위와 활동을 완전히 인정한 1871년 노동조합법Trade Union Act 통과로 이어졌다. 새로운 노동조합주의의 기치 아래 "노동자의 정치적 대표성 확대를 위한 위원회Labour Representation Committee"가

꾸려졌고 노동당의 주요 기반이 되었다. 이로써 노동자들이 고용주에 맞서 일어서고 법제화를 요구하는 데 더 큰 제도적 토대와 정치적 목소리를 가질 수 있게 되었다.

이러한 조직화와 차티스트 운동의 성공은 공장 생산이 확산되고 대부분의 사람들이 도시에서 함께 조밀하게 살고 일하게 된 것과 관련이 있었다. 1850년에는 영국 인구의 40퍼센트가 도시에 살고 있었고, 1900년이면 도시 거주자가 전체 인구의 약 70퍼센트를 차지했다. 셀월이 예견했듯이, 농촌 사회에서보다 대도시에서 노동자들의 조직화가 더 용이한 면이 있었다.

정부가 운영되는 방식도 크게 달라졌다. 민주화를 요구하는 압력이 거세진 것이 중요한 요인이었다. 완전한 민주화로 가게 될지 모른다는 두려움에서 가장 보수적인 성향의 정치인마저 개혁에 동참했다. 입법을 통한 점진적인 개혁이 더 낫다고 생각한 것이다. 1932년에 유권자를 40만 명에서 65만 명으로 늘리고 대표성을 더 잘 갖도록 선거구를 조정하게 될 제1차 선거법 개혁안First Reform Act을 밀어붙이면서 휘그당 총리 찰스 그레이Charlse Grey 백작은 이렇게 선언했다. "나는 보편참정권을 지지하지 않으며 지지한 적도 없습니다. 매년 의원 선거를 실시하는 것도 그렇습니다. 또한 이 나라에서 유감스럽게도 너무나 많이 설파되고 있고 더 나은 것을 이야기할 수도 있을 만한 신사들마저 설파하는 데 여념이 없는 어떤 확장적인 변화들에 대해서도 마찬가지입니다."

이후의 개혁들도 비슷한 동기에서 추동되었고 특히 보수 정치인들이 선봉에 서서 개혁을 추진한 사례들이 그랬다. 일례로, 토리당 내에서 벤저민 디즈레일리는 1848년에 곡물법 폐지를 두고 토리당 총리 로버트 필Robert Peel과 대립했다. 훗날 디즈레일리는 수입 곡물에 계속 관세를 부과해서 곡가를 높게 유지하려는 토지 소유자들과 연합해 총리가 되며, 정치 개혁, 국수적 애국주의에 바탕한 팽창 정책, 그리고 "일국 보수주의"에 광범위한 지지를 모으려 했다. 그러면서도 유권자 수를 두 배로 늘린 1867년 제2차 선거법 개혁안Second Reform Act이 통과되는 데 주된 역할을 했으며 공장 개혁 법제의 도입에도 반대하지 않았다. 그의 지지층인 농촌의 토지 소유자들이 공장이 있는 도시에서 혁명이 일어나는 것을 원하지 않았기 때문이다.

정치 개혁과 함께 공공 서비스에도 대대적인 변화가 나타났다. 전에는 많은 공직이 한직으로 여겨졌다. 그리고 공공 정책에 대해 말하자면, 새 구빈법 도입 때 잘 드러났듯이 대부분의 공직자가 가난한 사람들이 정말로 필요로 하는 것이 무엇인지와 관련해 매우 가혹한 견해를 가지고 있었다.

하지만 19세기 중반부터 몇몇 공직자들이 어느 정도 자율성을 발휘해 "폭넓은 사회적 이해관계"라고 불릴 만한 것들을 추구하기 시작했다. 전에는 사회적 효율성에 대한 벤담식 개념이 비열하다고밖에 표현할 수 없을 정책들을 정당화하는 데 사용되고 있었다. 하지만 더 나은 데이터가 수집되면서 시장의 과정이 꼭 사회적 여건을 개선시키는 것은 아니라는 사실이 분명해졌다. 아동 노동에 대한 의회 위원회가 실태 조사에서 발견한 교훈도 바로 이것이었다.

공중 위생은 이러한 변화를 보여주기에 안성맞춤인 사례다. 앞에서 보았듯이 1840년대에 새로이 떠오르던 영국의 제조업 도시들은 시궁창이나 진배없었다. 사람들은 치명적인 박테리아와 병원균이 득실거리는 곳에 살았다. 뒷마당의 변소는 거의 치워지지 않았다. 악취는 견딜 수 없을 정도였고 아마 오늘날의 사람들은 상상조차 하기 어려울 것이다. 하수도는 일부 존재하는 곳도 있었지만 빗물이 넘치는 것을 막기 위한 용도였다. 공공 인프라 개선을 위한 노력은 오랫동안 이루어지지 않았다. 많은 곳에서 오히려 수세식 변기를 하수도와 연결하는 것이 불법이었다.

에드윈 채드윅Edwin Chadwick이 이 모두를 변화시켰다. 그는 본래 제러미 벤담의 추종자였지만 점차로 평범한 사람들이 겪는 고통에 관심을 기울이게 되었고, 도시, 특히 새로운 제조업 도시들의 위생 여건에 대해 상세한 실태 조사를 실시했다. 그가 1842년에 내놓은 보고서는 큰 충격파를 던졌고, 공중 위생이 우선순위가 매우 높은 정치적 의제가 되었다.

채드윅은 대안적인 테크놀로지를 선택해 더 나은 하수 시스템을 건설하면 청결과 위생을 크게 개선해 질병을 획기적으로 줄일 수 있다는 점 또한 분명히 밝혔다. 각 가정에 깨끗한 물을 지속적으로 공급함으로써 분변을 물로 씻어내려 파이프를 통해 안전하게 처리될 수 있는 장소까지 옮긴다는 것이 그의 아이디어였다. 그러려면 하수구의 모양과 설계가 바뀌어야 했다. 영국의 기존 하수도는 주로 침전물을 수거하기 위한 용도로 설계되었고 벽돌로 만들어졌다. 시 공무원이 주기적으로 하수구가 막혀 있지 않게 손을 넣을 수 있을 만큼 벽돌을 들어내고 손으로 침전물을 치웠다. 하수도 설계에 대해 이와 다른 방식을 선택해서 가령 단면이 계란 모양으로 된 대형 테라코타 파이프를 통해 폐수가 지속적으로 빠져나가게 하면 도시가 청결하게 유지될 수 있을 터였다. 채드윅의 안에 반대도 많았지만 결국 그가 승리했고 도시의 조직이 혁신되었으며 공중 보건이 막대하게 개선되었다.

놀랍게도, 이 과정이 펼쳐지는 동안 정치적 합의점 또한 이동했다. 전통적인 가치와 사유 재산의 보호를 강조하던 보수주의자조차 더 나은 위생 인프라가 필요하다는 데 동의하게 된 것이다. 디즈레일리는 1872년 4월에 맨체스터에서 "위생 개선"과 더 폭넓은 공중 보건 향상을 강하게 옹호하는 연설을 했다.

> 땅은 역사적인 기념물, 과학 박물관, 미술관, 대학, 도서관으로 덮일 수도 있을 것이고, 사람들은 문명화되고 독창성을 발휘할 수도 있을 것이며, 국가가 역사와 세계에서 취하는 행동으로 명성을 얻을 수도 있을 것입니다. 하지만 여러분, 인구가 10년마다 줄어들고 사람들의 상태가 10년마다 위축된다면 그 나라의 역사는 곧 과거의 역사가 될 것입니다.

정책은 대중의 압력에 전보다 더 민감하게 반응하게 되었다. 정책결정자들은 자신이 수행해야 할 사회적 책임을 생각하지 않을 수 없었다. 유권자들이 정치인을 공직에서 쫓아낼 수 있고 노조가 계속해서 위로 압력을 가하는 상황에서, 질병으로든 위험한 노동 조건으로든 감염병이나 때 이른 죽음이 발생하는 것을 아무도 원하지 않았다.

나머지 사람들의 빈곤

19세기에 영국과 미국이 테크놀로지 발달의 최전선에 있었던 나라들이라고 해서 이러한 혁신이 가장 크게 영향을 미친 곳 역시 영국과 미국일 것이라고 생각해서는 안 된다. 새로운 테크놀로지가 가져온 영향이 모든 장소에서 대체로 비슷한 양상을 띠었을 것이라고 생각해서도 안 된다. 가용한 기술적 노하우를 어떻게 사용할지에 대한 선택은 나라마다 달랐고 각각의 선택은 서로 다른 결과를 가져왔다.

사실 영국에서 "공유된 번영"의 시작을 연 테크놀로지조차 전 세계적으로는 수억 명을 한층 더 깊은 비참함에 빠뜨렸다. 이는 점점 확대되어 가던 천연자원과 제조품의 글로벌 연결망에 포획된 사람들의 처지에서 가장 분명하게 볼 수 있다.

1700년만 해도 인도는 도기, 금속, 염색 직물 등의 제조가 세계에서 가장 발달된 나라였고 모두 당대 기준으로 상당히 좋은 보수를 받는 고도로 숙련된 장인이 생산했다. 굉장히 명성이 높았던 "다마스쿠스 강철"은 인도산이었고, 인도산 옥양목과 모슬린도 영국에서 인기가 많았다. 영국의 모직물 업계가 인도산 고품질 직물이 들어오지 못하게 수입을 제한해 달라고 의회에 로비를 하기도 했다.

동인도 회사는 원래 향신료 교역을 위해 설립되었지만 초기에 상업적 성공을 가져다준 사업은 해외에서 생산된 직물과 의류 완제품을 영국으로 수입하는 것이었다. 동인도 회사는 면 의류 생산도 인도에서 이루어지게 했는데, 천연자원과 숙련 노동력이 있는 곳이 인도였기 때문이다. 영국이 인도의 일부 지역을 식민화하기 시작하고서 첫 100년 동안 인도에서 유럽으로의 면직물 수출이 증가했다.

그러다가 수치로 기계를 돌려 실을 뽑는 기술이 개발되었다. 처음에는 (면사와 함께 사용될 용도의) 견사를 뽑는 데, 나중에는 면사 자체를 뽑는 데도 기계가 사용되기 시작했다. 영국에는 빠르게 물이 흐르는 하천이 풍부했고 투자할 곳을 찾는 자본도 풍부했다. 또한 리버풀로 원면을 운송하는 비용이 완제품 면직물을 운송하는 비용보다 낮았다.

전에 동인도 회사는 면제품을 영국에서 인도로 재수출하지 못하게 금지했다. 하지만 동인도 회사의 교역 독점 중 이 부분은 1813년에 종료되었고, 막대한 양의 영국산 직물, 특히 랭커셔에서 생산된 직물이 인도 시장에 밀려 들어왔다. 이것이 인도에서 벌어진 탈산업화의 시작이었다. 1800년대 후반이 되면 인도의 방직공은 인도 직물 시장의 25퍼센트밖에 점유하지 못하게 된다. 어쩌면 그도 안 되었을지도 모른다. 도시의 장인들은 값싼 수입품 때문에 기존의 일을 유지할 수 없게 되었고 식량 작물 또는 그 밖의 작물을 생산하는 농촌 노동자로 지위가 떨어졌다. 1800년부터 1850년 사이에 진행된 탈도시화로 도시 인구 비중이 10퍼센트가량에서 9퍼센트 이하로 줄었다.

여기에서 끝이 아니었다. 영국 지배층은 자신이 인도 사회를 재구성해야 한다고 생각했다. 표방된 취지는 인도를 문명화한다는 것이었지만 실제로는 그들 자신의 목적이 있었다. 1850년대 초에 인도 총독이던 달하우시 경Lord Dalhousie은 인도가 서구의 제도, 행정, 기술을 받아들여야 한다고 줄기차게 주장했다. 그는 철도가 "인도에서 대중 생활 개선의 위대한 조치들을 지속적으로 확대하고 부와 번영을 증대시키는 데 현재로서 고안할 수 있는 것 중 가장 확실한 방법이 되어줄 것"이라고 선언했다.

하지만 철도가 인도에 불러온 것은 경제적 근대화가 아니라 영국의 경제적 이익과 인도인에 대한 통제 강화였다. 달하우시 경은 1853년 4월 20일에 이후 한 세기간의 아대륙 정책을 구성하게 될 메모에서 세 가지 근거를 들어 인도에 철도를 놓아야 한다는 주장을 개

모에서 세 가지 근거를 들어 인도에 철도를 놓아야 한다는 주장을 개진했다. 첫째, 영국이 원면을 더 잘 확보할 수 있게 해준다. 둘째, "유럽산" 제조품을 인도의 더 먼 지역들에까지 판매하는 데 도움을 준다. 셋째, 영국 자본을 인도의 철도 건설에 끌어들일 수 있고, 이러한 투자가 여타의 산업으로도 이어질 수 있을 것이다.

첫 철도는 1852년에서 1853년 사이에 건설되었고 최신 기술이 적용되었다. 현대적인 엔진이 영국에서 수입되었다. 인도에 철도를 건설하면 원면 확보가 개선되어 영국이 득을 보리라는 달하우시의 예측은 정확히 맞아떨어졌다. 인도는 1848년에서 1856년 사이에 한층 더 탈산업화되어서 원면 수출이 두 배가 되었고, 이제는 주로 농업 생산품의 수출국이 되었다. 더불어 설탕, 견, 초석, 인디고 염료 등에서도 비중 있는 수출국이 되었고 아편 수출도 크게 늘었다. 1800년대 중반부터 1880년대 사이에 아편은 인도의 최대 수출품이었으며 주로 영국에 의해 중국으로 판매되었다.

인도에서 철도가 국내 교역을 증대시키기는 했다. 멀리 떨어진 지역들 사이에 가격 격차가 줄었고 농업 소득이 약간 증가했다. 소는 효과적인 교통수단의 대안이 될 수 없었고 내륙 수로는 경쟁력이 없었다. 하지만 인도의 철강 산업에는 철도가 유의미한 영향을 주지 못했고 인도의 철도 차량은 대부분 영국에서 사와야 했다. 1921년에도 인도는 기관차를 제조하지 못했다.

설상가상으로 철도는 인도에서 억압의 도구가 되었다. 명시적으로 억압의 도구를 실어 나르기도 했고, 때로는 마땅히 실어 날라야 할 것을 나르지 않음으로써 억압에 기여했다. 우선, 철도는 지역에서 소요가 발생할 때 진압할 병력을 나르는 데 사용되었다. 좋은 철도 네가 3억이 넘는 인구를 지배할 수 있었던 요인 중 하나였다.

철도가 무엇을 "나르지 않았는지" 부분은 더 참혹하다. 인도 여러 지역에 기근이 덮쳤을 때 철도로 식량을 날라 기근을 해소하는 것은 충분히 가능한 일이었어야 마땅하다. 하지만 1870년대의 결정적인 시기와 1940년대의 벵골 대기근 시기이자 윈스턴 처칠Winston Churchill의 전시戰時 행정부 시기에 영국 당국은 인도의 철도를 식량 운반에 사용하지 않았고 수백만 명의 인도인이 목숨을 잃었다.

그때도 지금도 수많은 변명과 이유가 제시되었지만 영국이 관개와 내륙 수로, 깨끗한 물에 충분히 투자하지 않았고, 식량 공급원이 없거나 시장에는 있어도 이를 구매할 여력이 없는 사람들을 지원하는 식량을 나르는 데 철도를 사용하지 않았다는 사실이 달라지지는 않는다. 영국의 태도는 1929년에 처칠이 했다고 알려진 답변이 잘 보여준다. 그는 인도에서 벌어지고 있는 상황을 더 잘 알기 위해 [곧 있을 평화회의에 참석할] 인도 독립운동 지도자들을 만나보는 게 어떻겠냐는 질문에 이렇게 대답했다고 한다. "나는 인도에 대한 내 견해에 만족합니다. 그리고 어떤 잔혹한 인도인에 의해서도 내 견해가 교란되기를 바라지 않습니다."

나중에는 철도가 기근을 예방하는 효과적인 도구로 사용되지만, 이는 영국이 인도를 떠나고 나서야 가능해진 일이었다.

테크놀로지는 생산성을 높이고 수십억 명의 삶을 개선할 수 있는 막대한 잠재력을 가지고 있다. 하지만 기술의 경로는 편향되기 일쑤이며 이득은 주로 사회적으로 강력한 사람들에게 흘러가는 경향이 있다. 정치적 참여 가능성도, 정치적 목소리도 없는 사람들은 종종 뒤로 밀려난다.

기술의 편향에 맞서기

휘그 사관은 마음을 편하게는 해주지만 현실로부터 우리를 오도할 소지가 있다. 테크놀로지를 통한 진보에 대해 말하자면, 그 "진보"에 저절로 되는 것이란 없다. 4장에서 우리는 여러 중요한 농업 기술이 1만 년 동안 인간의 비참함을 완화하지 못했고 때로는 되레 궁핍을 심화시켰음을 보았다. 산업화의 첫 세기도 암울했다. 소수의 사람들은 매우 큰 부자가 되었지만 대부분의 사람들은 생활 수준이 심하게 내리눌렸고 도시는 질병과 오염으로 뒤덮였다.

19세기 후반에는 달라지게 되지만, 진보를 향한 어떤 절대적인 힘이 추동한 결과는 아니었다. 이 시기가 다른 시기와 구별될 수 있었던 이유는 테크놀로지의 속성이 바뀌고 길항 권력이 부상하면서 의사결정자들이 생산성의 이득을 더 폭넓게 나누는 것을 진지하게 생각하지 않을 수 없게 되었기 때문이었다.

산업화의 첫 국면이 자동화에 매진했던 것과 달리 두 번째 국면에서는 새로운 테크놀로지가 숙련 노동자와 미숙련 노동자 모두에게 새로운 기회를 제공하기 시작했다. 철도는 수많은 새로운 업무를 낳았고 전후방 연관효과를 통해 여타 영역들의 성장도 촉진했다. 더 중요하게, 숙련 노동력이 부족했던 미국에서는 기술 경로가 효율성을 높이는 데 초점을 두었고 특히 공장 노동자와 새로운 기계가 수행할 수 있는 업무를 확대하는 데 집중했다. 미국과 유럽에서 이러한 혁신이 퍼짐에 따라 노동자들을 위한 기회가 새로이 창출되었고 산업화되고 있던 나라들 전반에서 노동의 한계생산성이 높아졌다.

마찬가지로 중요한 것으로, 노동자의 권력을 강화해 높은 생산성의 이득이 자본과 노동 사이에 더 많이 공유될 수 있게 하는 방향으로 제도의 변화가 이루어졌다. 산업의 성장은 사람들이 일터와 도시에서 모일 수 있게 했고, 이는 공동의 입장과 개념을 발달시키고 조직화하기에 좋은 조건을 제공했다. 이를 통해 일터 수준과 국가 수준 모두에서 정치가 변모되었다.

영국에서는 차티스트 운동과 점차 세력화에 성공해 가던 노조에 힘입어 노동자들이 정치 영역에서 더 많이 대표될 수 있었고, 이는 정부 행동의 범위와 속성을 크게 바꾸었다. 미국에서는 노조 조직화가 농민 저항과 결합해 마찬가지 결과를 낳았다. 유럽 전역에서 공장제 생산의 확산은 노동자들의 조직화가 더 용이해졌다는 의미이기도 했다.

민주주의의 확대는 더 나은 노동 조건과 더 높은 임금을 위한 단체 협상을 촉진해 생산성의 이득이 더 폭넓게 공유되는 데 크게 일조했다. 새로운 산업, 새로운 제품, 새로운 업무가 노동자들의 생산성을 높이고 지대가 고용주와 노동자 사이에 공유되면서 임금이 올라갔다.

또한 정치적 대표성이 확대되었다는 것은 덜 오염된 도시 환경을 요구하는 목소리 역시 높아졌다는 의미였고, 공중 보건 사안이 더 진지하게 고려되기 시작했다.

이 중 어느 것도 자동적으로 이뤄지지 않았으며 많은 경우 길고 지난한 투쟁을 겪고 나서야 가능했다. 또한 여건의 개선은 충분한 정치적 목소리를 가진 사람들에게만 해당되는 이야기였다. 여성은 거의 모든 곳에서 19세기 내내 투표권을 획득하지 못했고, 따라서 경제적 기회와 더 폭넓은 권리도 훨씬 더 늦게서야 가질 수 있었다.

더욱 고통스러운 사실은 유럽 식민지 대부분에서는 여건이 개선되기는커녕 상당히 악화되었다는 점이다. 인도 같은 나라는 영국의 직물이 밀려 들어오면서 탈산업화의 길로 심각하게 내몰렸다. 인도와 일부 아프리카 지역 등은 빠르게 성장하는 유럽 산업 영역의 맹렬한 식욕을 채우는 천연자원 공급지가 되었다. 미국 남부 같은 곳에서는 노예제의 형태로 최악의 억압적 노동이 한층 더 강화되었고, 원주민과 이민자에 대한 사악한 차별이 심화되었다. 이 모두가 진보의 이름으로 벌어진 일이었다.

7장

투쟁으로 점철된 경로

나는 이제 약관 스물인 젊은이다. 하지만 삶에 대해 아는 것이라 곤 슬픔의 심연 위에 드리운 절망과 죽음과 두려움, 그리고 어처구니없는 피상성뿐이다. 나는 어떻게 민족들이 서로에게 적대하도록 내몰리는지, 또 어떻게 침묵 속에서, 자기도 모르게, 멍청하게, 고분고분히, 순진하게 서로를 도륙하는지 안다.

−에리히 마리아 레마르크Erich Maria Remarque, 『서부전선 이상 없다 All Quiet on the Western Front』 1929년

본 위원들은 아래와 같은 근본적인 지점에 만장일치로 동의한다.
첫째, 자동화와 기술 진보는 국민 보편의 후생, 강한 경제, 국가 방위에 필수적이다.
둘째, 이러한 진보는 인간의 가치를 희생시키지 않고 달성될 수 있으며 그렇게 달성되어야 한다.
셋째, 인간의 가치를 희생시키지 않고 기술 진보를 달성하려면 자유로운 사회의 원칙에 부합하는, 민간과 정부 모두의 행동이 필요하다.

−[미] 대통령 노사정책자문위원회, 1962년

19세기 후반에 여러 개혁이 이루어지고 테크놀로지의 방향이 재설정되면서 어느 정도 희망을 가져도 좋을 듯해 보였다. 수천 년의 인간 역사에서 처음으로 테크놀로지의 빠른 발달과 그것의 과실이 소수의 지배층을 넘어 폭넓게 공유될 수 있는 제도적 조건이 한데 합류한 것이다.

하지만 시간을 빨리 감아 1919년으로 와보면, 공유된 번영의 토대가 너덜너덜 망가져 있는 것이 보인다. 1900년대 초에 유럽에서 성년이 된 사람들에게 세계는 증가하는 경제적 불평등의 세계였고 제1차 세계대전이 일으킨 전례 없는 살육의 세계였다. 이 전쟁으로 약 2,000만 명이 목숨을 잃었다. 수천만 명의 젊은이가 비극적인 죽음을 맞게 된 것은 신형 총부터 더 강력한 폭탄, 탱크, 전투기, 독가스까지 잔혹하도록 효과적인 군사 테크놀로지의 결과였다.

이것이 테크놀로지가 품고 있는 매우 어두운 측면임을 사람들은 모를 수가 없었다. 물론 수천 년의 인간 역사에서 전쟁은 드물지 않게 있어 왔지만 중세 이래 무기의 진화는 매우 더디게 이루어졌다.

1815년에 나폴레옹이 패배한 워털루 전투에서 양측 군대는 사거리가 짧은 구식 장총과 활강포로 싸웠고, 그 이전 몇 세기간 그리 달라진 바가 없는 무기였다. 하지만 20세기의 살육 도구들은 훨씬 더 발달해 있었다.

비참함은 전쟁만으로 끝나지 않았다. 1918년부터 전례 없는 유행병이 전 세계를 휩쓸어 5억 명이 감염되고 5,000만 명이 사망했다. 또 제1차 세계대전 후 10년간 미국과 영국을 필두로 경제가 회복되는가 싶더니 1929년에 대공황이 닥치면서 세계 대부분의 국가가 산업화가 시작된 이래 경험해 본 적이 없는 경제 불황에 빠졌다.

물론 경제 침체와 붕괴도 드물지 않게 있었다. 미국은 1837년, 1857년, 1873년, 1893년, 1907년에 경제 침체와 은행 패닉을 겪었다. 하지만 어느 것도 대공황이 불러온 삶의 파괴와 교란에 비할 바는 아니었다. 또 이전의 위기들은 미국과 유럽의 상당 지역이 1930년대에 겪은 것 같은 대규모 실업을 일으키지도 않았다. 1930년대를 살아가던 사람들에게는 또다시 세계가 "테크놀로지가 불을 땐 대량 학살"을 향해 나아가고 있다는 것을 알아보는 데 그리 대단한 선견지명까지 필요하지도 않았다.

오스트리아 소설가 스테판 츠바이크Stefan Zweig는 1942년 아내와 함께 자살하기 얼마 전에 쓴 회고록 『어제의 세계The World of Yesterday』에서 동 세대의 많은 사람들이 느끼고 있던 절망을 다음과 같이 표현했다.

오늘날 뒤틀리고 망가진 영혼을 가지고 반쯤 눈이 먼 채 더듬더듬 움직이고 있으면서도, 그 절망의 심연 속에서도 나는 고개를 들어 어린

시절에 머리 위에서 빛나던 옛 별자리들을 계속해서 다시 바라본다. 그리고 물려받은 확신을 가지고서 훗날 언젠가는 이와 같은 붕괴도 그저 앞으로 또 앞으로 나아가는 영원한 리듬 속에 존재했던 하나의 막간이었다 여기게 되리라고 스스로를 위로한다.

당시 상황이 모종의 진보가 "앞으로 또 앞으로" 전진해 나가는 과정 속의 짧은 막간이리라 말하는 츠바이크의 조심스러운 낙관에 많은 이들이 동의하지 않았을 것이다. 1930년대에 휘그 사관식 낙관주의를 말할 수 있는 사람은 거의 없었을 것이다.

하지만 그 후에 벌어진 일들은, 적어도 중기적으로는 츠바이크가 옳았음을 보여주었다. 제2차 세계대전 이후에 대부분의 서구 세계와 일부 아시아 국가에서 공유된 번영을 촉진하고 지탱하는 제도들이 생겨났고 빠른 경제 성장으로 사회의 거의 모든 계층이 이득을 보았다. 1945년 직후의 몇십 년을 프랑스에서는 "영광의 30년les trente glorieuses"이라고 부르는데, 서구 세계 전반에 널리 퍼져 있던 느낌을 실로 잘 표현하고 있다.

이러한 성장이 가능해지는 데는 두 개의 주춧돌이 결정적으로 중요했고, 그 주춧돌은 19세기 후반에 영국에서 나타나기 시작했던 요인들과도 비슷했다. 첫째, 새로운 테크놀로지 경로는 단순히 자동화로 비용만 줄인 것이 아니라 새로운 업무와 제품, 기회를 방대하게 창출했다. 둘째, 새로운 제도적 배열이 노동자의 세력화와 정부의 규제를 통한 길항 권력의 형성을 촉진하고 강화했다.

이 주춧돌이 놓이기 시작한 것이 1910년대와 1920년대이므로, 중간중간 중대한 역행의 시기가 있기는 했지만 20세기의 첫 70년을 하나의 시대로 묶을 수 있을 것이다. 이 두 개의 주춧돌 및 그와 함께 형성된 비전을 살펴보면 오늘날 공유된 번영을 다시 일굴 방법에 대해서뿐 아니라 공유된 번영이 얼마나 많은 조건에 달려 있으며 얼마나 달성하기 어려운지에 대해서도 실마리를 얻을 수 있다. 수많은 결정적인 지점에서 협소한 비전과 자기중심적인 이해관계로 움직이는 세력의 강력한 반대가 있었다. 그렇더라도, 훗날 공유된 번영을 극적으로 뒤흔들게 될 토대를 깔긴 했지만(8장에서 살펴볼 것이다) 한동안은 이들의 반대가 성공을 거두지 못했다.

성장에 전기 날개를 달다

남북전쟁 직후인 1870년에 미국의 총 GDP는 980억 달러 정도였다. 그런데 1913년에는 5,170억 달러(고정가격 기준)가 되었다. 당시 미국은 경제 규모로만 수위권인 나라가 아니라 독일, 프랑스, 영국과 더불어 과학을 선도하는 국가이기도 했다. 새로운 테크놀로지가 미국 경제에 속속들이 퍼지면서 사람들의 삶을 대대적으로 변모시켰다.

　　하지만 노동자 계층의 궁핍화, 불평등의 증가, 취약한 생활 여건 등 수많은 문제가 영국에서 1750년부터 몇십 년간 나타났던 것과 비슷한 방식으로 미국에서도 나타났다. 어쩌면 미국이 처한 위험이 더 컸을지도 모른다. 19세기 중반에도 미국이 대체로 농업 국가였기 때문이다. 1860년에 미국 노동력의 53퍼센트가 농업에 종사하고 있었고, 따라서 농업이 빠르게 기계화되면 수백만 명이 일거리를 잃을지도 몰랐다.

몇몇 농기계는 실제로 그러한 영향을 가져왔다. 맥코믹 수확기는 1830년대에 발명된 이후 계속해서 개량되면서 수확기에 필요한 노동력을 크게 줄였다. 1860년 이후 몇십 년간 수확기, 절단 후 단으로 묶어주는 바인더, 개선된 탈곡기, 풀 베는 기계, 조금 더 나중에는 콤바인이 나오면서 미국의 농업이 완전히 달라졌다. 이러한 농기계는 여러 작물의 재배에서 면적당 필요 노동력을 대폭 감소시켰다. 옥수수의 경우, 수작업을 하던 1855년에는 에이커당 필요 노동 시간이 182시간이 넘었는데 기계화가 된 1894년에는 28시간 이하로 줄었다. 비슷한 시기에 면화(1841년에서 1895년 사이에 168시간에서 79시간으로)와 감자(1866년에서 1895년 사이에 109시간에서 38시간으로) 재배에서도 필요 노동량이 대폭 감소했다. 밀 재배에서의 변화는 더욱 극적이어서, 에이커당 필요 노동 시간이 1829~1830년에 62시간이 넘던 데서 1895~1896년에는 불과 3시간 남짓으로 줄었다.

기계화가 노동자에게 끼친 영향은 막대했다. 1850년경에는 농업 부문 부가가치 중 노동자에게 가는 몫이 32.9퍼센트였지만 1909~1910년에는 16.7퍼센트로 떨어졌다. 농업 종사자 비중 역시 빠르게 줄어서 1910년에는 약 31퍼센트가 되었다.

만약 공업에서도 자동화와 노동 대체 쪽으로 변화가 일어났다면 미국 노동자들의 상황은 지극히 암울했을 것이다. 하지만 공업에서는 무언가 매우 다른 일이 벌어졌다. 빠른 혁신이 벌어지는 와중에도 노동력에 대한 수요가 괄목할 만하게 증가한 것이다. 미국의 제조업 종사자 비중은 1850년 14.5퍼센트에서 1910년에는 22퍼센트로 늘었다.

단지 더 많은 사람이 공장 일자리를 갖게 되었다는 이야기만이 아니었다. 국민소득 중 노동자에게 가는 몫도 증가했는데, 이는 테크놀로지가 노동자 친화적인 방향으로 움직였음을 말해주는 징표다. 이 시기에 제조업과 서비스업 부가가치 중 노동자에게 가는 몫은 46퍼센트에서 53퍼센트로 증가했다(나머지는 기계와 자금을 소유한 자본가에게 돌아갔다).

영국이 산업화 초기에 겪었던 러다이트 국면, 즉 노동자들이 기계의 도입으로 일자리를 잃고 궁핍해졌으며 임금이 정체되고 심지어 하락하기도 한 시기를 미국은 어떻게 피할 수 있었을까?

한 가지 답은 미국에 기계가 널리 도입되었을 때의 테크놀로지 경로에서 찾을 수 있다. 6장에서 보았듯이, 미국의 테크놀로지 경로는 상대적으로 공급이 부족한 노동력을 더 잘 활용하기 위해 노동자의 생산성을 높일 수 있는 방법을 찾고자 했다. 호환성 부품 시스템은 생산 과정을 단순화해서 장인적인 숙련 기술이 없는 노동자도 양질의 제품을 생산할 수 있게 하기 위한 노력의 산물이었다. 이러한 방식으로 노동자의 생산성을 높이려는 노력은 19세기 후반에도 내내 계속되었다. 이와 같은 혁신의 노력을 보여주는 한 가지 지표는 특허가 폭발적으로 증가한 것이다. 1850년에는 미국의 특허 신청 건수가 2,193건이었는데 1911년에는 6만 7,370건으로 증가했다.

특허의 양보다 더 중요한 것은 이러한 혁신의 에너지가 어느 방향을 향했는지다. 이 시기의 혁신은 휘트니가 선구적으로 토대를 놓은 "대량생산"과 "시스템적 접근"에 바탕을 두고 있었다. 대량생산은 기계를 사용해 대량의 표준화된 제품을 낮은 비용에서 안정적으로 생산하는 것을 의미했고, 시스템적 접근은 엔지니어링, 디자인, 사람의 노동, 기계를 결합해 생산 과정의 세부분들을 더 효율적인 방식으로 조직하는 데 초점을 두는 것을 의미했다.

생산성 밴드왜건이 나타나느냐 아니냐는 노동자들에게 새로운 업무와 기회가 창출되는지와 생산성 향상의 이득이 노동자들에게도 공유되게 할 제도적 체계가 존재하는지에 달려 있다. 또한 1장에서 보았듯이, 테크놀로지의 발달이 생산성 향상을 충분히 크게 일으킬 때 그리고 전후방 연관효과(제품의 고객 쪽 산업 분야에서 나타나는 연관효과를 전방 연관효과, 투입 요소 공급 쪽 산업 분야에서 나타나는 연관효과를 후방 연관효과라고 부른다)를 통해 여타 영역들에서 노동 수요를 자극할 때 생산성 밴드왜건이 발생할 가능성이 크다. 여기에서 시스템적 접근과 대량생산이 특히 중요한 역할을 했는데, 비용을 큰 폭으로 줄이려는 노력에서 생산이 크게 확대되었고 투입 요소에 대한 수요가 증가해 그 영역에서도 생산이 촉진되었기 때문이다.

이러한 방향의 기술 발달은 노동의 한계생산성과 노동자의 생활 수준 모두를 끌어올렸다. 6장에서 언급한 프랑스인 E. 르바쇠르는 미국의 산업을 시찰하고 이에 대해 크게 감탄했다.

제조업자들은 이 변화[산업 기계의 도입]를 다음과 같이 평가한다. 임금이 높아졌으므로 노동력을 판매하는 사람으로서 노동자에게 이득이 되었고, 같은 돈으로 더 많은 것을 살 수 있게 되었으므로 제품의 소비자로서도 노동자에게 이득이 되었으며, 힘이 많이 드는 부분을 기계가 맡으면서 업무가 덜 고되어졌기 때문에 노동을 수행하는 사람으로서도 노동자에게 이득이 되었다. 노동자들은 이제 노동에서 근육을 쓰기보다 지능을 쓰는 감독자가 되었다.

이러한 경향은 1870년대에도 있었지만 상호 연관된 두 개의 변화가 이 추세를 강화하면서 미국의 산업을 변모시켰다. 하나는 전기의 도입이고, 다른 하나는 생산 과정에서 정보, 엔지니어링, 생산 계획 수립을 더 많이 사용하게 된 것이다.

전기에 대한 과학 지식의 발달은 18세기 말에 시작되었지만 세상을 재구성할 주요 혁신은 1880년대에 나타났다. 토머스 에디슨은 빛에 대한 이론만 발전시킨 게 아니라 그 이론의 대대적인 응용에서도 선봉에 있었다. 그가 발명한 필라멘트 전구는 깜깜한 밤에도 책을 읽을 수 있게 해주는 빛의 양을 촛불에 비해 족히 스무 배는 늘려주었다.

전기는 범용 기술이어서 특히 중요했다. 잠재적으로 매우 많은 용처를 가질 수 있는 이 새로운 동력원은 특화된 새 장비들이 무수히 발명될 수 있는 길을 열었고, 생산 공정의 구성이 근본적으로 달라지게 만들었다. 그리고 전기 기술을 개발하고 사용하기 위해 내려진 선택들은 분배 면에서 전과 매우 다른 결과를 가져왔다.

전기의 도입으로 가능해진 새로운 통신 장치, 특히 전신, 전화, 라디오는 미국의 가정뿐 아니라 산업에도 기념비적인 영향을 미쳤다. 통신이 개선되면서 물류 관리와 생산 계획 수립이 향상되었고, 이는 시스템적 접근이 성공하는 데 결정적으로 중요했다.

전기가 생산에 적용되면서 가장 크게 영향을 미친 점을 꼽으라면 공장 운영 방식이 완전히 바뀌었다는 점일 것이다. 앤드류 유어는 더 이른 시기인 1835년의 영국 공장을 다음과 같이 묘사한 바 있었다. "테크놀로지 면에서 **공장**이라는 용어는 아이와 어른을 모두 포함해 다양한 집단의 노동자들을 중앙 동력원에서 지속적으로 동력을 공급받는 기계 시스템의 근면한 기술과 결합하는 것을 의미한다."

여기에서 유어는 "중앙 동력원"을 사용하는 것이 노동의 조율을 가능케 하고 효율성을 향상시킨 혁신이라고 보았다. 하지만 그것이 풍력이든 수력이든 증기이든 간에 하나의 중앙 동력원에 의존하는 것은 병목이 생긴다는 의미이기도 했다. 기계가 중앙 동력원 근처에 모여 있어야 해서 분업을 적용할 수 있는 정도에 제약이 있었고, 필요에 따라 특정한 기계가 더 많은 동력을 사용하게 할 수도 없었다. 그 때문에 생산 과정 전체에 차질을 빚는 작업 중단이 자주 일어났다. 업무 순서에 맞게 기계들을 순차적으로 배열하는 것은 본질적으로 불가능했다. 동력을 얼마나 필요로 하느냐에 따라 기계의 위치가 정해졌기 때문이다. 이를테면, 천정에 설치된 동력 전달 축으로 돌아가는 기계는 멀어지면 동력을 잃게 되므로 중앙 동력원과 매우 가까이에 있어야 했다. 이는 컨베이어 벨트를 도입할 수 없다는 말이었고 제조 과정에서 반제품들이 공장 내의 서로 다른 곳에 위치한 기계들로 이리저리 돌아다녀야 한다는 의미였다.

그런데 1882년부터 도시 당국이 가정과 일터에 전기를 공급하면서 이 상황이 완전히 달라졌다. 전기는 매우 빠르게 확산되었다. 1889년에는 전기 동력으로 돌아가는 공장이 1퍼센트 정도에 불과했는데 1919년에는 50퍼센트를 넘어섰다.

전기의 도입으로 공장의 생산성이 크게 높아졌다. 조명이 개선된 덕분에 노동자들은 주변을 정확하게 보면서 기계를 더 정밀하게 작동할 수 있었다. 실내 대기질도 좋아졌고 유지 관리도 용이해졌다. 1895년에 한 건축가는 이렇게 말했다. "형광등은 모든 조명 방식 중 최고다. 관리할 필요가 없고 늘 준비되어 있으며 실내 공기를 탁하게 만들지 않고 열과 냄새도 나지 않고 완벽하게 깔끔하고 시계처럼 꾸준하다." 전기는 다양한 응용 가능성도 열어주었다. 전기로 돌아가는 시계, 제어 장치, 보일러가 다른 기계들과 결합해 기계 작동의 정밀성이 한층 높아졌다.

더 중요하게, 기계들을 순차적으로 놓을 수 있게 되면서 공장의 재조직화가 가능해졌다. 이제 각각의 기계가 따로따로 동력원에 연결될 수 있었기 때문이다. "웨스팅하우스 전기 및 제조 회사"는 이러한 변화의 많은 부분에서 최전선을 달리는 기업이었다. 1903년에 웨스팅하우스의 엔지니어링 담당 임원은 이렇게 강조했다.

하지만 무엇보다 전기 구동축이 주는 가장 큰 이점은 유연성을 높여 주고 공장 전체적인 계획의 수립과 도구의 배열을 더 자유롭게 만들어 준다는 점이다. 각각 모터를 가진 커다란 장비들이 작업 과정에서 가장 편리한 곳 어디에든 배치될 수 있다. 동력이 반드시 라인 축을 통해서만 나와야 할 때 고려해야 했던 제약 조건이 없어지는 것이다. 언급했듯이, 이동 배치가 가능한 대형 장비를 사용하는 데는 막대한 이점이 있다. 천정에 설치된 동력 축이 없으면 크레인이 작동할 수 있는 공간이 생겨서 크레인도 가장 효율적인 위치에서 사용할 수 있다. 천정에 동력 축과 벨트가 없는 작업장은 훨씬 밝고 쾌적하기도 한데, 밝고 환기가 잘 되는 공간에서 노동자들의 물리적인 생산성이 높아진다는 것은 경험으로 이미 잘 알려진 바다.

이러한 기대는 틀리지 않았다. 유연한 기계 배치와 모듈식 공장 구조가 가능해지면서 각종 작업에 특화된 특수 기계들이 빠르게 늘어났다. 사우스캐롤라이나주의 콜럼비아 밀스 공장은 이러한 방식으로 재조직된 매우 초창기 공장 중 하나다. 1890년대 말에 전기 동력을 염두에 두고 설계된 이 공장은 곧바로 전기 모터와 개선된 조명의 효과를 볼 수 있었다. 이러한 공장과 웨스팅하우스의 초창기 공장들은 상이한 유형의 기계들이 각각 동력을 공급받게 되면서 배열이 훨씬 단순해졌고 공장 내에서 자재와 물건을 많이 옮겨 다닐 필요가 없어졌으며 기계별로 동력 공급량을 조절하기도 훨씬 용이해졌다는 것을 보여준다.

또한 전기 동력이 도입되면서 수리의 필요성도 줄어들었고 모듈식 구조를 더 많이 채택할 수 있어서 간단한 수리는 생산 과정 전체를 중단시키지 않고도 가능해졌다. 여러 산업에서 공장이 재조직되고 전기로 구동되는 기계와 컨베이어 벨트가 도입되면서 생산성이 놀랍도록 증가했다. 일례로, 이러한 방식을 도입한 주철소는 공간은 더 적게 사용하면서도 철 생산량을 많게는 열 배나 증대시킨 것으로 추산된다.

전기 동력의 도입으로 생산성이 막대하게 높아지면서, 이는 제조업 이외의 분야에서도 노동력에 대한 수요가 늘고 경제가 팽창하는 데 결정적으로 기여했다. 또한 이렇게 재조직된 공장에서 전기가 사용된 방식은 노동자들에게도 상당히 득이 되었다.

새로운 엔지니어들이 창출하는 새로운 업무

이론상으로는 새로운 동력원이 기존 업무를 자동화해 노동 수요를 그리 혹은 전혀 늘리지 않을 수도 있다. 더 발달된 기계와 더 많은 기계

동력이라는 말에는 분명히 "자동화"가 함의되어 있다. 그런데도 20세기로 넘어가는 시기에 미국의 산업에서는 노동 수요가 크게 증가했다. 그뿐 아니라 국민소득 중 노동자에게 가는 몫이 증가한 것으로 볼 때 생산 과정에서 인간 노동력의 중요성이 오히려 더 커졌다고 볼 수 있다. 이것은 어떻게 가능했을까?

생산의 조직 방식 면에서 생겨난 또 하나의 근본적인 변화가 이 질문의 상당 부분을 설명해 준다. 전기 동력의 사용과 함께 제조업에서 엔지니어와 화이트칼라 노동자의 역할이 부상한 것이다. 바로 이들이 생산 공정의 재조직화를 담당했고, 이는 생산성의 향상 면에서도, 노동자들에게도 더 나은 결과를 가져왔다.

1850년대에는 미국의 공장도 영국과 비슷했다. 자본을 투자하고 기계를 들여온 사업가 본인이 노동력도 관리했다. 리처드 아크라이트 같은 초창기 제조업자들이 새로운 생산 기법을 선구적으로 도입하긴 했지만 생산 계획, 정보 수집, 효율성 분석, 지속적인 개선 등의 활동은 그리 많이 이루어지지 않았고 회계와 재고 관리는 마구잡이였으며 디자인에는 별로 관심이 없었고 마케팅에는 아예 관심이 없었다. 그러나 19세기 말이 되면 산업 활동의 조직화와 관련해 여러 측면이 달라지기 시작하며, 이와 함께 엔지니어 출신 관리자의 시대가 열리게 된다.

1860년에 미국의 제조업에서 관리자와 엔지니어 등 화이트칼라 노동자는 전체 노동력의 3퍼센트도 되지 않았다. 그런데 1910년에는 이 숫자가 13퍼센트로 높아진다. 동시에 전체 제조업 노동자 수도 100만 명이 안 되던 데서 750만 명 이상으로 증가했다. 제1차 세계대전[1914~1918년] 이후에도 화이트칼라 노동자 비중은 꾸준히 증가해

1940년에는 거의 21퍼센트가 되었다.

이들 화이트칼라 노동자들은 작업장을 더 효율적으로 재구성했고, 그 과정에서 화이트칼라뿐 아니라 이제 예전과 다른 업무를 수행하게 된 블루칼라 노동자에 대한 수요도 증가했다. 관리자들은 정보를 수집하고 효율성 제고 방안을 연구하고 디자인을 개선하기 시작했고, 새로운 기능과 업무를 도입하면서 지속적으로 생산 방식을 재조정했다. 생산에서 엔지니어가 수행하는 역할, 화이트칼라 노동자들이 수집하는 정보, 전기 동력, 이 세 가지의 결합은 다양한 전기 장비가 도입되고 그에 따라 용접, 천공, 특수 기계 운전 등 새로운 업무가 생겨나는 데 결정적인 요인이었다.

이렇게 해서, 화이트칼라 노동자들이 수행한 생산 공정의 재조직화는 비교적 높은 임금을 받는 블루칼라 직종들을 창출하는 효과도 낳았다. 그리고 생산 규모가 확대되면서 화이트칼라 노동자에 대한 수요도 한층 더 증가했다.

이 시기에 일자리가 증가할 수 있었던 또 하나의 요인은 새로이 재구성된 공장에서 생산이 막대하게 증가하면서 도소매 유통 분야에서 연관효과가 일어난 것이다. 공장에서 대량으로 물건이 쏟아져 나오고 대량생산 기법이 여러 산업에 퍼지면서 도소매 분야에서도 엔지니어, 관리자, 판매원, 행정 사무원이 더 많이 필요해졌다.

이와 같은 화이트칼라 업무들이 19세기에 구할 수 있었던 대부분의 일자리보다 높은 숙련 수준을 필요로 했다는 사실에 주목할 필요가 있다. 사무직 노동자는 제품과 재고의 수량을 세고 재무와 회계를 기록하고 발견한 내용들을 정확하게 소통하기 위해 수리력과 문해력이 필요했다. 바로 여기에서, 이 시기 미국 경제의 또 한 가지 중요한 추세가 구원자로 등장한다. 고등학교를 졸업한 노동자 수가 급격히 증가한 것이다. 1910년에는 18세 이상 인구 중 고등학교를 나온 사람 비중이 10퍼센트가 안 되었는데 1940년에는 50퍼센트로 늘었다. 이는 19세기 후반에 학교에 대한 투자가 크게 늘어난 결과였다. 전국에 걸쳐 각 지역의 "보통학교"가 초등교육을 제공하면서, 1880년대 무렵이면 미국 북동부와 중서부에서 8~12세 백인 아동 중 약 90퍼센트가 학교에 다니고 있었다(흑인 아동의 교육은 훨씬 뒤처졌다). 통계 분석을 수행한 실증연구에서도 새로운 업무와 새로운 산업의 등장이 노동 수요 증가에 중요한 영향을 미쳤음이 확인된다. 한 연구는 더 다양한 직군을 가진 새로운 산업의 등장이 이 시기에 관찰된 경제 전반적인 고용 성장과 제조업에서의 화이트칼라 직군 증가 둘 다의 주요인이었음을 보여주었다. 또 다른 연구는 미국에서 1909~1949년에 나타난 생산성 증가가 고용 증가와 관련이 있으며 이 패턴은 전기 기계와 전자 장비에 의존하는 새로운 산업에서 가장 먼저 두드러지게 나타났다고 밝혔다.

이 시기 테크놀로지의 방향과 관련해 결정적으로 중요했던 두 측면을 다시 언급할 필요가 있을 것 같다. 우선, 계속해서 생산 공정의 이런저런 부분이 자동화되었고 농업뿐 아니라 경제 전반적으로도 자동화가 일어났으며 그로 인해 몇몇 업무에서는 노동자들이 기계에 밀려난 것은 사실이다. 하지만 이 시기 미국의 자동화는 테크놀로지 발달의 또 다른 측면이 제조와 서비스 분야에서 새로운 고용 기회를 창출해 자동화로 인해 줄어든 노동 수요를 상쇄하고도 남았다는 점에서 영국의 산업혁명 초기 국면과 달랐다. 그리고 이 효과는 기본적인 학교 교육을 받은 사람들에게 더욱 컸다.

둘째, 노동자들이 얻은 이득 중 일부는 생산성 향상과 전후방 연관효과에서 나온 자연적인 결과겠지만 또 다른 상당 부분은 기업이 내린 선택의 결과였고, 특히 엔지니어 출신 관리자라는 새로운 계층이 내린 선택의 결과였다. 이 시기에 나타난 진보의 방향은 당대의 과학 혁신 자체에 내재한 멈출 수 없는 추동력의 자동적인 결과 같은 것이 아니었다. 사실 전기는 범용 기술이어서 그것의 적용에는 수없이 많은 가능성이 열려 있었고 각각 서로 다른 방향으로 진보의 경로를 추동할 수 있었다.

경영자와 엔지니어들이 기존 사업에서 비용을 줄이기 위해 자동화에 더더욱 집중하는 쪽으로 선택을 내릴 수도 있었을 것이다. 하지만 그러기보다는 이전 시기에 있었던 미국식 기술 경로의 연장선에서 새로운 시스템과 기계를 도입해 효율성을 높이고, 고숙련 노동자와 저숙련 노동자 모두의 역량을 강화하는 쪽으로 경로를 잡았다. 이와 같은 테크놀로지 선택은 노동자에 대한 수요가 증가하는 데 근본적인 역할을 했고, 새로 생겨난 노동 수요는 농업과 일부 제조업에서 노동 집약도가 줄어든 것을 상쇄하고도 남았다.

운전대를 잡고

전기의 도입, 엔지니어링, 시스템적 접근, 새로운 업무의 창출이 어떻게 함께 어우러져 작동했는지를 가장 잘 보여주는 사례는 자동차 산업, 특히 포드 모터 컴퍼니다.

미국의 자동차 산업은 1896년에 시작되었다. 그리고 1903년에 이제는 상징적인 인물이 된 창업주이자 경영자 헨리 포드가 포드 모터 컴퍼니를 설립했다. 포드의 초창기 모델들은 각각 모델 A, B, C, F, K, R, S라고 불렸고 당시에 일반적이던 생산 방식, 즉 호환성 부품을 장인적 숙련과 결합하는 방식으로 생산되었다. 이 모델들은 중간 정도 가격대였고 매스 마켓이 아닌 니치 마켓용 제품이었다.

하지만 아주 일찍부터도 포드의 야망은 자동차를 대량으로 생산해 낮은 가격으로 매스 마켓에 판매하는 것이었다. 모델 N이 이러한 방향의 첫 시도였지만 기존의 틀을 깨지는 못했다. 모델 N은 디트로이트의 피케트 공장에서 생산되었는데, 이 공장은 중앙 동력으로 돌아가는 공장이었고 전기 기계들을 완전하게 구비하고 있지도 못했다.

이 상황이 1908년 "대중을 위한 자동차"라고 판촉된 유명한 모델 T에서 완전히 달라진다. 여타의 산업들에서 벌어져 온 다양한 진보를 완벽하게 혼합해 자동차에 적용함으로써 가능해진 일이었다. 포드는 생산을 디트로이트 바로 외곽에 있는 하이랜드파크의 새 시설로 옮겼다. 하나의 층에 전기 기계들을 배치한 이 공장은 대량생산을 위한 새로운 생산 조직화 방식을 호환성 부품의 완전한 사용과 결합했고, 더 나중에는 컨베이어 벨트와도 결합했다. 이 시기에 포드는 다음과 같이 뿌듯함을 드러냈다. "우리는 4만 개의 실린더, 1만 대의 엔진, 4만 개의 바퀴, 2만 개의 차축, 1만 대의 차체, 그리고 1만 대의 자동차 안에 들어가는 모든 부품을 … **완전히 똑같이** 만든다."

대량생산 기법이 도입되면서 생산 규모가 한층 더 확대되었다. 포드의 생산량은 곧 연간 20만 대로 늘었는데, 당시 사람들에게는 정신이 멍해질 정도의 규모였다.

포드의 접근법에 내포된 정신은 하이랜드파크 공장에서 모델 T 제조 시스템을 둘러본 『디트로이트 저널』 기사에서 잘 볼 수 있다.

기자는 이 공장의 핵심을 "시스템, 시스템, 시스템!"이라고 요약했다. 『미국 기계공학자American Machinist』에 실린 프레드 콜빈Fred Colvin의 심층 연구도 동일한 결론에 도달했다.

> 작업 순서가 완전하게 지켜져 드릴 기계가 중형 절삭기들 사이에, 심지어는 천공 프레스들 사이에 놓인 것을 볼 수 있었을 뿐 아니라, 그러한 기계들 사이에 탄화로와 배빗 합금 장비가 놓여 있는 것도 볼 수 있었다. 이는 일을 최소한으로 줄여준다. 어떤 물건이 탄화 단계에 도달하면 물리적으로도 탄화로 바로 가까이에 와 있게 되고, 그다음에 연마 순서가 되면 탄화 처리가 끝난 물건 바로 가까운 곳에 연마기가 있기 때문이다.

헨리 포드 본인도 이러한 면을 명백하게 인식하고 있었다.

> 완전히 새로운 이 전기 시스템은 가죽 벨트와 라인 축으로부터 산업을 해방시켰다. 각각 별도의 전기 모터를 가지고 있는 기계들을 사용할 수 있게 되었기 때문이다. 사소해 보일지 모르지만 여러 이유에서 현대 산업은 벨트와 라인 축 시스템으로는 수행될 수 없다. 이와 달리, 모터는 기계들을 작업 순서에 따라 배열할 수 있게 해주며 그것만으로도 불필요한 작업과 지연을 막대하게 줄여서 산업의 효율성을 족히 두 배로 높여줄 수 있다. 벨트와 라인 축 자체도 동력의 낭비다. 사실 너무나 낭비적이어서, 당시에는 어떤 공장도 정말로 대규모일 수는 없었다. 아무리 긴 라인 축을 설치해도 현대 산업의 필요에 비하면 너무 작기 때문이다.

포드는 전기 동력 이전의 생산 방식은 현대의 산업 생산이 필요로 하는 것을 감당할 수 없다고 강조했다. "또한 옛 조건에서는 고속 장비를 작동할 수 없다. 축바퀴도, 벨트도 현대의 속도를 감당할 수 없다. 그리고 고속 장비와 그것으로 가능해진 더 정교한 금속이 없으면 '현대 산업'이라고 불리는 것은 존재할 수 없다."

전기 기계의 발달과 생산의 재조직화는 훨씬 저렴한 제품을 더 안정적인 품질로 만들 수 있게 해주었고, 이러한 기계들은 자동차의 엔진이나 기계 부품에 대한 전문 지식이 없어도 작동할 수 있었다. 모델 T가 처음 나왔을 때 가격은 850달러였는데(오늘날 가격으로는 약 2만 5,000달러), 당시 다른 자동차들의 가격은 1,500달러 정도였다.

이후에 포드가 스스로 내린 평가는 자동차 산업이 개척한 혁신의 정신을 잘 보여준다.

> 대량생산은 단순히 많은 양을 생산한다는 의미가 아니다. 그것이라면 대량생산에 필요한 선결 조건 없이도 할 수 있다. 또한 대량생산은 단순히 기계를 통한 생산을 의미하는 것도 아니다. 이것 역시 대량생산 방식의 조직화 형태가 아니어도 생겨날 수 있다. 대량생산은 제조 과정의 초점을 동력, 정확성, 경제성, 시스템, 지속성, 속도라는 원칙에 두는 것이다. 작동 연구, 기계 개발, 그리고 그것들의 조율을 통해 이러한 원칙을 해석하는 것이 경영자의 가장 명시적인 임무일 것이다.

이것이 노동에 의미한 바는 다른 산업들에서 공장 시스템을 처음 도입했을 때와 비슷했지만 몇 가지 이유에서 훨씬 증폭되었다. 자동차가 대량생산되면서 투입 요소 쪽 산업 분야에 막대한 수요가 창출되었고 소비자와 제품을 교통에 의존하는 영역에서도 상당한 촉진 효과를 낼 수 있었다. 기술적인 면에서도 자동차 산업은 당대에 가장 발달된 분야여서 엔지니어링, 디자인, 계획 수립, 그 밖의 정보 집약적인 활동을 더 광범위하게 활용하고 있었고, 따라서 새로운 화이트칼라 업무들을 창출하는 데서도 최전선에 있었다.

이에 더해, 포드는 새로운 블루칼라 업무들이 창출되는 데에도 선도적이었다. 공장이 재조직되면서 조립, 도색, 용접, 기계 운전과 같은 업무의 속성이 달라졌기 때문이다. 이러한 변화가 노동자들에게 야기하는 어려움이 없지는 않았다. 종종 노동자들은 공장이 요구하는 바를 따라가기 벅차 고전했다.

새로운 공장 조직에 노동자들을 적응시키는 것과 관련된 어려움은 몇 가지 문제를 낳았다. 가장 심각한 것은 높은 결근율과 이직률이었다. 헨리 포드와 엔지니어들에게 노동자의 높은 이직률은 어셈블리 라인 운영과 생산 계획 수립을 훨씬 곤란해지게 만들기 때문에 특히 심각한 문제였다. 1913년에 하이랜드파크 공장의 연간 이직률은 무려 380퍼센트에 달했다. 노동자들을 계속 붙잡아 두는 것이 불가능했다. 노동자들이 가졌던 불만의 이유는 한 노동자의 아내가 헨리 포드에게 보낸 편지에서 잘 볼 수 있다. "사장님이 이곳에 두고 계시는 연쇄 시스템은 **노예를 몰아붙이는** 시스템입니다. **세상에요!** 포드 사장님. 남편은 너무 지쳐서 집에 오면 저녁도 먹지 못하고 뻗어버립니다." 노동자들의 이러한 반응에 포드는 노동자들의 임금을 인상하기로 결정했다. 처음에는 일당 2.34달러로, 그다음에는 그 유명한 일당 5달러로 사내 최저 임금을 일거에 대폭 올렸다. 당시 대부분의 노동자는 이보다 훨씬 적은 임금을 받았기 때문에 매우 놀라운 수준의 임금 인상이었다. 임금이 오르면서 이직과 결근이 줄었고 포드는 이것이 노동자의 생산성 향상에도 기여했으리라고 보았다.

생산성 증가의 주요 원천 하나는 노동자의 재훈련이었다. 포드 공장은 전문적인 숙련 기술을 필요로 했지만 그러한 숙련 기술을 획득하기는 어렵지 않았다. 새로이 유연하게 조직된 공장에서는 업무 구조가 모듈식으로 이루어져 있었고, 대부분의 기계는 사전에 잘 규정된 작동 방식과 문제 해결 방법을 알고 있으면 작동할 수 있었다. 콜빈이 강조했듯이, "전체 작업의 기조는 단순성"이었다. 기계 작동에 필요한 숙련 기술을 노동자들이 쉽게 재훈련받을 수 있게 한다는 말이었다. 당대의 많은 회사들처럼 포드도 노동자의 생산성을 높이기 위해 방대한 교육 훈련을 제공하기 시작했다.

발달된 기계와 새로운 숙련 교육의 결합이 기회의 창출과 노동자에 대한 수요 증가의 토대가 되었다는 사실은 20세기 전반뿐 아니라 전후 시기에도 마찬가지로 중요했다. 1967년에 포드의 한 경영자는 그들의 고용 전략을 이렇게 요약했다. "빈자리가 있으면 우리는 공장 대기실에 누가 있는지 봅니다. 누군가가 있고 그가 신체적으로 괜찮아 보이면, 그리고 명백히 알코올 중독자가 아니면 그를 채용합니다." 이 말이 실질적으로 의미한 바는 학교 교육을 많이 받지 않고 전문화된 지식이 없는 채로 노동시장에 나온 사람들에게도 전례 없이 많은 고용 기회가 있었다는 뜻이다. 저숙련 노동자도 고용될 수 있었고, 회사에서 교육 훈련을 받아서 발달된 기계와 함께 생산적으로 활용될 수 있었다. 이렇게 해서 고학력 저학력을 통틀어 모든 종류의 노동자에 대한 수요가 증가했다. 이것이 갖는 함의는 막대했다. 저숙련 노동자들에게도 몇몇 가장 좋은 보수를 받을 수 있는 일자리 기회가 열리면서, 번영이 더 폭넓은 계층으로 공유되게 할 강력한 경로가 생긴 것이다.

　포드가 노동자들에게 임금을 올려주기로 한 데는 또 다른 이유도 있었다. 웨스팅하우스와 제너럴 일렉트릭에서 생산 시스템 설계에 참여한 전기 엔지니어 마그누스 알렉산더Magnus Alexander는 "생산성은 구매력을 **창출한다**"고 말했는데, 대량생산 체제를 유지하려면 구매력의 확대가 꼭 필요했다.

　이러한 발달 과정은 포드에서만의 일이 아니라 미국 산업 전체에서 중요한 부분이 되었다. 곧 제너럴 모터스GM가 이 게임에서 포드를 능가하면서 기계에 더 많은 투자를 했고 더 유연한 생산 구조를 발달시켰다. 대량생산은 대중 시장을 의미했지만 대중 시장이 꼭 모든 소비자가 동일한 모양과 색상의 자동차를 구매한다는 말은 아니었다. GM은 포드가 취향이나 욕구에 상관없이 똑같은 모델 T를 소비자에게 공급하고 있었을 때 이 사실을 포드보다 먼저 파악했고, 더 유연한 생산 구조를 이용해 다양한 모델을 시장에 선보였다.

불완전한 새 비전

영국 산업혁명의 초기 국면을 추동했던 "중간 정도" 계층 출신 사업가들의 비전은 비용을 줄이고 효율성을 높여 이윤을 더 많이 올리는 데 초점을 두고 있었다. 이러한 방향이 그들이 고용한 "더 비천한 부류의" 사람들에게 어떤 영향을 미칠지는 이 야망 있는 사업가들에게 관심사가 아니었다. 미국의 산업가들도 이윤이 핵심 관심사였고, 미국 산업화의 초기 국면에서도 불평등이 상당히 크게 증가했다. 철강의 앤드류 카네기나 석유의 존 D. 록펠러 같은 산업가들이 새로운 생산 기법을 도입해 각자의 업계에서 막강하게 지배적인 사업자가 되었고 막대한 부를 쌓았다.

이들 산업계 거물 상당수는 노조를 결성하려는 노동자들에게 적대적이었다. 앤드류 카네기[의 회사]는 1892년 홈스테드 제철소 파업 때 파업에 나선 노동자들에게 폭력을 행사해 유혈 사태까지 일으켰다.

그럼에도, 전기 동력의 시대에 일부 산업가들은 노동자 및 지역 사회와 더 협업적인 관계를 일구는 것이 회사의 이익에도 도움이 된다는 것을 깨닫기 시작했다. 여기에서도 헨리 포드가 개척자였다. 하루 5달러로 사내 최저 임금을 인상했을 때 포드는 연금, 편의시설, 가족수당 같은 부가급부도 함께 도입했다. 이는 새로운 테크놀로지와 대량생산 시스템으로 얻은 막대한 이익을 일부나마 노동자들과 공유하려는 의도가 있음을 보여주는 조치였다.

이타주의에 입각해 내린 결정은 아니었다. 포드가 이러한 조치를 도입한 이유는 더 높은 임금이 노동자들의 이직률을 낮추고 파업 가능성을 줄이며 어셈블리 라인의 조업 중단으로 발생하는 비용을 막고 나아가 생산성을 높일 수 있으리라고 보았기 때문이었다. 다른 많은 주요 회사도 이를 뒤따라 각자의 고임금 정책을 도입하고 부가급부를 제공했다. 알렉산더는 새로운 접근법의 핵심을 다음과 같이 요약했다. "미국 역사의 첫 절반 동안에는 자유방임과 강한 개인주의가 경제의 특징이었다면, 이제 기업들이 사회적 의무를 자발적으로 인식하는 데 강조점을 두고 있다. 이는 경제 활동의 방향성과 공동의 이익을 위해 국내외 모두에서 협업하려는 노력을 기울이는 데서 잘 드러난다."

이러한 비전을 공고화한 또 다른 인물로 미국 경제학자 존 R. 커먼스John R. Commons를 꼽을 수 있다. 그는 생산성 향상이 고용주와 노동자 사이의 호혜, 의리, 연대를 통해 노동자들에게도 이득이 되는 일종의 "복지 자본주의" 형태를 주창했다. 그는 회사가 노동자를 희생시켜서 비용을 줄이려 하는 것은 지는 전략이라고 보았다.

그렇더라도, 노동자들이 스스로를 조직해 길항 권력을 행사할 수 있는 제도적 채널이 없었다면 이러한 유형의 복지 자본주의는 희망사항 이상이 될 수 없었을 것이다. 대공황 이후에 바로 그러한 제도적 채널이 마련되기 시작했다. 그리고 이것은 미국에서 아주 멀리 떨어진 나라에서 먼저 시작되었다.

북유럽의 선택

1929년, 미국 주식시장이 폭락하면서 대공황이 시작되었다. 두어 달 사이에 주식 가치의 절반이 날아갔다. 먼저 미국 경제가, 이어서 세계 경제가 멈추었다. 1933년이면 미국 GDP는 30퍼센트나 떨어져 있었고 실업률이 20퍼센트에 달했다. 은행들이 대거 도산했고 사람들은 평생 모은 저축을 잃었다.

주식시장 붕괴의 충격과 그 이후의 경제적 혼란은 너무나 강렬하게 체감되었다. 시장이 붕괴하면서 주식 중개인들이 고층 건물에서 뛰어내리고 있다는 소문이 돌았다. 나중에 알려진 바로는 꼭 그렇지는 않았다. 뉴욕시 검시관이 데이터를 조사해 보니 1929년의 10월과 11

월 자살 건수는 전년보다 낮았다. 하지만 금융가들이 투신한다는 소문은 과장이었어도 거시 경제가 빠진 수렁은 과장이 아니었다.

미국에서 시작되긴 했지만 경제적 곤경은 전 세계로 빠르게 확산되었다. 1930년이면 유럽 대부분이 심한 경제 위축을 겪고 있었다. 경제적 어려움에 각 나라가 대응한 방식은 서로 달랐고 이는 서로 다른 정치적·사회적 결과를 가져왔다. 독일에서는 몇몇 극우 정당이 사민당의 통치 역량을 제약하려 하면서 이미 정치적 양극화가 진행되고 있었다. 의원들은 종합적인 대응책을 내놓지 못했고 몇몇 정책은 오히려 위기를 심화시켰다. 얼마 지나지 않아 독일 GDP는 자유낙하해서 1929년의 절반가량으로 떨어졌고 실업률은 30퍼센트가 넘었다.

경제적 어려움과 무능 그리고 많은 이들이 보기에 효과가 없어 보이는 정책 대응은 기성 정당이 정당성을 거의 완전히 잃게 만들었고 민족사회주의자당[나치당]이 부상하는 데 토대가 되었다. 나치는 대공황 전이던 1928년에는 2.6퍼센트밖에 득표하지 못한 주변부 세력이었지만, 대공황 후의 첫 선거였던 1932년 7월에는 37.3퍼센트를 득표했다. 1932년 11월에는 세가 잠시 주춤했지만 그래도 33.1퍼센트의 표를 획득했고 1933년 1월에는 아돌프 히틀러가 총리가 되었다.

프랑스에서도 비슷한 과정이 펼쳐졌다. 프랑스도 경제가 마비될 정도의 붕괴를 겪었고, 정책 대응은 일관성도 효과도 없었으며, 민주적으로 선출된 정부가 여전히 존재하기는 했지만 극단주의 정당이 힘을 얻고 있었다.

그런데 규모도 작고 경제적으로 후진적이었던 스웨덴의 대응은 매우 달랐다. 1920년대 말에 스웨덴 경제는 대체로 농업 위주였고 인구의 절반이 농업에 종사하고 있었다. 스웨덴은 1921년에야 보편

선거권을 도입했고 산업 노동자의 정치 권력도 약했다. 하지만 이들을 대표하는 정당인 스웨덴 사회민주노동자당SAP은 주목할 만한 강점을 하나 가지고 있었다. 일찍이 19세기 말에 SAP 지도부는 스웨덴에 제도 개혁이 절실히 필요하다는 것을 깨달았다. 이 목적을 달성하려면 민주적으로 정권을 잡아야 했고, 이는 마르크스주의로부터 거리를 두어야 한다는 뜻이었다. SAP 지도부는 농업 노동자 및 중산층과 연합을 형성하기 위해 노력했다. SAP의 가장 영향력 있는 지도자로 꼽히는 얄마르 브란팅Hjalmar Branting은 1886년에 이렇게 주장했다. "스웨덴처럼 뒤처진 나라에서는 중산층이 점점 더 중요한 역할을 하고 있다는 사실에 눈을 감아서는 안 됩니다. 공동의 적에게 맞설 수 있으려면 노동자 계급에게도 이와 같은 연대가 제공할 수 있는 도움이 필요하며, 마찬가지로 중산층도 노동자 계급의 지지가 필요할 것입니다."

대공황이 시작되고서 SAP는 탄탄한 정책 대응을 위한 운동을 시작했다. 거시경제적 조치(정부 지출 확대, 임금 인상을 통한 수요 진작, 금본위제 이탈을 통한 팽창적 통화 정책 등)와 제도적 조치(자본과 노동 사이에 수익의 꾸준한 분배, 조세를 통한 소득 재분배, 사회보험 프로그램 등)가 함께 진행되어야 했다.

이를 달성하기 위해 SAP는 연합 파트너를 찾기 시작했다. 처음에는 가망이 없는 일로 보였다. 중도 우파는 SAP와 협력할 생각이 없었고 노동자 정당과 농민 정당들은 종종 타협 불가를 외쳤다. 스웨덴에서만이 아니라 이 시기에 서구 전체적으로도 마찬가지였다. 노조와 유기적으로 연결된 정당이니만큼 SAP는 산업 노동자의 임금을 높게 유지하고 제조업의 고용 확대를 위해 노력해야 한다는 점을 타협할 수는 없었다. 노조는 식품 가격이 오르면 이러한 계획이 타격을 입게 된다고 생각했다. 식품 가격이 오르면 꼭 필요한 정부 프로그램의 비용이 올라가고 노동자들이 실제로 집으로 가져가는 실질소득이 잠식될 것이기 때문이다. 반면, 농업 세력은 식품 가격을 높게 유지하는 데 우선순위를 두었고 제조업 촉진 프로그램에 정부 자원이 들어가는 것을 반대했다.

SAP 지도부는 의회에서 안정적으로 다수를 확보하게 해줄 연합 세력의 구축이 결정적으로 중요하다는 사실을 잘 알고 있었다. 부분적으로 이것은 끔찍한 경제적 여건에 대응하기 위한 노력이었다. 스웨덴에서도 1930년에 빈곤과 실업이 급격히 증가하기 시작했기 때문이다. 하지만 또 하나의 이유는 정부가 행동하지 않을 때 이것이 어떻게 극단주의자들을 발흥시키게 되는지를 여타 유럽 국가들을 통해 목도하고 있었기 때문이기도 했다.

1932년 총선으로 이어지기까지의 시기에 SAP의 지도자 페르 알빈 한손Per Albin Hansson은 일관되게 SAP를 "민중의 집"이라고 일컬었다. 모든 노동 대중과 중산층을 포괄한다는 의미였다. 그는 "우리 정당은 하나의 노동자 계급을 또 하나의 노동자 계급을 희생시켜 지원하는 것을 목적으로 삼지 않는다"며 "우리 정당은 미래를 일구는 일에서 산업 노동자 계급과 농업 노동자 계급 사이에, 혹은 손으로 일하는 노동자와 머리로 일하는 노동자 사이에 차이가 있다고 보지 않는다"고 말했다. 이러한 호소는 효과가 있었고 SAP의 득표율은 1928년 37퍼센트에서 1932년에는 거의 42퍼센트로 높아졌다. 또한 농민당 설득에 성공해 연정을 구성했다. 오늘날 "소의 협상cow trade"이라고 불리는 협의의 결과, SAP는 제조업 지원을 포함해 정부 지출 확대에 농민의 지지를 얻어냈고, 그 대신 농업 보호를 강화하고 정부가 정하는 곡물 가격을 높이기로 동의했다.

거시경제적 조치 못지않게 중요했던 것은 SAP가 일구려 한 제도적 구조였다. 지대 공유를 제도화하기 위해 이들이 제시한 해법은 정부, 노조, 기업계가 모여 상호 득이 되는 협상을 통해 생산성 향상의 이득이 자본과 노동 사이에 형평성 있게 분배되게 한다는 것이었다.

처음에 기업계는 이러한 코포라티즘corporatism 모델에 반대했다. 스웨덴 기업들도 노동 운동에 대한 시각이 독일이나 미국의 기업들과 다르지 않았기 때문이다. 즉 그들도 비용을 낮게 유지하고 일터에서 통제력을 계속 가질 수 있으려면 기업으로서는 노동 운동을 어떻게든 막아야 한다고 여겼다. 하지만 SAP가 한층 더 세력을 얻고 있음이 확인된 1936년 선거 이후 이들도 생각을 바꾸기 시작했다. SAP를 그저 반대만 해서 실각시킬 수는 없으리라는 것을 깨닫게 된 것이다.

1938년에 살트셰바덴이라는 휴양 도시에서 유명한 회의가 열렸고, 기업계의 상당 부분도 포함된 참가자들은 스칸디나비아식 사회민주주의 시스템의 기본 요소들에 대해 합의했다. 합의된 요소 중 가장 중요한 것으로는 산별 임금 설정, 수익과 산출 증가분을 노동자와 공유, 재분배 프로그램과 사회보험 프로그램의 획기적인 확대, 정부 규제의 확대 등이 있었다. 이것은 기업계를 쥐어짜서 다른 곳을 지원하려는 종류의 합의가 아니었다. 기업이 계속해서 생산성을 유지할 수 있어야 하며 이것의 달성은 기술 투자를 통해 이루어져야 한다는 점에 대해서도 모두가 동의했다.

이 타협에서 두 가지 측면에 특히 주목할 필요가 있다. 첫째, 이제 노동자들에게 더 높은 임금을 지급하고 고용과 노동 조건을 노조와 협상해서 결정해야 하게 되었으므로 기업들은 노동 비용을 줄이기 위한 목적으로 대규모 해고를 할 수 없게 되었다. 따라서 기업들은 보유해야만 하는 노동자들의 한계생산성을 높이자는 쪽으로 인센티브를 갖게 되었는데, 이는 자연히 노동자 친화적인 테크놀로지 쪽으로 편향을 일으켰다.

둘째, 노조와의 협상이 산별로 이뤄질 것이었기 때문에 기업들은 임금을 올려주어야 할지 모른다는 걱정 없이 생산성 향상을 위한 혁신에 매진할 수 있었다. 어느 기업이 혁신을 통해 경쟁사들보다 생산성을 높이는 데 성공하더라도 산별 임금 체계에서는 자신의 노동자들에게 여전히 전과 동일한 임금을 줄 수 있고, 따라서 생산성의 향상이 오롯이 이윤 증가로 이어질 수 있다. 기업들이 이를 깨닫자 혁신과 기계 개발에 투자할 매우 강력한 동기를 갖게 되었다. 그러다가 업계 전반적으로 혁신이 일어나자 산별 차원에서 더 높은 임금이 협상될 수 있었고 결국 노동과 자본 모두에게 득이 되었다.

따라서, 놀랍게도 SAP와 노조가 함께 만들어 낸 코포라티즘 모델은 미국에서 J. R. 코먼스 같은 사람들이 주장하던 복지 자본주의 비전의 몇몇 측면을 달성했다고 볼 수 있었다. 차이는, 복지 자본주의는 순전히 기업의 자발적인 선물로서 이야기되었으므로 실현된다는 보장이 없었고 수익을 늘리고 임금을 내리누르려는 경영자들의 반대에 종종 직면했다는 점이었다. 이와 달리 스웨덴에서는 이것이 노동자의 길항 권력과 국가의 규제 역량을 강화하는 "제도"로 확립되어 훨씬 더 견고한 토대를 가질 수 있었다.

노조는 국가의 규제 역량이 강화되는 데도 핵심적인 역할을 했다. 노조는 복지 프로그램을 실행하고 점검하고 확대했으며, 새로운 테크놀로지가 도입될 때나 몇몇 회사가 다운사이징을 해야 할 때 노동자와 경영자 사이에 소통이 이뤄질 수 있게 했다.

20세기 초에 스웨덴은 극단적으로 불평등한 나라였다. 가장 부유한 1퍼센트가 국민소득에서 차지하는 비중이 30퍼센트가 넘었고, 이는 유럽 국가 중 가장 불평등한 수준이었다. 하지만 새로운 연합에 의해 기본적인 제도적 틀이 마련되고 몇십 년이 지나자 고용과 생산성은 빠르게 증가했지만 불평등은 줄었다. 1960년대가 되면 스웨덴은 상위 1퍼센트가 국민소득에서 차지하는 비중이 10퍼센트 정도로 떨어져 세상에서 가장 평등한 국가로 꼽히게 된다.

뉴딜의 야망

SAP처럼 미국의 프랭클린 델러노 루스벨트도 대공황에 잘 대처하겠다는 약속으로 대통령에 당선되었다. 루스벨트의 비전도 SAP와 매우 비슷하게 정부 지출 확대를 통한 거시경제적 대응, 농업 산출품 가격 지지, 공공 사업, 그 밖에 수요 진작을 위한 정책을 핵심으로 삼고 있었다. 1933년에 루스벨트 행정부는 미국 역사상 처음으로 최저임금제를 도입했다. 이것은 단순히 빈곤을 줄이려는 조치가 아니라 거시경제 안정을 위한 수단으로 여겨졌다. 노동자들이 추가적인 구매력을 갖게 해줄 것이기 때문이다. 마찬가지로 결정적이었던 것은 정부의 규제 역량 강화와 노동 운동의 강화 둘 다를 통해 기업에 맞설 길항 권력을 일구는 데 초점을 둔 대대적인 제도 개혁이었다.

뉴딜주의자들의 제도 개혁은 진보 시대Progressive Era에 도입되었던 개혁(11장에서 더 상세히 설명할 것이다)을 토대로 했지만 여기에서 한발 더 나아갔다.

　　루스벨트의 "핵심 두뇌 집단Brain Trust[정책 수립을 위해 모은 각계의 전문가]" 중 한 명이었던 경제학자 렉스포드 터그웰Rexford Tugwell은 뉴딜의 기조인 "규제적 접근"의 핵심을 다음과 같이 설명했다. "입법부로부터 상당한 권한을 위임받은 행정부가 존재하는 강한 정부는 우리가 현재의 난관에서 벗어나 우리의 방대한 사회적·경제적 가능성을 실현시킬 수 있는 한 가지 방법이다." 이 철학에 바탕해 루스벨트 행정부는 AAAAgricultural Adjustment Administration(농업조정청)부터 USESUnited States Employment Service(노동부 고용국)까지 『뉴욕타임스』가 "알파벳으로 된 40개의 뉴딜 기관들"이라고 부른 기구들을 세웠고 스웨덴에서 도입된 것과 비슷한 정책들을 도입했다. 여기에는 임금과 가격 통제, "공정 경쟁 지침"을 통한 노동자 보호, 아동노동 금지 등이 포함되어 있었다.

　　아마도 더 중요하게, 노동자들의 세력을 강화하기 위한 조치도 시행되었다. 이러한 조치는 진보 시대의 개혁에도 불구하고 여전히 기업들이 생산성 향상의 이득을 노동자들과 공유하고 있지 않으며 낮은 임금이 불평등과 거시경제적 문제 둘 다의 원인이 되고 있다는 판단에 따른 것이었다. 1913년에도 이미 상위 1퍼센트 가구가 국민소득에서 가져가는 몫이 20퍼센트에 달했는데, 이 비중은 계속 증가해 1920년대 말에는 22퍼센트가 넘었다.

　　루스벨트 행정부의 핵심 정책 하나는 고용주로부터 협박이나 해고를 당할 위험 없이 노조를 조직할 권리를 인정하고 여러 가지 분쟁 조정 절차를 도입한 1935년의 와그너법Wagner Act이었다. 포드 같은 기업이 이직률을 낮추기 위해 임금을 인상한 사례가 있긴 했지만, 대공황 전에도 단체 협상 없이는 생산성 이득이 노동자들과 공정하게 공유되지 않으리라고 보는 지식인과 경영자들이 있었다.

1928년에 미국의 개혁적인 엔지니어 모리스 르웰린 쿡Morris Llewellyn Cooke은 "과학적 경영" 연구 모임인 "테일러 학회Taylor Society"에서 이렇게 말했다.

> 노동자의 이익도 포함해서 사회에 이익이 되려면 시간, 임금, 지위, 노동 조건에 대한 협상에서 세력이 약한 쪽이 충분히 대표될 수 있도록 모종의 집단적인 협상이 필요함을 말해줍니다. 또한 집단 협상이라고 말할 때 그것이 실질적인 효력을 가질 수 있으려면 노동자가 충분히 광범위한 기반에서, 가령 전국 단위에서 조직화되어야 함을 의미합니다.

훗날 루스벨트 행정부와 트루먼 행정부에서 공직을 맡게 되는 쿡은 거대 기업이 지배하는 현대의 경제 여건에서는 노동자들의 조직화가 반드시 필요하며 "노조와 같은 노동자 조직을 사회적으로도 매우 필요한 것으로 여겨야 한다"고 주장했다.

콘티넨털 캔의 이사회 의장이자 (비공식 기록에 따르면) 하버드 경영대학원이 "자본가적 노력의 영웅"이라고 칭한 칼 콘웨이Carle Conway도 놀라울 정도로 노동자의 조직화에 찬성을 표했다.

> 명백히 지난 [30년간] 사업을 해온 사람이 단체 협상이나 그 밖에 노동자들이 마침내 획득한 개혁들을 경영자들이 대체로 바랐다고 말한다면 순진하다고 해야 할 것이다. … 하지만 지난 30년간 노동과 경영 사이에 있었던 투쟁의 기본적인 토대를 더 잘 이해한다면 공동의 목적

을 위해 양자의 입장을 조화시킬 수 있고 따라서 단체 협상과 같은 개혁이 양자 모두의 이익을 위해 작동하게 만드는 것 또한 가능하다고 말할 수 있지 않겠는가?

하지만 스웨덴 SAP의 경우와 달리 미국 뉴딜주의자들의 야망은 완전히 실현되지는 못했다. 이들에게 맞서는 저항의 한 축은 "남부 민주당원"들에게서 나왔는데, 이들은 뉴딜 정책이 "짐 크로"의 흑백 분리주의를 문제 삼을까 봐 우려했고 따라서 새로운 법제가 스웨덴에서 도입된 것보다 덜 종합적인 것이 되게 하려 했다.

뉴딜 계획 중 정부 지출 확대와 단체 협상 확대 부분도 맹렬한 저항에 부닥쳤고 대법원에서 가로막히는 경우도 많았다. 그럼에도 루스벨트의 정책은 거시경제가 나락으로 미끄러지는 것을 막아냈고 노동 운동에 커다란 촉진제가 되었다. 이 두 가지 요소 모두 전후에 중요한 역할을 하게 된다.

스웨덴과 미국 모두에서 주요 제도 개혁이 민주적 체제하에서 일어났다는 데 주목할 필요가 있다. 루스벨트 본인은 자신의 손에 권력을 집중시키려 했고 대법원이 자신의 정책을 저지하지 못하게 대법관 수를 늘리려고까지 했지만 본인이 속한 정당이 그의 "코트 패킹 court-packing"[재판관들을 자신의 지지 세력으로 채우려 하는 것. -옮긴이] 시도를 저지했다.

제2차 세계대전은 연합군의 승리로 돌아갔고 여기에는 미국이 경제 전체를 전시 생산 체제로 돌려 지원에 나선 것이 큰 역할을 했다. 세탁기를 만들던 공장이 비행기를 만들었고, 상륙정이 수천 대씩 제조되었다. 미국이 전쟁에 들어섰을 때는 여섯 대의 항공모함을 가지고 있었는데, 1945년이면 크기는 더 작지만 고도로 효과적인 모함을 매달 한 척씩 생산하고 있었다.

미국은 해외에 파견된 미군에게 안정적으로 물자를 공급할 물류 시스템을 구축하는 데 고전했다. 1942년 9월에 북아프리카 침공을 준비하고 있던 아이젠하워 장군은 영국에 물자가 도착하지 않았다고 워싱턴에 불만을 표했다. 그러자 워싱턴의 전쟁부는 다음과 같이 퉁명스럽게 지적했다. "우리가 모든 물품을 적어도 두 번 보냈고 거의 모든 물품을 세 번 보낸 것으로 보인다." 몇 년 동안 대서양 너머로 혼란스럽게 물자가 과잉 공급되었다. 물론 미국이 승리하는 데는 지장이 없었다. 한 장군은 이렇게 농담했다. "미군은 문제를 해결하는 것이 아니라 압도해 버린다."

이 모든 생산에 노동자가 필요했고 노동자들은 많은 노고를 쏟았다. 1945년의 승리 후, 그들의 노력에 대한 보상은 무엇이었을까?

영광의 시기

20세기의 첫 40년간 미국에 공유된 번영의 토대가 놓이기는 했지만 대부분의 사람들은 그것을 명확하게 인식하지 못했다. 그 세기의 첫 절반에 인간 역사상 가장 잔인하고 파괴적이고 살인적인 두 차례의 전쟁이 있었고, 사람들에게 두려움과 불확실성을 심어준 대규모 불황도 있었다. 이 두려움은 깊이 각인되어 오래도록 영향을 미쳤다. 최근의 연구들에 따르면 대공황 시기를 거친 사람들이 종종 영구적인 심리적 피해를 입었고 이후 평생 동안 경제적 위험을 회피하는 경향을 보이는 것으로 나타났다. 20세기 전반기에 경제가 성장한 때도 없지는 않았지만, 성장의 이득이 대체로 부유한 사람들에게 돌아가는 바람에 불평등은 계속해서 높은 수준을 유지했고 더 심해지기도 했다.

이러한 배경에 비추어 보면 1940년 이후의 몇십 년은 실로 놀랍다. 1940년에서 1973년 사이에 미국의 1인당 산출(1인당 GDP)은 매년 3.1퍼센트 이상씩 증가했다. 전쟁 중과 후 모두에서 이렇게 빠른 성장을 촉진한 것은 생산성 향상이었다. 1인당 GDP 외에 총요소생산성 성장률도 경제 성장의 주요 지표인데, 이것은 자본량(기계와 건물)의 증가가 기여한 부분을 제외하고 난 생산성을 보여주므로 기술 진보를 가늠하기에 더 좋은 지표다. GDP 증가분 중 테크놀로지의 발달과 효율성의 향상이 기여한 몫을 포착하기 때문이다. 1891년에서 1939년 사이에는 미국의 총요소생산성(비농업, 비정부 부문) 성장률이 연평균 1퍼센트가 채 되지 않았다. 그런데 1940년에서 1973년 사이에는 연평균 약 2.2퍼센트로 증가했다. 전쟁 중과 전쟁 직후의 호황기에만 해당하는 이야기가 아니었다. 총요소생산성 성장률은 1950년에서 1973년 사이에도 여전히 연평균 1.7퍼센트가 넘었다.

전례 없는 생산력 확대의 토대는 1920년대와 1930년대에 시작된 기술 혁신이었지만, 이러한 혁신이 굉장히 빠르게 도입되고 효과적으로 조직되었다는 것 또한 결정적으로 중요했다.

자동차 산업에서 이미 잘 확립되어 있었던 대량생산 기법은 전후에 산업 전반으로 퍼졌다. 자동차 산업 자체도 빠른 성장을 이어갔다. 1930년대에 미국의 연간 자동차 생산량은 평균 300만 대였는데 1960년대에는 연간 약 800만 대로 증가했다. 미국이 자동차를 만들었고 그다음에는 자동차가 미국을 만들었다고 해도 과언이 아니다.

전후방 연관효과도 생산력 확대에 크게 기여했다. 자동차의 대량생산은 경제의 거의 모든 영역에서 자동차에 들어가는 투입 요소에 대한 수요를 증가시켰다. 더 중요하게는 더 많은 도로가 놓이고 더 많은 사람들이 자동차 등 현대적인 교통수단에 접하게 되면서 도시의 지리가 변모했다. 교외화가 빠르게 전개되었고, 교통수단의 발달은 쇼핑센터, 더 큰 상점, 더 큰 극장 등을 통해 새로운 서비스와 엔터테인먼트도 가능케 했다.

전반적인 성장과 생산성 향상의 속도 못지않게 놀라운 것은 이러한 번영이 매우 포용적인 속성을 띠었다는 점이다. 20세기 전반기에는 성장의 과실이 광범위하게 분배되기 어려웠고, 따라서 간헐적으로 성장이 있었을 때는 불평등이 함께 증가했다. 그런데 전후의 패턴은 이와 극명하게 대조적이었다.

우선, 불평등이 급격히 감소했다. 상위 1퍼센트가 소득 분배에서 차지하는 비중은 1960년에 13퍼센트가 채 되지 않는데, 1920년대의 22퍼센트보다 크게 낮아진 것이다. 불평등의 다른 측면들도 완화되었고 강화된 규제와 가격 통제가 여기에 일조했다. 이 시기를 분석한 두 연구자는 불평등이 매우 놀라운 폭으로 감소했음을 발견하고 이를 "대압축Great Compression"이라고 불렀다.

그 이후의 성장 패턴은 더 놀라웠다. 평균 실질임금이 생산성만큼, 때로는 생산성보다도 빠르게 올랐다. 1949년에서 1973년 사이에 평균 실질임금은 매년 거의 3퍼센트씩 성장했다. 그리고 이러한 성장은 폭넓게 공유되었다. 일례로, 이 시기에 교육 수준이 낮은 남성과 높은 남성 모두 실질임금이 연간 약 3퍼센트의 비슷한 속도로 증가했다.

제2차 세계대전 이후에 공유된 번영을 가능케 한 비결은 무엇이었을까? 답은 이 장의 앞에서 강조한 두 가지 요소에 있다. 첫째, 테크놀로지의 방향이 모든 숙련 수준을 통틀어 노동자들에게 새로운 업무와 일자리 기회를 열어주는 쪽을 향했다. 둘째, 생산성 증가의 이득이 노동자들에게도 분배되게 하는 제도적 배열이 존재했다.

이와 같은 테크놀로지의 방향은 19세기 전반부에 시작된 변화들에서 지어지기 시작했다. 사실, 공유된 번영의 시대에 토대가 된 테크놀로지 대부분은 이미 수십 년 전에 개발되어 있었다. 내연기관이 좋은 사례인데, 이후에도 추가적인 발전은 있었지만 기본적인 기술적 요소는 거의 달라지지 않았다.

전후에 미국 경제가 견고하게 성장했다고 해서 새로운 테크놀로지들이 곧바로 노동자들에게도 이득을 주리라는 보장이 있었던 것은 아니다. 제2차 세계대전이 끝난 바로 그날부터도 공유된 번영의 시기는 투쟁으로 점철된 시기였다. 경제 성장의 이득이 사회의 더 광범위한 계층에 퍼지게 하는 데는 엄청나게 힘겨운 고투가 필요했다. 다음 절에서 자세히 살펴보기로 하자.

자동화와 임금을 둘러싼 충돌

[1930년에] 존 메이너드 케인즈가 언급한 "기술적 실업"(1장 참조)은 제2차 세계대전 이후에 더 우려할 만한 일이었을 것이다. 공작기계들이 계속해서 향상되었고 수치 제어 기계가 놀랍도록 발전해 자카르의 천공 카드 문직기로 거슬러 올라가는 아이디어를 더 완벽하게 구현했다. 1804년에 조제프 마리 자카르Joseph Marie Jacquard가 설계한 문직기는

19세기의 가장 중요한 직물 제조 자동화 기계 중 하나였고 숙련 직조공도 하기 어려운 일을 수행했다. 이 문직기에서 혁신은 일련의 천공 카드에 문양을 입력하면 그 문양대로 직물을 짜는 기계를 구상하고 설계한 것이었다.

1950년대와 1960년대의 수치 제어 기계는 이 개념을 한층 더 밀고 나가서 다양한 기계를 처음에는 천공 카드와, 그다음에는 컴퓨터와 결합했다. 이제 드릴기, 선반, 절삭기 등 수많은 기계가 전에 노동자들이 수행하던 업무를 맡게끔 지시할 수 있었다.

『포춘』은 1946년에 "자동화된 공장"이라는 제목의 특집호에서 프로그램으로 공작기계를 작동시키는 자동화 기법(수치 제어)에 대한 열정을 이렇게 표현했다. "노동이 필요 없어지게 만드는 기계의 위협과 약속은 그 언제보다 가깝다." 같은 호에 실린 "사람 없는 기계"라는 제목의 기사는 이렇게 시작한다. "깨끗하고 넉넉한 공간에서 수력 발전소처럼 작업이 쉬지 않고 돌아가는 공장을 상상해 보라. 그리고 이 공장의 플로어에는 사람이 한 명도 없다." 미래의 공장은 엔지니어와 기술자들에 의해, 그리고 블루칼라 노동자는 (많이) 없이 돌아갈 것이었다. 이 약속은 노동 비용을 줄일 수 있는 가능성이라면 반색할 미국의 수많은 경영자에게 호소력이 있었다.

해군과 공군도 수치 제어 기술에 상당한 투자를 했다. 자동화 기술의 발달이 군사 전략상 중요하다고 보았기 때문이다. 정부의 직접적인 투자보다 더 중요했던 것은 디지털 기술 개발을 위해 정부가 제공한 리더십과 인센티브였다. 전쟁 수행 노력은 국방부가 과학기술 투자에 지출을 크게 늘릴 유인을 갖게 했고, 그러한 투자의 상당 부분이 컴퓨터와 디지털 인프라 개발에 들어갔다.

이러한 변화를 인식한 정책결정자들은 자동화가 빠르게 이루어지는 와중에 일자리를 창출해 내야 한다는 것을 이 시대를 규정하는 핵심 과제로 여겼다. 케네디 대통령은 1962년에 자동화에 대한 질문을 받고 이렇게 답변했다. "자동화가 당연히 인간을 대체하고 있는 시기에 완전고용을 유지하는 것이야말로 정말로 우리가 60년대에 해결해야 할 국내의 주된 과제라고 생각합니다."

실제로 이 시기 내내 자동화 기술은 계속 발달했고 수치 제어 기계와 제조업 분야를 넘어선 영역에서도 그랬다. 예를 들어 1920년대에는 전화 교환수가 수작업으로 전화를 연결했고 주로 젊은 여성들이 여기에 고용되었다. AT&T는 미국에서 20세 미만 여성을 가장 많이 고용한 곳이었다. 하지만 이후 30년간 전국에 걸쳐 자동화 기술이 도입되면서 수동 교환수는 점차 사라졌고 1960년이 되면 아무도 남지 않게 되었다. 자동교환기가 쓰이게 된 곳의 노동시장에서는 젊은 여성의 일자리가 줄어들었다.

하지만 자동화로 일자리 기회가 사라질지 모른다는 두려움은 현실화되지 않았다. 노동자들의 상황은 꽤 괜찮았고 1950년대와 1960년대 그리고 1970년대 초까지 모든 숙련 수준의 노동자에 대해 수요가 계속 증가했다. AT&T에 자동교환기가 도입되면서 일자리를 잃은 여성들은 확대일로를 걷고 있던 서비스 영역이나 사무직에서 일자리를 찾을 수 있었다.

본질적으로, 이 시대의 테크놀로지는 없애는 일자리만큼의 기회를 새로이 만들어 냈다. 자동차의 대량생산에서 보았던 것과 같은 이유에서였다. 통신, 교통, 제조 기술의 향상이 여타 영역들의 성장을 촉진했다. 더 중요하게, 이러한 진전은 자동화가 도입되고 있는 분야

350

에서도 새로운 일자리를 창출했다. 수치 제어 기계든 그 밖의 어떤 자동화된 기계든 인간 운전원을 완전하게 대체하지는 못했다. 한 가지 이유는 기계들이 완전히 자동화되지는 않았기 때문이다. 따라서 기계화가 도입된 곳에서도 인간 노동자가 해야 할 추가적인 업무가 창출되었다.

1940년부터 미국의 직종 변화를 살펴본 최근의 한 연구는 1950년대에 유리공, 정비공, 트럭 및 트랙터 운전원, 시멘트 및 콘크리트 마무리공, 수작업공 같은 새로운 직종이 블루칼라 직업군에서 많이 등장했음을 발견했다. 1960년대에는 톱질공, 정비공, 분류공, 금속 주물공, 트럭 및 트랙터 운전원, 윤활유공 등에게 수많은 새로운 업무가 생겨났다. 또한 제조업 부문은 기술직, 엔지니어직, 사무직에서도 새로운 일자리를 계속 창출했다.

어떤 산업에서는 기술적인 부분 이외의 영역에서도 업무가 확대되었다. 이를테면, 도소매 분야에서는 빠른 성장과 함께 고객 서비스, 마케팅, 백오피스 기능에 대한 수요가 크게 증가했다. 이 시기에 미국 경제 전반에서 행정 관리직, 사무직, 전문직이 다른 모든 직종보다 빠르게 늘었다. 이러한 직종에서 노동자들이 수행하는 업무 대부분이 1940년대에는 존재하지 않았다. 제조업에서도 그랬듯이, 이러한 일자리들에 전문 지식이 필요할 때도 대부분의 기업이 20세기 전반기와 마찬가지로 여전히 공식 교육을 받거나 자격증을 갖추지 않은 노동자들을 채용했다. 노동자들은 채용된 뒤에 회사로부터 업무에 필요한 교육 훈련을 받았고 이러한 일자리에 지급되는 더 높은 임금을 누릴 수 있었다.

전쟁 전과 마찬가지로, 확장되고 있는 업무 대부분은 수리력과 문해력을 더 많이 요구했다. 그뿐 아니라 복잡한 조직에서 소통하고 고객과 상호작용하는 데서, 또 발달된 기계를 작동하는 데서 생겨나는 문제를 해결하기 위해서는 사회적 기술도 필요했다. 이 말은 새로운 업무들이 온전히 활성화될 수 있으려면 노동자들이 일반적인 역량을 획득한 상태여야 한다는 의미였다. 다행히, 역시 이전 시기에도 그랬 듯이 교육이 빠르게 확산되면서 새로운 업무에 필요한 역량을 갖춘 인력 풀이 바로 확보될 수 있었다. 이제는 많은 블루칼라 노동자들이 고 등학교 졸업장을 가지고 있었고 엔지니어링, 기술, 디자인, 사무직 일 자리는 대학 교육을 어느 정도라도 받은 사람들이 채울 수 있었다.

하지만 전후의 테크놀로지가 내재적인 속성상 새로운 업무를 창출해 자동화의 노동 대체 효과를 상쇄하도록 예정되어 있었다고 생 각하면 안 된다. 테크놀로지의 방향을 두고 맹렬한 갈등이 있었고, 이 갈등이 이 시기 노동과 경영 사이에 벌어진 갈등의 본질이었다. 그리 고 테크놀로지가 노동자 친화적인 방향으로 나아갈 수 있게 된 것은 노동자 쪽에서 길항 권력이 생겨나 기업들을 그 방향으로 움직이게 하는 데 일조한 제도적 배열과 떼어놓고 이야기할 수 없다.

전쟁 때 노조가 핵심적인 역할을 했다는 사실과 와그너법의 도 입은 노동계의 힘을 강화했고, 전쟁이 끝나면 미국의 제도에서 노조가 주요 기둥 중 하나가 되리라는 예상이 사람들 사이에 일반적으로 형 성되었다. 루스벨트 행정부의 내무장관 해럴드 이크스Harold Ickes는 전 쟁이 끝나가던 시점에 한 노조 콘퍼런스에서 다음과 같이 언급함으로 써 이러한 예상을 공고히했다. "여러분은 앞으로 나아가고 있습니다. 여러분은 여러분의 행진을 막으려는 사람, 아니 속도를 늦추려는 사람 도 허용해서는 안 됩니다."

노동계는 그렇게 했고 전쟁이 끝나자마자 이 말의 의미를 기업계에 확실히 인지시키는 일에 나섰다. 전미자동차노조United Auto Workers는 전후의 첫 단체 협상에서 GM에 큰 폭의 임금 인상을 요구했고 GM이 거부하자 파업에 돌입했다. 자동차 분야에서만이 아니었다. 같은 해인 1946년에 대대적인 파업의 파도가 일었고 노동통계국은 이를 "미국 역사상 노사 갈등이 가장 집중적으로 일어난 시기"라고 표현했다. 일례로 전기 노동자의 파업은 미국 제조업의 또 다른 거인인 제너럴 일렉트릭을 마비시켰다.

노동계가 자동화에 반대만 한 것은 아니었다. 자동화가 불가피하다는 사실을 이해했고 올바른 선택을 내린다면 자동화로 인한 비용 절감이 모든 당사자에게 득이 될 수 있다는 것을 알고 있었기 때문이다. 이들이 요구한 것은 새로운 업무를 창출하는 데 기술 발달을 사용하고 비용 절감과 생산성 증대의 이득을 노동자들과도 나누라는 것이었다. 1955년에 전미자동차노조는 이렇게 선언했다. "우리는 … 더 큰 기술적 진보가 더 큰 인간의 진보를 가져올 수 있게 할 … 정책과 프로그램을 찾는다는 공동의 목적을 추구하면서 … 협력할 것이다."

1960년에 GM은 디트로이트의 피셔 바디 사업부 차체 제조 공장에 수치 제어 드릴 기계를 도입하면서 이 기계의 운전원을 기존의 터렛 드릴공과 같은 임금을 받는 직렬로 분류했다. 노조는 동의하지 않았다. 새 기계의 운전이 업무 범위가 더 넓고 추가적인 업무 역량을 요구하는 "새로운 업무"라는 이유에서였다. 하지만 문제는 이보다 더 근본적이었다. 노조는 고숙련 저숙련을 막론하고 회사에 이미 채용된 노동자들이 새로운 업무에 배치되는 데 우선적으로 고려되는 선례를 만들고 싶었다. 경영진에게는 크게 문제가 될 수 있는 해석이었다. 생산 과정과 조직 운영 방식을 결정하는 데서 경영진이 통제력을 잃는 다는 말이었기 때문이다. 양자는 합의에 도달하지 못했고 조정 절차에 들어갔다. 1961년에 중재인은 노조의 손을 들어주면서 이렇게 결론내 렸다. "이것은 [효율성을 높이기 위한] 경영상 의사결정의 일환으로 어떤 기능을 제거하거나 여타의 방식으로 제조의 수단, 방식, 공정을 바꾸 는 경우가 아니다."

이 결정에는 막대한 함의가 있었다. GM은 새로운 수치 제어 기 계를 다룰 운전원에게 추가적인 교육 훈련을 제공하고 더 높은 임금 을 주어야 했다. 더 일반적인 함의는 "수치 제어 시스템을 다루기 위해 서는 노동자가 추가적인 숙련 기술을 획득해야 하며" "노동자가 자동 화된 기계를 다루기 위해 들여야 할 추가적인 노동은 그들이 더 높은 임금을 받을 자격을 갖는다는 의미"라는 것이었다. 사실 노조 입장에 서 핵심은 노동자들에 대한 교육 훈련이었다. 그들은 노동자들이 새로 운 기계를 다루는 데 필요한 기술을 따라잡고 그 기계로부터 이득을 얻을 수 있도록 회사가 교육 훈련을 제공해야 한다고 주장했다.

자동화 기술이 어떠한 방식으로 도입되었고 그 과정에서 노동 자들이 어떻게 대우받았는지와 관련해 노조가 수행한 역할은 이 시대 의 또 다른 상징적인 테크놀로지에서도 살펴볼 수 있다. 바로 컨테이 너다. 1950년대에 장거리 운송에 금속제 대형 컨테이너가 사용되면서 국제 화물 운송 비용이 막대하게 줄었고 이는 운송업에 혁명을 가져 왔다. 금속제 대형 컨테이너는 화물을 포장하고 포장을 풀고 다시 포 장하는 일 등 항만 노동자가 수작업으로 수행하던 많은 업무를 없애 거나 단순화했다. 또한 대형 컨테이너를 들어 올리고 운반하기 위해 추가적인 중장비들이 도입되었다. 뉴욕항 등 많은 항구에서 컨테이너는 항만 노동자의 일자리를 크게 줄였다.

하지만 서부 연안에서는 상황이 다르게 펼쳐졌다. 컨테이너가 등장했을 무렵에 태평양 쪽 항구들은 문제가 아주 많았다. 1955년의 한 의회 조사는 노동자들이 종종 국제항만창고노동조합International Longshore and Warehouse Union[서부 지역 항구 노동자들의 노조. -옮긴이]의 비호하에 만성적인 비효율을 일으키고 있다고 지적했다. 이 노조의 지부를 이끌고 있던 노조 운동 베테랑이자 독립 노조 조직가 해리 브리지스Harry Bridges는 항만 노동자 일자리가 살아남을 수 있으려면 노동 관행의 개혁이 반드시 필요하다고 생각했다. "우리가 기계화의 진전을 잡아당겨 늦출 수 있다고 생각하는 사람은 여전히 30년대에 있는 것이고 우리가 그때 이미 이긴 것을 위해 싸우고 있는 것이다." 그는 노조가 새로운 기술의 도입을 촉진하되 그 방식이 노동자들, 특히 노조원들에게 득이 되게 하는 방안을 주장해야 한다고 보았다. 1956년에 이 노조의 협상 위원회는 이렇게 제안했다. "우리는 우리 업계의 기계화를 촉진하면서도 그와 동시에 우리가 수행하는 업무의 범위를 확실히 보장하는 것이 가능하다고 생각한다. 적어도 일정 규모 이상 인력을 보유하도록 요구하는 것도 여기에 포함될 수 있을 것이다. 따라서 우리는 철로부터 선박까지 이동하는 과정에서의 모든 일을 갖게 될 것이다."

본질적으로, 이것은 자동차 노조가 GM과 협상했을 때와 비슷한 접근이었다. 자동화를 받아들이되 노동자들을 위해 새로운 일자리를 창출하라고 요구하는 것이다. 이 접근은 브리지스가 일반 노동자들에게 신뢰를 얻고 있었고 테크놀로지 선택에 대해 고용주와 소통하려 노력했기 때문에 효과를 발휘할 수 있었다. 모든 노조원이 처음부터 새로운 테크놀로지에 열려 있는 것은 아니었지만 결국에는 브리지스와 노조 지도부가 설득에 성공했다. 1950년대에 활동한 한 노동 저널리스트의 말을 빌리면 "모든 항만 노동자가 기계화를 통해 무엇이 가능할 수 있을지 이야기하기 시작했고, 일자리와 소득, 부가급부, 연금 등을 여전히 유지할 수 있었다."

컨테이너는 노동을 자동화했다. 하지만 생산성을 높였고 태평양 쪽 항구를 통해 이동하는 화물의 물동량을 증가시켰다. 더 많은 양의 화물을 더 빠르게 배에 실을 수 있게 되었다. 물동량이 증가하면서 항만 노동자에 대한 수요도 증가했고 노조는 크레인 등 기계 장비를 더 빨리 도입해 달라고 요구하기 시작했다. 브리지스가 1963년에 경영진에게 말했듯이, "이러한 업무에 땀을 흘리던 나날은 지나가야 하며 그것이 우리의 목적"이었다.

자동차와 항만은 예외적인 사례가 아니었다. 전후 수십 년 동안 경제 전반에 걸쳐 자동화가 꾸준히 벌어졌지만 많은 경우에 노동자들을 위한 새로운 기회가 동시에 창출되었다. 최근의 한 연구는 자동화 자체만으로 보면 1950년대, 1960년대, 1970년대에 국민소득 중 노동에 돌아가는 몫이 매년 0.5퍼센트포인트씩 줄었을 것이라고 추산했다. 하지만 자동화 테크놀로지의 노동 대체 효과는 테크놀로지 발달의 또 다른 측면인 새로운 업무와 기회의 창출로 거의 완벽하게 상쇄되었다. 그 결과, 제조, 서비스, 건설, 교통 등 경제의 주요 분야 모두에서 소득 중 노동자들에게 가는 몫이 꾸준히 유지되었다. 이렇게 균형 잡힌 패턴 덕분에 생산성의 증가는 평균 임금의 상승으로 이어졌고, 그뿐 아니라 고숙련과 저숙련 노동자 모두의 소득이 높아졌다.

새로운 업무의 등장은 이 시기에 생산성을 높이고 그 이득을 숙련 수준 전반에 걸쳐 확산하는 데도 결정적인 역할을 했다. 새로운 업무들이 생겨난 업계를 보면 생산성 증가뿐 아니라 저숙련 노동자들에 대한 수요의 증가도 관찰되며, 따라서 이들도 기술 진보에서 이득을 얻을 수 있었다.

이 시기에 미국이 테크놀로지와 지대 공유에 대해 내린 선택은 많은 면에서 한 시대를 규정했다고 할 만큼 결정적이었다. 하지만 유럽에서 벌어진 존재를 건 투쟁에 비하면 미국의 문제들은 그게 무엇이건 사소해 보일 정도였다.

결핍의 철폐

독일 사람들은 전쟁으로 큰 고통을 겪었다. 함부르크, 쾰른, 뒤셀도르프, 드레스덴, 심지어 베를린까지 많은 도시가 연합군에 폭격을 당했다. 독일 인구의 10퍼센트 이상이 사망했고 족히 2,000만 명이 집을 잃었다. 또한 수백만 명의 독일어권 사람들이 서쪽으로 피난해야 했다.

프랑스, 벨기에, 네덜란드, 덴마크 등 나치가 가혹하게 점령했던 곳들도 폐허가 되었다. 도로망의 상당 부분이 파손되었고 독일과 마찬가지로 자원의 대부분이 무기에 들어갔기 때문에 만성적인 물자 부족이 이어졌다.

영국은 독일에 점령되는 것은 면했지만 역시 전후에 고전하고 있었다. 현대적인 가전을 도입하는 것도 더뎌서, 북미에서는 이미 일반화된 냉장고나 오븐을 가진 집이 별로 없었고 더운물이 나오는 실내 배관을 갖춘 집도 가구 중 절반 정도밖에 되지 않았다.

그런데 전쟁의 잿더미에서 무언가 예기치 못한 일이 나타났다. 이후 30년간 북유럽부터 독일, 프랑스, 영국까지 유럽 대부분의 지역이 괄목할 만한 속도로 경제 성장을 이룬 것이다. 1950년에서 1973년 사이 독일의 1인당 실질 GDP는 연평균 5.5퍼센트가량 성장했고, 프랑스에서는 성장률이 5퍼센트가 약간 넘었으며, 스웨덴은 3.7퍼센트, 영국은 2.9퍼센트의 성장률을 보였다. 또한 이 모두에서 경제 성장은 놀랍도록 광범위하게 공유되었다. 1910년대 말에는 상위 1퍼센트의 가구가 국민소득에서 가져가는 몫이 독일, 프랑스, 영국 모두 20퍼센트가 넘었는데 1970년대에는 10퍼센트 밑으로 떨어졌다.

여기에서도 공유된 번영의 토대는 미국에서와 다르지 않았다. 첫 번째 토대는 자동화와 동시에 새로운 업무도 창출하는, 광범위하게 말해서 노동자 친화적인 테크놀로지들에 의해 마련되었다. 여기에서 유럽은 산업용 테크놀로지 분야에서 훨씬 앞서 있던 미국을 따라갔다. 미국에서 도입된 여러 혁신이 유럽 각국에 퍼졌고 산업 기술과 대량 생산 기법이 빠르게 도입되었다. 유럽 기업으로서는 이러한 기술을 받아들일 이유가 아주 많았고 [미국의] 마셜 플랜으로 진행된 전후 [유럽] 재건 프로그램은 기술이 이전되는 데 중요한 틀을 제공했다. 많은 유럽 정부가 연구개발을 후하게 지원한 것도 주효했다.

이렇게 해서, 고숙련 노동자와 저숙련 노동자 모두를 가장 잘 활용하고자 하는 방향으로 전개된 테크놀로지의 발달이 미국에서 유럽으로도 확산되었다. 더 많은 국가가 성장해 가던 자국의 대중 시장을 위해 제조와 서비스 모두에 투자하기 시작했다.

미국에서처럼 유럽 대부분에서도 경제 발달의 이 같은 경로는 교육 투자와 노동자 훈련 프로그램의 확대로 한층 더 강화되었다. 노동자들이 새로운 일자리에 필요한 숙련 기술을 갖출 수 있게 해주었기 때문이다. 이렇게 해서 소득이 높아진 노동자들이 중산층이 되면서, 그들이 종사하는 업계에서 대량으로 생산하기 시작한 새로운 제품과 서비스에 대한 수요도 증가했다.

하지만 테크놀로지 선택은 나라마다 차이가 있었다. 각국은 경제를 고유한 방식으로 조직했고 각각의 선택은 새로운 산업 지식이 어떻게 사용되고 발달하는지에 각기 다르게 영향을 미쳤다. 북유럽 국가에서 기술 투자가 코포라티즘 모델을 따랐다면, 독일의 산업은 "견습"이라는 독특한 시스템을 만들었고 이것이 노사 관계와 테크놀로지 선택 둘 다의 틀을 잡았다(8장에서 자세히 설명할 것이다).

공유된 번영의 두 번째 토대도 첫 번째에 못지않게 중요했다. 유럽에서도 전후에 노동 운동이 힘을 얻었고 전반적인 제도적 토대가 마련되었다.

미국에서는 1930년대에 노동 운동 강화와 규제적 국가의 성립이 조금씩 조심스럽게 시작되었고 전후에도 제도의 변화는 중간중간 역행도 해가며 점진적으로 전개되는 패턴을 보였다. 현대적인 사회안전망과 그 밖의 규제들도 서서히 도입되었고 1960년대에 이르러 린든 존슨 대통령의 "위대한 사회" 프로그램에서 정점에 올랐다.

이와 달리, 두 차례의 세계대전으로 완전히 뒤흔들린 유럽 국가들에서는 새로운 제도를 지으려는 의지가 더 강했고 북유럽의 사례를 본받을 준비가 더 많이 되어 있었을 것이다.

영국에서는 윌리엄 베버리지William Beveridge가 이끈 정부 위원회가 1942년에 기념비적인 보고서를 펴냈다. 이 보고서는 "세계 역사의 혁명적인 순간은 혁명을 위한 것이지 땜질을 위한 것이 아니다"라고 선언했다. 이 보고서는 영국 사회가 해결해야 할 다섯 가지의 커다란 문제로 결핍, 질병, 무지, 불결, 게으름을 꼽으면서, "결핍의 철폐에는 첫째로 국가 보험의 확대, 즉 구매력의 상실이나 교란에 대해 국가가 보조해 주는 것이 필요하다"고 서두를 열었다. 베버리지 보고서는 재분배적 조세, 사회보장, 실업 보험, 노동자 보상, 장애 보험, 아동 수당, 전 국민 의료 제공 등 국가가 보조하는 사회 보험 프로그램을 통해 "요람에서 무덤까지" 국민을 보호한다는 접근의 청사진을 제공했다.

이러한 제안은 즉각적으로 반향을 일으켰다. 전쟁 시기에 영국 대중은 이를 열렬히 받아들였다. 베버리지 보고서에 대한 소식이 군대에 알려지자 군인들이 환호하며 의기가 높아졌다고 전해진다. 전쟁 직후에 노동당은 이 보고서에서 제안된 정책을 완전하게 도입하겠다는 공약을 내걸고 선거에서 압승을 거두며 정권을 잡았다.

비슷한 형태의 국가 보험이 유럽 국가 대부분에서 도입되었고 일본도 일본식의 국가 보험 시스템을 도입했다.

사회적 진보와 그것의 한계

긴 역사적 시간으로 보면 제2차 세계대전 이후의 몇십 년은 독특했다. 알려진 바로는 이렇게 빠르고 널리 공유된 번영의 시기는 전에 없었다.

근대 이전에도 고대 그리스와 로마에서 수백 년간 성장을 경험했지만 이 성장은 훨씬 느려서 기껏해야 연간 0.1~0.2퍼센트 정도였다. 이것은 배제된 집단의 가혹한 착취에 기반한 성장이기도 했다. 가장 두드러지게는 노예 노동을 착취했고 고대 그리스와 로마 모두에서 시민 신분이 아닌 사람 상당수가 강요된 노동을 했다. 또한 시민 계층이 어느 정도 번영을 누리기는 했어도 성장의 주된 수혜자는 귀족 계급이었다.

중세의 성장은 4장에서 보았듯이 느리고 불평등했다. 1750년경부터 영국에서 산업혁명이 시작되어 성장률이 도약하지만 1950년대와 1960년대에 서구 세계 전반적으로 연평균 2.5퍼센트가 넘는 정도의 성장률을 보인 것에 비하면 느린 성장이었다.

전후 경제 성장의 다른 면들도 마찬가지로 이례적이었다. 과거에는 중등 교육, 고등 교육이 상류층과 중산층의 특권이었으나 전쟁 후에는 이것이 달라졌다. 1970년대가 되면 서구 세계 거의 전역에서 중등 교육은 물론이고 고등 교육까지도 훨씬 더 많은 사람들이 접하게 되었다.

건강 상태도 극적으로 개선되었다. 20세기 전반기만 해도 19세기 초의 영국 등지만큼은 아니었지만 감염병이 일반적이었고, 이는 가난한 사람들에게 훨씬 더 큰 고통을 야기했다. 그러던 것이 제2차 세계대전 이후 몇십 년 사이에 크게 달라졌다. 영국의 출생 시 기대수명은 1900년 50세에서 1970년에는 72세로 늘었다. 미국도 비슷해서 1900년 47세에서 1970년에는 71세가 되었다. 프랑스는 47세에서 72세로 증가했다. 이렇게 획기적으로 수명이 증가한 데는 공중 보건과 병의원에 투자가 늘면서 노동자 계급의 건강과 의료가 개선된 것이 주효했다.

하지만 이와 같은 고무적인 사실에 너무 흥분하지는 말아야 한다. 서구 세계에서 전에 없이 공유된 번영의 시대가 펼쳐지고는 있었지만 적어도 세 개의 집단은 정치적 권력과 경제적 이득 모두에서 배제되었고. 여성, 소수자(특히 미국의 흑인) 그리고 이민자다.

많은 여성이 가정과 공동체에서 여전히 가부장적 권력 관계에 묶여 있었다. 이 상황은 20세기 초에 여성이 참정권을 획득하면서 달라지기 시작했고, 제2차 세계대전 후 여성이 노동시장에 진출하고 젠더에 대한 사회의 전반적인 태도가 달라지면서 변화가 가속화되었다. 이로써 전후 시기에 여성의 경제적 여건이 향상되었고 성별 소득 격차도 좁혀졌다. 하지만 가족, 학교, 일터에서의 차별은 사라지지 않았고 경영자급 직위에서의 성별 격차는 임금 면으로 보나 사회적 제약 면으로 보나 빠르게 좁혀지지 않았다.

소수자들은 사정이 더 좋지 못했다. 1950년대와 1960년대에 흑인의 경제적 여건이 개선되기 시작했고 백인과의 임금 격차도 줄기 시작했지만, 미국은 여전히 인종주의 사회였고 남부는 더욱 그랬다. 흑인 노동자들은 좋은 일자리에서 흔하게 배제되었고 때로는 노조에서조차 배제되었다. 1960년대에도 흑인을 상대로 린치가 자행되었고 이 시기 내내 양당 모두의 많은 정치인이 명시적으로 또 암묵적으로 인종주의적인 공약을 내걸었다.

몇몇 이민자 집단도 핵심 연합에서 배제되었다. 전쟁 이후 독일에 노동 공급이 부족해서 유입된 튀르키예와 남유럽 출신의 초청 노동자는 그 기간 내내 이등 시민이었다. 미국은 농업 분야에서 멕시코 이주 노동자들에게 의지했는데, 그들은 혹독한 조건에서 매우 낮은 임금을 받으면서 부가급부도 없이 일하는 경우가 많았다. 또 경제 상황이나 정치적 조류가 바뀌면 이민자들은 갑자기 미국에서 환영받지 못하는 신세가 되기도 했다. 일례로, "브라세로 프로그램Bracero Program"을 통해 1950년대 말의 한창때는 매년 40만 명의 멕시코 노동자가 미국의 농장에서 일하기 위해 들어왔지만 이주민이 미국인의 일자리를 빼앗는다는 우려가 일면서 1964년에 의회가 이 프로그램을 중단시켰다.

이 시기에 가장 크게 배제된 집단은 유럽과 북미의 내부가 아니라 외부에 있었다. 일본과 한국 등 몇몇 비서구 국가들은 빠르게 성장해 공유된 번영을 상당히 달성했다. 주목할 만하게도, 이것은 미국에서 발달한 대규모 산업 생산 시스템을 도입하고 때로는 더욱 향상시킴으로써, 그리고 성장의 과실을 평등하게 나눌 수 있게 한 국내의 제도적 배열을 통해 이루어진 성과였다. 일본에서는 장기적인 고용 관계와 여기에 따르는 높은 임금 정책이 성장의 이득을 폭넓게 분배하는 데 주효했다. 한국에서는 북한의 위협으로 인한 위기의식, 그리고 1987년 민주화 이후 노동 운동이 강했던 것이 공유된 번영을 가져오는 데 중요한 요인이었다.

하지만 이들 동아시아의 국가들은 예외였다. 유럽의 식민지였던 다른 나라들에서는 많은 사람들이 공유된 번영을 누리기에 필요한 목소리도, 공유된 번영을 누릴 수 있는 기회도 가질 수 없었다. 대부분의 식민지가 1945년과 1973년 사이에 독립하긴 했지만 비참함, 폭력, 억압이 끝난 것은 아니었다. 과거 유럽 식민지였던 많은 곳에서 식민주의 제도가 고스란히 권위주의적 통치자의 손에 들어갔고 이들은 넘겨받은 시스템을 자신과 측근의 배를 불리는 데 사용하면서 다른 모든 이들을 억압했다. 여기에 유럽은 뒷짐 지고 있거나 때로는 천연자원에 접근하기 위해 그 나라의 독재자를 지원했다. 미국의 중앙정보국 CIA은 이란, 콩고, 과테말라 등에서 민주적으로 선출된 정부를 전복하려는 쿠데타를 지원했고, 친미적인 통치자라면 부패했든 살인적이든 상관하지 않고 지원할 준비가 되어 있었다. 그래서 대부분의 비서구 세계는 여전히 경제 발전이 훨씬 뒤처진 상태로 남아 있었다.

그러는 동안 진보를 가로막는 치명적인 요인이 서구와 미국에서도 생겨나고 있었다. 공유된 번영의 기저를 받치던 경제 모델이 점점 더 어려움에 처했고 테크놀로지의 방향이 자동화로 치우치면서 권력의 균형이 노동자와 규제 당국으로부터 점점 더 멀리 이동했다. 그리고 곧 공유된 번영이 흔들리기 시작했다. 8장에서 살펴보기로 하자.

8장

디지털 피해

컴퓨터에 대해 좋은 소식은, 우리가 하라는 대로 한다는 것이다.
컴퓨터에 대해 안 좋은 소식은, 우리가 하라는 대로 한다는 것이다.

—테드 넬슨Ted Nelson이 한 말로 알려짐

컴퓨터화되고 자동화되고 로봇화된 새로운 장비가 점점 더 도입
되면서 나타나게 될 과정이 노동의 역할을 줄이리라 예상할 수 있
을 것이다. 트랙터 등의 농기계가 농업에서 말과 같은 일하는 동물
의 사용을 처음에는 줄이고 나중에는 완전히 없앤 것처럼 말이다.

—바실리 레온티예프Wassily Leontief, "기술 진보, 경제 성장, 소득 분배
Technological Advance, Economic Growth, and the Distribution of Income" 1983년

컴퓨터 혁명은 MIT 테크스퀘어 건물 9층에서 시작되었다. 1959~1960년에 종종 꾀죄죄하고 덥수룩한 젊은이들이 이곳에서 새벽까지 어셈블리 언어로 코딩을 했다. 이들의 열정에 불을 땐 것은 "해커 윤리"라고 불리기도 한 하나의 비전이었다. 해커 윤리는 실리콘 밸리 사업가들을 추동한 비전의 전조라고 할 만했다.

해커 윤리의 핵심은 탈중심화와 자유였다. 해커들은 당대의 컴퓨터 거대 기업이던 IBM을 경멸했다. 그들이 보기에 IBM은 정보를 관료제적으로 통제하고 관리하려 했는데, 모든 이가 전적으로 자유롭고 제한 없이 컴퓨터에 접할 수 있어야 한다는 것이 해커들의 생각이었다. 나중에 테크 사업가들이 많이들 오남용하게 되는 구호를 예고하듯 해커들은 "모든 정보는 자유로워야[공짜여야] 한다"고 주장했다. 이들은 권위를 신뢰하지 않았고 이들의 사고에는 아나키스트적인 면모까지 있었다.

해커 공동체 중 이들보다 조금 더 유명해지는 한 분파가 1970년대 초에 캘리포니아주 북부에서 생겨나기 시작했다. 거대 기업에 대한 경멸은 이들도 비슷했다. 이 공동체의 명사 중 한 명인 리 펠젠스타인Lee Felsenstein은 컴퓨터를 인간 해방의 수단이라고 본 정치 활동가로, 과학소설 『2100년의 반란Revolt in 2100』에 나오는 "비밀이 모든 압제의 핵심"이라는 말을 즐겨 인용했다. 펠젠스타인은 컴퓨터의 사용을 민주화하고 IBM 같은 기성 회사의 장악력을 깨뜨리기 위해 하드웨어를 개선하고 있었다.

역시 캘리포니아 북부의 해커 테드 넬슨은 해킹 핸드북으로 여겨지는 『컴퓨터 해방·꿈의 기계Computer Lib·Dream Machine』를 펴냈는데, 이 책은 다음과 같이 시작한다. "대중은 내어주는 대로만 받아먹어야 할 필요가 없다." 이어서 그는 이렇게 주장했다.

이 책은 개인의 자유를 위한 것이다.

이 책은 제약과 억압에 맞서기 위한 것이다 …

거리로 나가서 외치자:

민중에게 컴퓨터 권력을!

사이버크러드를 타도하자!

그가 사용한 사이버크러드cybercrud라는 말은 컴퓨터와 정보는 전문가들이 통제해야 한다고 말하는 권력자들의 거짓말을 일컫는다.

해커들은 컴퓨터 혁명의 주변부에 있는 부적응자들이 아니었다. 이들은 소프트웨어와 하드웨어 모두에서 여러 중요한 발달에 핵심적으로 기여했다. 이들은 당대의 많은 컴퓨터 분야 과학자와 사업가들이 공유한 가치와 태도를 상징하고 있었다고 볼 수 있다(모두가 해커의 작업 방식과 청결 습관을 공유하지는 않았겠지만 말이다).

컴퓨터와 정보 활용의 미래가 탈중심화에 달려 있다는 믿음은 MIT 테크스퀘어와 버클리의 꾀죄죄한 남성들만의 이야기가 아니었다. 컴퓨터 분야의 초창기 여성 개척자인 그레이스 호퍼Grace Hopper는 1970년대에 국방부에서 컴퓨팅의 탈중심화 작업에 매진하고 있었다. 호퍼는 소프트웨어 혁신가로, 초창기 프로그래밍 방식을 개발했고 이 업적은 프로그래밍 언어 코볼COBOL의 개발로 이어졌다. 호퍼는 컴퓨팅이란 본질적으로 더 폭넓은 사람들이 정보에 접근할 수 있게 만드는 방법을 의미한다고 생각했고, 세계에서 가장 큰 조직 중 하나인 미 육군에서 컴퓨팅이 사용되는 방식에 중요한 영향을 미쳤다.

당대의 가장 전망 있어 보이는 테크놀로지가 이러한 이상을 가진 사람들의 손에 있었으니, 당대의 명민한 사람들이 향후 수십 년간 거대 기업에 맞서는 길항 권력이 한층 더 강화되고 노동자들을 보완하는 생산적인 도구들이 더 많이 개발되어 공유된 번영에 훨씬 더 탄탄한 토대가 놓이리라고 예상하는 것은 합리적인 일이었을 것이다.

하지만 실제로 전개된 현실은 크게 달랐고 디지털 테크놀로지는 공유된 번영의 무덤이 되었다. 임금 성장은 둔화되었고 국민소득 중 노동으로 들어가는 몫은 급감했으며 1980년경부터 시작해 임금 불평등도 크게 증가하기 시작했다. 세계화, 노조의 약화 등 수많은 요인이 있었겠지만 가장 중요한 요인은 테크놀로지의 방향 선회였다. 디지털 테크놀로지는 노동자의 업무를 자동화했고, 자본에 비해 노동에 불리하게, 그리고 대졸이나 대학원졸 노동자에 비해 저학력 노동자에게 불리하게 작용했다.

이러한 방향 선회는 미국 사회에서 벌어진 더 큰 변화를 파악해야 이해할 수 있다. 이 시기에 기업계는 노동계와 규제 당국에 맞서 전보다 더 조직적으로 대응했다. 그리고 더 중요하게, 이윤 추구와 주주 가치 극대화가 공공선이라는 새로운 비전이 사회의 상당 부분에 걸쳐 주된 조직 원리가 되었다. 이 비전과 그것이 제공하는 막대한 부의 가능성은 테크놀로지 공동체를 초창기 해커들이 상상했던 것과는 매우 다른 방향으로 움직이게 했다. 새로운 비전은 "디지털 유토피아" 비전이었고, 이 유토피아는 톱다운식 소프트웨어 설계로 노동을 자동화하고 통제하는 것에 기반한 유토피아였다. 테크놀로지의 새 경로는 불평등을 증가시켰을 뿐 아니라 스스로가 약속한 막대한 생산성 증가도 이루지 못했다. 다음에서 더 상세히 알아보기로 하자.

역행

컴퓨터 혁명의 초창기 국면 이후 몇십 년간이 한층 더 폭넓게 공유된 번영의 시기가 되리라 생각했던 희망은 꽤 빠르게 부서졌다. 1970년대 중반 이후의 경제 성장은 1950년대와 1960년대와는 판이하게 달랐다. 성장 둔화의 한 요인은 서구 전역에서 실업과 인플레이션(이 둘의 결합을 스태그플레이션이라고 부른다)이 치솟게 만든 1973년과 1979년의 석유파동이었다. 하지만 더 근본적으로 경제 성장의 구조 자체에서 변화가 벌어지고 있었다.

1949년에서 1973년 사이에 미국의 실질임금(시간당) 중앙값은 연간 2.5퍼센트 이상씩 증가했지만 1980년 이후로는 성장이 거의 멈추었다. 노동자들의 평균생산성은 계속 오르고 있었는데도(1980년부터 현재까지 연평균 1.5퍼센트가 넘는 증가율을 보였다) 실질임금 증가율은 연 0.45퍼센트 정도에 불과했다.

성장의 둔화는 전혀 골고루 나타나지 않았다. 대학원을 나온 노동자들은 여전히 임금이 빠르게 늘었지만 고졸이거나 그 이하인 노동자들은 1980년부터 2018년까지 임금이 매년 평균 0.45퍼센트씩 줄었다.

대학원 졸업자와 저학력자의 격차만 증가한 것이 아니었다. 1980년 이후로 불평등의 모든 지표가 급격히 악화되었다. 일례로, 미국 가구 중 상위 1퍼센트가 국민소득에서 차지하는 비중은 1980년에 10퍼센트 정도이던 데서 2019년에는 19퍼센트가 되었다.

임금 불평등과 소득 불평등은 전체 이야기 중 일부일 뿐이다. 미국은 늘 "아메리칸드림"을 자랑스러워했다. 평범한 사람들이 소득 계층 면에서 얼마든지 상향으로 이동할 수 있고 자녀 세대가 부모 세대보다 더 잘 살 수 있는 나라라고 말이다. 그런데 1980년대부터 아메리칸드림의 가능성은 점점 더 아래로 짓눌렸다. 1940년에 태어난 사람은 90퍼센트가 부모보다 소득이 많았지만(인플레이션 반영) 1984년에 태어난 사람 중에서는 이 비중이 50퍼센트에 불과했다. 미국 사람들은 미국 노동자 대부분의 전망이 암울하다는 것을 잘 알고 있다. 최근에 퓨리서치 센터가 진행한 설문 조사에 따르면 미국인의 68퍼센트는 오늘날의 아이들이 성인기에 부모 세대보다 재정 여건이 나쁠 것으로 보고 있다.

경제적 진보의 여타 측면들도 역행했다. 1940년에 흑인의 소득은 백인의 절반이 되지 않았다. 그러다가 1979년에 흑인 남성의 시간당 임금이 백인 남성의 86퍼센트로까지 증가했는데 그 이후 격차가 다시 벌어져 이제 흑인 남성의 소득은 백인 남성의 72퍼센트 정도다.

흑인 여성에게서도 비슷한 역행이 나타났다.

자본과 노동 사이의 소득 분배율도 상당히 달라졌다. 20세기 대부분의 기간 동안에는 국민소득의 67~70퍼센트가 노동자에게 가고 나머지가 (기계 대금과 이윤의 형태로) 자본으로 들어갔다. 그러나 1980년대 이후 자본의 상황은 훨씬 좋아지고 노동자들의 상황은 훨씬 악화되기 시작했고, 2019년이면 노동소득 분배율은 60퍼센트를 밑돌게 되었다.

이것은 미국만의 독특한 추세가 아니었다. 여러 이유에서 미국이 더 심하기는 했다. 1980년에도 미국은 여타의 산업화된 국가들보다 불평등한 나라였는데 그 이후로도 다른 나라에 비해 불평등이 훨씬 급격하게 증가했다. 하지만 몇몇 다른 나라들도 여기에서 크게 뒤지지 않았다.

국민소득 중 노동자에게 가는 비중이 꾸준히 줄어드는 현상이 산업화된 국가들 거의 모두에서 나타났다. 독일은 1980년대 초에 70퍼센트에 가까웠던 노동소득 분배율이 2015년에는 60퍼센트 정도였다. 그와 동시에 소득 분배가 매우 부유한 사람들 쪽으로 크게 치우쳤다. 1980년에서 2020년 사이 독일에서 상위 1퍼센트가 차지하는 비중은 10퍼센트 정도에서 13퍼센트로 증가했고, 영국에서는 7퍼센트에서 13퍼센트로 증가했다. 심지어 북유럽 국가들에서도 불평등이 증가했다. 같은 기간에 스웨덴에서는 상위 1퍼센트가 소득에서 차지하는 몫이 7퍼센트에서 11퍼센트로, 덴마크에서는 7퍼센트에서 13퍼센트로 증가했다.

무슨 일이 벌어진 것인가

몇몇 수준에서는 무슨 일이 벌어졌는지가 꽤 명확하다. 전후 시기에 나타났던 공유된 번영은 두 개의 기둥에 의해 지탱되었다. 첫째, 자동화가 진행되었지만 그와 동시에 모든 계층의 노동자에게 새로운 기회가 생겨났다. 둘째, 지대가 노동자들에게도 공유되어서(즉 생산성과 이윤의 증가가 자본과 노동 사이에 분배되어서) 노동자들의 임금이 높게 유지될 수 있었다. 그런데 1970년 이후로 두 기둥이 모두 무너졌고 미국에서 가장 대대적으로 무너졌다.

호시절이었을 때도 테크놀로지의 방향과 노동자들의 임금 인상을 둘러싸고는 많은 싸움이 있었다. 알아서 흘러가게 두면 경영자들은 임금 상승을 제약하고 자동화에 우선순위를 두어 노동 비용을 낮추려고 할 것이고, 그러면 노동자들의 일거리가 사라지고 노동자들은 협상력을 잃게 될 것이다. 다시 이러한 편향은 그다음 혁신의 방향에 영향을 미칠 것이고 테크놀로지는 한층 더 자동화 쪽으로 치우칠 것이다. 7장에서 보았듯이, 전후 시기에는 이러한 경향이 단체 협상을 통해 어느 정도 제약되었고 노조는 회사가 새로운 기계를 도입할 때 더 높은 숙련을 필요로 하는 새로운 업무와 체계적인 교육 훈련도 함께 제공할 것을 요구했다.

지난 몇십 년 사이에 벌어진 노동 운동의 쇠락은 공유된 번영에 이중의 타격이었다. 우선, 노조가 약화되어 노동자들이 동등한 조건에서 협상하기가 어려워지면서 임금 증가가 둔화하는 데 일조했다. 둘째, 더 중요하게, 강력한 노조가 없어서 노동자들이 테크놀로지의 방향이 어떠해야 하는지에 대해 목소리를 낼 수 없었다.

이에 더해 또 다른 변화 두 가지가 노동 운동의 쇠락과 불평등을 증폭시켰다. 첫째, 노동 운동 쪽에서 길항 권력이 나오지 못하면서 기업과 경영자들이 이제까지와는 매우 다른 비전을 발달시키기 시작했다. 이 비전에서는 노동 비용을 줄이는 것이 우선순위였고 생산성의 이득을 노동자들과 나누는 것은 경영 실패로 여겨졌다. 경영진은 임금 협상에서 더 강경한 입장을 취했을 뿐 아니라 생산 시설을 미국 내에서 노조가 없는 곳으로, 또 점점 더 노조가 없는 해외로 옮기기 시작했다. 또한 많은 기업이 인센티브 지급 제도를 도입했는데 경영진과 고高성과자는 큰 보상을 받은 반면 많은 저숙련 노동자들은 손해를 보았다. 비용 절감의 또 다른 수단으로 아웃소싱도 유행했다. GM이나 GE 같은 큰 기업들이 내부 인력으로 담당하던 구내식당, 세탁, 청소, 경비 등의 여러 저숙련 업무가 외부 업체로 아웃소싱되었다. 전에는 이러한 업무를 담당하던 내부 노동자들이 그 기업의 다른 노동자들과 임금 상승의 혜택을 같이 누렸지만, 1980년대 이후에 등장한 비용 절감 지상주의적 비전은 이것을 낭비라고 여겼고 이러한 업무를 저임금 노동력을 주로 쓰는 외부 업체에 아웃소싱했다. 이로써 노동자들의 임금이 오를 수 있었던 채널 하나가 끊어졌다.

둘째, 기업들은 존재하는 테크놀로지 메뉴판 안에서만 더 많은 자동화를 선택하고 있는 것이 아니었다. 디지털 산업의 방향이 바뀌면서 메뉴판 자체가 더 자동화 쪽으로 그리고 노동자 친화적인 테크놀로지에서 멀어지는 쪽으로 대폭 이동했다. 기계와 알고리즘으로 노동자를 대체할 수 있게 해줄 디지털 도구는 무수히 쏟아져 나오는데 여기에 맞설 길항 권력은 거의 없게 되었으므로 많은 기업이 열렬히 자동화를 받아들였고, 노동자에게 새로운 업무와 기회를 창출해 주는 데는 신경 쓰지 않게 되었다. 대학을 나오지 못한 노동자들이 특히 큰 타격을 입었다. 그 결과, 생산성(노동자 1인당 평균생산성)은 계속 높아졌지만 노동자의 한계생산성(추가적인 1시간의 노동이 늘려주는 생산량)은 그만큼 오르지 않았다.

다시 말하지만, 자동화 자체가 공유된 번영을 파괴하는 것은 아니다. 자동화를 우선순위에 놓고 노동자들이 수행할 새로운 업무의 창출은 등한시하는 불균형적인 테크놀로지 포트폴리오가 공유된 번영을 파괴하는 것이다. 자동화는 제2차 세계대전 직후 시기에도 빠르게 진행되었지만 노동 수요를 높이는 또 다른 변화들이 자동화가 일으킨 노동 대체 효과를 상쇄했다. 하지만 최근의 연구에 따르면, 1980년 이후에 자동화가 가속화되었고 더 중요하게는 노동자들에게 기회를 창출해 주는 테크놀로지와 새로운 업무가 줄어든 것으로 나타났다. 이러한 변화는 경제에서 노동자들의 지위가 약해진 이유를 상당 부분 설명해 준다. 자동화의 가속적인 증가와 새로운 업무 창출의 둔화가 특히 두드러진 제조업의 경우 노동소득 분배율이 1980년대 중반에 65퍼센트 정도였던 데서 2010년대 말에는 약 46퍼센트로 떨어졌다.

이에 더해, 자동화가 저숙련 및 중숙련 노동자들의 업무에 주로 집중되면서 불평등이 더욱 증폭되었다. 1980년 이래 실질임금이 떨어졌던 인구 집단 거의 모두가 그 시기에 자동화된 업무에 종사하던 사람들이었다. 최근의 한 연구에 따르면, 미국에서 상이한 인구 집단 사이의 불평등 증가분 중 자동화로 설명될 수 있는 부분이 4분의 3 정도나 되는 것으로 나타났다.

자동차 산업은 이러한 추세를 대표적으로 보여준다. 20세기 들어 첫 80년 동안 미국의 자동차 업계는 가장 역동적인 고용주들이 있는 곳이었다. 7장에서 보았듯이, 이들은 자동화에서뿐 아니라 노동자들을 위해 새로운 업무와 일자리를 창출하는 데서도 최전선에 있었다. 자동차 업계에는 블루칼라 일자리가 많았고 보수도 꽤 괜찮았다. 대졸이 아니어도, 때로는 고졸이 아니어도 고용되었고 회사에서 교육 훈련을 받아 새로 도입된 정밀 기계들을 다루면서 상당한 수준의 임금을 받을 수 있었다.

하지만 지난 몇십 년 사이에 자동차 업계에서 일자리를 구할 수 있는 가능성과 업무의 속성이 근본적으로 달라졌다. 도색, 용접, 정밀 작업, 조립 작업 등 차체 생산의 많은 부분이 자동화되어 이제는 로봇과 특수 소프트웨어에 의해 이루어진다. 자동차 업계의 블루칼라 노동자 임금은 1980년 이후 거의 오르지 않았다. 오늘날 자동차 업계에서 아메리칸드림을 달성하기는 1950년대나 1960년대보다 훨씬 어렵다.

테크놀로지와 생산 양식에서 벌어진 이 같은 변화가 기업계의 고용 전략에는 무엇을 의미했을지 생각해 보기는 어렵지 않다. 1980년대 이래 미국 자동차 업계의 거대 기업들은 저학력 노동자를 고용해서 교육 훈련을 시킨 뒤 복잡성이 높은 업무에 투입하는 것을 중단했다. 그 대신 공식적인 자격을 이미 갖춘 고학력 지원자들만 채용에서 고려하기 시작했고, 적성 검사, 인성 검사, 면접 등을 거쳐 채용했다. 이러한 인적자원 운용 전략은 가용한 일자리보다 지원자가 훨씬 더 많았기 때문에, 또 지원자 상당수가 대학원 학력이 있었기 때문에 가능했다.

자동화 기술이 아메리칸드림에 미친 영향은 자동차 산업만의 이야기가 아니었다. 미국 경제 전반적으로 전에는 사회 계층이 낮은 사람들에게 계층 상승의 기회를 주었던 블루칼라 일자리와 사무직 일자리가 로봇과 소프트웨어를 통한 자동화의 주 타깃이 되었다. 1970년대에는 미국 노동자의 52퍼센트가 이와 같은 "중산층" 일자리에 종사하고 있었는데 2018년에는 이 숫자가 33퍼센트로 줄었다. 한때 이러한 일자리에 종사했던 노동자들은 건설, 청소, 음식 준비 등 임금이 더 낮은 직종으로 밀려났고 따라서 실질임금이 급감했다. 경제 전반적으로 "중산층" 일자리들이 사라지면서 대학원을 나오지 않은 노동자들이 가질 수 있었던 기회도 사라졌다.

지대의 공유가 잠식된 것과 새로운 테크놀로지가 자동화에 초점을 두게 된 것이 노동자의 소득 감소와 불평등 증가를 추동한 주요인이었지만 다른 요인도 있었다. 이를테면 생산 시설의 해외 이전도 노동 조건 악화에 일조했다. 자동차 산업과 전자 산업의 많은 일자리가 중국이나 멕시코 같은 저임금 국가로 넘어갔다. 더 중요하게, 중국에서 수입품이 밀려 들어오면서 미국의 제조업과 제조업이 집중된 지역이 타격을 입었다. 1990년에서 금융위기 직전이던 2007년까지 중국 수입품과의 경쟁으로 사라진 일자리가 많게는 300만 개에 달하는 것으로 추산된다. 하지만 이러한 "중국 쇼크"보다 테크놀로지가 자동화에 초점을 두게 된 것과 생산성 이득의 공유가 훼손된 것이 불평등 증가에 훨씬 더 폭넓은 영향을 미쳤다.

중국 수입품과의 경쟁은 직물, 의류, 장난감 등 저부가가치 제조 분야에 주로 집중된 반면 자동화는 자동차, 전자, 금속, 화학, 사무직 등 더 고부가가치, 고임금 영역에 영향을 미쳤고, 이러한 영역에서 일자리가 줄어든 것이 불평등이 심화되는 데 더 결정적인 영향을 미쳤다. 중국 및 여타 저임금 국가들과의 경쟁이 전반적인 제조업 고용을 줄이고 임금 상승을 내리누르기는 했지만, 임금 불평등을 추동한 주요인은 테크놀로지의 방향 선회였다.

테크놀로지와 국제 무역에서 벌어진 이와 같은 추세는 지역공동체의 황폐화로도 이어졌다. 미시간주의 플린트나 랜싱, 오하이오주의 디파이언스, 텍사스주의 보몬트 등 미국 제조업의 심장부였던 많은 곳이 전에는 중공업에 특화해 수만 명의 블루칼라 노동자에게 고용 기회를 제공했지만 1970년 이후 자동화로 노동자들이 일자리에서 밀려나면서 쇠락의 길을 걷게 되었다. 아이오와주의 디모인이나 노스캐롤라이나주의 롤리-더럼, 히커리 등 직물, 의류, 가구에 특화했던 곳들도 값싼 중국 수입품과의 경쟁에 밀려 쇠락했다. 자동화로 인한 것이든 수입품과의 경쟁으로 인한 것이든 간에 제조업에서의 일자리 상실은 지역 경제 전반에서 노동자의 소득을 내리눌렀고 유통, 도매, 여타 서비스업에 대한 수요도 줄었으며 어느 경우에는 지역 전체가 장기간에 걸쳐 깊은 침체에 빠졌다.

지역에 미친 영향의 여파는 경제 분야를 넘어 미국이 직면한 더 폭넓은 문제를 엿볼 수 있는 소우주를 제공한다. 제조업 일자리가 사라지면서 사회 문제들 또한 증폭되었다. 심각하게 영향을 받은 지역에서는 결혼율이 떨어지고 혼외 출산이 늘어나고 정신 건강의 문제가 증가했다. 나아가, 특히 대학을 나오지 못한 사람들의 경우 일자리 상실과 경제적 기회의 악화는 경제학자 앤 케이스Anne Case와 앵거스 디턴Angus Deaton이 말한 "절망의 죽음"이 증가하는 데도 주요인이 된 것으로 보인다. 절망의 죽음이란 마약, 알코올, 자살 등으로 불필요하게 이른 죽음을 맞는 것을 의미한다. 어느 정도는 이와 같은 죽음의 영향으로 미국의 출생 시 기대수명이 최근 몇 년 연속 낮아졌는데, 이는 현대 들어 산업화된 서구 국가들에서는 찾아보기 어려운 현상이다.

불평등 증가에 대한 몇몇 유명한 논의는 테크놀로지보다 세계화를 주요인으로 꼽기도 한다. 이러한 이론은, 불평등을 일으키는 데서 테크놀로지는 "불가피한" 요인이지만 세계화의 경우는 어느 정도까지 허용할지, 가령 저임금 국가들에서 들어오는 수입품이 미국(및 산업화된 국가들)에 일으키는 경쟁 압력을 얼마나 많이 허용할지 등에 대해 사회가 선택을 내릴 여지가 있다고 전제하고 있는 경우가 많다.

하지만 이것은 잘못된 이분법이다. 테크놀로지는 예정된 방향성을 가지고 있지 않으며 테크놀로지에 관한 어느 것도 "불가피"하지 않다. 대체로 테크놀로지는 기업 및 강력한 행위자들이 내린 선택을 통해 불평등을 증가시켰다. 그리고 어쨌거나 세계화는 테크놀로지와 분리해서 볼 수 없다. 수천 킬로미터 떨어진 곳에서 수입품이 밀려 들어오는 것이나 중국이나 멕시코로 생산 시설을 옮기는 것과 관련된 복잡한 글로벌 공급망 운영은 통신 기술의 발달에 의해 가능해졌다. 먼 곳의 생산 시설에서 벌어지는 활동을 추적하고 조율하기 위한 디지털 도구들이 개선되면서 기업들이 과거에는 내부 인력이 담당하던 조립 업무와 생산 업무의 상당 부분을 해외로 옮길 수 있게 된 것이다. 그 과정에서 중숙련의 블루칼라 일자리가 많이 없어졌고 이는 불평등을 악화시켰다.

사실 세계화와 자동화는 서로 시너지를 낸다. 둘 다 노동 비용을 줄이고 노동자를 대체하려는 동일한 목적에서 추동되며 둘 다 1980년 이후 노동 현장과 정치적 장 모두에서 길항 권력이 약화되면서 일어났다.

자동화, 오프쇼어링, 중국 수입품과의 경쟁은 다른 선진국들에도 영향을 미쳤지만 미국에서만큼은 아니었다. 유럽 대부분의 국가에서는 단체 협상이 미국에서만큼 약화되지 않았다. 북유럽 국가들에서는 노조 가입률이 여전히 높게 유지되었다. 이들 나라에서도 불평등이 증가하긴 했지만 미국의 주요 노동시장에서만큼 실질임금이 떨어지지 않은 것은 우연이 아니다. 앞으로 살펴보겠지만, 독일에서는 기업이 블루칼라 노동자들을 새로운 업무 쪽으로 이동시킴으로써 미국과 달리 더 노동자 친화적인 테크놀로지 경로를 밟아갔다. 프랑스도 실업이 더 높다는 비용은 치렀지만 최저임금제와 노조가 불평등 증가를 어느 정도 제약할 수 있었다.

이러한 차이가 있지만 테크놀로지의 경향은 서구 국가들 모두에서 유사했고 비슷한 영향을 미쳤다. 가장 의미심장하게는 산업화된 국가 거의 모두에서 블루칼라 일자리와 사무직 일자리가 줄었다.

이 모든 현상은 두 가지의 명백한 질문을 던진다. 어떻게 해서 기업이 노동에 비해 이토록 강력해지고 지대의 분배를 이토록 악화시킬 수 있었을까? 그리고 왜 테크놀로지는 노동자에게 적대적인 방향으로 선회했을까? 다음에서 보겠지만, 첫 번째 질문에 대한 답은 미국 및 서구 국가들에서 발생한 일련의 제도적 변화와 관련이 있다. 두 번째 질문에 대한 답도 제도적 변화에 기반을 두고 있지만 결정적으로는 테크놀로지와 경영 전략을 점점 더 노동자에게 적대적인 방향으로 몰고 간 디지털 유토피아 비전(사실은 대체로 디스토피아로 귀결되었지만)의 출현과 관련이 있다. 다음 몇 개 절에 걸쳐 먼저 제도적 변화를, 이어서 1960년대와 1970년대에 존재했던 이상주의적인 해커 윤리가 어떻게 해서 노동자의 권한을 약화시키고 자동화를 촉구하는 의제로 변모했는지를 살펴보기로 하자.

리버럴 기득권과 그에 대한 불만들

7장에서 우리는 1930년대 이후 미국에서 어떻게 기업과 조직화된 노동자 사이에 일종의 균형이 생겨났는지 살펴보았다. 이 균형은 저숙련과 고숙련 일자리 모두에서 임금이 두루 상승한 데서, 그리고 광범위하게 노동자 친화적인 테크놀로지에 의해서 지탱되었다. 그 결과 1970년대 무렵이면 미국의 정치적·경제적 지형이 20세기 초와 크게 달라져 있었다. 카네기 철강이나 존 록펠러의 스탠더드 오일 같은 초거대 기업 거물들이 행사하던 압도적인 정치적·경제적 영향력은 사라졌다.

　랠프 네이더Ralph Nader가 이끈 소비자 운동이 이러한 변화를 상징적으로 보여준다. 1965년에 출간된 그의 저서『어느 속도에서도 안전하지 않다Unsafe at Any Speed』는 기업의 책무성을 요구하는 선언문이었다. 이 책 자체는 자동차 산업에 초점을 맞추고 있었지만 네이더는 기업들, 특히 거대 기업들이 자행하는 문제적 행동 모두를 조준하고 있었다.

　소비자 운동의 성과로 몇몇 대표적인 규제가 생겨났다. 1966년에는 네이더가 책에서 제기한 비판이 직접적인 계기가 되어 "교통 및 자동차 안전법National Traffic and Motor Vehicle Safety Act"이 통과되었고 최초로 자동차 안전 기준이 마련되었다. 1970년에는 기업이 일으키는 오염과 환경 피해를 막는 일을 명시적인 임무로 삼는 환경보호청 Environmental Protection Agency이 설립되었다. 같은 해에 노동자들의 건강과 후생을 보호하는 임무를 담당하는 직업안전보건국OSHA도 설립되었다. 그전에 노동기준국Bureau of Labor Standards이 이러한 문제를 일부 담당했지만 직업안전보건국은 기업의 행동을 실질적으로 규율할 수 있는 권한을 더 많이 부여받았다. 1972년에 도입된 "소비자 제품 안전법Consumer Product Safety Act"은 더 대대적으로 기업을 규율할 권한을 규정했는데, 이 법은 독립된 기관이 기준을 설정하고 제품을 리콜하며 부상이나 사망의 위험으로부터 소비자를 보호하기 위해 기업을 상대로 소송을 제기할 수 있게 했다.

1964년의 민권법 제7편이 이미 인종, 성별, 피부색, 종교, 국적에 따른 고용 차별을 금지하고 있었지만 제대로 집행할 기관이 없어서 이빨 빠진 호랑이나 마찬가지였다. 하지만 1972년 평등고용기회법 Equal Employment Opportunity Act의 통과로 이 문제가 어느 정도 해소되었다. 이제 흑인 및 기타 소수자를 차별하는 고용주를 상대로 소송 등의 행동을 개시할 수 있게 되었다.

식품의약품안전청Food and Drug Administration은 20세기 초부터 존재했지만 1962년에 케파우버-해리스Kefauver-Harris 수정안이 통과되고 1966~1973년에 미국공중보건국Public Health Service이 개편되면서 권한이 대폭 강화되었다. 이러한 변화는 유럽과 미국에서 널리 보도된 여러 스캔들 이후 규제 당국이 더 독립적이어야 하고 안전성과 효과성이 입증된 약만 승인되어야 한다는 데 입법가들이 동의하게 되면서 추진력을 얻었다. 1974년에는 법무부가 전화업계의 독점 사업자인 AT&T를 분할하기 위해 법적 절차에 들어갔다.

이 모든 변화는 새롭고 더 강력한 규제적 접근을 보여준다. 많은 것이 공화당 대통령인 리처드 닉슨Richard Nixon 집권기에 도입되었다. 닉슨이 규제적 접근을 받아들인 것은 전후 공화당 기득권의 기조와 크게 다르지 않았다. 이미 드와이트 아이젠하워도 이 방향으로 몇 가지 조치를 취한 바 있었다. 그는 자신을 "현대적인 공화당원modern Republican"이라고 칭했는데, 뉴딜의 유산을 거의 유지하겠다는 뜻이었다.

규제만의 이야기가 아니었다. 1960년대는 민권 운동이 성과를 내고 민권뿐 아니라 추가적인 정치 개혁을 지지하는 좌파 성향 미국 인들 사이에 더 대대적으로 조직화가 이루어진 시기였다. 린든 존슨은 "위대한 사회" 프로그램과 "빈곤과의 전쟁" 프로그램을 시작했고 유 럽식 사회안전망 중 일부를 미국의 맥락에 적용했다.

이러한 변화를 모두가 바람직하다고 생각한 것은 아니었다. 기 업 행위를 제약하는 것은 노동자와 소비자에게는 종종 득이 되었지만 기업 소유주와 경영진을 분노하게 했다. 20세기 초부터도 기업계 일 각에서는 규제와 노조를 강화하기 위한 입법화에 조직적으로 맞서려 는 움직임이 일었고 뉴딜 시기에 이는 더욱 가속화되었다. 듀폰, 일라 이 릴리, 제너럴 모터스, 제너럴 밀스, 브리스톨 마이어스 같은 몇몇 큰 기업의 경영자들은 미국기업협회American Enterprise Association(나중에 미국 기업연구소American Enterprise Institute로 이름이 바뀐다), 미국자유연맹 American Liberty League 같은 단체를 세워 뉴딜 정책에 대한 비판 논리와 대안적인 법안을 정교화했다.

전쟁 이후에도 미국이 "리버럴"[진보 세력]들에게 나라를 잃어 버리고 있다는 개념이 계속해서 많은 기업인들의 생각과 행동을 추동 했다. 1965년에 펴낸 『리버럴 기득권: 누가 어떻게 미국을 운영하는가 The Liberal Establishment: Who Runs America and How』에서 M. 스탠턴 에반스M. Stanton Evans는 "리버럴 기득권과 관련해 핵심적인 사실은 그들이 통제 력을 장악하고 있다는 것"이라고 주장했다.

초기의 친기업적 우파 성향 단체와 싱크탱크들은 뉴딜의 철학 적 기조에 반대하는 부자들과 기업인들에게서 후한 자금 지원을 받았다. 자주 그렇듯이, 철학은 물질적 이해관계와 혼합되어 있었다. 거대 기업들이 어디에 자선 기부(세제 혜택이 있다)를 했는지 보면 자신의 이해관계와 일치하는 목표를 표방하는 곳들인 경우가 많았다. 에너지 기업이 기후과학에 반대하는 싱크탱크에 자금을 대는 식으로 말이다.

　　돈이 미국 정치에 미치는 해로운 영향에 대해서는 많은 논의가 있었지만 이야기는 생각보다 복잡하다. 연방 수준에서 종종 부패가 벌어진다는 것은 알려진 바이고 때로 부유한 후원사의 선거 기부에 따라 정치인의 입장이 달라진다는 점도 그렇다. 하지만 대부분의 경우 정치인들은 특정한 정책의 접근 방식이 공익에, 아니면 유권자에게 복무한다는 데 설득이 되어야 한다. 돈을 아무리 많이 부어도 돈만으로는 이를 달성할 수 없다. 여기에는 시장경제가 어떻게 조직되어야 마땅한지에 대한 대안적인 비전이 필요하다. 그리고 1950년대와 1960년대에 그러한 비전의 요소들이 하나로 결합하기 시작했다.

제너럴 모터스에 좋은 것

1953년에 드와이트 아이젠하워 대통령은 찰스 윌슨Charles Wilson 당시 제너럴 모터스 회장을 국방장관으로 지명했다. 인사청문회에서 윌슨은 그가 GM의 주식 상당량을 계속 보유하기로 해 논란이 인 데 대해 입장을 밝히면서 훗날 매우 유명해지는 말을 했다. "우리나라에 좋은 것은 GM에 좋은 것이고 GM에 좋은 것은 우리나라에 좋은 것입니다."

　　그가 주장하고자 했던 바는 GM에는 좋지 않은데 국가에는 좋은 무언가를 해야만 하는 상황이 발생하리라고 상상하기 어렵다는 의미였다. 하지만 사람들은 그가 GM에 좋은 것은 미국에도 좋은 것이라고 주장했다고 잘못 이해했고 이러한 오해에는 그럴 만한 이유가 있었다. 1980년대 무렵이면 기업에 좋은 것, 심지어는 거대 기업에 좋은 것이 미국에도 좋은 것이라는 견해가 상식처럼 되어 있었다. 이는 1930년대에 지배적이던 견해에서 180도 달라진 것이었고, 이제는 기업에 유리하도록 규칙을 바꾸고 기업의 수익 추구를 촉진하는 것이 모든 이를 돕기에 가장 좋은 길이라는 아이디어가 세를 얻어가고 있었다.

지배적인 사고에 이와 같은 역전이 발생한 데는 정책 혁신가와 단체들의 맹렬한 노력이 있었다. 보수 성향의 잡지 『내셔널 리뷰National Review』가 이러한 노력의 사상적·학술적 지침 역할을 했다. 1955년에 윌리엄 F. 버클리 주니어William F. Buckley Jr.가 창간한 잡지로, 버클리는 이 매체가 좌파 세력으로부터 비롯된 경향을 막는 데 일조하기를 바랐다. "그 경향이 무르익으면 문해력이 있는 미국인 다수가 보수주의를 거부하고 급진적인 사회적 실험에 경도될 것"이라고 보았기 때문이다. 그는 이렇게 주장했다. "아이디어가 세상을 지배하므로 이데올로기 주창자들은 지식 계급 사이에서 승리하고 나면 세상으로 걸어 들어와 세상을 운영하려 들기 시작한다."

영향력 있는 기업계 단체 "비즈니스 라운드테이블Business Roundtable"은 "기업들이 학계, 언론, 젊은이들과 관련해 매우 중대한 문제에 봉착했다"며 "이들의 지속적인 적대감이 모든 기업에 해를 끼치고 있다"고 언급했다. 1975년에 이곳에서 『리더스 다이제스트Reader's Digest』에 게재한 광고는 "미국에서 기업들이 '일용할 양식'을 얻는 방식이 오늘날 전례 없이 공격당하고 있다"며 "자유 기업 시스템이 우리를 이기적이고 물질주의적으로 만든다"거나 "자유 기업은 부와 권력을 소수의 손에 집중시킨다"는 유의 주장이 그러한 위협이라고 언급했다. 이론상 모든 미국 기업을 대변하는 단체인 상공회의소도 비즈니스 라운드테이블에 동조해 정부 규제에 반대하는 운동을 밀어붙이기 시작했다.

조지 H. W. 부시는 공화당 대선 후보로 지명되기 위해 노력 중이던 1978년에 보스턴에서 열린 최고경영자 콘퍼런스에서 연설을 했는데, 이러한 분위기를 잘 감지하고 이렇게 말했다. "불과 근 50년 전에 캘빈 쿨리지Calvin Coolidge는 미국이 관심을 기울여야 할 것은 기업 활동이라고 말할 수 있었습니다. 그런데 오늘날 미국이 관심을 기울이고 있는 것은 기업 활동에 대한 규제인 것 같습니다."

하지만 기업계 싱크탱크와 지도자들의 노력에도 불구하고 왜 기업에 좋은 것이 모두에게 좋은 것이 되는지에 대한 일관된 메커니즘이 아직 존재하지 않았다. 이와 관련해 생산성 밴드왜건을 핵심 논리로 하되 이를 더 확장한 메커니즘이 차차 개발되었다. 이에 따르면 기업에 좋은 조직상의 변화나 법제는 사회 전반적으로도 좋을 것임이 틀림없었다. [생산성 밴드왜건과] 비슷한 논리로 노동자에 대한 수요를 늘려서 공유된 번영으로 이어질 것이기 때문이다. 여기에서 한 걸음 더 나가면 "트리클 다운" 이론에 도달하게 된다. 오늘날 트리클 다운 이론은 매우 부유한 사람들에게 세금을 감면해 주자는 아이디어 등 1980년대에 레이건 행정부가 추진한 경제 정책과 결부되어 이야기되곤 한다. 부자들이 세금을 덜 내면 투자를 더 많이 할 것이고 그럼으로써 생산성을 높여서 결국 사회의 모든 이에게 득이 되리라는 것이다.

이 관점을 규제에 적용하면 랠프 네이더 같은 소비자 운동가들과는 정반대의 결론으로 이어진다. 자유시장 견해에 따르면, 시장경제가 잘 작동할 경우 규제는 해롭거나 기껏해야 불필요하다. 어떤 기업이 안전하지 않거나 질이 낮은 제품을 내놓는다면 소비자들은 화가 날 것이고, 경쟁 기업이나 신규 기업으로서는 더 나은 제품을 시장에 내놓을 기회가 될 것이며, 그러면 소비자들은 그쪽으로 옮겨갈 것이다.

그렇다면 생산성 밴드왜건의 기저에 있는 경쟁의 과정이 제품의 품질을 규율하는 기제도 된다는 말이 된다. 이러한 관점에서 보면 규제는 소비자와 노동자에게 해롭고 비생산적일 수 있다. 시장의 동학이 안전하고 질 좋은 제품을 공급하도록 이미 기업들에 인센티브를 주고 있다면 추가적인 규제는 괜히 다른 곳에 노력을 쏟게 만들어 기업의 수익성을 낮출 것이고 그러면 기업은 가격을 올리거나 고용을 줄이게 되리라는 것이다.

이상적인 시장 동학에 대한 아이디어는 애덤 스미스가 『국부론』에서 "보이지 않는 손" 개념을 제시한 이래로 내내 경제학 이론의 일부였다. "보이지 않는 손"은 충분한 경쟁이 있을 경우 시장이 모두에게 좋은 결과를 산출한다는 것을 설명하는 은유다. 이 지점에 대해서는 늘 논쟁이 있었고 반대쪽에는 존 메이너드 케인즈 같은 사람들이 있었다. 케인즈는 시장이 이상적인 방식으로 행동하지 않는다고 지적했다. 이를테면, 생산성 밴드왜건은 노동시장에 충분한 경쟁이 없으면 무너진다. 제품 시장에 충분한 경쟁이 없어도 마찬가지다. 또한 소비자가 안전하지 못한 제품과 안전한 제품을 구별하기 어렵다면 시장 동학에 의해 양질의 제품이 살아남고 저질의 제품이 도태되리라고 믿을 수 없다.

학계의 논의와 정책 논쟁에서 시계추는 더 시장 친화적인 쪽과 더 시장 회의적인 쪽 사이를 주기적으로 왔다 갔다 했다. 전후 몇십 년 동안에는, 부분적으로는 케인즈의 아이디어와 뉴딜 시기에 도입된 정책과 규제의 영향으로, 시장 회의론이 우세했다. 하지만 강경한 시장주의 경제학자들의 산실도 존재했는데, 시카고 대학과 스탠퍼드 대학의 후버 연구소Hoover Institution가 대표적이다.

이러한 아이디어들이 1970년대에 더 응집되고 일관성 있게 결합하기 시작했다. 여기에는 많은 요인이 영향을 미쳤다. 그중 하나로 프리드리히 하이에크Friedrich Hayek 등 몇몇 학자들이 전후의 정책적 합의를 비판하는 저술을 펴냈고 이 저술들은 널리 인기를 얻었다. 하이에크는 전간기에 오스트리아 빈에서 그의 이론을 발달시켰는데, 당시 빈에서는 자유시장 개념이 주류를 이루고 있었고 바로 옆 소비에트에서 벌어지고 있는 중앙계획 경제의 재앙을 너무나 뚜렷이 볼 수 있었다. 하이에크는 1930년대 초에 오스트리아를 떠나 런던정경대학에 자리를 잡고 여러 개념을 더 발달시켰다. 1950년에는 시카고 대학으로 옮겨왔고, 이곳에서 영향력이 더욱 커졌다.

하이에크의 시장 이론에서 특히 중요했던 부분은 탈중심적 시스템인 시장이 사회 곳곳에 흩어져 있는 정보를 더 잘 사용한다는 견해였다. 그는 시장과 대조적으로 중앙계획이나 정부 규제가 자원 배분에 사용되면 소비자들이 진정으로 원하는 것이 무엇인지나 생산성을 어떻게 높일 수 있는지 등과 관련된 정보가 소실된다고 주장했다.

물론 규제는 쉬운 과정이 아니고 전후에 규제 당국 때문에 의도치 않은 악영향이나 비효율이 발생한 경우가 왕왕 있었던 것은 사실이다. 일례로, 항공 업계는 민간항공위원회Civil Aeronautics Board에 의해 세세하게 규제되어서 운항 일정, 경로, 요금을 위원회가 정했고 새로운 항공사의 진입 여부도 위원회가 정했다. 그러나 민항 항공기 기술이 향상되고 항공 여행 수요가 증가하면서 이러한 규제는 너무 낡은 것이 되었고 항공 업계에 대대적인 비효율을 초래했다. 마침내 1978년에 항공규제완화법Airline Deregulation Act이 제정되어 항공사들이 스스로 운임을 정할 수 있게 되었고, 새로운 항공사가 시장에 진입하는 것도 더 용이해졌다. 이로써 소비자들에게 대체로 득이 되는 방식으로 경쟁이 증가하고 가격이 낮아졌다.

천사와 주주의 편에서

규제 없는 시장이 국익과 공공선을 위해 작동한다는 개념은 정책 분야에서 새로운 접근법의 토대가 되었다. 이 새로운 합의에 아직 부족한 것은 기업 경영자들을 위한 명확한 제언이었다. 그들은 어떻게 행동해야 하는가? 무엇이 그들의 행동을 정당화할 것인가? 해답은 두 명의 시카고 대학 경제학자를 통해 나타났다. 한 명은 밀턴 프리드먼Milton Friedman이고 다른 한 명은 조지 스티글러George Stigler다. 경제와 정치에 대한 이들의 견해는 하이에크와 겹치지만 몇 가지 면에서 더 나아갔다고 볼 수 있다. 스티글러와 프리드먼 둘 다 규제를 하이에크보다 더 강하게 반대했다.

하이에크와 스티글러처럼 프리드먼도 노벨 경제학상을 받았고 거시경제, 가격 이론, 통화 정책 등 많은 분야에서 업적을 남겼다. 하지만 그의 가장 중요한 저술은 학술지가 아니라 『뉴욕타임스 매거진』에 1970년 9월에 실린 짧은 글이었다고 말해도 과언이 아닐 것이다. 제목은 대담하게도 "프리드먼 독트린Friedman Doctrine"이었다. 프리드먼은 기업의 "사회적 책임"이라는 말을 사람들이 잘못 이해하고 있다고 주장했다. 기업은 오로지 이윤을 높여 주주에게 더 높은 수익을 가져다 주는 데만 신경 써야 한다는 것이었다. 간단히 말해서 "기업의 사회적 책임은 이윤을 올리는 것"이었다.

이 칼럼은 이미 유통되고 있던 아이디어를 정식화한 것이라고 볼 수 있었다. 이전 수십 년 동안 정부 규제에 대한 맹렬한 비판과 시장 메커니즘에 대한 옹호는 계속 있어 왔다. 그럼에도 프리드먼 독트린의 영향력은 엄청났다. 일거에 이 칼럼은 많은 돈을 버는 거대 기업들이 랠프 네이더 등이 묘사한 것 같은 악당이 아니라 오히려 영웅이라고 보는 새로운 비전을 고착시켰고, 이윤을 올려야 한다는 명백한 명령을 경영자들에게 제시했다.

이 독트린은 또 다른 각도에서도 지원을 받았다. 경제학자 마이클 젠슨Michael Jensen이 상장기업 경영자들이 주주에게 충분히 헌신하지 않고 있으며 자기 자신을 영예화할 프로젝트를 추구하면서 낭비적인 제국을 건설하고 있다고 비판한 것이다. 젠슨은 이러한 경영자들의 행동이 더 엄격하게 규율되어야 한다고 보았는데, 실제로 규율을 부과하기는 어려울 것이므로 경영자들이 받는 보상을 그들이 주주에게 창출해 주는 가치와 연동시키는 것이 더 현실적인 결론일 것이라고 주장했다. 경영자에게 막대한 보너스와 스톡옵션을 주어서 그들이 주가를 올리는 데 매진하게 만든다는 것이었다.

젠슨의 수정 이론으로 한층 더 보완된 프리드먼 독트린은 "주주 가치 혁명"을 가져왔다. 기업과 경영자는 회사의 시장 가치를 극대화하기 위해 온 노력을 경주해야 했다. 그러면 규제 없는 시장과 생산성 밴드왜건의 조합이 그들의 노력이 궁극적으로 공공선에 기여하도록 해줄 것이었다.

비즈니스 라운드테이블도 이 논리에 동의하면서 시민들이 "경제학"을 배워야 한다고 주장했다. 사람들이 경제학을 더 잘 알게 되면 더 기업 친화적이 될 것이고 세금을 낮춰 경제 성장을 촉진함으로써 모든 이에게 이득이 되게 하는 것과 같은 정책을 지지하게 되리라는 것이었다. 1980년에 비즈니스 라운드테이블은 이렇게 선포했다. "비즈니스 라운드테이블은 생산 역량의 범위와 질을 높이기 위해 향후의 조세 정책 변화가 투자를 진작하거나 경제의 공급 측면을 향상시키는 것을 목표로 해야 한다고 생각한다."

이 독트린은 두 개의 추가적인, 그리고 어쩌면 더 중요한 함의를 갖는다. 첫째, 이것은 돈을 벌기 위한 모든 종류의 노력을 정당화했다. 이 논리에서는 수익을 높이는 것이 곧 공공선과 연결되기 때문이다. 그리고 어떤 기업들은 이를 한층 더 밀고 나갔다. 프리드먼 독트린과 최고경영자에게 부여되는 후한 스톡옵션의 결합은 몇몇 경영자들이 회색 지대로, 그다음에는 위법한 지대로 들어가도록 유인을 제공했다. 한때 주식시장의 스타였던 에너지 기업 엔론Enron이 이를 상징적으로 보여준다. 휴스턴에 본사를 둔 엔론은『포춘』에서 6년 연속 "미국에서 가장 혁신적인 회사"로 선정되기도 했지만 2001년에 엔론의 재정적인 성공이 대체로 공시를 체계적으로 위조하고 주식시장에서 사기로 주가를 부풀린 덕분이었음이 폭로되었다(그리고 경영자는 수억 달러를 벌었다). 엔론이 오늘날 가장 많이 기억되는 악당이지만 그 밖에도 많은 기업과 경영자가 비슷한 사기성 행동을 했고 2000년대 초에 몇몇 스캔들이 더 폭로되었다.

둘째, 이 독트린은 경영자와 노동자 사이의 세력 균형을 이동시

컸다. 생산성의 이득이 회사와 노동자 사이에 공유될 수 있었던 것은 1945년 이후에 경험한 폭넓은 번영의 핵심 기둥이었고, 이는 기업이 높은 임금을 지급하는 데 동의하게 만드는 노동자들의 집합적인 협상력, 성장의 이득을 공유해야 마땅하다고 보는 사회적 규범, 그리고 심지어는 "복지 자본주의"(7장 참조) 같은 아이디어에 의해 뒷받침되었다. 그런데 프리드먼 독트린은 이와는 다른 방향을 촉진했다. 좋은 경영자가 꼭 노동자들에게 높은 임금을 지급해야 하는 것은 아니었다. 경영자의 사회적 책임은 주주들만을 향해야 했다. GE의 잭 웰치Jack Welch 등 수많은 저명한 경영자들이 이 조언을 귀담아들었고 임금 인상에 대해 강경한 반대 입장을 취했다.

프리드먼 독트린의 영향을 가장 잘 볼 수 있는 곳을 꼽으라면 경영대학원일 것이다. 1970년대에 경영자의 "전문직화"가 시작되면서 경영자 중 경영대학원을 나온 사람 수가 극적으로 증가했다. 1980년이면 상장기업 최고경영자의 25퍼센트 정도가 MBA 학위가 있었고 2020년에는 그 비중이 43퍼센트가 넘었다. 경영대학원 교수진 중 많은 수가 프리드먼 독트린을 받아들였고 이 비전을 야망 있는 경영자들에게 전파했다.

최근의 연구 결과가 보여주듯이, 경영대학원 출신 경영자들은 회사 경영에, 특히 임금 설정에 프리드먼 독트린을 적용하기 시작했다. 경영대학원 출신 경영자들은 비교 가능한 기업의 비非경영대학원 출신 경영자들에 비해 임금 인상을 중단한 경우가 더 많았다. 미국과 덴마크에서 MBA가 아닌 경영자들은 부가가치 증가분의 20퍼센트를 노동자와 공유했는데, MBA인 경영자들 사이에서는 이 숫자가 제로였다. 경영대학원과 프리드먼-젠슨 학파 경제학자들에게는 실망스럽게도, 경영대학원에서 훈련받은 경영자들이 생산성, 매출, 수출, 투자를 더 향상시켰다는 증거는 없다. 그래도 이들이 주주 가치를 높이기는 하는데, 노동자들의 임금을 삭감하기 때문이다. 또한 이들은 MBA가 아닌 경영자들에 비해 스스로에게 막대한 보상을 주는 경향도 더 크다.

하지만 뉴딜에 반대하는 것과 일부 경영자의 반규제, 반노동 입장과 프리드먼 독트린만으로는 아직 충분하지 않았다. 점점 더 많은 기업이 규제 부담이 커지는 것에 대해 목소리를 내고는 있었지만 1970년대 초에 대대적인 탈규제와 노조 해체는 여전히 주변적인 아이디어였다. 이것이 1973년의 석유파동과 뒤이은 스태그플레이션으로 달라지게 된다. 스태그플레이션은 기존 시스템의 실패를 드러내는 것이라고 해석되었고 미국 경제가 더 이상 제대로 작동하지 않는다는 징후로 여겨졌다. 경로 수정이 필요하다는 인식이 퍼졌고 프리드먼 독트린, 그리고 이를 바탕으로 규제 당국과 노조에 맞서 기업 권력을 강화하는 것이 해답으로 보였다.

주류 외곽의 싱크탱크가 주창하던 주변부 아이디어들이 주요 입법가와 경영자 사이에서 세를 얻기 시작했다. 1964년 대선에 공화당 후보로 나섰던 배리 골드워터Barry Goldwater는 그의 반규제 아이디어가 당시에 너무 극단적으로 여겨졌기 때문에 기업계에서 폭넓은 지지를 받지 못했다. 하지만 1979년에 골드워터는 이렇게 자랑했다. "내가 1964년에 주창했던 원칙 거의 모두가 이제 정치의 모든 스펙트럼에서 복음이 되어서, 정말 남은 것이 많지 않다." 로널드 레이건도 당선되고서 (주로 보수 성향인) 선거 운동원들에게 한 연설에서 이렇게 말했다. "배리 골드워터가 그때 외로운 길을 걸어주지 않았다면 우리는 오늘 밤을 축하할 수 없었을 것입니다."

큰 것이 아름답다

시장 메커니즘이 매끄럽게 작동하고 있으며 따라서 규제는 대체로 불필요하고 기업이 신경 쓸 일은 주주 가치를 극대화하는 것뿐이라는 아이디어를 성공적으로 설파했다 하더라도 거대 기업 입장에서는 까다로운 문제가 하나 남아 있었다.

많은 기업이 시장의 일부를 지배하고 있거나 충성도 높은 고객군을 확보하고 있기 때문에 가격을 설정할 수 있는 역량을 상당히 많이 가지고 있다. 코카콜라는 탄산음료 시장의 45퍼센트를 장악하고 있고 따라서 이 업계의 가격을 꽤 좌지우지할 수 있다. 독점은 시장 메커니즘이 깨지기 시작한다는 것을 의미한다. 독점력을 가진 기업들이 신규 기업의 진입을 막거나 경쟁사를 합병해 버리는 경우에 문제는 더 심각해진다. 19세기에 미국인들이 너무나 잘 알고 있었던 "강도 귀족robber baron"[19세기와 20세기 초에 독점력을 막대하게 행사해 부를 거머쥔 거대 기업들. -옮긴이]들처럼 말이다.

시장 메커니즘의 마법을 최초로 주창한 사람으로 알려진 애덤 스미스는 기업인들이 소규모로 모였을 때조차 공공선에 해가 될 수 있다고 비판했다. 『국부론』의 유명한 구절에서 그는 이렇게 언급했다. "동종 업계에 있는 사람들이 즐거움이나 오락을 위해서 모였을 때마저도 그 모임은 늘 대중에 대한 음모나 가격을 올리려는 술책으로 끝난다." 스미스의 이러한 아이디어를 토대로 많은 자유시장 주창자들이 거대 기업에 대해서는 계속해서 의구심을 가졌고 인수합병이 거대 행위자의 권력을 강화시킬 수 있다고 경종을 울렸다.

거대 기업에 의구심을 품게 하는 것은 시장의 작동을 방해한다는 점만이 아니었다. 경제학에서 잘 알려진 명제 중에 "애로 대체 효과"라는 것이 있다. 노벨상 수상 경제학자인 케네스 애로Kenneth Arrow 의 이름을 딴 것으로, 이 개념은 이후 경영학자 클레이튼 크리스텐슨 Clayton Christensen이 제시한 "혁신가의 딜레마" 논의를 통해 더 널리 알려졌다. 이 이론에 따르면 거대 기업은 소심한 혁신가다. 기존 제품군에서 나오는 수익을 잠식할지 몰라 혁신에 조심스럽기 때문이다. 새 제품을 개발했는데 자신의 기존 제품에서 나오는 수익을 갉아먹는다면 무슨 소용인가? 이와 달리 새로운 제품에만 신경 쓰면 되는 신규 진입자는 무언가 다른 것을 해보려는 열망이 강할 것이다. 이러한 효과는 실증연구로도 확인된다. 설립된 지 오래되지 않았고 규모가 더 작은 기업들이 크고 오래된 기업에 비해 매출 대비 연구개발 투자 비중이 두 배 정도 많았으며 더 빠르게 성장하는 경향이 있었다.

이보다 더 중요한 것은 규모가 큰 기업이 정치적·사회적 권력에 미치는 영향이다. 연방 대법관 루이스 브랜다이스Louis Brandeis는 이에 대해 다음과 같이 언급한 바 있다. "우리는 민주주의를 갖거나 아니면 부가 소수의 손에 집중된 사회를 가질 수 있다. 하지만 둘 다 가질 수는 없다." 그가 거대 기업에 반대한 이유는 단순히 시장 점유율을 증대시키고 있어서나 독점 시장을 구성하고 있어서나 시장 메커니즘을 훼손하고 있어서만이 아니었다. 그는 기업이 너무 커지면 정치 권력을 과도하게 많이 행사하게 될 것이고 그들이 기업 소유주를 위해 창출한 부가 정치적 과정을 한층 더 훼손시킬 것이라고 우려했다. 브랜다이스는 사회적 권력(가령, 우리는 누구의 아이디어와 비전을 듣게 되는가 등)에는 초점을 많이 두지 않았지만 그의 논리는 사회적 권력에도 마찬가지로 잘 적용된다. 소수의 기업과 경영진이 더 높은 지위와 더 큰 권력을 획득하면 그들의 비전에 맞서기가 더 어려워진다.

하지만 1960년대부터도 몇몇 경제학자들은 거대 기업의 권력을 제한하려 하는 반독점 조치의 효용에 의구심을 표하는 개념을 정식화하기 시작했다. 여기에서 중요한 학자가 조지 스티글러다. 그는 규제와 마찬가지로 반독점 조치도 정부의 간섭이라고 보았다. 스티글러의 아이디어는 경제학에 약간의 지식이 있는 법학자들에게 영향을 주었고 가장 대표적인 사람이 로버트 보크Robert Bork였다.

보크의 영향력과 페르소나는 학계를 훨씬 넘어선다. 그는 리처드 닉슨 행정부의 송무차관이었고 그다음에는 전임 장관과 차관이 아치볼드 콕스Archibald Cox를 해임하라는 압력에 반발해 사임하기로 하면서 법무장관 권한대행이 되었다. 콕스는 워터게이트 스캔들을 수사하는 특별검사였다. 보크는 독립성을 가지고 활동하는 검사를 정치적으로 압력을 가해 해고하는 데 별 거리낌이 없었고 법무장관 권한대행이 되자마자 콕스를 해임했다.

그렇더라도 보크가 더 큰 영향력을 미친 것은 학문적 활동을 통해서였다. 그는 스티글러의 개념을 비롯해 몇몇 관련된 개념들을 토대로 반독점과 규제에 대한 새로운 접근 방식을 발달시켰다. 핵심은 거대 기업이 시장 지배자가 된다 해도 꼭 정부 개입이 필요한 문제는 아니라는 것이었다. 그에 따르면 물어야 할 질문은 거대 기업들이 가격을 올려 소비자에게 해를 끼치느냐였고 이것을 입증할 책임은 정부에 있었다. 소비자에게 피해를 주는 게 아니라면 거대 기업은 효율성을 높여서 소비자에게 이득을 주고 있다고도 볼 수 있었고, 그렇다면 정책이 간섭하지 말아야 했다. 보크의 원칙에 따르면 구글이나 아마존 같은 거대 기업이 아무리 독점 기업 같아 보이고 독점 기업처럼 행동하더라도 소비자 가격을 올린다는 것이 입증되기 전까지는 어떤 정부 조치도 필요하지 않다.

1976년에 기업계에서 자금을 지원받아 판사들에게 집중적으로 경제학을 가르치는 교육 프로그램인 "연방 판사를 위한 만 경제연구소Manne Economics Institute for Federal Judges"가 꾸려졌다. 그런데 여기에서 가르치는 경제학은 프리드먼과 스티글러와 보크의 아이디어에 기반한, 매우 특정한 종류의 경제학이었다. 이 교육을 받은 판사들은 이러한 이론에 영향을 받았고 판결을 할 때 경제학의 언어를 더 많이 사용하기 시작했다. 또한 놀랍게도 그들은 더 보수적인 결정을 내렸고 일관되게 규제 당국과 반독점 조치에 반대하는 결정을 내리기 시작했다. 1982년에 역시 비슷한 기업들의 자금 기원으로 세워진 "페더럴리스트 소사이어티Federalist Society"도 친기업적이고 반규제적인 법학도, 판사, 대법관을 양성한다는 목적을 가지고 있었다. 이곳은 놀라운 성공을 거두었는데, 현 대법관 중 여섯 명이 여기에서 교육을 받았다.

거대 기업에 대한 새 접근법은 막대한 결과를 낳았다. 오늘날 미국에는 세계적으로 가장 크고 지배적인 기업들이 있다. 구글, 페이스북, 애플, 아마존, 마이크로소프트의 기업 가치 총합은 미국 GDP의 5분의 1에 달한다. 20세기 초에 대중과 개혁가들이 독점 기업 문제에 팔을 걷어붙이고 나섰을 때 가장 큰 다섯 개 기업의 시장 가치는 GDP의 10분의 1을 넘지 않았다. 거대 기업으로의 집중화는 테크 분야만의 일이 아니다. 1980년 이후로 오늘날까지 미국 산업의 4분의 3 이상에서 시장집중도(해당 업종에서 가장 큰 기업들의 시장 권력)가 높아졌다.

반독점 규제에 대한 새로운 접근이 여기에 결정적으로 중요했다. 지난 40년간 법무부가 인수합병을 제약한 경우는 아주 소수에 불과하다. 이러한 느슨한 접근은 페이스북이 왓츠앱과 인스타그램을 인수하도록 허용했고 아마존이 홀푸드를 인수하도록 허용했고 타임워너와 아메리카 온라인이 합병하도록 허용했고 스탠더드 오일 분할을 부분적으로 되돌리면서 엑손이 모빌과 합병하도록 허용했다. 그러는 동안 구글과 마이크로소프트는 스타트업 수십 곳을 인수했고 라이벌이 될 가능성이 있는 소규모 회사들도 많이 인수했다.

거대 기업이 빠르게 덩치를 불린 것은 굉장히 폭넓은 함의를 갖는다. 많은 경제학자들이 이제 거대 기업들이 심지어 더 큰 시장 권력을 행사하고 있으며 그 권력이 경쟁자의 혁신을 저해하고 자신의 경영자와 주주를 살찌우는 데 사용된다고 우려한다. 거대 독점 기업은 소비자에게도 종종 좋지 않다. 가격과 혁신을 왜곡하기 때문이다. 거대 독점 기업은 생산성 밴드왜건에도 문제를 일으킨다. 노동자들을 끌어오기 위한 경쟁이 줄기 때문이다. 그들은 원래도 부유한 주주들을 더 부유하게 만듦으로써 불평등을 꼭대기 쪽에서 강력하게 증폭시킨다. 때로는 거대 기업이 수익을 노동자들과 분배해서 노동자의 소득을 높여주기도 하지만, 지난 몇십 년간 벌어진 제도적 변화의 또 다른 측면이 이를 더 어렵게 만들었다. 바로 노동자 권력의 쇠락이다.

잃어버린 대의

프리드먼 독트린의 직접적인 영향 못지않게 그것이 임금 설정에 미친 간접적인 영향도 중요했다. 주주 가치 극대화가 천사의 편이라면 그것을 가로막는 모든 것은 공공선에서 멀어지게 하는 것이거나 더 안 좋게는 공공선을 방해하는 것이 된다. 그러므로 프리드먼 독트린은 경영자들이 노동 운동에 맞서는 데 추가적인 추진력을 제공했다.

미국에서 제2차 세계대전 이후 공유된 번영을 일구는 데 노조가 중요한 역할을 했지만 노조와 경영자의 관계는 늘 갈등과 긴장으로 점철되어 있었다. 노조가 공장을 대표하기 위한 투표에서 이기면 공장 폐쇄가 뒤따를 가능성이 놀라울 정도로 높아지는데, 한 가지 이유는 여러 개의 공장을 두고 있는 기업이 노조가 없는 곳으로 생산을 이동시키기 때문이다. 경영자는 노조의 투표를 지연시키고 다양한 전술을 동원해 노동자들이 노조에 반대표를 던지도록 설득하며 그게 잘 안 되면 일자리를 다른 곳으로 옮긴다.

이 관계에 내재되어 있는 갈등에는 해당 기업이나 노조 고유의 특성도 있고 더 포괄적인 제도적 뿌리도 있다. 어느 경우에는 마피아가 통제하는 활동에 관여하면서 노조가 조직 범죄와 결탁했다. 북미 트럭 운전사들의 노조인 "국제 팀스터 노조International Brotherhood of Teamster" 지도자 지미 호파Jimmy Hoffa는 이와 같은 어두운 면을 상징적으로 보여주며, 이런 일은 노조에 대해 대중의 지지가 낮아지는 데 일조했을 것이다. 호파는 뇌물 등 여러 범죄로 감옥에 갔고 마피아에 의해 살해당했다는 설이 있다.

노조 지도자의 결함보다 더 중요한 문제는 미국 노조의 구조에 있었다. 7장에서 살펴보았듯이 스웨덴 등 북유럽 국가들에서는 경영진과 노동자 사이에 소통과 협업을 활성화시키려는 코포라티즘 모델의 맥락에서 단체 협상 제도가 구성되었다. 또한 임금은 산별 수준의 협상으로 정해졌다. 독일은 산별 수준의 임금 협상을 기업 수준의 노동 위원회와 결합했다. 각 기업의 노동 위원회는 이사회에서 노동자들을 대변한다. 반면 미국에서는 1947년에 통과된 태프트-하틀리Taft-Hartley법이 와그너법의 몇몇 친노조 조항들을 약화시켰고, 단체 협상이 기업 수준에서 이루어지게 했다. 또한 파업을 하는 사업장에 대한 지지와 연대의 의미로 불매 운동을 하는 것 등 2차적인 쟁의 행위를 금지했다. 따라서 미국 노조는 해당 사업장 단위에서만 임금을 협상하고 노조를 조직할 수 있었고 산별 수준에서 조정이 이루어지지는 않았다. 이러한 제도 구성은 기업과 노조의 관계가 더 대치적이 되게 만들었다. 경영진이 노조에 강하게 맞서야 임금을 낮추어서 경쟁사보다 비용 우위를 가질 수 있다고 생각할 때는 노조의 요구를 수용하려 할 가능성이 더 낮아질 것이다.

1980년경부터는 권력의 균형이 노동 운동에서 한층 더 멀어지는 방향으로 이동했다. 1981년에 로널드 레이건이 항공관제사 노조의 파업을 강제 진압한 것이 결정적인 기점이었다. 연방항공청Federal Aviation Administration과의 협상이 교착에 빠지자 항공관제사 노조는 공무원의 파업은 불법이었는데도 파업에 돌입했다. 레이건은 그들을 "국가 안보의 위협"이라고 부르면서 곧바로 파업 노동자들을 진압했다. 이어 민간 기업이 이 길을 뒤따랐다. 몇몇 거대 기업은 노조의 요구를 수용하기보다 대체 노동자를 고용해 노조의 쟁의를 무력화했다.

레이건 시절이 되기 전에, 또 기업계가 노조에 대해 강한 반격에 나서기 전에도 미국에서 노조의 정점은 이미 지나 있었다. 그렇지만 1980년대 초만 해도 1,800만 명의 노조 가입자가 있었고 임금 노동자의 20퍼센트가 노조에 가입되어 있었다. 이후 이 숫자는 점점 낮아지는데, 하나의 이유는 기업과 정치인의 반노조 입장이 강해진 것이고 또 다른 이유는 노조가 결성되어 있는 제조업 분야에서 고용이 줄어든 것이었다. 2021년에는 노조 가입률이 10퍼센트밖에 되지 않았다. 이에 더해 1980년대 무렵이면 많은 기업이 완전한 노사 협상 없이도 물가 상승분에 따라 임금이 자동 조정되는 조항을 채택하고 있었는데, 이는 노조의 영향력뿐 아니라 생산성 향상의 이득을 노동자가 공유하는 것도 약화시키는 결과를 가져왔다.

　노조에 적대적인 쪽으로의 방향 선회는 미국만의 일이 아니었다. 영국에서도 1979년에 총리가 된 마거릿 대처Margaret Thatcher가 규제 완화에 우선순위를 두면서 여러 친기업 법제를 도입했고 노조와 맹렬히 싸웠으며, 이로 인해 영국에서도 노조가 예전의 힘을 상당히 많이 잃었다.

암울한 리엔지니어링

산업의 집중이 심화되고 지대의 공유가 줄면서 1950년대와 1960년대에 존재했던 공유된 번영 모델이 첫 번째 타격을 맞았지만 이것 자체만으로는 실제로 진행된 정도만큼의 대대적인 전환을 설명할 수 없다. 이러한 규모로 전환이 일어나려면 테크놀로지의 방향 또한 반노동적인 쪽으로 전환되어야 하는데, 이 지점에서 디지털 테크놀로지가 등장한다. 그것도 아주 강력하게.

　프리드먼 독트린은 기업이 어떤 수단을 써서라도 수익을 높여야 한다고 독려했고 1980년대 무렵이면 이 아이디어가 기업계에서 널리 받아들여지고 있었다. 스톡옵션의 형태로 경영자에게 주어진 보상이 이러한 전환을 강력하게 촉진했고 기업 최상층의 문화가 달라지기 시작했다. 1980년대에 미국 기업계에서 많이 이야기된 주요 주제 하나는 처음에는 소비자 가전에서, 그다음에는 자동차에서, 효율적인 일본 제조업체들과의 경쟁에 직면했다는 것이었다. 미국 기업인들은 이에 대응해야 할 절박한 필요성을 느꼈다.

1950년대와 1960년대에는 새로운 업무의 창출과 자동화로 인한 노동 대체 사이에 균형이 잡힐 수 있는 방식으로 투자가 이루어지면서 노동자의 한계생산성이 증가했고 제조업의 소득 중 노동으로 들어가는 몫도 1950년대부터 1980년대 초까지 70퍼센트 가까운 수준으로 대략 일정했다. 하지만 1980년대가 되면 많은 미국 경영자들이 노동을 자원이 아니라 비용으로 여기면서 외국과의 경쟁에서 살아남으려면 이러한 비용이 절감되어야 한다고 생각하기 시작했다. 이 말은 생산에 고용된 노동력을 자동화로 줄인다는 것을 의미했다. 앞에서 살펴보았지만, 자동화가 노동자를 밀어내면 노동자 1인당 산출은 늘지만 노동자의 한계생산성은 그만큼 늘지 못하거나 때로는 줄기도 한다. 그리고 이런 일이 충분히 큰 규모로 일어나면 노동자에 대한 수요가 줄어들고 임금의 증가도 둔화된다.

노동 비용을 줄이기 위해 미국 기업들은 새로운 비전과 새로운 테크놀로지가 필요했는데, 경영대학원과 새로이 떠오른 테크놀로지 분야가 이 두 가지를 각각 제공했다. 비용 절감과 관련해 핵심적인 아이디어는 1993년에 출간된 마이클 해머Michael Hammer와 제임스 챔피James Champy의 『리엔지니어링 기업혁명Reengineering the Corporation: A Manifesto for Business Revolution』에서 잘 볼 수 있다. 해머와 챔피는 미국 기업이 매우 비효율적이 되었으며 중간 관리자와 화이트칼라 노동자를 너무 많이 두고 있는 것이 큰 이유라고 보았다. 따라서 더 강력하게 경쟁에 나서기 위해서는 미국 기업에 리엔지니어링이 필요하고 새로운 소프트웨어들이 이를 위한 도구가 될 수 있다고 주장했다.

공정하게 말하자면, 해머와 챔피는 리엔지니어링이 자동화만을 의미하는 것은 아니라고 강조하긴 했다. 하지만 소프트웨어를 더 효과적으로 사용하면 저숙련 일자리가 상당 부분 없어질 것이라고 보았다. "옛 방식의 반복 작업은 상당 부분 사라지거나 자동화될 것이다. 단순한 노동을 단순한 사람들이 하는 것이 옛 모델이었다면 새 모델은 복잡한 일을 똑똑한 사람들이 하는 것이다. 그렇게 되면 노동시장의 진입 기준이 높아질 것이다. 리엔지니어링이 된 환경에서는 단순하고 반복적이고 저숙련을 요하는 일자리는 거의 찾아볼 수 없을 것이다." 현실에서 이것이 펼쳐진 바를 보면, 복잡한 일을 하는 똑똑한 사람들은 늘 대학이나 대학원을 나온 사람들이었다. 리엔지니어링이 된 환경에서 대학을 나오지 않은 사람들이 괜찮은 소득을 올릴 수 있는 일자리는 점점 더 드물어졌다.

새 비전을 설파할 사제들은 이 시기에 새로이 번성하던 경영 컨설팅 분야에서 나왔다. 1950년대에는 거의 존재하지 않았던 경영 컨설팅 분야의 성장은 디지털 테크놀로지를 "더 잘" 사용함으로써 구조조정을 하려는 기업계의 노력과 나란히 이루어졌다. 경영대학원들과 더불어 맥킨지, 아서앤더슨 같은 경영 컨설팅 회사들도 비용 절감 아이디어를 촉진했다. 이러한 아이디어들이 경영 전문가들에 의해 점점 더 정교하게 설파되면서 노동자들이 이에 맞서기는 더욱 어려워졌다.

프리드먼 독트린도 그랬듯이 기업 리엔지니어링 이론도 이미 존재하고 적용되고 있었던 아이디어와 전략을 정식화하고 고착시킨 것이라고 볼 수 있다. 해머와 챔피의 책이 출간된 무렵이면 이미 미국의 몇몇 대규모 기업들은 다운사이징을 하거나 추가적인 고용 없이 사업을 확장하는 데 소프트웨어 도구들을 활용하고 있었다. IBM은 1971년에 "워드 프로세싱 기계"를 생산성을 높이고 사무직 일자리들을 자동화할 수 있는 도구라고 광고했다.

1981년에는 IBM이 여러 추가적인 기능이 탑재된 개인용 컴퓨터를 내놓았고 곧 행정 기능과 백오피스 기능 등 여러 사무직 일자리를 자동화할 수 있는 소프트웨어 프로그램들이 개발되었다. 1980년부터도 마이클 해머는 더 광범위하게 "사무 자동화"가 이루어지리라고 예견했다.

사무 자동화는 오래전부터 있었던 데이터 처리 업무의 연장선이다. 새로운 하드웨어와 소프트웨어의 가능성을 이용할 수 있게 업데이트된 것일 뿐이다. 우편을 대체하기 위해 분산 데이터 처리를, 반복적으로 타자를 쳐야 하는 일을 줄이기 위해 원데이터 수집을, 그리고 여러 가지 엔드유저 지향적인 시스템을 사용하게 되면 "사무 자동화"는 전통적인 사용처를 넘어 사무 업무의 모든 영역을 지원하게 될 것이다.

비슷한 무렵에 제록스 컴퍼니의 부회장도 다음과 같이 내다봤다. "우리는 탈산업 사회로의 혁명이 진행되는 것을 목도하고 있는지도 모른다. 19세기에 무거운 기계적 노동이 그랬듯이 이제 루틴한 종류의 지적 업무도 자동화되고 있는 것이다." 이러한 발달을 우려한 사람들도 있었지만 이들도 "정보의 수집부터 확산까지, 정보를 다루는 일의 모든 국면이 자동화되는" 상황이 오리라고 예상한 것은 마찬가지였다.

1980년대의 공장 노동자와 사무직 노동자들을 대상으로 진행한 심층 면접을 보면 새로운 디지털 테크놀로지에 대해 그들이 느낀 불안을 볼 수 있다. 한 노동자는 이렇게 말했다. "미래에 우리에게 무슨 일이 벌어질지 우리는 알지 못합니다. 현대적인 테크놀로지가 점점 더 장악해 들어오고 있습니다. 우리의 자리는 어디일까요?"

노벨상 수상 경제학자인 바실리 레온티예프가 1983년에 과거에 가축의 노동이 대체되었듯이 이제 현대의 생산 과정에서 인간의 노동이 대체로 불필요해질 것이라고 우려한 것도 이 시기의 디지털 테크놀로지의 적용과 관련한 우려였다.

이들의 예상이 완전히 빗나가지는 않았다. 은행에 컴퓨터 소프트웨어가 새로 도입되었을 때의 변화에 대한 사례 연구를 보면 1980년대와 1990년대 초에 상당수의 창구 업무 노동자가 감소한 것을 알 수 있다. 또한 이 시기에 여러 산업 분야에서 백오피스 업무도 빠르게 자동화되었다.

이러한 테크놀로지가 확산되면서 비교적 고임금이던 직종에서 일자리가 줄기 시작했다. 1970년에는 미국 여성의 33퍼센트가 꽤 괜찮은 보수를 주는 사무직 일자리에 종사하고 있었는데 이후 60년간 이 숫자가 꾸준히 줄어서 지금은 19퍼센트 정도다. 최근의 연구에 따르면, 이와 같은 자동화가 임금이 정체되고 저숙련과 중숙련 사무직 노동자가 감소하는 데 강력한 요인으로 작용했다.

그런데 이처럼 다운사이징을 지원하는 소프트웨어들은 누구에게서 나왔는가? 초창기 해커들은 아니다. 그들은 기업이 컴퓨터를 통제하는 것에 단호히 반대했다. 노동자를 해고하기 위해 소프트웨어를 고안한다는 것은 이들에게 너무나 혐오스러운 일로 여겨졌을 것이다.

리 펠젠스타인은 이러한 유형의 기술 수요가 발생하리라고 예견하고 맹렬히 비난했다. "이와 같은 산업계의 접근은 암울하며 효과도 없을 것이다. 그들의 설계 모토는 "바보도 사용할 수 있게 천재가 만든다" 인데, 여기에서 이 분야에 전문 지식을 가지고 있지 않은 꾀죄죄한 대중들에 대해 내리는 지침은 '그들이 손을 떼게 하라'이다." 펠젠스타인은 이를 비판하면서 "도구에 대해 배워나가고 어느 정도 도구를 통제할 수 있는 사용자의 역량"의 중요성을 강조했다. 그의 동료인 밥 마시 Bob Marsh는 이렇게 말했다. "우리는 마이크로컴퓨터가 인간에게 접근 가능해지기를 원한다."

윌리엄(빌) 헨리 게이츠 3세[빌 게이츠]의 생각은 달랐다. 그는 하버드 대학에 들어가서 처음에는 법대 예비과정을, 다음에는 수학을 공부했지만 1975년에 학교를 그만두고 폴 앨런Paul Allen과 마이크로소프트를 창업했다. 앨런과 게이츠는 수많은 해커들이 이룬 혁신을 토대로 베이직BASIC을 사용해 초창기 컴파일러를 만들었다. 처음에는 알테어용이었지만 나중에 IBM용 운영체제로 개선했다. 처음부터도 게이츠는 돈을 벌 생각이었다. 1976년에 내놓은 한 공개 서한에서 그는 해커들이 자신과 앨런이 만든 소프트웨어를 훔치고 있다고 비난했다. "취미로 컴퓨터를 하는 사람들 대다수가 잘 알고 있겠지만, 당신들 대부분은 소프트웨어를 절도해서 쓰고 있는 것입니다."

게이츠는 소프트웨어에서 큰돈을 벌 방법을 찾겠다고 마음먹고 있었다. 규모가 큰 기성 기업에 판매하는 것이 가장 전망 있는 방법으로 보였다. 마이크로소프트와 빌 게이츠의 뒤를 이어 이 업계의 다른 사람들 역시 이 길을 따라갔다. 1990년대 초 무렵이면 지금은 유명해진 로터스, SAP, 오라클 등 컴퓨터 업계의 주요 기업들이 사무용 소프트웨어를 대규모 기업들에 판매하면서 사무 자동화의 다음 단계를 닦고 있었다.

사무 소프트웨어에 기반한 자동화가 고용 감소에 더 크게 영향을 미쳤을지 모르지만 이 시대를 상징하는 또 다른 테크놀로지에서도 이러한 추세를 볼 수 있다. 바로 산업용 로봇이다.

로봇은 물건을 옮기거나 조립하거나 도색하거나 용접하는 등 반복적인 육체노동을 수행하는 것을 목표로 하는 궁극의 자동화 도구다. 인간처럼 업무를 수행하는 자동 기계 아이디어는 그리스 신화 이래로 인간의 상상력을 사로잡았다. 그리고 체코 작가 카렐 차페크Karel Čapek의 과학소설 『R. U. R』은 이 주제에 더 명확하게 초점을 맞추었다. 이 책에서 **로봇**robot이라는 말이 처음 사용되었다. 여기에서 로봇들은 공장을 운영하면서 인간을 위해 일하지만 곧 주인에게 반기를 든다. 로봇이 온갖 나쁜 일을 하리라는 두려움은 그 이후로도 늘 대중 담론의 일부였다. 과학소설 이야기는 옆으로 잠시 치워놓더라도 한 가지는 분명하다. 로봇은 노동을 자동화한다.

1980년대에 미국은 로봇 기술에서 뒤처진 국가였다. 한 가지이유는 독일과 일본에서 로봇 연구를 추동한 것과 같은 인구통계학적압력에 처하지 않았기 때문이었다. 하지만 1990년대에는 미국 제조업에서도 로봇이 빠르게 확산되기 시작했다. 사무 자동화 소프트웨어도 그랬듯 로봇은 설계자들이 의도한 기능을 했다. 즉 생산에서 노동 집약도를 낮추었다. 일례로 자동차 산업은 완전히 로봇 기반으로 바뀌었고, 전통적으로 블루칼라 노동자들의 영역이었던 업무에 이제 훨씬 더적은 수의 노동자를 고용한다.

로봇은 생산성을 높인다. 하지만 미국의 제조업에서는 그 결과로 생산성 밴드왜건이 나타나기보다 고용과 임금이 줄어들었다. 사무 소프트웨어로 인한 화이트칼라 자동화도 그랬듯이 로봇으로 블루칼라 일자리가 사라지는 과정은 매우 빠르게 벌어졌다. 1950년대와 1960년대에 대졸자가 아니어도 구할 수 있었던 몇몇 좋은 일자리(용접, 도색, 물질 관리, 조립 등)가 꾸준히 사라졌으며, 1960년에는 미국 남성의 거의 50퍼센트가 블루칼라 직업을 가지고 있었는데 이 숫자는 이제 33퍼센트 정도로 줄었다.

이번에도, 선택의 문제다

1980년경부터 시작된 자동화로의 전환이 기술 진보의 불가피한 결과였을까? 어쩌면 컴퓨터의 발달이 그 속성상 자동화에 더 용이한 면이 있었을지도 모른다. 이러한 가능성을 완전히 배제하기는 어렵지만, 테크놀로지의 방향 선회와 비용 절감에의 강조가 "선택"이었음을 말해주는 증거도 많다.

디지털 테크놀로지는 7장에서 살펴본 전기보다도 더 범용 기술이어서 실로 다양한 방향으로 적용이 가능하다. 디지털 테크놀로지의 방향에 대한 서로 다른 선택은 서로 다른 집단의 이득과 손실로 연결된다. 초창기 해커들은 컴퓨팅 기술이 노동자의 역량을 강화하고 그들의 업무를 (자동화해 없애는 게 아니라) 더 풍성하게 만들어 줄 것이라고 보았다. 그리고 9장에서 보겠지만 이러한 예상은 틀리지 않았다. 몇몇 중요한 디지털 도구는 인간의 노동을 강력하게 보완해 주었다. 하지만 불행히도, 번성하던 컴퓨터 업계는 자동화의 방향을 향해 노력의 대부분을 쏟았다.

그뿐 아니라 동일한 소프트웨어 도구와 로봇 기술을 가지고도 미국과 매우 다른 선택을 내린 나라도 있다. 독일 제조업체들은 여전히 노조와 협상을 하며 자신의 의사결정을 이사회에서 노동자 대표에게 설명한다. 또한 노동자를 해고하는 것에 매우 조심스럽다. 해고를 꺼리는 데는 그럴 만한 이유가 있는데, 오랜 기간 자신의 회사에서 견습을 거치면서 해당 기술을 습득한 노동자들이기 때문이다. 따라서 독일 제조업체들은 이미 자신의 회사에서 훈련을 받은 노동자들의 한계생산성을 기술적·조직적 조정을 통해 높이려 했고, 이로 인해 자동화의 노동 대체 효과가 완화될 수 있었다.

따라서 독일에서는 산업 자동화가 더 빠르게 전개되었는데도 (산업 노동자당 로봇 수가 미국의 두 배 이상이다) 블루칼라 노동자들을 재교육해 기술직, 감독직, 또는 화이트칼라 직군에서 새로운 업무를 맡게 하려는 기업의 노력이 함께 이루어졌다. 노동력의 창조적인 활용은 독일 기업들이 새로운 소프트웨어를 제조 공정에 사용하는 방식에서도 눈에 띈다. 1990년대와 2000년대에 독일 제조업에서 인기를 끌었던 "인더스트리 4.0"이나 "디지털 팩토리" 같은 프로그램은 잘 훈련받은 노동자가 "컴퓨터 기반 디자인" "컴퓨터 기반 품질 관리" 등의 도구를 사용해 디자인이나 검수 업무를 더 잘하게 지원하는 것이 핵심이었다. 가상 프로토타입으로 디자인 작업을 하게 해주거나 소프트웨어 도구로 결함을 빠르게 잡아내게 해주는 식으로 말이다. 이러한 노력 덕분에 독일 산업은 새로운 로봇과 소프트웨어 도구를 빠르게 도입하면서도 노동자의 한계생산성을 높일 수 있었다. 로봇을 도입했을 때 블루칼라 노동자들이 새로운 기술 직무로 이동하는 현상이 미국보다 노조가 강한 독일에서 더 두드러졌다는 점에도 주목할 필요가 있다.

전후에 독일은 노동력이 부족한 상태에서 시작했다. 남성 인구 상당수가 전쟁으로 목숨을 잃었기 때문이다. 그리고 독일의 출생률이 다른 유럽 국가들보다 더 빠르게 감소하면서 노동력 부족은 지속되었고 1980년대에는 노동 가능 연령대의 인구가 절실히 필요했다. 19세기에 미국에서 숙련 노동력의 부족이 노동자 친화적인 기술 개발을 촉진했듯이, 독일에서도 기업들은 견습 기간[오늘날에는 3, 4년 정도다] 중에 노동자들이 숙련 기술을 익히도록 투자함으로써 자신이 보유하고 있는 노동자들의 역량을 최대한으로 사용하는 데 집중했다. 또한 자동화 기술이 도입될 때 노동자들이 대체되는 것이 아니라 더 기술적인 업무로 재배치될 수 있도록 재교육을 장려했다.

이러한 우선순위에 초점을 두고 조정이 이루어지면서 2000년에서 2018년 사이에 독일 자동차 업계의 노동자 수가 증가했다. 이러한 이득은 엔지니어링, 디자인, 수리 및 유지보수 등의 화이트칼라 직군과 기술 직군의 비중 증가와 나란히 발생했다. 독일 자동차 업계에서 이들 직군의 비중은 30퍼센트에서 40퍼센트로 증가했다. 반면 미국의 자동차 업체들은 산출 면으로는 독일과 비슷한 추세를 보였지만 고용은 25퍼센트가량 줄었고 독일에서와 비슷한 직군 업그레이드도 발생하지 않았다.

독일만의 이야기가 아니다. 노동력 감소에 직면한 일본 기업도 심지어 독일보다도 빠르게 로봇을 도입했지만 이를 새로운 업무의 창출과 결합했다. 유연한 생산 조직화와 품질을 강조하면서 일본 기업들은 공장의 모든 일자리를 자동화하지는 않았고, 복잡한 고임금 업무를 노동자들을 위해 남겨두었다. 또한 자동화를 위한 소프트웨어 도입에 투자하는 만큼 유연한 플래닝, 공급망 관리, 디자인 등에 소프트웨어를 도입하는 데도 투자했다. 전반적으로, 같은 기간 동안 일본 자동차 회사들에서는 미국에서만큼 노동력이 많이 줄지 않았다.

단체 협상이 여전히 중요하고 산업 노동자 상당수가 단체 협상으로 보호받는 핀란드, 노르웨이, 스웨덴에서도 생산성 이득의 상당 부분이 여전히 노동자에게 공유되었고 자동화는 노동자들에게 유리한 여타의 기술적 조정과 함께 이루어지는 경우가 많았다.

1950년대와 1960년대에는 미국에서도 노조가 과도한 자동화 테크놀로지 등 노동자를 위협하는 변화에 대해 독일 노조들만큼 강력하게 저항할 수 있었다. 하지만 1990년대에 미국에서는 노동 운동이 약화되었다. 비용 절감과 완전한 자동화가 더 우월하다고 보는 지배적인 비전 아래서 미국의 노동자들은 교육 훈련을 제공하고 적절한 기술 투자를 통해 더 가치 있어질 숙련 기술을 가진 사람으로 여겨지기보다는 없애야 할 비용으로 여겨졌다. 그리고 자동화와 노동 비용 절감 쪽으로의 선택은 자기 강화적인 악순환 경로를 탔다. 자동화가 노조가 있는 블루칼라 노동자의 수를 줄였고, 이것이 다시 노동 운동에 타격을 준 것이다.

이러한 추세에는 정부 정책도 일조했다. 미국의 조세 시스템은 늘 자본을 노동보다 우대했다. 자본 이득이 노동 소득보다 실질적인 세율이 더 낮은 것이다. 그런데 1990년대부터는 자본과 노동 사이의 과세 비대칭이 더욱 심해졌고 장비와 소프트웨어 자본과 관련해서 특히 더 그랬다. 여러 행정부를 거치며 기업의 법인세와 가장 부유한 개인들에 대한 연방 소득세율이 연달아 낮아졌고, 이로 인해 자본에 대한 실질적인 세율이 더 낮아졌다(기업의 자본 투자 수익이 가장 부유한 사람들에게 압도적으로 많이 들어가기 때문이다). 2000년부터는 장비와 소프트웨어 자본에 대해 감가상각충당금 적용을 점점 더 후하게 허용하면서 자본에 대한 과세 우대가 더 강화되었다. 이 같은 제도는 처음에는 일시적으로만 도입된다고 했지만 종종 연장되었고 더욱 후해졌다.

전반적으로, 급여세와 연방 소득세 기준으로 노동 소득에 대한 평균 세율은 지난 30년간 25퍼센트 이상을 계속 유지했지만 장비와 소프트웨어 등 자본(자본 이득으로 환산될 수 있는 모든 항목을 다 포함해 계산했다)의 실질적인 세율은 1990년대에 15퍼센트 정도이던 데서 2018년에는 5퍼센트 미만으로 떨어졌다. 이렇게 치우친 조세 인센티브는 기업이 자동화 장비와 도구를 더 많이 도입하도록 했고, 다시 이러한 수요 증가로 자동화 기술이 더 많이 발달하면서 자기 강화적인 순환 고리를 타게 되었다.

연방 정부의 연구 및 과학 정책 변화도 영향을 미쳤다. 제2차 세계대전 전부터 정부는 과학과 민간 분야 연구에 자금을 너그럽게 지원했고 특히 국방과 관련해 우선순위가 높은 분야는 더욱 그랬다. 정부의 이러한 지원은 항생제, 반도체, 위성, 항공우주, 센서, 인터넷 등 새롭게 중요성이 높아지고 있는 영역에서 기술 개발에 강력한 유인을 제공했다.

그런데 지난 50년 동안 정부의 전략적인 기술 리더십과 자금 지원이 모두 감소했다. 연방 정부의 연구개발 투자는 1960년대에 GDP의 2퍼센트 정도였지만 이제는 0.6퍼센트 정도다. 또한 오늘날에는 주요 기업들이 설정한 우선순위를 정부가 뒤따라 지원하는 경향이 커졌다. 이렇게 달라진 지형에서 거대 기업, 특히 디지털 분야의 거대 기업이 테크놀로지의 방향을 정하게 되었는데, 그들의 인센티브와 아이디어는 자동화를 점점 더 강하게 추동했다.

국가마다 자동화 기술을 어떻게 받아들이고 활용했는지에 차이는 있었지만 미국의 테크놀로지와 기업 전략은 다른 나라로도 널리 퍼졌다. 앞에서 보았듯 프리드먼 독트린과 비용 절감에 초점을 맞추어 디지털 도구를 사용하도록 추동하는 개념은 영국 및 유럽 국가들의 기업 활동에도 영향을 미쳤다. 일례로 경영대학원을 나온 경영자들이 그렇지 않은 경영자들에 비해 기업 경영에서 보이는 차이는 덴마크와 미국에서 매우 비슷했다. 경영 컨설팅도 서구 전역에 확대되었고 새로운 디지털 테크놀로지와 로봇이 빠르게 도입되었다. 본질적으로 자동화와 세계화는 산업화된 나라 모두에서 특히 블루칼라와 사무직 일자리의 몫을 줄였다. 요컨대, 미국에서 진보의 방향이 선회하면서 이는 전 지구적으로도 영향을 미쳤다.

디지털 유토피아

자동화에 우선순위를 두는 쪽으로 테크놀로지가 방향을 전환한 것은 1980년대에 생겨난 디지털 비전을 알지 않고는 제대로 이해할 수 없다. 이 비전은 프리드먼 독트린에 따라 노동 비용을 절감하는 것을 해커 윤리의 몇몇 요소와 결합하고 있지만, 리 펠젠스타인 등 초창기 해커들이 가졌던 반엘리트주의와 기업 권력에 대한 의구심은 여기에서 제거되었다. 펠젠스타인은 IBM 등 거대 기업들이 "바보도 사용할 수 있게 천재가 만든다"는 이데올로기를 앞세워 테크놀로지를 잘못 사용하고 있다고 비난했다. 새로운 디지털 비전은 생산 공정에서 노동력을 제거하려는 목적의 톱다운식 테크놀로지 디자인을 이야기하고 있었다.

여기에는 뛰어난 프로그래머와 엔지니어에 의해 관리되기만 한다면 디지털 테크놀로지가 막대한 성취를 달성할 수 있으리라는 유포리아적 요소가 담겨 있다. 이는 수에즈 운하와 파나마 운하를 지으면서 페르디낭 드 레셉스가 했던 말을 연상시킨다. 빌 게이츠는 이러한 테크노-낙관주의를 다음과 같이 드러냈다. "나에게 문제를 보여주십시오. 그러면 나는 그것을 해결할 수 있는 테크놀로지를 찾아내겠습니다." 그 테크놀로지가 그들에게만 유리하고 대부분의 사람들에게는 불리하게 편향되어 있을지 모른다는 점은 빌 게이츠 같은 사람들에게 고려해야 할 사항으로 여겨지지 않았던 것 같다.

해커 윤리에서 기업의 디지털 유토피아로 변모하는 과정은 대체로 돈과 사회적 권력을 따라 이루어졌다. 1980년대가 되면 소프트웨어 엔지니어들은 자신의 이상을 견지하든지 아니면 점점 더 크고 강력해지는 기업에 들어가 큰돈을 벌든지 중에서 선택할 수 있었는데, 많은 이들이 후자를 택했다.

그러는 동안 반권위주의라는 해커 윤리의 요소는 "파괴"에 대한 환호의 형태로 바뀌었다. 기존의 실행 방식과 생계 수단을 교란하고 파괴하는 것은 환영받았고 심지어 독려되었다. 사용한 단어는 달랐지만 기저의 사고는 1800년대 초 영국의 산업가들을 연상시키는 면이 있다. 자신이 나아가는 경로에서 생길 수 있는 피해, 특히 노동자들이 입을 피해는 무시해도 충분히 정당화된다고 생각했던 사람들 말이다. 먼 훗날 페이스북의 마크 저커버그는 "빠르게 움직이고 기존의 것들을 깨부숴라Move fast and break things"를 회사 모토로 삼았다.

이 업계의 거의 전체를 엘리트주의적 접근 방식이 지배했다. 소프트웨어와 프로그래밍 분야는 지극히 뛰어난 사람들만 잘 할 수 있으며 그만큼 뛰어나지 못한 사람들은 일터에서 쓰임새가 제한적일 것이라고 말이다. 저널리스트 그레고리 페렌스타인Gregory Ferenstein이 수십 명의 테크 스타트업 창업자와 경영자를 대상으로 진행한 심층 면접에서 이와 같은 견해가 잘 드러났다. 한 창업자는 "중요한 회사를 시작하는 것이건 중요한 대의를 추구하는 것이건 간에, 더 좋은 것들을 가져오는 데에는 매우 소수의 사람들이 매우 막대하게 기여한다"고 말했다. 그러한 매우 소수의 사람들이 새로운 사업을 시작함으로써 공익에 기여하고 있으며 따라서 이들이 막대한 보수를 받아야 마땅하다는 생각은 더 일반적으로도 널리 받아들여졌다. 『비즈니스위크』가 선정한 "웹에서 가장 영향력 있는 25인"에 이름을 올린 실리콘 밸리의 사업가 폴 그레이엄Paul Graham은 이렇게 말했다. "나는 경제 불평등을 증가시키는 방법에 대해 전문가가 되었고 지난 10년을 그렇게 하면서 보냈다. 사람들이 부유해지는 것을 막지 않고는 부의 편차를 막을 수 없고, 스타트업을 시작하는 것을 막지 않고는 사람들이 부유해지는 것을 막을 수 없다."

더욱 중대한 결과를 가져온 것은 이러한 비전이 노동의 속성에 대해 견지하고 있는 엘리트주의였다. 대부분의 사람들은 자신의 일자리에서 뛰어난 성과를 내기에 충분히 똑똑하지 못하다는 것이다. 이렇게 보면 기업들이 인간 노동력 대신 뛰어난 테크놀로지 리더들이 설계한 소프트웨어를 사용하는 것은 오류를 가진 인간의 노동력을 줄이려는 노력으로서 완전하게 정당화가 가능하다. 이렇게 해서, 자동화는 이와 같은 비전의 핵심이 되었으며 이 비전이 노동에 대해 갖는 아마도 가장 강력한 함의가 되었다.

생산성 통계에서는 볼 수 없는 것

생산성 밴드왜건은 디지털 유토피아 비전의 핵심이다. 테크놀로지의 향상으로 많은 노동자들의 생활이 악화되고 있다면 생산성 이득이 공공선이라는 주장을 펴기가 어려워질 것이기 때문이다.

생산성 밴드왜건은 고용주가 노동자에 비해 너무 강력하고 테크놀로지가 노동자에게 적대적으로 움직이며 생산성의 이득이 여타 분야에서의 고용 성장으로 이어지지 않으면 발생하기 어렵다. 하지만 더 근본적인 문제가 있다. 신제품과 새로운 앱이 날마다 쏟아지는데도 지난 몇십 년 동안 생산성 증가 자체가 별로 없었던 것이다.

1960년대와 1970년대에 살았던 세대는 손가락으로 돌리는 다이얼 전화나 TV 수상기를 망가져서 새 것을 꼭 사야만 할 때까지 수십 년간 사용했다. 그런데 오늘날에는 대부분의 중산층 가구가 휴대전화, TV, 그 밖의 전자제품을 1~2년마다 새로 구입한다. 새 모델은 더 빠르고 더 멋지고 더 많은 기능이 탑재되어 있다. 애플은 새 아이폰을 거의 매년 내놓는다.

실제로 전반적인 혁신의 속도는 치솟은 듯 보인다. 1980년에는 미국에서 6만 2,000건의 특허가 신청되었는데 2018년에는 28만 5,000건으로 거의 5배가 되었다. 같은 기간 동안 미국의 인구는 50퍼센트도 채 증가하지 않았다.

게다가 특허와 연구 지출 증가의 상당 부분이 전자, 커뮤니케이션, 소프트웨어 분야에서 이루어졌다. 이 분야는 우리 사회가 급속히 진보를 향해 나아가도록 추진체 역할을 해주리라고 흔히 이야기되는 분야다. 하지만 더 면밀히 보면 디지털 혁명의 과실이 그리 눈에 띄지 않는다. 1987년에 노벨상 수상 경제학자 로버트 솔로Robert Solow는 이렇게 언급했다. "모든 곳에서 컴퓨터 시대를 볼 수 있지만 생산성 통계에서는 볼 수 없다." 디지털 테크놀로지 투자에서 나오는 이득이 굉장히 미미하다는 사실을 지적한 말이었다.

컴퓨터에 대해 더 낙관적인 사람들은 솔로에게 인내심을 가져야 한다고 말했다. 머지않아 생산성 성장이 나타날 것이라고 말이다. 35년이 더 지났지만 우리는 아직도 기다리고 있다. 사실 생산성 성장에 대해 말하자면 미국 등 서구 국가들에서 지난 몇십 년은 산업혁명이 시작된 이래 가장 인상적이지 못한 시기였다.

7장에서 언급한 생산성 지표인 총요소생산성을 살펴보자. 1980년 이후 미국의 평균 총요소생산성 증가율은 연간 0.7퍼센트가 채 되지 않았다. 1940년에서 1970년대 사이에는 평균 약 2.2퍼센트였는데 이것은 매우 큰 차이다. 총요소생산성 성장이 1950년대와 1960년대 수준이었다면 1980년 이래 미국 경제는 GDP 성장률이 매년 1.5퍼센트포인트 더 높았을 것이다. 생산성 둔화는 2008년 금융위기 이후의 이야기만이 아니다. 미국의 생산성 성장률은 호황기이던 2000년부터 2007년 사이에도 연간 1퍼센트가 되지 않았다.

이러한 실증근거들이 있는데도 테크놀로지 분야의 리더들은 우리가 테크놀로지와 혁신의 시대를 살고 있어서 무척 운이 좋은 것이라고 말한다. 저널리스트 닐 어윈Neil Irwin은 『뉴욕타임스』에서 이러한 낙관적 견해를 다음과 같이 간명하게 표현했다. "우리는 혁신의 황금기, 즉 디지털 테크놀로지가 인간 존재의 기반을 변모시키고 있는 시대를 살고 있다."

이 논리대로라면 [지표상으로 보이는] 생산성 증가의 둔화는 단지 우리가 새로운 혁신이 제공하는 이득을 온전히 측정하지 못하고 있어서라는 말이 된다. 구글의 수석 경제학자 할 배리언Hal Varian은 생산성 성장의 둔화는 측정을 잘못해서 그렇게 보이는 것이라고 주장했다. 이를테면 우리는 카메라, 컴퓨터, GPS, 음악 플레이어 등의 기능을 동시에 가지고 있는 스마트폰이 소비자에게 주는 이득을 정확하게 산정하고 있지 못하다. 또한 더 나은 검색엔진과 웹상의 풍부한 정보가 주는 생산성의 진정한 이득도 계산하지 못한다. 골드만삭스의 수석 경제학자 얀 하치우스Jan Hatzius도 이렇게 말했다. "통계학자들이 생산성 성장을 정확하게 측정하기가 점점 더 어려워지고 있고 테크놀로지 분야가 특히 그렇다고 생각한다." 그는 2000년 이후 미국 경제의 진정한 생산성 증가가 통계 기관들이 추산한 것보다 몇 배는 더 높을 것이라고 본다.

원칙적으로는, 새로운 테크놀로지가 소비자에게 주는 이득과 생산성에서의 이득은 총요소생산성 숫자에 포착되어야 한다. 총요소 생산성 성장률은 GDP 성장률을 가격, 품질, 제품 종류 등의 변화를 반영해 조정한 것이라고 볼 수 있으므로, 소비자 후생을 상당히 크게 향상시키는 제품이 나왔다면 이는 총요소생산성 숫자가 높아지는 것으로 드러나야 한다. 물론 현실에서는 이러한 반영이 불완전하고 측정이 잘못될 수도 있다. 하지만 측정 문제를 감안하더라도, 생산성 성장 둔화를 다 설명할 수 있는 정도는 아니다.

새로운 제품이 가져다주는 폭넓은 사회적 이득과 품질의 향상이 측정에서 과소 계상되고 있을지 모른다는 우려는 소득 통계가 처음 고안되었을 때부터 내내 있었고, 디지털 테크놀로지가 이 문제를 특별히 더 악화시켰는지는 전혀 분명하지 않다. 실내 배관, 항생제, 고속도로 시스템 등도 소득 통계에는 불완전하게밖에 잡힐 수 없는 다양한 간접적인 효과를 가져왔을 것이다. 게다가 측정의 문제는 오늘날의 생산성 저하 패턴을 설명하지 못한다. 디지털 테크놀로지에 더 많이 투자한 분야가 디지털화가 덜 된 분야에 비해 생산성 성장이 뚜렷하게 구별되는 변화를 보였거나 품질 향상이 더 빨랐다는 증거는 없다.

한편, 타일러 카우언Tyler Cowen과 로버트 고든Robert Gordon 같은 경제학자들은 실망스러운 생산성 지표가 나오는 이유는 이제 혁명적이라 할 만큼의 대대적인 혁신을 할 기회가 줄어들었기 때문이라고 본다. 테크노-낙관주의와 대조적으로, 카우언과 고든은 위대한 혁신의 시대는 지나갔고 지금부터의 향상은 단지 점진적일 뿐일 것이어서 생산성 성장도 느릴 것이라고 말한다.

정확히 현재 무슨 일이 벌어지고 있는지에 대해서는 경제학자들 사이에 합의된 바가 없지만, 카우언과 고든이 말하는 대로 세상에 아이디어가 고갈되었다는 증거는 별로 없다. 오히려 1장에서 보았듯이 과학적·기술적 탐구를 지원하는 도구와 커뮤니케이션 및 정보 획득을 위한 도구는 막대하게 발달하고 있다. 실증근거들이 보여주는 바는 획기적인 혁신을 가져올 아이디어가 부족하다기보다 미국과 서구 경제가 가용한 기회와 과학적 노하우를 허비하고 있다는 점인 듯하다. 연구와 혁신은 아주 많은데도 미국 등 서구 경제가 이러한 활동에서 기대되는 수익을 얻지 못하고 있는 것이다.

미국에서 연구와 혁신의 포트폴리오가 점점 더 심각하게 불균형을 보이고 있다는 것은 부인할 수 없는 사실이다. 컴퓨터와 전자 분야에 많은 자원이 투입되고 있지만 그 외의 거의 모든 제조업 분야에서는 투자가 뒤처져 있다. 최근의 연구는 산업화된 국가들에서 새로운 혁신이 생산성이 더 높은 큰 기업들에는 이득이 되는 반면 2류, 3류 기업들은 뒤로 밀려나고 있음을 보여주었는데, 가장 가능할 법한 요인은 이 회사들의 디지털 투자가 그다지 수익을 가져다주지 못했기 때문으로 보인다.

더 근본적으로, 자동화로 인한 생산성 이득은 가령 초창기 포드 자동차에서 새로운 제품과 업무가 생산 과정을 변혁했던 것 등에 비하면 언제나 제한적일지 모른다. 자동화는 비용이 덜 드는 기계와 알고리즘으로 인간 노동력을 대체하는 것인데, 몇몇 업무에서 생산 비용을 10퍼센트, 심지어 20퍼센트까지 줄인다 하더라도 총요소생산성이나 생산 과정의 효율성에는 상대적으로 영향을 적게 미칠 것이다. 대조적으로, 20세기의 상당 기간에 걸쳐 총요소생산성이 획기적으로 증가한 것은 공장의 전기화와 같은 새로운 테크놀로지, 새로운 디자인, 새로운 생산 업무의 도입에 뿌리를 두고 있었다.

지난 40년간 혁신이 노동자의 한계생산성을 높이고 노동자들이 할 새로운 업무를 창출하는 데서 등을 돌렸지만, "쉽게 딸 수 있는 낮게 매달린 과일"을 많이 버려두기도 했다. 버려진 생산성 기회를 볼 수 있는 영역 하나가 자동차 산업이다. 로봇과 특화된 소프트웨어가 노동자 1인당 산출을 증가시켰지만 사람에게 더 투자했더라면 생산성이 이것보다 더 높아졌을 것임을 시사하는 연구들이 있다. 1980년대에 토요타 같은 일본 회사들은 점점 더 많은 업무를 자동화하던 중에 생산성이 그리 많이 증가하지 않는다는 사실을 깨달았다. 공정이 돌아가는 곳에 노동자들이 있지 않으면 유연성이 상실되어 수요나 생산 조건의 변화에 대응할 수 있는 역량이 줄어들기 때문이다. 이를 발견하고 토요타는 자동화 추세에서 한발 물러섰고 중요한 생산 업무에서의 핵심적인 역할에 노동자를 다시 불러왔다.

토요타는 미국에서도 동일한 가능성을 보여주었다. 캘리포니아주에 있는 GM의 프리몬트 공장은 낮은 생산성, 불안정한 품질, 노사 갈등으로 고전하다가 1982년에 문을 닫았다. 1983년에 토요타와 GM은 합작회사를 세우고 두 회사 모두의 자동차를 생산할 곳으로 프리몬트 공장을 다시 열었다. 예전의 노동력과 노조 지도부도 유지되었다. 하지만 토요타는 자신의 경영 원칙을 도입했고, 여기에는 발달된 기계를 노동자들의 재교육과 노동자들이 수행할 수 있는 유연성 및 주도력과 결합하는 접근 방식도 포함되어 있었다. 곧 프리몬트는 생산성과 품질 수준이 미국의 자동차 회사들보다 훨씬 높아졌고 토요타의 일본 공장들에 맞먹을 정도가 되었다.

더 최근에는 일론 머스크가 이끄는 전기차 회사 테슬라가 비슷한 교훈을 얻었다. 처음에는 머스크의 디지털 유토피아 비전에 이끌려서 자동차 생산의 모든 부분을 자동화하려 했지만 비용이 급증했고 지연이 많이 발생해 수요를 맞추지 못했다. 머스크 본인도 이렇게 인정했다. "그래요, 테슬라에서 과도한 자동화는 실수였습니다. 정확히 말하면 내 실수였어요. 인간을 가치절하했습니다."

이것은 크게 놀랄 일이 아니었어야 한다. "로봇"이라는 말을 만든 카렐 차페크도 로봇의 한계를 인식하고 있었고, 인간이 하는 종류의 정교한 작업을 로봇이 대신할 수 없다는 것을 알고 있었다. 그는 이렇게 언급했다. "수년간에 걸친 실행을 통해서만 아무렇게나 돌아다니는 것 같은데도 아무것도 망가뜨리지 않는 진짜 정원사가 갖는 대담한 확실성과 신비로움을 터득할 수 있다."

혁신의 영역에서 아직 활용되지 않은 채로 낮게 매달려 있는 과일은 공장의 재조직화보다도 더 큰 결실을 가져다줄지 모른다. 하지만 경영자들은 자동화를 더 밀어붙이면서 정보 공유와 협업을 위해 더 나은 플랫폼을 제공하고 새로운 업무를 창출함으로써 노동자의 생산성을 높일 수 있는 방식으로 테크놀로지에 투자하는 것에서는 등을 돌렸다(9장에서 더 상세히 논의할 것이다). 디지털 유토피아가 추동하는 과도한 자동화가 아니라 균형 잡힌 혁신의 포트폴리오가 경제의 생산성을 더 빠르게 높일 수 있는 길일 것이다.

디스토피아를 향해 가다

불평등이 증가하고 미국 노동자 대부분의 기반이 훼손되게 만든 가장 중요한 요인은 테크놀로지의 새로운 사회적 편향이다. 이 책에서 우리는 테크놀로지가 모든 이에게 득이 되는 방향으로 전진하기만 할 뿐이라고 믿어서는 안 된다고 내내 강조했다. 생산성 밴드왜건은 특정한 조건에서만 발생한다. 고용주들 사이에 경쟁이 불충분하고, 노동자의 권력이 거의 혹은 전혀 없으며 그침 없이 자동화가 이루어지는 환경에서는 생산성 밴드왜건이 일어나지 않는다.

　제2차 세계대전 이후 몇십 년 동안 자동화가 빠르게 일어났지만 그와 동시에 혁신적인 테크놀로지가 노동자의 한계생산성을 높이고 노동에 대한 수요를 증가시켰다. 생산성 밴드왜건이 나타날 수 있었던 것은 이 두 요인이 결합했고 기업 사이에 경쟁이 있었으며 단체협상을 촉진하는 환경이 조성되었기 때문이었다.

　그러나 1980년 이후로 상황이 매우 달라졌다. 살펴보았듯이,

이 시기에 자동화는 더 빠르게 벌어졌지만 자동화의 노동자 적대적인 편향을 상쇄할 테크놀로지는 별로 생겨나지 않았다. 노동 운동이 약화되면서 임금 증가도 둔화되었다. 노동계의 저항이 부재했던 것은 자동화가 한층 더 강하게 추진되게 한 요인이기도 했다. 상당히 공유된 번영이 존재했던 시기에도 많은 경영자들이 자동화 쪽으로 선호를 가지고 있었다. 노동 비용과 노동자의 협상력을 줄일 수 있을 것이었기 때문이다. 노동 운동과 정부 규제에서 나오는 길항 권력이 약화되자 지대의 공유도 줄어들었고 자동화로의 편향도 본격적으로 시작되었다. 이제 생산성 밴드왜건에 올라탈 수 있는 사람은 훨씬 적어졌다.

더 안 좋게도, 길항 권력이 없어서 디지털 테크놀로지들의 개발이 디지털 유토피아 비전에 휩쓸렸고, 이는 소프트웨어와 기계 장비를 기업 권력을 강화하고 노동자들을 밀어내는 쪽으로 사용하게 만들었다. 디지털 솔루션들은 테크놀로지 엘리트 계층이 고안해 톱다운 식으로 적용되었고 이것이 저절로 공익에 부합하리라고 가정되었다. 하지만 대부분의 노동자들에게 상황은 디스토피아가 되었다. 그들은 일자리를 잃었고 생계를 잃었다.

디지털 테크놀로지를 사용하고 발달시키는 데는 이것 말고 다른 방법들도 있을 수 있었다. 초창기 해커들은 이와 다른 비전을 따라 거대 기업의 통제를 벗어나고 탈중심화를 이루는 쪽으로 테크놀로지의 최전선을 개척했다. 이러한 대안적인 접근에서 몇몇 주목할 만한 성취도 나왔다(테크 업계의 발달 과정에서 이러한 접근은 여전히 주류가 되지 못했지만 말이다. 이에 대해서는 다음 장에서 살펴볼 것이다).

결론적으로, 테크놀로지의 편향은 아주 많이 "선택"의 문제였고 사회적으로 구성된 것이었다. 이어서 테크 미래주의자들이 사회를 재구성하는 도구를 새로이 발견하면서 경제적·정치적·사회적으로 상황이 더 악화되기 시작했는데, 그 도구는 바로 인공지능이다.

9장

인공 투쟁

[이런 유의 어떤 전시도 멜젤의 체스 기사처럼 관심을 끌지는 못했을 것이다. 어디에서 전시되든 이것은 생각하는 모든 이에게 강렬한 호기심을 불러일으켰다. 하지만 작동 방식은 여전히 알려지지 않았다.] 이에 대해서는 결정적이라 할 만한 글이 나온 것이 없는지라, 모든 곳에서 기계의 작동에 전문 지식을 가진 사람들, 일반적인 통찰력과 전문적인 이해력을 가지고 있는 사람들이 자동 기계가 **순수한 기계**라고, 즉 그것의 움직임이 인간 주체와 연결되어 있지 않으며 따라서 어느 모로 보나 인류의 가장 놀라운 발명품이라고 거침없이 장담하곤 한다.

─에드거 앨런 포Edgar Allan Poe, "멜젤의 체스 기사Maelzel's Chess Player"
    1836년

미래 세계는 편안히 누워서 노예 로봇을 기다리면 되는 안락의 자가 아니라 우리가 우리 지능의 한계에 맞서야 하는, 점점 더 힘겨워질 투쟁의 장일 것이다.

─노버트 위너, 『신과 골렘 주식회사God and Golem, Inc.』 1964년

2021년 4월, 『이코노미스트』는 노동의 미래에 대한 특집 기사에서 노동자들을 위한 기회가 줄고 불평등이 증가한다며 우려하는 사람들을 다음과 같이 비판했다. "자본주의가 발흥한 이래로 사람들은 내내 노동의 세계에 대해 한탄했고 내내 과거가 현재보다 나았다고 말했으며 당대의 노동자들이 유난히 어려운 상황에 처해 있다고 주장했다."

이 기사에 따르면, 특히 AI 기반 자동화에 대한 두려움이 크게 과장되어 있으며 "노동의 세계에 대한 대중의 인식은 대체로 호도되고" 있다. 나아가 이 기사는 생산성 밴드왜건을 다음과 같이 다시금 명백하게 선언했다. "오히려 자동화는 생산 비용을 낮춤으로써 제품과 서비스에 대한 수요를 늘려 자동화되기 어려운 종류의 업무에서 일자리를 늘릴 수 있다. 우리의 경제에 마트 계산원은 덜 필요해지겠지만 마사지 치료사는 더 많이 필요해질 것이다."

기사의 전체적인 결론은 다음과 같았다. "노동의 세계에 대한 밝은 미래."

2022년 초에 경영 컨설팅 회사 맥킨지도 매년 열리는 다보스 세계경제포럼World Economic Forum에 전략 파트너로 참여하면서 다음과 같은 결론을 제시했다.

> 전 세계의 노동력을 구성하는 많은 사람들에게 변화는 때로 위협으로 여겨지며 테크놀로지의 변화는 더욱 그렇다. 이것은 자동화가 사람을 대체할 것이라는 두려움과 결합되곤 한다. 하지만 헤드라인 너머를 보면, 오히려 그 반대가 맞다는 사실이 입증되고 있으며 4차 산업혁명(4IR)의 테크놀로지들이 브라운필드와 그린필드 모두의 제조와 생산에서 생산성과 성장을 추동하고 있음을 알 수 있다. 이러한 테크놀로지들은 제조업을 변모시키는 일자리, 충족적이고 보람 있고 안정적인 경력 개발을 추구하게 해주는 일자리를 더 많고 다양하게 창출하고 있다.

『이코노미스트』와 맥킨지만이 아니라 테크놀로지 분야의 많은 기업인과 전문가들이 AI와 자동화에 대한 사람들의 우려가 과장되었다고 보고 있다. 퓨리서치 센터가 100명이 넘는 테크 분야 연구자와 업계 리더들을 대상으로 진행한 설문 조사에서, 압도적 다수가 설령 단점이 있더라도 AI가 광범위한 경제적·사회적 이득을 가져다줄 것이라고 답했다.

　이 같은 지배적인 관점에 따르면, 그 과정에서 일자리 상실 등의 교란과 파괴가 다소 있긴 하겠지만 그것은 전환기에 수반되는 불가피한 비용이다. 퓨리서치 센터가 인용한 한 전문가는 "앞으로 12년 동안 AI는 모든 종류의 직업에서 사람들이 더 효율적으로 일하게 해줄 것"이고 특히 "생명을 구하는 것과 관련된" 일들에서 그렇게 될 것이라고 내다봤다. 그는 그러한 사례로 "개인별 맞춤 의료, 경찰 업무, 심지어는 전쟁(인프라 교란에만 정확히 초점을 맞추고 적군 전투원과 민간인 살상에는 초점을 덜 두는 식으로)" 등을 들었다. 그는 "물론 몇몇 단점은 있을 것"이라며 "일부 '반복적이고 단순한' 일(운전, 음식 서비스 등)에서는 실업이 증가할 것"이라고 인정했다.

하지만 이와 같은 단점에 대해 너무 걱정할 필요는 없다. 이러한 변화를 일으키고 있는 바로 그 테크 기업가들이 자선을 통해 고통을 덜어줄 것이기 때문이다. 2008년 세계경제포럼에서 빌 게이츠는 성공한 사람들은 새로운 제품과 테크놀로지로 운이 덜 좋은 사람들을 도움으로써 사업도 잘 하면서 선한 일도 할 수 있는 기회를 가지고 있다고 말했다. 그는 "우리가 해결해야 할 과제는 시장 요인에서 온전히 득을 얻을 수 없는 사람들의 삶을 향상시키려는" 목적을 염두에 두고, "금전적 이윤과 사회적 인정 둘 다를 포함하는 시장 인센티브가 긍정적인 사회 변화를 추동하는 시스템을 고안하는 것"이라고 말했다. 그는 이러한 시스템을 "창조적 자본주의"라고 불렀고, 세계의 여러 문제를 완화하는 방법으로서 [기업계에 있든 정부에 있든 비영리 기구에 있든] 모든 사람이 "창조적 자본주의 프로젝트에 뛰어들어야" 한다고 촉구함으로써 여기에 자선의 목적을 부여했다.

이 장에서 우리는 인공지능을 비롯해 뛰어난 사업가들이 밀고 있는 새로운 테크놀로지가 저절로 모든 이에게 득을 가져다주리라는 비전이 환상이라고 주장할 것이다. 이것은 "AI 환상"이다. 이 환상은 운하가 투자자들과 전 지구적인 상업 둘 다에 득이 되리라고 본 레셉스의 확신처럼 특정한 아이디어들에 뿌리를 두고 있는 비전이지만, 테크놀로지 발달을 자동화와 감시 쪽으로 몰아가는 테크 분야 리더들을 몹시 부유하고 강력하게 만들어 주기 때문에 추가적인 추동력을 얻는다.

디지털 기술의 다양한 역량을 오로지 인공지능으로만 환원해 이야기하는 것도 이 비전의 도움되지 않는 측면이다. 디지털 기술은 범용 기술이어서 수많은 방식으로 개발될 수 있다. 우리 사회는 테크놀로지의 현재 방향을 선회시켜 테크놀로지가 인간의 목적에 비추어 얼마나 유용한지에 초점을 맞추어야 한다. 우리는 이것을 "기계 유용성"이라고 부르고자 한다. 기계와 알고리즘을 인간의 역량을 보완하고 사람들의 권력을 강화하기 위한 방향으로 발달시켰을 때 높은 수준의 기계 유용성을 가진 혁신이 촉진된 사례를 많이 찾아볼 수 있다. 이와 달리 "기계 지능"에 대한 열광은 대규모 데이터 수집, 노동자와 시민의 역량 약화, 그리고 노동자 대체를 목적으로 하는 자동화로의 질주를 촉진한다. 그것이 "그저 그런 자동화"(생산성 이득이 조금밖에 없는 자동화)에 불과한 경우에도 말이다. 그리고 자동화와 대규모 정보 수집은 디지털 테크놀로지를 좌지우지하는 사람들을 매우 부유하게 만들어 주는데, 이것은 우연이 아니다.

AI 드림의 현장에서

디지털 테크놀로지의 발달에 대한 사람들의 열광은 틀리지 않았다. 새로이 가능해진 기계 역량은 우리가 하는 일을 대대적으로 확장해 줄 수 있고 우리 삶의 많은 면을 좋은 쪽으로 변모시킬 수 있다. 실제로 놀라운 진전도 있었다. 예를 들어, 2020년에 오픈AI가 선보인 GPT3Generative Pre-Trained Transformer(사전 훈련된 언어 생성 로봇)와 2022년에 같은 회사에서 내놓은 챗GPT는 굉장한 자연어 처리 능력을 가지고 있다. 인터넷상의 방대한 문자 데이터로 훈련을 받고 최적화되어서, 이 프로그램들은 사람이 쓴 것과 거의 분간이 되지 않는 글을 쓸 수 있고(시도 쓸 수 있다), 전형적인 인간의 언어로 소통할 수 있으며, 가장 놀랍게는 자연어로 내린 지시를 컴퓨터 코드로 변환할 수 있다.

소프트웨어 프로그램의 로직은 간단하다. 프로그램 또는 알고리즘이란 미리 정해진 일군의 투입 요소에 대해 일련의 단계적 컴퓨팅을 수행하라고 지시하는 조리법이다. 예를 들어 자카르 문직기의 경우, 천공 카드라는 투입 요소에 대해 정교하게 고안된 기계적 과정을 활성화하면 기계가 북을 움직여 천공 카드에 정해진 문양대로 직물을 짜게 되어 있었다. 다른 천공 카드를 넣으면 다른 문양의 옷감이 나오며, 매우 복잡한 문양을 넣는 것도 가능했다.

현대의 컴퓨터는 투입 요소가 한정된 개수의 값(주로는 0과 1) 중 하나를 취하는 이산적 형태로 되어 있기 때문에 "디지털"이라고 불리는데, 일반 원리는 자카르 문직기와 동일하다. 프로그래머가 사전에 정해 놓은 대로 정확한 순서에 따라 컴퓨팅 과정을 수행하는 것이다.

그렇다면 인공지능이란 무엇인가? 불행히도, 여기에 대해서는 합의된 정의가 없다. 어떤 전문가는 인공지능을 "지능적인 행동"이나 "고도의 역량"을 보여주는 기계 또는 알고리즘을 의미한다고 규정한다. 하지만 그러한 행동이나 역량이 무엇인지에 대해서는 논란이 있다. 챗GPT와 같은 프로그램을 염두에 두고서 어떤 전문가들은 목적을 가지고 있고 자신의 환경을 관찰하며 투입 요소를 추가적으로 획득해 그 목적을 달성하려 시도하는 지능적인 기계가 인공지능이라고 말한다. 예를 들어, 챗GPT는 적용될 때마다 다른 목적을 부여받으며 그것을 가능한 한 성공적으로 달성하려 노력한다.

현대의 기계 지능이 정확히 무엇을 의미하든 간에 분명한 것은 새로운 디지털 알고리즘이 우리 삶의 모든 영역에 이미 널리 적용되고 있다는 사실이다. 이 책에서 우리는 기계 지능에 대한 여러 정의를 조율하려 하기보다 오늘날 이 분야에서 지배적인 접근 방식을 일컬어 "현대 AI"라는 표현을 사용할 것이다.

디지털 테크놀로지는 현대 AI가 나오기 한참 전부터 생산 과정에 적용되었다(가령 수치 제어 기계). 지난 70년간 디지털 기술의 주요 혁신은 문서 작성, 데이터베이스 관리, 회계 관리, 재고 관리 등의 영역에서 소프트웨어를 통해 업무를 수행할 수 있게 하려는 노력에서 나왔다. 또한 소프트웨어는 새로운 생산 역량도 창출할 수 있었다. "컴퓨터 기반 디자인"은 건축가들이 더 쉽고 정확하게 일할 수 있게 해주었고, 계산원 등 고객을 대면하는 노동자들의 생산성도 컴퓨터를 사용하면서 높아졌다. 그리고 8장에서 보았듯이 디지털 기술은 자동화를 촉발하기도 한다.

전통적인 소프트웨어로 자동화를 하려면 대상 업무가 "루틴"한 것이어야 한다. 즉 정해진 순서에 따라 수행되는 예측 가능한 단계들이 있는 종류의 일이어야 한다. 루틴한 업무는 예측 가능한 환경 안에서 반복적으로 수행된다. 이를테면 타이핑은 루틴한 업무다. 직물을 짜는 것 등 상당 정도의 반복 행동을 포함하는 단순 생산 업무도 그렇다. 소프트웨어를 외부와 물리적으로 상호작용하는 기계 장치에 결합해 루틴한 업무들을 자동화하려는 노력이 이루어져 왔고(자카르가 문직기를 개발하면서 의도했던 바가 정확히 이것이다), 오늘날에는 이러한 업무들을 프린터나 컴퓨터 기반 절삭기 같은 수치 제어 장치들이 일상적으로 수행한다. 또한 소프트웨어는 산업 자동화에 광범위하게 쓰이는 로봇 기술에서도 핵심이다.

　　하지만 인간이 수행하는 일 중 진정으로 루틴한 것은 일부뿐이다. 우리 인간종이 하는 대부분의 일은 어느 정도의 문제 해결 능력을 요구한다. 우리는 늘 과거의 경험과 지식에서 실마리를 얻어 해법을 도출해 가면서 새로운 환경이나 문제에 대처한다. 우리는 환경이 지속적으로 변화할 때 유연성을 발휘한다. 우리는 소통과 설명, 혹은 단순히 동료나 고객과 경제적 상호작용을 할 때 유쾌하게 수반되는 유대감 같은 사회적 상호작용에 크게 의존한다. 집합적으로 우리 인간은 상당히 창조적인 종이다.

　　일례로, 고객 응대 서비스에는 사회적 기술과 문제 해결 기술이 결합되어야 한다. 고객에게 발생할 수 있는 어려움은 수만 가지일 수 있고, 어떤 것은 매우 드물고 이례적인 문제일 수도 있다. 비행기를 놓쳐서 다음 비행기를 타려는 고객을 돕기는 비교적 쉬울 것이다. 하지만 고객이 엉뚱한 공항에 왔거나 다른 목적지로 가야 하는 경우라면 어떻겠는가?

　　현대 AI의 접근 방식은 은행 창구 업무 등 더 폭넓은 종류의 루틴한 업무로 자동화를 확대하는 데 초점을 두어왔다. ATM 기계 등 AI 이전 형태의 자동화는 1990년대 무렵이면 널리 확산되어 있었다. 처음에는 현금 인출 같은 단순한 업무를 자동화하는 데 집중했고 수표 예치는 부분적으로만 자동화되었다. ATM 기계는 예금을 받을 수 있었고 자기 잉크 문자 인식 기술은 은행 코드와 계좌 번호에 따라 수표를 분류할 수 있었지만 손 글씨를 알아보거나 계좌를 정리하거나 과도한 인출을 점검하는 등 또 다른 종류의 루틴한 업무에는 여전히 인간 노동자가 필요했다. 그러다가 최근에 손 글씨를 인식하는 AI가 개발되고

AI 기반 의사결정 도구들이 발달하면서 이제는 인간의 관여 없이도 수표 처리가 가능하다.

더 중요하게, 현대 AI의 야망은 고객 서비스, 세금 계산, 심지어는 금융 상담이나 투자 자문 같이 루틴한 업무가 아닌 일로도 자동화를 확대하려 한다. 이러한 서비스에 필요한 업무들 중 상당 부분이 예측 가능해서 직접적으로 자동화될 수 있다. 가령 임금 정보와 세금 서류(미국의 W-2 양식 등)가 있으면 그것을 스캔해서 자동적으로 칸에 숫자를 채운 뒤 납부해야 할 세금을 계산하거나, 은행 고객에게 은행 예금이나 잔고에 대한 정보를 제공할 수 있다. 최근에는 AI가 한층 더 복잡한 업무로 진출하는 모험도 했다. 세금 계산 소프트웨어가 미심쩍어 보이는 지출이나 항목을 포착하면 사용자에게 질문을 던지고 어떤 범주에 속하는 문제인지 사용자가 알 수 있도록 음성으로 목록을 제시해 준다(물론 불완전하기 일쑤라, 사실은 일의 일부를 사용자에게 떠넘기는 격이고, 결국 인간 상담원의 도움을 받기 위해 사용자가 시간을 더 들이게 되는 경우도 허다하지만 말이다).

예를 들어 "로봇 기반 프로세스 자동화Robotic Process Automation, RPA" 소프트웨어는 그래픽 유저 인터페이스상에서 벌어지는 인간의 활동을 관찰해 업무를 실행한다. 오늘날 은행 업무, 대출 의사결정, 온라인 상거래 등에 RPA 봇들이 사용되고 있다. 눈에 띄는 사례로는 자동 음성인식 시스템이나 원격으로 IT 지원 업무를 할 수 있게 학습하는 챗봇 등이 있다. 많은 전문가들이 이러한 종류의 자동화가 화이트칼라 노동자들이 수행하고 있는 방대한 업무로 확산되리라고 예상한다. 『뉴욕타임스』 저널리스트 케빈 루스Kevin Roose는 RPA의 잠재력을 다음과 같이 요약했다. "최근 AI와 기계 학습의 발달은 의사, 변호사,

은행가가 하는 일 중 일부에서 그들을 능가하는 역량을 가진 알고리즘을 만들어 냈다. 그리고 봇들이 고가치 업무를 수행하는 방법을 학습하면서 기업의 직책 사다리를 오르고 있다."

우리는 이토록 놀랍게 발달하고 있는 디지털 역량이 우리에게 득이 되리라는 이야기를 늘상 듣는다. 아마존, 페이스북, 구글, 마이크로소프트의 현 CEO들 모두 향후 몇십 년 사이에 AI가 테크놀로지를 인간에게 이롭도록 변모시킬 것이라고 주장했다. 전 구글 중국 회장 리카이푸는 "대부분의 테크놀로지처럼 AI도 결국에는 사회에 부정적인 영향보다 긍정적인 영향을 더 많이 가져올 것"이라고 말했다.

하지만 실증근거는 이와 같은 고결한 약속을 온전히 뒷받침해 주지는 않는다. 인공지능 기계에 대한 이야기는 20년 동안 있어왔지만 이러한 테크놀로지는 2015년경에야 확산되기 시작했다. 이 도약은 기업이 AI 관련 분야에 지출하는 돈이나 AI 분야(기계 학습, 기계 영상, 딥러닝, 이미지 인식, 자연어 처리, 인공신경망, 서포트 벡터 머신, 잠재 의미 분석 등) 전문가를 뽑는다고 낸 채용 공고 숫자에서 단적으로 드러난다.

이렇게 분명한 흔적을 따라가 보면 AI 투자와 AI 전문가 고용이 이러한 테크놀로지로 대체 가능한 업무의 비중이 높은 회사들에 집중되어 있는 것을 보게 된다. 보험 계리와 회계, 구매와 조달 분석, 그 밖에 패턴 인식, 컴퓨테이션, 기본적인 언어 인식 등이 필요한 다양한 사무직 작업들이 그런 사례다. 하지만 AI 직군에 고용을 크게 늘린 이 회사들이 전반적인 고용은 상당히 많이 줄이고 있다. AI와 관련이 없는 수많은 종류의 일자리는 채용 공고가 줄었다.

이제까지 AI가 자동화에 압도적으로 크게 초점을 두어왔다는 것은 실증근거에서도 확인된다. 그뿐 아니라, AI와 RPA가 루틴하지 않은 고숙련 업무로까지 확대되리라는 예측이 있긴 했어도, AI로 인한 자동화의 피해는 대부분 저학력 노동자에게 떨어졌다. 이전 시기의 디지털 자동화로 이미 불이익을 겪은 사람들이 또 타격을 받는 것이다. 게다가 저숙련 노동자들이 AI 프로그램들을 통해 득을 얻고 있다는 증거도 없다. 그 프로그램들을 돌리는 기업의 경영자와 주주들은 명백히 어느 정도 이익을 얻었겠지만 말이다.

다행스러운 것은, AI가 대규모 실업을 발생시킬 만큼 발달하지는 못할 것 같아 보인다는 점이다. 8장에서 살펴본 산업용 로봇처럼, 현재의 AI 기술은 인간 업무 중 일부만 수행할 수 있으며 그것이 고용에 미치는 영향은 제한적이다. 그럼에도 이 기술은 노동자들에게 적대적인 편향을 띠면서 발전하고 있고 일부 일자리를 파괴하고 있다. 현재의 경로대로 AI가 발달해 간다면 그것의 주된 영향은 일자리를 완전히 없애는 것이라기보다 많은 사람들의 임금을 한층 더 내리누르는 것일 가능성이 크다. 문제는 AI가 자신이 약속한 성취의 대부분을 달성하지 못하면서도 노동자들에 대한 수요는 줄이고 있다는 점이다.

모방 오류

그렇다면 기계 지능을 이토록 강조하는 이 모든 이야기들은 왜 나오는 것일까? 우리에게 중요한 것은 기계와 알고리즘이 우리에게 유용할 것이냐 아니냐다. 대부분의 정의에 따르면 GPS는 단순한 검색 알고리즘(1968년에 처음 고안된 A* 검색 알고리즘)을 활용하므로 "지능적인 기계"에 속하지 않겠지만 GPS 장치는 인간에게 어마어마하게 유용하다. 휴대용 계산기가 지능적인 기계라고 말할 전문가는 없겠지만 계산기는 대부분의 인간에게 불가능한 일(가령 일곱 자리 숫자 두 개를 빠르게 곱하는 것)을 수행한다.

"기계 지능"에 집착하기보다 기계가 인간에게 얼마나 유용할 것인지를 질문해야 한다. 이것을 "기계 유용성"이라고 부르기로 하자. 기계 유용성에 집중하면 사회적으로 더 유익한, 특히 노동자와 시민에게 더 유익한 경로를 찾아가는 데 지침을 얻을 수 있을 것이다. 하지만 이 주장을 개진하기 전에 기계 지능에 대한 오늘날의 집착이 어디에서 왔는지부터 알아볼 필요가 있는데, 그러려면 영국 수학자 앨런 튜링Alan Turing이 정식화한 비전으로 가보아야 한다.

튜링은 그의 경력 내내 기계의 역량에 매혹되었다. 1936년에 그는 "컴퓨팅 가능하다"는 것이 무엇을 의미하느냐는 질문과 관련해 근본적인 공헌을 했다. 바로 얼마 전에 쿠르트 괴델Kurt Gödel과 알론조 처치Alonzo Church가 컴퓨팅 가능한 함수(값이 알고리즘에 의해 계산될 수 있는 함수)를 어떻게 정의할 것인가를 두고 씨름한 바 있었는데, 튜링은 이 문제에 대해 가장 강력한 접근 방식을 개발했다.

그는 오늘날 튜링 기계라고 불리는 추상적인 컴퓨터를 상상했다. 이 장치는 무한한 길이의 띠를 따라 띠의 각 칸에 미리 입력된 내용에 대해 미리 정해진 지시를 수행할 수 있다. 가령, 띠의 칸에 있는 숫자에 대해 미리 정해진 산수 계산을 수행할 수 있다. 튜링은 그러한 기계가 값을 산출할 수 있는 문제를 컴퓨팅 가능한 문제라고 정의했다. 만약 그 기계가 어떤 종류의 튜링 기계가 수행하는 연산이든 다 수행할 수 있다면 그것은 "보편 튜링 기계"라고 불린다. 여기에서 주목할 점은, 인간의 정신이 본질적으로 매우 정교한 컴퓨터이고 인간의 정신이 수행하는 모든 일이 컴퓨팅 가능한 문제들의 범주에 속한다면 보편 튜링 기계는 모든 종류의 인간 역량을 모방할 수 있으리라는 의미가 된다는 점이다. 하지만 제2차 세계대전 전에는 튜링이 기계가 정말로 스스로 생각할 수 있는지, 기계가 인간의 일을 어느 정도까지 수행할 수 있을 것인지 등을 본격적으로 탐구하지는 않았다.

제2차 세계대전 때 튜링은 1급 기밀 시설인 블레츨리 파크 Bletchley Park 연구소에 합류했다. 수학자 등 전문가들이 모여 암호로 된 독일군의 전파 메시지를 해독하는 곳이었다. 그는 적군의 암호를 푸는 속도를 높여주는 획기적인 알고리즘(그리고 기계)을 고안했고, 이것은 독일군이 절대 깨지지 않으리라고 생각한 암호 통신을 영국 첩보기관이 신속하게 해독해 내는 데 중대하게 기여했다.

블레츨리 이후 튜링은 전쟁 전에 하던 컴퓨팅 연구의 다음 단계로 나아갔다. 1947년에 그는 런던 수학회London Mathematical Society의 한 콘퍼런스에서 기계가 지능을 가질 수 있다고 말했다. 참가자들의 적대적인 반응에도 굴하지 않고 튜링은 계속해서 이 문제를 연구했다. 1951년에 그는 한 논문에서 이렇게 언급했다. "나 대신 생각을 해주는 기계를 만들 수는 없다는 말은 대개 질문이 제기되지 않고 상식으로 받아들여진다. 이 논문의 목적은 그 말에 질문을 제기하는 것이다."

1950년에 튜링은 〈컴퓨팅 기계와 지능Computing Machinery and Intelligence〉이라는 독창적인 논문에서 기계가 지능을 갖는다는 것의 의미에 대해 하나의 정의를 제시했다. 그는 오늘날 "튜링 테스트"라고 불리는 모방 게임을 상정했다. 참가자는 두 개의 실체를 앞에 두고 대화를 나눈다. 하나는 인간이고 하나는 기계다. 그는 컴퓨터 키보드와 스크린을 통해 질문을 던지고 답을 보면서 상대가 인간인지 기계인지 알아맞힌다. 기계가 이 테스트를 통과하면(즉 사실은 기계인데 참가자가 인간이라고 판단하면) 지능을 가지고 있다고 분류한다.

이 정의에 따르면 현재로서는 어떤 기계도 지능을 가지고 있지 않다. 하지만 꼭 "지능이 있다 없다"의 이분법으로만 기계 지능을 판단해야 하는 것은 아니다. 가령 기계가 인간을 더 잘 모방할수록 더 많은 지능이 있는 것이라는 식으로 기계 지능을 정의할 수도 있다. 어떤 업무에 대해 "인간과 등가인 수준human parity"이 어디인지를 정하면(기계가 해당 업무를 적어도 인간만큼 잘 수행하는 경우 인간 등가 수준이 달성된 것이다), 어떤 기계가 더 많은 업무에서 인간 등가 수준을 갖출수록 더 많은 지능을 가지고 있다고 판단할 수 있다.

이 주제에 대해 튜링 본인의 생각은 훨씬 더 정교했다. 그는 튜링 테스트를 통과했다고 해서 그것이 진정으로 "생각하는 역량"이라는 의미는 아니라는 것을 알고 있었다. "나는 내가 의식에 아무런 신비로운 점이 없다고 생각한다는 인상을 주지 않기를 바란다. 가령 [의식의 구체적인 영역을 특정해] 의식을 지역화하고자 할 때는 언제나 그와 관련된 역설이 나타난다." 그는 이렇게 신중함을 보였지만 현대 AI는 튜링의 발자취를 따라 인공지능에 초점을 두었으며, 여기에서 인공지능은 자율적으로 행동하면서 인간 등가 수준에 도달하고 이어서 인간을 능가할 수 있는 기계를 말하는 것으로 정의되었다.

상승장, 그러나 대체로는 하락장

사람들이 기계 지능에 매혹되면 종종 허위와 과장을 불러오곤 한다. 18세기 프랑스의 혁신가 자크 드 보캉송Jacques de Vaucanson은 최초의 자동 방직기와 모든 금속을 절삭할 수 있는 슬라이드 선반(초창기의 공작기계 산업에 일대 혁신을 가져온 발명품이었다) 같은 여러 발명으로 테크놀로지의 역사에서 중요한 자리를 차지하기에 손색이 없었을 인물이다. 하지만 오늘날 그는 "음식물을 소화시킬 수 있는 기계 오리" 사기꾼으로 알려져 있다. 그는 자신이 만든 기계 오리가 날개를 펄럭거리고 먹고 마시고 변도 볼 수 있다고 했다. 하지만 이것은 교묘하게 착각을 유도한 설계 덕분이었다. 음식이 기계 오리 내부의 여러 칸 중 하나로 들어가면 다른 칸에 미리 넣어둔 소화된 음식물이 변으로 나오게 되어 있었다.

보캉송이 기계 오리를 선보이고서 얼마 뒤에는 헝가리의 발명가 볼프강 폰 켐펠렌Wolfgang von Kempelen이 "기계 투르크인"을 선보였다. 이것은 자동 체스 기계로, "기계 투르크인"이라는 이름은 기계 위에 얹어 놓은 실물 크기의 인형이 오스만 망토와 터번을 두른 모습을 한 데서 유래했다. 기계 투르크인은 나폴레옹 보나파르트와 벤저민 프랭클린도 포함해 뛰어난 체스 기사들을 여럿 누르고 승리했다. '나이트 말이 각 칸을 모두, 하지만 단 한 번씩만 지나가게 할 수 있는가'라는 유명한 체스 퍼즐도 풀었다. 또한 문자판으로 질문에 대답도 할 수 있었다. 하지만 이 놀라운 일들은 인간 체스 기사가 기계 안에 숨어 있었기 때문에 가능했다.

머지않아 기계가 인간의 지능을 모방할 수 있으리라는 주장은

1950년대에도 굉장한 과장을 불러왔다. 현대 AI 접근 방식의 첫 단계를 열었다고 볼 수 있는 결정적인 사건은 1956년 여름에 록펠러 재단의 지원을 받아 다트머스 대학에서 열린 한 콘퍼런스였고, **인공지능**이라는 용어가 처음 나온 곳도 여기다. 이 주제를 연구하는 뛰어난 젊은 과학자들이 이 콘퍼런스에 모였다. 심리학자이자 경제학자로 나중에 노벨상을 받는 허버트 사이먼Herbert Simon은 다음과 같이 낙관을 표명했다. "20년 안에 인간이 할 수 있는 어떤 일이건 기계가 할 수 있게 될 것입니다."

다트머스 콘퍼런스의 공동 진행자였던 마빈 민스키Marvin Minsky는 1970년에도 여전히 확신에 차서 『라이프』와의 인터뷰에서 이렇게 말했다.

> 3~8년 사이에 우리는 평균적인 인간의 일반 지능을 가진 기계를 갖게 될 것입니다. 셰익스피어를 읽고, 차에 광을 내고, 사내 정치를 하고, 농담을 하고, 싸움을 할 수 있는 기계 말입니다. 그 시점이 되면 기계는 환상적인 속도로 스스로를 교육하기 시작할 것입니다. 그리고 몇 달 만에 천재 수준에 도달할 것이고 몇 달 더 뒤에는 기계의 역량이 측정 불가능할 정도로 높아지게 될 것입니다.

하지만 인간 등가 수준의 지능(인공 일반지능artificial general intelligence이라고 불리기도 한다)에 대한 기대는 곧 무너졌다. 의미심장하게도, 다트머스 콘퍼런스에서 크게 가치 있는 것은 아무것도 나오지 않았다. AI 연구자들이 이야기한 놀라운 약속은 모두 실현되지 않았다. 곧 이 분야에 자금 지원이 고갈되었고 첫 번째 "AI 겨울"이 닥쳤다.

그러다가 1980년대 초에 열풍이 다시 시작되었다. 컴퓨팅 기술이 발달하고 몇몇 전문 서비스 시스템에서 어느 정도 성공이 있었기 때문이었는데, 이러한 발달은 컴퓨터가 인간 전문가급의 자문과 제안을 할 수 있으리라고 약속하는 듯했다. 또한 감염병을 포착하고 알려지지 않았던 몇몇 분자를 짚어내는 데서도 성공을 거두었다. 인공지능이 머지않아 인간 수준의 전문성에 도달하리라는 주장이 다시 유통되기 시작했고 자금 지원도 재개되었다. 그러나 1980년대 말경에 두 번째 AI 겨울이 닥쳤다. 이번에도 그러한 약속들이 실현되지 않았기 때문이었다.

유포리아의 세 번째 파도는 2000년대 초에 왔다. 이때는 "좁은 AI"라고 불리는 것에 초점을 두고 있었는데, 사진에서 특정한 물체를 알아보는 것이라든지, 문서를 다른 언어로 번역하는 것, 또는 체스나 바둑 같은 게임을 하는 것 등 각각의 기계가 특정한 과업에만 통달하게 하는 것을 말한다. 여기에서도 목적은 해당 과업에서 인간 등가 수준에 도달하거나 그 수준을 능가하는 것이었다.

이번에는 연구자들이 인간의 인지 방식을 모방하기 위해 논리 기반의 수학적인 접근을 하기보다 인간이 수행하는 일을 "예측"의 문제 또는 "범주화"의 문제로 변환했다. 예를 들어, 사진에서 특정한 물체를 인식하는 것은 범주들의 긴 목록에서 그 물체가 속할 가능성이 있는 범주를 예측하는 문제로 변환할 수 있다. 그러면 AI 프로그램은 방대한 데이터, 가령 수십억 명의 사람들 사이에 돌아다니는 소셜미디어 메시지 같은 데이터를 모으고 거기에 통계 기법을 적용해 점점 더 정확하게 범주 예측을 할 수 있다.

사진에 고양이가 있는지 여부를 인식하는 문제를 생각해 보자. 예전의 접근 방식에서는 인간이 고양이를 알아볼 때 사용하는 의사결정 과정을 완전하게 모델링한 뒤 그것을 구현하는 기계를 만들려 했을 것이다. 현대의 접근 방법은 모델링 과정을 건너뛰고 심지어는 인간의 의사결정이 어떻게 이루어지는지 알아보는 과정도 건너뛴다. 그 대신, 인간이 이미지를 정확히 인식했던 사례에 대해 방대한 데이터를 수집하는 데 의존한다. 그다음에 언제 인간이 이미지에 고양이가 있다고 판단할지 예측하기 위해 대규모의 이미지 데이터 셋에 통계 모델을 적합시킨다. 이어서 이렇게 도출한 통계 모델을 새로운 사진에 적용해 그 사진에 고양이가 있는지 아닌지 예측한다.

컴퓨터 프로세서의 속도가 빨라지면서, 이와 관련해 막대한 진전이 가능해졌다. 새로운 GPU도 크게 기여했다. 원래는 비디오 게임용의 고화질 그래픽을 산출하는 데 사용되었지만 대규모 데이터 분석에도 유용하다는 것이 입증되었다. 데이터 스토리지 분야에서도 괄목할 만한 발전이 이루어져서 방대한 데이터를 저장하고 그 데이터에 접근하는 비용이 크게 낮아졌고, 분산되어 있는 수많은 장치를 통해 대규모 컴퓨팅을 수행할 수 있는 역량은 마이크로프로세서와 클라우드 컴퓨팅이 빠르게 발달하면서 확보되었다.

기계 학습, 특히 인공신경망 같은 다층 통계 모델을 사용하는 "딥 러닝deep learning" 분야의 발달도 마찬가지로 중요했다. 전통적인 통계 분석에서는 연구자가 특정한 인과관계를 상정하는 가설을 먼저 세운다. 가령 미국 주식시장의 가치와 금리 변동 사이에 어떤 관계가 있는지를 특정한 다음, 가설이 데이터와 부합하는지 알아보고 미래의 움직임을 예측하기 위해 통계 분석을 수행한다. 가설은 몇 가지 변수들 사이에서 있을 법한 관계들을 짚어내는 것인데, 인간이 가진 지식과 논증에서 도출되며 종종 과거에 있었던 통찰과 창조적인 새로운 사고를 결합해서 만들어진다. 연구자는 가설을 관련 데이터와 결합해 혼란스럽게 찍혀 있는 점들에 직선이나 곡선을 적합시키고, 이에 기초해 추론이나 예측을 한다. 그리고 모델의 예측이 얼마나 정확한지에 따라 가설을 수정, 보완하거나 아니면 초점을 완전히 바꾸어 새로운 가설을 세우는 식으로 다시 인간의 노력이 들어간다.

이와 달리, 현대 AI 애플리케이션은 인과관계 가설을 명료하게 세우는 데서 시작하지 않는다. 가령 어떤 사진의 어떤 특징이 그 안에 있는 특정 대상을 알아보는 데 관련이 있는 정보인지를 연구자가 미리 정하지 않는다. 대신, 방대한 데이터에 다층 모델을 적용함으로써 가설의 부재를 보충한다. 다층 모델에서 각각의 층은 서로 다른 추상 수준을 다룬다. 하나의 층은 사진의 가장자리에 초점을 맞추어 넓은 아웃라인을 포착할 것이다. 또 다른 층은 눈이나 발톱이 있는지에 초점을 맞출 것이다. 하지만 이렇게 정교한 도구가 있어도 인간과 기계의 협업이 없으면 데이터에서 정확한 추론을 끌어내기는 어려운데, 이러한 결함을 극복하기 위해 점점 더 방대한 데이터와 컴퓨팅 역량을 동원해 패턴을 찾아내려는 쪽으로 동기가 부여된다.

전형적인 기계 학습 알고리즘은 유연한 모델을 샘플 데이터에 적합시켜서 더 큰 데이터에 적용할 수 있을 만한 예측을 만들어 내는 것으로 시작한다. 고양이 이미지 인식의 경우, 기계 학습 알고리즘은 고양이가 있는지를 표시한 태그가 달린 이미지 데이터 샘플을 통해 훈련을 받는다. 이 첫 번째 단계에서 모델을 도출해 훨씬 더 큰 데이터에서 예측값을 내놓는 데 사용한다. 그리고 예측이 얼마나 정확한지에 따라 알고리즘을 계속 개선해 나간다.

이와 같은 새로운 접근은 세 가지의 중요한 함의를 갖는다. 첫째, 이것은 AI를 방대한 양의 데이터와 결합한다. 2021년에 환멸을 느껴 업계를 떠난 AI 과학자 알베르토 로메로Alberto Romero는 이렇게 말했다. "AI 일을 하게 되면 당신은 데이터를 수집하고 데이터를 클리닝하고 데이터를 나누고 데이터로 훈련하고 데이터를 평가하게 될 것이다. 데이터, 데이터, 데이터다. 그리고 이 모두가 AI 예측 모델이 '이것은 고양이다'라고 말할 수 있게 하기 위한 것이다." 방대한 데이터에 초점이 놓이는 것은 튜링에게 영감을 받아 자동화를 강조할 때 나오게 되는 근본적인 결과다.

둘째, 이 접근은 현대 AI가 매우 확장성이 있어서 고양이를 알아보는 것보다 훨씬 중요하고 흥미로운 영역에도 적용할 수 있을 것 같다는 인상을 준다. 고양이를 인식하는 문제가 "해결"되면 더 복잡한 이미지 인식에도 동일한 방식을 적용할 수 있을 것이고, 이미지 인식이 아닌 다른 업무, 가령 외국어 문장의 의미가 무엇인지를 판단하는 데도 적용할 수 있으리라고 말이다. 따라서 AI가 경제와 우리 삶에 미칠 잠재적 영향은 방대할 수 있다. 좋은 쪽으로도, 종종 나쁜 쪽으로도 말이다.

극단적으로는 완전히 자율적인 인공 일반지능을 개발하는 것을 목표로 삼는 사람들도 있다. 인간이 하는 **모든 것**을 할 수 있는 기계 지능을 개발한다는 것이다. 딥마인드의 공동 창업자이자 CEO인 데미스 하사비스Demis Hassabis에 따르면 이제 목표는 "지능을 해결하는 것, 그리고 그 해결을 사용해 다른 모든 것을 해결하는 것"이 되었다. 하지만 이것이 디지털 테크놀로지를 발달시키는 가장 좋은 방법인가? 이 질문은 거의 제기되지 않는다.

셋째, 더 우려할 만하게도 이 접근은 디지털 테크놀로지 분야를 자동화 방향으로 한층 더 강하게 몰아간다. 기계들이 자율적이고 지능적이라면 자연히 인간 노동자의 업무를 더 많이 가져가게 될 것이다. 기업은 인간이 하는 기존의 업무를 더 잘게 쪼개서 AI 프로그램과 방대한 데이터를 통해 학습시킨 뒤 인간을 알고리즘으로 대체할 수 있을 것이다.

여기에 더해 엘리트주의적 비전이 자동화에 초점을 두는 접근 방식을 한층 더 촉진한다. 이 비전을 지지하는 사람들에 따르면 인간 대부분은 오류를 저지르기 쉽고 맡은 일을 그다지 잘 하지 못한다. 한 AI 웹사이트는 "인간은 자연적으로 실수를 하게 되어 있다"고 언급했다. 다른 한편으로, 인간 중에는 매우 뛰어난 소수의 프로그래머들이 있어서 정교한 알고리즘을 개발할 수 있다. 마크 저커버그는 이렇게 말했다. "자신이 맡은 분야에서 예외적으로 뛰어난 사람은 그것을 꽤 잘하는 사람보다 조금 더 나은 정도가 아니라 100배는 더 낫다." 넷스케이프 공동 창업자 마크 안드레센Marc Andreessen도 "다섯 명의 위대한 프로그래머가 1,000명의 그저 그런 프로그래머를 완전히 능가할 수 있다"고 말했다. 이러한 세계관에서는 예외적으로 뛰어난 사람들이 톱다운으로 테크놀로지를 디자인해 내려보냄으로써 인간이 저지르는 실수 및 그러한 실수가 일터에서 발생시키는 비용을 줄이는 것이 바람직하다. 그렇다면 노동자들을 기계와 알고리즘으로 대체하는 것은 사회적으로 충분히 용인 가능한 일이 되고, 사람들에 대해 방대한 데이터를 수집하는 것도 그렇다. 이러한 접근은 인간을 보완하기보다 인간 등가에 도달하는 것을 진보의 기준으로 삼는 방향성을 한층 더 정당화하며, 이는 노동 비용을 줄이고자 하는 기업의 관심사와도 매끄럽게 부합한다.

가치절하된 인간

인간을 밀어내고 막대하게 데이터를 수집하면서도 새로운 테크놀로지가 생산성을 높여 노동 수요를 늘리고 노동자의 소득을 높이는 경우도 있긴 하다. 하지만 노동자들이 얻는 이득은 새로운 테크놀로지가 생산성을 아주 많이 높일 때만 나타날 수 있다. 오늘날 바로 여기에 심각한 문제가 있다. 아직까지는 AI가 "그저 그런 자동화", 즉 생산성 이득이 그리 크지 않은 자동화만 아주 많이 가져왔기 때문이다.

생산성이 크게 증가하면 자동화로 노동이 대체되는 부정적인 효과를 어느 정도 상쇄할 수 있다. 가령 자동화되지 않은 업무에서 노동자 수요가 늘거나 연관 분야들에서 연쇄적으로 생산이 증가해 고용이 촉진될 수 있다. 하지만 비용 절감과 생산성 이득이 그리 크지 않다면 이 같은 이로운 효과는 나타나지 않는다. 그저 그런 자동화는 생산성은 별로 향상시키지 못하면서도 노동자를 대체한다는 점에서 특히 문제다.

AI의 시대에 그저 그런 자동화가 이뤄지는 데는 근본적인 이유가 있다. 인간이 현재 수행하고 있는 대부분의 업무를 꽤 잘하고 있는 것이다. 인간이 수 세기에 걸쳐 축적해 온 지식과 노하우로 임하는 업무들을 단순히 AI가 대체하면 그리 인상적인 성과를 보여주지 못할 가능성이 크다. 가령 기업들이 너도나도 자동 무인 계산대를 설치했는데 기계가 잘 작동하지 않고 고객이 경험하는 서비스의 질을 높여주지도 않을 때, 이것은 그저 그런 자동화다. 숙련된 고객 응대 직원, IT 전문가, 금융 자문가 등이 AI 알고리즘에 밀려났는데 그 AI 알고리즘이 밀려난 인간 노동자보다 그 일을 그다지 잘하지 못할 때도 그렇다.

인간이 생산에서 수행하는 많은 업무는 루틴한 활동과 복잡한 활동(사회적 소통, 문제 해결, 유연성, 창조성을 필요로 하는 활동)의 혼합이다. 인간은 암묵적 지식과 전문성에 의존해 그러한 일들을 수행한다. 그뿐 아니라 이러한 전문 역량의 상당 부분은 지극히 맥락 의존적이어서 AI 알고리즘으로 변환하기 어렵다. 따라서 해당 업무가 자동화되면 그러한 지식은 소실되기 쉽다.

축적된 지식의 중요성을 생각해 보기 위해 4장에서 이야기한 수렵 채집 사회를 다시 떠올려보자. 여러 인류학 연구를 통해 수렵 채집인들이 현지의 환경 조건에 일관되게 놀라운 수준의 적응력을 보였다는 사실이 잘 알려져 있다. 예를 들어 아메리카 열대 우림이 원산지인 카사바(마니옥이라고도 불린다)는 매우 영양가 높은 구황 작물로, 카사바 가루, 빵, 타피오카, 다양한 술 등에 재료로 쓰이지만 청산가리를 생산하는 두 가지 당분이 들어 있어서 독성이 있다. 날것으로 먹거나 충분히 처리하지 않고 조리해 먹으면 시안화물 중독을 일으켜 극단적인 경우에는 사망에 이를 수도 있다.

유카탄의 원주민들은 이 문제를 발견하고 독성을 없애기 위한 몇몇 조치를 개발했다. 껍질을 까고, 요리하기 전에 물에 담가 두고, 오랜 시간을 들여 조리하고, 조리한 물은 버린다. 그런데 처음에 몇몇 유럽인들은 이 방법을 이해하지 못했고, 원시적이고 비과학적인 방법이라고 생각하기도 했다. 그리고 그것을 따르지 않았을 때 치명적인 비용을 치러야 했다.

테크놀로지에 경도된 지배층은 종종 간과하는 사실이지만, 현대 경제에서도 인간의 적응성과 독창성은 이에 못지않게 중요하다. 도시계획가와 엔지니어들은 차량이 적시에 안전하게 운행하는 데 신호

등이 핵심이라고 생각했다. 그런데 2009년 9월에 영국의 해변 도시 포티스헤드에서 통행량이 많은 어느 교차로의 신호등을 끄는 실험을 했다. 많은 전문가들의 우려에도 불구하고 운전자들은 상식을 더 많이 발동하면서 새로운 환경에 적극적으로 적응하기 시작했다. 4주 뒤 교통 흐름은 상당히 나아졌으며 사고나 부상도 증가하지 않았다. 이것은 예외적인 경우가 아니었다. "네이키드 거리"에 대한 몇몇 다른 실험에서도 비슷한 결과가 나왔다. 규모가 큰 도시에서도 네이키드 거리가 실용성이 있을지는 논란이 있고 대도시의 혼잡한 교차로에서 신호등을 완전히 없애는 것은 효과적일 법하지 않지만, 그렇더라도 이러한 실험들은 테크놀로지가 때로는 인간에게서 주도력과 판단력을 없애면서 상황을 (더 나아지게 하는 게 아니라) 더 악화시킨다는 결론을 내리게 하기에 충분하다.

생산 업무에서도 마찬가지다. 인간의 지능이 갖는 강점은 상황적이고 사회적이라는 데서 나온다. 자신의 환경을 이해하고 그것에 성공적으로 반응하는 능력 덕분에 우리는 변화하는 여건에서 유연하게 적응해 나갈 수 있다. 예를 들어, 익숙하지 않은 환경에 있을 때는 쉬고 있거나 심지어 잠을 자면서도 경계를 하면서 위험을 알리는 미세한 실마리에 잘 반응하며, 예측 가능하다고 생각되는 환경에서는 학습된 루틴을 사용해 업무를 더 빠르게 수행할 수 있다. 여러 맥락에서 나오는 정보들을 투입 요소로 사용해 변화하는 환경에 더 폭넓게 반응하는 것이나 얼굴이나 패턴을 인식하는 것도 상황적 지능의 도움을 받아서 이루어지는 일이다.

또한 인간의 지능은 세 가지의 중요한 방식으로 "사회적"이다. 첫째, 성공적인 적응과 문제 해결에 필요한 정보의 상당 부분은 공동체에 존재하며, 우리는 이것을 암묵적·명시적인 소통을 통해 획득한다. 다른 이를 모방하는 것도 그러한 소통의 사례. 이러한 유형의 외부 지식을 해석하는 것은 인간의 핵심적인 인지 역량이고, 이 분야에서 "마음 이론theory of the mind"이 중요한 이유이기도 하다. 마음 이론은 다른 이의 마음 상태를 추론하고 그들의 의도와 지식을 정확히 이해할 수 있게 해준다.

둘째, 우리의 논증은 사회적 소통에 토대를 둔다. 우리는 상이한 가설들을 가지고 주장이나 반론을 개발하며 이 과정에 비추어 우리 자신이 이해하고 있는 바를 평가한다. 지능에 사회적 차원이 없다면 인간은 형편없는 의사결정자일 것이고, 실제로 사회적 차원이 활성화될 수 없는 실험실 여건에서는 실수를 한다. 하지만 더 자연스러운 환경에서는 그러한 실수 중 일부를 막을 수 있다.

셋째, 인간은 타인에 대한 공감으로부터, 그리고 그 공감이 가능하게 해주는 공동의 목적과 목표를 통해 추가적인 기술과 역량을 얻는다.

지능의 상황적·사회적 차원이 핵심적인 역할을 한다는 것은 인간 인지 중 분석적 차원(이를테면 IQ로 측정되는 부분)과 "성공"의 여러 요소 사이에 연관성이 약하다는 사실과도 관련이 있다. 심지어는 과학기술 영역에서도 가장 성공적인 사람들은 괜찮은 수준의 IQ를 사회적 기술 및 인간이 가진 여타의 역량들과 잘 결합하는 사람들이다.

대부분의 일터에서 상황적·사회적 지능은 환경에 유연하게 적응하는 데만이 아니라 고객이나 동료와의 소통을 통해 서비스의 질을 높이고 실수를 줄이는 데도 도움이 된다. 그러므로 AI 테크놀로지가 확산되고 있는데도 많은 기업들이 수학적·기능적 역량보다 사회적 기술을 가진 사람을 점점 더 많이 찾고 있다는 것은 놀라운 일이 아니다. 사회적 기술에 대한 수요가 증가하는 근본적인 이유는 전통적인 디지털 테크놀로지와 최근의 AI 테크놀로지 모두 사회적 상호작용, 적응, 유연성, 소통이 관여되어야 하는 업무를 잘 수행하지 못한다는 점을 기업들이 인식했기 때문이다.

그럼에도 인간의 역량을 가치절하하는 것은 "자기실현적 예언"으로 돌아올 수 있다. 자동화를 하기로 결정할수록 사회적 상호작용과 인간의 학습이 벌어질 수 있는 여지가 점점 줄어들게 되기 때문이다. 다시 고객 서비스를 예로 들어보자. 잘 훈련된 서비스 직원은 매우 효과적으로 고객의 문제를 처리해 주는데, 도움을 필요로 하는 고객과 사회적 유대를 형성하기 때문이다. 이를테면, 직원은 지금 막 사고를 당해서 청구서를 써야 하는 고객에게 공감하면서 유대를 형성할 수 있다. 그는 부분적으로 그러한 소통의 도움으로 문제의 속성을 빠르게 알아차릴 수 있고, 이를 바탕으로 고객의 필요에 부합하는 해법을 찾아낸다. 또한 이러한 상호작용을 통해 업무 경력이 쌓이면서 점점 더 일을 잘하게 된다.

그런데 고객 서비스 업무를 더 잘게 쪼개서 프론트엔드 업무를 알고리즘에 할당했다고 생각해 보자. 알고리즘은 당면한 문제의 복잡성을 완전히 파악하고서 다루지는 못하는 경우가 많다. 그러면 고객이 아주 기다란 메뉴를 거친 후에 결국 인간 상담사가 문제 해결을 위해 개입해야 하는데, 이 시점이면 고객은 화가 나 있다. 사회적 유대를 쌓을 수 있는 초기의 기회들이 사라졌고, 이제 고객 서비스 직원은 고객과 소통을 해도 전만큼의 정보를 얻을 수 없다. 따라서 구체적인 상황에서 정보를 얻고 그에 대응하는 역량이 줄어들고 일을 효과적으로 처리하지 못하게 된다. 그러면 경영자와 기술자들은 이를 인간이 잘하지 못하는 일이라고 판단해 추가적으로 업무를 기계에 할당하려 할 것이다.

AI와 관련 테크 분야 사람들은 인간의 지능과 적응성에 대한 이러한 교훈을 생각하지 않는 경향이 있다. 이들은 인간 특유의 역량이 수행하는 역할이 무엇이든 간에 수많은 업무를 자동화하는 방향으로만 몰두한다.

영상의학 분야에서 AI의 성취가 널리 찬양되었다. 2016년에 현대적인 딥러닝 기법을 공동으로 개척하고 튜링상도 받은 구글의 과학자 제프리 힌턴Geoffrey Hinton은 "5년 안에 딥러닝이 인간 영상의학자보다 업무를 훨씬 더 잘 수행할 것이 명백하므로 영상의학 교육을 이제 그만두어야 한다"고 말했다.

하지만 그런 일은 일어나지 않았다. 2016년 이래로 영상의학 전문의에 대한 수요는 증가했다. 아주 간단한 이유에서다. 영상 진단은 심지어 고객 서비스보다도 상황적·사회적 지능이 더 많이 필요하며 현재로서 이것은 기계의 역량을 넘어선다. 최근의 연구들은 새로운 테크놀로지에 인간이 가진 전문성이 결합되었을 때 효과가 더 크다는 점을 보여주었다. 일례로, 기계 학습 알고리즘은 당뇨성 망막증(당뇨 환자들 사이에 망막으로 가는 혈관이 손상되어서 생기는 증상)의 진단을 향상시켜 줄 수 있지만, 알고리즘으로 어려운 케이스들을 짚어내고 나서 인간 안과 전문의가 추가로 검토했을 때 진단의 정확도가 더 높아졌다.

구글의 자율주행차 부문 최고기술경영자는 2015년에 당시 열한 살이던 자신의 아들이 열여섯 살이 되었을 때는 운전면허를 딸 필요가 없을 것이라고 자신만만하게 말했다. 2019년에 일론 머스크도 2020년 말이면 테슬라가 완전히 자동화된 무인 택시 100만 대가 도로를 달리게 할 수 있을 것이라고 말했다. 이 예측도 같은 이유에서 실현되지 않았다. 네이키드 거리 실험이 보여주었듯이 복잡한 도시에서 운전을 하려면 엄청난 양의 상황적 지능을 동원해 변화하는 환경에 적응해야 하고, 다른 운전자나 보행자로부터의 실마리에 반응하기 위해서는 사회적 지능도 많이 필요하기 때문이다.

인공 일반지능이라는 환상

튜링의 개념에 기반한 현대 AI의 접근 방식이 목표로 삼는 정점은 인간 등가 수준으로 작동하는 일반지능이다.

챗GPT나 추천 시스템 등이 보인 굉장한 진전에도 불구하고 현대 AI의 접근법이 빠른 시일 내에 인간 지능의 비밀을 풀거나 인간의 의사결정과 관련된 수많은 업무에서 매우 높은 수준의 생산성을 달성할 것 같지는 않다. 사회적·상황적 측면을 다루는 업무는 계속해서 기계 지능에 막대한 난점을 제기할 것이다. 이제까지 달성된 것이 무엇이었는지를 구체적으로 살펴보면, 인간이 하는 업무 대부분에서는 그것들을 적용해 인간이 하는 만큼의 성과를 보이기란 매우 어려우리라는 것을 분명히 알 수 있다.

가장 널리 찬사를 받은 AI 성공 사례들을 생각해 보자. 1장에서 이야기한 체스 프로그램 알파제로는 인간 체스 기사가 고려하지 않거나 보지 못하는 수를 두기도 했기 때문에 "창조적"이라고 묘사되기까지 했다. 하지만 이것은 진정한 지능이 아니다. 먼저, 알파제로는 극도로 특화된 프로그램이어서 체스나 그와 같은 종류의 게임만 할 수 있다. 체스를 벗어나면 간단한 업무도 수행하지 못한다. 산수 문제를 푸는 것이나 사회적 상호작용이 더 많이 개입되는 게임을 하는 것은 알파제로의 능력 밖이다. 더 안 좋게도, 알파제로의 설계를 유비 관계를 끌어내거나 규칙이 더 유연한 게임을 하거나 언어를 배우는 것 등 인간이 수행하는 수많은 간단한 일들에 맞도록 조정할 수 있는 명백한 방법이 없다. 이러한 일들은 한 살배기 아기들 수억 명이 해마다 아주 잘 수행하는 일이다.

체스에서만 보더라도 알파제로의 지능은 매우 특정적이다. 알파제로가 두는 수가 게임의 규칙 안에서는 인상적이지만, 구조화되어 있지 않고 동떨어져 있는 환경 사이에 유비 관계를 끌어내거나 새롭고 다양한 문제에 대해 해법을 도출하는 것처럼 인간이 일상적으로 발휘하는 종류의 창의성은 여기에 관여되지 않는다.

알파제로보다 다재다능하고 인상적인 챗GPT도 같은 한계를 보인다. 사전에 훈련된 것 이상의 업무는 수행하지 못하고 판단력을 발휘하지 못하므로 상충되거나 이례적인 지시에는 먹통이 될 수 있다. 더 안 좋게도, 이 테크놀로지는 인간이 가진 사회적·상황적 요소를 가지고 있지 않다. 챗GPT는 그 업무가 놓인 맥락을 논리적으로 생각하거나 행동과 효과 사이의 인과관계를 추론하지 못한다. 따라서 때로는 간단한 지시도 잘못 이해하며 전적으로 새롭거나 변화하고 있는 환경에 적절하게 대응하리라는 기대는 거의 하기 어렵다.

이러한 점들은 더 큰 문제를 시사한다. 패턴 인식과 예측에 쓰이는 통계적 접근은 많은 인간 역량의 본질적인 부분을 제대로 포착하기에 적절하지 못하다. 우선, 이러한 접근은 지능의 상황적 속성과 관련해 어려움을 겪을 것이다. 정확히 어떤 상황인지를 규정하고 코드화하기가 어렵기 때문이다.

패턴 인식에 사용되는 통계적 접근의 또 한 가지 만성적인 문제는 "과적합overfitting"이다. 실증 관계에 적합시킬 때 타당성을 갖는 것보다 훨씬 더 많은 변수를 사용하는 상황을 말한다. 이것이 문제인 이유는, 통계 모델이 데이터에서 실은 관련이 없는 정보들을 불러와서 그것들에 의존함으로써 부정확한 예측과 결론으로 이어질 수 있기 때문이다. 통계학자들은 과적합을 막기 위한 여러 방법을 개발해 왔다. 모델을 적용하려 하는 샘플이 아닌 다른 샘플에서 알고리즘을 훈련시키는 것이 한 가지 사례다. 그럼에도 과적합은 현재의 AI 접근이 가지고 있는 결함, 즉 모델링해야 할 현상에 대한 이론과 가설이 부재하다는 점과 관련이 있기 때문에 여전히 통계에서 골치 아픈 문제다.

이 문제를 이해하기 위해 관련성이 없거나 영속적이지 않은 특징에 의존하는 과적합 문제를 살펴보자. 가령 늑대를 허스키 개와 구별하는 과제를 생각해 보자. 인간은 이 일을 아주 잘하지만 AI로서는 너무 어려운 일이다. 몇몇 알고리즘이 어찌어찌 좋은 성과를 내긴 했는데, 알고 보니 과적합 덕분이었다. 허스키들은 잘 관리된 잔디밭이나 소화전 같은 것이 있는 등 배경이 도시인 사진에서 주로 인식되었고, 늑대는 눈 덮인 산처럼 배경이 자연환경인 사진에서 주로 인식되었다. 하지만 배경이 무엇인지는 두 가지의 근본적인 면에서 늑대와 허스키를 구별하는 과제와 관련성이 없는 정보다. 첫째, 인간은 동물을 알아볼 때 배경을 보지 않는다. 둘째, 기후가 더워져 늑대의 서식지가 달라질 수도 있고, 그 밖의 이유로 다른 배경에 있는 늑대를 인식해야 할 수도 있다. 즉 배경은 늑대의 속성을 규정하는 특징이 아니므로 그것에 의존하는 어떤 접근도 늑대 주위의 환경이나 맥락이 달라지면 잘못된 예측을 내놓게 된다.

과적합은 기계 지능과 관련해서 특히 더 문제일 수 있는데, 기계 지능이 실제로는 엉망으로 돌아가고 있을 때도 잘 돌아가고 있다는 가짜 인상을 주기 때문이다. 가령 국가들의 평균 기온과 1인당 GDP라는 두 변수 사이에 통계적 관련이 있다고 해서 기후가 경제 발전에 중요한 영향을 미치는 요인이라는 의미는 아니다. 이 상관관계는 단순히 유럽의 식민주의가 특정한 역사적 과정에서 상이한 기후대와 상이한 지역에 상이하게 영향을 미쳤기 때문일 수 있다. 하지만 제대로 된 이론이 없으면 인과관계와 상관관계를 헷갈리게 되고, 기계 학습은 이 둘을 종종 헷갈린다.

과적합은 AI가 인간이 새로운 정보에 반응해 행동하는, 따라서 내재적으로 사회적인 속성을 갖는 상황을 다루어야 할 때 더 심각한 문제가 될 수 있다. 인간이 환경에 반응한다는 말은 맥락이 자주 달라진다는 뜻이고, 특히 알고리즘이 제공하는 바로 그 정보를 바탕으로 결정하는 행동 **때문에** 맥락이 달라질 수 있다는 의미다. 경제학의 사례를 하나 들어보자. 어떤 구직자가 채용 공고가 거의 나오지 않은 직종에서 일자리를 찾고 있을 때 알고리즘이 이것을 포착했다면 구직자에게 행동을 바꾸도록 정보를 줄 수 있을 것이다. 하지만 과적합을 막기 위해 개발된 방법들(예를 들어 알고리즘을 훈련하는 데이터와 검증하는 데이터를 분리하는 것 등)은 여기에서 과적합 문제를 제거하지 못한다. 두 샘플 모두 예를 들어 유통 분야에 채워지지 않은 일자리 공고가 많다는 특정한 환경에 적응한 것일 수 있기 때문이다. 그런데 그 환경이 시간이 가면서 달라질 수 있는데, 바로 인간이 새로 입수하는 정보에 반응한다는 이유 때문이다. 알고리즘이 구직자에게 유통 분야에 지원하도록 독려하면 유통 분야의 일자리에 지원자가 많아져서 더는 구직자에게 매력적인 분야가 아니게 된다. 인간의 인지가 갖는 상황적이고 사회적인 측면과 인간의 행동이 동태적으로 어떻게 달라지는지를 이해하지 못하면 과적합은 앞으로도 계속 기계 지능을 괴롭히는 문제가 될 것이다.

AI가 사회적 지능을 가지고 있지 않다는 점은 또 다른 우려스러운 함의를 가진다. AI가 방대한 사용자로부터 데이터를 수집해 데이터에 담겨 있는 사회적 차원을 포함할 수 있긴 하지만, 현재의 접근은 인간의 이해가 사람들 사이의 선태적 모방, 커뮤니케이션, 논쟁에 토대를 두고 있다는 점을 활용하지 못한다. 그 결과, 잘 훈련된 노동자라면 종종 동료들로부터 배운 관점과 기술을 활용해 변화하는 상황에 빠르고 융통성 있게 반응함으로써 쉽게 달성할 수 있는 종류의 유연성을 자동화가 (높이는 게 아니라) 줄이게 되는 경우가 많다.

물론 이러한 주장은 가까운 미래에 전적으로 새로운 접근이 출현해 인공 일반지능의 문제를 해결할 가능성을 배제하지는 않는다. 하지만 현재까지는 그러한 새로운 접근이 나타났다는 징후가 없다. 또한 그러한 접근을 개발하는 것은 AI 영역 중 자금이 주되게 투자되고 있는 영역도 아니다. 업계의 초점은 여전히 방대한 데이터 수집과 기계 학습에 기반해 협소한 업무를 자동화하는 데 놓여 있다.

이러한 비즈니스 전략이 경제에 어떤 문제를 야기할지는 명백하다. 인간이 흔히 가정되는 것보다 무용하지 않고 기계가 흔히 가정되는 것보다 지능적이지 않을 때 우리는 그저 그런 자동화를 갖게 된다.

일자리는 대체되는데 기대되었던 만큼의 생산성 증가는 발생하지 않는 것이다. 사실 기업들도 이러한 자동화에서 그리 이득을 얻지 못하며, 어느 경우에는 AI의 도입이 그저 AI에 대한 과장된 담론에 휩쓸려서 이루어지는 것일 수도 있다. 전직 AI 과학자 알베르토 로메로는 이렇게 말했다. "AI의 시장 파워는 많은 기업이 이유도 모르면서 AI를 사용하게 할 만큼 강력하다. 모두가 AI 밴드왜건에 올라타고 싶어 한다."

현대판 파놉티콘

널리 사용되고 있는 현대 AI의 또 다른 사용처도 자동화 열풍이 방대한 데이터 수집과 결합해 디지털 테크놀로지를 얼마나 특정한 방향으로 몰아가고 있는지, 그리고 이것이 어떻게 기업에 약간의 이득을 주고 사회와 노동자에게는 중대한 손실을 일으키는지 잘 보여준다.

디지털 도구를 노동자 감시에 사용하는 것 자체는 새로운 일이 아니다. 사회심리학자이자 경영학자인 쇼샤나 주보프Shoshana Zuboff는 1980년대에 디지털 테크놀로지가 도입되고서 노동자들의 노동 경험이 어떻게 달라졌는지를 심층 면접으로 조사했는데, 공통된 이야기 중 하나는 경영진의 노동자 감시가 강화되었다는 것이었다. 한 사무직 노동자는 "ETS[지출 트래킹 시스템]는 경영진이 우리를 점검하고 확인하는 수단이 되었다"며 "그들은 마음만 먹으면 어떤 변화라도 분 단위로 감지할 수 있다"고 말했다.

하지만 그 시절의 노동자 감시는 오늘날 우리가 목도하는 것에 비할 바가 못 된다. 아마존은 배달 노동자와 물류창고 노동자의 활동에 대해 방대한 데이터를 수집한 뒤 그것을 알고리즘과 결합해 처리 물량을 높이고 교란을 최소화할 수 있게 노동 과정을 재조직한다.

미국에서 두 번째로 큰 민간 고용주인 아마존은 월마트 등 몇 몇 다른 소매업체보다 높은 사내 최저 임금을 지급했다. 하지만 근본적인 의미에서 아마존 일자리가 좋은 일자리는 아니다. 노동자들은 매우 빠르게 돌아가는 업무 일정을 엄격하게 맞추어야 하고, 쉬는 시간을 너무 오래, 너무 자주 갖지 않고 늘 일을 하도록 지속적으로 모니터링된다. 최근의 언론 보도에 따르면 상당수 노동자들이 이러한 작업 기준을 맞추지 못해 해고되었고 일부는 수집된 데이터를 기반으로 고용 종료가 자동 결정되었다(아마존은 자동적으로 고용 종료가 이뤄졌다는 점을 부인했다). 한 노동 운동가는 "우리가 계속해서 노동자들에게 듣는 이야기는 자동화된 시스템에 의해 늘 관리, 감독, 감시되기 때문에 사실상 로봇처럼 취급되고 있다는 것"이라고 전했다.

제러미 벤담의 파놉티콘은 감옥만이 아니라 영국의 초창기 공장도 염두에 두고 고안되었지만 18세기와 19세기의 공장 고용주들은 노동자를 쉼 없이 감시할 수 있는 테크놀로지가 없었다. 하지만 오늘날 아마존은 그런 테크놀로지가 있다. 뉴저지주의 한 노동자는 "기본적으로 그들은 당신이 하는 모든 것을 볼 수 있고, 자신의 이익을 위해 실제로 당신이 하는 모든 것을 본다"며 "그들은 인간으로서의 당신의 가치를 인정하지 않으며 이는 모멸적"이라고 말했다.

고도의 감시 환경은 모멸적일 뿐 아니라 위험하기도 하다. 직업 안전보건국의 최근 보고서에 따르면 2020년에 아마존 물류센터 노동자들에게 20만 시간당 6건의 중상 사고가 있었다. 물류센터 전체 평균보다 두 배나 높은 것이었다. 다른 연구들에서도 아마존의 재해율이 더 높고 크리스마스 시즌 같은 피크 시기에는 더욱 그렇다는 사실이 발견되었다. 이에 더해, 아마존은 배달 노동자와 계약 노동자에게 더 면밀한 모니터링이 가능한 "멘토"라는 데이터 추적 앱을 깔고 내내 실행시켜 두도록 요구했다. 이어서 최근에는 배달 노동자들을 추적하기 위해 추가적인 AI 도구를 도입하겠다고 발표했다. 페텍스 등 다른 배달 서비스 업체들도 노동자의 활동 데이터를 대규모로 수집해 엄격한 업무 관리에 사용한다. 많은 배달 노동자들이 영속적으로 시간에 쫓기는 이유다.

노동자에 대한 방대한 데이터 수집은 이제 화이트칼라 직종으로도 퍼지고 있다. 노동자가 컴퓨터 등 다양한 통신 기기상에서 어떻게 시간을 사용하는지 추적하는 것이다.

어느 정도의 모니터링은 고용주의 합당한 권한일 수 있다. 가령 고용주는 노동자들이 주어진 업무를 잘 수행하게 하고 기계를 잘못 사용하거나 훼손하지 않게 하기 위해 어느 정도 노동 활동을 모니터링해야 할 것이다. 하지만 전에는 노동자들이 열심히 일하고 기계를 잘 관리하도록 동기를 부여하는 요인이 꼭 감시가 아니라 높은 임금과 회사의 분위기를 통해 고용주와 노동자 사이에 발달하는 선의에서 나오기도 했다. 고용주나 감독관이 어느 노동자가 그날 몸 상태가 좋지 않은 것을 발견했다면 쉬엄쉬엄 일하도록 허용해 줄 수 있을 것이다. 그러면 그 노동자는 작업 물량이 많은 날 기꺼이 평소보다 강도 높게 일하려 할 것이다. 이와 달리 감시는 고용주가 노동자의 임금을 깎고 노동자들이 더 많은 일을 하도록 몰아붙일 수 있게 해준다. 이런 의미에서 감시는 "지대를 이전하는" 행위다. 노동자의 실질적인 생산성은 그리 혹은 전혀 증대시켜 주지 않으면서 전반적인 생산성 이득이 노동자에게로 공유되는 것을 막고, 지대를 노동자에게서 떼어내 다른 데로 옮기는 데 쓰일 수 있다는 의미다.

AI 기술이 [노동자로부터] "지대를 이전하는" 방향으로 쓰이는 또 다른 사례는 업무 일정 관리다. 노동자가 자율성을 가질 수 있으려면 노동 시간과 여가 시간이 명확하게 분리되고 업무 일정이 예측 가능해야 한다. 패스트푸드점 노동자를 생각해 보자. 반드시 오전 8시에 일하러 와야 하고 반드시 4시에는 퇴근한다는 것을 아는 경우라면 예측 가능성이 높고 그 8시간을 제외한 시간에는 자율성도 높다. 하지만 갑자기 경영자가 4시 이후에 손님이 증가하리라는 것을 발견하면 어떻게 될까? 노동자들의 시간 자율성을 없애고 4시가 넘어서까지도 일하게 만들고 싶을 것이다. 이것을 달성할 수 있을까?

이에 대한 답은 단체 협상이 그러한 방식의 업무 부과를 막을 수 있는지 여부와 같은 길항 권력의 유무, 일터에서 무엇이 용인 가능한지에 대한 규범과 선의, 그리고 회사가 수요의 변동을 파악해 실시간으로 노동자의 업무 일정을 짤 수 있게 해주는 테크놀로지를 가지고 있는지에 달려 있다.

길항 권력은 이미 사라졌고 서비스 산업에서는 더욱 심하다. 노동자의 자율성을 존중하는 규범과 고용주-노동자 사이의 선의도 오래전에 사그라들었다. 고용주에게 남아 있는 유일한 장벽은 테크놀로지인데, 이제는 AI와 방대한 데이터 수집으로 이 장벽이 극복되면서 "유연 스케줄링"이 점점 더 많이 가능해지고 있다.

고객을 대면하는 많은 업종에서 "8시 출근 4시 퇴근" 같이 예측 가능한 업무 일정은 사라졌고, 제로 아워 계약과 실시간 스케줄링이 결합한 형태로 바뀌고 있다. 제로 아워 계약은 노동자를 일정 시간만큼 규칙적으로 고용하고 그에 따라 임금을 지급해야 한다는 의무를 회사에 부여하지 않는 것이고, 실시간 스케줄링은 회사가 노동자에게 밤에 갑자기 전화해서 내일 아침에 일찍 출근하라고 하거나 갑자기 더 늦게까지 일하라고 요구할 수 있는 것이다. 또한 일이 직전에 갑자기 취소될 수도 있는데, 그러면 노동자는 수입이 줄게 된다.

두 가지 모두 고용주가 고객 수요를 예측해서 노동자들에게 일정을 거기에 맞추라고 강제할 수 있게 해주는 데이터 분석과 AI 테크놀로지에 기반하고 있다. 크로노스 같은 테크 회사가 제공하는 일정 조정 소프트웨어가 그러한 기술의 사례다. 유연 스케줄링의 극단적인 사례인 "클로프닝clopening"은 동일한 노동자가 오늘 밤에 늦게 문을 닫고 다음 날 일찍 문을 여는 것을 말한다. AI 도구를 갖춘 경영자들이 본인의 필요에 유용하다고 생각하게 되면서 이러한 관행이 다시 노동자들에게 부과되고 있는데, 심지어 그 일정을 노동자에게는 종종 마지막 순간에야 알려준다.

유연 스케줄링과 노동자 감시는 유사점이 많다. 가장 중요한 유사점은 둘 다 그저 그런 테크놀로지라는 점이다. 노동자들에게는 상당한 비용을 일으키지만 생산성 이득을 거의 창출하지 못한다. 감시를 더 강화함으로써 기업은 노동자와의 선의를 일구기 위한 노력을 포기하고 임금을 낮출 수 있다. 하지만 이것이 생산성을 많이 높이지는 않는다. 임금이 적어졌으므로 노동자들은 업무를 더 뛰어나게 하지는 않게 될 것이고, 사실 의욕을 잃어서 덜 생산적으로 업무를 하게 될 것이다. 유연 스케줄링을 통해 기업은 고객이 많을 때 더 많은 노동자가 일하게 하고 한산할 때 더 적은 노동자가 일하게 함으로써 수입을 약간 증대시킬 수 있을 것이다. 감시와 유연 스케줄링 모두에서, 노동자들에게 부가되는 부담이 생산성의 이득보다 훨씬 크다. 제로 아워 계약으로 일하는 한 영국 노동자는 이렇게 말했다. "여기에는 경력 발달의 가능성이 없습니다. … 나는 이 일을 6년 반째 하고 있는데 처음 시작한 이래로 역할이 달라지지 않았고 승진도 없었습니다. 승진에 대한 전망은 전혀 없습니다. 경력 개발을 위한 과정을 밟을 수 있을지 물어보면 확고하게 '안 된다'는 답을 듣습니다." 노동자들에게 부과되는 비용이 무엇이든, 또 생산성의 이득이 얼마나 일시적이고 규모가 작든 간에 비용 절감과 노동자 통제를 강화하려 하면서 기업들은 계속해서 AI 기술을 원한다. 이러한 수요에 부응해 AI 환상에 빠진 연구자들은 그러한 AI 기술을 개발해 공급한다.

디지털 테크놀로지를 끝없는 자동화와 노동자 감시를 위해 쓰지 않는 방법은 없는가? 있다. 디지털 테크놀로지가 인간을 보완하고 돕는 방향으로 가면 그 결과는 훨씬 더 좋을 것이고 이제까지의 사례에서도 그런 경우에 결과가 훨씬 더 좋았다.

가지 않은 길

먼 과거와 가까운 과거를 막론하고, 역사를 해석할 때 우리는 결정론적 오류를 저지르곤 한다. 벌어진 일은 벌어졌어야만 했기 때문에 벌어진 것이라고 생각하는 것이다. 하지만 종종 이는 정확한 해석이 아니다. 역사가 갈 수 있었을 경로는 아주 많다. 테크놀로지의 역사도 마찬가지다. AI의 세 번째 파도를 규정하는 오늘날의 지배적인 접근 방식은 대규모 데이터 수집과 끝없는 자동화에 초점을 두고 있는데,

이것은 필연이 아니라 "선택"에 의한 결과다. 사실 비용을 많이 수반하는 선택이기도 하다. 자동화와 감시에 치우친 지배층의 편향을 따라가면서 노동자들의 경제적 기반을 훼손하고 있어서이기도 하고, 연구와 노력이 사회적으로 더 유익한 범용 디지털 기술 쪽으로 가지 못하고 있기 때문이기도 하다. 이 절에서 우리는 과거 사례에서 기계 유용성에 우선순위를 두는 접근 방식이 시도되었을 때 놀랄 만한 성공을 거둔 경우를 볼 수 있으며 이것이 미래에도 유용한 기회를 많이 제공할 수 있음을 살펴보고자 한다.

다트머스 콘퍼런스가 열리기 전부터도 MIT의 다재다능한 학자 노버트 위너는 그곳에서 제시된 유와는 다른 비전을 정식화한 바 있었다. 기계를 인간을 보완하는 것으로서 위치시킨 것이다. 위너가 이 용어를 사용하지는 않았지만 "기계 유용성"은 위너에게서 영감을 받은 아이디어다. 우리가 기계에 원하는 것은 "지능" 혹은 "고차원 역량"이라고 불리는 무정형의 무언가가 아니라 기계가 인간의 목적에 맞게 사용되는 것이다. 기계 지능이 아니라 기계 유용성에 초점을 맞추어야 그 방향으로 갈 가능성이 크다.

위너는 튜링 이래로 자율적인 기계 지능에 대한 꿈을 계속 좌절시킨 세 가지 핵심 문제를 짚어냈다. 첫째, 기계가 살아 있는 유기체를 모방하는 데서는 늘 완벽하지 않기 때문에 인간을 능가하고 대체하는 것은 어렵다. 약간 다른 맥락에서 위너는 이렇게 언급한 바 있다. "고양이에 대해 가장 좋은 물질적 모델은 또 다른 고양이이고 가능하다면 동일한 고양이"다.

둘째, 자동화는 노동자에게 즉각적으로 악영향을 미친다. "자동 기계가 감정을 가지고 있든 아니든 간에 기계가 하는 노동은 경제적인 면에서 정확하게 노예 노동과 동격이라는 사실을 기억해야 한다. 그리고 노예 노동력과 경쟁하는 어떤 인간 노동력도 노예 노동의 경제적 결과를 받아들여야 한다."

　　마지막으로, 자동화에만 매진한다는 것은 과학자와 기술자들이 기술에 대해 통제력을 잃을 수 있다는 의미이기도 하다. "인간의 행동은 피드백의 행동"이라는 말은 우리가 주변에서 벌어지고 있는 일들에 대한 정보에 기반해 지속적으로 조정해 나간다는 뜻이다. 그런데 "우리가 만든 기계가 자신에게 들어오는 데이터에 기반해 우리가 따라갈 수 없는 속도로 작동하게 되면, 우리는 그것을 꺼야 할 시점이 언제인지를 너무 늦기 전에 알지 못할 수 있다." 하지만 이 중 어느 것도 불가피하게 그렇게 되어야만 하는 일은 아니다. 기계는 인간의 기술을 보완하는 역할에 활용될 수 있다. 위너가 1949년에 『뉴욕타임스』게재용으로 작성한 기고문 초안에 적었듯이(당시에는 게재되지 못했고 일부가 그의 사후인 2013년에 게재되었다) "우리는 겸손하게 기계의 도움을 누리면서 좋은 삶을 살 수도 있고, 거만해져서 죽을 수도 있다."

　　두 명의 미래주의자가 위너의 횃불을 이어받았다. J. C. R. 리클라이더J. C. R. Licklider는 사람들이 생산 현장에서 위너식 접근을 받아들이도록 촉진하기 위해 노력했다. 원래 심리학자였던 리클라이더는 정보기술 쪽으로 전환해서 네트워크 컴퓨터와 인터랙티브 컴퓨팅 시스템에 결정적으로 중요한 개념을 발달시켰다. 그의 비전은 1960년에 펴낸 획기적인 글 "인간-컴퓨터 공생Man-Computer Symbiosis"에 명료하게 담겨 있다. 리클라이더의 분석은 오늘날에도 유의미하며, 어쩌면 그 글이 나온 60년 전보다 더 유의미할지도 모른다. 특히 "인간에 비해 컴퓨팅 기계들은 매우 빠르고 정확하지만 한 번에 한두 가지의 기본적인 작동을 수행하는 데 한정되어 있다"는 점과 "인간은 유연하고 새로 들어오는 정보에 따라 '스스로를 조건에 맞게 프로그래밍할' 수 있다"는 점을 강조한다는 점에서 그렇다.

대안적 비전의 두 번째 주창자는 더글러스 엥겔바트Douglas Engelbart로, 그 역시 우리가 제시한 기계 유용성 개념의 전조라고 할 수 있는 아이디어를 정식화했다. 엥겔바트는 프로그래머가 아닌 사람들도 컴퓨터를 쉽게 사용할 수 있게 하려고 노력했는데, 여기에는 컴퓨터가 "복잡하고 긴요한 문제들에 대한 인류의 대응 역량을 촉진해 줄 때" 가장 변혁적인 도구가 될 것이라는 믿음이 깔려 있었다.

엥겔바트의 가장 중요한 혁신은 나중에 "모든 시연의 어머니Mother of All Demos"라고 불리게 되는 한 콘퍼런스에서 굉장한 주목을 끌며 선을 보였다. 1968년 12월에 "전기전자 공학자 협회IEEE"와 "미국 컴퓨터 학회Association for Computer Machinery" 공동 주최로 열린 이 콘퍼런스에서 엥겔바트는 마우스의 원형을 소개했다. 커다란 롤러와 나무로 된 프레임, 버튼 하나로 이루어진 이 장치는 오늘날 사용되는 컴퓨터 마우스와 비슷한 모양은 아니었지만 꽁무니에 기다란 선이 달려 있어서 마우스라고 불려도 손색이 없을 만큼 쥐를 닮은 모양이기는 했다. 이 발명품은 대부분의 사람들이 컴퓨터를 쓰는 방식을 일거에 바꾸었다. 그리고 PC와 마이크로소프트의 운영체제에 앞서 스티브 잡스와 스티브 워즈니악Steve Wozniak이 매킨토시 컴퓨터를 개발하는 데 영향을 미쳤다. 엥겔바트의 또 다른 혁신으로는(이 중 일부도 "모든 시연의 어머니"에서 시연되었다) 하이퍼텍스트(오늘날의 인터넷을 가능케 한 혁신이다), 비트맵 스크린(다양한 인터페이스를 가능케 했다)과 초창기 형태의 그래픽 유저 인터페이스 등이 있다. 엥겔바트의 아이디어는 이후에도 계속해서 추가적인 혁신으로 이어졌고, 특히 제록스가 세운 팔로알토 연구소 사람들에 의해서 혁신이 많이 이루어졌다(이들이 발달시킨 많은 아이디어도 매킨토시와 여타 컴퓨터의 발달에 결정적으로 중요했다).

오늘날 위너, 리클라이더, 엥겔바트의 대안적 비전은 AI 환상에 의해 가려졌지만 지극히 중대하고 유용했던 몇몇 디지털 테크놀로지 발달에 토대가 되었다. 이러한 성취가 지배적인 패러다임만큼 관심을 얻는 데 성공하지 못한 이유를 알아보려면 먼저 기계 유용성이 현실에서 어떻게 작동하는지를 살펴보아야 한다.

실전에서의 기계 유용성

인간 역량을 강화하는 기계 유용성을 향해 디지털 테크놀로지의 방향을 돌리는 방법으로 다음 네 가지를 들 수 있다. 이 네 가지는 서로 구별되지만 관련이 있다.

첫째, 기계와 알고리즘이 기존 업무에서 노동자의 생산성을 높일 수 있다. 숙련된 장인에게 더 나은 끌을 제공하거나 건축가에게 컴퓨터 기반 디자인 소프트웨어를 제공하면 그들의 생산성은 상당히 올라갈 것이다. 꼭 새로운 도구가 도입되어야만 생산성이 증대되는 것은 아니다. 기존 도구의 디자인을 개선해서도 생산성을 높일 수 있다. "인간-컴퓨터 상호작용"과 "인간 중심적 디자인"이라고 불리는 분야에서 추구하는 바가 이것이다. 이러한 접근은 모든 기계, 특히 컴퓨터가 사람들이 그것을 가장 생산적으로 사용할 수 있게 할 특징들을 가지고 있어야 하며, 새로운 테크놀로지는 인간에게 편리하고 사용성이 좋다는 목적을 가장 우선순위에 두고 개발되어야 한다고 본다. 여기에 성공할 경우 엥겔바트의 마우스나 그래픽 유저 인터페이스가 그랬듯이 새로운 디지털 테크놀로지는 스티브 잡스가 말한 "우리 정신의 자전거"가 되어서 인간의 역량을 확대해 줄 수 있다. 이 접근은 기계의 역량이 인간을 위해 복무하게 하므로 인간의 지능을 보완하는 경향이 있다.

　이미 이러한 접근은 괄목할 만한 이득을 가져올 수 있음이 입증되었지만 더 많은 것을 실현할 수 있다. 가상현실이나 증강현실 도구는 계획, 설계, 검사, 훈련에서 인간의 역량을 크게 높여줄 잠재력이 있으며 공학이나 기술 분야 일자리를 넘어선 범위에서도 효과를 발휘할 수 있다.

　테크놀로지와 엔지니어링 분야에 종사하는 사람들 사이에서 현재의 지배적인 합의는 리카이푸의 다음 언명에 잘 요약되어 있다. "로봇과 AI는 대부분의 제품에서 제조, 배달, 디자인, 마케팅 업무를 가져가게 될 것이다." 하지만 8장에서 보았듯이 독일의 인더스트리 4.0 프로그램에서 새로운 소프트웨어 도구의 도입은 생산성 증가의 중요한 원천이었고 [노동자를 대체하기보다] 변화하는 상황이나 수요에 따라 더 큰 유연성을 발휘할 수 있게 해주었다.

　이러한 잠재력을 더 잘 보여주는 사례는 일본의 제조업이다. 일본에서는 많은 기업들이 발달된 기계를, 때로는 자동화된 기계를 받아들였지만 유연성과 노동자의 의사결정 참여에 우선순위를 두었다. 이러한 접근은 위너, 리클라이더, 엥겔바트와 동일한 비전을 따른 또 한 명의 엔지니어 W. 에드워즈 데밍W. Edwards Deming이 개척했다. 데밍은 일본 제조업이 품질 중심적인 유연 생산 방식으로 가는 데 중대하게 기여한 인물로, 그 공로를 인정받아 일본에서 최고 훈장을 받았고 그의 이름을 딴 "데밍상"도 생겼다. 오늘날에는 증강현실과 가상현실이 인간-기계 협업의 새로운 길을 다양하게 제공하고 있다. 인간 노동자가 정밀 작업을 더 잘 할 수 있게 해준다든지, 더 적응적인 설계를 할 수 있게 해준다든지, 변화하는 상황에 더 유연하게 반응하게 해주는 식으로 말이다.

　기계 유용성의 두 번째 유형은 첫 번째보다 더 중요한데, 7장과 8장에서 살펴본 주제와 맥이 닿는다. 노동자들에게 새로운 업무를 창출해 주는 것이다. 이 유형은 20세기 초에 포드 등이 생산 공정의 일부를 자동화하고 노동 과정을 재조직해 대량생산 체제로 전환했을 때 숙련 노동자와 저숙련 노동자 모두에 대해 수요가 확대되는 데 결정적으로 중요했다. 디지털 테크놀로지도 지난 반세기 동안 다양한 기술적·디자인적 업무를 새로이 창출했다(대부분의 기업이 자동화에 디지털 기술을 이용하는 데 더 집중하기는 했지만 말이다). 앞으로는 증강현실과 가상현실도 새로운 업무를 창출할 수 있을 것이다. 교육과 의료 분야는 알고리즘이 새로운 업무의 창출에 어떻게 기여할 수 있을지 엿볼 수 있는 좋은 사례다. 40년 전에 아이작 아시모프Isaac Asimov는 현대 교육 시스템의 문제를 다음과 같이 지적했다. "오늘날 학습이라고 불리는 것은 모든 아이가 같은 것을 같은 날 같은 속도로 교실에 앉아서 배우게끔 강제한다. 하지만 사람은 다 다르다. 어떤 아이에게는 수업이 너무 빠르고 어떤 아이에게는 너무 느리고 어떤 아이는 엉뚱한 방향으로 가고 있을 수 있는 것이다." 아시모프가 이러한 비판을 했을 때 그가 주창한 개인별 맞춤 교육은 순전한 희망사항이었다. 당시에는 모든 학생에게 1대 1 교육을 제공할 수 없었으므로 그가 말하는 맞춤식 교육이 현실에서 이루어질 가능성은 별로 없었다. 하지만 오늘날에는 개인별 맞춤 수업을 가능하게 해주는 도구들이 존재한다. 사실 꼭 새로운 기술이 아니라 기존에 존재하는 디지털 테크놀로지를 이 목적으로 재배열하는 것도 가능하다. 자동화에 사용되는 통계 기법은 학습에 특별히 어려움을 겪고 있는 학생이 있는지, 더 수준 높은 자료에 노출시켜도 될 아이들이 누구인지 등을 실시간으로 알아내는 데도 사용할 수 있다. 그러한 학생들을 알아내어 그에 맞게 소그룹별로 수업 자료를 조정할 수 있다. 교육 현장에서 수행된 실증연구들은 이러한 맞춤 교육이 상당한 이득을 가져오며, 정확히 가장 필요한 부분, 즉 사회경제적 배경이 낮은 아이들에게 인지적·사회적 기술을 향상시켜 주는 데서 가장 유용한 것으로 나타났다.

의료 분야도 비슷하다. 딱 맞는 유형의 기계 유용성은 간호사 등 의료인의 역량을 크게 강화해 주고 특히 1차 의료, 예방 의료, 로우-테크 의료에서 유용할 수 있다.

기계가 인간의 역량 강화에 도움을 주는 세 번째 방식은 가까운 미래와 관련해 가장 중요할 수 있다. 거의 언제나 의사결정은 정확한 정보를 얼마나 가질 수 있느냐에 의해 제약되며, 인간의 창조성은 정확한 정보에 시의적절하게 접할 수 있느냐에 좌우된다. 대부분의 창조적인 업무는 유비 관계를 끌어내고 기존에 존재하던 방법과 디자인을 새롭게 재조합하는 것을 필요로 한다. 그다음에 전에 시도되지 않았던 체계를 생각해 내고, 여기에 도전을 제기하는 근거와 논증을 다뤄나가면서 더욱 개선할 수 있다. 인간이 수행하는 이러한 업무 모두가 유용한 정보에 접근하고 그것들을 정확하게 걸러낼 수 있으면 도움이 된다.

영국의 컴퓨터 과학자 팀 버너스-리Tim Berners-Lee가 핵심 창시자로 알려진 월드와이드웹은 이러한 유형의 인지 보조 도구다. 1980년대 말에 인터넷, 즉 통신을 하는 컴퓨터들이 전 지구적으로 연결된 네트워크는 이미 20년이나 존재했지만 그 네트워크 안에 막대하게 존재하는 정보에 쉽게 접근할 수 있는 방법이 없었다. 버너스-리는 벨기에의 컴퓨터 과학자 로버트 카이아우Robert Cailliau와 함께 엥겔바트의 하이퍼텍스트 개념에 착안해 하나의 페이지에 있는 정보가 하이퍼링크로 인터넷상의 다른 페이지와 연결되게 했다. 두 과학자는 그러한 방식으로 정보를 불러올 수 있는 웹 브라우저를 만들고 월드와이드웹, 혹은 간단히 웹이라고 불렀다. 웹은 인간-기계 협업의 기념비적 발명품이었고, 사람들이 다른 사람들이 만든 정보와 지혜에 이제껏 있었던 무엇에도 비할 수 없이 방대하게 접근할 수 있게 해주었다.

기계 유용성은 소비자로서, 노동자로서, 시민으로서 사람들에게 더 나은 정보를 제공해서 그들의 역량을 높이는 쪽으로 적용할 수 있는 가능성이 많다. 추천 시스템도 가장 최선으로 사용될 경우 이렇게 기능할 수 있다. 다른 이들로부터 얻은 정보를 모아서 당면한 문제에 의사결정을 도울 수 있는 것이다.

기계 유용성의 네 번째 범주는 디지털 테크놀로지를 새로운 플랫폼과 시장의 창출에 사용하는 것으로, 위너-리클라이더-엥겔바트 비전을 가장 중요하게 적용하는 경우일 것이다. 경제적 생산성은 협업과 교환에서 떼놓고 생각할 수 없다. 서로 다른 능력과 재능을 가진 사람들을 한데 모으는 것은 언제나 경제적 역동성의 중요한 측면이었고, 디지털 테크놀로지는 이것을 강력하게 확대할 수 있다.

이를 보여주는 훌륭한 사례가 휴대전화 사용으로 어업을 혁신한 인도 남부 주 케랄라의 어민들이다. 전에는 해변의 어느 지역 시장에는 만선으로 고기를 잡은 어선이 들어왔지만 고기를 사러 온 사람이 충분하지 않아 떨이로 넘기거나 많은 물고기가 버려진 반면, 불과 1~2킬로미터 떨어진 시장에서는 사러 온 사람이 너무 많아 높은 가격을 치르고도 고기를 충분히 확보하지 못하는 엄청난 비효율이 발생했다. 그러다가 1997년에 케랄라에 휴대전화 서비스가 들어왔고 어민과 고기를 사러 온 도매상들은 휴대전화로 정보를 주고받으며 해변의 여러 시장들 사이에서 수요와 공급을 조율하기 시작했다. 가격 불안정성과 물고기가 버려지는 일이 크게 줄었다. 이 이야기가 말해주는 기본적인 경제학적 교훈은 명백하다. 커뮤니케이션 테크놀로지를 통해 하나의 통합된 시장을 형성한 것이다. 이러한 변화로 어민과 소비자 모두 상당한 이득을 얻었다.

새로운 연결과 시장 창출의 기회는 디지털 테크놀로지에서 잠재적으로 더 클 수 있다. 몇몇 플랫폼은 이미 디지털 테크놀로지를 그렇게 사용하고 있다. 고무적인 사례 하나는 M-페사라고 불리는 현금 이전 시스템과 모바일 화폐다. 2007년에 케냐에 도입되어 모바일 기기를 통해 싸고 빠르게 은행 서비스를 제공한 이 시스템은 2년 만에 케냐 인구 65퍼센트에게 전파되었고 이후 몇몇 다른 개도국에도 도입되었다. M-페사의 도입은 이들 국가의 경제에 광범위한 이득을 창출한 것으로 추산된다. 또 다른 사례는 에어비앤비가 숙박 분야에서 새로운 시장을 열면서 소비자들에게 추가적인 선택지를 제공하고 호텔과의 경쟁을 창출한 것을 들 수 있다.

AI 기반의 자동화가 꽤 성공적으로 이루어진 번역 같은 분야에서도 새로운 플랫폼을 만들어 인간의 역량을 보완할 수 있는 쪽으로 대안이 존재한다. 완전히 자동화된, 그리고 종종 품질이 별로인 번역에 의지하기보다 양질의 언어 서비스가 필요한 사람들과 검증된 능력을 가진 다중 언어 구사자들을 전 세계에서 플랫폼에 모으는 것이다.

새로운 플랫폼이 꼭 금전적인 거래를 수반하는 것일 필요는 없다. 탈중심화된 디지털 구조는 전문 지식과 기술을 나누고 집합 행동을 일구기 위한 더 광범위한 협업 플랫폼에도 사용될 수 있다(11장에서 더 상세히 설명할 것이다).

앞에서 언급한 기계 유용성의 성공 사례는 디지털 테크놀로지를 가장 생산적으로 적용한 사례들이며 수많은 추가적인 혁신으로 가는 길을 닦았다. 그럼에도 전반적으로 현재 AI가 가는 방향에서는 주변적인 위치에 있다. 2016년에 맥킨지 글로벌 연구소는 전체 AI 지출 260억~390억 달러 중 200억~300억 달러가 미국과 중국의 소수의 빅테크 기업에서 이루어졌다고 밝혔다. 불행히도, 우리가 말할 수 있는 한에서 이 지출 대부분은 자동화와 감시를 위한 방대한 데이터 수집으로 들어간 것으로 보인다.

그렇다면 왜 테크 기업들은 인간을 도우면서 동시에 생산성을 높일 수 있는 도구들을 개발하지 않는가? 몇 가지 이유가 있는데, 그 모두가 우리가 직면한 더 광범위한 요인에 대해 시사점을 준다. 교육을 생각해 보자. 앞에서 언급했듯이 새로운 업무의 창출이 중요한 이유는 인간(이 경우에는 교사)에게 유의미하고 충분한 소득을 올릴 수 있는 일자리를 창출해 줌으로써 생산성을 높일 수 있기 때문이다. 하지만 새로운 업무가 생긴다는 말은 이미 자금이 쪼들리는 학교에 더 큰 비용이 발생하리라는 의미이기도 하다. 오늘날 많은 조직이 그렇듯이 대부분의 공립학교는 노동 비용을 줄이는 데 초점을 두어야 해서 교사를 더 채용하기가 여간 어렵지 않다. 그러므로 학교로서는 자동화된 채점, 자동화된 교육과 같은 프로그램이 더 매력적일 수 있다.

의료도 마찬가지다. 미국은 의료에 4조 달러를 쓰는데도 병원들은 여전히 예산 압박에 시달리며, 코로나19 기간 동안 간호사의 부족은 고통스럽도록 명백했다. 간호사의 역량과 업무를 확대하는 테크놀로지가 도입된다는 말은 양질의 의료를 위해 더 많은 간호사를 채용해야 한다는 말이다. 이는 핵심 지점을 다시 말해준다. 조직이 비용 절감에 초점을 두고 있을 때는 인간을 보완하는 테크놀로지가 조직 입장에서 매력적이지 않다.

해결해야 할 또 하나의 난제는 새로운 플랫폼, 그리고 정보 수집 및 종합 방법과 정보를 사용자에게 제공하는 방법이 착취적인 방향으로 사용될 가능성도 있다는 점이다. 월드와이드웹은 유용한 정보의 원천이지만 디지털 광고와 거짓 정보를 유통시키는 플랫폼이기도 하다. 추천 시스템은 해당 플랫폼의 금전적인 인센티브에 따라 고객을 특정한 제품으로 유도하기도 한다. 디지털 도구들은 경영자들에게 더 나은 의사결정을 위한 정보만이 아니라 노동자를 더 잘 감시할 수 있는 정보도 제공한다. AI로 돌아가는 추천 시스템 중 일부는 고용에서의 인종 차별이나 사법 시스템에서의 인종 편견 등 기존의 편견을 강화한다. 차량 공유나 배달 플랫폼은 일자리의 안정성이나 노동자 보호 시스템이 없는 상태의 노동자들과 착취적인 관계를 맺는다. 따라서 가장 전망 있는 인간-기계 협업 도구라 해도 시장의 인센티브와 테크놀로지 분야를 지배하는 사람들의 비전과 우선순위, 그리고 길항 권력의 유무에 따라 사용되는 방향이 달라질 수 있다.

이에 더해 인간-기계 협업과 관련해 또 한 가지의 극복하기 어려운 장벽이 존재한다. 튜링 테스트와 AI 환상의 그림자 안에서, 이 분야에서 가장 뛰어난 연구자들은 인간 등가 수준에 도달하는 AI를 만들려는 야망으로 동기부여되며, 이 측면에서의 성취를 기계 유용성보다 높이 평가하고 더 많이 인정한다. 따라서 혁신의 방향이 노동자들에게서 일을 빼앗아 AI 프로그램에 할당하는 방법을 찾는 쪽으로 편향된다. 그리고 이 문제는 물론 알고리즘을 사용해 비용을 절감하고자 하는 거대 기업들의 재정적 인센티브에 의해 증폭된다.

모든 비적정 기술의 어머니

AI 환상 때문에 비용을 치르는 것은 산업화된 세계의 노동자와 시민만이 아니다.

지난 50년간 더 가난한 많은 나라들이 경제 성장을 했지만 여전히 개도국에서 30억 명 이상의 사람들이 하루 6달러 이하로 살아간다. 이 정도의 소득으로는 하루 세끼를 먹기가 쉽지 않고 주거, 의복, 의료에 쓸 돈도 충분하지 않다. 많은 이들이 빈곤을 완화해 줄 테크놀로지에 희망을 건다. 유럽, 미국, 혹은 중국에서 개발되고 더욱 완벽하게 개선된 테크놀로지가 들어오면 개도국의 경제 성장에 촉진제가 되리라는 것이다. 국제 교역과 세계화도 이 과정의 중요한 요소로 이야기된다. 외국에서 들여온 발달된 테크놀로지를 생산 과정에 적용해서 제품을 만들고 그것을 다시 세계 시장에 수출할 수 있으리라는 것이다.

한국, 타이완, 모리셔스, 더 최근에는 중국 등 매우 빠르게 경제 성장을 이룩한 사례가 이를 증명해 주는 것처럼 보인다. 이들 국가는

30년 넘게 연평균 1인당 성장률이 5퍼센트가 넘었고 산업 테크놀로지와 세계 시장으로의 수출이 이러한 경제 성장에서 중요한 역할을 했다.

하지만 개도국이 해외에서 들여온 테크놀로지에서 득을 얻을지, 얻는다면 어떻게 얻을지는 일반적으로 이야기되는 것보다 훨씬 복잡하다. 1970년대에 프랜시스 스튜어트Frances Stewart 등 몇몇 경제학자는 테크놀로지 수입이 효과가 없을 수 있으며 불평등과 빈곤 면에서 되레 상황을 악화시킬 수 있다는 것을 발견했다. 서구의 테크놀로지가 개도국의 니즈에는 "비적정inappropriate"하기 때문이다. 아프리카의 농업이 이 문제를 잘 보여준다. 전 세계 농업 분야 연구개발 지출의 대부분은 고소득과 중위소득 국가들이 차지하며 그 지출의 상당 부분이 농업의 가장 고질적인 문제인 병충해 해결에 들어간다. 병충해는 세계 농업 산출 중 많게는 40퍼센트까지도 파괴하는 것으로 추산된다. 일례로 유럽의 옥수수좀은 서구 유럽과 북미의 옥수수에 심각한 피해를 준다. 여기에 많은 관심이 쏠렸고 5,000개가 넘는 바이오테크 특허와 다양한 유전자 조작 종자를 통해 옥수수좀에 저항성이 있는 종자가 개발되었다. 미국과 서유럽 일부의 곡물에 영향을 미치는 서양옥수수뿌리벌레, 미국의 면화 생산을 크게 위협하는 목화벌레에 대해서도 마찬가지였다.

하지만 아프리카와 남아시아 농업에는 이러한 신종 작물과 화학 제품들이 그리 유용하지 않다. 이곳을 괴롭히는 병충해는 종류가 다르기 때문이다. 아프리카에서 옥수수 경작에 큰 피해를 입히는 아프리카옥수수줄기좀과 아프리카와 남아시아에서 모든 종류의 작물을 쓸어버리곤 하는 사막메뚜기는 이들 지역의 농업 생산성을 가로막는 막대한 장벽이다. 하지만 여기에는 많은 관심이 주어지지 않았다. 특허도 매우 적고 유전자 조작 종자는 하나도 없다. 전반적으로 저소득 국가의 문제를 염두에 둔 연구개발 자금 지출과 혁신은 매우 미미했다. 바이오테크 분야의 연구개발이 서구의 병충해에서 개도국의 병충해를 다루는 쪽으로만 옮겨가도 많게는 글로벌 농업 생산성이 42퍼센트까지 향상되리라는 추산치도 있다.

주로 서구 농업에 초점을 맞춘 곡물과 농업 화학 물질이 개도국에 들어오면 비적정 기술의 사례가 된다. 스튜어트가 여기에서 강조한 바는 병충해 자체라기보다는 새로운 생산 방식이 매우 자본집약적이라는 사실이다. 예를 들어, 제조업에 쓰이는 복잡한 산업용 기계와 농업에서 쓰이는 콤바인 수확기는 개도국의 필요와 부합하지 않을 수 있다. 개도국에서는 자본이 희소하고 이들 나라에서 가장 절박한 문제는 경제 성장 과정에서 국내 인구에게 일자리(좋은 일자리)를 창출하는 것이기 때문이다.

이러한 불일치는 경제 발전에 커다란 비용을 유발한다. 아마도 개도국은 새로운 테크놀로지가 자신의 필요에 맞지 않거나 너무 자본집약적이어서 그것을 사용하지 않을 것이다. 사실 미국에서 개발된 품종은 가난한 나라들로 거의 수출되지 않는다. 우연히 매우 비슷한 기후와 병충해를 가지고 있다면 몰라도 말이다. 선진 경제에서 개발된 테크놀로지가 개도국에 도입되는 경우에도 그 이득은 종종 제한적이다. 테크놀로지를 도입한 나라에 첨단 기계를 작동하고 유지 보수할 고숙련 노동력이 부족하기 때문이다. 그뿐 아니라 부유한 나라에서 들어온 테크놀로지는 그것을 받아들인 나라에 이중 노동 구조를 만드는 경향을 보인다. 전반적으로 좋은 일자리가 거의 없는 상황에서 자본집약적이고 숙련집약적인 분야에서만 노동자에게 좋은 임금을 줄 수 있기 때문이다. 요컨대, 비적정 기술은 세계의 빈곤을 줄이지 못한다. 오히려 서구와 그 밖의 나라 사이에, 그리고 개도국 내부에서 불평등만 심화시킬 것이다.

많은 개도국 사람들이 이 문제를 이미 알고 있었다. 20세기의 몇몇 변혁적인 혁신은 오늘날 "녹색 혁명"이라고 불리는 영역에서 이루어졌는데, 이것은 멕시코, 필리핀, 인도 연구자들이 개척했다. 서구에서 발명된 쌀 품종은 이들 나라의 기후와 토양에 맞지 않았다. 돌파구는 1966년에 새로운 혼합 품종인 IR8이 개발되면서 마련되었다. 필리핀에서 쌀 생산을 두 배로 늘린 IR8 품종 및 관련 재배 기술은 인도 연구소와의 협업으로 개발되었고, 곧 인도에도 IR8이 도입되어 인도 농업을 혁명적으로 바꾸었다. 산출이 10배나 는 곳도 있었다. 록펠러 재단 등의 국제적인 자금 지원과 저명한 과학자들의 지원, 특히 농학자 노먼 볼로그Norman Borlaug(수십억 명을 기아에서 구한 공로로 노벨 평화상을 받았다)의 지원도 중요했다.

오늘날 우리는 모든 비적정 기술의 어머니를 AI라는 형태로 마주하고 있다. 하지만 녹색 혁명에서와 비슷한 노력은 보이지 않는다(노먼 볼로그가 했던 역할을 하고자 하는 AI 연구자도 많지 않다).

한국, 타이완, 중국 같은 곳에서 경제가 빠르게 성장하고 빈곤이 감소한 것은 단지 서구의 생산 방식을 수입해서 이루어진 것이 아니었다. 그보다는 새로운 테크놀로지가 이들 나라의 인적 자원이 더 효율적으로 사용될 수 있게 해주었기 때문이었다. 이들 나라 모두에서 테크놀로지는 노동 인구 대부분에게 새로운 고용 기회를 창출했고, 국가 자체도 테크놀로지가 요구하는 바와 국내 인구의 실제 숙련도 사이의 불일치를 줄이기 위해 교육 투자를 늘렸다.

그런데 현재 AI가 가는 경로는 이 길을 원천적으로 닫아버리고 있다. 디지털 기술, 로봇 기술, 그 밖의 자동화 장비는 이미 글로벌 생산에서 요구되는 숙련 수준을 높였고 국제 분업 구도를 재편하기 시작했다. 이를테면, 노동 인구가 주로 저학력 노동자로 구성된 개도국에서 탈산업화가 벌어지는 데 일조하는 것이다.

이 과정의 핵심도 역시 AI다. 현재의 AI 경로는 저소득국이나 중위소득국 인구 다수에게 일자리와 기회를 창출하기보다 자본, 고숙련 생산직 노동자, 고숙련 서비스 노동자(경영 컨설팅이나 테크 기업에서)에 대한 수요를 늘리고 있는데, 이것은 정확히 개도국에 부족한 자원이다. 수출 주도 성장과 녹색 혁명의 사례에서 보았듯이, 개도국 경제는 경제 성장을 촉진하고 빈곤을 줄이는 데 사용할 수 있는 자원을 풍부하게 가지고 있다. 하지만 테크놀로지의 미래가 AI 환상이 명령하는 길로 간다면 그러한 자원은 계속해서 사용되지 않고 남아 있게 될 것이다.

이중 구조 사회의 재탄생

산업혁명이 시작된 18세기에 영국 인구 대부분은 정치적·사회적 권력을 가지고 있지 못했다. 예상하다시피, 그러한 이중 구조 사회에서 진보와 생산성 증가의 방향은 수백만 명의 생활 여건을 악화시켰다. 이 상황이 변화하기 시작한 것은 사회적 권력의 분배가 달라져 테크놀로지 경로가 노동자의 한계생산성을 높이는 방향으로 전환하면서부터였다. 또한 중요했던 것은 노동자에게 지대의 공유가 안정적으로 이루어지게 할 제도와 규범이 생겨나 생산성 향상이 노동자의 임금 증가로 이어질 수 있었다는 점이었다. 19세기 후반기에 테크놀로지와 노동자 권력을 둘러싸고 벌어진 투쟁은 매우 위계적이던 영국 사회를 변모시키기 시작했다.

6장과 7장에서 우리는 테크놀로지를 선도하는 국가가 달라지면서 이 과정이 영국에서 미국으로 넘어온 것을 살펴보았다. 20세기의 미국 테크놀로지는 심지어 더 뚜렷하게 노동자의 한계생산성을 높이는 방향으로 발달했다. 그리고 미국에서 발달한 기법과 혁신이 세계에 퍼지면서 많은 나라에서 대량생산과 중산층의 형성이 가능해졌고, 이로써 미국은 국내뿐 아니라 세계의 많은 지역에도 공유된 번영의 토대를 놓았다.

지난 50년 동안 미국은 계속해서 테크놀로지의 최전선에 있었고 미국의 생산 기법과 실행 방식, 특히 디지털 분야에서의 혁신은 지금도 전 세계에 퍼지고 있다. 그런데 오늘날에는 이 과정이 내놓는 결과가 매우 다르다. 소수의 거대 기업에 권력이 집중되고 지대의 공유를 가능하게 했던 제도와 규범이 해체되면서, 또한 테크놀로지의 방향이 1980년 정도부터 자동화에 초점을 두게 되면서, 미국에서 공유된 번영의 모델이 무너지고 있다.

이 모든 일이 AI의 가장 최근 파도가 오기 전부터도 이미 진행되고 있었고, 업무를 자동화하고 노동 강도를 강화하며 노동자를 감시하는 데 테크놀로지를 사용하는 비전도 이미 확립되어 있었다. 2010년대가 되기 한참 전부터 우리는 이중 구조 사회로 되돌아가는 길에 들어서 있었다. 그리고 오늘날 AI 환상이 높아가면서 그 과정이 가속화되고 있다.

현대 AI는 테크 지배층이 쥐고 있는 도구를 증폭해 그들이 더 창조적인 방식으로 노동 자동화와 노동력 대체를 밀어붙일 수 있게 해준다. 그러면서도 생산성을 높이고 인류가 직면한 수많은 문제를 해결하는 등 온갖 종류의 선한 일을 하고 있는 것으로 상정된다(그들은 그렇게 주장한다). AI로 막강해진 테크 지배층은 나머지 사람들의 의견을 들어야 할 필요성을 한층 덜 느낀다. 사실, 테크 지배층 상당수가 나머지 사람들은 그리 현명하지 못해서 자신에게 좋은 것이 무엇인지를 잘 모른다고 생각한다.

2000년대 중반 무렵이면 디지털 기술과 거대 기업의 결합은 억만장자를 점점 더 많이 만들어 내고 있었다. 그리고 2010년대에 AI 도구가 퍼지기 시작하면서 이러한 부는 한층 더 증폭되었다. 하지만 이것은 AI 도구들이 주창자들이 주장해 온 것만큼 놀랍거나 생산적이어서가 아니었다. 오히려 AI 기반 자동화는 생산성을 크게 높이는 데 종종 실패하며, 더 안 좋게도 공유된 번영은 전혀 짓지 못한다. 그런데도 업계의 거물과 고위 경영자들을 매혹하고 부자로 만들어 주며, 그와 동시에 노동자들의 역량과 권력을 약화하고 사람들로부터 수집한 정보를 돈으로 만드는 방법을 개척한다(10장에서 살펴볼 것이다).

자동화와 감시에 디지털 테크놀로지를 사용하는 쪽으로 맹렬히 돌진하는 가운데 이 모든 사실이 간과되고 있다는 점이 우리가 이 비전의 이 같은 국면을 "AI 환상"이라고 부르는 이유다. 이 환상은 향후 몇 년간 강력한 알고리즘이 더 많이 개발되고 온라인을 통한 전 지구적 연결이 더욱 심화되면서, 그리고 가전제품 등 기계들이 영속적으로 클라우드에 연결되어 더 많은 데이터를 수집하면서 한층 더 강화될 것이다.

오늘날 우리는 H. G. 웰스가 『타임머신』에서 묘사한 디스토피아적 미래에 가까워지고 있는 듯하다. 우리 사회는 이미 이중 구조 사회다. 꼭대기에는 거대 기업의 거물들이 있다. 이들은 자신이 가진 부를 자신이 가진 놀라운 천재성으로 획득했다고 믿는다. 바닥에는 평범한 사람들이 있다. 테크 지도자들은 이들이 늘 오류를 저지르고 대체되기에 적합하다고 생각한다. AI가 현대 경제의 많은 면에 점점 더 깊이 파고들면서 이 두 계층은 서로에게서 점점 더 멀어질 가능성이 크다.

　　이 모든 것이 반드시 그렇게 되어야만 하는 것은 아니다. 디지털 테크놀로지가 꼭 자동화에 쓰여야 하는 것도 아니고 AI 기술이 꼭 무차별적으로 동일한 추세를 강화해야 하는 것도 아니며 테크 공동체가 기계 유용성을 위해 노력하지 않고 꼭 기계 지능에 현혹되어야 하는 것도 아니다. 테크놀로지의 경로에 미리 예정된 것은 없고, 오늘날 지배층이 만들고 있는 이중 구조의 계층 사회와 관련된 어느 것도 불가피한 것이 아니다.

　　사회의 권력 배분을 재조정하고 테크놀로지의 방향을 바꿔 현재의 딜레마에서 빠져나오는 것은 가능하다. 그러한 변화는 아래로부터의 민주적인 과정을 통해서 일어나야 할 것이다. 그런데 불길하게도 AI는 민주주의도 훼손하고 있다.

10장

민주주의, 무너지다

소셜미디어의 역사는 아직 다 쓰이지 않았고, 그것의 효과는 중립적이지 않다.

—크리스 콕스Chris Cox, 페이스북 제품 관리 부문 대표, 2019년

모두가 늘 당신에게 거짓말을 한다면 그것의 결과는 당신이 그것을 믿게 되는 것이 아니라 더는 아무도, 아무것도 믿지 않게 되는 것입니다.

—한나 아렌트Hannah Arendt, 1974년 인터뷰

2021년 11월 2일에 중국의 테니스 스타 펑솨이Peng Shuai가 고위 공직자에게 성폭력을 당했다는 글을 소셜미디어 사이트 웨이보에 올렸다. 이 글은 20분 만에 삭제되었고 다시는 중국 소셜미디어에서 볼 수 없었다. 삭제되었을 시점이면 이미 많은 사용자가 스크린샷으로 저장해 해외 사이트에 공유하고 있었지만 해외 사이트에 접근하는 것도 빠르게 검열되었다. 중국 사람들은 펑솨이에게 관심이 많았지만 원래의 글을 볼 수 있는 사람은 거의 없었고 따라서 공적인 논의도 없었다.

정치적으로 민감한 정보가 빠르게 제거되는 것은 중국에서 예외적인 일이 아니라 일상적인 일이다. 중국에서 인터넷과 소셜미디어는 지속적으로 감시된다. 알려진 바에 따르면 중국 정부는 온라인 콘텐츠 검열과 감시에만 매년 66억 달러를 지출한다.

중국 정부는 그 밖의 디지털 도구에도 막대한 투자를 하는데, 특히 감시를 위한 AI 기술에 많이 투자한다. 신장 지역이 이를 가장 두드러지게 보여준다. 2009년 7월에 폭동이 있은 직후부터 주로 무슬림인 이곳의 위구르족에 대해 체계적으로 데이터를 수집했는데 2014년 이래로 이 활동이 증폭되었다. 중국 공산당은 몇몇 주요 테크 기업에 개인과 가구의 습관, 통신 패턴, 일자리, 지출, 심지어 취미에 이르기까지 방대한 데이터를 수집, 종합, 분석하도록 지시했다. 잠재적으로 반란자가 될지 모른다고 여겨지는 신장의 1,100만 주민을 대상으로 소위 "예측적 치안predictive policing"을 수행하기 위해서였다.

앤트 그룹(알리바바가 부분적으로 소유하고 있다), 텔레콤 거대 기업 화웨이, 센스타임, 클라우드워크, 메그비 등 세계적으로 수위권에 드는 AI 기업들을 포함해 중국의 주요 테크 기업들이 감시 도구를 개발해 신장에 도입하려는 정부에 협력했다. DNA로 사람들을 추적하는 기법 개발도 진척되고 있으며, 얼굴 특징에 기반해 위구르 사람임을 특정하는 AI 기술도 일상적으로 사용된다.

이는 신장에서 시작되었지만 중국의 다른 지역으로도 확산되고 있다. 안면 인식 카메라는 이제 중국 전역에 퍼져 있다. 중국 정부는 전국적인 사회신용체계 도입도 꾸준히 진척시켜 왔다. 사회신용체계는 개인과 기업에 대한 정보를 수집해 바람직하지 못하거나 신뢰할 만하지 못한 행동을 감시하는 것으로, 전복적이거나 반체제적인 정부 비판도 물론 여기에 포함된다. 공식 문서에 따르면 사회신용체계는

법, 규칙, 기준, 헌장에 의거하며, 사회 구성원의 신용 기록들과 신용 인프라를 포괄하는 완전한 네트워크에 토대를 두고 있다. 또한 신용 정보와 신용 서비스 시스템을 합법적으로 적용해 이를 지원한다. 이 것이 내재적으로 요구하는 바는 진심의 문화라는 개념을 구축하는 것 이고 진심과 전통적인 미덕을 향해 나아가는 것이다. 이 시스템은 인 센티브 메커니즘으로서 사람들이 신뢰를 유지하도록 독려하고 신뢰

를 깨는 행위를 제약한다. 목적은, 정직한 정신을 북돋우고 사회 전체의 신용 수준을 제고하는 것이다.

이 시스템의 초기 버전은 알리바바, 텐센트, 차량 공유 업체 디디 등 민간 기업들과 함께 개발되었다. 표방된 목적은 용인 가능한 행위(당국의 입장에서)와 그렇지 않은 행위를 구별하고, 위반하는 사람들은 이동 등 행동의 범위를 제약하는 것이었다. 2017년 이래 사회신용체계의 초기 형태가 항저우, 청두, 난징 등 주요 도시 수십 곳에 적용되었다. 최고인민법원에 따르면 "[2019년 7월 9일] 현재 [법원의 명령을] 따르지 않은 사람에게 2,730만 건의 비행기 티켓 구매와 600만 건 가까운 기차 티켓 구매가 제한되었다." 몇몇 논평가는 중국 모델과 사회신용체계가 권위주의 통치를 강도 높은 감시와 정보 수집으로 유지하는, "디지털 독재"라는 새로운 독재의 원형이라고 보기도 한다.

아이러니하게도, 이것은 많은 사람들이 인터넷과 소셜미디어가 정치 담론과 민주주의에 미치리라 예상했던 결과와 정반대의 현상이다. 사람들은 온라인상의 소통이 군중의 지혜를 풀어놓으리라고 기대했다. 서로 다른 관점이 자유롭게 소통하고 경쟁하는 과정에서 진실이 승리하게 되리라는 것이었다. 인터넷은 부패, 억압, 폭력이 폭로되게 함으로써 민주주의를 강화하고 독재를 수세에 몰리게 할 듯 보였다. 이제는 유명해진 위키리크스Wikileaks를 비롯해 여러 위키 사이트들은 저널리즘의 민주화로 나아가는 한 국면으로 여겨졌다. 그리고 소셜미디어는 시민들 사이에 열린 정치 담론과 의견 조율을 촉진해 이 모든 긍정적인 영향을 한층 더 높은 수준으로 달성하리라고 기대되었다.

초기의 사례들은 실제로 이러한 기대를 뒷받침하는 듯했다.

2001년 1월 17일에 필리핀 사람들이 의회의 결정에 맞서 저항을 조직하는 데 문자메시지가 사용되었다. 의회는 조지프 에스트라다Joseph Estrada에 대한 탄핵 심리에서 그에게 불리한 결정적인 증거들을 무시하려고 했다. 문자메시지가 사용자에게서 사용자에게로 이어지면서 100만 명 이상이 마닐라 시내에 모여 에스트라다의 부패와 범죄에 공모한 의회에 항의했다. 수도가 정체에 빠지자 의원들은 결정을 바꾸었다. 하원에서 탄핵이 의결되었고 에스트라다는 상원의 결정이 내려지기 전에 사임했다.

10년이 채 지나지 않아 이제 소셜미디어의 차례가 왔다. "아랍의 봄" 때 시민들은 페이스북과 트위터를 사용해 저항에 나섰고 오랜 세월 군림해 온 튀니지의 독재자 진 엘 아비딘 벤 알리Zine El Abidine Ben Ali와 이집트의 호스니 무바라크Hosni Mubarak를 몰아냈다. 이집트에서 저항 운동에 참여했던 구글 컴퓨터 엔지니어 와엘 고님Wael Ghomin은 한 매체와의 인터뷰에서 저항에 참여한 사람들 사이의 분위기와 테크 세계에서의 낙관 둘 다를 다음과 같이 드러냈다. "언젠가 마크 저커버그를 만나 감사의 인사를 하고 싶습니다. 정말로요. 이 혁명은, 혁명의 상당 부분은 페이스북에서 시작되었습니다. 사회를 해방시키고 싶다면 그들에게 인터넷만 주면 됩니다. 자유로운 사회를 갖고 싶다면 사람들에게 인터넷만 주면 됩니다." 트위터 공동 창업자도 트위터의 역할에 대해 이와 동일한 해석을 하면서 "억압적인 국가에서 트위터상의 몇몇 글이 긍정적인 변화를 촉진하고 있는 것 같다"고 말했다.

정치인들의 생각도 마찬가지였다. 2010년에 당시 미 국무장관이던 힐러리 로댐 클린턴은 인터넷의 자유가 세계에 민주주의를 확산시키려는 미국의 전략에서 핵심 기둥이 될 것이라고 선언했다.

그런데 어쩌다 우리는 디지털 도구가 정보의 유통과 저항을 억누르려는 독재자의 손에서 강력한 무기가 되고 소셜미디어가 권위주의 정부뿐 아니라 좌우파 모두의 극단주의자들이 활개치는 가짜 정보의 온상이 된 상황에 처하게 되었을까?

이 장에서 우리는 디지털 테크놀로지와 AI가 정치와 사회적 담론에 미치는 해로운 영향이 불가피한 것이 아니며 이 테크놀로지들이 발달해 간 특정한 방식에서 나온 결과라고 주장할 것이다. 일단 디지털 도구가 대량의 데이터를 수집하고 처리하는 데 주로 쓰이기 시작하자, 감시와 조작에 관심 있는 정부와 기업 모두에 강력한 도구가 되었다. 사람들이 점점 더 권력과 역량을 잃으면서 권위주의 국가와 민주주의 국가 모두에서 톱다운식 통제가 강화되었고, 사용자의 관여와 분노를 극대화해 돈을 버는 비즈니스 모델이 융성하게 되었다.

정치 무기화한 검열 시스템

공산 국가 중국에서 저항이 쉬웠던 적은 없다. 1957년에 마오쩌둥 주석은 그보다 전에 수백만 명의 목숨을 앗아간 억압을 부분적으로 완화했다고 평가받는 "백화제방 백가쟁명百花齊放 百家爭鳴" 선언을 했다. 공산당에 대한 비판도 포함해 시민들이 자유롭게 말할 수 있게 한다는 것이었다. 하지만 이것이 비판적인 사람들에 대해 더 포용적인 태도를 의미하리라고 보았던 기대는 곧 부서졌다. 마오쩌둥은 곧 "반우파 투쟁反右派鬪爭"으로 방침을 전환해 맹렬한 탄압에 나섰고, 포용하겠다는 입장을 믿고 비판적인 견해 표명을 시도했던 사람들은 체포되어 감옥에 갇히고 고문을 당했다. 1957년에서 1959년 사이에 적어도 50만 명이 처형되었다.

그렇지만 1970년대 말과 1980년대 초의 분위기는 매우 달라 보였다. 마오쩌둥은 1976년에 사망했고, 그의 아내 장칭을 포함해 "4인방"이라고 불린 강경파는 이후의 권력 투쟁에서 밀려났다. 혁명 지도자 중 한 명이었고 국공 내전에서 공을 세운 장군이었으며 반우파 투쟁의 설계자였고 당총서기와 당부주석이었으며 나중에는 마오쩌둥에 의해 숙청되었던 덩샤오핑이 중앙 무대로 돌아와 1978년에 정권을 잡았다. 덩샤오핑은 스스로를 개혁가로 다시 자리매김하고 대대적인 경제 구조조정을 시작했다.

이 시기에는 당의 권력이 다소 완화되었다. 새로운 독립 언론들이 생겨났고 그중에는 당에 공개적으로 비판적인 언론도 있었다. 민주주의를 요구하는 학생 운동, 농촌에서 토지 매집에 맞서 농민들이 자신의 권리를 지키기 위해 일으킨 운동 등 다양한 풀뿌리 운동도 생겨났다.

더 개방된 사회로 나아가리라는 희망은 1989년 톈안먼[천안문]광장에서 다시 한 번 짓밟혔다. 비교적 허용적이던 1980년대에 도시에서, 특히 학생들 사이에서 자유와 개혁에 대한 요구가 점점 높아졌다. 1986년부터도 민주주의, 발언의 자유 확대, 경제 자유화 등을 요구하는 학생 시위들이 이어졌다. 이에 대해 강경파 정치인들은 친개혁 성향인 당총서기 후야오방이 저항 세력을 너무 무르게 다룬 것이 문제였다고 탓하면서 그를 권력에서 몰아냈다.

1989년 4월, 후야오방이 심장마비로 사망한 후 저항에 새로이 불이 붙었다. 베이징대 학생 수백 명이 톈안먼 광장으로 행진했다(베이징 중심부에 있는 톈안먼은 광장에서 자금성으로 들어가는 문이다). 몇 시간만에 참여자가 급증했다. 학생들은 민주주의와 자유에 대한 후야오방의 견해가 옳았음을 인정할 것, 언론 검열과 시위 제한을 중지할 것, 국가 지도자 및 가족들의 부패를 일소할 것 등 일곱 가지 요구사항을 내걸었다.

정부가 어떻게 대응해야 할지 몰라 뭉기적거리는 동안 저항은 더욱 지지를 얻었고 5월 13일에 학생들이 단식 투쟁에 돌입하면서 지지자는 더욱 늘어났다. 5월 중순에 많게는 100만 명의 베이징 주민이 연대의 의미에서 시위에 참여했다. 결국 덩샤오핑은 강경파의 손을 들어주면서 학생들에 대한 군사 행동을 승인했다. 5월 20일에 계엄이 선포되었고 이후 2주간 25만 명이 넘는 군인이 투입되어 저항을 분쇄했다. 6월 4일이면 저항은 모두 진압되고 광장은 텅 비었다. 독립적인 여러 추산에 따르면 저항 세력 중 사망자가 많게는 1만 명에 달하는 것으로 보인다. 톈안먼 사건은 중국 공산당이 1980년대에 떠올랐던 자유를 억누르고 저항 행동을 제약하는 방침으로 이동하는 전환점이었다.

그럼에도 1990년대에는 방대한 영토에서 비판 세력을 통제할 수 있는 당의 역량이 여전히 제한적이었고 2000년대에도 대부분 그랬다. 2000년대 초부터 풀뿌리 권리 운동인 "웨이취안 운동維權運動"이 벌어져 많은 변호사들이 중국 전역에서 인권 침해 피해자들을 변론하고 환경권, 주거권, 언론의 자유 등을 위해 목소리를 냈다. 2000년대 민주화 운동 중 널리 알려진 "08헌장"은 작가이자 활동가인 류샤오가 이끈 운동으로, 그는 2008년에 톈안먼에서 시위대가 요구했던 일곱 가지를 훨씬 넘어서는 개혁을 요구하는 08헌장을 작성했다. 08헌장에는 헌법 개정, 모든 공직자에 대한 선거, 권력 분립, 독립적인 사법부, 기본적인 인권 보장, 그리고 결사·집회·표현에 대한 광범위한 자유 등의 요구사항이 담겨 있었다.

하지만 인터넷이 당국이 정치 담론을 감시하고 통제할 수 있는 강력한 도구가 되면서 2010년경에는 중국에서 시민들의 저항이 훨씬 더 어려워졌다. 중국에 인터넷이 들어온 1994년부터 검열 시도도 곧바로 시작되었다. 2002년에는 중국 시민들이 무엇을 보고 누구와 소통하는지를 제약하려는 목적에서 "만리방화벽" 구축을 시작해 2009년에 완성되었으며, 이후에도 주기적으로 확장되었다.

그렇다 해도 2010년대 초에는 디지털 검열에 한계가 있었다. 2011년에 한 대규모 연구가 1,382개의 중국 웹사이트 및 플랫폼에 올라온 수백만 건의 글을 수집한 뒤 얼마 후에 중국 당국에 의해 어떤 글이 얼마나 삭제되었는지 알아보았는데, 만리방화벽이 효과가 있긴 하지만 어느 정도 이상은 아닌 것으로 나타났다. 중국 당국은 정부나 당에 비판적인 (수십만 개의) 글 대부분을 검열하지 못했고, 훨씬 더 작은 비중의, 대규모 저항을 촉발하거나 여러 반대 세력들이 연합하게 할 가능성이 있는 민감한 글만 검열했다. 이를테면 내몽골과 광동성 증성에서 벌어진 저항에 대한 글은 대부분 빠르게 삭제되었다. 다롄의 시장이었고 정치국 일원이었지만 그 시점에는 숙청된 보시라이에 대한 글, 그리고 만리방화벽의 아버지로 불리는 팡빙싱에 대한 글도 마찬가지로 빠르게 삭제되었다.

또 다른 연구팀도 만리방화벽과 체계적인 검열에도 불구하고 소셜미디어에서의 소통이 여전히 저항을 조직하는 기능을 하고 있음을 발견했다. 사람들은 웨이보에서 메시지를 교환하면서 저항 행동을 조율하고 널리 퍼뜨릴 수 있었다. 하지만 소셜미디어를 매개로 한 저항 활동이 오래가지는 못했다.

비판적인 메시지가 유통되는 것을 일부 허용했던 소프트-터치 검열은 2014년에 끝났다. 시진핑 통치하에서 중국 정부는 처음에는 신장에, 이어서 중국 전역에서 감시와 관련된 AI 기술에 대한 수요를 늘렸다. 2017년에는 "차세대 인공지능 발전 계획"을 발표했다. AI 분야에서 글로벌 리더가 되는 것을 목표로 하고 AI를 감시에 사용하는 것에 명백하게 초점을 두고 있었다. 2014년 이래로 중국이 감시 소프트웨어와 카메라에 들이는 지출, 그리고 전 세계 AI 투자에서 중국이 차지하는 비중 모두 매년 빠르게 증가했다. 오늘날 중국은 전 세계 AI 투자의 약 20퍼센트를 차지한다. 중국에서 활동하는 연구자들은 이제 어느 나라보다도 AI 관련 특허를 많이 가지고 있다.

더 나은 AI 테크놀로지와 함께 더 강도 높은 감시가 도래했다. 『차이나 디지털 타임스』 창립자 샤오치앙은 이렇게 말했다. "중국은 정치 무기화한 검열 시스템을 가지고 있다. 이것은 국가 자원으로 정교해지고 조직화되고 조율되고 지원받는다. 이것은 단지 무언가를 지우는 데 그치는 것이 아니다. 이것은 어떤 대상에 대해서도 내러티브와 그것을 사용해 조준할 목표를 대대적인 규모로 만들어 낼 수 있는 강력한 도구이기도 하다."

오늘날에는 주요 소셜미디어 플랫폼 어디에서도 저항적인 글이 검열을 용케 피해 나타나는 경우가 매우 드물다. 만리방화벽은 정치적으로 민감한 거의 모든 해외 웹사이트를 차단하며, 소셜미디어를 통해 저항이 조직되고 있음을 보여주는 증거는 이제 거의 찾을 수 없다. 『뉴욕타임스』, CNN, BBC, 『가디언』, 『월스트리트저널』과 같은 독립적인 외국 매체에도 더 이상 중국에서 접근할 수 없다. 구글, 유튜브, 페이스북, 트위터, 인스타그램, 그 밖의 다양한 동영상 공유 블로그 등 서구의 주요 소셜미디어와 검색 엔진도 중국에서는 모두 막혀 있다.

AI는 중국 정부가 반란을 억압하고 특히 멀티미디어 콘텐츠와 라이브 채팅에서 정치 담론과 정보의 유통을 제약할 수 있는 역량을 막대하게 증폭시켰다.

더 멋진 신세계

2010년대 무렵이면 이미 중국의 정치 담론은 조지 오웰의 『1984』와 비슷해 보였다. 정부는 정보 유통을 억압하고 체계적인 프로파간다를 통해 정치적 내러티브를 면밀하게 통제하려 했다. 고위 정치인이나 그들의 가족이 관여된 부패 수사가 해외 언론에 눈에 띄게 보도되어도 정부의 검열 때문에 정작 중국 사람들은 자세한 내용을 알지 못했고, 중국 매체를 통해 중국 지도자들의 미덕을 찬사하는 프로파간다 메시지만 대량으로 접했다.

많은 사람들이 부분적으로라도 이러한 사상 주입에 영향을 받아 설득된 것으로 보이고, 그렇지 않더라도 적어도 이를 프로파간다라고 생각한다는 말을 겉으로 하지 않는다. 중국 공산당은 2001년에 젊은이들의 정치 교육을 위해 고등학교 교과 과정을 대대적으로 개편했다. 2004년에 작성된 교육 개혁에 대한 문서의 제목은 "중국 미성년인의 사상도덕 건설을 강화개진하기 위한 몇 가지 의견"이었다. 2004년부터 쓰이기 시작한 새 교과서는 역사를 더 민족주의적으로 해석하고 공산당의 권위와 미덕을 강조하며 서구 민주주의를 비판하면서 중국의 정치 시스템이 더 우월하다고 주장한다.

새 교과서로 공부한 학생들은 동일한 지역에서 새 교과서가 도입되기 전에 졸업한 사람들과 상당히 다른 견해를 표명하는 것으로 나타났다. 또한 그들은 새 교과서의 내용을 주입받지 않은 사람들에 비해 정부 당국자들에 대해 더 높은 신뢰를 보였고 중국 시스템을 민주적이라고 보는 경향이 더 컸다. 진심으로 믿는 것인지 아니면 모범답안이라고 여겨지는 답변을 내놓은 것인지는 알 수 없다. 어떻든 간에, 겉으로 표출되는 견해가 그들에게 적용된 프로파간다에 강하게 영향을 받았다는 점은 분명하다.

2010년대 말이면 이러한 경향 모두 현저히 강화되어 있었다. 디지털 검열과 프로파간다가 진행되었다는 것은 민족주의와 국가주의, 따지지 않고 정부를 지지하는 태도, 비판적인 뉴스와 견해를 들으려 하지 않는 태도가 중국 젊은이들 사이에 훨씬 더 널리 퍼졌다는 의미다. AI에 대대적인 투자가 있고 나서 만리방화벽도 중국의 모든 플랫폼과 일터에서 수집하는 데이터를 사용해 지속적인 감시를 수행하면서 한층 더 보완되었다. 이러한 환경에서, 접근이 가능하다면 중국 대학생들이 해외 미디어에 접근하기를 원할까? 두 연구자가 이것을 알아보는 야심 찬 연구를 시도했고 그 결과는 연구자들 본인들이 보기에도 놀라웠다.

2010년대 중반에 만리방화벽에는 한 가지 결함이 있었다. 만리방화벽은 중국 사용자가 중국발 IP 주소로 외국의 매체와 웹사이트에 접근하는 것을 차단했다. 하지만 VPN을 사용해 IP 주소를 숨길 수 있었고 이를 통해 중국에 있는 사용자들이 검열된 해외 웹사이트들에 접속할 수 있었다. 당시에는 중국 정부가 VPN을 명시적으로 금지하지는 않았고 VPN을 통해 방문하는 웹사이트 정보는 당국이 확인할 수 없었기 때문에 이 방식은 상당히 안전했다(나중에는 상황이 달라졌다. 이제 VPN을 사적인 용도로 쓰는 것은 금지되었고, 모든 VPN 제공자는 정부에 등록해야 한다).

영리하게 고안된 실험에서 두 연구자는 2015년에서 2017년 사이의 18개월 동안 베이징의 대학생들에게 무료 VPN 접근권을 주었고 때로는 뉴스레터 등의 수단을 사용해 서구 매체에 접근하도록 추가적으로 독려했다. 추가적인 독려를 받은 학생들은 서구 매체에 관심을 가졌고, 한 번 접하기 시작하자 지속적으로 해외 매체에서 뉴스를 보았다. 설문에서 답한 내용으로 볼 때, 그들은 해외 매체의 정보를 이해하고 신뢰했으며 자신의 정치적 견해를 바꾸었다. 또한 중국 정부에 더 비판적이 되었고 민주적 제도를 더 옹호하게 된 것으로 나타났다.

하지만 추가적인 독려가 없으면 대다수의 학생들은 서구 매체를 방문하는 데 관심이 없었고 무료 VPN을 쓰고 싶어 하지도 않았다. 그들은 학교와 중국 매체의 프로파간다에 너무나 설득되어서 서구의 매체에서는 중국에 대해 유의미하고 믿을 만한 정보를 얻을 수 없다고 생각했다. 그들은 이미 검열을 내면화했기 때문에 사실 당국이 적극적으로 검열할 필요조차 없었다.

두 연구자는 이 상황을 조지 오웰의 『1984』보다는 올더스 헉슬리의 『멋진 신세계』에 가깝다고 해석했다. 사회비평가 닐 포스트먼Neil Postman은 이렇게 말했다. "오웰이 두려워한 것은 책을 금지하려는 사람들이었다. 헉슬리가 두려워한 것은 책을 읽으려고 하는 사람이 애초에 아무도 없기 때문에 책을 금지할 이유 자체가 없는 세상이었다."

헉슬리의 디스토피아에서 사회는 엄격하게 분절된 카스트로 나뉘어 있다. 알파가 가장 꼭대기이고 그다음에 베타, 감마, 델타, 그리고 가장 아래에 엡실론이 있다. 하지만 이 사회에 지속적인 검열과 감시는 필요하지 않다. "과학적 독재하에서는 교육이 정말로 효과가 있을 것이기 때문"이다. "그 교육의 결과, 대부분의 사람들은 자신이 예속되는 것을 좋아하게끔 자라게 되고 결코 혁명을 꿈꾸지 않게 된다. 완벽한 과학적 독재가 전복되어야 할 이유가 전혀 없어 보이게 되는 것이다."

프로메테우스에서 페가수스로

디지털 도구를 반란을 억누르는 데 사용하는 것은 중국만의 일이 아니다. 독재 국가들 중 이란과 러시아도 반체제 인사를 추적하고 처벌하기 위해, 또 자유로운 정보의 접근을 틀어막기 위해 디지털 도구를 사용해 왔다.

"아랍의 봄" 전에도 민주주의를 요구하는 저항에서 소셜미디어가 사용되는 방식은 국제적으로 관심을 끌었다. 궁극적으로는 실패했지만 이란의 "그린 혁명" 때 거대한 군중(많게는 300만 명으로 추산되기도 했다)이 거리로 나와 권력을 계속 유지하기 위해 2009년 대선에서 투표를 조작했다고 알려진 마흐모드 아흐마디네자드Mahmoud Ahmadinejad 대통령의 사임을 요구했다. 페이스북과 문자메시지 등 많은 소셜미디어 도구가 저항을 조직하는 데 사용되었다.

저항은 곧 진압되었고 많은 활동가와 학생들이 체포되었다. 이후 이란의 인터넷 검열이 강화되었다. 2012년에 인터넷과 소셜미디어 감시를 위해 "사이버 공간에 대한 최고 위원회"가 출범했다. 오늘날 이란에서는 서구의 거의 모든 소셜미디어 사이트와 다양한 스트리밍 서비스(넷플릭스 포함), 그리고 대부분의 서구 뉴스 미디어에 접근이 막혀 있다.

러시아에서도 마찬가지로 소셜미디어의 정치적 역할이 커지자 정부가 억압을 강화하는 패턴을 볼 수 있다. 러시아에서 가장 인기 있는 소셜미디어 사이트로 떠오른 VK는 2011년이면 이미 널리 사용되고 있었다. 2011년 12월 4일에 친정부 지지자들이 여러 차례 중복으로 투표하는 사진과 함께 의회 선거에서 이루어진 부정이 인터넷에 폭로되었고 대대적인 저항으로 이어졌다. 이후에 나온 연구에 따르면 저항에 나선 사람들은 VK 플랫폼에서 저항을 조직했고, VK가 더 널리 쓰인 도시에서 반정부 행동이 더 많이 나타났다.

중국과 이란에서처럼 러시아에서도 저항은 정부가 온라인 활동에 대해 검열과 통제를 강화하게 만드는 기폭제가 되었다. 그 이후로 체계적인 검열이 한층 강화되었다. [러시아 정부의 감시 프로그램인] "작전 수사 활동 시스템System for Operative Investigative Activities"하에서 모든 통신 서비스 사업자는 연방보안국FSB이 제공하는 하드웨어를 설치해야 한다. 이 하드웨어는 FSB가 메타 데이터, 심지어 개별 콘텐츠까지도 영장 없이 감시하고, 접근도 차단할 수 있게 해준다. 2020년에 저항이 한 차례 더 일고 나서 더 많은 반체제적 사이트와 뉴스 사이트가 차단되었고, VPN 도구들과 암호화 브라우저 "토르Tor"는 사용이 금지되었다. 기업들이 정부에 비판적인 소셜미디어 게시물과 웹사이트도 포함해 "불법적인 콘텐츠"에 접근하지 못하도록 천문학적인 액수의 벌금을 물리는 새로운 제도가 도입되었다. 러시아의 검열 활동에서는 AI 테크놀로지가 상대적으로 덜 중요하지만, 최근에는 AI의 역할이 증가하고 있다.

　디지털 도구를 반대 세력에 맞서는 쪽으로 악용하는 것은 독재 정권만의 이야기가 아니다. 2020년에 전 세계의 억압적인 지역에서 일하는 저널리스트와 그들이 취재한 기사를 알리기 위해 노력하는 국제 단체 "금지된 기사Forbidden Stories"가 누출된 전화번호 5만 개의 목록을 확보해 공개했다. 야당 정치인, 인권 활동가, 저널리스트, 반체제 인사들의 번호가 포함되어 있었고 이들의 번호는 페가수스 스파이웨어를 통해 해킹해 얻은 것으로 알려졌다. 페가수스는 이스라엘의 테크 기업 NSO 그룹이 개발했다(회사 이름은 창립자인 니브 카르미Niv Karmi, 샬레브 훌리오Shalev Hulio, 옴리 라비Omri Lavie의 머리글자를 딴 것이다). (NSO 그룹은 자신이 어떤 위법 행위도 하지 않았다며, 이 소프트웨어는 "점검과 확인을 마친 정부 고객에게만 제공되었고" 그다음에 그것을 어떻게 사용할지는 고객들이 결정할 일이라고 주장했다.)

　페가수스는 "제로 클릭" 소프트웨어다. 사용자가 아무 링크도 클릭하지 않아도 사용자의 모바일 기기에 원격으로 설치될 수 있는 악성 소프트웨어를 말한다. 즉 사용자가 모르는 사이에, 사용자의 동의 없이 설치가 가능하다는 뜻이다. 그리스 신화에 나오는 날개 달린 말 페가수스에서 따온 이 이름은 페가수스 유의 악성 소프트웨어를 일컫는 "트로이의 목마"를 연상시키며 이 소프트웨어가 수동으로 설치된다기보다 원격으로 날아온다는 점도 연상시킨다. 1장에서 보았듯이 오늘날 테크 분야의 지배층은 AI를 불에 즐겨 빗대면서 자신을 테크놀로지의 힘을 인류에게 선물한 현대판 프로메테우스라고 말하곤 한다. 하지만 현대의 디지털 테크놀로지에서 우리가 갖게 된 것은 프로메테우스가 아니라 페가수스인 것 같다.

페가수스는 문자메시지를 읽고 전화 통화를 도청하고 위치를 추적하고 원격으로 암호를 수집하고 온라인 활동을 모니터링할 수 있으며 심지어는 휴대전화에 있는 사진기와 마이크를 조작할 수도 있다. 전해지기로는 사우디아라비아, 아랍에미리트 연합, 헝가리 등 권위주의적인 지도자가 있는 많은 국가들에서 사용되고 있다. 나중에 잔혹하게 살해되고 사체가 훼손된 사우디아라비아의 저널리스트 자말 카슈끄지Jamal Khashoggi도 사우디아라비아 요원에게 페가수스를 통해 감시당했던 것으로 알려졌다(사우디아라비아 당국은 이러한 의혹 제기가 "사기 공작"이라고 일축했다).

"금지된 기사"가 획득한 전화번호들을 살펴보면 민주적으로 선출된 정부들도 페가수스 소프트웨어를 체계적으로 악용해 왔음을 알 수 있다. 멕시코에서는 원래 마약 카르텔과 싸우는 무기로 스파이웨어가 도입되었고, 시날로아 카르텔의 리더인 "마약왕" 엘 차포El Chapo를 성공적으로 체포한 작전에서 활용되기도 했다. 하지만 이후에 저널리스트, 학생 43명이 학살당한 사건을 조사하던 변호사, 야당 지도자 등을 대상으로 스파이웨어 사용이 확대되었다. 이렇게 감시당한 야당 지도자 중에는 훗날 멕시코 대통령이 되는 안드레스 마누엘 로페스 오브라도르Andrés Manuel López Obrador도 있었다. 인도에서는 나렌드라 모디Narendra Modi 정부가 이 소프트웨어를 이보다도 더 광범위하게 사용해 수많은 야당 지도자, 학생 운동가, 저널리스트, 선거 관리 위원, 심지어 인도 중앙수사국의 수장까지 감시했다.

페가수스를 악용하는 것은 개도국 정부만의 일도 아니다. 프랑스 대통령 에마뉘엘 마크롱Emmanuel Macron의 전화번호도 목록에 있었고 미 국무부의 몇몇 고위 당국자 전화번호도 있었다.

미국은 하이테크를 이용해 침투하는 데 페가수스가 없어도 될 것이다(지부티 정부에 페가수스가 판매되는 데 미국이 중간 상인 역할을 했고 미국 안보 기관에서 페가수스를 시험해 보긴 했다). 2013년 6월 5일에 에드워드 스노든Edward Snowden이 전 세계를 놀래킨 폭로를 했다. 『가디언』에 처음으로 보도된 폭로 내용은 미 국가안보국이 시민들에 대해 방대한 데이터를 불법적으로 수집했다는 것이었다. 국가안보국은 구글, 마이크로소프트, 페이스북, 야후!, 그 밖에 인터넷 서비스 제공자와 AT&T, 버라이존 같은 전화회사 등과 협력해 미국 시민들의 인터넷 검색, 온라인 소통, 전화 통화 등에 대해 방대한 데이터를 긁어모았다. 독일이나 브라질 같은 미국의 우방 국가 지도자들의 통신도 엿들었고 위성과 해저 광케이블을 통해 데이터를 수집했다. 이러한 프로그램이 수집할 수 있는 정보의 범위와 관련해, 스노든은 자신이 국가안보국의 외주 업체에서 일했을 때 "내 자리에 앉아서 당신, 당신의 회계사, 연방 정부, 심지어 대통령까지도 개인 이메일 주소만 알면 도청할 수 있었다"고 설명했다. 이러한 정보 수집은 위헌이었고 의회가 알거나 감독하지 않는 채로 이뤄진 일이었는데도 일부 활동은 [더 느슨한 정보 보호 기준이 적용되는] 해외정보감시법FISA에 의해 승인되었다.

미국은 중국이 아니고, 이러한 감시는 언론이나 의원들이 알지 못하게 숨겨져야 했다. 스노든의 폭로가 나오자 국가안보국 등 정부 기관에서 데이터 수집을 남용하는 데 대해 반대 여론이 거세게 일었다. 하지만 대부분의 감시 활동을 멈추기에는 충분하지 않았다. 아마도 더 문제는 클리어뷰AI 같은 민간 기업들이 사용자 수억 명의 얼굴

사진 정보를 모아 법 집행 기관들에 판매하기 시작했다는 사실일 것이다. 시민 사회나 어떤 기관으로부터도 감시나 감독을 받지 않은 채로 말이다. 클리어뷰AI의 창업자이자 CEO는 여기에는 아무 문제도 없으며 "이것이 테크놀로지를 가장 잘 사용하는 것이라고 생각한다"고 말했다.

페가수스 스파이웨어, 국가안보국의 정보 수집, 클리어뷰AI의 안면 인식 기술은 더 깊은 문제도 보여준다. 방대한 데이터 수집을 위한 디지털 도구들이 일단 세상에 나오면, 시민에 대한 감시를 강화하고 반대를 억누르기 위해 많은 나라의 정부가 그것을 사용하려 할 것이다. 이러한 도구들은 비민주적인 정권을 강화할 것이고 그들이 더 효과적으로 저항과 반대를 다룰 수 있게 해줄 것이다. 또한 민주 정부에서도 이러한 도구들은 권위주의의 나락으로 점점 더 쉽게 미끄러지게 할 경사로를 만들지 모른다.

민주주의는 어둠 속에서 죽는다. 하지만 현대의 인공지능이 제공하는 빛 속에서도 고투를 겪는다.

감시와 테크놀로지의 방향

이제 어떤 이들은 인터넷과 소셜미디어가 민주화를 촉진하리라는 초창기의 유포리아에서 정반대의 결론으로 돌아섰다. 디지털 도구는 내재적으로 반민주주의적이라고 말이다. 역사학자 유발 하라리Yuval Noah Harari는 "테크놀로지는 압제를 선호한다"고 말했다.

이 이분법의 양쪽 결론 모두 잘못되었다. 디지털 테크놀로지는 친민주주의적이지도 반민주주의적이지도 않다. AI 테크놀로지가 꼭 정부가 언론을 더 잘 감시하고 정보를 더 잘 검열하고 시민을 더 잘 억압하게 돕는 쪽으로만 발달해야 하는 것도 아니다. 이 모든 것은 테크놀로지의 방향이 어디를 향하게 할 것인가에 대한 "선택"에 달려 있다.

9장에서 보았듯이 디지털 테크놀로지는 거의 그 속성상 고도로 범용적인 기술이어서 인간의 역량을 증폭시키는 새로운 플랫폼을 만들거나 노동자들에게 새로운 업무를 창출해 줌으로써 기계 유용성을 촉진하는 쪽으로도 사용될 수 있었다. 자동화를 통한 일자리 파괴와 노동자 감시에 주로 초점을 두는 방향을 선택하도록 몰아간 것은 거대 테크 기업들의 비전과 비즈니스 모델이었다. 몇몇 권위주의 정부와 표면상의 민주주의 정부들이 AI를 수단으로 쓰고 있는 방식에 대해서도 마찬가지로 말할 수 있을 것이다.

인터넷과 디지털 테크놀로지가 독재자에 맞서 시민의 역량을 강화해 줄 것이라는 꿈이 전적으로 초현실적이기만 한 것은 아니었다. 디지털 기술은 당국이 사적인 통신을 보지 못하게 암호화하는 데 사용될 수 있다. VPN 같은 서비스는 검열을 회피하는 데 사용될 수 있다. 토르 같은 검색 엔진은 현재로서는 정부가 코드를 푸는 것이 불가능해서(우리가 아는 바로는 그렇다) 더 높은 수준의 프라이버시와 안전을 제공한다. 그럼에도, 디지털 민주화에 대한 초기의 희망은 깨어졌다. 테크 세계가 자신의 노력을 돈과 권력이 있는 곳에 쏟았기 때문인데, 그곳은 바로 정부의 검열이다.

따라서 데이터 수집과 감시가 강화된 것은 테크 공동체가 내린 특정한 (그리고 저열한) "선택"의 결과다. 기계 학습 도구를 사용해 대규모 데이터를 처리하는 기술의 발달이 여기에서 중요하긴 했지만, 정부와 기업의 막대한 감시 역량을 가능하게 한 진정한 비밀의 묘약은 방대한 양의 데이터다.

일단 AI 테크놀로지가 권위주의적 충동을 강화하고 나면 이 테크놀로지는 악순환 고리를 일으킨다. 정부가 더 권위주의적이 되면 인구를 통제하고 추적할 AI 기술에 대한 그들의 수요가 증가할 것이고 이는 AI 분야가 감시 기술을 개발하는 방향으로 한층 더 쏠리게 만든다.

일례로, 2014년 이래 중국의 지방 정부로부터 안면 인식 등 감시를 위한 AI 기술 수요가 크게 증가했다. 부분적으로 이러한 수요 증가는 지역에서 벌어진 정치적 소요가 영향을 미친 것으로 보인다. 정치인들은 자신의 지역에서 저항이나 불만이 끓고 있는 것을 인지하면 감시와 치안 활동을 강화하려 하게 된다. 2010년대 후반이면 중앙 정부에 맞서는 대규모 저항은 사실상 불가능해져 있었지만 지역적인 규모의 저항은 여전히 벌어지고 있었고, 한동안은 저항이 소셜미디어를 통해 조직되기도 했다.

하지만 이 시점에 AI 도구들은 저항 세력 쪽보다는 확고하게 진압 세력 쪽에 있었다. 일단 AI 테크놀로지로 역량이 강화되자 지방 당국들은 저항을 더 효과적으로 막고 진압할 수 있게 되었다. 중국의 중앙 정부와 지방 당국 모두 기꺼이 경찰력을 더 늘릴 의향이 있었지만 AI 투자를 늘린 결과 억압은 효과적으로 수행하면서도 감시를 위해 인력을 사용해야 할 필요성은 줄어든 것으로 보인다.

더 놀랍게도, 감시 기술에 대한 지방 정부의 수요는 혁신의 방향에 영향을 미쳤다. 중국의 AI 스타트업 생태계에 대한 자료를 보면, 정부의 감시 기술 수요가 증가하면서 이후의 혁신 경로가 근본적으로 달라졌음을 알 수 있다. 중국의 지방 정부와 계약한 AI 기업들은 연구 개발의 방향을 점점 더 안면 인식 등 추적 기술 쪽으로 돌리기 시작했다. 아마도 이러한 인센티브가 작동한 결과로, 중국은 감시 기술에서는 글로벌 리더로 부상했지만 자연어 처리, 언어 논증, 추상 논증 등 여타 AI 영역에서는 뒤처져 있다.

세계적인 전문가들은 여전히 중국의 AI 연구가 모든 차원에서 질적으로 미국보다 상당히 뒤처진다고 보고 있는데, 유일하게 중국이 앞선 항목이 데이터다.

중국 연구자들은 종종 서구 연구자들이 프라이버시 보호 법제에 대한 제약 때문에 사용할 수 없는 종류의 데이터도 제약 없이 방대하게 사용해 연구한다. 지역 정부와의 계약이 AI 연구의 방향에 미치는 영향은 지역 정부가 방대한 양의 데이터를 기업과 공유할 때 더 두드러진다. 감시 기술에 대한 수요가 강한데다 풍부한 데이터까지 조건 없이 사용할 수 있어서, AI 스타트업들은 시민을 통제하고 추적하고 감시하는 강력한 앱을 개발하고 테스트할 수 있다.

여기에 감시 기술의 덫이 있다. 강력하고 돈이 많은 정부가 저항을 억누르려고 하면 사람들을 감시하고 통제하는 AI 테크놀로지에 대한 수요가 발생한다. 이 수요가 증가하면 더 많은 연구자들이 그것을 제공하는 쪽에 집중하게 된다. 그렇게 해서 더 많은 AI 기술이 억압적인 방향으로 움직이면 AI 기반 감시 기술은 권위주의적인 (혹은 권위주의적이 되고 싶은) 정부들이 쓰기에 한층 더 유용해진다.

실제로 중국 스타트업들은 이제 감시와 억압용으로 개발한 AI 도구들을 다른 비민주주의 국가들에 수출하려 하고 있다. 무제한의 데이터 접근과 금전적 인센티브의 주된 수혜자 중 하나인 중국의 거대 테크 기업 화웨이는 이러한 도구를 50개국에 수출한 것으로 알려졌다. 9장에서 우리는 AI 기반의 자동화가 세계의 다른 지역에 어떻게 영향을 미치는지, 또 개도국에서 노동자 대다수에게 어떻게 해를 끼칠 수 있는지 살펴보았다. AI 기반 감시 기술도 마찬가지다. 이제 세계 어느 곳에서든 시민 대부분은 억압에서 벗어나기가 점점 더 어려워지고 있다.

소셜미디어와 종이 클립

인터넷 검열이나 하이테크 스파이웨어가 있다고 해서 지구상 최악인 정권에 맞서 저항을 조직하고 정치적 담론의 질을 높이는 도구로서 소셜미디어가 잠재력을 갖느냐 아니냐를 이야기할 수 있는 것은 아닐지도 모른다. 몇몇 독재자들이 새로운 테크놀로지를 국민을 억압하는 데 사용했다는 것은 누구도 놀랄 일이 아니었어야 한다. 미국도 그랬다는 것 역시 미국의 안보 기관이 위법한 행동을 해온 유구한 역사가 있고 "테러와의 전쟁" 이후 그것이 더 증폭되었을 뿐이라는 것을 안다면 역시 그리 놀랄 일이 아니었어야 한다. 그렇다면, 해법은 소셜미디어에 한층 더 의지해서 더 많은 연결과 제약 없는 소통을 통해 권력의 남용과 폭력이 더 훤히 드러나게 하는 데서 찾을 수 있지 않을까? 애석하게도 AI가 추동하는 소셜미디어의 현재 경로는 톱다운식 인터넷 검열 못지않게 민주주의와 인권에 해로운 영향을 미치는 것으로 보인다.

컴퓨터 과학자와 철학자들은 초지능적인 AI의 목적이 인류의 목적과 제대로 합치되지 않았을 때 생길 수 있는 위험을 나타내기 위해 종이 클립 우화를 즐겨 이야기한다. 멈추는 것이 불가능한 강력한 지적 기계가 있는데, 더 많은 종이 클립을 생산하라는 명령이 이 기계에 내려졌다고 생각해 보자. 그러면 기계는 이 목적을 수행하기 위해 자신이 가진 상당한 역량으로 더 나은 생산 방법을 찾아내 지구상의 모든 자원을 종이 클립으로 바꾸어 버릴 것이다. 어쩌면 AI가 정치에 미치는 영향도 이런 것인지 모른다. AI가 우리의 제도들을 클립으로 바꾸어 버리고 있는지도 모른다. AI의 뛰어난 역량 때문이 아니라 AI의 그저 그런 역량 때문에 말이다.

2017년경 미얀마에서 페이스북은 인터넷을 일컫는 보통명사로 쓰일 정도로 널리 쓰이고 있었다. 인구가 5,300만 명인 나라에서 2,200만 사용자를 가지고 있는 페이스북은 가짜 정보와 혐오 표현이 퍼지기에 매우 좋은 토양을 제공했다. 미얀마는 세계에서 인종 구성이 가장 다양한 나라 중 하나로, 공식 확인된 민족만도 135개나 있다. 미얀마는 1962년부터 군부 독재 치하였고, 2015년부터 2020년 사이에 짧게 의회 민주주의가 시행된 적이 있었지만 이때도 군의 실질적인 후견은 지속되었다. 미얀마 군부는 인구 다수를 차지하는 불교도 사이에 타인종 혐오 감수성을 종종 불러일으켰는데, 가장 자주 타깃이 된 사람들이 무슬림인 로힝야족이었다. 로힝야족은 이곳에 수 세기 동안 살아온 사람들임에도 정부의 프로파간다는 이들을 외국인이고 이방인이라고 묘사한다. 정부가 통제하는 매체에 로힝야족에 대한 혐오 표현은 매우 일상적으로 등장한다.

2010년에 들어온 페이스북은 이렇듯 점화되기 쉬운 인종 간 긴장과 증오 선동 프로파간다가 들끓고 있는 토양에 들어왔고, 그 토양에서 빠르게 확산되었다. 알고리즘이 인간보다 우월하다는 실리콘 밸리의 믿음에 부합하게, 페이스북은 미얀마에 이렇게 어마어마한 수의 사용자가 있는데도 모니터링 담당 직원을 단 한 명 고용했다. 그리고 그는 버마어만 할 줄 알 뿐 미얀마에서 사용되는 100개 이상의 다른 언어는 거의 모르는 사람이었다.

미얀마의 페이스북 공간에는 처음부터도 증오 선동이 넘쳐났다. 2012년 6월에 미얀마 대통령 테인 세인Thein Sein의 측근인 한 고위 당국자는 페이스북 페이지에 이런 글을 올렸다.

소위 "로힝야 연대 조직"이라고 불리는 로힝야 테러리스트가 무장을 하고 국경을 넘어 우리나라로 들어오고 있다고 합니다. 다른 나라에서 들어오고 있는 로힝야들입니다. 우리 군대가 미리 이 소식을 들었으므로 끝까지 그들을 없앨 것입니다! 나는 우리가 이미 그렇게 하고 있다고 믿습니다.

이어서 그는 "우리는 다른 이들에게 어떤 인도주의적인 이슈나 인권 이슈도 듣고 싶지 않다"고 적었다. 이 글은 무슬림 소수자에 대한 증오를 선동하고 있을 뿐 아니라 로힝야족이 다른 나라에서 들어오고 있다는 가짜 내러티브도 확산시키고 있었다.

2013년에 『타임』이 불교도에 의한 테러의 얼굴이라고 칭한 불교 승려 아신 위라투Ashin Wirathu는 페이스북에 로힝야족이 미얀마를 침공하는 외세이며 살인자이고 국가에 위험 요인이라는 글을 올렸다. 나중에는 "나는 극단주의자라는 말을 자랑스럽게 받아들일 것"이라고도 언급했다.

페이스북이 가짜 뉴스와 증오 선동 콘텐츠를 내려야 한다는 국제기구와 활동가들의 요구가 계속 높아졌다. 페이스북의 한 임원도 "우리는 우리가 무언가를 더 할 수 있고, 더 해야 한다는 데 동의한다"고 말했다. 하지만 2017년 8월에도 페이스북이 무엇을 더 하고 있었든지 간에 증오 선동을 규율하고 있지는 않았다. 페이스북 공간은 나중에 미국이 "제노사이드"로 칭한 활동을 조직화하는 데 주된 매개가 되었다.

미얀마의 페이스북에서 증오 선동이 널리 퍼진 것은 그리 놀랄 일이 아니었어야 한다. 페이스북의 사업 모델이 사용자의 관여도를 극대화하는 것에 기반하고 있기 때문에, 페이스북 알고리즘은 무엇이든 강한 감정을 불러일으키는 것이면 그것을 선호한다. 증오 선동과 도발적인 가짜 정보도 포함해서 말이다. 그래야 수만 명, 때로는 수십만 명의 사용자에게서 더 높은 수준의 관여도를 끌어낼 수 있기 때문이다.

이르게는 2014년부터도 인권 단체와 활동가들이 페이스북 고위층에 증오 선동의 증가와 그로 인한 잔혹 행위 발생에 대한 우려를 제기했지만 그것을 완화하는 데 별달리 성공을 거두지는 못했다. 처음에 페이스북은 이 문제를 무시했고 활동가들을 만나는 것도 거부했다. 그 사이에 로힝야족에 대한 가짜 정보와 자극적인 정보는 계속 증가했다. 무슬림 살해 등 종교적 소수자에 대한 증오 범죄가 페이스북 사이트를 통해 조직되고 있음을 보여주는 증거도 마찬가지였다. 페이스북은 미얀마의 증오 범죄에 대해서는 무언가를 더 하기를 꺼렸지만 미얀마에 신경을 쓰지 않아서는 아니었다. 2021년 2월 미얀마 군부가 주요 인터넷 서비스 기업이 페이스북, 왓츠앱, 인스타그램 등에 접속을 금지하도록 하자 페이스북 경영진은 2,200만 명이나 되는 사용자를 잃게 될까 봐 곧바로 무언가를 했다.

또한 2019년에 페이스북은 미얀마 정부가 요구하는 바에 맞추어 네 개의 민족 단체를 "위험"하다고 분류해 페이스북을 사용하지 못하게 했다. 금지된 웹사이트들이 아라칸군, 카친 독립군, 미얀마 민족 민주연맹 등 인종 분리주의 집단과 관련이 있었던 것은 맞지만, 이 웹사이트들은 군부와 극단주의자 승려들이 저지른 잔혹 행위를 입증할 사진과 기타 증거들의 주된 저장고이기도 했다.

마침내 페이스북이 인권 활동가들과 단체들이 제기했던 압력에 반응하기로 했을 때, 그들이 도입한 해법은 해당 콘텐츠에 증오 선동의 소지가 있다고 알려주는 "스티커"를 만드는 것이었다. 사용자들이 유해하거나 문제적인 콘텐츠를 올리도록 허용하되 "공유하기 전에 한 번 더 생각하세요"라든가 "폭력의 원인이 되지 마십시오"와 같은 경고 문구를 함께 올린다는 것이었다. 하지만 이것은 종이 클립에만 집착하는 AI 프로그램의 멍청한 버전이라는 것이 곧 판명되었다. 사용자의 관여도를 극대화하는 데 집중하는 페이스북 알고리즘은 유해한 콘텐츠를 인기 있는 콘텐츠로 인식했다. 사용자들이 그 콘텐츠가 해롭다고 신고하는 활동에 관여하게 되기 때문이다. 그러면 알고리즘은 그 콘텐츠를 사용자 관여도를 높이는 콘텐츠로 인식해 더 널리 추천하고, 따라서 증오 선동이 퍼지는 문제를 악화한다.

페이스북은 미얀마에서 얻은 교훈을 잘 새긴 것으로 보이지도 않는다. 2018년에 비슷한 과정이 스리랑카에서 시작되었다. 페이스북에 무슬림에 대한 폭력을 선동하는 글들이 올라온 것이다. 인권 단체들은 증오 선동이 있다는 것을 페이스북에 알렸지만 소용이 없었다. 한 연구자이자 활동가에 따르면 "소수자 공동체 전체를 향한 폭력 선동이 있었는데도 페이스북은 그것이 페이스북의 공동체 기준을 어기지 않았다고 말했다."

2년 뒤인 2020년, 이번에는 인도 차례였다. 페이스북 경영진은 자사 직원들이 올리는 경고 보고조차 무시했고, 로힝야족 무슬림 이주자들을 총으로 쏘아 죽여야 한다며 무슬림 사원을 파괴하라고 부추기는 인도 정치인 T. 라자 싱T. Raja Singh의 글을 삭제하라는 요구를 받아들이지 않았다. 실제로 그해에 델리에서 많은 무슬림 사원이 반무슬림 폭동으로 파괴되었고 50명 이상이 사망했다.

가짜 정보 생성기계

미얀마에서 나타난 증오 선동과 가짜 정보 문제는 미국에서 페이스북이 사용되는 방식과도 크게 다르지 않다. 이유도 같다. 증오 선동, 극단주의, 가짜 정보는 사용자에게 강한 감정을 불러일으키고 사용자들이 페이스북에 머무는 시간과 페이스북에서 하는 활동을 증가시킨다. 이는 페이스북이 개인화된 디지털 광고를 더 많이 판매할 수 있게 해준다.

2016년 미국 대선 기간 동안 오도의 소지가 있거나 명백히 거짓인 콘텐츠의 수가 놀랍도록 증가했다. 그런데도 2020년에 미국인의 14퍼센트가 가장 주된 뉴스 원천으로 소셜미디어를 꼽았고, 70퍼센트가 적어도 뉴스 중 일부를 페이스북 등 소셜미디어에서 얻는다고 답했다.

이것은 부수적인 이야기가 아니다. 페이스북에서 유통되는 가짜 정보를 다룬 한 연구는 "모든 카테고리의 정보에 대해 거짓이 참보다 유의한 수준으로 더 멀리, 더 빠르게, 더 깊이, 더 널리" 퍼졌음을 발견했다. 대놓고 오도하는 많은 글이 계속해서 공유되기 때문에 바이럴된다. 하지만 이것은 단순히 "사용자들이" 가짜 정보를 퍼뜨리기 때문이 아니다. 페이스북의 알고리즘이 정치적이지 않은 글보다, 또 믿을 만한 뉴스 원천에서 나온 글보다 가짜 뉴스 같은 센세이셔널한 글에 더 높은 우선순위를 부여하기 때문이기도 하다.

　2016년 대선에서 페이스북은 가짜 정보의 주된 통로였고 특히 우파 성향 사용자들 사이에서 그랬다. 이를테면 트럼프 지지자들은 페이스북을 통해 가짜 정보를 퍼뜨리는 사이트에 접하는 경우가 많았다. 소셜미디어를 통해 전통적인 언론 매체가 운영하는 사이트로 들어가는 트래픽은 더 적었다. 더 문제는, 최근의 연구에 따르면 사람들이 자신이 어느 사이트에서 기사를 보았는지는 기억하지 못하기 때문에 가짜 정보를 더 믿는 경향이 있었다. 믿을 만하지 못하거나 명백히 잘못된 정보를 자신과 생각이 비슷한 친구나 지인에게서 전달받는 경우가 많기 때문에 이는 더욱 심각한 문제일 수 있다. 또한 사용자들은 이러한 반향실 같은 환경 안에 있게 되어서 반대되는 목소리에는 거의 접하지 못하기 쉽다.

　반향실 효과는 어쩌면 소셜미디어의 불가피한 부산물인지도 모른다. 하지만 이것이 플랫폼의 알고리즘에 의해 악화된다는 것은 10년 넘게 알려진 사실이었다. 인터넷 활동가이자 무브온MoveOn.org 사무총장인 일라이 패리서Eli Pariser는 2010년에 테드 강연에서 자신이 진보와 보수 뉴스 사이트들을 두루 팔로우하고 있지만 시간이 얼마간 지나고 나니 점점 더 진보 쪽 사이트로 가게 되는 것을 발견했는데 이는 알고리즘이 그가 클릭할 가능성이 조금 더 높은 것이 무엇인지 알아차렸기 때문이었다고 말했다. 그는 알고리즘의 필터가 사용자들에게 본인의 견해와 일치하는 목소리만 들리는 인공적인 공간을 만들어준다는 것을 표현하기 위해 **필터 버블**이라는 말을 만들었다.

필터 버블은 해로운 영향을 일으킨다. 페이스북 알고리즘은 우파 콘텐츠를 우파 성향인 사람에게 보여줄 가능성이 크고 좌파 콘텐츠를 좌파 성향인 사람에게 보여줄 가능성이 크다. 연구자들은 그 결과로 생기는 필터 버블이 소셜미디어에서 가짜 정보의 확산을 강화한다는 사실을 발견했다. 사람들이 자신이 보는 뉴스에 영향을 받기 때문이다. 필터 버블 효과는 소셜미디어에서만 일어나는 것이 아니다. 최근의 한 연구는 폭스 뉴스 시청자들에게 CNN을 보도록 인센티브를 주는 실험을 했는데, CNN 콘텐츠를 본 뒤에 다양한 사안에서 그들이 생각과 정치적 태도를 조율하는 데 크지는 않지만 유의한 변화가 나타난 것을 발견했다. 주된 이유는 폭스 뉴스가 몇몇 사안은 기울어진 보도를 하고 몇몇 사안은 보도를 하지 않아서 시청자들이 우파 쪽 견해로 더 쏠려 있었기 때문이었다. 이렇듯 필터 버블이 소셜미디어만의 문제는 아니지만, 소셜미디어에서 이 효과가 더 강하다는 것을 보여주는 실증근거들이 나오고 있다.

2016년 선거에서 페이스북이 한 역할에 대해 청문회도 열렸고 언론의 비판도 있었지만, 2020년에도 많은 것이 여전히 달라지지 않았다. 페이스북에서 가짜 정보가 증폭되었고 일부는 도널드 트럼프에 의해 퍼졌다. 그는 우편 투표가 사기라고 종종 말했고 미국 시민이 아닌 이민자가 대대적으로 투표를 하고 있다고 주장했다. 또한 개표를 중단해야 한다는 주장을 자신의 소셜미디어를 통해 계속 내보냈다.

선거 직전에 페이스북은 낸시 펠로시Nancy Pelosi 하원의장이 말이 꼬이고 어눌해 아프거나 술에 취한 것처럼 보이는 조작 동영상으로도 논란에 휩싸였다. 이 가짜 동영상은 루디 줄리아니Rudy Giuliani 등 트럼프 지지 세력이 열심히 퍼뜨렸고 곧 "#술취한낸시#DrunkNancy" 해시태그와 함께 이 동영상을 올리는 것이 유행이 되었다. 이 동영상은 200만이 넘는 조회 수를 기록했다. 큐애넌 등이 퍼뜨리는 정신 나간 음모론도 페이스북의 필터 버블에서 제약 없이 유통되었다. 전 페이스북 직원이자 내부고발자인 프랜시스 호건Frances Haugen이 미 의회와 증권거래위원회에 제출한 내부 문서는 종종 페이스북 경영진이 이러한 상황을 알고 있었음을 드러냈다.

압력이 높아지자 페이스북의 "글로벌 이슈 및 커뮤니케이션" 담당 부회장이자 전직 영국 부총리 닉 클레그Nick Clegg는 소셜미디어 플랫폼을 테니스 코트에 비유하면서 페이스북의 정책을 옹호했다. "우리 일은 코트가 준비되어 있게 하는 것입니다. 표면은 평평하고 선은 잘 그어져 있고 네트가 제대로 된 높이에 걸려 있게요. 하지만 우리가 라켓을 들고 경기를 하지는 않습니다. 선수들이 어떻게 경기를 할지는 우리가 아니라 그들에게 달린 것입니다."

선거 다음 주에 페이스북은, 트럼프가 승리한 선거인데 불법 투표와 투표 조작을 통해 승리를 도둑맞았다는 우파의 음모론이 퍼지는 것을 막기 위해 알고리즘을 수정하는 조치를 긴급히 도입했다. 하지만 12월 말에 페이스북의 알고리즘은 원래대로 돌아와 있었다. 그리고 2016년에 있었던 재앙의 리턴 매치를 위해 "테니스 코트"가 다시 열렸다.

도널드 트럼프와 몇몇 극단주의 우파 집단들은 계속해서 가짜 정보를 퍼뜨렸고, 이제 잘 알려져 있듯이 2021년 1월 6일의 의사당 난입도 부분적으로는 페이스북 등 소셜미디어 사이트를 통해 조직되었다. 예를 들어, 극우 민병대 집단 "오스 키퍼스Oath Keepers"의 일원들은 페이스북을 통해 언제 어떻게 만날지 상의했고, 몇몇 다른 극단주의 집단은 1월 6일에 페이스북에서 서로 라이브 메시지를 주고받았다. 오스 키퍼스의 지도자 중 한 명인 토머스 콜드웰Thomas Caldwell은 의사당에 들어가고 나서 업데이트 콘텐츠들을 올렸으며 의사당 내부 구조에 대한 정보를 페이스북을 통해 얻었고, 페이스북에 의원과 경찰에 대한 폭력을 선동하는 글을 올린 혐의를 받고 있다.

가짜 정보와 증오 선동은 페이스북만의 문제가 아니다. 2016년경에 유튜브는 극우 세력 사이에서 가장 강력한 멤버 모집 통로로 부상했다. 2019년에 26세의 대학 중퇴생 케일럽 케인Caleb Cain은 유튜브에서 어떻게 자신이 점점 더 급진화되었는지 설명하는 동영상을 유튜브에 올렸다. 그는 자신이 "알트라이트의 토끼굴에 떨어졌다"며 "유튜브 알고리즘의 추천에 따라 점점 더 급진적인 콘텐츠를 보게 되면서 계속해서 더 깊이 빠져들었다"고 설명했다.

저널리스트 로버트 에반스Robert Evans는 전국 각지에서 수십 명의 평범한 사람이 어떻게 극단주의 집단의 일원이 되었는지 알아보았는데, 이들 스스로가 자신의 웹사이트에서 유튜브를 가장 주된 통로로 언급하고 있다는 것을 발견했다. 그에 따르면, "우리가 연구한 파시스트 활동가 75명 중 15명이 자신에게는 유튜브 동영상이 빨간 약이었다고 말했다."(이들 집단이 사용하는 표현에서 "빨간 약"은 영화 「매트릭스」에서 주인공이 빨간 약을 먹을 때처럼 진리를, 이 경우에는 극우 집단이 설파하는 진리를 받아들이기로 하는 것을 의미한다).

사용자의 시청 시간을 늘리게끔 짜인 유튜브 알고리즘이 이와 같은 결과를 낳는 데 결정적으로 중요했다. 2012년에 유튜브는 사용자의 시청 시간을 늘리기 위해 단순히 클릭을 하는 것보다 실제로 동영상을 보면서 머무는 시간에 더 가중치를 두는 쪽으로 알고리즘을 개편했다. 이 작은 변화로, 알고리즘은 케인이 걸려들었던 훨씬 더 극단적인 내용도 포함해서 사람들이 빠져들어 보게 만드는 콘텐츠를 선호하기 시작했다.

2015년에 유튜브는 모회사의 AI 사업부인 "구글 브레인" 연구팀과 함께 알고리즘을 개선하기 위한 연구를 수행했다. 그리고 새로운 알고리즘들은 더 극단적이 되게 할, 그리고 물론 유튜브에서 시간을 더 오래 쓰게 할 경로로 사용자들을 이끌었다. 구글 브레인의 연구자 중 한 명인 민민 첸Minmin Chen은 한 AI 콘퍼런스에서 새로운 알고리즘이 사용자의 행동을 성공적으로 바꾸었다고 자랑했다. "우리는 익숙한 콘텐츠를 추천하는 것이 아니라 정말로 사용자들을 다른 상태로 이끌 수 있습니다." 이러한 변화는 사람들을 극단화하고자 하는 주변적인 집단들에게 이상적이다. 9.11 동영상을 보는 사용자에게 금방 9.11 음모론 동영상을 추천하게 된다는 말이기 때문이다. 유튜브에서 시청되는 모든 동영상 중 70퍼센트가 알고리즘 추천을 통해 도달되는데, 이는 가짜 정보와 조작이 사용자를 토끼굴로 이끌 가능성이 많다는 뜻이다.

트위터도 다르지 않았다. 전직 대통령 트럼프가 가장 좋아하던 소통 창구였던 트위터는 우파 지지자 사이에 중요한 소통 도구가 되었다(이와 별개로 좌파 지지자에게도 중요한 소통 도구가 되었다). 트럼프가 올린 반무슬림 트윗들은 널리 퍼졌고, 이는 반무슬림적이고 인종 혐오적인 콘텐츠만 퍼뜨린 것이 아니라 무슬림을 대상으로 하는 실제 범죄도 부추기는 결과를 낳았으며, 트럼프의 팔로워가 많은 주들에서 그러한 경향이 더 컸다.

몇몇 최악의 언어와 지속적인 증오 선동은 4챈, 8챈, 레딧 등 또 다른 플랫폼에서도 전파되었다. "더_도널드"(트럼프와 관련된 가짜 정보와 음모론을 만들고 유통시킨 곳), "물리적인_제거"(리버럴들을 제거해야 한다고 주장), 그 밖에 여기에서 언급하지 않는 것이 나을, 명시적으로 인종주의적인 이름을 가진 서브레딧들이 그러한 대표적인 통로다. 2015년에 남부빈곤법센터Southern Poverty Law Center는 레딧을 인터넷에서 "가장 폭력적으로 인종주의적인" 콘텐츠를 담고 있는 곳으로 꼽았다.

소셜미디어가 이렇게 시궁창이 되는 것은 불가피한 일인가? 아니면 테크 회사들이 내리는 의사결정이 우리를 이렇게 유감스러운 상태에 도달하도록 만든 것인가? 진실은 후자에 더 가깝다. 이는 9장에서 제기했던 다음 질문에 대해서도 답을 준다. 획기적으로 생산성을 증가시키지도 않고 획기적으로 인간을 능가하지도 않는데 AI는 왜 이렇게 인기를 얻게 되었을까?

답은 방대한 데이터를 수집하는 회사들이 개인별 디지털 광고로 벌어들일 수 있는 금전적인 수입에 있다. 또한 이것은 디지털 테크놀로지가 특정한 경로로 가게 되는 이유이기도 하다. 그런데 디지털 광고는 사람들이 그것에 관심을 가져야만 영향력을 가질 수 있다. 그러므로 이 비즈니스 모델은 플랫폼들이 온라인 콘텐츠에 대해 사용자의 관여도를 늘리기 위한 쪽으로 노력을 쏟을 유인을 제공한다. 그리고 분노와 선동으로 강한 감정을 자극하는 것이 이를 달성하는 가장 효과적인 길인 것으로 판명되었다.

광고 흥정

소셜미디어에서 가짜 정보가 유통되는 현상의 뿌리를 이해하려면 구글의 기원 이야기로 가보아야 한다.

구글 전에도 인터넷은 활황을 구가하고 있었다. 하지만 당시의 검색 엔진은 그리 도움이 되지 않았다. 인터넷을 특별한 것으로 만들어 준 요인은 놀라운 규모다. 2021년에 존재하는 웹사이트의 수가 무려 18억 8,000만 개나 되는 것으로 추산되었다. 이렇게 수많은 웹사이트를 잘 걸러내서 내가 찾는 정보나 제품을 찾아내기란 매우 어려운 일이다.

검색 엔진에 대한 초창기 개념은 도서 색인(찾아보기)에 익숙한 사람이라면 누구에게나 친숙했을 개념이었다. 해당 검색어가 등장하는 모든 곳을 찾아내는 것이다. 신석기 시대가 언급된 곳이 어디인지 알고 싶을 때 색인을 보면 "신석기"라는 단어가 등장하는 모든 페이지가 적혀 있다. 책에서는 이 방식이 잘 작동했는데, 해당 단어가 나오는 횟수가 한정되어 있어서 "완전 탐색"이 가능했기 때문이다. 즉 등장하는 페이지를 모두 찾아내는 것이 가능했고 꽤 효과적이기도 했다. 하지만 인터넷처럼 어마어마하게 큰 책에서 색인을 찾는다고 생각해 보자. "신석기"라는 단어가 나오는 모든 페이지를 적으면 수십만 개는 족히 포함될 것이다. 완전 탐색, 잘 해보세요, 파이팅!

물론 신석기라는 단어가 등장하는 수많은 페이지 중 많은 것이 사실은 그다지 관련이 없는 페이지다. 신석기에 대해 내게 필요한 정보, 가령 인류가 어떻게 정착 생활과 농경 생활로 넘어갔는지 등에 대해 믿을 만하고 권위 있는 정보는 한두 개의 웹사이트에 다 담겨 있을 것이다. 따라서 페이지들을 중요한 우선순위대로 나열할 수 있어야 관련성 높은 정보를 빠르게 불러올 수 있다. 그런데 이것은 초창기 검색 엔진이 할 수 있는 일이 아니었다.

바로 이 지점에서 두 명의 똑똑하고 자신만만한 젊은이가 등장한다. 래리 페이지Larry Page와 세르게이 브린Sergey Brin이다. 페이지는 대학원생으로, 스탠퍼드의 유명한 컴퓨터 과학자 테리 위노그래드Terry Winograd 밑에서 수학하고 있었고 브린은 그의 친구였다. 위노그래드는 오늘날 지배적인 AI 패러다임을 초창기에 열렬히 주창한 바 있었는데, 그 시점이면 생각이 바뀌어서 위너-리클라이더-엥겔바트의 비전과 비슷하게 인간과 기계의 지식을 결합하는 방법에 대해 연구하고 있었다. 인터넷은 그러한 결합이 명백히 가능할 법한 영역 중 하나였다. 인터넷에 있는 원자료는 인간이 만든 콘텐츠와 지식이지만 그것들을 항해해 가며 활용할 수 있으려면 알고리즘이 필요하기 때문이다.

페이지와 브린은 이 결합을 달성하는 데 더 나은 방법을 개발했다. 어느 면에서는 진정한 인간-기계 상호작용이라고도 말할 수 있을 것이다. 인간은 어떤 웹사이트가 더 관련이 있는지 판단하는 것을 잘하고, 검색 알고리즘은 링크 정보를 수집하고 처리하는 것을 잘한다. 그렇다면 어떤 링크에 대한 인간의 선택을 검색 엔진이 웹사이트들의 우선순위를 매길 때 지침으로 삼게 하면 어떻겠는가?

처음에는 '이런 것이 가능하겠구나'를 깨달은 이론적인 수준의 아이디어였지만 곧 그것을 실제로 실행하는 알고리즘 솔루션이 개발되었다. 이것이 그들의 혁명적인 발명품 "페이지 랭크" 알고리즘의 토대다("페이지"는 래리 페이지의 이름과 페이지들에 순위를 매긴다는 사실 둘 다를 지칭한다). 검색된 페이지들 중에서 더 많은 링크에 연결되어 있는 것이 무엇인지를 토대로 우선순위를 매긴다는 것이 그들의 아이디어였다. "신석기"라는 검색 단어에 대해 어떤 페이지들이 제시되어야 하는지를 임의적인 규칙을 적용해 정하기보다 얼마나 많은 링크가 그 페이지로 들어오게끔 물려 있는지를 토대로 순위를 매긴다는 것이었다. 그러면 더 인기 있는 페이지가 더 높은 순위에 랭킹될 것이다. 하지만 왜 여기에서 멈추어야 하는가? 만약 어떤 페이지가 우선순위가 높은 또 다른 페이지로부터 들어오는 링크를 가지고 있다면 그 페이지의 관련성에 대해 더 좋은 지표가 될 것이다. 이 아이디어를 담기 위해 브린과 페이지는 재귀적인 알고리즘을 만들었다. 모든 페이지가 순위를 가지고 있는데, 이 순위는 어느 페이지가 순위가 높은 다른 페이지들로부터 유입 링크가 많은지에 따라 결정된다("재귀적recursive"이라는 말은 각 페이지의 순위가 다른 모든 페이지의 순위에 달려 있다는 의미다). 수백만 개의 웹사이트가 있으므로 이를 계산하는 것은 사소한 일이 아니었지만 1990년이면 이미 충분히 가능했다.

궁극적으로 여기에서 알고리즘이 어떻게 결과를 계산하는지는 부차적인 문제고, 정말 중요한 혁신은 페이지와 브린이 인간의 통찰과 지식을 사용할 수 있는 방법을 알아냈다는 점이다. 이 경우에는 어떤 페이지가 관련성 높은 정보를 담고 있는지에 대한 사람들의 주관적인 평가에 인간의 통찰과 지식이 담겨 있었고, 이것이 기계의 핵심 업무 (검색 결과를 관련성 높은 순서대로 보여주는 것)를 향상시키는 데 사용되었다. 브린과 페이지는 1998년에 펴낸 "대규모 하이퍼텍스트 웹 검색 엔진의 해부The Anatomy of a Large-Scale Hypertextual Web Search Engine"라는 제목의 논문을 다음과 같이 시작했다. "이 논문에서 우리는 구글이라는 것을 선보이려 하는데, 이것은 하이퍼텍스트 안에 있는 구조를 주되게 사용하는 대규모 검색 엔진의 원형이다. 구글은 효율적으로 웹 크롤링과 인덱싱을 해서 기존 시스템보다 만족스러운 검색 결과를 제공하도록 고안되었다."

페이지와 브린은 이것이 커다란 혁신이라는 것을 알고 있었지만 상업화할 계획은 명확하게 가지고 있지 않았다. 래리 페이지는 이렇게 말했다고 전해진다. "놀라실지 모르지만, 저는 검색 엔진을 만들려는 생각이 없었습니다. 그 아이디어는 내 레이더 안에 있지도 않았어요." 하지만 이 프로젝트의 마지막 단계 무렵이면 그들이 확실한 성공작을 손에 쥐고 있다는 것이 명백했다. 이 검색 엔진을 만들 수 있다면 월드와이드웹이 기능하는 방식이 막대하게 개선될 것이었다.

이렇게 해서 회사로서의 구글이 등장했다. 처음에 페이지와 브린이 생각한 것은 그들이 개발한 소프트웨어를 사람들에게 팔거나 라이센스를 주는 것이었다. 하지만 초기의 시도는 그리 호응을 얻지 못했다. 다른 주요 테크 기업들이 이미 그들 자신의 접근 방식에 고착되어 있거나 검색이 아닌 다른 영역에 우선순위를 두고 있었던 것이 한 이유였다. 그때는 검색이 크게 돈벌이가 될 영역으로 여겨지지 않았다. 일례로, 당시에 선도적인 플랫폼이었던 야후!도 페이지와 브린의 알고리즘에 관심을 보이지 않았다.

그러던 중 1998년에 테크 투자자 앤디 벡톨샤임Andy Bechtolsheim 이 등장하면서 판도가 달라졌다. 페이지와 브린을 만난 벡톨샤임은 돈을 벌 수 있는 딱 맞는 방법만 있다면 새로운 테크놀로지에 막대한 전망이 있으리라는 것을 곧바로 알아보았다. 그리고 벡톨샤임은 그 방법이 무엇일지를 알고 있었는데, 바로 광고였다.

광고를 판매한다는 것은 페이지와 브린이 계획은커녕 생각해 본 적도 없었다. 하지만 백톨샤임이 아직 회사 설립 신고도 하지 않은 구글에 10만 달러를 투자하면서 게임이 완전히 달라졌다. 곧 구글은 설립 신고를 했고, 새로운 테크놀로지가 광고 분야에서 갖는 잠재력이 분명하게 드러났으며, 더 많은 돈이 들어왔다. 이렇게 해서 새로운 비즈니스 모델이 탄생했다.

2000년에 구글은 구글에서 검색을 하는 사용자에게 보여질 광고를 판매하는 플랫폼 '애드워즈'를 선보였다. 이 플랫폼은 잘 알려진 경매 모델을 기반으로 하고 있었는데, 검색 화면에서 가장 가치 있는(눈에 잘 띄는) 자리들은 빠르게 팔려나갔다. 가격은 광고주가 얼마나 많은 입찰가를 쓰는지와 광고가 얼마나 많이 클릭되는지에 따라 정해졌다.

1998년에는, 아니 2000년에도 빅데이터를 생각하는 사람은 아무도 없었다. 하지만 곧 대량의 데이터에 적용될 수 있는 AI 도구가 나왔고, 이는 가장 관심 있어 할 법한 사람들을 특정해서 광고를 내보낼 수 있다는 의미였다. AI는 이미 성공적이었던 구글의 수익 모델을 다시 한 번 변혁했다. 특히 사용자의 고유 IP 주소를 통해 정확히 누가 어느 웹사이트를 방문했는지 추적할 수 있게 되었다는 점이 중요했다. 특정 사용자에게 적합한 광고를 맞춤으로 보내줄 수 있다는 의미이기 때문이다. 카리브해 해변을 보고 있는 사용자는 항공사, 여행사, 호텔 등의 광고를 보게 되고 옷이나 구두를 검색하는 사용자는 그 제품과 관련 있는 유통 매장 광고를 보게 되는 식으로 말이다.

광고에서 타기팅의 가치는 아무리 강조해도 지나치지 않을 정도다. 광고업계를 괴롭히는 고질적인 고민은 1800년대 말로 거슬러 올라가는 다음의 언명에 잘 드러난다. "나는 내가 내보내는 광고의 절반이 낭비된다는 것을 알지만 그게 어느 절반인지를 모른다." 초기에는 인터넷 광고도 이 문제를 피해갈 수 없었다. 가령 남성복 광고가 음악 플랫폼 판도라의 모든 사용자에게 뜨는데 사용자의 절반은 여성일 수 있었다. 그리고 남성도 당시에는 온라인으로 옷을 사는 데 관심 있는 사람이 거의 없었다. 그런데 타깃 광고를 하면 의류 매장 웹사이트를 방문했다거나 어딘가에서 패션 제품을 살펴보았다든가 하는 식으로 남성복 구매에 관심이 있을 법하다고 드러난 사람에게만 남성복 광고가 보이게 할 수 있었다. 타기팅은 디지털 광고를 혁명적으로 바꾸었지만, 많은 혁명이 그렇듯이 부수적인 피해가 숱하게 발생했다.

곧 구글은 사용자의 선호에 대해 사용자가 무엇을 검색하는지와 어디에 있는지를 넘어서는 것들을 알기 위해 지메일, 구글맵 같은 정교한 무료 기능들을 제공해서 데이터 수집을 가속화하기 시작했다. 또한 구글은 유튜브를 인수했다. 이제 각 사용자에게 구매 이력, 활동, 위치 등을 종합적으로 분석해 한층 더 특정적으로 광고를 내보낼 수 있을 터였고, 수익성을 높일 수 있을 것이었다. 그 결과는 매우 놀라웠다. 2021년에 구글의 매출(모회사인 알파벳의 매출) 651억 달러 거의 대부분이 광고에서 나왔다.

구글 등 온라인 회사들은 광고에서 많은 돈을 버는 법을 알아냈고, 이는 단지 새로운 비즈니스 모델의 등장에 대한 이야기이기만 한 것이 아니다. 이것은 우리가 9장에서 던졌던 근본적인 질문에 대한 답이기도 하다. AI가 종종 그저 그런 자동화밖에 하지 못하는데도 왜 AI에 그렇게 열광하는 것인가? 답은 대규모 데이터 수집 및 타깃 광고에서 찾을 수 있으며, 이 두 가지 모두와 관련해 앞으로 더 큰 일들이 벌어질 것이었다.

사회적으로 파산한 웹

구글이 사용자의 이메일 활동과 위치에서 얻는 메타 데이터로 사용자에 대해 알게 되는 정보는 자신의 활동, 의도, 열망, 견해를 친구나 지인과 공유하려는 사람들이 제공할 수 있는 것에 비하면 미미하다. 소셜미디어는 타깃 광고 기반의 비즈니스 모델을 한 차원 위로 올려놓았다.

마크 저커버그는 처음부터도 페이스북이 성공하는 데는 사람들이 페이스북 공간 안에서 다양한 사회적 친목 활동에 관여하게 하는 "사회적 웹[망]"의 도구, 아니 사실은 그러한 사회적 웹의 제조자가 되는 능력이 핵심이 되리라고 생각했다. 이를 달성하기 위해 그는 규모를 키우는 것을 무엇보다 중시했다.

하지만 그 정보를 돈으로 바꾸는 것은 늘 쉽지 않았다. 모방할 만한 구글의 성공적인 비즈니스 모델이 이미 존재했는데도 그랬다. 페이스북이 광고를 타기팅할 수 있는 능력을 키우기 위해 시도한 처음 몇 차례의 데이터 수집 노력은 실패했다. 2007년에 페이스북은 페이스북 사용자가 어느 웹사이트에서 구매를 하면 그 정보를 수집해 그 사용자의 페이스북 뉴스피드에 올리거나 그의 페이스북 친구에게 공유되게 해주는 "비콘"이라는 프로그램을 도입했다. 그러나 비콘은 사용자의 프라이버시를 막대하게 침해한다고 여겨졌고, 곧 중단되었다. 페이스북은 디지털 광고에 필요한 방대한 데이터 수집을 사용자가 자신의 정보를 적어도 어느 정도는 스스로 관리할 수 있게 하는 방법과 결합해야 했다.

이것을 현실로 만든 사람이 셰릴 샌드버그Sheryl Sandberg다. 샌드버그는 구글의 애드워즈 담당 임원 출신으로, 구글을 광고 머신으로 변모시킨 일등 공신이었고 2008년에 페이스북 최고운영책임자로 자리를 옮겼다. 샌드버그는 그 두 가지를 결합할 방법을 알고 있었고 페이스북이 이 방면에 잠재력이 있다는 것도 알고 있었다. 페이스북은 사용자들이 누구와 주로 어울리는지와 그들의 선호에 대한 정보를 활용해 제품에 새로운 수요를 창출할 수 있었고 따라서 그 제품의 광고 기회를 창출할 수 있었다. 이미 2008년 11월에 샌드버그는 페이스북의 성장 기반으로서 이 조합을 다음과 같이 요약했다. "우리가 여기에서 달성했다고 생각하는 것은, 진정한 신뢰의 힘과 사용자들의 진정한 프라이버시 관리를 여기에 불러와서 사람들이 온라인상에서 자신의 진정한 자아가 될 수 있게 한 것입니다." 사용자가 자신의 진정한 자아가 된다면 자신에 대해 더 많이 드러낼 것이고 광고 수입을 위해 사용할 수 있는 정보도 더 많아질 것이다.

이를 위한 노력에서 첫 번째 주요 혁신은 "좋아요" 버튼이었다. 이는 사용자의 선호를 더 많이 드러내 주었을 뿐 아니라, 더 많은 활동을 독려하는 정서적 신호가 되게 할 수 있었다. 뉴스피드가 어떻게 작동하는지, 사용자들이 어떻게 피드백을 하는지 등과 관련해 추가적인 변화도 도입되었다. 가장 중요하게, 사용자의 관심을 끌고 유지하기 위해, 그리고 가장 수익성 있는 곳에 광고를 배치하기 위해 사용자의 뉴스피드를 조직하기 시작했다.

또한 페이스북은 광고주들에게 역시 AI 기술에 기반한 새로운 광고 도구도 제공했다. 맞춤 청중을 구성해 광고가 특정 인구 집단에게만 도달하게 하는 것, 비슷한 성향이나 취향을 가진 것으로 보이는 청중을 구성하는 것 등이 포함되어 있었는데, 후자에 대해 페이스북

스스로가 광고주에게 밝힌 서비스 설명은 다음과 같았다. "귀사의 기존 고객과 비슷한 특징을 가지고 있어서 귀사의 제품에 관심이 많을 가능성이 큰 새로운 사람들에게 귀사의 광고가 도달할 수 있게 해줍니다."

광고와 관련해서 소셜미디어가 검색 엔진에 비해 갖는 장점은 강렬한 관여도다. 물론 사람들이 자신이 검색한 제품이나 매장에 대해 나타나는 광고에 관심을 기울일 때도 있지만 관여 시간이 짧아서 판매할 수 있는 광고의 양도 제한적이다. 사람들이 화면상에 더 오래 머물게 해서 스크린에 나타나는 것을 볼 시간이 더 많다면 광고 수입을 더 많이 올릴 수 있을 것이다. 친구나 지인이 올린 글에 "좋아요"를 누르는 것은 이러한 관여를 높이는 매우 좋은 방법인 것으로 판명되었다.

처음부터도 페이스북은 이러한 목적으로 사람들의 심리를 활용했고 체계적인 실험과 테스트를 통해 사용자들이 어떤 유형의 콘텐츠에 더 잘 반응하고 콘텐츠가 어떤 방식으로 보여야 감정과 반응을 더 많이 끌어낼 수 있는지 등을 연구했다.

사회적 관계, 특히 집단 내에서의 관계에는 불승인, 거부, 부러움 등의 감정이 늘 가득하기 마련이다. 페이스북이 정치적인 콘텐츠에 대해 분노를 유발하는 것에 더해 그 밖의 사회적 맥락에서도 강한 부정적인 감정을 유발한다는 것을 보여주는 실증근거가 이제는 많이 나와 있다. 페이스북은 이 모든 감정을 이용해 사람들이 페이스북에서 더 많은 시간을 보내게 만든다. 자극적인 콘텐츠뿐 아니라 걱정과 불안도 그런 역할을 한다. 몇몇 사회심리학 연구들은 소셜미디어의 사용이 부러움의 감정 및 자신이 부적절하다는 감정과 긴밀하게 연결되어 있으며, 종종 자존감에 문제를 일으킨다는 것을 보여주었다.

일례로, 페이스북이 미국 전역의 대학에 퍼지면서 정신 건강에 부정적인 영향을 강하게 미쳤고 종종 우울감으로 이어졌다. 또한 페이스북에 접속할 수 있는 학교의 학생들은 현저하게 낮은 학업 성취를 보였으며, 이는 페이스북의 영향이 감정에만 국한되지 않고 오프라인에서의 활동에도 영향을 미친다는 것을 시사한다. 페이스북은 이러한 감정을 강력하게 돈으로 바꾸어 내는데, 불안함과 더 큰 사회적 승인을 얻으려는 노력 둘 다 사람들이 페이스북에서 쓰는 시간이 더 늘어나게 만들기 때문이다.

한 야심 찬 연구가 이러한 점을 실증근거로 보여주었다. 연구자들은 페이스북의 일부 사용자들에게 (일시적으로) 페이스북 사용을 중지하도록 인센티브를 주고, 인센티브를 받지 않아서 페이스북을 계속 사용하는 사람들을 통제군으로 삼아 시간 사용과 감정 상태를 비교했다. 페이스북 사용을 중지한 사람들이 여타의 사회적 활동에 쓰는 시간이 더 많았고 행복도도 현저하게 더 높았다. 하지만 실험이 끝나자 그들은 다시 페이스북으로 돌아왔고(아마도 동료 집단으로부터의 사회적 압력과 그들이 다시 돌아오게 만들기 위해 페이스북이 기울인 노력의 압력에 영향을 받았을 것이다), 정신 건강이 도로 나빠지는 등 모든 것이 예전으로 돌아갔다.

사용자 관여도를 높이기 위해 수많은 새 기능과 알고리즘들이 빠르게 도입되었는데, 사용자의 심리에 미치는 영향이나 가짜 정보에 미치는 영향 등에 대한 사전 연구가 없는 채로 도입되었다. 사용자 관여도를 높이기 위해 새로운 기능을 도입하는 것과 관련해 페이스북과 이곳의 엔지니어들이 취하는 접근 방식은, 페이스북 직원들이 흔히 말하는 표현을 빌리면, "[다 파악할 때까지 기다릴 시간이 어딨어?] 일단 밖에 풀어!Fuck it, ship it"에 잘 요약되어 있다.

하지만 이것은 관여도를 높이기 위해 노력하는 와중에 의도치 않게 발생하는 피해가 아니다. 페이스북 경영진은 사용자 관여도를 극대화하려 할 때 여타의 우려사항들이 방해가 되는 것을 원하지 않았다. 샌드버그는 인스타그램에 광고가 들어가야 한다고 반복적으로 주장했는데, 인스타그램을 인수했던 2012년에 페이스북은 인스타그램이 경영 의사결정을 페이스북과 독립적으로 내리게 할 것이며 웹 디자인과 광고에 대한 결정에 대해서도 마찬가지일 것이라고 약속한 바 있었다.

페이스북은 2020년 미국 대선 이후 사용자를 오도할 소지가 있는 이야기와 신뢰성이 낮은 웹사이트를 촉진하지 않도록 알고리즘을 바꾸기로 결정했고 그 결과는 놀라웠다. 증오 선동 콘텐츠와 가짜 정보가 더 이상 바이럴되지 않았다. 하지만 얼마 뒤에 이 변화는 철회되었고 페이스북은 예전의 비즈니스 모델로 다시 돌아왔다. 그 변화가 사용자 관여도에 미친 영향을 알아보았더니 선동적이고 자극적인 메시지를 덜 보았을 때 페이스북에서 쓰는 시간이 줄어든 것으로 나타난 것이 주된 이유였다.

저커버그와 샌드버그는, 그리고 나중에는 클레그도 플랫폼은 어느 누구의 자유로운 발언도 제한하면 안 된다는 논리로 이러한 결정을 내내 옹호했다. 이에 대해 영국 코미디언 사샤 배론 코언Sacha Baron Cohen은 많은 이들이 문제라고 생각하는 지점을 이렇게 요약했다. "이것은 지구상에서 가장 비난할 만한 사람들도 포함해서 사람들에게 전 세계 인구 3분의 1에게 접할 수 있는 역사상 가장 큰 플랫폼을 주는 것이나 마찬가지다."

반反민주주의로의 방향 선회

소셜미디어가 만든 정치적 엉망진창을 이해하려면 타깃 광고가 일으키는 이윤 동기를 이해해야 한다. 이러한 이윤 동기 때문에 기업들이 사용자의 관여도, 때로는 분노를 극대화하는 데 가장 큰 우선순위를 두게 되어서다. 그리고 타깃 광고는 막대한 양의 데이터를 수집하고 처리할 수 없었으면 불가능했을 것이다.

그런데 이윤 동기는 테크 기업이 반민주주의적인 방향으로 선회하게 만든 유일한 요인이 아니다. 우리가 "AI 환상"이라고 부르는 테크 회사들의 핵심 비전도 여기에서 마찬가지로 중요한 역할을 했다.

1장에서 이야기했듯이 민주주의는 무엇보다 목소리의 다양성이 핵심이며 평범한 사람들의 목소리가 꼭 포함되어야 한다. 즉 그들의 목소리가 들려야 하고 공공 정책의 방향을 설정할 때 중요하게 여겨져야 한다. 독일 철학자 위르겐 하버마스Jürgen Habermas가 제시한 "공론장" 개념은 건전한 민주적 담론의 핵심 특징을 잘 포착하고 있다. 하버마스는 공론장을 개인들이 모여 사회적 사안과 정책에 대해 논의하는 장으로 정의하고, 이것이 민주적 정치 과정에 필수적이라고 주장했다. 하버마스는 18세기 영국의 커피하우스와 프랑스의 살롱을 모델로 들어 분석하면서, 공론장의 핵심 요소가 공적인 이해관계에 대한 논쟁의 장에 개개인이 외부의 지위에 따른 위계에 영향을 받지 않고 자유롭게 참여하는 것이라고 주장했다. 이러한 방식으로 공론장은 다양한 견해가 나올 수 있는 장이 되고, 그러한 견해가 정책에 영향을 미칠 수 있는 통로도 된다. 특히 이것은 서로 다른 관점이 교차하는 다양한 이슈에 대해 상호작용할 수 있을 때 효과적으로 작동한다.

처음에는 온라인상의 소통이 새로운 공론장을 가져다주리라는 희망이 일었다. 지역 정치 수준에서 가능한 것보다도 훨씬 더 다양한 배경을 가진 사람들이 모여 자유롭게 상호작용하고 의견을 교환할 수 있을 것이라고 말이다.

불행히도, 온라인 민주주의는 주요 테크 기업이 가진 사업 모델 및 AI 환상과 부합하지 않는다. 사실 온라인 민주주의는 중요한 의사결정 대부분이 평범한 사람들이 내리기에는 너무 복잡하다고 보는 기술 관료적 접근과 대척점에 있다. 천재들이 공공선을 위해 노력하면서 열심히 일하고 있다고 보는 것이 대부분의 테크 회사에서의 분위기다. 그들이 중요한 의사결정을 내리는 사람이 되는 것은 자연스러운 일이다. 이러한 접근에서 대중의 정치 담론은 독려되거나 보호되어야 하는 무언가가 아니라 이용하고 이득을 뽑아내야 하는 무언가다.

따라서 AI 환상은 반민주적 충동을 선호한다. 많은 경영자들이 스스로 중도 좌파이고 민주적 제도를 지지한다고 생각할 때도, 심지어 본인이 민주당 지지자라고 생각할 때도 그렇다. 그들의 정치적 지지는 종종 문화적인 사안에 집중되어 있고 민주주의의 핵심 기반인 '사람들이 정치에 적극적으로 참여하게 하는 것'과 관련된 문제는 편리하게도 피해간다. 특히 AI와 관련해서는 민주적 참여가 더욱 독려되지 않는다. 대부분의 사업가와 벤처 캐피탈리스트들이 평범한 사람들은 테크놀로지를 제대로 이해하지 못하고 테크놀로지의 침투적인 영향에 대해 불필요하게 우려한다고 생각하기 때문이다. 한 벤처 캐피탈리스트는 "AI에 대한 대부분의 두려움은 전적으로 근거가 없다고까지는 할 수 없더라도 분명히 과장되었다"고 말했다. 그들의 해법은, 이러한 우려는 무시하고 AI를 우리 삶의 모든 영역으로 통합시키면서 계속 앞으로 나아가는 것이다. "테크놀로지가 일상에 완전히 통합되어 우리의 생각에서 당연한 배경으로 밀려나 있을 때만 사람들이 그것을 두려워하기를 멈추게 될 것이기 때문"이라는 것이다. 이것은 마크 저커버그가 『타임』과의 인터뷰에서 밝힌 것과도 같은 접근 방식이다. 그때 저커버그는 이렇게 말했다. "새로운 테크놀로지나 혁신이 올 때 언제나 그것은 무언가의 속성을 변화시킵니다. 그러면 언제나 그 변화를 한탄하고 이전으로 돌아가길 원하는 사람들이 생깁니다. 하지만 저는 다른 사람들과 계속 연결되어 있을 수 있는 역량의 면에서 이것이 명백하게 사람들에게 긍정적이라고 생각합니다."

AI 환상의 또 다른 측면은 페이스북의 모토인 "빠르게 움직이고 기존의 것들을 깨부숴라"에 잘 드러나듯 교란과 파괴를 미덕으로 강조하는 것인데, 이것도 반민주주의로의 선회를 가속화했다. 여기에서 **파괴**disruption는 노동자, 시민 사회 조직, 전통 매체, 심지어는 민주주의 자체에 이르기까지 다른 것에 미치는 모든 부정적인 효과를 의미하게 되었으며, 흥미로운 새 테크놀로지의 결과이고 더 큰 시장 점유율과 수익 창출에 부합하기만 한다면 이 모두가 공정한 게임으로 여겨지고 사실상 독려된다.

이러한 반민주주의적 충동을 페이스북이 자체 연구를 진행한 방식에서도 엿볼 수 있다. 2014년에 페이스북은 사용자들이 친구로부터의 부정적이거나 긍정적인 감정에 대해 자신의 뉴스피드에 어떻게 반응하는지 알아보기 위한 대규모 연구를 수행했다. 이를 위해 70만 사용자의 뉴스피드를 조작해 1주일 동안 긍정적이거나 부정적인 감정에 대한 노출을 줄였다. 예상대로 부정적인 감정에 대한 노출을 높이고 긍정적인 감정에 대한 노출을 줄이면 사용자들에게 오래 지속되는 악영향을 남기는 것으로 나타났다.

　　그런데 페이스북은 이 대규모 연구를 수행하면서 사용자에게 허락을 구하지 않았고, 과학 연구의 일반적인 기준을 지키려는 시도도 하지 않았다. 일반적으로는 대상자에게 정보를 알리고 동의를 구해야 한다. 페이스북 연구자를 포함해 연구 참여자들이 이 연구의 몇몇 결과를 『미 국립과학원 회보Proceedings of the National Academy of Science』에 실었을 때 이곳의 편집자는 "편집인의 우려"를 함께 게재했다. 이 연구가 대상자의 동의 없이 이루어졌으며 학계에서 받아들여지는 기준을 만족시키지 못했기 때문이었다. 구글도 구글북스와 구글맵에서 수집하는 정보를 늘리기 위한 노력을 펴면서 이와 동일한 전략을 취했다. 구글은 프라이버시에 대한 우려를 무시했고 허가나 자문을 사전에 받지 않고 일단 시작했다. 그러고서는 문제가 알아서 해소되기를 기대하거나 아니면 적어도 다들 그러려니 하는 기정사실로 여겨질 때까지 기다렸다. 이 전략은, 적어도 구글의 경우에는 효과가 있었다.

　　페이스북과 구글은 테크 업계에서 예외가 아니다. 테크 기업들이 동의 없이 사람들에게서 정보나 사진을 긁어오는 것은 이제 일상적인 일이다. 이미지 인식 분야에서 많은 AI 알고리즘이 이미지넷의 데이터 셋으로 훈련을 받고 이미지넷이 주최하는 인공지능 대회에 참여하기도 하는데, 컴퓨터 과학자이자 나중에 구글 클라우드의 최고과학자가 되는 리페이페이Fei-Fei Li가 만든 이 데이터베이스는 2만 2,000개 이상의 카테고리로 나뉜 1,500만 개 이상의 이미지를 확보하고 있고 이것은 인터넷상의 다양한 앱에 업로드된 사적인 사진들을 모은 것이다. 그런데 그 사진을 찍었거나 사진에 등장한 사람들에게 허락을 받지는 않았다. 테크 업계에서 이것은 대체로 용인되는 일로 여겨진다. 리페이페이는 이렇게 말했다. "인터넷의 시대에 우리는 갑자기 이미지 데이터의 폭발적인 증가를 보게 되었습니다."

『뉴욕타임스』의 보도에 따르면, 클리어뷰는 불법 이민자와 범죄를 저지를 가능성이 높은 사람을 짚어내는 예측 도구를 만들기 위해 안면 이미지를 동의 없이 수집했다. 이러한 전략은 테크놀로지가 발달하려면 대규모 데이터 수집이 필요하다는 논리로 정당화된다. 안면 인식 스타트업에서 일하는 한 발명가는 대규모 데이터 수집을 옹호하면서 "법은 무엇이 합법인지를 정해야 하지만 테크놀로지를 금지할 수는 없다"며 "물론 테크놀로지를 금지한다면 디스토피아적 미래나 그와 비슷한 것으로 가게 될 테지만, 아무튼 그것은 불가능하다"고 말했다.

하지만 진실은 이것보다 더 복잡하다. 대규모 감시와 데이터 수집을 강제하는 것은 테크놀로지 발달의 유일한 경로가 아니고 그것을 제한한다고 해서 테크놀로지를 막는 것도 아니다. 우리가 경험으로 알고 있는 바는, 이윤 동기와 AI 환상에 의해 그려진 경로가 반민주적이라는 것이다. 그리고 이 경로는 권위주의 정부와 테크 기업들이 다른 모든 이의 비전을 밀어내고 자신의 비전을 밀어 넣으려 한 것과 관련이 있다.

라디오 데이즈

아마도 이 모든 이슈가 디지털 기술과 AI만의 문제는 아닐 것이다. 모든 위대한 커뮤니케이션 테크놀로지는 남용의 가능성 또한 담고 있었다.

20세기의 또 다른 혁명적인 커뮤니케이션 테크놀로지인 라디오를 생각해 보자. 라디오도 범용 기술이고 나름의 방식으로 소셜미디어 못지않게 혁명적이었다. 라디오가 등장하면서 역사상 처음으로 예전과 다른 형태의 엔터테인먼트, 대중을 상대로 한 정보 송출, 그리고 물론 프로파간다가 가능해졌다. 라디오 기술은 독일 물리학자 하인리히 헤르츠Heinrich Hertz가 라디오파의 존재를 입증한 1886년 이후 급속히 발달했고, 10년 뒤에는 이탈리아 물리학자 굴리엘모 마르코니Guglielmo Marconi가 최초의 라디오 송신기를 발명했다. 1900년대 초에는 이미 라디오 방송이 존재했고 1920년대에는 상업용 라디오가 서구 국가들에서 널리 퍼졌으며 거의 곧바로 프로파간다와 거짓 정보의 유포도 시작되었다. 루스벨트 대통령은 라디오 기술의 중요성을 알아보고 "벽난로 담화"를 라이브로 중계했는데, 이것은 그가 추진한 뉴딜 정책을 대중에게 설명하려는 노력에서 핵심이었다.

　　루스벨트의 초기 지지자였던 한 인물이 미국의 라디오 프로파간다를 대표하는 인물이 되는데, 바로 웅변의 달인이던 찰스 코플린Charles Coughlin 신부다. 1930년대에는 뉴딜에 반대하는 입장으로 돌아서 있었고 "사회정의를 위한 전국연합National Union for Social Justice"이라는 단체도 설립했다. 그의 라디오 연설은 처음에는 CBS에서 방송되었고 정책 아이디어뿐 아니라 반유대주의적 선동도 많이 담고 있었다. 얼마 후부터는 베니토 무솔리니와 아돌프 히틀러를 방송에서 지지하기 시작했다.

　　반루스벨트, 반유대주의, 파시즘을 혼합한 그의 메시지는 1930년대 미국 정치에 큰 영향을 미쳤다. 최근의 한 연구는 카운티별로 라디오 전파의 강도에 따라 그의 발언이 미친 영향이 어떠했을지 연구했는데, 그의 라디오 프로파간다가 1936년 대선에서 프랭클린 루스벨트에 대한 투표율과 뉴딜에 대한 지지도를 몇 퍼센트포인트가량 낮춘 것으로 나타났다(그렇더라도 루스벨트의 압승을 막을 수는 없었지만 말이다). 코플린의 영향은 대선에서만 그치지 않았다. 그의 방송을 전파 장애 없이 들을 수 있었던 카운티는 친나치 단체인 독미연맹German-American Bund의 지부가 생기는 경우가 더 많았고 제2차 세계대전에서 미국이 수행한 전쟁 노력을 덜 지지하는 경향을 보였다. 수십 년이 지나서도 이 지역들은 반유대주의 성향이 다른 곳들보다 강했다.

코플린이 미국에서 효과적으로 활용한 도구는 같은 시기에 독일에서 더 완벽한 형태로 활용되고 있었다. 나치는 권력을 잡은 뒤에 통치를 라디오 프로파간다에 매우 의존했다. 히틀러의 프로파간다 장관 요제프 괴벨스Joseph Goebbels는 라디오 방송을 사용해 나치 정책에 대한 지지와 유대인 및 "볼셰비키"에 대한 혐오를 일으키는 데 전문가가 되었다. 괴벨스 본인이 "우리가 권력을 잡고 사용하는 방식은 라디오와 비행기가 없었으면 생각할 수 없었을 것"이라고 말하기도 했다.

실제로 나치는 라디오 방송을 통해 대중의 감수성을 매우 효과적으로 조작했다. 이번에도 연구팀이 지역마다 라디오 신호 강도가 어떻게 달랐는지와 시간에 따라 방송 내용이 어떻게 달라졌는지를 중심으로 살펴본 결과, 나치 프로파간다가 강력한 효과를 발휘했음이 발견되었다. 프로파간다 라디오 방송은 반유대주의적 행동과 유대인에 대한 비난을 증가시키는 경향이 있었다.

결국에는 미국과 독일 모두에서 극단주의자들의 라디오 프로파간다가 통제되었다. 그리고 이것이 어떻게 이루어질 수 있었는지는 소셜미디어와 라디오의 차이에 대해 시사하는 바가 있다. 또한 새로운 커뮤니케이션 테크놀로지를 어떻게 하면 가장 잘 활용할 수 있을지에 대해서도 교훈을 준다.

　　1930년대의 문제는 코플린 신부가 전국적인 플랫폼을 가지고 있어서 수백만 명에게 선동적인 내용을 전달할 수 있었다는 점이었다. 오늘날의 문제는 가짜 정보가 페이스북 등 소셜미디어 사이트의 알고리즘을 통해 잠재적으로 수십억 명의 사람들에게 닿을 수 있다는 점이다. 코플린의 해로운 영향은 프랭클린 루스벨트 행정부가 수정헌법 1조가 자유로운 언론 활동을 보호하지만 방송할 권리는 보호하지 않는다고 해석함으로써 무력화되었다. 라디오 전파는 공적으로 소유되는 공공재이므로 규제되어야 한다는 것이었다. 새로운 규제가 도입되면서 방송은 허가를 받아야 할 수 있었고 코플린은 더 이상 방송을 할 수 없게 되었다. 코플린은 계속해서 글을 썼고 곧 방송도 다시 시작했지만 개인 방송국을 통해서 해야 했기 때문에 대중에게 도달되는 정도가 훨씬 제한적이었다. 그리고 제2차 세계대전이 발발하자 그의 친독일적이고 미국의 참전을 반대하는 프로파간다는 더욱 힘을 잃었다.

　　오늘날 AM 라디오 토크쇼에서 아주 많은 가짜 정보와 증오 선동이 이야기되고 있지만 코플린의 전국 방송이 가졌던 도달 범위에는 미치지 못하며, 페이스북 알고리즘이 온라인상에서 제공하는 도달 범위에도 비할 바가 못 된다.

　　전후에 독일에서 라디오 프로파간다에 대해 취한 조치는 미국보다 더 종합적이었다. 독일 형법은 국민선동Volksverhetzung으로 분류되는 발언을 폭력 선동 및 특정 집단의 존엄을 부정하는 행위와 더불어 범죄로 규정해 금지했다. 이에 따르면 홀로코스트를 부인하는 것과 반유대주의적 프로파간다를 전파하는 것은 불법이다.

디지털 선택

AI 테크놀로지가 꼭 노동의 자동화와 노동자 감시에 초점을 맞춰야 한다는 법은 없었다. 또 꼭 정부의 감시 역량을 강화하는 쪽으로 발달해야 한다는 법도 없었다. 디지털 테크놀로지에 딱히 내재적으로 반민주적인 속성이 있는 것도 아니고 소셜미디어가 꼭 분노, 극단주의, 선동을 극대화하는 데 초점을 맞춰야만 하는 것도 아니다. 우리를 현재의 곤경으로 데려온 것은 선택이었고, 특히 테크 기업, AI 연구자, 정부들이 내린 선택이었다.

앞에서 언급했듯이 유튜브와 레딧에서도 처음에는 극우 극단주의, 가짜 정보, 증오 선동이 페이스북 못지않게 심각했다. 하지만 지난 5년 동안 두 플랫폼 모두 몇 가지 조치를 통해 이 문제를 완화할 수 있었다.

케일럽 케인Caleb Cain 같은 내부자의 폭로가 나오고 『뉴욕타임스』와 『뉴요커』에 폭로 기사가 나오면서 유튜브의 모기업인 구글에 압력이 높아졌고, 유튜브는 가장 해로운 종류의 콘텐츠가 확산되는 것을 줄이기 위해 알고리즘을 수정하기 시작했다. 구글은 이제 극단주의로 이끌거나 가짜 정보를 담고 있는 경우가 더 적은, "권위 있는 원천"에서 나온 동영상을 촉진한다고 주장한다. 또한 구글은 이러한 알고리즘 조정으로 "경계선상의 콘텐츠"의 조회수가 70퍼센트 줄었다고 발표했다(여기에서 "경계선상의" 콘텐츠라고 이야기한 것은, 구글에 따르면 명백한 증오 선동 콘텐츠는 이미 제거된 상태임을 뜻한다).

레딧의 이야기도 비슷하다. 몇몇 최악으로 극단주의적이고 선동적인 콘텐츠가 유통되고 있었고 처음에는 설립자 중 한 명인 스티브 허프먼Steve Huffman이 자사의 "열려 있고 정직한 토론" 철학에 완전히 부합한다며 그것을 옹호하기도 했지만, 높아지는 대중의 압력에 반응해 콘텐츠 모더레이션 기준을 강화했다. 2017년에 버지니아주 샬러츠빌에서 백인 우월주의자의 "우파 단결" 집회가 레딧을 통해 조직되었는데, 집회가 폭력적으로 비화해 반대쪽 시위 참가자 중 한 명이 숨지고 수십 명이 다치는 일이 있고 나서 레딧은 태도를 180도 바꾸었다. 레딧은 증오 선동, 인종주의, 그리고 노골적인 가짜 정보를 실어나르는 서브 레딧 수십 개를 삭제했다. 2019년에는 "더_도널드"를 삭제했다.

하지만 플랫폼들의 자기 규율을 통한 개선을 과장하면 안 된다. 여전히 유튜브와 레딧에는 종종 알고리즘의 도움을 받아서 많은 조작과 가짜 정보와 증오 선동 콘텐츠가 유통된다. 두 곳 모두 비즈니스 모델을 바꾸지 않았고 계속해서 사용자 관여도 극대화와 타깃 광고를 통한 수입에 의존하고 있다. 이와 다른 비즈니스 모델을 가진 플랫폼, 가령 우버나 에어비앤비 같은 곳은 자신의 웹사이트에서 증오 선동 콘텐츠를 막는 데 훨씬 더 선제적이었다.

대안적인 모델의 가능성을 가장 잘 보여주는 사례는 위키피디아일 것이다. 웹상에서 가장 많이 방문되는 플랫폼 중 하나로, 지난 몇 년간 매년 55억 건의 고유 방문이 있었다. 위키피디아는 광고 수익을 얻지 않기 때문에 사용자의 관심을 독점하려 하지 않는다.

이는 가짜 정보에 대해 매우 다른 접근을 할 수 있게 했다. 온라인 백과사전인 위키피디아에서는 각 표제 항목들의 내용을 자발적인 참여자들이 익명으로 작성하며, 역시 자발적으로 참여하는 편집자가 새로운 표제 항목을 시작하거나 기존의 것을 수정할 수 있다. 위키피디아에는 여러 층위의 관리자가 있는데 사용 빈도가 높은 사람들, 그리고 이력이 좋은 사람들 중에서 선별된다. 자발적으로 글을 작성하는 사람들 중 경험 많은 편집자들이 선별되어 유지 관리나 분쟁 해결에 대해 추가적인 권한과 책임을 갖는다. 그 위에는 "스튜어드"라고 불리는 사람들이 있는데, 갈등과 불일치를 조율하는 데서 더 큰 권한을 갖는다. 위키피디아 자체의 설명에 따르면 스튜어드들은 "공동체의 합의를 실행하는 데 필요한 기능적인 일들을 담당하며, 긴급 상황에 대응하고 위키 내에서 벌어지는 반달리즘에 맞서 개입한다." 스튜어드 위에는 "중재위원회"가 있는데, "자발적인 편집자들이 공동으로 혹은 하위 그룹으로 활동하면서 자체적으로 해결하지 못한 행위상의 분쟁에 대해 구속력 있는 해결책을 부과한다." "관리자"는 페이지를 보호하거나 삭제할 수 있고, 분쟁이 일고 있는 콘텐츠에 대해, 또는 전에 반달리즘이나 가짜 정보로 문제가 된 내용이 있을 경우 편집을 막을 수 있다. 관리자들은 "관료"의 감독을 받고 관료는 관리자들 중에서 선별된다.

이러한 관리 체계는 위키피디아가 가짜 정보와 프로파간다를 막는 데, 또한 다른 사이트들에서 너무나 일반적인 양극화를 막는 데 효과가 있었다. 위키피디아 사례는 소셜미디어 초창기에 일었던 테크노-낙관주의가 그토록 소중하게 여겼던 "군중의 지혜"가 실제로 작동할 수 있다는 것을 보여준다. 하지만 올바른 조직 구조에 의해 감시되고 지원되며 테크놀로지의 사용과 방향에 대해 합당한 선택이 내려질 때만 가능하다.

타깃 광고가 아닌 대안적인 비즈니스 모델은 위키피디아 같은 비영리 기구에만 해당하는 것이 아니다. 구독 모델에 기반하고 있는

넷플릭스는 개인화된 추천을 위해 사용자 정보를 수집하고 AI 기술에도 막대하게 투자하지만, 여기에는 가짜 정보나 정치적 분노가 거의 없다. 목적이 관여도를 극대화하는 것이 아니라 구독을 독려하기 위해 사용자의 경험을 향상시키는 것이기 때문이다.

소셜미디어 플랫폼은 구독 모델로도 잘 작동할 수 있고 돈도 벌 수 있다. 이 모델이 소셜미디어의 모든 문제에 해법이 되리라는 말은 아니다. 사람들은 구독 기반의 플랫폼에서도 "반향실"을 만들지 모르고 가짜 정보와 불안감을 돈으로 바꾸는 새로운 방식이 생겨날지도 모른다. 그럼에도 대안적인 비즈니스 모델은 플랫폼이 강렬한 사용자 관여를 추구하는 데서 멀어지게 할 수 있다. 사용자 관여도를 높이려는 목표는 가장 안 좋은 형태의 사회적 상호작용을 촉진하는 것으로 드러났고, 그럼으로써 사람들의 정신 건강과 민주적 담론 모두를 훼손했다.

"사회적 웹"은 거짓 정보, 양극화, 정신 건강상의 피해와 같은 악영향을 제약할 수 있다면 막대하게 긍정적인 효과를 낼 수 있을 것이다. 최근의 연구는 페이스북이 새로운 언어권에서 서비스를 시작했을 때 그 나라의 중소기업이 해외 시장에 대한 정보를 얻게 되어 수출이 느는 데 도움이 되었음을 보여주었다. 회사가 사용자를 조작하는 능력 대신 이러한 서비스를 통해 돈을 벌지 말라는 법은 없다. 또한 소셜미디어와 디지털 도구는 감시로부터 개인을 더 잘 보호할 수도 있다(11장 참고). 감정적 반응이 촉발될 버튼을 누르고 그렇게 해서 추동된 사용자를 타기팅해 광고를 내보내는 것은 소셜미디어의 유일한 선택지가 결코 아니다.

민주주의가 가장 필요할 때 민주주의가 훼손되다

비극은 AI가 민주주의가 가장 필요할 때 민주주의를 훼손하고 있다는 사실이다. 디지털 테크놀로지의 방향을 근본적으로 바꾸지 못하면 서구에서도, 그 밖의 곳에서도 계속해서 불평등에 불을 때고 노동력의 대다수를 주변화할 것이다. 또한 현재의 경로에서 AI 테크놀로지는 노동자들을 점점 더 면밀하게 감시하는 데 쓰이고 있으며 임금을 한층 더 아래로 내리누르고 있다.

원한다면 생산성 밴드왜건에 대한 희망을 계속 품고 있겠대도 어쩔 수는 없다. 하지만 생산성 이득이 폭넓게 공유되는 상황이 곧 실현되리라는 징후는 보이지 않는다. 앞에서 보았듯이, 길항 권력이 생겨나 제약하지 않으면 경영자와 사업가들은 자동화에 더 초점을 맞추고 사람들의 역량을 약화하려는 쪽으로 편향을 갖는 경향이 크다. 그리고 대규모 데이터 수집은 이 편향을 악화시킨다.

길항 권력은 민주주의 없이는 일구기 어렵다. 지배층이 전적으로 정치를 통제하고 억압과 프로파간다 도구를 효과적으로 사용한다면 유의미하고 잘 조직화된 저항을 일구기 어려울 것이다. 따라서 가령 중국에서 탄탄한 저항이 곧 나타나지는 않을 것이다. 특히 당국이 점점 더 효과적인 AI 기반 감시 시스템을 구축하고 있는 상황에서는 말이다. 하지만 미국과 여타 서구 국가들에서도 길항 권력이 다시 생겨나기를 기대히기는 점점 더 어려워지고 있다. AI는 권위주의 정부와 민주적으로 선출된 정부 모두에 억압과 조작의 도구를 제공하면서 민주주의를 질식시키고 있다.

조지 오웰은 『1984』에서 이렇게 묻는다. "2 더하기 2가 4인 줄 우리가 어떻게 아는가? 중력이 작동하는 것을 어떻게 아는가? 과거가 달라질 수 없다는 것을 어떻게 아는가? 과거와 외부 세계가 정신에만 존재한다면, 그리고 정신 자체가 통제 가능하다면 그다음에는 어떻게 되겠는가?" 이 질문은 오늘날 시사하는 바가 더 크다. 철학자 한나 아렌트가 예견했듯이 가짜와 프로파간다가 쏟아질 때는 민주 사회에서 건 민주주의가 아닌 사회에서건 사람들이 어떤 뉴스도 믿지 않게 되기 때문이다. 어쩌면 더 나쁠지도 모른다. 자신의 소셜미디어에 파묻혀 종종 분노한 채 매우 자주 강한 감정에 휩싸이면서, 사람들은 공동체에서 유리되고 민주적 담론에서도 유리될 수 있다. 극단주의적인 목소리가 가장 크게 들리고, 인공적인 반향실이 여기저기 생겨나며, 모든 정보는 의심스럽거나 당파적이고, 타협은 잊힌 단어가 되었거나 심지어는 경멸을 사는 또 다른 현실이 온라인에 존재하기 때문이다.

어떤 이들은 웹3.0이나 메타버스 같은 새로운 테크놀로지가 이와 다른 과정을 추동할 수 있으리라고 기대한다. 하지만 테크 회사들의 현재 비즈니스 모델과 정부들의 감시 지향이 수그러들지 않는 한 새로운 테크놀로지는 한층 더 강력한 필터 버블을 만들고 더 폭넓은 현실 왜곡을 가져와 이러한 상황을 악화시킬 것이다.

늦긴 했지만 아직 너무 늦은 건 아닐 수도 있다. 어떻게 하면 이 파도가 뒤집힐 수 있을지, 어떠한 구체적인 정책이 그러한 변화의 가능성에 희망을 줄 수 있을지 다음 장에서 알아보기로 하자.

11장

테크놀로지의 경로를 다시 잡기

컴퓨터는 사람들을 위해서 사용되기보다

사람들에게 적대적으로 사용되고

사람들을 자유롭게 하기 위해 사용되기보다

사람들을 통제하기 위해 사용된다

이 모든 것을 바꾸어야 할 때다

우리에게는 …

민중의 컴퓨터 회사가 필요하다

－"민중의 컴퓨터 회사People's Computer Company" 첫 뉴스레터,

　1972년 10월

세상에서 할 만한 가치가 있는 대부분의 일은 그것이 행해지기

전에는 늘 불가능한 일이라고 선언된다.

－루이스 브랜다이스 변호사, 조정 절차 결과, 뉴욕 의류 업계,

　1913년 10월 13일

19세기 말 미국의 "도금 시대"는 빠른 기술 변화가 있었던 시기이자 불평등이 놀랍게 증가한 시기다. 오늘날처럼 말이다. 경제의 가장 역동적인 영역이었던 철도, 철강, 기계, 석유, 은행 등에서 초창기에 새로운 테크놀로지에 투자해 기회를 잡은 사람과 기업들은 번성했고 놀라운 수익을 얻었다.

이 시기에 전에 없던 규모의 거대 기업이 생겨났다. 어떤 곳은 수십만 명 이상을 고용했는데, 당시 미국 군대보다도 훨씬 많은 사람을 고용한 것이었다. 경제가 팽창하면서 실질임금이 증가했지만 불평등이 치솟았고, 경제적·정치적으로 강력한 경영자와 관리자에게 맞설 수 있는 보호 시스템이 존재하지 않는 상황에서 수백만 노동자들의 여건은 비참했다. 부유해진 기업계 거물 중 가장 유명하고 양심 없는 사람들을 일컫는 "강도 귀족"은 새로운 테크놀로지의 독창성을 통해서만이 아니라 경쟁사들을 합병함으로써 부유해졌고, 이들이 자신의 업계에서 시장 지배적인 사업자가 되는 데는 정치적 연줄도 중요했다.

이 시대의 상징은 이들이 일군 거대한 "트러스트"다. 스탠더드 오일이 대표적인데, 트러스트 구조를 통해 사실상 독점 기업을 만듦으로써 핵심적인 투입 요소의 공급을 장악하고 경쟁자를 제거했다. 1850년에 영국의 화학자 제임스 영James Young이 석유 정련 방법을 알아낸 후 불과 몇 년 사이에 전 세계에서 수십 곳의 석유 정련소가 운영되고 있었다. 1859년에 펜실베이니아주 타이터스빌에서 석유 매장지가 발견되었고 석유는 미국 산업화의 엔진이 되었다. 그리고 미국 석유 업계는 곧 스탠더드 오일이 장악했다. 존 D. 록펠러가 창립한 스탠더드 오일은 이 시대의 기회와 그것의 남용을 모두 상징한다. 가난한 집에서 태어난 록펠러는 석유의 중요성과 시장 지배적인 사업자가 되는 것의 중요성을 잘 알고 있었고 빠르게 자신의 회사가 독점 기업이 되게 만들었다. 1890년대 초에 스탠더드 오일은 미국의 파이프라인과 석유 정련 시설의 90퍼센트를 점유하고 있었고, 약탈적 가격 정책과 철도가 경쟁 석유 회사의 석유를 운송하지 못하게 하는 등의 문제 있는 부가합의로, 또 경쟁 기업과 노동자들을 협박하는 것으로 유명해졌다.

앤드루 카네기의 철강 회사, 코르넬리우스 벤더빌트Cornelius Vanderbilt의 철도 기업 집단, 듀폰의 화학 회사, 농기계 분야의 인터내셔널 하비스터, 은행 업계의 JP모건 등 여타 분야의 지배적인 기업들도 비슷했다.

미국의 제도가 이러한 기업들의 영향을 다루기에는 적절치 않다는 것이 명백해졌다. 이 기업들은 점점 더 큰 정치 권력을 행사하고 있었다. 몇몇 미국 대통령이 그들 편이었고, 더 중요하게 그들은 상원을 좌지우지했다. 당시 상원의원은 직접 투표로 선출되지 않고 주 의회가 선출했다. 상원의원직이 "매매된다"는 것은 다들 느끼고 있는 바였고 사실이 그렇기도 했다. 그리고 상원의원직 매매에 강도 귀족들이 강하게 개입했다. 상원의원만이 아니었다. 윌리엄 매킨리William McKinley 는 1896년과 1900년 대선 때 기업계에서 후하게 후원을 받았는데, 부분적으로는 상원의원 마크 해나Mark Hanna를 통해 조직된 자금이었다. 그는 이 시스템을 다음과 같이 묘사했다. "정치에서 중요한 것 두 가지가 있다. 하나는 돈이고, 다른 하나는 기억이 안 난다." 당시에는 강도 귀족들이 소유한 기업이 거대한 크기 덕분에 갖는 권력을 활용해 각 분야에서 시장 지배적이 되는 것을 막을 효과적인 법 제도가 없었다.

노동자들이 조직화해 더 높은 임금과 더 나은 노동 조건을 요구하면 거대 기업들은 종종 가혹하게 억압했다. 1877년 철도 대파업, 1886년 사우스웨스트 철도 대파업, 1892년 카네기 철강 파업, 1894년 풀먼 파업, 1902년 탄광 노동자들의 파업 모두 그랬다. 1913~1914년 에 전미탄광노조United Mine Workers가 록펠러가 소유한 콜로라도 퓨얼 앤 아이언 컴퍼니에서 파업을 했을 때 파업 참가자와 광산 경비원, 군대, 기업이 고용한 파업 분쇄자 사이에 대치가 고조되어 여성과 어린이도 포함해 21명이 사망했다.

도금 시대의 사회경제적 조건이 지속되었더라면 오늘날 미국은 매우 다른 곳이 되었을 것이다. 다행히 광범위한 진보적 개혁 운동이 일어나 트러스트의 권력에 맞서 제도 변화를 요구했다. 처음에는 개혁 운동이 농촌 조직에 뿌리를 두었지만(전국농민후원자회의National Grange of the Order of Patrons of Husbandry, 나중에는 민중당Populist Party) 진보 시대 개혁가들은 도시 중산층과 훨씬 더 광범위한 연합을 결성했고 미국 역사에 결정적인 영향을 미쳤다.

이들의 성공에서 핵심은 미국 대중, 특히 중산층의 견해와 규범이 달라진 것이었다. 이 변화에는 "추문 폭로자"라고 불린 저널리스트들과 나중에 대법관이 되는 변호사 루이스 브랜다이스 같은 개혁가들의 저술이 크게 영향을 미쳤다. 업턴 싱클레어Upton Sinclair의 『정글The Jungle』은 육가공 업계의 끔찍한 노동 조건을 드러냈고, 링컨 스테펀스Lincoln Steffens는 여러 주요 도시의 정치적 부패를 폭로했다.

아마도 가장 영향력 있었던 저술은 또 다른 추문 폭로자인 아이다 타벨Ida Tarbell의 스탠더드 오일에 대한 기사였을 것이다. 1902년에 『매클루어스 매거진McClure's Magazine』에 쓴 시리즈 기사에서 아이다 타벨은 스탠더드 오일과 록펠러의 협박, 가격 고정, 불법 행동, 정치적 협잡 등의 혐의를 보도했다. 타벨은 개인적으로도 록펠러의 사업 행태를 잘 알고 있었다. 아버지가 펜실베이니아주 서부의 석유 생산자였는데 스탠더드 오일 때문에 시장에서 밀려났다. 록펠러가 지역 철도 회사와 비밀리에 협상을 해서 경쟁 석유 회사의 석유를 운송할 때는 비싼 운임을 받게 했기 때문이다. 타벨의 기사는 1904년에 『스탠더드 오일의 역사The History of the Standard Oil Company』라는 책으로도 출간되었는데, 이 책은 다른 무엇보다도 미국 대중에게 트러스트와 강도 귀족들이 사회에 미치는 해악을 잘 알린 책이었을 것이다.

아이다 타벨이 개척한 길에 다른 저널리스트들도 뒤를 따랐다. 1906년에 『코스모폴리탄』에 "상원의 배신The Treason of the Senate"이라는 시리즈 기사가 실렸다. 이 기사에서 데이비드 그레이엄 필립스David Graham Phillips가 상원의 음침한 거래와 부패를 드러냈다. 브랜다이스의 『타인의 돈, 그리고 은행이 그것을 사용하는 방법Other People's Money and How Bankers Use It』은 은행 업계, 특히 JP 모건에 대해 비슷한 폭로를 했다.

공동체 활동가들의 역할도 중요했다. 메리 해리스 존스Mary Harris Jones(마더 존스라고 불렸다)는 전미광산노조와 더 급진 성향인 "노동 기사단Knights of Labor"의 조직화에 중요한 역할을 했고, 광산과 공장에서 일하는 아이들의 시위인 1903년 "아동의 행진Children's Crusade"에서도 핵심 조직가였다. 아이들은 아동 노동 금지 법제의 시행이 미비한 것에 항의해 "우리는 광산이 아니라 학교에 가고 싶다"는 팻말을 들고 시어도어 루스벨트의 여름 별장으로 행진했다.

진보 시대 개혁가들은 대중의 마음을 바꾸는 데서 그치지 않고 정치적 조직화에도 나섰다. 이미 민중당이 저항 운동이 전국적 정당으로 발전할 수 있는 가능성을 보여준 바 있었다. 1892년 선거에서 민중당은 8.5퍼센트를 득표했다. 이 초창기의 성공에 도시 중산층이 힘을 보탰고 윌리엄 제닝스 브라이언William Jennings Bryan, 테디 루스벨트, 로버트 라 폴레트Robert La Follette, 윌리엄 태프트William Taft, 그다음에는 우드로 윌슨Woodrow Wilson이 진보 정치 의제를 주류 정당으로 가지고 와 선거에서 승리하면서 개혁의 길을 닦았다.

진보 시대 개혁가들은 트러스트의 해체와 규제, 새로운 금융 규제 도입, 도시 정부와 연방 상원의 부패 일소, 조세 개혁 등 야심 찬 개혁 의제를 가지고 있었다. 그리고 슬로건에서만 그치지 않았다. 이들은 정책을 만들 때 전문성이 중요하다는 것을 잘 알고 있었고, 다양한 전문가 협회가 결성되고 핵심적인 이슈에 대한 체계적인 연구가 이루어지는 데 중요한 역할을 했다.

이 시대의 핵심 개혁 정책들은 추문 폭로자들, 지역 활동가들, 개혁가들이 널리 알린 개념에서부터 발달해 나왔다. 예를 들어, 싱클레어의 폭로는 "순수 식품 의약품 법Pure Food and Drug Act"과 "육류 품질

검사법Meat Inspection Act" 제정에 직접적인 촉매가 되었다. 아이다 타벨의 취재와 보도는 1890년에 "셔먼 반독점 법Sherman Antitrust Act"이 산업계와 철도 분야의 거대 기업에 적용되는 데 영향을 미쳤다. 이 법은 1914년 "클레이턴법Clayton Act" 통과와 독점 규제 및 반독점 활동을 담당하는 연방거래위원회 설립으로 한층 더 강화되었다. 진보적 압력은 금융업계의 잘못된 관행을 조사하기 위한 "푸조 위원회Pujo Committee"가 꾸려지는 데도 영향을 미쳤다.

이보다도 더 중요한 결과를 가져온 제도적 변화들도 있다. 1907년의 "틸먼법Tillman Act"은 기업이 연방 선거에 나선 후보에게 기부금을 주는 것을 금지했다. 1913년에 비준된 수정헌법 16조는 연방소득세를 도입했고, 같은 해의 수정헌법 17조는 상원의원을 직접 선거로 뽑게 했으며, 1920년의 수정헌법 19조는 여성에게 투표권을 부여했다.

진보 시대 개혁이 미국의 정치경제를 일거에 바꾸지는 않았다. 거대 기업은 여전히 강력했고 불평등은 여전히 심각했다. 그럼에도 7장에서 보았듯이 진보 시대 개혁가들은 뉴딜 시기의 개혁과 전후 시기의 공유된 번영에 토대를 놓았다.

진보 시대 운동은 온갖 다양한 목소리가 가득한 상향식 운동이었고, 바로 이 점이 대중적인 연합을 구성하고 새로운 정책 아이디어를 만들어 내는 데서 성공할 수 있었던 필수 요인이었다. 하지만 아름답지 못한 점들도 있었다. 일례로, 진보 운동의 지도층 인사들 사이에는 명시적·암묵적으로 인종주의가 팽배해 있었다(우드로 윌슨이 대표적이다). 또한 우생학이 일부 진보 시대 개혁가들 사이에서 유행했고 1919년에 수정헌법 18조에 의해 금주법이 도입된 것도 언급해 두어야 할 것이다. 이러한 실패가 있었지만, 그래도 진보 시대의 개혁 운동은 미국의 제도를 완전히 재구성했다.

진보 시대의 개혁 운동은 우리가 현재의 곤경에서 벗어나는 데 꼭 필요한 공식의 세 가지 갈래에 대해 역사적 관점에서 시사점을 준다.

첫째는 내러티브와 규범을 바꾸는 것이다. 진보 시대 개혁가들은 사람들이 의원, 산업계 거물, 이들과 연합한 황색 저널리즘이 하는 말을 그냥 받아들이지 않고 경제와 사회의 문제에 대해 탄탄한 정보를 바탕으로 자신의 견해를 형성할 수 있게 했다. 타벨은 정치 선거에 나선 적이 없고 하나의 대의에만 헌신하지도 않았다. 그보다는 탐사 저널리스트로서의 역량을 갈고닦아 스탠더드 오일과 그곳의 지배자 록펠러에 대해 사실관계들을 폭로했다. 결정적으로, 진보 시대 개혁가들은 사회에서 용인되는 기업 행동이 무엇인지에 대한 기준을 바꾸었고 평범한 시민들이 불의에 대해 자신이 무엇을 할 수 있는지를 새로이 생각하게 만들었다.

둘째는 길항 권력을 일구는 것이다. 진보 시대 개혁가들은 변화하는 내러티브와 사회적 규범을 바탕으로 사람들이 강도 귀족에 맞서고 정치인들에게 개혁의 압력을 넣기 위해 더 폭넓은 운동을 조직하게 하는 데 기여했다. 노조와 또 그 밖의 여러 운동 조직을 통해 이러한 길항 권력이 행사되었다.

셋째는 정책적 해법을 찾아내는 것이다. 진보 시대 개혁가들은 새로운 내러티브, 연구 조사, 전문 지식을 바탕으로 구체적인 정책 대안을 만들어 냈다.

테크놀로지 변화의 방향을 다시 잡기

오늘날 우리가 직면한 도전은 디지털 시대와 글로벌 시대를 배경으로 한 것이지만 진보 시대의 교훈은 여전히 적용된다. 기후 변화라는 존재론적 위협에 맞서고 있는 현재의 환경 운동은 앞의 세 갈래 공식이 어떻게 테크놀로지 변화의 방향을 재설정할 수 있는지 보여주는 좋은 사례다. 대규모 화석연료 에너지 회사들에 대한 높은 의존성은 여전하고 대부분의 정책결정자들이 아직 행동에 나서지 않고 있긴 하지만, 최근 재생 에너지 기술에서 놀라운 진전이 있었다.

화석연료에서 나오는 탄소 배출은 뭐니 뭐니 해도 우선 테크놀로지의 문제다. 산업화 자체가 화석연료 에너지에 기반해 이루어졌고 18세기 중반 이래로 테크놀로지 투자는 전통적인 화석연료 에너지원을 확대하고 향상시키는 데 들어갔다. 하지만 이르게는 1980년대 초부터도 석탄과 석유의 생산과 소비에 약간의 땜질을 하는 것만으로는 화석연료에서 나오는 탄소를 기후 온난화를 막기에 충분할 만큼 줄이지 못할 수 있다는 사실이 명백했다. 새로운 에너지원이 필요했고, 이는 테크놀로지의 획기적인 방향 전환이 필요하다는 의미였다. 이러한 전환은 수십 년간 거의 이루어지지 못했다. 2000년대 중반까지도 태양 에너지는 화석연료 에너지보다 20배 이상 비쌌고 풍력은 10배 정도 비쌌다. 수력은 이미 1990년대에도 비용이 더 낮긴 했지만 용량의 문제가 있었다.

그런데 오늘날에는 태양, 풍력, 수력 에너지가 화석연료보다 운영 비용이 적게 든다. 국제재생에너지기구International Renewable Energy Agency가 추산한 화석연료의 비용은 100킬로와트시당 50~150달러인

데, 태양광 전력은 40~54달러, 육상 풍력은 40달러 미만이다. 재생 에너지가 효과적으로 사용되기 어려운 곳도 있고(가령 항공기 연료) 저장의 문제도 해결되어야 하지만, 정책결정자가 그 방향으로 결정을 내린다면 대부분의 송전망에 재생 에너지로 전력을 공급하는 것이 가능하다.

이렇게 놀라운 성취는 어떻게 가능했을까? 먼저, 기후에 대한 내러티브에 변화가 있었다. 1962년에 출간된 레이첼 카슨Rachel Carson의 『침묵의 봄Silent Spring』이 첫 발걸음 중 하나였다. 그리고 1970년대에 가장 두드러지게는 그린피스Greenpeace를 포함해 몇몇 단체가 강력한 환경 보호 운동을 펼쳤다. 1990년대 초에 그린피스는 지구온난화에 대한 운동을 시작했고 화석연료가 야기하는 환경 피해를 감추기 위해 거대 석유 회사들이 쓰는 전술에 맞대응하기 위해 노력했다.

그리고 2006년에 전직 부통령이자 대통령 후보이기도 했던 앨 고어Al Gore의 활동에 초점을 맞춰 지구온난화 문제를 대중에게 알리기 위해 만든 다큐멘터리 『불편한 진실An Inconvenient Truth』이 매우 커다란 역할을 했다. 전 세계에서 수백만 명이 이 다큐멘터리를 보았다. 비슷한 시기에 기후 변화에 초점을 두어 활동하는 새로운 단체들이 생겨나기 시작했다. 그중 하나가 "350.org"로, 설립자 빌 맥키번Bill McKibben은 환경이 핵심 이슈이고 다른 모든 것은 이에 비하면 사소하다며 다음과 같이 말했다. "50년 안에 아무도 재정 절벽이나 유로화 위기를 언급하지 않을 것입니다. 사람들은 단지 이렇게 물을 것입니다. 북극 빙하가 녹는 동안 당신은 무엇을 했습니까?"

내러티브의 변화는 지구온난화 문제를 핵심 의제로 삼는 녹색 정당들의 더 조직화된 정치 운동으로도 결집되었다. 독일 녹색당은 선거에서 비중 있는 세력이 되어서 내각에 여러 차례 진출했다. 다른 서구 국가들에서도 환경운동가들이 이와 비슷한 역할을 했다. 환경 운동의 힘을 보여준 한 가지 사례로 2019년 9월의 기후 파업을 들 수 있는데, 전 세계 4,500개 도시에서 학생과 노동자들이 거리로 나왔다.

이 두 번째 갈래로부터 두 개의 중요한 결과가 생겨났다. 우선, 이러한 운동은 기업에 압력을 가했다. 많은 서구 국가에서 사람들이 기후 변화의 위험을 알게 되면서 전기차나 재생 에너지 같은 더 청정한 제품을 원했다. 거대 기업에서 일하는 많은 노동자들도 자신의 회사가 탄소 발자국을 줄여야 한다고 요구했다. 또한 이러한 운동은 (몇몇) 정책결정자들이 지구온난화 이슈를 심각하게 여기도록 압력을 가했다.

이러한 일들이 펼쳐지면서 세 번째 갈래인 구체적이고 전문적인 정책 대안 마련이 활성화되었다. 경제적·환경적 분석을 통해 기후 변화와 싸우는 데 중요하게 사용될 세 가지의 무기를 알아낼 수 있었다. 화석연료의 탄소 배출 저감을 위한 탄소세, 재생 에너지 및 기타 청정 기술에 대한 연구와 혁신 지원, 그리고 가장 오염이 심한 테크놀로지들에 대한 규제다.

미국, 영국, 호주 등 많은 나라에서 탄소세가 강한 반대에 직면해 있지만 몇몇 유럽 국가에서는 탄소세가 도입되었다. 또한 기후 변화의 추세를 볼 때 전 세계적으로 탄소세 세율은 여전히 불충분하지만 일부 국가에서는 탄소세를 점차적으로 올리고 있다. 현재 스웨덴의 탄소세는 이산화탄소 1톤당 120달러가 넘는데, 이는 석탄 화력 발전 에너지의 가격을 중대하게 높이는 효과를 가져왔다.

탄소세는 화석연료 생산의 수익성을 낮추어서 대체 에너지원에 대한 투자를 촉진할 수 있기 때문에 탄소 방출을 줄이는 데 강력한 도구다. 하지만 현재의 세율 수준에서는 화석연료 회사들에 아주 작은 타격밖에 입히지 못하고 테크놀로지의 주된 방향 전환을 이끌지도 못할 것이다. 더 강력한 것은 청정 에너지 분야의 혁신과 투자에 직접적으로 인센티브를 제공하는 것이다. 미국 정부는 최근 재생 에너지 분야에 연간 100억 달러 이상을, 에너지 효율성 개선에 약 30억 달러의 세제 혜택을 제공하기로 했다. 새로운 테크놀로지를 직접적으로 타기팅한 자금 지원도 이루어지고 있다. 예를 들어 미국 국립재생에너지연구소National Renewable Energy Laboratory, 나사, 국방부 등이 그러한 지원을 하고 있다. 독일과 북유럽 국가들에서는 재생 에너지 연구에 대한 보조금이 이보다도 후하다.

2002년에 캘리포니아주에 처음 도입된 방출 기준과 같은 규제는 화석연료가 가장 비효율적으로 사용되는 경우에 대해 사용을 중지하거나 줄이도록 직접적으로 영향을 미친다. 연료 소비량이 많은 구형 자동차가 도로로 못 나오도록 하는 식으로 말이다. 이러한 규제는 전기차 연구를 독려하는 효과도 낸다.

이 세 가지 정책 무기(탄소세, 연구 보조, 규제)와 소비자와 시민 사회의 압력은 재생 에너지 분야에서의 혁신과 태양광 패널, 풍력 에너지 생산의 증가로 이어졌다. 태양광을 이용해 전기를 생산하는 기본적인 테크놀로지는 19세기 말부터 알려져 있었고, 상용화가 가능한 태양광 패널은 1950년대에 벨 연구소에서 선을 보였다. 그리고 미국, 프랑스, 독일, 영국에서 청정 에너지 특허가 극적으로 증가하면서 2000년대부터 중요한 혁신들이 추가로 이어졌다. 생산이 확대되면서 태양광 패널 가격이 급격히 낮아졌다. 이렇게 빠른 향상의 결과로 재생 에너지는 이미 유럽에서 전체 에너지 소비의 20퍼센트 이상을 차지하고 있다. 미국은 아직 뒤처져 있지만 말이다.

놀랍게도 중국이 이 분야에서 유럽과 미국의 테크놀로지 방향 전환에 동참했다. 중국은 1990년대 말에 유럽, 특히 독일에서 기후 정책이 나오면서 태양광 패널 수요가 증가하자 태양광 패널을 생산하기 시작했다. 중국 정부는 이 분야를 선도하고 중국 자체의 심각한 오염 문제를 다루기 위해 생산자에게 후한 보조금과 너그러운 조건의 대출을 제공했고, 이에 따라 생산 역량이 증대되었다. 실전에서 익혀가면서, 즉 점차 더 많은 양을 생산하는 과정에서 점점 더 비용 효과적이고 에너지 효율적인 태양광 패널을 생산할 수 있게 되면서 태양광 패널과 그 밖의 태양열 장비의 비용이 떨어지기 시작했다. 중국 기업들은 폴리실리콘 웨이퍼를 더 얇게 깎을 수 있는 새로운 기계와 개선된 기법을 도입해 동일한 양의 물질로 더 많은 태양전지를 만들 수 있게 되었다. 이제 중국은 세계에서 태양광 패널과 폴리실리콘 생산 1위 국가다(중국의 많은 태양광 패널 공장 자체는 석탄으로 만든 전력을 쓰고 있지만 말이다). 중국 정부 통계에 따르면 재생 에너지는 2020년 전기 소비의 29퍼센트가량을 차지했다.

물론 현재까지의 성공이 과장되어서는 안 된다. 비용 효율적으로 에너지를 저장하는 방법 등 많은 면에서 혁신이 더 필요하고 항공 교통이나 농업 같은 몇몇 분야는 탄소 배출을 줄이지 못했다. 재생 에너지 기술이 발달하고는 있지만 중국과 인도를 포함한 개도국에서의 탄소 배출도 여전히 증가하는 중이다. 가까운 미래에 탄소세가 전 지구적으로 도입돼 탄소 배출을 강력하게 줄일 수 있을 법해 보이지도 않는다.

그럼에도 디지털 테크놀로지가 직면한 어려움이라는 관점에서 보면 에너지 분야에서 테크놀로지 방향이 어떻게 재설정되었는지는 많은 시사점을 준다. 동일한 세 가지 갈래의 조합, 즉 내러티브를 바꾸고 길항 권력을 일구고 가장 긴요한 문제들을 다루기 위해 구체적인 정책안을 개발하는 것은 디지털 테크놀로지의 방향을 재설정하는 데도 효과가 있을 것이다.

디지털 테크놀로지의 재구성

현재 우리가 직면한 문제들은 근본적으로 기업이 막대한 경제적·정치적·사회적 권력을 가지고 있는 데서 나오며, 특히 테크 산업이 그렇다. 기업계의 권력 집중은 공유된 번영을 훼손한다. 기업들이 테크놀로지 변화로 인한 이득이 공유되는 것을 제한하려 하기 때문이다. 하지만 기업계의 권력 집중이 일으키는 가장 해로운 영향은 테크놀로지의 방향을 통해서 나온다. 현재의 방향은 자동화, 감시, 데이터 수집, 광고 쪽으로 과도하게 치우쳐 있다. 공유된 번영을 다시 일구려면 테크놀로지의 방향을 바꾸어야 한다. 이는 한 세기 전에 진보 시대 개혁가들이 취했던 것과 동일한 접근을 취해야 한다는 의미다.

이것은 내러티브와 규범을 바꿈으로써만 시작할 수 있다. 여기에서 꼭 밟아야 할 단계는 진정으로 근본적이다. 사회는, 그리고 사회에서 담론의 강력한 게이트키퍼 역할을 하는 사람들은 테크 업계의 억만장자와 그들이 말하는 의제에 홀려 있는 데서 벗어나야 한다. 새로운 테크놀로지에 대한 사회적 논의는 새 제품과 알고리즘이 얼마나 놀라운 기능을 가지고 있는지뿐 아니라 그것들이 사람을 위해 쓰이는지 사람에게 적대적으로 쓰이는지에 대해서도 이루어져야 한다. 디지털 테크놀로지가 업무를 자동화하고 거대 기업의 권력과 권한을 강화하며 비민주적인 정부들의 도구로 사용되게 만드는 의사결정은 단지 소수의 사업가나 엔지니어만이 내리는 결정이 아니어야 한다. 진보의 방향에 대해 말하고 이러한 테크놀로지로 우리 사회가 어떤 미래로 가야 할지 말하기 위해 우리가 꼭 AI 전문가가 되어야 하는 것은 아니다. 테크 기업과 엔지니어들이 그들의 발명이 가져올 결과에 책무성을 갖게 하기 위해 우리가 꼭 벤처 투자자나 테크 투자자가 되어야 하는 것도 아니다.

테크놀로지의 방향에 대한 선택은 투자자가 기업을 평가할 때와 투자의 성과를 평가할 때 사용하는 기준에 포함되어야 한다. 대규모 투자자들은 새로운 기술이 자동화를 할 것인지 새로운 업무를 창출할 것인지, 노동자를 감시할 것인지 노동자의 역량을 강화할 것인지, 정치 담론에는 어떻게 영향을 줄 것인지, 그 밖의 사회적 결과는 무엇일지를 투명하게 밝히도록 요구할 수 있을 것이다. 이것은 투자자들이 꼭 수익 때문에만 관심을 가져야 하는 이슈가 아니다. 극소수의 지배층이 있고 중산층이 점점 줄어드는 이중 구조 사회는 번영이나 민주주의의 토대가 아니다. 그럼에도, 디지털 테크놀로지가 사람에게 유용해지게 하고 생산성도 높일 수 있게 해서 사람에게 도움이 되는 테크놀로지에 투자하는 것이 투자 수익 면에서도 좋은 결정이 되게 하는 것은 가능하다.

진보 시대의 개혁에서도, 또 에너지 분야에서의 개혁과 방향 전환에서도 그랬듯이, 디지털 시대에 길항 권력을 짓는 데도 새로운 내러티브가 중요하다. 그러한 내러티브와 대중의 압력은 일부 의사결정 자들에게서 더 책임 있는 행동을 촉발할 수 있다. 8장에서 보았듯이 경영대학원 출신 경영자들은 임금을 줄여서 노동 비용을 절감하려는 경향이 있는데, 프리드먼 독트린(기업의 유일한 목적이자 책임은 이윤이라는 주장)의 영향이 남아 있어서일 것이다. 공유된 번영에 대한 새롭고 강력한 내러티브가 생기면 현재의 경향과 반대쪽에서 균형추가 될 수 있다. 그러면 몇몇 경영자들이 우선순위를 달리 두게 될 것이고 경영대학원의 지배적인 패러다임에 영향을 미칠 수 있을 것이다. 마찬가지로, 테크 분야에서 일하고자 하는 수만 명의 똑똑한 젊은이들의 관점도 바꿀 수 있을 것이다. 테크 업계 거물들에게는 영향을 많이 줄 수 없을지라도 말이다.

더 근본적으로, 이러한 노력은 테크놀로지의 경로를 다시 잡는 쪽으로 구체적인 정책을 구성할 수 있어야 한다. 9장에서 설명했듯이, 디지털 기술은 다음과 같은 방식으로 사람을 보완할 수 있다.

- 현재의 일자리에서 노동자들의 생산성을 향상시킬 수 있다.
- 인간의 역량을 강화해 주는 기계 지능의 도움으로 새로운 업무를 창출할 수 있다.
- 인간의 의사결정에 더 신뢰할 만하고 양질인 정보를 제공할 수 있다.
- 서로 다른 능력과 필요를 가진 사람들이 한데 모이는 플랫폼을 만들 수 있다.

예를 들어 디지털과 AI 기술은 교사에게 새로운 도구와 더 나은 정보를 제공해 수업의 효과를 높일 수 있다. 각각의 학생이 어려움을 겪는 부분이나 강점을 보이는 부분을 실시간으로 파악해 개인화된 교육을 할 수 있고, 이는 교사에게 여러 생산적인 업무를 창출해 줄 수 있다. 또한 교사들과 교육용 자원들을 더 효과적으로 한데 모으는 플랫폼도 제공할 수 있을 것이다. 앞에서 언급했듯이 의료, 엔터테인먼트, 생산직 노동 등에서도 이와 비슷한 방식이 시도될 수 있다.

노동자들을 밀어내는 것이 아니라 지원하는 쪽으로의 접근은 상황적·사회적 인지에 토대를 둔 인간의 다양한 능력과 기술을 인식한다면 더 잘 도입될 수 있을 것이다. 하지만 테크놀로지의 변화와 관련한 다양한 목표들을 이루려면 혁신 전략의 다양성이 필요한데, 소수의 테크 기업이 테크놀로지의 미래를 좌지우지하고 있다면 실현되기가 더 어려울 것이다.

혁신 전략의 다양성은 자동화가 그 자체로 해로운 것은 아니라는 점에서도 중요하다. 사람이 수행하던 업무를 기계와 알고리즘으로 대체하는 기술은 산업 자체만큼이나 오랜 역사를 가지고 있으며 미래에도 지속될 것이다. 데이터 수집도 그 자체로는 나쁜 것이 아니다. 그것이 공유된 번영과 민주적 거버넌스 둘 다와 배치되는 경우는 책무성을 지지 않는 기업과 정부의 손에 집중되어서 사람들의 역량과 권한을 약화하는 데 사용되는 경우다. 혁신 포트폴리오에 균형이 깨어져 자동화와 감시에 과도하게 우선순위를 두면서 노동자들을 위한 기회와 업무는 창출하지 못할 때가 문제인 것이다. 테크놀로지의 방향을 다시 잡는 과정에 꼭 자동화를 막거나 데이터 수집을 금지하는 것이 필요하지는 않다. 필요한 것은, 인간의 역량을 보조하고 지원할 수 있는 테크놀로지의 발달을 독려하는 것이다.

이 목적을 달성하려면 사회와 정부는 함께 일해야 한다. 과거의 성공적인 개혁 사례에서도 그랬듯이 시민 사회로부터의 압력은 핵심적이다. 에너지 사례에서 보았듯이 정부 규제와 인센티브도 매우 중요하다. 하지만 정부가 혁신의 중심이 될 수는 없다. 관료들은 알고리즘을 개발하거나 새로운 제품을 개발하지 않는다. 우리에게 필요한 것은 정부 정책을 통해 올바른 제도적 틀과 인센티브가 만들어지고 이것이 건설적인 내러티브로 강화되어서, 민간 영역이 과도한 자동화와 감시에서 멀어져 더 노동자 친화적인 테크놀로지 쪽으로 나아가게 하는 것이다.

중국이 자동화와 감시를 지속한다면 서구에서 테크놀로지의 방향을 재설정하려는 노력이 소용이 있냐는 질문이 제기될 수 있을 것이고, 이는 중요한 질문이다. 이에 대한 답은 "소용이 있다"일 가능성이 크다. 중국은 여전히 대부분의 첨단 기술에서 후발 주자이고 미국과 유럽의 방향 전환은 전 지구적으로 테크놀로지에 중대한 영향을 미칠 것이다. 에너지 혁신에서도 그랬듯이, 서구에서 벌어지는 일련의 방향 전환은 중국의 투자에 큰 영향을 미칠 수 있다.

그렇다면 미래의 테크놀로지 경로에 영향을 미치고 사회적으로 유익한 테크놀로지 변화를 유도할 인센티브를 만들 길항 권력은 어떻게 만들 수 있을까? 이것이 이 장의 나머지 내용이다.

길항 권력을 다시 일구기

길항 권력을 새로이 조직해 내지 못하면 테크놀로지의 방향을 재설정할 수 없다. 그리고 공동의 사안 주위로 사람들을 모으고 자치와 정치 참여의 규범을 육성할 시민 사회 조직의 역할 없이는 길항 권력을 만들 수 없다.

노동자 조직화: 노조는 산업화 시대 이래로 늘 길항 권력의 핵심이었다. 노조는 생산성 이익이 노동자와 고용주 사이에 공유되도록 하는 데 핵심 도구다. 노조의 형태나 독일 회사들에서 많이 볼 수 있는 노동 위원회의 형태 등으로 노동자들이 목소리를 가질 수 있는 일터에서는 기술적·조직적 의사결정에 노동자들의 의견이 반영되며, 때로 노동자들은 과도한 자동화를 제어하는 데 성공적으로 길항 권력을 행사하기도 한다.

한창때 노조가 성공할 수 있었던 이유는 노조원들 사이에 강한 연대감을 일굴 수 있었기 때문이었다. 노조는 함께 일하는 사람들과 비슷한 업무를 수행하는 사람들 사이에 동지 의식과 동료애가 생겨나게 했다. 노조는 더 나은 노동 조건과 더 높은 임금을 중심으로 공동의 경제적 이해관계를 위해 협력하는 장소였으며, 나아가 노조원들의 신념 및 이해관계와 일치하는 정치적 목적들(가령 투표권)도 주요 의제로 삼아 육성했다. 하지만 이러한 요소들이 오늘날에는 그때만큼 서로 시너지를 내면서 작동할 수 있을 법해 보이지 않는다.

일터가 훨씬 덜 중앙집중화되고 더 다양해져서 유대감을 일구기가 어려워졌다. 교육 수준이 높은 화이트칼라 직군이 떠오르면서 노동자들 사이에서도 경제적 이해관계가 달라졌다. 블루칼라 생산직 노동자는 이제 미국 노동력 중 작은 비중밖에 차지하지 않아서(2016년에 13.7퍼센트였다) 이들을 중심으로 한 조직 형태가 전체 노동 인구를 대변하기도 어려울 것이다. 또한 노동 대중의 공통된 이해관계를 바탕으로 하는 더 큰 정치적 목적이 반세기 전에 비해 훨씬 적고, 이제 노동 대중은 좌우파로 더 분절되어 있다.

그럼에도, 옛 방식의 노동자 조직화가 실패하는 지점에서 새로운 방식이 생겨날 수 있다. 2021~2022년에 이미 아마존과 스타벅스 같은 곳에서 새로운 노조 조직화 방식이 시도되었다. 스태튼 아일랜드의 아마존 물류창고 노동자들은 노조 설립 찬반 투표를 조직하기 위해 예전과는 매우 다른 전략을 구사했고, 한때 전통적인 노동 운동이 번성했던 것과는 매우 다른 환경에서 이들의 전략은 성공했다. 아마존 물류창고는 이직률이 어마어마하게 높아서 모든 측면에서 노동자들의 구성이 실로 다양했다. 다양한 배경 출신에, 십수 개의 서로 다른 언어를 사용했다. 이곳의 노동 운동은 전문적인 노조 간부가 아니라 일터 현장의 노동자들에 의해 조직되었고 중앙집중화된 노조의 돈을 받기보다 "고펀드미Gofundme"라는 소셜미디어 플랫폼을 통해 스스로 자금을 모았다. 그리고 아마존 물류창고 노동자들에게 직접적으로 관련된 이슈(과도한 모니터링, 불충분한 휴식, 높은 산재율 등)에 집중하면서 덜 경직적이고 덜 이데올로기적으로 접근한 것도 성공의 한 요인으로 보인다. 이 전략은 1936년에 GM 노동자들이 했던, 그리고 미국 노동 운동의 전환점이 되었던 상징적인 "농성 파업sit-down strike"과 매우 다르지만, 아래로부터의 조직화 방식이 새로이 발달하는 과정을 보여준다는 점에서는 유사하다.

앞에서 보았듯이, 미국과 영국의 노조 운동에서 또 하나의 문제는 기존의 노조 구조가 사업장 단위로 조직되어 있다는 점이다. 이것은 경영진과 노조의 관계가 더 대치적이 되도록 만든다. 미래에는 해당 사업장이나 기업 단위에서만이 아니라 더 넓은 기반에서 노조가 조직될 필요가 있을 것이다. 하나의 가능성은 몇몇 의사결정은 사업장 수준에서, 또 몇몇 의사결정은 산별 수준에서 이루어지는 다층적 구조를 만드는 것이다. 독일의 이중 트랙 시스템이 좋은 사례다. 사업장의 노동 위원회는 일터 단위의 조정과 소통을 통해 테크놀로지 도입과 교육 훈련 등의 의사결정에 목소리를 낼 수 있고 산별 노조는 임금 협상에 집중할 수 있다. 물론 미래의 노조가 시민 사회 조직과 더 비슷해지거나 산별 수준에서 연맹체와 같은 느슨한 조직화로 가는 것도 가능할 것이다. 이 모든 것은 새로운 조직 형태에 대한 실험이 향후에 중요한 단계가 되리라는 것을 시사한다.

시민 사회의 행동, 따로 또 같이: 서구는 이제 소비자 사회이고 소비자의 선호와 행동은 기업과 테크놀로지에 영향을 미치는 데 중요한 지렛대다. 소비자의 반응에서 비롯된 압력은 재생 에너지와 전기차의 발달에 핵심이었다. 또한 소비자들로부터의 압력이 언론의 보도와 결합되었을 때 유튜브와 레딧이 극단주의적 콘텐츠를 제한하도록 몇몇 조치를 취하게 할 수 있었다.

하지만 집합 행동은 목적(가령, 탄소 발자국을 줄이도록 기업들에 압력을 가하는 것) 달성을 위해 많은 사람이 모여 행동하는 것을 필요로 하는데, 대부분의 사람들에게 그러한 행동에는 비용이 든다. 가령 정보를 얻고, 모임에 나가고, 소비 습관을 바꾸고, 때때로 거리로 나가 저항에 참여하는 데 시간을 들여야 한다. 이러한 비용은 기업으로부터의 맞대응이 있을 때, 더 안 좋게는 정부의 안보 기관으로부터 압력이 있을 때 더 커진다. 권위주의적인 정부에서, 심지어는 준민주주의적인 정권에서도 당국은 저항과 시민 사회 조직을 억압할 수 있다.

이러한 다이내믹은 "무임승차자" 문제를 가져온다. 대의에 공감한다 해도 비용을 피하기 위해 집합 행동에는 참여하지 않으려는 유혹을 받게 되는 것이다. 이러한 경향은 저항에 대한 처벌이 증가할 수록 강해진다. 최근 홍콩에서 있었던 저항에서 정부의 반민주적 조치에 반대하는 친민주주의 성향 대학생들을 대상으로 수행한 연구에서, 다른 사람들이 저항에 참여하리라 예상될 때 본인은 참여를 덜 하려는 경향을 보이는 것으로 나타났다. 다른 이들의 노력에 무임승차를 하기로 한 것이다. 무임승차자 문제는 "집합 행동의 딜레마"의 근원이다. 집합 행동의 딜레마는 조율이 이루어지지 않으면 사회 변화를 원하는 사람 중 실제로 집합 행동에 참여하는 사람은 소수에 불과해지는 현상을 일컫는다.

조율되지 않은 개인 행동의 정수인 소비자 선택은 집합 행동의 딜레마 문제에 더 크게 봉착한다. 탄소 배출을 줄이고 싶은 사람들 중에서도 항공 여행이나 화석연료 에너지를 포기하려 할 사람은 일부에 지나지 않을 것이다. 따라서 시민 사회 조직들이 소비자의 행동을 조율하고 그들이 시장에서 개별 의사결정자가 아니라 시민으로서 행동하도록 만드는 것이 매우 중요하다.

논의의 장을 제공하고 믿을 만한 정보를 확산시키는 것에 더해, 시민 사회 조직들은 기업의 잘못된 행태에 대해 저항과 사회적 압력을 일구기 위해 사람들의 참여를 조율하는 데 당근과 채찍을 함께 사용할 수 있다. 당근 측면에서, 시민 사회 조직들은 공익적인 활동에 참여하는 것에 대해 윤리적 규범을 육성할 수 있고, 사람들 사이에 추가적인 연결망을 발달시켜서 이후에 그들이 서로서로 참여를 독려하게 할 수 있다. 채찍 측면에서, 시민 사회 단체들은 때로 다른 이들의 노력에 무임승차하려는 사람들을 지적해 부끄럽게 할 수 있다.

노조 등 다른 조직들도 이러한 역할을 할 수 있지만 다수의 사람들에게 영향을 미치고 전통적인 집단들을 가로지르는 종류의 사안에서는 시민 사회 단체들의 역할이 더 중요하며, 기후 변화나 디지털 테크놀로지가 그런 사안이다. 노조도 기후 변화 운동과 기후 변화 완화를 위한 노력에 기여할 수 있지만 그린피스나 350.org 등 다양한 삶의 국면과 배경을 가진 사람들을 한데 모을 수 있는 단체와 비교해 볼 때 기후 문제와 관련해 집합 행동 문제를 해결하기에는 이상적인 주체가 아닐 수 있다. 디지털 테크놀로지와 기업 규제 사안도 마찬가지다. 이 두 사안 모두 영향이 매우 광범위하게 미치는 종류의 사안이며 시민 사회 조직들이 이러한 광범위한 연합을 가장 잘 일굴 가능성이 크다.

온라인 조직이 이러한 노력을 방해하기보다 지원할 수 있을까? 광범위한 기반의 시민 사회가 디지털 시대에 가능하기는 할까? 소셜 미디어와 인터넷이 디지털 "공론장"을 제공하리라고 본 2000년대 초의 낙관은 부서졌지만, 새롭고 더 나은 온라인 소통을 일구는 것은 가능하다.

주기적인 선거로 대표자를 선출하는 것은 민주 정치의 유일한 요소가 아니다. 일터와 더 폭넓은 공간 모두에서의 "자치"도 선거 못지않게 중요하다. 사실 서구에서 민주주의가 성공적으로 작동했던 시기들을 보면 사람들이 정치적 의사결정에 참여할 수 있게 하고 자신의 견해를 발달시키고 표현할 수 있게 하며 공공 정책에 압력을 행사할 수 있게 하는 여타의 제도적 장치들이 함께 존재했다. 여기에는 지역 정치와 타운홀 유형의 모임, 그리고 가장 중요하게 다양한 시민 사회 모임과 단체들이 포함된다. 한편 몇몇 비서구 사회에서는 선거 없이도 마을 위원회나 사하라 이남 아프리카의 일부 지역의 부족장 선출과 같은 맥락에서 아래로부터의 참여가 이루어졌다. 특히 보츠와나에서 이러한 유형의 참여("고틀라kgotla"라고 불리는 전통 회합을 통해)는 정치와 경제의 발달에 결정적인 역할을 했다. 보츠와나는 지난 50년 사이 경제적으로 가장 발전한 국가 중 하나다.

　　새롭고 더 나은 온라인 공동체들을 육성할 수 있는 민주적 제도들을 향해 여러 경로가 존재해야 한다. 여기에서 몇몇 디지털 테크놀로지는 해가 되기보다 도움을 줄 수 있고, 그러한 테크놀로지의 발달을 독려할 방법을 찾는 것이 결정적으로 중요하다. 가령 디지털 도구는 의견 교환과 논쟁이 미리 정해진 규칙하에서 실시간으로 이뤄지는 새로운 포럼을 창출하는 데 적합하다. 온라인 모임과 소통은 참여의 비용을 낮출 수 있고 광범위하게 다양한 집단들을 아우르는 것도 가능하다. 디지털 도구는 심지어 대규모 모임에서도 개개인이 댓글을 달거나 어떤 사안에 대해 승인이나 불승인을 밝힘으로써 논쟁에 참여하게 할 수 있다. 잘 고안된다면 이러한 도구는 다양한 목소리에 힘을 주고 다양성을 확대할 수 있으며, 이는 민주적 거버넌스의 성공에 꼭 필요하다. 이러한 노력의 한 사례로 인터넷 활동가 일라이 패리서와 교수 탈리아 스트라우드Talia Stroud가 만든 "뉴_퍼블릭New_Public" 프로젝트를 들 수 있다. 목적은 특히 테크놀로지의 미래와 관련된 사안들에 대해 아래로부터의 참여와 숙의를 위한 플랫폼과 도구를 개발하는 것이다. 이 프로젝트는 테크놀로지를 "우리가 무언가를 행하기 위해 배울 수 있는 것"이라고 풍성하게 정의할 것을 주장하며(과학소설 작가 어슐러 르귄Ursula Le Guin의 표현이다) 테크놀로지에 대해 탈중심적인 접근을 촉구한다.

　　전직 활동가이고 현재 타이완의 디지털 특임 장관인 오드리 탕

Audrey Tang이 주도한 새로운 민주주의 운동도 주목할 만하다. 탕은 학생들이 이끈 "태양화[해바라기]" 운동을 통해 정치에 입문했다. 2013년에 태양화 운동은 당시 여당이던 국민당이 중국과의 무역 협상을 충분한 공론 과정 없이 진행한 데 대한 항의로 타이완 의회를 점거했다.

그때 소프트웨어 사업가이자 개발자 출신인 탕은 태양화 운동의 메시지를 더 폭넓은 사람들에게 알리는 일에 자원했다. 2016년 총선으로 민진당이 집권하고서 디지털 특임 장관으로 임명된 탕은 디지털 커뮤니케이션과 투명성에 초점을 두었다. 탕은 정부의 의사결정에 투명성을 제고하고 숙고의 질을 높이며 대중의 조언을 더 많이 듣기 위해 다양한 디지털 도구들을 마련했다. 디지털 민주주의적 접근은 차량 공유 플랫폼 규제, 주류 판매 규제 등 여러 중요한 의사결정에 활용되었다. 이러한 도구에는 시민이 행정부에 정책을 제안할 수 있는 "총통배 해커톤" 대회, 몇몇 타이완 정부 부처들의 공개된 데이터를 제공해 "시빅 해커civic hacker"들이 공공 서비스에 대해 대안적인 방식을 개발할 수 있게 하는 플랫폼 "거브제로g0v" 등이 있다. 이러한 테크놀로지들은 타이완이 COVID-19가 발생했을 때 초기에 효과적으로 대응하는 데도 주효했다. 당시에 민간 영역과 시민 사회가 정부와 협업해서 진단과 접촉 추적 도구를 개발했다.

물론 디지털 정치 참여의 장은 반향실 효과와 극단주의화 경향처럼 오늘날 소셜미디어가 저지르는 동일한 실수를 반복할 수 있다. 이러한 도구가 광범위하게 사용되기 시작하면 몇몇 집단은 가짜 정보를 퍼뜨리려는 전략을 가지고 들어오게 될 것이고 어떤 집단은 플랫폼을 선동에 사용할 것이다. 자극적이고 오도의 소지가 있는 콘텐츠가 퍼지기 시작할 것이고 경합하는 견해들이 건설적인 숙의를 하기보다는 서로를 비난하며 소리를 질러댈 것이다. 이러한 실수를 피하는 가장 좋은 방법은 민주주의에 도움을 주는 온라인 도구들을 새로운 도전이 생길 때마다 계속 업데이트되어야 할 "과정 중에 있는 무언가"로, 그리고 전통적인 대면 시민 참여를 대체하는 것이 아니라 보완하는 요소로 여기는 것이다.

이러한 해법의 요소에는 사회적인 측면뿐 아니라 기술적인 측면도 있다. 온라인 시스템의 알고리즘 구조는 관심을 끌고 도발을 하도록 돕는 게 아니라 숙의와 대화를 돕도록 디자인될 수 있다. 알고리즘 개발은 민간 영역에서 이루어져야 할 것이기 때문에 테크놀로지 개발과 관련해 시장의 인센티브를 개선하는 것은 여전히 중요하다(다음 절에서 살펴볼 것이다).

시민 사회의 행동은 권력의 회랑에서 벌어지는 협상과 의사결정에 대한 정보를 획득하는 데도 달려 있다. 디지털 테크놀로지는 거대 기업, 그리고 거대 기업의 돈이 정치에 미치는 영향을 드러내는 데 도움이 될 수 있다. 온라인 도구들은 기업, 정치인, 관료 사이에서 돈과 후원의 연결고리와 흐름을 추적할 수 있다. 전 연방 대법관 앤서니 케네디Anthony Kennedy는 "인터넷의 도래로 지출이 즉각적으로 공개되어 이제는 주주와 시민들이 기업과 선출직 공직자들이 자신이 점유하고 있는 지위와 지지자들에 대해 책무성을 갖도록 하기에 필요한 정보를 확보할 수 있을 것"이라고 말했지만, 우리는 이렇게 과도하게 낙관적인 전망에는 동의하지 않는다. 이러한 전망은 여타의 전통적인 보호 장치가 있어야만 이루어질 수 있다. 따라서 투명성을 확보하는 것은 더 전통적인 유형의 시민 사회 행동을 보완하는 것으로 간주되어야 한다. 가령, 정치인과 고위 관료들이 로비스트나 민간 경영자와 만나

거나 상호작용하는 것을 모두 자동으로 추적하고 공개하도록 하는 등의 형태를 띨 수 있을 것이다.

투명성을 이야기할 때는 정확한 균형을 찾는 것 역시 중요하다. 대중이 정책 논의의 모든 세부사항이나 정치인들이 연합을 구성하기 위해 협상하는 모든 내용을 알 필요는 없다. 하지만 서구 국가들에서 로비에 쓰이는 돈이 천문학적인 수준에 도달했으므로 로비스트, 정치인, 기업 사이에 어떤 합의가 이뤄지는지에 대해서는 대중이 알 권리가 있고, 이들 사이의 연결고리는 규제되어야 한다.

테크놀로지의 방향을 다시 잡기 위한 정책들

길항 권력의 존재와 새로운 제도 자체만으로는 테크놀로지의 방향을 돌리지 못한다. 인센티브를 바꾸어 사회적으로 유익한 혁신을 독려할 구체적인 정책이 필요하다. 보완적인 정책들, 가령 더 노동자 친화적인 테크놀로지에 대한 보조금과 지원, 조세 개혁, 노동자에 대한 교육 훈련 프로그램, 데이터 소유권과 데이터 보호 제도, 거대 테크 기업의 분할, 디지털 광고세 등도 테크놀로지의 방향의 주되게 돌리는 데 도움이 될 수 있다.

방향 재설정을 위한 시장 인센티브: 사회적으로 더 유익한 테크놀로지에 정부가 보조금을 주는 것은 시장경제에서 테크놀로지의 방향을 재설정하는 데 가장 강력한 도구 중 하나다. 그리고 재생 에너지 사례에서 보았듯이 보조금은 사회적 규범과 소비자 선호가 같은 방향으로 변화해 압력을 가할 때 더 강력한 효과를 낼 수 있다.

하지만 녹색 기술과 디지털 기술은 중요한 차이가 있다. 환경에 대한 우려가 처음 제기되었을 때 활동가들은 에너지 소비가 어떻게 기후에 영향을 주는지, 어떻게 에너지마다 탄소 방출이 얼마인지를 일관성 있게 측정할 수 있을지 등을 완전히 알지 못했다. 그렇지만 과학적으로 파악하고 측정할 수 있는 체계가 빠르게 개발되어 1980년대 초 무렵이면 사용되고 있었다. 그다음에는 서로 다른 에너지원에서 얼마나 많은 온실 가스가 방출되는지를 분명하게 추산할 수 있었다. 이러한 지식은 이제 탄소세, 배출권거래제, 재생 에너지 보조금, 전기차 보조금 등 대부분의 기후 정책에 사용된다.

그런데 서로 다른 디지털 테크놀로지가 어떻게 사용될지, 그것이 임금, 불평등, 감시에 어떤 영향을 미칠지 등을 알아내기는 훨씬 더 어렵다. 예를 들어, 경영자들이 더 효율적으로 노동자의 성과를 추적할 수 있게 해주는 테크놀로지는 인간을 보완하는 테크놀로지로 보일 수 있다. 경영자들에게 새로운 업무를 창출하고 그들의 역량을 강화하기 때문이다. 하지만 그와 동시에 이 테크놀로지는 노동자에 대한 감시를 강화하고 전에 화이트칼라 노동자들이 하던 업무를 없앨 수 있다.

그렇긴 해도, 디지털 테크놀로지의 영향을 측정할 틀을 만드는 데 유용한 원칙들이 존재한다. 우선, 새로운 테크놀로지가 감시와 모니터링에 사용되는지 아닌지는 이제 꽤 분명하게 판별할 수 있다. 이러한 종류의 테크놀로지는 개발과 사용 모두 독려되지 말아야 한다. 직업안전보건국 같은 정부 기관이 노동자들을 대상으로 가장 침투적인 형태의 감시와 데이터 수집이 이뤄지는 것을 막기 위한 명백한 지침을 만들어야 한다. 다른 정부 기관들도 마찬가지로 소비자와 시민들에 대한 데이터 수집을 규제할 수 있을 것이다. 추가적으로, 연방 정부는 노동자나 시민에 대한 감시를 목적으로 하는 기술에 특허(중국에서 출원된 특허도 포함)를 인정하지 않을 수도 있을 것이다. 역으로, 노동자와 사용자의 프라이버시를 보호하는 테크놀로지가 무엇인지 알아내고 그러한 종류의 테크놀로지 개발에는 정부가 보조금을 제공할 수 있을 것이다.

둘째, 자동화 테크놀로지도 꽤 명백하게 판별할 수 있는 징후가 있다. 부가가치 중 노동자에게 가는 몫이 줄어드는 것이다. 즉 테크놀로지가 도입되고 나서 부가가치 중 자본으로 가는 몫이 늘고 노동자에게 가는 몫이 감소한다. 기존의 연구들을 보면 로봇 및 기타 자동화 테크놀로지를 도입하면 거의 언제나 노동자의 몫이 상당히 줄어드는 것으로 나타났다. 반면, 노동자에게 새로운 업무를 창출해 주는 테크놀로지는 부가가치 중 노동자가 가져가는 몫을 증가시키는 경향이 있다. 이를 기준으로 삼아 노동자의 몫을 높이는 테크놀로지의 개발과 사용에 보조금을 지급해 이를 촉진할 수 있을 것이다. 이러한 정책은 생산성의 이득을 노동자와 공유하도록 독려하는 데도 유용할 수 있다. 더 높은 임금을 주면 노동자에게 가는 몫이 높아지므로 기업이 추가적인 보조금을 받을 수 있기 때문이다.

셋째, 인간을 보완하는 방향의 연구개발에 대한 보조금은 새로운 방식이 실행되었을 때 인간을 보완하는지 아니면 업무를 대체하는지에 대해 더 상세한 데이터에 기초해 지급될 수 있을 것이다. 앞에서 우리는 새로운 테크놀로지가 새로운 업무를 창출함으로써 인간을 보완할 수 있을 법한 사례들을 언급했다. 가령 교육이나 의료 분야에서 개인별 서비스를 위해 더 나은 정보를 제공하거나 증강현실이나 가상현실 기술을 사용해 생산이나 디자인 업무를 개선하는 식으로 말이다.

이러한 기술인지 아닌지의 판별은 해당 기술이 적용되고 난 다음에 하는 것이 더 용이하지만 개발 단계에서 얻을 수 있는 정보들도 있고, 따라서 이러한 정보가 새로운 기술의 자동화 정도를 측정하는 틀을 개발하는 데 첫 단계가 될 수 있을 것이다. 그다음에 그 측정의 틀을 사용해 특정한 종류의 혁신에 보조금을 지급할 수 있을 것이다.

설령 새로운 테크놀로지의 정확한 목적이나 적용에 어느 정도 모호함이 있다 해도 그것이 크게 문제가 되지는 않는다. 우리의 목표는 자동화를 막는 것이 아니다. 정책결정자가 노력해야 할 것은 인간을 보완하고 인간의 역량을 강화하는 테크놀로지에 더 초점을 맞추도록 독려할 수 있는 다양한 접근 방식을 육성하는 것이다. 이 목적은 특정한 기술이 자동화냐 새로운 업무 창출이냐를 칼같이 구별하게 해줄 완벽한 측정 방법을 꼭 필요로 하지는 않는다. 필요한 것은, 새로운 테크놀로지들을 노동자와 시민을 위해 쓸 수 있는 가능성의 실험에 진지하게 임하는 것이다.

같은 이유에서 우리는 자동화 기술의 발달과 적용을 직접적으로 저해하는 "자동화세"를 지지하지 않는다. 테크놀로지 방향 재설정의 목표는 더 균형 잡힌 테크놀로지 포트폴리오를 구성하는 것이고, 인간을 보완하는 새로운 기술에 보조금을 주는 것이 [자동화 기술에 과세를 하는 것보다] 이 목표를 더 효과적으로 달성할 수 있다. 그뿐 아니라 자동화 기술과 그렇지 않은 디지털 기술을 구별하기 어렵기 때문에 현재로서 자동화에 대한 과세는 현실적이지 않다. 산업 로봇같이 명백한 자동화 기술에만 과세하는 것도 최적의 해법은 아닐 것이다. 더 널리 퍼져 있는 알고리즘 기반 자동화 기술은 건드리지 않기 때문이다. 그럼에도, 보조금과 여타 정책들이 테크놀로지의 방향을 다시 잡는 데 성공하지 못한다면 미래에는 자동화에 대한 과세를 생각해 볼 필요가 생길지 모른다.

거대 테크 기업의 분할: 거대 기업들은 권력이 너무나 강해졌고 이것은 그 자체로 문제다. 구글은 검색을 지배하고 있고 페이스북은 소셜 네트워킹에서 경쟁자가 별로 없으며 아마존은 전자상거래를 지배하고 있다. 이들의 압도적인 시장 점유율은 1911년에 분할될 당시 석유 및 석유 제품에서 90퍼센트의 시장 점유율을 가지고 있었던 스탠더드 오일과 1982년에 분할될 당시 전화 서비스를 거의 독점하고 있었던 AT&T를 연상시킨다.

높은 시장 집중화와 거대 규모의 독점 기업들은 혁신을 질식시키고 혁신의 방향을 왜곡한다. 일례로, 1990년대 중반에 넷스케이프 네비게이터는 마이크로소프트의 인터넷 브라우저보다 더 나은 제품을 만들었고 다른 회사들에서 일련의 추가적인 혁신을 촉진해 브라우저의 방향이 달라지게 했다. 2007년에『PC 매거진』에서 "모든 시대를 통틀어 최고의 테크 제품"으로 꼽히기도 했다. 불행히도, 결국 넷스케이프는 법무부가 반독점 소송을 진행했는데도 마이크로소프트에 의해 시장에서 밀려났다.

이러한 측면은 오늘날 더 중요할지 모른다. 소수의 회사가 디지털 테크놀로지의 방향, 특히 AI의 방향을 지배하고 있기 때문이다. 그들의 사업 모델과 우선순위는 자동화와 데이터 수집에 초점을 두고 있다. 따라서 가장 큰 테크 기업들을 분할해 그들의 지배력을 줄이고 혁신의 다양성을 높일 수 있는 여지를 만드는 것은 테크놀로지 방향 재설정에서 중요한 부분일 것이다.

하지만 분할 자체만으로는 충분하지 않다. 분할을 한다고 해서 자동화, 감시, 디지털 광고로부터 방향을 돌리게 되지는 않을 것이기 때문이다. 논란이 많았던 왓츠앱과 인스타그램 인수로 인해 반독점 규제의 첫 번째 타깃이 될 가능성이 큰 페이스북을 생각해 보자. 페이스북이 분할되면 이 앱들은 페이스북에서 분리되고 그들 사이에서 데이터 공유는 더 이상 이루어지지 않겠지만 그들의 비즈니스 모델은 그대로일 것이다. 페이스북 자체는 계속해서 사용자의 관여도를 높이려고 할 것이고, 따라서 계속해서 불안감, 가짜 정보, 극단주의로 악용되는 플랫폼이 될 것이다. 대중의 압력이 없다면 왓츠앱과 인스타그램도 동일한 비즈니스 모델을 이어갈 것이다. 유튜브도 마찬가지다. 모회사인 알파벳(구글의 모회사이기도 하다)에서 분리된다고 해도 여전히 같은 비즈니스 모델을 유지할 것이다.

따라서 기업 분할과 여타의 반독점 조치는 테크놀로지의 방향을 자동화, 감시, 데이터 수집, 디지털 광고로부터 멀어지도록 돌린다는 근본적인 목적을 염두에 두고서 이를 위한 보완책으로서 고려되어야 한다.

조세 개혁: 많은 산업화된 국가들에서 현재의 세제는 자동화를 촉진한다. 8장에서 우리는 지난 40년 동안 미국이 평균적으로 노동에 대해 급여세와 연방 소득세의 형태로 25퍼센트 정도를 과세했는데 장비와 소프트웨어 등 자본에는 훨씬 낮은 수준의 과세를 했음을 살펴보았다. 게다가 자본 투자에 대한 과세는 2000년 이래로 꾸준히 더 낮아졌다. 법인세와 고소득자에 대한 연방 소득세가 꾸준히 낮아졌기 때문이다. 그리고 기업이 장비와 소프트웨어에 투자할 때 조세 의무를 덜어주는 공제 항목도 더 너그러워졌다.

오늘날 자동화 장비나 소프트웨어에 투자하는 기업은 세금을

5퍼센트 이하로 낸다. 동일한 업무를 노동자를 고용해서 할 경우보다 20퍼센트포인트나 낮은 것이다. 기업이 더 많은 노동자를 고용하는 데 연간 10만 달러를 지출하면 기업과 노동자는 도합 2만 5,000달러를 세금으로 내야 하는데, 새로운 장비를 10만 달러어치 들여와 동일한 업무를 할 경우에는 내야 하는 세금이 5,000달러가 되지 않는다. 이러한 비대칭은 자동화를 한층 더 추동하며, 비슷한 형태로 (때로는 덜 두드러지게이기는 하지만) 다른 서구 국가들의 세법에도 존재한다.

조세 개혁은 이러한 비대칭을 제거할 수 있고, 따라서 자동화에 과도하게 인센티브를 주는 것을 없앨 수 있다. 이것을 달성하는 첫 단계는 급여세를 크게 줄이거나 아예 없애는 것이다. 오늘날 우리가 가장 하지 말아야 할 일은 사람들이 일하는 것을 더 비싸게 만드는 것이다.

두 번째 단계는 자본에 대한 과세를 다소 올리는 것이다. 자본에 대한 실질적인 세율을 줄이는 조항들을 없애는 것, 가령 감가상각을 너그럽게 허용하거나 사모펀드의 성과보수에 대해 유리한 세제 항목을 적용하는 것 등을 없애는 것이 이를 위한 한 가지 방법이 될 것이다. 이에 더해, 법인세를 조금 올리면 자본 소유자들이 직접적으로 직면하는 한계 세율을 올리게 되어 자본과 노동 사이의 조세 격차를 줄일 수 있다. 그와 동시에 조세의 구멍을 메우는 것도 중요하다. 이를테면 다국적 기업이 수익 계정을 다른 국가로 옮겨서 생기는 세수 손실을 최소화할 방안이 필요하다. 그렇지 않으면 법인세는 회피될 것이고 의도한 효과를 온전히 내지 못할 것이다.

노동자에 대한 투자: 현재로서 기업은 장비와 소프트웨어에 투자할 때 받는 조세 인센티브를 노동자에게 투자할 때는 받을 수 없다. 자본과 노동에 대한 과세를 동등하게 만드는 것은 자동화를 노동자

고용과 노동자를 위한 투자보다 우선시하는 편향을 없애는 데 중요한 조치다.

하지만 세법이 할 수 있는 것은 이것보다 많다. 노동자의 한계 생산성은 학교 졸업 이후의 교육 훈련을 통해서도 높일 수 있다. 대졸이나 대학원졸인 사람들도 정작 업무는 일을 시작한 다음에 배우게 되는 경우가 많다. 이러한 교육 훈련에 대한 투자 중 일부는 직업 교육 과정과 같은 공식적인 형태를 띨 수 있을 것이고, 또 다른 일부는 일을 하면서 선배나 동료에게 배워 익히는 식으로 이루어질 수 있을 것이다(후자의 형태로 이뤄지는 교육 훈련은 업무가 어떻게 이루어져 있는지, 노동자들이 교육 훈련 활동에 얼마나 시간을 할애할 수 있게 허용되는지 등에 영향을 받는다). 앞에서 보았듯이, 1980년대 이전 시기 공유된 번영의 중요한 기둥 하나는 저학력 노동자에 대한 교육 훈련이었다.

기업이 노동자 교육 훈련에 투자하는 정도가 충분하지 않은 데는 이유가 있다. 노동자가 직장에서의 교육 훈련으로 배우는 것의 상당 부분은 다른 회사에서도 쓰일 수 있는 범용적인 역량이다. 범용적인 역량을 가르치는 데 투자하는 것은 기업 입장에서 덜 매력적이다. 경쟁사보다 더 높은 임금을 지급해야 하거나 기껏 가르친 노동자를 경쟁사에 빼앗길 수 있기 때문이다. 직원 교육에 들인 투자에 대해 수익을 회수할 수 없다면 그러한 투자는 매력적이지 않을 것이다. 노벨상을 수상한 경제학자 게리 베커Gary Becker는 노동자들이 간접적으로 비용을 지불하게 할 때(가령 미래에 더 높은 임금을 받을 것을 기대하면서 훈련 기간 동안 임금 감소를 받아들이는 식으로) 기업의 직원 교육에 대한 투자가 더 적합한 수준으로 이루어진다고 밝혔다. 하지만 이러한 해법은 종종 불완전하다. 노동자들이 임금이 줄어드는 것을 감당할 수 없을지도 모르고, 그러기로 합의를 하고 나면 기업이 정말로 교육 훈련에 관심과 시간을 들여주지 않을지도 모른다는 의구심이 있을 수도 있다. 더 안 좋게는, 자주 그렇듯이 임금 협상에서 기업과 노동자 어느 쪽도 교육 투자에 대한 수익을 온전히 가져오지 못해서 노동자들이 임금 삭감을 받아들인다 해도 적절한 수준으로 교육 훈련이 이뤄지지 못할 수도 있다.

제도적 해법과 교육 훈련에 대한 정부의 보조가 이러한 저투자 문제를 교정할 수 있다. 예를 들어, 독일의 견습 시스템은 기업이 교육 훈련에 자금을 투여하도록 인센티브를 제공한다. 이 프로그램은 많은 산업에서 2~3년, 많게는 4년까지 이어지는데, 그 사이에 노동자와 고용주가 긴밀한 관계를 쌓고 견습이 끝난 이후에 노동자가 곧바로 이직을 하지 않기 때문에 현실성이 있다. 그리고 이러한 틀은 종종 노조의 지원과 감독을 받는다. 비슷한 견습 프로그램이 다른 나라들에도 있지만, 노조가 비슷한 역할을 수행하기 어렵고 젊은 노동자들의 이직률이 독일에 비해 높은 미국과 영국에서는 이러한 제도가 도입되기 어려울 것이다. 따라서 미국에서는 직원 교육에 투자하면 그만큼을 과세 대상 수익에서 공제해 주는 식으로 정부가 보조금을 제공하는 것이 더 중요한 역할을 해야 할 것이다.

테크놀로지 방향 재설정을 위한 정부의 리더십: 정부는 혁신의 엔진은 아니지만 조세, 보조금, 규제, 의제 설정 등을 통해 테크놀로지 변화의 방향을 바꾸는 데 중요한 역할을 할 수 있다. 사실, 구체적으로 필요한 부분을 특정하고 정부의 리더십과 결합하는 것이 많은 첨단 연구에서 결정적으로 중요했다. 연구자들이 달성 가능한 목적과 야망에 집중할 수 있게 해주기 때문이다.

20세기의 가장 변혁적인 테크놀로지로 꼽기에 손색이 없는 항생제가 그런 사례다. 1928년에 알렉산더 플레밍Alexander Fleming이 런던 세인트 메리 병원에서 우연히 박테리아를 줄이는 특징이 있는 페니실린을 발견한 이래로 박테리아와 싸울 수 있는 약을 개발하는 것의 중요성은 이미 잘 알려져 있었다. 언스트 체인Ernst Chain, 하워드 플로리 Howard Florey, 그리고 이후의 또 다른 화학자들이 플레밍의 혁신에 이어 순도를 높이고 환자들에게 처방 가능하도록 개선한 페니실린을 만들었다. 하지만 과학에서의 진전만큼 중요한 것은 군에서의 수요였다. 페니실린은 제2차 세계대전 중이던 1942년에 미군에서 처음 성공적으로 접종되었고 "D-데이"[노르망디 상륙 작전 개시일]인 1944년 6월 6일 무렵이면 미군은 이미 230만 도스의 페니실린을 구매한 상태였다. 주목할 만하게도, 이러한 페니실린의 발견과 이후의 개선 과정에서 금전적인 인센티브가 수행한 역할은 상대적으로 작았다.

이와 같은 조합은 대공 방어, 센서, 위성, 컴퓨터 등 전후의 과학적 혁신에서도 중요했고, 여기에서도 정부가 전략적으로 필요성이 있는 분야를 명료히 하는 역할을 했다. 대개 이 공식은, 먼저 뛰어난 과학자들을 모아 해당 문제에 대해 연구를 하게 하고, 그다음에 그 테크놀로지에 대한 상당한 수요를 창출해 민간 분야가 들어오도록 독려하는 방식으로 작동했다. COVID-19 팬데믹 때 백신 개발도 이러한 접근 방식을 취한 것으로 볼 수 있다.

비슷한 조합이 디지털 테크놀로지의 방향을 재설정하는 데두 유용할 수 있다. 연구의 새로운 방향성에 대해 사회적 가치가 확립되면 많은 연구자들이 여기에 들어올 것이다. 그리고 성공적인 테크놀로지들에 대한 수요가 보장되면 추가적으로 민간 기업들에 인센티브가 될 것이다. 가령 정부는 교육과 의료 분야에서 디지털 테크놀로지가 인간의 숙련을 보완하는 방식으로 쓰이게 할 방법을 연구하기 위해 연구자들을 모으고 자금을 지원할 수 있을 것이다. 그리고 기술적 기준을 통과한다는 전제하에, 그렇게 해서 개발된 방법들을 학교와 보훈 병원 등에 적용할 수 있을 것이다.

이것이 전통적인 "산업 정책"과 다르다는 점을 서둘러 덧붙여 두어야 할 것 같다. 전통적인 산업 정책에서는 관료가 승자(기업이든 특정한 기술이든 간에)를 선택했다. 그리고 산업 정책의 성과는 좋은 경우도 있었고 안 좋은 경우도 있었다. 성공 사례를 보면, 1970년대 한국의 화학, 금속, 공작기계 산업, 1944년에서 1952년 사이 핀란드의 금속 산업처럼 범위가 넓은 분야에 정부가 유인을 제공하는 형태였다(핀란드의 경우, 패전의 대가로 소련에 막대한 현물 보상을 해야 했기 때문에 이러한 산업 정책을 실시했다).

테크놀로지의 방향을 바꾸는 것은 승자를 선택하는 것보다는 사회적으로 더 이득이 되는 테크놀로지 군이 무엇일지 알아내는 것과 관련이 있다. 이를테면, 에너지 분야에서는 테크놀로지의 방향 전환이 녹색 기술 전반에 대한 지원을 필요로 한다. 이것은 풍력이냐 태양광이냐를 정하는 것이 아니고, 태양광 패널 중 어떤 종류이냐를 정하는 것은 더더욱 아니다. 마찬가지로, 우리가 여기에서 말하는 정부의 리더십도 구체적인 테크놀로지 경로를 선택하려는 것이 아니라 노동자의 역량을 더 잘 보완하고 시민의 역량을 강화하는 테크놀로지들의 발달을 촉진하는 것을 말한다.

프라이버시 보호와 데이터 소유권: 테크놀로지 경로에 대한 통제력을 되찾고 경로를 재설정하는 것은 상당 부분 AI와 관련이 있으며 대개의 AI는 모든 사람으로부터 그치지 않고 데이터를 수집한다. 이와 관련해 두 개의 정책 아이디어를 생각해 볼 만하다.

첫째는 사용자의 프라이버시 보호를 강화하는 것이다. 사용자와 그들의 친구, 지인에 대해 방대한 데이터를 수집하는 것은 여러 악영향을 낳는다. 플랫폼들은 사용자를 조작하기 위해 이러한 데이터를 수집하며, 이것이 그들이 채택한 광고 기반 비즈니스 모델의 핵심이다. 그러한 데이터 수집은 시민의 행동을 감시하려는 정부와 플랫폼 기업들 사이의 해로운 협업으로 이어질 수도 있다. 또한 그렇게 많은 데이터가 소수의 플랫폼에 집중되어 있으면 그들과 경쟁사 사이에, 또 그들과 사용자 사이에 권력의 불균형이 생긴다.

플랫폼이 자신이 어떤 정보를 수집하며 그 정보가 어떻게 사용될지에 대해 사용자에게 명시적인 동의를 받도록 하는 식으로 프라이버시 보호를 강화하는 것은 이 문제를 해결하는 데 유용한 방법일 수 있다. 하지만 2018년부터 시행되고 있는 "유럽연합 데이터보호법 General Data Protection Regulation, GDPR"과 같은 시도는 그리 성공적이지 못했다. 많은 사용자가 프라이버시 문제를 잘 생각하지 않으며 설명을 들어도 마찬가지다. 어떻게 데이터가 그들에게 해롭게 사용될 수 있는지를 잘 이해하지 못하기 때문이다. GDPR의 효과에 대한 실증근거들을 보면 작은 회사들은 더 불리해지고 구글, 페이스북, 마이크로소프트 같은 큰 회사들의 사용자 모니터링과 데이터 수집은 효과적으로 제한하지 못하는 것으로 나타났다.

프라이버시 보호가 현실적으로 어려운 근본적인 이유가 또 있다. 플랫폼은 사용자들에 대한 정보를 다른 사용자들에게 얻는다. 친구에 대한 정보를 간접적으로 드러내게 되거나, 그들이 속한 인구 집단에 대한 구체적인 사항들을 플랫폼이 파악해 비슷한 특징을 가진 또 다른 사람들을 대상으로 하는 광고나 제품에 활용할 수 있기 때문이다. 이러한 유형의 "데이터 외부성"은 사용자들이 종종 생각하지 못하는 측면이다.

관련된 정책 아이디어로 자신의 데이터에 대해 사용자들에게 소유권을 주자는 안도 제시되는데, 이것이 프라이버시 보호보다 더 효과적일 수 있다. 컴퓨터 과학자 재런 레이니어가 처음 제안한 데이터 소유권은 사용자의 데이터가 수집되는 방식을 보호하는 동시에 거대 테크 회사가 사용자 데이터를 자사의 AI 프로그램이 사용할 공짜 재료로 여기지 않게 할 수 있다. 또한 테크 회사들이 웹이나 공개된 기록에서 당사자들의 동의 없이 방대한 데이터를 긁어모을 수 있는 역량도 제한할 수 있다. 나아가 데이터 소유권은 직간접적으로 광고 기반 사업 모델의 매력을 떨어뜨릴 수도 있을 것이다.

데이터 소유권의 목적 중 하나는 사용자들이 자신의 데이터를 통해 수입을 얻을 수 있도록 하는 것이다. 하지만 많은 앱에서 한 사용자의 데이터는 다른 사람의 데이터와 매우 대체 가능하다. 플랫폼 입장에서는 귀여운 고양이 사진을 올릴 수 있는 수십만 명의 사용자가 있고 그중에서 누가 고양이 사진을 올리는지는 상관이 없다. 이 말은, 사용자 대비 플랫폼이 훨씬 강한 협상력을 갖는다는 뜻이다. 사용자의 데이터가 가치가 있을 때도 플랫폼은 그 데이터를 싸게 구매할 수 있다. 데이터 외부성이 존재하면 이 문제는 한층 더 심해진다. 이 점을 염두에 두고 레이니어는 미국작가조합Writers Guild of America(영화, TV, 온라인 프로그램에 콘텐츠를 제공하는 작가들을 대표한다)을 본떠 "데이터 노조"를 만들자고 주장한다. 데이터 노조는 모든 사용자나 모든 하위 집단들을 대표해 가격과 조건을 협상할 수 있을 것이고, 따라서 플랫폼이 "분열시켜 정복하라divide-and-conquer" 전략을 펴는 것을 무력화할 수 있다. 이러한 데이터 노조가 없으면 플랫폼은 하나의 하위 집단에서 데이터를 얻어서 그것을 다른 하위 집단과 유리하게 협상하는 데 사용하려 할 것이다. 또한 데이터 노조는 거대 테크 기업들이 자신의 여러 사업 중 하나에서 수집한 사용자 정보를 다른 사업에 진입 장벽을 만들기 위해 사용할 수 없도록 막을 수도 있을 것이다. 이를테면, 우버가 차량 공유 앱에서 획득한 사용자 데이터를 이용해 음식 배달 분야에서 다른 기업보다 우위를 점하는 것을 막는 것이다(밴쿠버의 규제 당국이 최근에 이러한 방식의 데이터 공유를 막기 위한 조치를 시도했다).

데이터 노조는 다른 종류의 일터 조직에도 모델이 될 수 있다. 또한 강력한 시민 사회 단체로 기능해 더 광범위한 사회 운동을 일으키는 데도 기여할 수 있으며, 우리가 제안하는 다른 조치들과 결합되면 더욱 그럴 것이다.

통신품위법 230조 철폐: 테크 업계 규제에서 핵심 이슈는 1996년에 제정된 통신품위법Communication Decency Act 230조다. 이 조항은 인터넷 플랫폼에 올라온 콘텐츠에 대한 법적 행동이나 규제로부터 플랫폼 사업자를 보호한다. 230조는 다음과 같이 밝히고 있다. "상호적 컴퓨터 서비스의 제공자나 사용자는 또 다른 콘텐츠 제공자가 제공한 어떤 정보에 대해서도 게재자나 발언자로 여겨지지 않는다." 이 구절은 페이스북이나 유튜브 같은 플랫폼에 잘못된 정보나 심지어는 혐오 발언이 올라와도 이에 대한 책임으로부터 플랫폼을 보호한다. 종종 여기에는 자신의 플랫폼에는 표현의 자유가 있다고 말하는 경영자들의 주장이 결합한다. 마크 저커버그는 2020년에 『폭스뉴스』와의 인터뷰에서 이 점을 꽤 단호하게 말했다. "저는 페이스북이 사람들이 온라인에서 말하는 모든 것에 대해 진리냐 아니냐를 결정하는 곳이 되어서는 안 된다는 생각을 강하게 가지고 있습니다."

최근 플랫폼 회사들은 대중의 압력이 높아지자 가짜 정보나 극단적인 콘텐츠에 대해 몇 가지 조치를 취했다. 하지만 그들 스스로 많은 일을 하지는 않을 것이다. 그들의 사업 모델이 논쟁과 센세이션을 일으키는 콘텐츠에 의지하고 있다는 단순한 한 가지 이유 때문이다. 이 말은 곧 정부 규제가 필요하다는 의미이고, 그 첫 단계는 230조를 폐지하고 플랫폼이 그러한 정보를 **촉진하는** 데 대해 책무성을 갖게 하는 것이다.

여기에서 강조점이 어디인지가 중요하다. 모니터링을 개선하더라도 페이스북이 잘못된 정보나 혐오 발언이 담긴 모든 콘텐츠를 제거할 수 있으리라 기대하는 것은 비현실적이다. 하지만 페이스북의 알고리즘이 그러한 콘텐츠를 "띄우고" 다른 사용자들에게 적극적으로 추천함으로써 훨씬 더 너른 범위에 도달하게 하지는 않도록 기대할 수는 있을 것이다. 바로 이 지점이 230조의 철폐가 목표로 해야 하는 지점이다.

여기에서 짚어두어야 할 것은, 230조의 보호를 없애는 것은 페이스북이나 유튜브처럼 알고리즘을 통한 콘텐츠 촉진이 사용되는 플랫폼에서 더 효과적이며, 트위터처럼 직접적인 홍보가 덜 관여되는 종류의 소셜미디어에는 덜 해당된다는 점이다. 트위터에 대해서는 가장 많이 팔로우되는 계정들을 모니터링하도록 요구하는 등 별도의 규제 전략이 실험되어야 할 것이다.

디지털 광고세: 인터넷 플랫폼의 기업 모델이 바뀌지 않는 이

상 230조를 없애도 충분하지는 않을 것이다. 우리는 현재 지배적인 모델인 개인화된 타깃 광고가 아니라 구독 모델 등 대안적인 비즈니스 모델을 촉진하기 위해 유의미한(작지 않은) 금액의 디지털 광고세를 지지한다. 유튜브 같은 몇몇 플랫폼은 마지 못해서이기는 하지만 이 방향으로 몇 가지 조치를 취했다. 하지만 현재로서 디지털 광고세 없이는 구독 기반 모델이 광고 기반 모델에 비해 수익성이 없다. 디지털 광고가 데이터 수집과 소비자 활동 모니터링에서 나오는 매출의 가장 중요한 원천이므로, 비즈니스 모델의 변화는 테크놀로지의 방향을 다시 잡는 데서도 강력한 도구가 될 것이다.

일반적으로 광고에는 "군비 경쟁"적인 요소가 있다. 소비자가 미처 몰랐던 제품이나 브랜드를 소개해 줌으로써 소비자의 선택지를 넓혀주는 광고도 있지만, 많은 광고가 그저 자신의 제품을 경쟁사 제품에 비해 더 매력적으로 보이게 하는 데 불과하다. 코카콜라 광고로 소비자들이 코카콜라 브랜드를 전에 몰랐다가 새로 알게 되는 것은 아니다(미국에서는 모든 사람이 코카콜라를 알고 있다고 가정해도 무방할 것이다). 코카콜라 광고의 목적은 소비자가 펩시 말고 코카콜라를 사게 하는 것이다. 그러면 펩시는 자신의 광고를 늘려서 맞대응한다. 비용이 낮아지거나 잠재적인 효과가 커질 때 이러한 군비 경쟁식 활동은 더 낭비적이 될 수 있다. 디지털 광고는 광고를 개인화하고 그것의 효과를 높이고 기업의 광고 비용을 줄임으로써 바로 그러한 낭비로 우리를 몰고 간다. 이것은 디지털 광고세를 주장하는 데 경제적 근거가 될 수 있다.

현재로서 우리는 그러한 디지털 광고세가 정확히 얼마여야 수익성이 매우 높은 비즈니스 모델을 유의미하게 제어할 수 있을지는 모르지만 상당한 수준은 되어야 할 것이라고 생각한다. 디지털 광고세 부과의 핵심이 조세 수입을 늘리거나 광고의 양에 다소간의 영향을 미치는 것이 아니라 온라인 플랫폼의 비즈니스 모델을 바꾸는 것이기 때문이다. 어느 경우든, 적절한 과세 금액을 정하기 위한 실험과 연구가 필요할 것이다.

잘못된 정보의 유포와 조작은 오프라인에도 있다. 예를 들어 『폭스뉴스』에서도 볼 수 있다. 따라서 TV 광고세를 확대하자는 주장도 일리는 있지만 TV는 온라인 플랫폼과 매우 다르다. TV 채널은 개별화된 디지털 광고 기술에 접할 수 없고 청중으로부터 막대한 데이터를 수집해 사용하지 않는다.

그 밖의 유용한 정책들

직접적으로 테크놀로지의 방향을 바꾸지는 않는 정책들은 우리가 당면한 문제의 해결에 덜 적합할 수 있지만, 유의미하게 고려해 볼 만한 것들이 있다. 특히 막대한 불평등과 기업의 과도한 정치적 권력을 제한하는 것일 경우에 더욱 그렇다.

부유세: 일정 수준 이상의 부를 소유한 사람에게 부유세를 부과하자는 아이디어가 지난 몇십 년 사이 세를 얻고 있다. 예를 들면, 1989년에 미테랑 대통령은 프랑스에서 자산이 130만 유로 이상인 사람들에게 조세를 부과했다(2017년 마크롱 대통령 시절에 범위가 줄었다). 미국에서는 2020년 대선 후보로 나선 버니 샌더스와 엘리자베스 워런 상원의원이 부유세를 주장해 왔다. 샌더스의 2020년 안은 자산이

5,000만 달러 이상인 가구에 자산의 2퍼센트를 부과하고, 100억 달러 이상인 가구에는 8퍼센트까지 누진적으로 세율을 올리게 되어 있었다. 워런이 가장 최근에 제시한 안은 자산이 5,000만 달러 이상인 가구에 2퍼센트, 10억 달러 이상이면 4퍼센트를 부과하는 것이다. 지난 몇십 년간 꼭대기 층의 부가 어마어마하게 늘었고 사회안전망 강화와 그 밖의 필요한 투자(아래에서 설명할 것이다)에 추가적인 조세 수입이 필요하다는 것을 고려할 때, 부유세는 잘 부과되고 징수된다면 가치 있는 세원이 될 수 있다.

부유세가 테크놀로지의 변화의 방향을 직접 설정하지는 않지만 많은 산업 사회에 존재하는 부의 격차를 줄이는 데는 도움이 될 것이다. 가령 3퍼센트의 부유세는 점진적으로 제프 베이조스, 빌 게이츠, 마크 저커버그 같은 테크 거대 기업 경영자의 부를 상당히 줄일 수 있을 것이다. 중요한 질문은 부의 격차가 줄면 그들이 가진 설득의 힘도 줄 것인지인데, 이것은 자산의 변화만이 아니라 더 폭넓은 사회적 변화에 달려 있을 것이다.

부유세는 산정이 어렵고 재단이나 트러스트 같은 복잡한 방식으로, 또한 때로는 역외로 부를 숨기는 행위를 증폭시킬 우려도 있다. 이를 염두에 둔다면, 부유세는 기업의 수익에 직접 부과되는 법인세와 결합되어야 한다. 법인세는 산정과 징수가 더 쉽다. 적어도 부유세를 도입하려면 역외 조세 피난처에 대한 규정을 개혁하고 여러 허점들을 막기 위해 협력하는 등 조세 당국들 사이에 더 강한 국제 협력이 함께 이루어져야 한다. 또한 부유세가 일부 집단을 탈취하는 데 사용될 수 있다는 우려를 불식시키기 위해 법이 정하는 제약 범위 안에서 도입되어야 하고, 민주적 정치와 분명한 헌법적 지침하에서 시도되어야 한다.

종합적으로, 우리는 부유세가 과세와 징수의 허점을 막고 회계 업계의 관행을 변화시키려는 노력과 함께 진행된다면 이득이 되겠지만 우리가 추구하는 더 시스템적인 해법에서 주된 부분은 아닐 것이라고 생각한다.

재분배와 사회안전망 강화: 미국은 더 나은 사회안전망과 더 나은, 그리고 더 많은 재분배가 필요하다. 많은 연구가 미국과 영국에서 사회안전망이 매우 약화되었으며 이러한 사회안전망의 부족이 빈곤을 심화하고 사회적 계층 이동성을 줄인다는 것을 실증근거로 보여주었다. 오늘날 미국은 사회적 계층 이동성이 서구 유럽 국가들보다 훨씬 낮다.

예를 들어 덴마크에서는 가구 간 소득 차이의 85퍼센트가 한 세대 안에 사라진다. 가난한 부모의 아이가 자라서 더 부유해지는 경향이 있기 때문이다. 그런데 미국에서는 이 숫자가 겨우 50퍼센트다. 사회안전망을 강화하고 더 여건이 안 좋은 지역들의 학교를 개선하는 것이 긴급하게 필요하다. 이러한 정책은 더 폭넓은 재분배 정책과 함께 이루어져야 한다.

견고한 재분배와 더 강화된 사회안전망 자체만으로는 테크놀로지의 방향에 영향을 주거나 거대 테크 기업의 권력을 줄이지 못하겠지만, 미국 및 여타 산업화된 국가들에서 나타난 막대한 불평등을 줄이는 데는 효과적인 도구가 될 수 있다.

구체적인 정책안 중 하나로 2020년 대선 때 민주당 경선 후보 앤드루 양Andrew Yang이 주장해 인기를 끈 보편기본소득이 있는데, 여기에서 논할 필요가 있을 것 같다. 보편기본소득은 모든 성인에게 조건 없이 현금을 지급하는 것으로, 일부 좌파 진영, 밀턴 프리드먼이나 찰스 머리 같은 더 자유지상주의적인 학자들, 테크 억만장자인 아마존 창립자 제프 베이조스 등에게 매우 인기 있는 정책 아이디어였다. 보편기본소득에 대한 지지는 많은 국가에서 사회안전망이 명백하게 불충분하다는 사실에 일단 뿌리를 두고 있다. 하지만 보편기본소득 개념은 로봇과 AI가 우리를 일자리 없는 미래로 이끌게 되리라는 내러티브에서도 강력한 추진력을 얻었다. 따라서 이 내러티브에 따르면, 대부분의 사람에게 소득을 제공할 수 있으려면 (그리고 테크 억만장자가 너무도 두려워하는 상황인 사람들이 쇠스랑을 들고 거리에 나와 저항하는 상황을 막으려면) 보편기본소득이 필요하다.

하지만 보편기본소득은 사회안전망을 강화하는 정책으로서 이상적이지는 않다. 자원을 그것을 필요로 하는 사람뿐 아니라 모두에게 분배하기 때문이다. 대조적으로, 의료 지출과 재분배 등 20세기의 복지 국가 체제를 구성했던 많은 프로그램은 자원을 이전할 대상을 선별했다. 보편기본소득은 이러한 선별이 없으므로 다른 프로그램들에 비해 더 비용이 많이 들고 덜 효과적이다.

또한 우리가 현재 처한 곤경에 대해서는 보편기본소득이 엉뚱한 해법일 수도 있다. 특히 노동자들에게 새로운 기회를 창출하는 것을 목표로 삼는 정책들에 비하면 더욱 그렇다. 자신이 사회에 가치 있게 기여하고 있다고 느낄 때 사람들이 공동체에 더 많이 참여하고 만족도 더 많이 느낀다는 것은 여러 실증근거에서 확인된 바다. 사람들은 일을 할 때 더 큰 심리적 만족감을 느낄 뿐 아니라, 일하지 않고 소득 이전만 받느니 차라리 상당한 양의 돈을 포기할 의향까지 있는 것으로 나타났다.

하지만 보편기본소득의 더 근본적인 문제는 노동이 주는 심리적 이득과 관련이 있다기보다는 현재의 테크놀로지 방향 때문에 처한 문제에 대해 잘못된 지침을 주는 내러티브와 관련이 있다. 보편기본소득이 우리가 처한 문제에 대해 잘못된, 그리고 생산적인 해결책이 나오기 어려운 해석에 기반하고 있기 때문이다. 보편기본소득은 우리가 대부분의 사람들에게 일거리가 없고 첨단 디지털 테크놀로지를 개발하는 소수의 사람과 나머지 사람들 사이의 격차가 점점 더 벌어지는 세계로 피할 수 없는 추세에 따라 나아가고 있다고 암시한다. 따라서 할 수 있는 유일한 조치는 대대적인 재분배뿐이라고 말이다. 이러한 방식으로, 때로 이 논리는 대중의 불만이 커지는 것을 막는 유일한 방법으로서 보편기본소득을 정당화하기도 한다. 하지만 이 책에서 우리가 강조했듯이 이것은 잘못된 관점이다. 불평등과 격차가 벌어지는 추세는 불가피한 것이 아니라 누가 권력을 가져야 하는지와 테크놀로지의 방향이 어디를 향해야 하는지에 대해 잘못 내려진 선택 때문에 발생하는 것이고, 이것이 우리가 해결해야 할 근본적인 문제다. 그런데 보편기본소득은 패배주의적으로 이 문제를 운명처럼 받아들인다.

사실 보편기본소득은 기업계와 테크 지배층의 비전과 전적으로 부합한다. 똑똑하고 능력 있는 사람들이 나머지 사람들을 돈으로 너그럽게 지원해야 한다고 말이다. 이러한 방식으로, 나머지 사람들을 순치시키고 지위의 차이를 증폭한다. 즉, 이는 우리 사회에서 강화되고 있는 이중 구조를 해결하기보다 오히려 이중 구조의 인위적인 분절을 재확인한다.

이 모든 것이 말해주는 바는 근사한 소득 이전 메커니즘을 새로 찾기보다는 현재의 사회안전망을 더 강화해야 하며 더 중요하게는 이를 모든 인구 집단에게 의미 있고 보수가 좋은 일자리를 창출하려는 노력과 결합해야 한다는 점이다. 또한 이는 테크놀로지의 방향을 지금과는 다르게 재설정해야 한다는 의미다.

교육: 대부분의 경제학자와 정책결정자들이 불평등과 싸우는 도구로 가장 좋아하는 것이 교육에 투자를 늘리는 것이다. 이러한 통념에는 타당한 면도 있다. 학교는 노동자의 숙련과 기술 함양에 필수적이고 사회의 핵심 가치를 젊은이들에게 주입함으로써 사회에 기여한다. 많은 나라에서 학교 교육이 부실하고 특히 사회경제적 배경이 좋지 않은 아이들에게 제공되는 교육이 부실하다는 인식이 꽤 널리 퍼져 있기도 하다. 그리고 앞에서 보았듯이 학교는 인간을 보완하는 방식의 AI를 가장 유용하게 도입해 좋은 결과를 내고 새로운 일자리를 창출할 수 있는 영역 중 하나다. 또한 미국에는 커뮤니티 칼리지나 직업 학교처럼 대대적인 개혁이 필요한 영역이 존재하고, 특히 미래에 더 많은 수요가 있을 것으로 보이는 숙련과 지식을 육성하는 데 더 초점을 두려면 더욱 그렇다.

교육 자체가 테크놀로지의 경로를 바꾸거나 길항 권력을 촉진하지는 않지만, 교육에 투자를 늘리면 가장 크게 불이익에 처한 사람들, 좋은 학교에 접할 기회를 가장 누리지 못하고 있는 사람들에게 도움을 줄 수 있다.

교육 투자는 더 많은 엔지니어와 컴퓨터 프로그래머를 배출하는 데 도움이 되고 이들은 더 향상된 숙련과 지식으로 더 높은 수득을 올릴 수 있겠지만, 이러한 일자리에 대한 수요에는 한계가 있다는 점을 염두에 두어야 한다. 물론 교육은 간접적인 이득도 창출하기 때문에 엔지니어와 프로그래머가 아닌 사람들에게도 도움이 될 수 있다.

가령 엔지니어와 프로그래머가 많아지면 다른 직군에 대한 수요도 늘어서 저숙련, 저학력 노동자들도 이득을 얻을 수 있을지 모른다. 늘어난 교육 투자의 혜택을 직접적으로 받거나 다들 원하는 프로그래밍이나 엔지니어링 일자리를 잡는 사람들은 아니더라도 말이다. 이러한 과정은 생산성 밴드왜건 개념과 관련이 있고, 실제로 때로는 이러한 일이 일어나기도 한다. 하지만 간접적인 효과가 어느 범위까지 퍼질지는 테크놀로지의 속성이 무엇인지와 노동자들이 얼마나 권력을 가지고 있는지에 달려 있다. 따라서 교육에서 나올 수 있는 간접적인 효과는 저숙련 일자리가 모두 자동화되지 않도록 테크놀로지의 방향이 다시 잡히고 저숙련 노동자들도 꽤 괜찮은 임금을 협상할 수 있는 제도가 있을 때 더 커질 것이다.

마지막으로, 우리는 "테크놀로지는 자신의 방식에 따라 스스로 조절되어야 하며, 사회가 테크놀로지의 악영향에 대처하기 위해 할 수 있는 유일한 일은 노동력을 더 많이 교육하는 일뿐"이라는 견해에 반대한다. 테크놀로지의 방향, 그 방향이 불평등에 대해 의미하는 바, 그리고 생산성 이득이 자본과 노동 사이에 공유되는 정도는 우리에게 불가피하게 주어지는 것이 아니라 우리 사회가 내리는 선택의 결과다. 이 사실을 인식하면 테크놀로지의 경로가 소수의 강력한 개인과 기업이 원하는 대로 가게 사회가 그냥 두어야 하며 단지 그 경로를 따라잡기 위해 교육에 노력을 기울여야 한다는 주장은 설득력이 떨어진다. 그보다는 테크놀로지의 방향이 노동자들이 자신의 역량과 기술을 가장 잘 사용할 수 있게 돕는 쪽으로 기울어져야 하며, 물론 노동자에게 요구되는 숙련의 변화에 맞게 교육에도 변화가 필요할 것이다.

법정최저임금제: 최저임금제로 임금이 더 내려갈 수 없는 하한

선을 설정하는 것은 미국과 영국처럼 저임금 일자리가 고질적인 문제인 나라에서 유용한 도구다. 한때는 많은 경제학자들이 고용을 줄일지 모른다는 우려에서 법정최저임금제에 반대했다. 임금 비용이 높아지면 기업들이 고용을 하게 할 인센티브가 낮아질 수 있다는 우려였다. 하지만 여러 서구 국가의 노동시장에 대한 연구들에서 적절한 수준일 경우 최저임금제가 도입되어도 고용이 상당히 감소하지는 않았다는 실증근거들이 나오면서 경제학계에서의 합의가 달라졌다. 현재 미국의 연방 최저임금은 시간당 7.25달러다. 이것은 매우 낮은 수준이고 도시 노동자들에게는 더욱 그렇다. 그래서 사실 많은 주와 도시가 자체적으로 그것보다 높은 최저임금제를 적용하고 있다. 예를 들어, 매사추세츠주의 경우 팁을 받지 않는 직군의 최저임금이 14.25달러로 정해져 있다.

최저임금제가 불평등 감소에 효과가 있음을 시사하는 연구 결과도 많이 나와 있다. 최저임금제가 임금 분포의 하위 25퍼센트에 속하는 노동자들의 소득을 올려주기 때문이다. 미국에서 연방 최저임금을 적절하게 올리면(가령, 몇몇 법안이 제안한 것처럼 점진적으로 시간당 15달러까지 올리는 식으로), 또 서구의 다른 나라들에서도 비슷한 수준으로 임금의 하한선이 올라간다면 사회적으로 득이 될 것이고 우리는 이러한 정책을 지지한다.

그럼에도 최저임금을 크게 올리는 것이 우리의 문제에 대한 시스템 차원의 해법은 아니다. 우선, 전반적인 불평등을 줄이려면 생산성 이득이 인구 전반에 걸쳐 더 평등하게 공유되어야 하는데, 최저임금제는 가장 낮은 임금을 받는 노동자들에게 가장 크게 영향을 미친다. 둘째, 최저임금제는 노동시장에서 거대 기업의 과도한 권력에 대항하는 데는 작은 역할밖에 하지 못한다.

더 중요하게, 테크놀로지의 방향이 계속 자동화 쪽으로 기울어 있는 상태에서라면 최저임금이 높아지는 것이 역풍을 불러올 수 있다. COVID-19 때 보았듯이, 비교적 낮은 임금으로 노동자를 구할 수 없게 되자 음식숙박업과 서비스업 기업들은 자동화에 강력한 인센티브를 갖게 되었다. 즉 자동화의 시대에는 더 폭넓은 테크놀로지 방향 전환이 함께 이루어지지 않는다면 최저임금 인상이 의도치 않은 결과를 가져올 수 있다.

이런 면에서 우리는 최저임금제가 테크놀로지의 방향을 자동화로부터 돌리기 위한 더 폭넓은 정책 패키지의 일부로서 존재할 때 가장 유용할 수 있으리라고 생각한다. 테크놀로지가 더 노동자 친화적이라면 기업들은 최저임금제로 노동자들에게 임금을 높여 주어야 하게 되었을 때 자동화의 유혹을 덜 받을 것이다. 이러한 시나리오에서는 고용주들이 기술적인 재조정이나 노동자의 재훈련을 통해 이제는 더 높은 임금을 주어야 하게 된 노동자들의 생산성을 높이려는 투자를 하기로 선택할 수 있을 것이다. 이는 이 책에서 우리가 개진하고자 한 전반적인 결론을 다시 한 번 말해준다. 테크놀로지 경로의 방향을 다시 잡는 것, 그리고 기업이 노동자를 소중한 자원으로 여기게 하는 것이 핵심적으로 중요하다는 사실 말이다. 이것이 달성된다면 최저임금제는 더 효과적일 수 있을 것이고 역풍의 가능성은 줄어들 것이다.

학계의 개혁: 마지막으로, 하지만 마찬가지로 중요하게, 학계가 개혁되어야 한다. 테크놀로지는 비전에 의존하고, 비전은 사회적 권력에 뿌리를 두며, 대체로 그 권력은 특정한 테크놀로지 경로의 미덕을 대중과 의사결정자에게 설득하는 힘과 관련이 있다. 바로 이러한 유형

의 사회적 권력을 양성하고 실행하는 데서 학계가 핵심적인 역할을 수행한다. 테크놀로지 분야에서 일하게 될 수많은 뛰어난 젊은이들의 관점, 이해관계, 지식, 능력을 일구는 곳이 바로 대학이기 때문이다. 이에 더해, 명문 대학들은 종종 주요 테크 기업과 협업하며 대중의 견해에 직접적으로 영향을 미치기도 한다. 따라서 학계가 더 큰 독립성을 갖는다면 사회적으로 득이 될 수 있다. 지난 40년간 미국을 비롯해 많은 나라에서 학계가 독립성을 잃는 추세를 보였다. 기업이 학계에 쓰는 돈이 어마어마하게 늘었기 때문이다. 많은 대학의 컴퓨터과학, 엔지니어링, 통계학, 경제학, 물리학 관련 학과들이, 그리고 물론 경영대학원이 테크 기업으로부터 연구 지원금과 컨설팅 의뢰를 받는다.

우리는 이러한 자금 지원 관계가 더 투명해져야 하고 학계가 자율성과 독립성을 회복하기 위해 일부 자금 지원은 제한하는 것이 시급하게 필요하다고 생각한다. 정부가 기초연구에 자금 지원을 늘리면 학계의 기업 자금 의존성을 줄이는 데 한 가지 방법이 될 수 있을 것이다. 그렇지만, 학계의 개혁 자체만으로 테크놀로지의 방향을 재설정하지는 못할 것이다. 학계의 개혁은 [그 자체로 방향 선회를 추동하는 요인보다는] 방향 선회의 과정을 돕는 일종의 지렛대로 여겨져야 한다.

테크놀로지의 경로는 아직 고정되지 않았다

물론 우리가 일별한 개혁들을 달성하기는 쉽지 않을 것이다. 오늘날 테크 업계와 거대 기업들은 지난 100년 중 어느 때보다도 정치적 영향력이 막대하다. 스캔들이 연이어 터졌어도 테크 거대 기업들은 사회적으로 존경받고 영향력이 있으며 그들이 사회에 부과하고 있는 테크놀로지 경로나 "진보"의 유형에 대해 질문이나 도전에 거의 직면하지 않는다. 자동화와 감시에 치중하는 현재의 추세로부터 테크놀로지의 방향을 돌리려는 사회 운동이 금방 도래할 것 같아 보이지도 않는다.

그렇긴 해도, 우리는 여전히 테크놀로지의 경로가 아직 고정되지 않았다고 생각한다.

1980년대 말의 HIV/AIDS 환자들에게 미래는 지극히 암울해 보였다. 사회의 대다수 사람들이 그들을 치명적인 질병의 피해자가 아니라 스스로 삶을 망가뜨린, 자기 자신의 가해자라고 여겼다. HIV/AIDS 환자들은 강력한 조직 기반도 없었고 어떤 전국 단위의 정치인도 그들을 대변해 주지 않았다. AIDS가 전 세계에서 이미 수만 명의 목숨을 앗아가고 있었는데도 치료제나 백신에 대한 연구개발은 매우 미미했다.

그런데 이후 10년 사이에 이 모든 것이 달라졌다. 먼저, 아무 잘못이 없는 수만 명의 사람들이 인간으로서의 역량을 크게 훼손하고 목숨까지 위협하는 바이러스에 감염되어 고통받고 있음을 보여주면서 새로운 내러티브가 생겨났다. 이 과정은 극작가이자 작가이자 제작자인 래리 크레이머Larry Kramer, 작가인 에드먼드 화이트Edmund White 등 소수의 사람들이 먼저 시작했고, 곧 이들의 운동에 저널리스트와 여타 미디어 종사자들이 동참했다. 1993년 영화 「필라델피아Philadelphia」는 미국에서 HIV에 감염된 성소수자의 삶과 그들이 처한 문제를 영화관의 대형 스크린에서 보여준 초창기 작품으로, 관객들의 인식을 바꾸는 데 크게 일조했다. 이어서 비슷한 주제를 다룬 TV 드라마들도 나왔다.

내러티브가 달라지면서 게이 권리 활동가들과 HIV 활동가들이 조직화하기 시작했다. 그들의 요구사항 중 하나는 HIV 치료제와 백신에 대한 연구를 늘리라는 것이었다. 처음에는 정치인들도 주요 과학자들도 이를 받아들이지 않았다. 하지만 운동의 조직화는 결실을 맺었고 곧 정치인과 의료 정책 전문가들의 입장이 180도 바뀌었다. 수백만 달러의 돈이 HIV 연구에 들어가기 시작했다.

돈이 들어오고 사회적 압력이 높아지자 의료 연구의 방향이 바뀌었고, 1990년대 말이면 AIDS 감염의 속도를 늦출 수 있는 새로운 약이 여러 개 나와 있었다. 또한 줄기세포 치료법의 초기 형태, 면역제 치료법, 유전자 편집 같은 새로운 치료법도 나오기 시작했다. 2010년 초 무렵이면 여러 가지 효과적인 약이 시중에 나와서 HIV 바이러스의 확산을 통제하고 감염자들이 더 정상적인 삶의 여건을 누릴 수 있게 되었다. 현재 몇몇 백신도 임상 시험이 진행되고 있다.

HIV/AIDS와 싸우는 데서도, 재생에너지 영역에서도, 도저히 불가능해 보였던 것이 꽤 빠르게 이루어졌다. 일단 내러티브가 바뀌고 사람들이 조직화되자 사회적 압력과 금전적 인센티브가 테크놀로지의 경로를 선회시켰다.

디지털 테크놀로지의 미래 경로도 그렇게 될 수 있다.

감사의 글

이 책은 테크놀로지, 불평등, 그리고 제도에 대해 우리가 20년간 수행해 온 연구를 토대로 하고 있다. 이 과정에서 우리는 수많은 연구자에게 어마어마하게 많은 학문적 빚을 졌으며 그들이 미친 영향을 이 책 전반에서 명확히 볼 수 있을 것이다. 그중 파스쿠엘 레스트레포Pascual Restrepo와 데이비드 오터David Autor를 특별히 언급해야 할 것 같다. 자동화, 새로운 업무 창출, 불평등, 노동시장의 추세 등에 대한 이 책의 논의 중 많은 부분이 그들의 연구 및 우리가 그들과 함께 수행한 연구에서 도출된 것이다. 우리가 이론과 접근법을 정립하는 데 큰 영감을 준 두 분께 깊은 감사를 전한다. 우리가 두 분의 연구에서 자유롭게 개념을 빌려올 수 있었다는 것 자체가 우리에게 얼마나 우쭐해지는 일이었는지 알아주신다면 기쁘겠다.

마찬가지로 커다란 학문적 빚을 진 친구이자 오랜 협업자 제임스 로빈슨James Robinson에게도 감사를 전한다. 제도, 정치적 갈등, 민주주의에 대해 그와 함께 수행한 연구는 이 책에서 정치와 관련해 개진한 이론에 많은 정보와 영감을 주었다.

알렉스 월리츠키Alex Wolitzky와의 공동 연구도 우리의 주요 개념에 토대가 되었다. 또한 조나단 그루버Jonathan Gruber, 알렉스 히Alex He, 제임스 곽James Kwak, 클레어 르라지Claire Lelarge, 대니얼 르메어Daniel LeMaire, 알리 마흐두미Ali Makhdoumi, 아자라시 말레키언Azarakhsh Malekian, 앤드리아 마네라Andrea Manera, 수레시 나이두Suresh Naidu, 앤드류 뉴먼Andrew Newman, 아수 오즈대글러Asu Ozdaglar, 스티브 피시케Steve Pischke, 제임스 시데리우스James Siderius, 파브리지오 질리보티Fabrizio Zilibotti와의 협업에서도 큰 도움을 얻었다. 학문적인 너그러움과 지원을 베풀어 주신 모든 분들께 깊은 감사를 드린다.

조엘 모키어Joel Mokyr의 연구에서도 큰 영감과 도움을 얻었다. 깊은 감사를 전한다.

많은 분들이 초고를 읽고 건설적인 의견을 내어주었다. 특히 상세한 제안으로 원고가 크게 나아질 수 있게 해준 다음 분들께 감사를 전한다. 데이비드 오터, 브루노 카프레티니Bruno Caprettini, 앨리스 에반스Alice Evans, 패트릭 프랑소아Patrick Francois, 피터 하트Peter Hart, 린더 헬드링Leander Heldring, 사티야 클리노바Katya Klinova, 톰 코챈Tom Kochan, 제임스 곽, 재런 레이니어Jaron Lanier, 앤디 리프먼Andy Lippman, 알렉산더 마드리Aleksander Madry, 조엘 모키어, 제이콥 모스카나Jacob Moscana, 수레시 나이두Suresh Naidu, 캐시 오닐Cathy O'Neil, 조너던 루언Jonathan Ruane, 제레드 루빈Jared Rubin, 존 시John See, 벤 슈나이더만Ben Shneiderman, 가네시 시타라만Ganesh Sitaraman, 애나 스탠스버리Anna Stansbury, 시햇 토코즈

Cihat Tokgöz, 존 밴 리넌John Van Reenen, 루이스 비데가레이Luis Videgaray, 글렌 웨일Glen Weyl, 알렉스 얼리츠키, 데이비드 양David Yang. 매우 유용한 토론과 제안을 해준 다음 분들께도 감사를 전한다. 마이클 쿠수마노 Michael Cusumano, 사이먼 재거Simon Jäger, 센딜 물레이나단Sendhil Mullainathan, 아수 오즈대글러, 드레이즌 프렐렉Drazen Prelec, 파스쿠엘 레스트레포.

뛰어난 연구조교 라이언 헤트릭Ryan Hetrick, 오스틴 렌치Austin Lentsch, 매튜 메이슨Matthew Mason, 카를로스 몰리나Carlos Molina, 아론 페레즈Asron Perez에게 감사를 전한다. 늘 그랬듯이 로렌 파헤이Lauren Fahey와 미셸 피오렌자Michelle Fiorenza에게도 믿을 수 없을 정도의 도움을 받았다. 레이첼 브라운Rachael Brown과 힐러리 매클레런Hilary McClellen의 뛰어난 팩트 체크에도 감사를 전한다.

이 책의 토대가 된 연구는 지난 10년간 여러 자금 지원 기관의 지원을 받아 이루어졌다. 구체적으로, 아세모글루는 액센추어, 공군 과학 연구국, 육군 연구국, 브래들리 재단, 캐나다 고등연구소, MIT 경제학과, 구글, 휴렛 재단, IBM, 마이크로소프트, 미국국립과학재단, 슈미트 사이언스, 슬론 재단, 스미스 리처드슨 재단, 정보 기술에 관한 툴루즈 네트워크에서 자금 지원을 받았고, 존슨은 MIT 슬론 경영대학원에서 지원을 받았다. 모두 감사를 전한다.

지난 10년간, 그리고 이 책 프로젝트가 진행되는 내내 지원과 지침을 주고 귀한 제안을 해준 에이전트 맥스 브록먼Max Brockman과 레이프 사갈린Rafe Sagalyn에게 감사를 전한다. 또한 브록먼의 사무실 사람 모두와 에밀리 삭스Emiily Sacks, 콜린 그레이엄Colin Graham의 훌륭한 지원에도 감사드린다. 사진 편집자 토비 그린버그Toby Greenberg의 뛰어난 지원에도 감사의 말씀을 드린다.

끝으로, 하지만 마찬가지로 중요하게, 이번에도 우리의 친구이자 편집자인 존 마헤이니John Mahaney와 함께 일할 수 있게 되어 행운이었다. 또한 클라이브 프리들Clibe Priddle, 제이미 레이퍼Jaime Leifer, 린지 프래드코프Lindsay Fradkoff를 포함해 퍼블릭어페어스 팀이 발휘해 준 놀라운 역량과 노력에도 이 자리를 빌려 감사를 전한다.

1부: 일반적인 참고 자료와 배경 설명

"1부"에서는 우리의 접근 방식이 기존의 연구 및 이론과 어떤 관련이 있는지 설명했고, "2부"에서는 데이터, 사실관계, 인용, 그 밖의 출처를 정리했다. 또한 2부 전반에 걸쳐 주제별로 우리의 접근 방식에 특히 중대하게 영향을 준 연구들도 강조했다.

　우리의 개념 체계는 경제학 및 사회과학 대부분에서의 전통적인 접근 방식과 다음의 네 가지 면에서 차이가 있다. 첫째, 생산성 증가가 임금에 영향을 미치는 방식 및 생산성 밴드왜건 주장의 타당성에 영향을 미치는 방식. 둘째, 테크놀로지의 유연성malleability 및 혁신의 방향에 대해 의사결정자가 내리는 선택의 중요성. 셋째, 임금 결정에 영향을 미치는 협상력과 기타 비시장 요인의 역할 및 이러한 요인이 생산성 이득이 노동자에게 공유되는 (혹은 공유되지 않는) 방식에 미치는 영향. 넷째, 테크놀로지 선택에 비경제적 요인, 특히 사회적·정치적 권력과 아이디어, 그리고 비전이 미치는 영향. 첫 번째 부분은 1장에서 명시적으로 다루었고 나머지 세 가지는 조금 더 암묵적으로 다루었다. 여기에서 우리는 이 개념들이 기존의 연구들을 어떻게 이

어받았고 또 어느 지점에서 차이가 나는지를 중심으로 추가적인 배경 설명을 하고자 한다. 또한 역사상의 주요 테크놀로지 전환에 대해 우리가 제시한 해석이 기존의 연구들과 어떻게 다른지 설명할 것이다. 마지막으로, 우리의 접근이 테크놀로지와 불평등에 대해 최근에 출간된 연구들과 어떤 관계가 있는지 살펴볼 것이다.

우리의 개념 체계를 기존의 접근 방식들과 구별해주는 네 가지 주춧돌을 먼저 알아보면, 다음과 같다.

첫째, 1장에서 보았듯이 경쟁적인 노동시장에서 임금은 **노동의 한계생산성**에 의해 결정된다. 경제학의 가장 일반적인 접근은 한계생산성을 **평균생산성**(노동자 1인당 산출, 또는 노동자 1인당 부가가치)과 연관지으며 따라서 이는 평균 임금이 평균생산성(혹은 간단히 "생산성")에 따라 달라진다는 예측으로 이어진다. 이에 따르면, 생산성이 증가하면 평균 임금도 증가한다. 우리는 이를 "생산성 밴드왜건"이라고 불렀다.

생산성 밴드왜건이라는 표현 자체는 표준적인 교과서에서 쓰이지 않지만 이 표현이 포착하고 있는 개념은 상당히 일반적으로 등장한다. 대부분의 교과서에 나오는 경제 성장 모델(예를 들어, 다음을 참고하라. Barro and Sala-i-Martin 2004; Jones 1998; Acemoglu 2009)은 더 높은 생산성이 직접적으로 더 높은 임금으로 이어진다는 함의를 담고 있다. 솔로(Solow 1956), 로머(Romer 1990), 루카스(Lucas 1988) 등 기술 진보에 대해 독창적인 연구를 한 학자들도 기술 진보가 모든 이의 생활 수준을 높여줄 것이라고 보았다.

오늘날 학부에서 가장 인기 있는 교재인 그레고리 맨큐Gregory Mankiw의 『경제학원론Principles of Economics』은 "국가 간 생활 수준의 차이는 거의 모두 **생산성**의 차이로 귀인 가능하다"며 "즉 노동 투입 한 단위당 생산되는 재화와 서비스의 양으로 설명된다"고 언급하고 있다(Mankiw 2018, 13). 이어서 맨큐는 생산성을 기술 변화와 관련지으면서 생산성 밴드왜건 개념을 간명하게 설명했다. 그는 "왜 생산성이 중요한가"라는 제목의 절에서 생활 수준이 생산성에 달려 있고 생산성은 테크놀로지에 달려 있다며 "미국 사람들이 나이지리아 사람들보다 잘 사는 이유는 미국 노동자들이 나이지리아 노동자들보다 더 생산적이기 때문"이라고 언급했다(518-19). 또한 그는 이러한 사실이 경제학에서 가장 중요한 열 가지 원칙 중 하나라고 선언했다. 테크놀로지로 인한 일자리 상실의 가능성을 언급하긴 했지만 이를 다음과 같은 방식으로 설명하고 있다. "테크놀로지의 발전이 노동에 대한 수요를 줄이게 되는 경우 또한 생길 수 있다. 예를 들어 값싼 산업용 로봇이 발명되면 노동의 한계생산성을 줄여서 노동에 대한 수요 곡선을 왼쪽으로 이동시킬 수 있다. 경제학자들은 이것을 **노동 절약적** 기술 변화라고 부른다. 하지만 역사가 말해주는 바는 대부분의 기술 진보가 노동 절약적이라기보다 **노동 증강적**이었음을 시사한다."(Mankiw 2018, 367)

생산성 밴드왜건 개념이 암시하는 임금 상승이 꼭 1대 1이어야 하는 것은 아니다. 생산성 증가는 국민소득에서 자본이 가져가는 몫의 비중을 높이고 노동이 가져가는 비중을 낮출 수도 있다. 하지만 표준적인 견해에서는 생산성 증가가 언제나 노동자에게 득이 된다. 또한 표준적인 견해에서는 여러 유형의 노동이 있을 경우(가령, 숙련 노동자와 미숙련 노동자) 기술 진보가 불평등을 심화시킬 수 있지만, 그와 동시에 모든 유형의 노동자에 대해 임금을 올린다. 그 결과, 기술 변화는 불평등을 가져오긴 해도 모든 배를 들어올리는 파도가 된다. 경제학에서 사용되는 가장 일반적인 틀에서 볼 때 기술 진보는 불평등을 증가시키더라도 언제나 평균 임금을 증가시키고 임금 사다리의 바닥쪽 노동자들의 임금도 증가시킨다(이에 대한 설명은 다음을 참고하라. Acemoglu 2002b).

이러한 결과는 대부분의 경제학자들이 상정하는 모델의 유형과 관련이 있다. 이 모델은 기술 변화가 직접적으로 자본이나 노동의 생산성을, 혹은 둘 다의 생산성을 높인다고 가정한다. 다른 말로, 경제학의 용어에서 기술 변화는 "노동 증강적"이거나 "자본 증강적"이거나 둘 다이다(표준적인 경제 성장 모델과 기술 변화의 형태에 대한 개괄은 다음을 참고하라. Barro and Sala-i-Matin 2004; Acemoglu 2009). 이러한 유형의 기술 변화와 "규모에 따른 수확 불변constant returns to scale"(자본이나 노동을 두 배로 증가시키면 산출도 두 배로 증가하는 경우)을 가정하면, 실제로 생산성과 노동자들(모든 유형을 통틀어)의 임금 사이에는 밀접한 관련이 있게 된다.

여기에서 근본적인 문제는 자동화(우리는 근현대 산업화의 많은 국면에서 자동화가 핵심 역할을 했다고 본다)가 자본이나 노동의 생산성 증가와 꼭 연동되지는 않는다는 데 있다. 그보다 자동화는 전에는 노동이 수행하던 업무를 기계(혹은 알고리즘)가 대체하는 것과 관련이 있다. 자동화 기술의 발달은 평균생산성을 높이면서 동시에 평균 실질임금을 감소시킬 수 있다. 그뿐 아니라, 테크놀로지가 불평등을 일으킬 수 있는 정도는 자동화가 저숙련 노동자들이 수행하던 일을 잠식해 이들의 임금은 낮추면서 자본에 대한 수익과 고숙련 노동자의 임금을 올리는 경우 훨씬 더 증폭된다(Acemoglu and Restrepo, 2022).

자동화가 임금을 **줄일 수 있으며**, 하지만 **필연적으로 그래야만 하는 것은 아니라는** 점을 강조할 필요가 있을 것 같다. 이론적으로, 자동화는 노동자들이 전에 하던 업무에서 노동을 대체해 부가가치 중 노동자가 가져가는 몫(생산된 총가치 중 자본으로가 아니라 노동으로 가는 몫)을 언제나 줄이게 되리라는 예측으로 이어질 수 있다. 이는 실증적으로도 많이 검증되었다(예를 들어, 다음을 참고하라. Acemoglu and Restrepo 2020a; Acemoglu, Lelarge, and Restrepo 2020). 하지만 1장에서 간략하게 언급했듯이 자동화가 생산성을 충분히 많이 높이면 노동자를 대체하고 노동소득 분배율을 낮추면서도 노동에 대한 수요와 실질임금을 증가시키는 상황 또한 가능하다. 자동화를 도입한 기업이 더 낮아진 비용(더 높아진 생산성) 덕분에 생산을 늘리고 자동화가 되지 않은 종류의 업무에 노동자를 더 고용하려 할 것이기 때문이다. 또한 이러한 유형의 고생산성 자동화는 자동화 테크놀로지를 개발하는 기업의 투입 요소에 대한 수요 증가를 통해, 또는 자동화를 도입한 기업의 제품 가격이 낮아져 소비자의 실질소득이 올라가는 효과를 냄으로써, 여타의 산업 분야에서 생산되는 제품에 대한 수요도 증가시킬 수 있다. 하지만 매우 중요하게, 이러한 이득은 "그저 그런" 자동화(생산성 증가가 충분히 크지 않은 자동화)의 경우에는 발생하지 않는다("그저 그런" 자동화는 아래에서 더 상세히 설명했으며, 9장에서도 관련 내용을 볼 수 있다). 우리의 개념 체계에서 또 다른 핵심은 새로운 업무가 노동자에게 창출해 주는 기회 및 자동화에 대한 길항 권력의 중요성인데, 이 부분도 우리의 접근 방식이 경제학에서의 대부분의 접근 방식과 구별되는 지점이다.

우리의 전반적인 접근은 경제학에서 이제까지 나온 많은 연구와 저술에 토대를 두고 있다. 앳킨슨과 스티글리츠(Atkinson and Stiglitz 1969)는 혁신이 생산성에 "국지적으로"(즉 현재의 자본-노동 비율에서만) 영향을 주는 가능성을 허용함으로써 경제학의 통념과 구별되는 기술 변화 모델을 개발했다. 몇몇 업무에서 기계가 노동을 대체한다는 개념에 기반해 이론을 제시한 최초의 연구로는 자이라의 연구를 꼽을 수 있으며(Zeira 1998), 이 접근은 아세모글루와 질리보티(Acemoglu and Zilibotti 2001)에 의해 더 심화되었다. 또한 업무를 루틴한 것과 루틴하지 않은 것으로 나누어 루틴한 업무가 자동화에 취약함을 보여준 오터, 레비, 머네인(Autor, Levy, and Murnane 2003)

의 연구도 이 개념을 한층 더 발달시킨 연구다. 또한 이 논문은 자동화에 대해 최초의 체계적인 실증분석을 수행해 자동화가 미국에서의 불평등 증가와 밀접하게 관련이 있음을 보여주었다. 아세모글루와 오터(Acemoglu and Autor 2011)는 업무 범주별로 분석할 수 있는 일반 모델을 개발해 자동화가 임금 및 고용의 양극화에 대해 갖는 시사점을 도출했다.

이 책에서 우리가 취한 개념 체계는 아세모글루와 레스트레포의 2018년 및 2022년 논문(Acemoglu and Restrepo 2018; 2022)을 가장 가깝게 따르고 있다. 2018년 논문은 경제 성장이 자동화와 새로운 업무 창출을 기제로 해서 이루어지는 모델을 제시하고 어떤 조건에서 기술 발전과 생산성 증가가 임금을 낮추게 되는지를 정식화했다. 또한 이 논문은 새로운 업무의 창출을 자동화의 악영향을 잠재적으로 상쇄할 수 있는 핵심 요소로 제시하고 자동화와 새로운 업무의 동시적인 확대가 노동에 대한 수요에 어떻게 영향을 주는지 살펴볼 수 있는 모델을 개발했다. 이러한 모델은 자동화가 임금이나 불평등 면에서 언제나 나쁜 것은 아니지만 더 노동자 친화적인 기술 도입이 자동화의 속도를 따라가지 못할 때는 부정적인 효과가 나타남을 보여주었다. 2022년 논문은 여러 영역을 포함하는 일반화된 모델을 제시하고 상이한 유형의 테크놀로지가 임금 및 소득 분배에 미치는 영향을 체계적으로 측정할 수 있게 했다. 또한 이 논문은 자동화가 미국 경제에서 불평등이 증가하는 추세의 원인임을 보여주었다. 이 논문은 1장에서 논의한 바와 같이 충분히 큰 생산성 증가가 있다면 (가령, 인근 분야들의 확장을 가져옴으로써) 고용과 임금 성장을 촉진할 수 있다는 점도 뒷받침해 주었다.

또한 이 개념 체계는 "그저 그런 자동화" 또는 "그저 그런 테크놀로지"(다음 논문에서 사용한 표현이다. Acemoglu and Restrepo 2019b)에 대한 우리의 논의에도 토대가 되었다. 특히 전에 노동자가 수행하던 몇몇 업무가 자동화되었는데 비용 절감(혹은 생산성 향상)이 제한적으로만 발생할 경우, 이 기술 변화는 노동자를 상당히 대체하기만 할 뿐 생산성 밴드왜건의 방향으로는 거의 기여하지 않는다. 그저 그런 자동화는 자동화가 도입되려 하는 업무에서는 인간의 노동이 꽤 생산성이 있고 이 노동을 대체할 기계나 알고리즘은 그다지 생산성이 크지 않은 경우에 발생하기 쉽다. 과잉 자동화(순수히 생산 관점에서 볼 때 효율적인 최적 수준을 넘어서는, 따라서 정확하게 측정한다면 생산성의 감소가 나타날 자동화)는 정의상 반드시 그저 그런 자동화일 수밖에 없다. "정확하게 측정한다면"이라는 말을 쓴 이유는 기계적으로 계산하면 자동화가 생산에서 노동의 필요를 줄임으로써 노동자 1인당 생산성을 높이는 것으로 나타나는데 그렇더라도 노동과 자본의 기여를 모두 고려한 총요소생산성을 줄일 수 있기 때문이다(7장을 참고하라).

둘째, 대부분의 경제 성장 이론은 테크놀로지 변화를 외생 요인으로 보거나(예를 들어, Solow 1956), 내생화하긴 하지만 이것이 주어진 궤적을 따라 발생한다고 가정한다(예를 들어, Lucas 1988; Romer 1990). 두 접근 모두 테크놀로지가 직접적으로 노동 생산성을 높이는 것으로 상정하고 있으며, 이것이 두 접근 모두가 생산성 밴드왜건을 인정하는 이유다.

우리의 개념 체계는 테크놀로지의 유연성을 강조하고 기술 변화의 방향(새로운 테크놀로지가 상이한 요소들을 얼마나 절약할 것인가, 새로운 테크놀로지가 생산성에 어떤 변화를 가져올 것인가 등)이 "선택"의 문제임을 강조한다는 데서 일반적인 논의와 차이가 있다. 여기에서도 우리는 수많은 기존 연구를 토대로 했다. 이 주제를 처음 연구한 학자는 힉스(Hicks 1932)로, 높은 노동 비용이 기업들로 하여금 노동 절약적 기술을 받아들이도록 유도한다는 가설을 세웠다. 이 개념은 1960년대에 "유도된 혁신 induced innovation"과 관련된 연구들에서 한층 더 발달되었다(예를 들어, Kennedy 1964; Samuelson 1965; Drandakis and Phelps 1966 등). 하지만 이 연구들 대부분은 기술 변화가 자본소득 분배율과 노동소득 분배율을 불변으로 유지하게 하는 자연적 이유가 있는지에 초점을 두고 있다.

"유도된 혁신" 개념을 처음으로 실증연구에 적용한 학자는 하바쿡(Habakkuk 1962)으로, 19세기 미국의 테크놀로지를 사례로 연구했으며 그의 주요 주장은 힉스의 주장과 맥을 같이 한다. 그에 따르면, 미국에서 노동의 희소성, 특히 숙련 노동의 희소성이 노동 절약적인 기계가 빠르게 도입되는 데 영향을 미쳤다는 것이다(6장을 참고하라). 로버트 앨런(Robert Allen 2009a)도 높은 노동 비용이 18세기 중반에 영국에서 산업혁명이 촉발되는 데 주 원인이었다는 개념을 제시했다. 19세기 미국의 기술 발전에 대한 우리의 해석은 하바쿡의 이론에 크게 의존하고 있으며, 이에 더해 우리는 이러한 "유도된" 기술 방향성이 20세기의 전반부까지 지속되었고 영국 및 산업화되고 있던 여타 국가들로도 확산되었다고 주장했다.

우리의 이론은 아세모글루(Acemoglu 1998, 2002a), 킬레이(Kiley 1999) 등 테크놀

로지 변화를 직접적으로 다룬 더 최근의 저술에도 크게 의존하고 있다. 이 논문들은 불평등에 대한 시사점에 초점을 맞추었지만, 이후의 연구들은 테크놀로지의 유연성이 갖는 다른 측면들도 탐구하고 있다. 국민소득이 자본과 노동에 어떻게 분배되는지에 대한 일반적인 논의를 다룬 연구(Acemoglu 2003a), 국제 무역과 노동시장 제도가 불평등에 미치는 영향에 대한 연구(Acemoglu 2003b), 비적정 기술inappropriate technology의 원인과 영향에 대한 연구(Acemoglu and Zilibotti 2001; Gancia and Zilibotti 2009) 등이 그러한 사례다. 이제는 이러한 개념들에 대해 실증연구도 상당히 많이 나와 있다. 이 책과 관련해서는, 제약 분야 연구의 방향성에 대한 연구(Finkelstein 2004; Acemoglu and Linn 2004), 기후 변화와 녹색 테크놀로지에 대한 연구(Popp 2002; Acemoglu, Aghion, Bursztyn, and Hermous 2012), 영국 산업혁명기의 직물 산업 혁신에 대한 연구(Hanlon 2015), 농업에 대한 연구(Moscona and Sastry 2022) 등의 실증연구를 참고하기 바란다. 테크놀로지의 방향이 노동 절약적일지 노동 증강적일지와 관련한 이론적인 연구로는 다음을 참고하라. Acemoglu 2010; Acemoglu and Restrepo 2018.

우리는 이러한 접근을 개념적·실증적·역사적 방향에서 확장했다. 개념적으로는, 정치적·사회적 요인이 테크놀로지의 방향을 구성하는 데 미치는 역할을 강조했으며, 이는 기존 연구들이 대체로 경제적 요인에만 집중한 것과 구별된다. 일례로 아세모글루와 레스트레포의 2018년 연구(Acemoglu and Restreop 2018)에서는 테크놀로지 변화의 방향이 순전히 노동소득 분배율이나 자본의 장기 가격, 노동시장의 지대와 같은 경제적 요인으로만 결정되는 것으로 상정되어 있다.

우리의 개념이 갖는 또 다른 함의도 여기에서 언급할 필요가 있을 것 같다(1장과 8장에서도 간략히 논의했다). 테크놀로지의 유연성 개념은 혁신의 방향과 관련해 사회적으로 비용이 유발되는 선택이 내려지는 가능성을 살펴볼 수 있게 해준다. 테크놀로지의 방향에 대해 주된 의사결정이 내려질 때 시장 기반의 혁신 과정이 사회 전체적으로나 노동자들에게 더 득이 되는 영역을 선택하리라는 보장은 없다. 한 가지 이유는 어떤 유형의 테크놀로지는 다른 유형의 테크놀로지에 비해 사회적 후생에는 기여하지 못하거나 오히려 사회적 후생을 낮추면서도 기업에는 더 큰 수익을 줄 수 있기 때문이다. 이런 사례로는 독점 기업이나 거대 과점 기업들의 생산성과 지배를 증가시키는 기술(그러면 높은 가격을 설정해 이윤을 높일 수 있다), 기업이 노동자들을 더 잘 감시할 수 있게 해 임금을 절약함으로써 수익을 올리게 해주는 기술, 데이터 수집을 촉진하고 데이터를 독점한 기업들로 권력을 집중시키는 기술 등이 있다. 혁신의 방향이 왜곡되는 더 중요한 이유는, 기업이 자동화 기술에 대해 과잉 수요를 가지고 있을지 모른다는 점이다. 특히 이러한 기술이 임금을 절약해 줄 수 있을 때는 더욱 그렇다(Acemoglu and Restrepo 2018). 혁신의 왜곡은 기술 선택에 영향을 미치는 비경제적인 요인들이 있으면 증폭될 수 있다. 가령, 영향력 있는 개인, 사업가, 조직 등의 비전이 투자의 주요 방향을 결정하는 경우(현재 미국의 테크 분야가 그렇다), 강력한 정부가 감시 기술 위주의 혁신을 요구하고 밀어붙이는 경우(중국 정부의 정책이 그렇다. 10장을 참고하라) 등이 그런 사례다.

실증적·역사적 관점에서는 지난 1000년간 경제 성장의 분배적 결과를 설명하면서 특히 18세기 중반부터 현재까지 산업 테크놀로지의 방향에 초점을 맞추었다. 우리가 아는 바로, 다음과 같은 점을 강조하는 우리의 해석과 역사적 실증근거는 이전에 다른 연구에서 제시된 적이 거의 없다. 자동화 기술과 더 노동자 친화적인 기술 사이의 균형이 산업화 초기에 어떻게 형성되었는가? 19세기 중반에 어떻게 더 노동자 친화적인 방향으로 전환될 수 있었는가? 그리고 이 방향이 20세기의 첫 80년간 지속되다가 왜 1980년 이래로 방향이 바뀌어 자동화에 초점을 두는 쪽으로 다시 치우치게 되었는가? 부분적으로 이와 같은 논의가 담긴 예외적인 연구로는 미국에서 1950년대 이래 노동자를 대체하거나 증강하는 정도가 어떠했는지 살펴본 아세모글루와 레스트레포의 연구(2019b), 브린욜프슨과 맥아피의 2014년 저서(Brynjolfsson and McAfee 2014), 그리고 더 최근에 나온 프레이의 2019년 저서(Frey 2019) 등이 있다. 이 연구들에 대해서는 아래에서 더 상세히 논의했다.

셋째, 경제학에서의 일반적인 접근은 기업이 임금을 설정하는 권력과 협상력, 정보의 문제와 같은 요인으로 인해 경쟁적 노동시장이라는 기준점에서 벗어나야 할 필요성과 중요성을 인정하더라도 이것을 생산성이 임금 증가로 이어질 것인지 여부를 결정 짓는 핵심 요인으로서 강조하지는 않는다. 예를 들어, 노동시장의 지대와 갈등을 현대 경제학에 포함시킨 정통적인 접근은 다이아몬드(Diamond 1982), 모텐슨(Mortensen 1982), 피사리데스(Pissarides 1985)의 연구를 토대로 하고 있는데 피사리데스의 2000년 저서 『균형 실업 이론Equilibrium Unemployment Theory』이 강조하듯이 이 접근은 생산성 증가가 비례적으로 임금 증가로 이어지리라고 예측하고 있다.

이러한 접근과 달리 우리는 지대가 공유되는 정도와 그 속성을 생산성 증가의 이득이 어떻게 분배되는지를 핵심적으로 특징 짓는 요소로 간주했다. 우리가 취한 접근의 중요한 전조로는 봉건제가 붕괴한 이유에 대해 신고전주의 이론과 신맬서스주의 이론을 비판한 브레너(Brenner 1976)의 연구를 꼽을 수 있다. 브레너는 봉건제의 메커니즘과 그것이 종말을 고하는 데 정치 권력이 미친 역할을 짚어냈다. 브레너에 따르면 인구 요인은 부차적이었고 가장 중요한 요인은 농민들이 영주의 요구에 저항하기에 충분한 권력을 가지고 있었느냐 아니냐였다. 브레너의 접근은 아세모글루와 볼리츠키의 2011년 연구(Acemoglu and Wolitzky 2011)에 주되게 영향을 미쳤고, 우리는 다시 이 연구를 토대로 이 책을 썼다. 이 연구에서 생산성 향상은 고용주가 노동자들에게 더 높은 임금을 주기보다 강압을 강화하기로(가령, 더 많은 경비를 고용하거나 노동자들이 그만두는 것을 막을 수 있는 투자를 하는 식으로) 결정할 수 있을 때 임금을 높이지 않고 낮춘다. 이러한 일이 일어나느냐 아니냐는 제도적인 맥락과 노동자가 외부의 선택지를 가지고 있느냐의 여부(가령, 고용주가 강압적 조치를 강화할 때 이곳을 그만두고 나가서 다른 데서 생계 수단을 찾을 수 있는지 여부)에 의해 결정된다. 이 시사점 중 일부는 비강압적인 조건으로도 확대해 적용할 수 있다. 예를 들어, 기업과 노동자 사이의 협상력에서 권력 균형이 고정되어 있으면 생산성을 높이는 새로운 기술이 임금을 높일 것이다. 하지만 새로운 기술이 권력 균형을 노동자에게 불리하게 변화시키게 되면 임금은 감소할 수 있다. 한편, 기술 변화가 노동자들 사이에서 선의를 일구는 것과 노동자들을 면밀히 감시하는 것 사이의 균형점에서 변화를 가져올 수도 있는데, 그 경우에도 높은 생산성과 높은 임금 사이의 연결이 깨어질 수 있다.

우리의 현재 접근법은 이러한 관점을 일반화한 것이다. 특히 농업 경제를 논한 4장에서 이 접근법을 활용했다. 이어서 이러한 개념 체계에서 테크놀로지 변화의 역할에 초점을 맞추었고 6~8장에서는 마찬가지의 접근을 현대 경제에서의 지대 공유에 적용했다. 그리고 이 개념을 테크놀로지가 임금에 미치는 영향을 논할 때 흔히 간과되는 두 개의 다른 개념과 결합했는데, 첫째는 지대가 공유될 때 때로는 기업이 노동자의 생산성을 더 높이는 것이 수익성에 도움이 된다고 판단해서 더 높은 임금이 노동의 한계생산성을 높이기 위한 투자의 증가를 가져올 가능성이 있다는 점이고(Acemoglu 1997; Acemoglu and Pischke 1999), 둘째는 노동자 보호 수준이 높으면 고용주가 "좋은 일자리"(높은 임금, 높은 일자리 안정성, 커리어 발전의 기회 등이 있는 일자리)를 만들 유인이 생길 수 있으며 그러한 좋은 일자리가 임금 증가에 기여할 수 있다는 점이다(다음을 참고하라. Acemoglu 2001). 이러한 개념을 통해 우리는 구체적인 사례들에서 지대의 공유가 빠른 임금 상승 및 더 폭넓게 공유된 번영을 가져올 수 있는 이유를 이해할 수 있었고(6장과 7장을 참고하라), 노동자 권력의 약화가 공유된 성장을 훼손하고 노동자 친화적인 기술에의 투자를 축소시킨다는 점도 이해할 수 있었다(8장을 참고하라).

넷째, 우리는 테크놀로지의 "비전"을 이론화하면서 그러한 비전의 형성에 사회적 권력이 갖는 역할을 설명했다. 구체적으로, 우리는 일단 테크놀로지가 유연하다는 점과 생산성 밴드왜건이 자동적으로 일어나지는 않는다는 점을 인식하고 나면 핵심 질문은 테크놀로지의 방향을 무엇이 결정하느냐, 따라서 누가 승자가 되고 누가 패자가 되느냐가 된다는 점을 강조했다. 우리가 이 맥락에서 초점을 둔 요인은 누가 설득 권력을 가지고 있느냐와 누구의 비전이 영향력을 획득해 지배적인 비전이 되느냐다.

경제적·사회적 권력이 미치는 영향에 대한 우리의 강조는 제도, 정치, 경제 발전에 대한 방대하고 계속해서 늘어나고 있는 연구들과 관련이 있다. 특히 우리는 비교적 고전적인 연구들(North and Thomas 1973; North 1982; North, Wallis, and Weingast 2009; Besley and Persson 2011), 우리 자신이 전에 진행한 연구들(Acemoglu, Johnson, and Robinson 2003; 2005b; Acemoglu and Johnson 2005; Acemoglu and Robinson 2006b; 2012; 2019), 그리고 앞에서 언급한 브레너의 연구(Brenner 1976)를 토대로 했다. 우리는 비전, 아이디어, 설득, 사회적 지위와 같은 사회적 요인에 대한 고려를 이 이론들과 결합했고, 정치와 경제의 상호 작용을 강조했다. 이를 위해서는 사회적 권력의 원천에 대한 만의 독창적인 저서(Mann 1986)를 크게 참고했다. 그 책에서 만은 경제 권력, 군사 권력, 정치 권력, 이데올로기 권력을 구별했다. 만에 비해 우리는 현대 사회에서 설득 권력이 수행하는 결정적인 역할을 강조했고 설득의 힘이 제도에 의해 어떻게 구성되는지도 강조했다. 이에 더해, 설득 권력의 원천에 대한 우리의 논의는 설득이 어떻게 작동하는가에 대한 사회심리학 연구에서 도움을 받았다. 이에 대해서는 다음에 요약된 내용을 참고하라. Cialdini 2006; Turner 1991.

이러한 근본적인 차이 이외에도, 테크놀로지 변화에 정치적·사회적 요인들이 미치는 영향을 개념화한 우리의 방식은 기존의 접근 대부분과 다르다. 경제학과 여타 대부분의 사회과학 모두에서 테크놀로지의 유연성은 고려되지 않았고, 따라서 주된 초점은 제도와 사회적 요인이 테크놀로지 변화를 가로막는지에 놓여 있었다. 이 관점은 모키어(Mokyr 1990)에 의해 처음 체계적으로 정식화되었으며 경제학적 모델링은 크루셸과 리오스-럴(Krusell and Rios-Rull), 아세모글루와 로빈슨(Acemoglu and Robinson 2006a) 등에 의해 이루어졌다.

우리 관점의 추가적인 함의는 강력한 행위자들 사이에서의 선택과 행위자의 주체성에 더 큰 여지를 준다는 점이다. 단순한 정치경제학적 접근에서는 제도적 요인이 주로 시장 인센티브와 테크놀로지를 변화시킴으로써 영향을 미칠 뿐 기업의 임금 정책은 여전히 대체로 이윤 극대화에 의해 결정되는 것으로 상정된다. 하지만 아이디어와 비전이 중요해지면 더 이상 그렇게 상정할 수 없다. 이 경우에는 영향력 있는 비전이 달라지면 혁신의 방향과 지대 공유의 패턴에 주된 변화가 발생하고 사회에서 생산성 이득이 분배되는 방식도 달라진다.

우리의 개념 체계는 이와 같은 네 개의 주춧돌을 결합하고 있다. 우리는 정치적·사회적 권력이 어떻게 테크놀로지 선택을 구성하는가, 그리고 어떻게 제도와 테크놀로지 선택이 자본 소유자, 사업가, 상이한 숙련 수준의 노동자들이 각기 얼마나 득을 얻는지를 결정하는가에 대한 논의가 이 책의 독창적인 면이라고 생각한다. 이 개념 체계를 이용해서 우리는 지난 1000년간 주된 경제 발전이 어떻게 이루어졌는지 추적했다.

이 맥락에서 최근의 중요한 연구로는 브린욜프슨과 맥아피의 2014년 연구(Brynjolfsson and McAfee 2014)와 프레이의 2019년 연구(Frey 2019)를 꼽을 수 있다. 전자는 우리가 초점을 둔 부분들에 대해 거의 10년 전에 논의를 전개하면서, 곧 인공지능 테크놀로지의 파도가 닥쳐 노동시장을 크게 교란하게 될 것임을 예견한 바 있다(이들의 분석이 우리의 분석보다 낙관적이기는 하다). 두 연구 모두 자동화의 노동 대체 효과, 그리고 여기에서 나오는 사회적·경제적 비용을 명시적으로 고려하고 있다. 프레이는 우리의 작업과 비슷하게 19세기와 20세기 경제 발전의 맥락에서 이러한 비용의 일부를 생생하게 묘사했다. 구체적으로, 프레이는 아세모글루와 레스트레포의 2018년 연구(Acemoglu and Restrepo 2018)를 토대로 테크놀로지가 자동화의 방향으로 갈 수도 있고 노동자의 생산성을 높이는 방향으로 갈 수도 있음을 강조했다. 하지만 그는 테크놀로지의 방향에 제도와 사회적 요인이 미치는 영향에 대해서는 크게 고려하지 않았고 여전히 불평등과 임금에 미치는 악영향에 대한 우려 때문에 기술 진보가 저해될 수 있다는 데 초점을 두고 있다(이 점은 다음도 마찬가지다. Brynjolfsson and McAfee 2014; Mokyr 1990).

이와 달리, 우리는 자동화 기술에 대한 저항이 늘 경제 성장에 방해가 되는 것은 아니며 혁신이 노동자들에게 부정적인 영향을 미치는 경로에서 멀어져 더 노동자 친화적인 방향으로 갈 수 있다면 사회적으로 득이 될 수 있음을 강조했다. 민주적 참여를 교란시키는 경로에서 멀어져 더 폭넓은 사회적 집단의 역량을 강화할 수 있을 때도 그렇다. 프레이의 논의에서는 노동자들 및 기타 사회 집단들의 저항과 정치적 길항 작용의 긍정적인 영향이 부정적으로 상정되었고, 따라서 그의 정책 제안은 자동화와 교육 증가의 이득을 재분배함으로써 그러한 저항을 막는 것 위주로 되어 있다.

이 맥락에서 또 다른 최근 연구 두 건과 이 책의 관계도 언급해 두어야 할 것 같다. 웨스트(West 2018)와 서스킨드(Susskind 2020)의 연구다. 이들도 자동화, 특히 인공지능의 부정적인 함의를 우려했다. 하지만 테크놀로지에 방향이 지워질 수 있다는 점은 인정하지 않았고 우리가 강조하는 바와 달리 인공지능이 이미 매우 커다란 역량이 있는 테크놀로지여서 많은 일자리를 빠르게 대체할 것이라고 내다보았다. 이는 미래에는 더 적은 수의 일자리만 있을 것이 불가피하며 따라서 가차 없는 테크놀로지의 추세가 일으킬 부정적인 측면에 대응하기 위해서는 보편기본소득 같은 조치가 더 유용하리라는 결론으로 이어졌다. 이 부분은 우리의 관점과 크게 다르다. 우리는 현재 사용되는 인공지능이 상당 부분 "그저 그런" 테크놀로지이고 이는 기계 지능이 흔히 가정되는 것보다 더 제한적인 역량만 가지고 있는 반면 인간은 이제까지 축적된 방대한 지식과 사회적 지능에 기반해 많은 업무를 효율적으로 수행하고 있기 때문이라고 설명했다(9장과 10장을 참고하라). 그러나 "그저 그런" 자동화도 얼마든지 도입될 수 있는데, 이 경우에는 회사에 주된 생산성 이득이나 비용 절감을 가져다주지도 않으면서 노동자들에게는 해를 입힌다(Acemoglu and Restrepo 2020c; Acemoglu 2021). 따라서 웨스트와 서스킨드가 강조하는 것과 달리 우리는 테크놀로지의 변화를 자동화와 데이터 수집에만 초점을 맞추는 방향에서 멀어지게 하고 새로운 테크놀로지 포트폴리오를 더 균형 잡힌 방향으로 선회시키는 것이 관건이라고 생각한다.

2부: 장별 출처와 참고 문헌

제사

위너 인용문은 다음에 나온다. Wiener 1949.

프롤로그: 진보란 무엇인가?

벤담 인용문("이 간단하고 일견 뻔해 보이는 …")은 1786년 겨울에 찰스 브라운Charles Brown에게 보낸 서신에 나온다. 서신의 맥락과 세부 내용은 다음을 참고하라. Bentham 1791. 해당 구절은 다음에도 인용되어 있으며 특히 주석 7번을 참고하라. Steadman 2012.

"아무도 역직기 작업을 …" 인용문은 1834년 7월 18일 리처드 니덤Richard Needham이 의회 위원회에서 진술한 내용이다(Select Committee 1834, 428, 단락 5473). 다음에도 인용되어 있다. Thompson 1966, 307. "내 결심은 확고합니다…" 인용문은 1835년 4월 11일에 존 스콧John Scott이 의회에서 한 진술이다(Select Committee 1835, 186, 단락 2644). 다음에도 나온다. Thompson 1966, 307. "더 좋은 기계, 더 나은 솜씨…" 인용문은 다음에 나온다. Smith 1776 [1999], 350. "자연법칙이며 따라서 신의 법칙" 인용문은 다음에 나온다. Burke 1795, 30. 전체 문장은 다음과 같다. "우리 국민들은 분별을 갖추어서, 우리가 겪고 있거나 우리에게 드리워 있는 어떤 고통이라도 그것을 없애고자 신성한 괴로움을 완화시키기 위해 희망을 걸 곳이 자연법칙이며 따라서 신의 법칙인 상업의 법칙을 깨뜨리는 데 있지는 않다는 것을 깨달아야 한다."

"중요한 사실은, 절대적으로…" 인용문은 다음에 나온다. Thelwall 1796, 21. 일부는 다음에도 인용되어 있다. Thompson 1966, 185.

1장. 테크놀로지에 대한 통제

1장에서 논의한 "기술적 실업" 개념 및 데이비드 리카도의 기계에 대한 견해와 관련해 여기에서 역사적인 논쟁을 간단히 일별해 보는 것이 유용할 것 같다. 생산 방식이 향상됨에 따라 기술적 실업이 발생하리라는 개념은 흔히 존 메이너드 케인즈가 1930년 저술(Keynes 1930 [1966])에서 제시한 것으로 알려져 있다. 하지만 이 개념의 기원은 케인즈보다 훨씬 앞선다. 18세기에도 몇몇 학자들이 노동을 대체하는 기술 변화에 대해 우려했다. 토머스 모티머Thomas Mortimer는 산업혁명 초기에 이 가능성을 언급한 바 있다(Mortimer 1792). 당대의 저명한 경제학자 중 한 명이던 제임스 스튜어트James Steuart도 이 문제에 대해 연구하면서, 가능성이 크다고는 보지 않았지만 기계가 "인간을 할 일 없게 만들지 모른다"고 언급했다(Steuart 1767, 122). 피터 개스켈Peter Gaskell은 1800년대 초에 이 위험을 다음과 같이 더 생생하게 강조했다. "기계 장치의 도입이 아직은 인간의 섬세한 손을 필요로 하는 모든 과정에 도입되면 곧 인간의 손을 고용할 필요가 없어지거나 인간이 기계와 경쟁할 수 있을 정도의 가격에서 고용되어야 할 것이다."(Gaskell 1833, 12)

저명한 경제학자들은 적어도 처음에는 이에 대해 그리 우려하지 않았다. 애덤 스미스는 『국부론』에서 기술 진보가 폭넓은 이득을 가져오리라고 보았다(Smith 1776 [1999]). 예를 들어, 프롤로그에서도 언급했듯이 그는 "더 좋은 기계"가 실질임금을 "매우 상당한 정도로" 올리는 경향이 있다고 언급했다.

1장에서 논의한 대로 처음에 이러한 낙관주의는 당대에 경제학의 토대를 놓은 다른 저명한 학자들 사이에서도 공유되고 있었다. 일례로 데이비드 리카도는 1817년 『정치경제학과 과세의 원리』 초판에서 기계와 대외 무역 사이의 유사점을 설명하면서 둘 다 득이 된다고 주장했다. 그는 "천연자원과 노동을 제외한 모든 상품의 자연 가격은 부와 인구가 증가함에 따라 낮아지는 경향이 있다"며 "한편으로는 그것들이 만들어지는 천연자원의 자연 가격이 상승함으로써 실질 가치가 올라가지만 기계의 진보, 더 나은 분업과 노동의 분배, 과학과 기예 모두에서의 노동자의 숙련의 증가로 인해 상쇄되고도 남음이 있기 때문"이라고 설명했다(Ricardo 1821 [2001], 95).

하지만 나중에 리카도는 견해가 달라진다. 그는 그 책의 3판에 "기계에 관하여"라는 장을 추가하고 기술적 실업 이론의 초창기 형태를 개진했다. 여기에서 그는

"내가 여기에서 입증하고 싶은 바는, 기계의 발견과 사용이 총생산의 감소와 함께 갈 수 있으며, 그 경우 언제나 노동 계급에게 피해가 간다는 것"이라며 "그들 중 일부가 고용에서 떨려나게 되고 자본에 비해 노동자가 불필요해지게 될 것이기 때문"이라고 언급했다(Ricardo 1821 [2001], 286). 하지만 그의 견해는 그리 반향을 일으키지 못했다. 경제학자들이 노동자들에게 혹은 저숙련 노동자들에게 미치는 부정적인 영향의 가능성을 언급했을 때도 이런 일이 일어날 가능성은 적다고 말하거나 일어나더라도 일시적일 것이라고 주장했다. 예를 들어, 존 스튜어트 밀John Stuart Mill은 "생산의 발전이 전체적으로 노동하는 계급에게 일시적으로라도 해가 되는 일이 자주 있으리라고는 … 생각하지 않는다"고 말했다(Mill 1848, 97).

다른 저명한 경제학자들 중에 기술적 실업에 대해 비슷한 우려를 나타낸 사람으로 바실리 레온티예프Wassily Leontief를 꼽을 수 있다(8장을 참고하라). 이러한 초기의 논의는 다음에 잘 일별되어 있다. Berg 1980; Hollander 2019. 다음에서도 상세한 논의를 볼 수 있다. Frey 2019; Mokyr, Vickers, and Ziebarth 2015.

케인즈의 1930년 에세이는 리카도의 "기계에 관하여"보다 훨씬 낙관적이다. 이 글에서 케인즈는 다음과 같이 언급했다. "앞으로도 오랫동안 우리 안의 옛 아담이 너무 강해서 그를 만족시키려면 모두 어느 정도는 일을 해야 할 것이다. 우리는 오늘날의 부자들이 일반적으로 하는 것보다 우리 자신을 위해 더 많은 일을 할 것이고 작은 할 일들, 일상적인 업무들, 처리할 일들을 기꺼이 할 것이다. 하지만 이 정도를 넘어서면 우리는 이제 버터 위에 빵을 얇게 펼치기 위해 노력해야 할 것이다. 여전히 남아 있는 일을 최대한 폭넓게 공유하기 위해서 말이다. 하루에 3시간, 또는 1주일에 15시간이면 문제의 많은 부분을 해소하는 데 충분할 것이다." (1930 [1966], 368-369). 또한 1장에 인용된 부분("오늘날 노동이 하는 모든 일을 기계가 할 수 있게 된다면 노동 수요가 사라질 것"이라는 언급)에 이어서 이렇게 덧붙였다. "하지만 이것은 단지 조정상의 문제가 발생한 일시적인 국면일 것이다. 이 모든 것이 장기적으로는 **인류가 경제적 문제를 해결하리라는 것을** 의미한다."(364)

케인즈가 경제학의 거두이긴 하지만 그보다 앞서 리카도도 그랬듯이 기술적 실업에 대한 그의 견해는 주류의 사고에 크게 반향을 일으키지 못했다. 같은 시기에 케인즈와 별도로(어쩌면 더 일찍), 폴 더글러스도 기술적 실업을 언급했다(Douglas 1930a, 1930b). 하지만 그는 기계가 일부 노동력을 대체하더라도 시장 메커니즘이 거의 자동적으로 고용을 회복시키리라고 내다봤다. 고트프리드 하벌러Gottfried Haberler 도 마찬가지였다(Haberler 1932). 최근까지 경제학의 주류는 리카도, 케인즈, 레온티 예프가 제시한 우려에 그리 많은 관심을 기울이지 않았다.

끝으로, 1장에서 소개한 "범용 기술" 개념을 논의한 이른 저술로는 다음을 참고 하라. David 1989; Bresnahan and Trajtenberg 1995; Helpman and Trajtenberg 1998; David and Wright 2003. 우리에게 이 개념은 기술의 방향에 대한 선택이 범 용 기술에서 특히 더 유의미하기 때문에 중요하다. 이에 대해서는 다음을 참고하라. Acemoglu and Restrepo 2019b.

1장 제사의 베이컨과 웰스 인용문은 각각 다음에 나온다. Bacon (1620 [2017], 128); Wells (1895 [2005], 49).

"『신논리학』 이후 340년 동안 …" 인용문은 다음에 나온다. Time (1960), 2페이 지, 온라인판. "세계의 오랜 역사에서 오늘날 …" 인용문은 다음에 나온다. Kennedy 1963. "노동의 사용을 절약하는 …" 인용문은 다음에 나온다. Keynes 1930 [1966], 364.

"기계가 노동에 대한 수요를…" 인용문은 1819년 12월 16일 영국 의회 의사록에 편집된 리카도의 발언록인 다음에 나온다. Ricardo 1951-1973, 5:30. "오늘날 노동 이 하는 모든 일을 …" 인용문은 다음에 나온다. Ricardo 1951-1973, 8:399-400 (1821년 6월 30일자 서신).

빌 게이츠 인용문("여기에 관여된 [디지털] 테크놀로지들은…")은 1998년에 스탠퍼 드 대학에서 열린 행사에서 한 말이다(현재 온라인 버전은 볼 수 없다). 스티브 잡스 인 용문("어제에 대해 걱정하지 말고…")은 2007년의 한 콘퍼런스에서 한 말이다(https:// allthingsd.com/20070531/d5-gates-jobs-transcript). 학력에 따른 임금 불평등도 포함해 노동시장의 변화는 8장에서 더 상세히 논의했다. 계산 방법과 우리가 사용한 자료 의 출처에 대해서는 8장의 주석을 참고하라.

진보의 밴드왜건

"공유된 번영을 일구기 위해 …" 인용문은 2017년 4월에 테드TED 강연에서 한 말이 다(www.techpolicy.com/Blog/April-2017/Erik-Brynjolfsson-Racing-with-the-Machine-

Beats-R.aspx). 자동차 업계에 대한 통계 및 사실관계 자료들은 다음을 참고하라. McCraw 2009, 14, 17, 23. 자동차 업계의 1920년대 고용 규모는 다음에서 가져온 것이다. CQ Researcher 1945. 자동차 업계에서 노동자들의 업무가 어떻게 변화했는지는 7장과 8장에서 상세히 다루었다. 관련 출처들은 7장과 8장의 주석을 참고하라.

자동화의 우울

"미래의 공장은 사람 한 명과 …" 이야기는 워런 베니스Warren Bennis가 한 것으로 흔히 알려져 있다. 하지만 더 상세히 알아보면 "1988년과 1989년에 워런 베니스가 이 우스개를 이야기한 것은 맞으나 아래에서 설명했듯이 자신이 만든 이야기는 아니라고 밝혔으며" 베니스의 기여도에 대한 합리적인 평가는 "이 이야기를 널리 알린 사람"이라는 점일 것이다(https://quoteinvestigator.com/2022/01/30/future-factory).

낙관해도 좋지만 단서가 있다

지동설의 정립과 확산에 대한 논의는 다음을 참고하라. https://galileo.ou.edu/exhibits/revolutionsheavenly-spheres-1543. 모더나의 백신 개발 과정은 다음을 참고하라. www.bostonmagazine.com/health/2020/06/04/moderna-coronavirusvaccine. 모더나는 2020년 2월 24일에 mRNA-1273의 첫 분량을 출고한다고 발표했는데, 유전자 염기서열이 밝혀진 지 42일 만이었다. 증기기관에 대해서는 다음을 참고하라. Tunzelman 1978. 중국의 사회신용체계에 대해서는 다음을 참고하라. www.wired.co.uk/article/china-social-credit-system-explained. 2018년 페이스북 알고리즘 변경에 대해서는 다음을 참고하라. www.wsj.com/articles/facebook-algorithm-change-zuckerberg-n631654215.

이번 것은 불이다

스와르트크란스 유적에 대한 해석은 다음에서 가져온 것이다. Pyne (2019, 25). 순다르 파차이의 인용문("AI는 인류가 해온…")은 다음에 나온다. https://money.cnn.com/2018/01/24/technology/sundar-pichai-google-ai-artificial-intelligence/index.html. 리카이푸의 인용문("인공지능이 인류 역사에서 …")은 다음에 나온다. Lee

2021. 데미스 하사비스의 두 인용문 "이제까지 발명된 테크놀로지 중…"과 "인간 행동이 기하급수적으로…"는 각각 다음에 나온다. https://theworldin.economist.com/edition/2020/article/17385/demis-hassabis-ais-potential; www.techrepublic.com/article/google-deepmind-founder-demis-hassabis-three-truths-about-ai. 로빈 리의 인용문("지능 혁명은 생산과 라이프스타일에서의 …") 다음에 나온다. Li 2020. 레이 커즈와일의 개념은 다음을 참고하라. Kurzweil 2005. 리드 호프먼의 인용문("우리가 향후에 안 좋은 …")은 다음에 나온다. www.city-journal.org/html/disrupters-14950.html.

2장. 운하의 비전

2장은 역사학의 여러 저술을 토대로 했다. 다음을 참고하라. Wilson 1939; Mack 1944; DuVal 1947; Beatty 1956; Marlowe 1964; Kinross 1969; Silvestre 1969; McCullough 1977; Karabell 2003; Bonin 2010. 이 장에서 우리가 주장하는 바, 즉 파나마 운하 프로젝트의 재앙은 레셉스의 사회적 권력과 비전에 뿌리가 있었으며 이는 그가 전에 수에즈 운하에서 이룩한 성공 때문에 증폭되었다는 점은 위의 저술들, 그리고 세부 내용과 관련해서는 아래의 저술들을 바탕으로 우리가 해석한 것이다.

1879년 파리 국제회의에서 있었던 논쟁은 다음을 참고하라. Ammen 1879, Johnston 1879, Menocal 1879. 레셉스 본인의 견해는 다음에서 볼 수 있다. Lesseps 1880, 1887 [2011]. 나폴레옹 사례는 다음을 참고하라. Chandler 1966, Wilkinson 2020. 생시몽의 저술은 다음에서 볼 수 있다. Manuel 1956. 파나마 프로젝트에서 드러난 "생시몽 정신"은 다음에 제시된 바 있다. Siegfried 1940, 239.

2장 제사의 루이스와 레셉스 인용문은 각각 다음에 나온다. Lewis 1964, 7; Du Val 1947, 58.

1879년 파리 국제회의에서 레셉스의 발언과 행동 묘사는 다음 두 사람의 기록에서 가져왔다. Johnston 1879; Ammen 1879. 두 사람 모두 레셉스를 지지하지 않았다. 여러 위원회에서 이루어졌던 논의와 미국 대표단의 반대에 대한 상세한 내용은 다음에서 볼 수 있다. Mack 1944, 25장. 파리 국제회의의 전원 세션과 개별 위원회 회의의 내용은 다음의 공식 기록을 참고하라. Compte Rendu des Séances of the Congrès International d'Études du Canal Interocéanique 1879.

　　레셉스의 인용문("신사 여러분, **아메리칸 스타일로**…")은 회의 현장을 생생하게 기록한 다음 저술에 나온다. Johnston 1879, 174. 암멘Ammen, 메노칼Menocal, 그리고 레셉스 본인의 기록과 달리 감정에 조금 덜 치우쳐 보인다. 더 점잖은 기록인 공식 회의록에 따르면 레셉스는 이렇게 말했다고 한다. "저는 본 회의에 미국 방식으로 진행을 해달라고 요청합니다. 빠르고 실용적이면서도 세심하게 주의를 기울인 방식으로 말입니다…."(Mack 1944, 290)

우리는 동양으로 가야만 합니다

"동양 원정군의 사령관은…" 인용문은 다음에 나온다. Karabell 2003, 20. "피라미드의 전투" 사상자 숫자는 다음 저술에 "[프랑스의] 명목 피해가 사망자 29명과 아마도 260명의 부상"이라고 언급되어 있다. Chandler 1966, 226.

자본의 유토피아

생시몽 인용문은 다음에 나온다. Taylor 1975. 더 상세한 내용은 다음을 참고하라. Manuel 1956. 25장 "자연적인 지배 계층." 앙팡탱 인용문은 다음에 나온다. Karabell 2003, 205.

레셉스, 비전을 발견하다

이리 운하에 대한 내용은 다음에서 가져왔다. Bernstein 2005. 수에즈 운하 건설의 초기 역사는 다음을 참고하라. Karabell 2003. 레셉스의 초창기 노력은 다음을 참고하라. Wilson 1939; Beatty 1956; Marlowe 1964; Kinross 1969; Silvestre 1969; Karabell 2003. "재능 있는 사람들"에 대한 논의는 다음을 참고하라. McCullough 1977, 79.

평범한 사람들이 소소한 지분을 구매하다

"인간 자부심의 기념물인…" 인용문은 다음에 나온다. Lesseps 1887 [2011], 170-175. 약간 다른 번역은 다음과 같다. "피라미드, 그 쓸모없는 인간 자만심의 기념물을 세운 이집트의 군주들의 이름은 무시될 것입니다. 수에즈를 가로지르는 위대한 운하를 지은 군주의 이름은 그가 기여한 번영으로 인해 세기를 이어 찬양될 것입니다."(Karabell 2003, 74) 수에즈 운하 회사 주식 발행 숫자와 가격 등은 다음을 참고하라. Beatty 1956, 181-183. 당시의 투자 설명서가 다음과 같이 인용되어 있다. "이 회사의 자본은 각 500프랑인 주식 40만 주를 통해 조달한 총 2억 프랑이다."(182) 팔머스톤 경의 인용문("평범한 사람들이 소소한 지분을 …")은 다음에 나온다. Beatty 1956, 187. 이 저술의 10장에는 이 단계의 자금 조달에 대한 더 상세한 설명도 담겨 있다.

엄밀히 그들이 강제 노동을 하고 있다고는 말할 수 없다

"이 강제 노동 시스템은 …" 인용문은 러셀 경Lord Russell이 한 말이며 다음에 인용되어 있다. Kinross 1969, 174. "동양 국가에서는 정부 개입이…" 인용문은 레셉스가 헨리 스콧 경Lord Henry Scott의 말을 인용해 언급한 것이며 다음에 인용되어 있다. Beatty 1956, 218.

재능 있는 프랑스인들

이 절의 내용은 다음을 직접적으로 참고했다. Karabell 2003. 수에즈 운하 개통 초기의 투자 수익은 다음을 참고하라. Beatty 1956, 270. 같은 책 271~278페이지는 이후에 영국의 정책이 이집트와 수에즈 운하에 대한 지배력을 높이려는 쪽으로 선회한 것에 대해서도 논하고 있다. 1880년경까지의 주가 상승과 배당에 대한 내용은 다음에 나온다. McCullough 1977, 125.

파나마 드림

"저는 파나마 운하가 수에즈 운하보다 …"와 "펠루시움만에 항구를 짓기 위해…" 인용문은 둘 다 다음에 나온다. Lesseps 1880, 14. "위대한 운하 건설가이고 …" 인용문은 다음에 나온다. Johnston 1897, 172.

레셉스의 안이 아니라 다른 안을 선택했더라면 사망자를 줄일 수 있었을지와 관련해, 그날 파리 국제회의에서도 고댕 드 레피네이Godin de Lépinay가 언급한 바 있다 (Mack 1944, 294). 레피네이는 해수면보다 높은 곳에 인공 호수를 만들고 그것을 중심으로 갑문이 있는 운하를 짓는 방안을 지지했다. 훗날 미국이 짓게 되는 것과 매우 비슷한 방식이었다. 레피네이는 해수면 높이의 운하를 짓는 안에 찬성하기를 거부하면서, 갑문이 있는 운하를 지으면 5만 명의 목숨을 구할 수 있을 것이라고 말했다. 다음을 참고하라. Congrès International d'Études du Canal Interocéanique 1879, 659. (레피네이의 논거는 이 회의 보고서에 부록으로 첨부된 서신에 나온다.)

맥은 레피네이의 주장이 부분적으로는 "열대 지방의 열병이 막 파낸 땅에서 나오는 미지의 유독한 기운에 노출되어서 생긴다는, 당시에 널리 퍼져 있었지만 사실은 틀린 이론에 근거하고 있었다"며 "그 이론에 의거해 땅을 덜 파내는 쪽이 질병을 덜 일으킬 것이라고 주장했다"고 지적했다. 부분적으로 틀린 논거에 기반하긴 했지만 레피네이의 결론은 어쨌든 맞는 것으로 판명되었다.

행복한 신들의 시기심을 깨우다

"우리 엔지니어들과 함께 파나마 …" 인용문은 다음에 나온다. McCullough 1977, 118. 레셉스가 비용 추산치를 낮춰 잡은 것에 대해서는 다음을 참고하라. DuVal 1947, 40, 56-57, 64. 비용 추산, 은행에 준 커미션, "홍보" 활동에 대해서는 다음도 참고하라. McCullough 1977, 117-118, 125-128. "기억하시오…" 인용문은 다음에 나온다. Lesseps 1880, 9.

차그레스강의 죽음들

프랑스, 영국, 기타 유럽 국가들에서 한 세기 넘게 군사 활동과 관련해 실용적인 보건 조치를 사용해 왔다는 우리의 주장에 대해서는 다음을 참고하라. Curtin 1998. 유럽 국가들은 열대 지방에 원정을 보낼 때 우기에 대규모 병사를 주둔시키지 않는 방식으로 시기를 정할 수 있었고, 적어도 몇몇 지역에서 적어도 얼마간은 사망률을 낮출 수 있었을 것이다. 이를테면 아산테 원정에 대해서는 다음을 참고하라. Curtin 1998, 3장, 73. 하지만 여기에는 다음과 같은 단서가 있음에 주의해야 한다. "성공이 능력에 의한 것이든 운에 의한 것이든 간에 성공을 복제하기는 매우 힘들다."

"자신 이외에 어느…" 인용문은 필리프 뷔노-바릴라Phillippe Bunau-Varilla가 한 말로, 다음에 인용되어 있다. McCullough 1977, 187.

비전의 덫

"이 회의의 실패는…" 인용문은 다음에 나온다. Johnston 1879, 180.

3장. 설득 권력

3장의 내용은 다음을 종합했다. 경제 권력, 정치 권력, 군사 권력, 이데올로기 권력의 개념을 구별한 마이클 만Michael Mann의 사회적 권력에 대한 논고(Mann 1986); 영향력과 설득에 대한 사회심리학 연구(Cialdini 2006; Turner 1991 등); 제도적·정치적 권력에 대한 우리 자신의 이전 연구(Acemoglu, Johnson, and Robinson 2005a; Acemoglu and Robinson 2006b; 2012; 2019). 우리의 이전 연구는 여러 저술 중에서도 특히 다음의 영향을 받았다. Brenner 1976; North 1982; North, Wallis, and Weingast 2009.

3장에서 우리가 취한 접근 방식의 특징은 설득 권력의 결정적인 중요성을 강조한 것이다. 강압적인 수단을 사용할 수 있을 때도 설득의 힘은 결정적으로 중요하다. 또한 우리의 접근 방식은 설득 권력이 사회적 네트워크와 제도에 의해 구성된다는 점에 주목한다. 따라서 우리의 접근 방식은 제도의 정치경제학에 대한 기존의 연구에 토대를 두고 있지만 아이디어와 설득 권력의 역할을 강조하고 설득 권력의 작동을 구조화하는 데 제도가 갖는 역할에 주목한다는 점에서 기존 연구들과 차이가 있다.

3장 제사의 도이치와 버네이스 인용문은 각각 다음에 나온다. Deutsch 1963, 111; Bernays 1928 [2005], 1.

감히 짐을 쏘고자 하는 자가 있다면, 자, 짐이 여기 있노라!

"제5보병 연대여…" 인용문은 다음에 나온다. Chandler 1966, 1011. 이 절의 내용은 다음을 주로 참고했다. Chandler 1966, 88장.

머리 꼭대기의 월가

월가의 권력에 대한 논의는 다음을 주로 참고했다. Johnson and Kwak 2010. 권력이 다른 이들의 인식에 어떻게 영향을 미치는지에 대한 실증근거는 다음을 참고하라. Keltner, Gruenffeld, and Anderson 2003. 거대 은행들이 "감옥에 넣기에는 너무 큰" 상태인지, 만약 그렇다면 어떤 의미에서 그러한지에 대해서는 다음을 참고하라. www.pbs.org/wgbh/frontline/article/eric-holder-backtracks-remarks-on-too-big-to-jail. 여기에는 미 법무장관 에릭 홀더Eric Holder가 의회에 출석해 지난번 의회 진술에서 그런 취지로 해석될 수 있는 말을 했던 것을 번복한 내용도 나온다[이날 진술에서 그는 어느 은행도 법 위에 있을 수는 없다고 말했다]. 법무부 형사부 부장관 래니 브루어Lanny Breuer의 인터뷰도 참고하라. www.pbs.org/wgbh/fror1tline/article/lanny-breuer-financial-fraud-has-not-gone-unpunished. 거대 은행 비판자들이 "감옥에 넣기에는 너무 큰"이라는 표현을 사용한 것은 다음을 참고하라. https://financialservices.house.gov/uploadedfiles/070720I6_oi_tbtj_sr.pdf.

아이디어의 힘
『라이어스 포커』 출간 이후 반응에 대한 상세한 내용은 다음에 나온다. Lewis 1989. 다음에도 이와 같은 방식으로 인용되었다. Johnson and Kwak 2010.

이것은 공정한 시장이 아니다
도킨스가 설명한 밈과 밈의 확산 메커니즘에 대해서는 다음을 참고하라. Dawkins 1976.

의제 설정
뇌의 에너지 소비는 다음을 참고하라. Swaminathan 2008. 아이들의 모방과 사회적 학습에 대해서는 다음을 참고하라. Tornasello, Carpenter, Call, Behne, and Moll 2005. 더 일반적인 논의는 다음을 참고하라. Henrich 2016. 더 전체론적인 견해는 다음을 참고하라. Tomasello 2019. 다음도 참고하라. Shteynberg and Apfelbaum 2013. 아동의 과잉 모방은 다음을 참고하라. Gergely, Bekkering, and Kiraly 2002; Carpenter, Call, and Tomasello 2005. 자물쇠 상자 실험은 다음을 참고하라. Lyons, Young, and Keil 2007. 침팬지에게서는 과잉 모방이 발견되지 않는다는 점은 다음을 참고하라. Buttelmann, Carpenter, Call, and Tomasello 2007; Tomasello 2019, 5

장. 다른 학습자[구경꾼]가 아이들의 학습에 미치는 영향에 대한 실험은 다음을 참고하라. Chudek, Heller, Birch, and Heinrich 2012.

은행가들의 의제

이 절의 내용도 다음을 주요 토대로 삼았다. Johnson and Kwak 2010. 주택 소유자들을 돕지 않기로 한 결정에 대해서는 다음을 참고하라. Hundt 2019. 한 사람당 100만 달러가 넘는 "후한 보너스"에 대해서는 다음을 참고하라. Story and Dash 2009. 여기에 다음과 같이 언급되어 있다. "뉴욕주 법무장관 앤드루 M. 쿠오모Andrew M. Cuomo가 목요일에 배포한 자료에 따르면, 연방 구제 금융에서 돈을 가장 많이 받은 금융기관 중 아홉 곳이 2008년에 경영자와 트레이더 5,000명에게 1인당 100만 달러가 넘는 보너스를 지급했다."

아이디어와 이해관계

블랭크페인의 "신의 일" 언급은 널리 보도되었다. 예를 들면 다음의 로이터 기사를 참고하라. Reuters Staff 2009.

게임의 규칙이 당신을 억압할 때

"우리는 노예제의 권력이…" 인용문은 다음에 나온다. Foner 1989, 33. 남북 전쟁 전에 노예에게 부과되었던 교육 금지 등 여러 제약에 대해서는 다음을 참고하라 Woodward 1955. 포너는 이렇게 설명했다. "남북 전쟁 전에 테네시주를 제외한 모든 남부 주가 노예에게 교육을 금지했다. 자유민인 흑인들은 상당수가 학교에 다녔고 노예 중에서도 독학이나 동정심 있는 주인의 도움으로 글을 깨우치는 경우가 있었지만, 1860년에 남부의 성인 흑인 인구 중 90퍼센트가 문맹이었다(Foner 1989, 111)."

남북 전쟁 이후 주 의회와 연방 의회에 진출한 흑인 의원에 대해서는 다음을 참고하라. Woodward 1955, 54. "남부에서 극단적인 인종주의를 받아들이게…" 인용문은 다음에 나온다. Woodward 1955, 69. "단순히 흑인을 위협하기 위한 군사 캠프" 인용문은 다음에 나온다. Du Bois 1903, 88. "의회가 노예제를 완전히 폐지하거나…" 인용문은 다음에 나온다. Congressional Globe, 1864 (38th Congress, 1st Session), 2251. 이 인용문의 일부는 다음에도 나온다. Wiener 1978, 6. 이 저술은 토지 소유와 농업 기반 권력에 대해서도 논하고 있다. 백인 노예 소유주의 부가 흑인 해방 이후 감소했다가 어떻게 다시 회복되었는지는 다음을 참고하라. Ager, Boustan, and Eriksson 2021. 더닝 학파에 대해서는 다음을 참고하라. Foner 1989. "우리의 해외 영토 획득이 미래에…" 인용문은 다음에 나온다. *Atlantic Monthly*, October 1901, 1.

제도의 문제다

제도, 민주주의, 경제 발전에 대한 우리의 견해는 다음을 참고하라. Acemoglu, Johnson, and Robinson 2005a.

설득 권력은 절대적으로 부패한다

액턴 경의 언명은 캔터베리 대주교에게 보낸 서신에 나온다. https://oll.libertyfund. org/title/acton-acton-creighton-correspondence. 권력을 가진 사람들의 행동에 대해서는 다음을 참고하라. Keltner 2016. 본문에 언급된 실험은 다음에 잘 요약되어 있다. Piff, Stancato, Cote, Mendoza-Denton, and Keltner 2012.

비전과 테크놀로지를 선택하기

이 절의 내용은 이 장 앞머리에 소개한 일반적인 참고 자료를 바탕으로 했다.

여기에 민주주의가 관련 있는 이유

콩도르세의 정리와 오늘날의 유의미성에 대해서는 다음을 참고하라. Landemore 2017. 민주주의가 1인당 GDP를 증가시키고 여러 개혁이 도입되게 하며 교육과 건강에 더 많은 투자가 이뤄지게 한다는 점에 대한 실증근거는 다음을 참고하라. Acemoglu, Naidu, Restrepo, and Robinson 2019. 민주주의에 대한 사람들의 태도가 경제 성장, 재분배 등에 대해 민주주의가 가져온 성과에 달려 있다는 점은 다음을 참고하라. Acemoglu, Ajzeman, Aksoy, Fiszbein, and Molina 2021. 이 논문은 사람들이 책무성을 지지 않는 전문가에게 권력을 위임하고 싶어 하지 않으며 특히 민주주의를 경험한 사람들 사이에서 그런 경향이 크다는 점을 발견했다. 다양한 집단의 의사결정과 태도에 대해서는 다음을 참고하라. Gaither, Apfelbaum, Birnbaum, Babbitt, and Sommers 2018; Levine, Apfelbaum, Bernard, Bartelt, Zajac, and Stark 2014.

비전은 권력이고 권력은 비전이다

민주주의를 믿는 사람들이 정치적 목소리를 전문가들과 전문가들의 우선순위에 넘겨주고 싶어 하지 않는다는 점은 다음을 참고하라. Acemoglu, Ajzeman, Aksoy, Fiszbein, and Molina 2021. 지위와 과잉 확신의 관계는 다음을 참고하라. Anderson, Brion, Moore, and Kennedy 2012.

4장. 비참함의 육성

4장에서 우리가 제시한 해석은 다음에 제시된 이론적인 개념에서 도출한 것이다. Brenner 1976; Acemoglu and Wolitzky 2011. 다음도 참고하라. Naidu and Yuchtman 2013. 이 연구들은 영주와 농민 사이의 (혹은 농업에서 고용주와 노동자 사이의) 권력 구조는 강조했지만 테크놀로지 변화의 함의를 탐구하지는 않았다. 우리가 아는 바로, 농업 테크놀로지의 궁핍화 효과를 제도적 구조와 권력 구조를 통해 이해하려 한 접근은 새로운 것이다.

4장 제사의 브레히트의 인용문은 다음에 나온다. Kuhn and Constantine 2019, 675. 영(Young 1801)의 인용문은 다음에 나온다. Gazley 1973, 436-437. 브레히트의 시 제목은 "어느 노동자가 역사를 읽다A Worker Reads History"라고 번역되기도 한다.

중세에 이루어진 테크놀로지 혁신의 목록은 다음을 토대로 했다. Carus-Wilson 1941; White 1964, 1978; Cipolla 1972b; Duby 1972; Thrupp 1972; Gimpel 1976; Fox 1986; Hills 1994; Smil 1994, 2017; Gies and Gies 1994; Centennial Spotlight 2021.

수차와 그것이 생산성에 미친 영향은 다음을 토대로 했다. Gimpel 1976; Smil 1994, 2017; Langdon 1986, 1991; Reynolds 1983. 스밀은 노동자가 열 명 이내로 일하는 작은 수차 방앗간이 손으로 제분할 경우 250명이 10시간 동안 했어야 할 만큼의 일을 할 수 있었다고 추산했다(Smil 2017, 154). 또한 "11세기 잉글랜드"에 방앗간이 있는 곳이 6,500곳으로 기록되어 있다고 언급했다(Smil 2017, 149). 한편 [중세 영국의 토지 대장] 둠즈데이 북Domesday Book은 1085년에 5,624개의 방앗간이 있었다고 기록하고 있으며(Gimpel 1976, 12), 1장에서 초창기 수차에 대해 상세히 설명하고 있다. 도시 인구와 총인구는 다음에 나온다. Russell 1972, e.g., 표1, 36. 런던에 대한 매우 흥미로운 분석은 다음을 참고하라. Galloway, Kane, and Murphy 1996. 전체적인 경제와 생활 수준에 대해 우리가 가장 주되게 참고한 문헌은 다음과 같다. Dyer 1989, 2002. 다음도 참고하라. May 1973; Keene 1998. 노르만의 잉글랜드 정복 이후 생긴 변화에 대해서는 위의 문헌과 다음을 참고하라. Welldon 1971; Kapelle 1979. 중세 유럽에 대한 더 폭넓은 논의는 다음을 참고했다. Pirenne 1937; 1952; Wickham 2016. 다음에서도 유용한 정보를 얻었다. Postan 1966; Barlow 1999.

1100년에는 농촌 인구 200만 명이 총 220만 명의 식량을 공급했는데, 1300년에는 400만 명이 총 500만 명의 식량을 공급했다. 농촌 지역의 연령 구성이 동일하다면, 농촌 노동자 1명당 식량을 대야 할 인구 비중이 2.2명에서 2.5명으로 증가한 것인데, 이를 토대로 농업 생산성의 증가를 대략 추산하면 15퍼센트 정도가 된다.

수도원, 예배당, 대성당의 건립과 운영은 다음을 참고하라. Gimpel 1983; Burton 1994; Swanson 1995; Tellenbach 1993. 경제와 관련된 더 상세한 사항은 다음을 참고하라. Kraus 1979. 성직자 인구는 다음을 참고하라. Russell 1944. 13세기 잉글랜드의 상황은 다음을 참고하라. Harding 1993. 종교 건축물의 수와 "건립 일자"는 다음에 나온다. Knowles 1940, 147. 쉬제르 대주교의 인용문("우리를 비판하는 사람들은…")은 다음에 나온다. Gilpel 1983, 14. 프랑스의 대성당 건립에 들어간 비용은 다음에 나온다. Denning 2012.

종교 교단의 인구 규모는 다음을 참고하라. Burton 1994, 174. 다음과 같은 언급이 나온다. "13세기가 되면 이 지역의 전체 수사, 수녀, 군 교단 성직자의 수가 1만 8,000명~2만 명에 달했다. 대략 인구 150명당 한 명 꼴이었다." 하딩은 13세기의 "세속" 성직자가 9,500교구에 3만 명 있었고 이에 더해 2만~2만 5,000명의 수사, 수녀, 수도사가 "530개의 대형 수도원과 250곳의 더 작은 수도원에 있었다"고 언급했다. 다음을 참고하라. Harding 1993, 2330.

종교 교단의 사회, 신분 질서의 사회

"이들 무리는 자유를…" 인용문은 다음에 나온다. Dobson 1970, 132. 나이튼의 인용문("더는 자신을 원래의…")은 다음에 나온다. Dobson 1970, 136. 이들이 농민에게 적대적이었음을 감안해서 읽어야 한다. 베케트의 인용문("그렇게는 절대로 되지 않을

…")은 다음에 나온다. Guy 2012, 177. 종교 교단의 사회에 대해서는 다음의 논의를 참고하라. Duby 1982. 1381년의 농민대반란에 대해서는 다음도 참고하라. Barker 2014.

부서진 밴드왜건

이 절은 출처 소개 4장의 첫머리에 언급된 일반적인 문헌을 참고했다.

강압과 설득의 시너지

조슬린의 인용 부분("이 명령을 듣고 학장이…")과 대주교의 인용문("그대가 내 두 발을…")은 다음에 나온다. Gimpel 1983, 25. 조슬린의 원문은 다음을 참고하라. de Brakelond 1190s [1903]. 짐펠은 H. E. 버틀러H. E. Butler의 번역을 사용했으며 다음에서 볼 수 있다. https://archive.org/details/chronicleofjoceoojoceuoft/page/m51/mode/2up, 59-60. 짐펠은 세인트알반스의 상황과 농민 대 수도원의 대치 국면에 대해서도 상세히 설명했다. 다음을 참고하라. Gimpel 1983.

맬서스의 덫

기하급수적 인구 증가와 산술급수적 산출 증가에 대한 맬서스의 유명한 언급은 다음에 나온다. Malthus 1798 [2018], 70. 이 구절은 1798년 판의 하이라이트였고 1장의 핵심 언명이었는데, 가장 일반적으로 인용되고 재출간되는 1803년 판에는 나오지 않는다. 흑사병이 농민-영주 관계에 미친 영향에 대한 우리의 견해는 다음을 토대로 도출한 것이다. Brenner 1976; Hatcher 1981; 1994; Hatcher 2008(특히 180-182, 242페이지). 인구와 임금의 관계에 대한 연구들을 일별한 요약은 다음을 참고하라. Hatcher 1981, 37-38. 영주와 농민 사이의 권력 균형이 달라지면서 이러한 변화가 일어났다는 해석은 다음을 토대로 했다. Brenner 1976; Hatcher 1994 (특히 14-20페이지). 농민들의 요구에 국왕과 측근들이 크게 놀랐다는 묘사는 다음에 나온다. Hatcher 1994, 11. "이제 많은 사람이…"와 "이에 더해, 아무도 관습적으로 정해진…" 인용문은 다음에 나온다. Statute of Labourers (1351. 각각 첫 번째 단락과 두 번째 단락). 노동자 규제법에 대한 우리의 해석은 다음과 일치한다. Hatcher 1994, 10-11. 나이튼의 인용문("너무 거만하고 고집이 세져서…")은 다음에 나온다. Hatcher

1993, 11. 가우어의 인용문("또 다른 한편으로, 어떤 일이든 간에…")은 다음에 나온다. Hatcher 1994, 16. 이 글은 1378년 이전에 쓰였다. 1376년 의회에 제출된 청원의 인용문("주인이 그들에게 일을 …"과 "그들이 곧바로 새로운…")은 다음에 나온다. Hatcher 1994, 12. 나이튼의 인용문("열등한 사람들의 의복이…")은 다음에 나온다. Hatcher 1994, 19. 가우어의 인용문("이제 하인이 주인이 되고…")은 다음에 나온다. Hatcher 1994, 17. 고대 그리스 사례는 다음을 참고하라. Morris 2004; Ober 2015b. 공화정 시기의 로마에 대해서는 다음을 참고하라. Allen 2009b. 로마의 몰락은 다음에 상세하게 나온다. Goldsworthy 2009. 세계 곳곳에서 이른 시기에 성장과 번영이 있었음을 보여주는 실증근거들은 다음을 참고하라. Link 2022.

농경의 원죄
초창기 농경에 대한 내용은 다음을 토대로 했다. Smil 1994; 2017. 다음도 참고하라. Childe 1950; Brothwell and Brothwell 1969; Smith 1995; Mithen 2003; Morris 2013; 2015; Reich 2018. 몇몇 곡물에 대해서는 다음의 정보가 유용했다. Scott 2017. 불평등의 발생에 대해서는 다음을 참고하라. Marcus 2012.

곡식의 고통
수렵 채집의 잠재적인 장점에 대해서는 다음을 참고하라. Suzman 2017. 기대수명은 다음을 참고하라. McCauley 2019. 지난 2000년간의 생활 수준 변화에 대한 논의는 다음을 참고하라. Koepke and Baten 2005. 유럽 수렵 채집인에 대한 DNA 증거는 다음을 참고하라. Reich 2018. 차탈회윅에 대한 상세한 내용은 다음을 참고하라. Wright 2014. 괴베클리 테페에 대해서는 다음을 참고하라. Collins 2014. 더 광범위하게 종교의 발생을 다룬 문헌으로는 다음을 참고하라. Cauvin 2007.

피라미드 체제
피라미드에 대한 상세한 내용은 다음을 참고하라. Talet and Lehner 2022. 피라미드를 짓는 데 무엇이 필요했는지에 대한 더 상세한 설명은 다음에서 볼 수 있다. Lehner 1997. 초창기 이집트 농촌 사회의 생활 습관과 식생활은 다음을 참고하라. Wilkinson 2020, 9-12; Smil 1994, 57. 인더스 계곡의 쌀 경작은 다음을 참고하라.

Green 2021. 다음도 참고하라. Agrawal 2007; Chase 2010.

한 종류의 근대화

인클로저에 대한 우리의 논의는 다음을 토대로 했다. Tawney 1941; Neeson 1993; Mingay 1997. 최근의 연구는 다음을 참고하라. Heldring, Robinson, and Vollmer 2021a; 2021b. 이들은 의회가 추진한 인클로저에서 더 큰 생산성 이득이 있었음을 발견했지만 불평등이 상당히 증가했다는 점도 발견했다. 이는 우리의 논의와 부합한다. 맬서스의 인용문("사람은 이 세상에 태어난 것으로…")은 다음에 나온다. Malthus 1803 [2018], 417. 이 부분은 1798년의 초판에는 등장하지 않는다. 영의 인용문 중 "상업과 제조업의 이해관계에…"는 다음에 나온다. Young 1771, 4:361. "인클로저에서 발생할 보편적인…" 인용문은 다음에 나온다. Young 1768, 95. "한 집의 가장이 그의 소와 땅을 …" 인용문은 다음에 나온다. Young 1801, 42. 다음에도 인용되어 있다. Gazley 1973, 436. 개방지 농민의 산출에 대해서는 다음을 참고하라. Allen 2009a. 1500년 이후의 더 광범위한 사회적 변화는 다음을 참고하라. Wrightson 1982; 2017; Hildle 1999; 2000. 잉글랜드 농업의 변화는 다음을 참고하라. 근대 유럽 국가의 성립에 대해서는 다음을 참고하라. Eitman 1997.

야만적인 조면기

"예전 기계로는 50명이…" 인용문은 휘트니가 아버지에게 보낸 1793년 9월 11일자 서신에 나온다. 원본의 디지털 이미지를 다음에서 볼 수 있다. www.teachingushistory. org/ttrove/documents/WhitneyLetter.pdf.

　미국 남부에 대해서는 다음을 참고하라. Woodward 1955; Wright 1986; Baptist 2014. 면화 산업 통계는 다음에서 가져온 것이다. Beckert 2014. 존슨 판사의 인용문("빈곤으로 나락에 빠지고…")은 다음에 나온다. Lyman 1868, 158. "엄격한 규율하에서 가차 없이…" 인용문은 "일라이 휘트니의 면화 조면기 특허"에 대한 내셔널 아카이브National Archives의 온라인 설명에 나온다. www.archives.gov/education/lessons/cotton-gin-patent. "잉글랜드 시장에서 가격이…" 인용문은 다음에 나온다. Brown 1854 [2001], 171. 이 인용문의 일부는 다음에도 나온다. Beckert 2014, 110. 노예 노동을 사용하는 대농장에서의 회계 기법 발달에 대해서는 다음을 참고하라.

Rosenthal 2018. 조면기에 대한 상세한 설명은 다음을 참고하라. Lakwete 2003. 해먼드의 연설은 다음에 나온다. Hammond 1836. 노예제와 관련해 "명백한 선" 논리는 다음을 참고하라. Calhoun 1837.

테크놀로지로 슬픔을 수확하다

1930년대 소비에트의 농업과 기근은 다음을 참고하라. Conquest 1986; Ellman 2002; Allen 2003; Davies and Wheatcroft 2006; Applebaum 2017. 통계 자료들은 다음을 사용했다. Allen 2003. 레닌의 "공산주의는 소비에트의 권력에…" 인용문은 다음에 나온다. 『레닌 전집Collected Works』(Lenin 1920 [1966] 419) 31권. 이 문장은 이렇게 이어진다. "전기 없이는 산업이 발달할 수 없기 때문이다." 스탈린의 "우리의 집단 농장 정책의 …" 인용문은 『스탈린 전집Works』(Stalin 1954, 199), 12권에 나온다. 미국에서 엔지니어, 교사, 금속 노동자, 지하 파이프 기술자, 광산 전문가 등 약 1만 명의 숙련 기술자가 소련에 파견되어 산업 테크놀로지의 도입과 적용을 도왔다는 내용은 다음에 나온다. Tzouliadis 2008. 1920년대 농업 정책에 대한 개괄은 다음을 참고하라. Johnson and Temin 1993.

5장. 중간 정도의 혁명

이 장에서 우리가 제시한 해석은 산업혁명에 대한 몇몇 독창적인 연구를 바탕으로 했다. 특히 중요한 것으로 다음을 참고하라. Mantoux 1927; Ashton 1986; Mokyr 1990; 1993; 2002; 2010; 2016; Allen 2009a; Voth 2004; Kelly, Mokyr, and O'Grada 2014 (근간); Crafts 1977; 2011; Freeman 2018; Koyama and Rubin 2022. 우리가 아는 바로, 영국 산업혁명을 중간 계층 출신 사업가들의 열망과 관련 짓고 그 열망의 발달 및 그들의 성공을 잉글랜드에서 16세기에 시작된 제도적 변화를 통해 설명한 연구는 새로운 것이다. 18세기에 "성장의 문화"가 생겨나 산업혁명에 큰 역할을 했다는 점은 다음을 참고하라. Mokyr 2016. 그의 설명은 과학 진보와 19세기 후반 산업혁명 중 과학에 기초한 국면에 더 초점을 두고 있다.

"부르주아의 미덕"이 떠오른 것에 초점을 두면서 비슷한 논지를 전개한 연구로는 다음을 참고하라. McCloskey 2006. 하지만 우리의 해석과는 크게 다르다. 특히 우리와 달리 이 연구는 중간 계층 사람들이 가졌던 비전의 기원을 잉글랜드(이후에는 브리튼)에서 벌어진 제도적 변화에 귀인해 설명하지 않았다. 또한 "부르주아의 미덕"을 온전히 긍정적인 것으로 묘사하고 있으며 따라서 이때 떠오른 비전이 기존의 체제 내부에서 계층 상승을 시도한 것이었고 더 폭넓게 공유된 번영으로 이끌거나 노동자 계급 친화적인 것이 아니었다는 점도 짚지 않았다.

잉글랜드에서 벌어진 제도적 변화에 대한 우리의 논의는 다음을 바탕으로 했다. Acemoglu, Johnson and Robinson 2005b; Acemoglu and Robinson 2012.

5장 제사의 디포와 배비지 인용문은 각각 다음에 나온다. Defoe 1607 [1887](저자가 쓴 서문의 첫머리); Babbage 1851 [1968], 103.

수정궁을 방문한 노동자들 이야기는 다음을 참고하라. Leapman 2001, 1장. 1851년 런던 세계박람회에 대한 상세한 내용은 다음의 공식 카탈로그를 참고하라. Official Catalogue of the Great Exhibition of the Works of Industry of All Nations, 1851 (Spicer Brothers, London). 추가적인 맥락은 다음을 참고하라. Auerbach 1999; Shears 2017. "1760년경에 …" 인용문은 다음에 나온다. Ashton 1986, 58. 시대에 따른 생활 수준 추산은 다음을 참고하라. Morris 2013. 인구 추산은 다음에 나온다. Mcevedy and Jones 1978. 산업화 이전의 성장률은 다음에 나온다. Maddison 2001, 28, 90, 265.

뉴캐슬의 석탄을 운반하기

스티븐슨에 대한 내용은 다음을 주로 참고했다. Rolt 2009. "저는 그[스티븐슨]가 계획이라는 것을…" 인용문은 이 책의 98페이지에, "만약 철로가 건설되고 …" 인용문은 59페이지에 나온다.

과학, 출발선을 박차고 내달릴 준비가 되다

데이비, 로시, 스트래스모어 백작의 인용문들은 모두 다음에 나온다. Rolt 2009, 28-29. "모든 계층의 사람들이…" 인용문은 다음에 나온다. Ferneyhough 1980, 45.

왜 영국에서였는가

초창기 산업 사회 유럽의 성장에 대한 우리의 논의는 다음을 토대로 한 것이다. Acemoglu, Johnson, and Robinson 2005b; Allen 2009a. 관련된 다른 문헌들도 여기에서 볼 수 있다. 와트의 증기기관이 없었다면 1800년 무렵 영국의 경제가 어떤 상태였을지에 대한 추산은 다음을 참고하라. Tunzelman 1978. 1500년과 1800년의 문해율은 다음을 참고하라. Allen 2009a, 표 2.6, 53. 지리적인 요인이 중국에 유리하게 작용했다는 가설에 대한 반박은 다음을 참고하라. Pomeranz 2001. 중국이 적합한 장소에 석탄이 부족했다는 점을 주되게 들고 있다. "고수준 균형의 덫" 개념은 다음에 나온다. Elvin 1973. 영국이 왜 달랐는지에 대해서는 다음도 참고하라. Brenner 1993; Brenner and Isett 2002. 더 일반적인 논의와 대안적인 가설 등은 참고 문헌 5장과 6장 서두에 제시된 문헌도 참고하라.

개천 용들의 나라

기업의 창립자들에 대한 정보는 다음을 참고하라. Crouzet 1985. 개인주의의 개념과 기원에 대해서는 다음을 참고하라. Macfarlane 1978; Wickharn 2016.

해체

윌리엄 해리슨의 인용문("잉글랜드에서 우리는 사람을…")은 다음에 나온다. Wrightson 1982. 토머스 레인버러의 인용문("저는 정말로 잉글랜드에서는 가장 가난한…"과 "저는 신의 법칙에서 군주는…")은 다음에 나온다. Sharp 1998, 각각 103과 106페이지. 토머스 터너의 인용문("아, 사업은 얼마나 즐거운가!…")은 다음에 나온다. Muldrew 2017, 290. 터너의 일기는 1761년에 출간되었다.

새로운 것이 꼭 더 포용적인 것은 아니다

소암 제닌스의 인용문("상인은 내내 저택, 탁자…")은 다음에 나온다. Porter 1982, 73. 필립 스탠호프의 인용문("이 나라의 중간 계층은 …")은 다음에 나온다. Porter 1982, 73. 그레고리 킹의 인용문("국부를 줄이고 있다")은 다음에 나온다. Green 2017, 256. 윌리엄 해리슨의 인용문("[빈민은] 국가에서 목소리도 권한도…")은 다음에 나온다. Wrightson 1982, 19. 여기에서 빈민 집단에는 "일용직 노동자, 가난한 사람들, 장인들, 하인들"이 포함된다. 이들은 해리슨이 말한 영국 사회의 네 계급 중 가장 낮은 계급이었다.

6장. 진보의 피해자

앞에서 언급한 우리의 개념 체계를 구성하는 주춧돌 외에 6장은 자본과 노동 사이의 권력 균형에 임금 이외의 요인들이 노동자의 자율성, 노동 조건, 노동자의 건강에 미치는 영향을 강조했다. 특히 노동자 감시와 지대 공유에 초점을 두는 접근을 이어가면서, 때로는 고용주들이 새로운 테크놀로지나 변화하는 사회적 여건을 노동자의 노동 부담을 강화하거나 노동자에게 더 많은 규율을 강요함으로써 자신의 수익을 높이는 방향으로 이용할 수 있음을 설명했다. 이 주제는 톰슨이 영국 산업혁명의 맥락에서 처음 강조했다(Thompson 1966). 톰슨의 몇몇 개념(예를 들어 노동자 조직의 기원에 대한 문제나 러다이트를 체계적인 노동 운동의 시작으로 볼 것인가 등과 관련해)은 논란의 여지가 있지만 공장 규율 강화 및 그에 대한 노동자의 반응과 관련해 이 장에서 우리가 강조하는 개념은 논란의 여지가 없으며 이 내용은 이후의 학자들에 의해서도 확인되었다. 예를 들어 다음을 참고하라. de Vries 2008; Mokyr 2010; Voth 2012.

19세기 후반 테크놀로지의 방향 선회에 대한 우리의 논의는 다음을 주로 참고했다. Habakkuk 1962. 특히 미국의 제조업 시스템이 미국에 희소했던 숙련 노동력을 절약할 필요에서 나왔다는 점을 강조한 부분이 그렇다. 또한 다음도 참고했다. Rosenberg 1972.

우리가 아는 바로, 이러한 요소들을 결합한 개념 체계는 새로운 것이다. 또한 우리가 아는 바로, 산업화의 두 번째 국면을 더 노동자 친화적인 테크놀로지(이를테면 새로운 업무를 창출해 주는 테크놀로지)의 도입과 연관 지은 해석도 다른 데서 제시된 적이 없다. 다만, 모키어와 프레이도 1850년 이후로 테크놀로지가 노동에 대해 더 큰 수요를 창출하기 시작했다고 주장한 바 있다. 다음을 참고하라. Mokyr 1990; 2009; Frey 2019.

새로운 테크놀로지 도입에 의한 생산성의 빠른 증가가 연관 산업 분야의 노동 수요를 증가시켜 고용 성장에 기여했다는 점이 6장에서 매우 중요한 부분이다(1장에서도 설명했다). 우리는 이 논의를 확장해 철도가 가져온 시스템 차원의 영향에 적용했다. 이와 관련한 이론적 개념은 "전후방 산업 연관효과"에 대한 문헌에서도 빌려왔다. 전방 연관효과는 한 분야의 확장이 투입 요소를 공급하는 여타 분야들의 성장을 촉진하는 것을 말하고, 후방 연관효과는 한 분야의 확장이 그 분야의 제품을 투입 요소로 사용하는 여타 분야들의 성장을 촉진하는 것을 말한다. 예를 들어, 철도의 성장이 다른 분야에서 운송 비용을 낮춰 성장을 촉진하는 것이 후방 연관효과의 사례다. 전후방 연관효과는 허시먼에 의해 경제 발전의 중요한 요인으로 강조된 바 있다(Hirschman 1958). 허시먼의 논의는 레온티예프가 개척한 투입-산출 분석(Leontief 1936)에서 영감을 얻었다. 생산성 향상과 분야 간 연관효과가 있을 경우, 자동화가 진행될 때도 노동 수요가 늘어날 수 있다는 점에 대해서는 다음을 참고하라. Acemoglu and Restrepo 2019b; 2022.

산업화의 부정적 영향에 대한 초창기의 비판은 다음을 참고하라. Gaskell 1833; Carlyle 1829; Engels 1845 [1892]. 마르크스도 『자본론』에서 같은 비판을 제기했다. 예를 들어, 초기 공장을 논하면서 그는 이렇게 언급했다. "인공적으로 온도가 높아지고 먼지가 가득한 대기에서, 또 귀를 먹게 할 정도의 소음 속에서 모든 감각 기관이 손상된다. 기계들이 가득한 틈에서 생명의 위험과 손발이 잘리는 부상의 위험은 말할 것도 없어서, 산업의 전쟁터는 계절처럼 규칙적으로 사망자와 부상자 목록을 내어 놓는다."(Marx 1867 [1887], 286-287)

임금과 소득이 얼마나 많이 증가했는지는 경제사 분야에서 뜨거운 논란이 벌어지는 주제다. 실질임금이 거의 증가하지 않았다는 사실은 처음에 "생활 수준의 역설 the living standards paradox"이라고 불렸다. 관련한 주요 연구로는 다음을 참고하라. Williamson 1985; Allen 1992; 2009a; Feinstein 1998; Mokyr 1988; 2002; Voth 2004. 노동 시간의 증가는 다음을 참고하라. McCormick 1959; de Vries 2008; Voth 2004. 공장 규율 강화의 부정적인 효과와 노동자에게 가중된 어려움은 다음을 참고하라. Thompson 1966; Pollard 1963; Freerman 2018.

6장 제사의 그릴리와 엥겔스 인용문은 각각 다음에 나온다. Greeley 1851, 25; Engels 1845 [1892], 48.

이 장 서두의 영국 아동 노동 실태 조사 인용문은 모두 다음에 나온다. Royal Commission of Inquiry into Children's Employment 1842 [1997]. 요크셔 사람들의 진술을 그대로 담은 인용문이 부록에 실려 있다. 데이비드 피라의 진술은 116페이지, 윌리엄 피커드의 진술은 135페이지, 세라 구더의 진술은 93페이지, 패니 드레이크의 진술은 24페이지, 데이 부인의 진술은 120페이지, 브리그스의 진술은 116페이지에 나온다. 이 자료를 디지털화해 제공하는 "탄광 역사 자료 센터Coal Mining History Resource Centre," 픽스 출판사Picks Publishing, 그리고 이언 윈스탠리Ian Winstanley에게 감사를 전한다. 탄광과 증기기관에 대한 전문적인 정보는 다음을 참고하라. Smil 2017.

더 적게 받고 더 많이 일하다

소득과 소비 정보는 다음에 나온다. Allen 2009a. 노동 시간은 다음에 나온다. Voth 2012 (317페이지 표 4.8 등). 면직물 산업에 대한 정보는 다음에 나온다. Beckert 2014. 다음도 참고했다. de Vries 2008. 군사 훈련의 역사는 다음에 나온다. Lockhart 2021. 아크라이트의 공장과 그의 경력은 다음을 참고하라. Freeman 2018. 민요("자, 모든 면직물 직조공들아…")는 존 그림쇼John Grimshaw의 "수직기 대 역직기Hand-Loom v. Power-Loom"이며 다음에 실려 있다. Harland 1882, 189. 다음에도 인용되어 있다. Thomson 1966, 306. 여기에는 오타가 있는 채로 인용되어 있다. "나는 아들이 일곱 명…" 인용문은 1835년 4월 11일 존 스콧John Scott의 진술이며 그해 7월 1일에 나온 "하원 직조공 청원에 대한 위원회의 보고서Report from Select Committee on Hand-Loom Weavers' Petitions"(186페이지 2643단락)에 나온다. 다음에도 실려 있다. Thompson 1966, 307.

러다이트의 고난

바이런의 연설은 다음에 처음으로 출간되었다. Dallas 1824. "거부당한 노동자들은…" 인용문은 208페이지에, "나는 이 반도를 가로지르며…" 인용문은 214페이지에 나온다. 그릴리의 "모든 면에서 발명의 행진이…" 인용문은 다음에 나온다. Greeley 1851, 25. "공장 고용에서는 분업,…" 인용문은 다음에 나온다. Ure 1835 [1861], 317. 글래스고 직조공의 인용문("정치경제학 이론가들은…")은 다음에 나온다. Richmond 1825, 1. 이 진술의 일부는 다음에도 실려 있다. Donnelly 1976, 222. 이 책에는 리치몬드를 "독학을 한 글래스고의 직조공"이라고 묘사하고 있다. 노동자 규제 법령과 주종법에 대해서는 다음을 참고하라. Naidu and Yuchtman 2013; Steinfeld 1991. 영국에서 노조의 부상에 대한 더 폭넓은 설명은 다음을 참고하라. Pelling 1976. 구빈법에 대한 우리의 논의는 다음을 토대로 했다. Lewis 1952. "가난한 사람을 처벌하기 위한…" 인용문은 다음에 나온다. Richardson 2012, 14.

지옥문이 열리다

"100마력의 증기기관 한 대가…" 인용문은 다음에 나온다. Baines 1935, 244. 그는 이 진술의 출처가 "프레이 씨의 저서 『증기 기관에 관한 논고Treatise on the Steam-Engine』"라고 밝히고 있다. "오늘날 사회가 막대한 다수의…" 인용문은 다음에 나온다. Engels 1845 [1892], 74. "지옥문이 열렸다!" 인용문은 찰스 네이피어의 1839년 7월 20일 일기에 나온다. 다음을 참고하라. Napier 1857 [2011], 57; Freeman 2018, 27. 버밍엄과 기타 북부 도시들의 사망률은 다음을 참고하라. Finer (1952, 213) 22. 변소 수는 같은 책 215페이지를 참고하라. 1843~1844년 도시보건위원회Health of Towns Commission를 인용하고 있다. 결핵 발병과 결핵으로 인한 연간 사망자 수는 다음을 참고하라. Cartwright and Biddiss 2004, 152-156. 연간 사망자 수는 영국의 공식 데이터인 "잉글랜드와 웨일즈 사망 신고Deaths Registered in England and Wales"(2021)를 참고했다. https://www.ons.gov.uk/peoplepopulationandcommuniry/birthsdeathsandmarriages/deaths/datasets/deathsregisteredinenglandandwalesseriesdrreferencetables. 맨체스터 인구는 다음을 참고하라. Marcus 1974 [1015], 2. 다음도 참고하라. Rosen 1993 (6장); Harrison 2004. 알코올 및 그 밖의 건강 문제는 다음의 7장을 참고하라. Cartwright and Biddiss 2004, 143-145 등.

휘그 사관은 어디에서 잘못되었는가

"우리나라에서 지난 160년은…" 인용문은 다음에 나온다. Macaulay 1848, 1:2. "공장 시스템은 핵심에 있는…" 인용문은 다음에 나온다. Ure 1835 [1861], 307. 휘그당은 정치 정당이지만, 휘그 사관은 약 1850년 이전의 영국 역사를 낙관적으로 보는 역사 해석을 통칭한다.

진보와 그것의 엔진

마차 운송 관련 통계는 다음에 나온다. Wolmar 2007, 6. "새로운 기계 및 공정과 함께
…" 인용문은 다음에 나온다. Field 1848. 일부는 다음에서도 볼 수 있다. Jefferys 1945
[1970], 15. 철도의 발달에 대한 더 폭넓은 설명은 다음을 참고하라. Ferneyhough
1975; Buchanan 2001; Jones 2011.

대서양 너머에서 온 선물

조지프 휘트워스의 인용문("노동 계층의 숫자는…")은 다음에 인용되어 있다.
Habakkuk 1962, 6. 1854년 의회에 제출한 보고서에서 한 언급이다. "미국의 발명가
적 천재성은…" 인용문은 다음에 나온다. Levasseur 1897, 9. 일라이 휘트니의 인용
문("기계의 정확하고 효과적인…")은 다음에 나온다. Habakkuk 1962, 22. 영국 의회 위
원회의 인용문("무기의 '조립'을 맡은…")은 다음에 나온다. Rosenberg 1972, 94. 콜트
의 무기 공장에서 일했던 전직 감독관은 게이지 스티크니Gage Stickney다. "절반가량"
과 "1급 노동자들이…" 인용문은 다음에 나온다. Hounshell 1984, 21. 재봉 기계의
발달은 다음을 참고하라. Hounshell 1984, 67-123. "엔지니어와 기계 제조업자들
이…" 인용문은 다음에 나온다. Report of the of Committee on the Machinery of
the US, 128-129. 다음에 인용된 것을 가져왔다. Rosenberg 1972, 96. "지극히 바람
직한 목적을…" 인용문은 다음에 나온다. Buchanan 1841, 부록 B("기계의 생산에 사
용되는 도구와 기계에 대한 슬라이드 원칙의 소개에 관하여." James Nasmyth, 395). 이 단락
중 일부는 다음에도 나온다. Jefferys 1945 [1970], 12. 제임스 나스미스는 "그들[새로
운 기계를 설계하는 엔지니어들] 중 최고인" 헨리 모드슬레이Henry Maudslay와 함께 일한
엔지니어였다(Jefferys 1945 [1970], 13). 19세기 후반 미국의 테크놀로지가 저숙련 노
동자들에게 [노동 대체적인 역할이 아니라] 보완적인 역할을 했다는 데 대한 통계적 증
거는 다음도 참고하라. James and Skinner 1985.

길항 권력의 시대

"모든 공장에 소크라테스가…" 인용문은 다음에 나온다. Thewall 1796, 24. 일부는
다음에도 나온다. Thompson 1966, 185. J. R. 스티븐스의 인용문("보편참정권의 문제
는…")은 다음에 나온다. Briggs 1959, 34. 여기에 실린 것은 1838년 9월 29일 『노스

스타(North Star)』에 실린 그의 발언에 대한 보도를 재구성한 것으로 보인다. 『노스 스타』에 실린 그의 발언은 다음과 같다.

"보편참정권의 문제는 결국 포크와 나이프의 문제다. 이 문제는 그렇지 않다고 말하는 모든 이야기에도 불구하고 결국 빵과 치즈의 문제다. 보편참정권이 무엇이냐고 누군가 묻는다면, 필자는 이 땅의 모든 노동하는 사람이 등에 좋은 외투를 걸칠 수 있고, 안락한 벽돌집에 자신과 가족을 위한 보금자리를 꾸릴 수 있고, 식탁에 좋은 식사를 올릴 수 있고, 건강을 유지할 수 있는 정도를 넘어서 일하지 않을 수 있고, 하는 일에 대해 풍족함과 합리적인 사람이 바랄 만한 삶의 축복들을 누리기 위해 필요한 만큼의 임금을 받을 수 있는 권리를 말한다고 대답할 것이다."

찰스 그레이 인용문("나는 보편참정권을 지지하지 않으며…")은 다음에 나온다. Grey 1830. 다음을 참고하라. Hansard, House of Lords Debate(1830년 11월 22일, 1권, cc604-18). 그레이의 발언에 대해 더 눈길 끄는 버전의 인용문도 있다. 널리 인용되는 것으로는 다음에 실린 것을 참고하라. Evans 1996, 282. 이러한 버전들은 그레이의 감수성을 포착한 것이긴 하겠지만, 원문은 다음에 실린 기사인 것으로 보인다. Henry Hetherington, Poor Man's Guardian (1831년 11월 19일, 171). 여기에서 그레이는 이렇게 말했다고 되어 있다. "누구라도 이 개혁법이 이면에서 합의되어 이어질 것이라고 생각하는 사람이 있다면, 잘못 생각하는 것입니다. 의원을 매년 선거로 뽑는 것, 보편참정권, 그리고 국민투표를 나보다 더 반대하는 사람도 없을 것이기 때문입니다. 나의 반대는 단지 그것이 나의 선호라는 의미가 아니라 그러한 기대와 프로젝트를 **끝내 없애버리겠다**는 뜻입니다."

디즈레일리에 대한 우리의 논의는 다음을 토대로 했다. Blake 1966. 디즈레일리의 맨체스터 연설은 1972년 4월 3일에 자유무역홀에서 행해졌다. 다음을 참고하라. Disraeli 1872, 22. 채드윅에 대한 우리의 논의는 다음을 토대로 했다. Lewis 1952; Finer 1952.

나머지 사람들의 빈곤

인도 면직물의 역사는 다음을 토대로 했다. Beckert 2014. 달하우시에 대한 일반적인 평가는 다음을 참고하라. Spear 1965. "인도에서 대중 생활 개선의…" 인용문은 다음에 나온다. Dalhousie 1850, 단락 47. 달하우시와 인도 철도에 대해서는 다음을 참고하라. Wolmar 2010, 51-52 등; Kerr 2007. 처칠의 인용문("나는 인도에 대한 내 견해에…")은 다음에 나온다. Dalton 1986, 126. 약간 다른 버전을 다음에서도 볼 수 있다. Roberts 1991, 56. 처칠은 이 말을 핼리팩스 경Lord Halifax과의 사적인 대화에서 한 것으로 알려져 있다. 달튼이 훗날 핼리팩스에게 그렇게 들었다고 본인의 책에 기록했다.

기술의 편향에 맞서기

차티스트 운동은 다음을 참고하라. Briggs 1959.

7장. 투쟁으로 점철된 경로

이 장에서 우리는 미국과 서유럽이 20세기에 경험한 경제 성장을 자동화 테크놀로지와 새로운 업무 창출 사이의 균형, 그리고 지대 공유를 위한 제도적 기반이라는 우리 개념 체계의 두 요소를 토대로 재해석했다.

　우리는 20세기 초의 테크놀로지의 경로가 부분적으로는 19세기 미국 경제가 숙련 노동력을 절약하기 위해 내렸던 선택으로 방향이 잡혔음을 강조하고자 했다. 우리가 아는 바로, 이와 비슷한 이론을 개진한 다른 연구는 없었다. 하지만 많은 학자들이 20세기 초에 호환성 부품과 미국식 제조 시스템이 가졌던 중요성을 강조했으며 특히 포드 자동차 공장 등에서 새로운 전기 기계를 도입한 맥락 등과 관련해 이러한 연구가 많이 이루어졌다.

　7장 제사의 레마르크와 노사정책자문위원회 인용문은 각각 다음에 나온다. Remarque 1928 [2013], 142; Committee on Labor-Management Policy, 1962년 1월 11일, 케네디 대통령에게 보고된 첫 공식 보고서의 요약문.

　중세부터 워털루 전쟁 시기까지 군사 테크놀로지의 변천은 다음을 참고하라. Lockhart 2021. 제1차 세계대전 사망자와 스페인 독감 사망자는 다음을 참고하라.

Moougel 2011; Centers for Disease Control and Prevention 2019. "오늘날 뒤틀리고 망가진…" 인용문은 다음에 나온다. Zweig 1943, 5. 대공황이 미친 장기적인 영향에 대해서는 다음을 참고하라. Malmendier and Nagel 2011. 20세기 초의 테크놀로지 선택에 대한 우리의 논의는 다음을 크게 참고했다. Hounshell 1984. 엔지니어 출신 경영자에 대한 우리의 강조는 다음을 토대로 한 것이다. Jefferys 1945 [1970]; Noble 1977. 전기의 도입과 공장의 재조직화가 더 발달된 기계와 호환성 부품이 사용되는 데 핵심적인 역할을 했다는 우리의 논의는 다음을 크게 참고했다. Hounshell 1984; Nye 1992, 1998. 이 연구들은 포드 자동차 공장에 대한 우리의 논의에도 토대가 되었다. 고숙련 노동력과 저숙련 노동력 모두에 대해 수요를 창출한 미국의 테크놀로지가 영국과 유럽으로도 퍼졌다는 우리의 해석은 다음을 토대로 하고 있다. Rosenberg 1972. 미국에서 영국과 캐나다로 수출된 테크놀로지의 구체적인 내용은 다음을 참고했다. Hounshell 1984. 단체협상과 노조의 힘이 테크놀로지의 방향에 어떻게 영향을 미치는지에 대한 우리의 논의는 다음을 토대로 하고 있다. Acemoglu and Pischke 1998; 1999; Acemoglu 1997; 2002b; 2003b. 관련 내용을 역사적으로 고찰한 다음 저술도 참고했다. Noble 1984. 제조업에서 정확성이 얼마나 중요한지는 다음에 상세하게 나온다. Hounshell 1984, 228. 생산 공정을 조직할 때 순차화가 갖는 중요성은 다음을 참고했다. Nye 1998, 142; Nye 1992, 5장; Hounshell 1984, 6장.

성장에 전기 날개를 달다

1870년과 1913년 미국 GDP는 다음에 나온다. Maddison 2001, 261. 1990년 국제 달러를 기준으로 한 수치다. 미국의 과학 선도 국가로서의 부상은 다음을 참고하라. Gruber and Johnson 2019, 1장. 1860년 미국 노동자 중 농업 종사자 비중은 다음에 나온다. www.digitalhistory.uh.edu/disp_textbook.cfm?smtlD=II&psid=3837. 맥코믹 수확기의 발달에 대한 내용은 다음에 나온다. Hounshell 1984, 4장. 수작업과 기계 작업이 옥수수, 면화, 감자, 밀 등 작물 생산에서 수작업과 기계 작업의 생산성은 다음에 나온다. Thirteenth Annual Report of the Comissioner of Labor, Vol. I (1898), 24-25. 다음에 게재됨. "Mechanization of Agriculture as a Factor in Labor Displacement," *Monthly Labor Review*, Vol. 33, No. 4, October 1931, Table 3, 9. 공

업과 농업 부가가치에서 노동자에게 가는 몫은 다음에 나온다. Edward Budd, www.nber.org/system/files/chapters/c2484/c2484.pdf. 이에 대한 해석은 다음을 참고하라. Acemoglu and Restrepo 2019b. 특허 관련 숫자는 다음에 나온다. www.uspto.gov/ip-policy/economic-research/research-datasets/historical-patent-data-files. "제조업자들은 이 변화…" 인용문은 다음에 나온다. Levasseur 1897, 18. 일부는 다음에도 인용되어 있다. Nye 1998, 132. 이 저술에서 르바쇠르는 "미국의 철강 공장, 실크 공장, 육가공 공장"을 둘러보았다고 묘사되어 있다. 르바쇠르 본인의 설명 (Levasseur 1897)에 따르면 그는 미국을 방대하게 돌아본 것으로 보이며 기계 대비 인간 노동력이 어떻게 사용되고 있는지를 특히 눈여겨본 것으로 보인다. "테크놀로지 면에서 **공장**이라는 용어는…" 인용문은 다음에 나온다. Ure 1835 [1861], 13. 전기의 도입으로 새로운 응용이 다양하게 가능해진 것의 중요성은 다음을 직접적으로 참고했다. Nye 1992, 188-191. 1889년과 1919년 전기 동력을 사용하는 공장 비중은 다음에 나온다. Nye 1992, Table 5.1, 187. "형광등은 모든 조명 …" 인용문은 다음에 나온다. Lent 1895, 84. 이 설명은 가정 조명의 맥락에서 이야기된 것이다. 다음에도 인용되어 있다. Nye 1998, 95. "하지만 무엇보다 전기 구동축이…" 인용문은 다음에 나온다. Warner 1904, 97. 1903년 11월 20일 우스터 폴리테크닉 대학 전기 엔지니어링 학회Electrical Engineering Society of the Worcester Polytechnic Institute에서 한 연설 내용을 인용한 것이다. 워너는 웨스팅하우스의 고위 경영자였고 테크놀로지가 어떻게 발달하고 있는지에 대해 폭넓은 견해를 가지고 있었다. 다음에도 인용되어 있다. Nye 1992, 202. 이 저술은 "웨스팅하우스의 기술 안내문"을 출처로 제시하고 있지만 202페이지 주석 40번과 416페이지에서 워너가 쓴 글임을 밝히고 있다. 워너의 견해가 웨스팅하우스의 공식 견해를 반영하고 있었던 것으로 보인다. 전기로 가능해진 공장의 재조직화에 대해서는 다음을 참고하라. Nye 1992, 5장, 195-196 등. 조명과 생산성에 대한 논의는 다음을 참고하라. Nye 1992, 222-223. 콜럼비아 밀스 공장에 대해서는 다음을 참고하라. Nye 1992, 197-198. 웨스팅하우스 공장에 대해서는 다음을 참고하라. Hounshell 1984, 240; Nye 1992, 170-171, 196, 202, 220. 이러한 방식을 도입한 주철소의 생산성 증가분 추산치는 다음에 나온다. Hounshell 1984, 240.

새로운 엔지니어들이 창출하는 새로운 업무

1860년, 1910년, 1940년 제조업에서 화이트칼라 노동자 비중은 다음에 나온다. Michaels 2007. 교육 성취(고등학교 졸업자 비중 등) 자료는 다음에 나온다. Goldin and Katz 2008, 194-195, Figure 6.1, 205. 마이클스(Michaels 2007)는 더 다양한 직군을 가진 새로운 산업들이 이 시기 미국 제조업에서 화이트칼라 직군 확대와 전반적인 고용 성장 모두에서 최전선에 있었음을 발견했다. 1909년에서 1914년 사이의 빠른 성장이 고용 확대와 관련 있었다는 점은 다음을 참고하라. Alexopoulos and Cohen 2016. 이 논문은 전기 기계와 전자 기기에 의존하는 새로운 산업에서 이 관련성이 더 강하게 나타났다는 점도 발견했다. 마찬가지의 연관관계가 다음의 연구에서도 확인되었다. Fiszbein, Lafortune, Lewis, and Tessada 2020. 이 논문은 전기의 도입이 고용에 미치는 영향이 해당 산업의 집중도가 더 낮을 때 더 강하게 나타난다는 것을 보여주었다. 이 결론은 독점 권력이 생산성 밴드왜건을 약화시킬 수 있다는 우리의 논점과도 일치한다. 미국에서 저숙련 노동자들이 사용할 수 있도록 기계를 조직화한 것이 갖는 중요성은 다음에 상세하게 논의되어 있다. Hounshell 1984, 230; Nye 1992, 211. 나이(Nye 1992, 211)는 노동자의 이직률을 줄이려는 목적을 강조했는데, "기계에 자본이 더 많이 들어갈수록" 노동자의 이직으로 인한 비용이 커졌기 때문이다.

운전대를 잡고

초기 하이랜드파크 공장에서의 생산과 모델 N에 대한 일반적인 설명은 다음을 참고하라. Hounshell 1984, 6장. "우리는 4만 개의 실린더…" 인용은 다음에 나온다. Hounshell 1984, 221. "시스템, 시스템, 시스템" 인용문은 다음에 나온다. Hounshell 1984, 229. "작업의 순서가 완전하게…" 연구 내용은 다음에 인용되어 있다. Colvin 1913a, 759. 다음에도 인용되어 있다. Hounshell 1984, 229. 이 저술의 228페이지에서 콜빈(Colvin 1913a)은 "저명한 기술 저널리스트"라고 묘사되어 있다. 하운쉘(Hounshell 1984)은 콜빈의 심층 취재가 포드에 어셈블리 라인이 도입되기 직전의 상황이라는 중요한 사실을 지적했다. "완전히 새로운 이 전기 시스템은…"과 "옛 조건에서는…" 인용문은 다음에 나온다. Ford 1930, 33. 일부는 다음에도 인용되어 있다. Nye 1998, 143. 모델 T의 가격은 다음에 나온다. Hounshell 1984, Table 6.1, 224. 오늘날 금액으로의 환산은 다음을 사용했다. Consumer Price Index calculator, www.measuringworth.com/calculators/uscompare. 1908-2021년. "대량생산은 단순히 많은 양을…" 인용문은 다음에 나온다. Ford 1926, 821. 이 글의 필자는 H. F.라는 이니셜로만 표시되어 있지만 다음에서 이것이 헨리 포드의 이니셜임을 확인했다. www.britannica.com/topic/Encyclopaedia-Britannica-English-language-reference-work/Thirteenth-edition. 이 구절의 일부는 다음에도 인용되어 있다. Hounshell 1984, 217. 하이랜드파크 공장의 이직률은 다음에 논의되어 있다. Hounshell 1984, 257-259; Nye 1992, 210. "사장님이 이곳에 두고 계시는…" 인용문은 다음에 나온다. Hounshell 1984, 259. 임금을 올리고 공장을 재조직하고 이직률을 낮추는 시스템적 접근은 다음에 논의되어 있다. Nye 1992, 215-216. "전체 작업의 기조는 단순성" 인용문은 다음에 나온다. Colvin 1913b, 442. 여기에서 콜빈은 조립 부서와 기계 부서를 중심으로 논의하고 있다. 다음에도 인용되어 있다. Hounshell 1984, 236. 1960년대 포드의 고용 방식은 다음에 논의되어 있다. Murnane and Levy 1996. "빈자리가 있으면 …" 인용문은 포드 자동차의 인사 관리 부장 아트 존슨Art Johnson이 한 말이다. 다음을 참고하라. Murnane and Levy 1996, 19. "생산성은 구매력을 **창출한다**" 인용문은 다음에 나온다. Alexander 1929, 43. 다음에도 인용되어 있다. Noble 1977, 52-53.

불완전한 새 비전

"미국 역사의 첫 절반…" 인용문은 다음에 나온다. Alexander 1929, 47. 일부는 다음에도 나온다. Noble 1977, 53. 원문에는 "자유방임"에 따옴표가 있다. 존 R. 커먼스에 대해서는 다음에 논의되어 있다. Nye 1998, 147-148.

북유럽의 선택

독일에 대한 논의와 통계는 다음에 나온다. Evans 2005. 북유럽 국가들에 대한 우리의 논의는 다음을 토대로 했다. Berman 2006, 5장; Baldwin 1990; Gourevitch 1986. "스웨덴처럼 뒤처진…" 인용문은 다음에 나온다. Berman 2006, 157. "우리 정당은 하나의 노동자 계급을…" 인용문은 다음에 나온다. Berman 2006, 172. 산별 단위 임금 협상이 기업의 투자를 촉진할 수 있다는 점에 대해서는 다음을 참고하라.

Moene and Wallerstein 1997. 노조가 강제하는 임금 평탄화가 투자를 촉진할 수 있다는 점에 대해서는 다음을 참고하라. Acemoglu 2002b.

뉴딜의 야망

뉴딜에 대한 우리의 논의는 다음을 토대로 했다. Katznelson 2013; Frawer and Gerstle 1989. "입법부로부터 상당한…" 인용문은 다음에 나온다. Tugwell 1933. "노동자의 이익도 포함해서…" 인용문은 다음에 나온다. Cooke 1929, 2. 일부는 다음에도 나온다. Fraser and Gerstle 1989, 60-61. "명백히 지난 [30년간] 사업을…" 인용문은 다음에 나온다. Fraser and Gerstle 1989, 75-76. 항공모함에 대해서는 다음을 참고하라. Dunnigan and Nofi 1995, 364. 1945년에 11대의 모함이 임무를 시작했다는 이야기가 나온다. 이것은 특이한 경우가 아니었다. 1944년에는 8척이, 1943년에는 12척이 임무를 시작했다. 이에 더해, 미국은 더 작은 호위 모함도 건조했다. 이 저술에 따르면 이러한 소형 모함이 1943년에 25척, 1944년에 35척, 1945년에 9척 건조되었다. 1941년 12월 7일에 엔터프라이즈호, 렉싱턴호, 사라토가호(이상 태평양), 요크타운호, 레인저호, 와습호(이상 대서양), 이렇게 6척의 작전 모함이 배치되어 있었다. 제2차 세계대전 때 미국이 참전한 후 해외 주둔 미군에게 군수품을 보급하는 데서 겪은 어려움은 다음을 참고하라. Atkinson 2002. "우리가 모든 물품을…" 인용문은 이 저술의 50페이지에, "미군은 문제를 해결하는 것이…" 인용문은 415페이지에 나온다. 또한 414페이지에서는 영국의 한 보고서에 "[미국의] 뛰어난 점은 자원을 경제적으로 사용하는 데 있는 것이 아니라 자원을 만들어 내는 데 있다"고 언급되어 있다는 내용도 있다.

영광의 시기

"대압축" 논의는 다음에 나온다. Goldin and Margo 1992. 상위 1퍼센트가 소득에서 차지하는 비중은 다음을 토대로 우리가 계산한 것이다. World Income Database, http://wid.world. 20세 이상 개인의 세전 소득을 기준으로 했다. 집단별 실질임금 성장률의 평균과 중앙값은 여러 원자료를 사용해 우리가 계산한 것이다. 상세한 내용은 8장의 출처 설명 서두 부분을 참고하라. 총요소생산성도 우리가 계산한 것이다. 상세한 내용과 대안적인 추산치는 8장의 주석을 참고하라.

자동화와 임금을 둘러싼 충돌

자카르의 문직기에 대해서는 다음을 참고하라. Essinger 2004. 이 절의 내용은 다음을 참고했다. Noble 1977; 1984. 프로그램으로 돌아가는 기계에 대한 일반적인 개념이 어떻게 수치 제어 기계로 발달했는지는 다음을 참고하라. Noble 1984, 84 등. "노동이 필요 없어지게…"와 "깨끗하고 넉넉한…" 인용문은 『포춘』 1946년 11월 1일자(160페이지)에 실린 사설에 나온다. 필자는 명시되어 있지 않다. 다음에도 인용되어 있다. Leaver and Brown 1946, 165; Noble 1984, 각각 67페이지와 68페이지. 자동화에 대한 공군과 해군의 접근은 다음에 논의되어 있다. Noble 1984, 84-85. 1962년 2월 14일 기자회견에서 케네디 대통령은 "노동부의 추산에 따르면 매년 약 180만 개의 일자리가 기계로 대체되고 있다고 하는데 이 문제, 즉 자동화의 문제가 얼마나 시급하다고 보십니까"라는 질문을 받았다. 케네디의 답변인 "자동화가 당연히…" 인용문은 다음에 나온다. www.jfklibrary.org/archives/other-resources/john-f-kennedy-press-conferences/news-conference-24. AT&T의 전화교환수에 대한 논의와 통계는 다음에 나온다. Feigenbaum and Gross 2022. 미국 노동시장에서 새로운 업무의 등장에 대한 첫 실증연구는 다음을 참고하라. Lin 2011. 전문직, 행정관리직, 사무직의 증가에 대한 자료는 다음에 나온다. Autor, Chin, Salomons, and Seegmiller 2022. "여러분은 앞으로 나아가고 …" 인용문은 다음에 나온다. Brinkley 1989, 123. "미국 역사상 노사 갈등이…" 인용문은 1946년의 첫 6개월에 대한 언급이며 다음에 나온다. Bureau of Labor Statistics, "Work Stoppages Caused by Labor-Management Disputes in 1946" (1947, Bulletin no. 918, 9). 자동차 노조와 GM 사이의 조정 절차와 기계의 노동자 숙련화 및 탈숙련화 효과에 대한 논의는 다음에 나온다. Noble 1984, 253, 255. "우리는 … 더 큰 기술적 진보가 …" 인용문은 다음에 나온다. Noble 1984, 253. 이 저술에는 1955년 총회에서 발표된 당시 자동차 노조의 일반적인 접근 방식도 논의되어 있다. 여기에서 나온 결의문은 "UWA-CIO는 자동화와 기술 진보를 환영한다"는 말로 시작한다. 조정 절차 중재인의 "이것은 경영의 의사결정이…" 인용문은 다음에 나온다. Noble 1984, 254. "수치 제어 시스템을 다루기…" 인용문은 수치 제어 기계의 유지보수 기술자이던 얼 비아Earl Via가 한 말이며 다음에 인용되어 있다. Noble 1984, 256. "노동자가 자동화된 기계를…" 인용문은 다음에 나온다. United Electrical, Radio, and Machine Workers (UE).

다음에 인용되어 있다. Noble 1984, 257. 두 언명 모두 1970년대에 나온 말이다. 최근의 한 연구는 수치 제어 기계가 몇몇 단순 업무에서 노동력을 대체했지만 새로운 업무, 특히 노조원들을 위한 업무를 창출했다는 증거를 발견했다. 다음을 참고하라. Boustan, Choi, and Clingingsmith 2022. "우리가 기계화의 진전을 잡아 당겨 …" 인용문은 다음에 나온다. Levinson 2006, 109-110. "우리는 우리 업계의 기계화를 …" 인용문은 다음에 나온다. Levinson 2006, 110. "모든 항만 노동자가…" 인용문은 다음에 나온다. Levinson 2006, 112. "이러한 업무에 땀을…" 인용문은 다음에 나온다. Levinson 2006, 117. 자동화로 대체되는 일자리와 새로운 업무의 창출, 우리가 사용한 통계 숫자 등은 다음에서 가져온 것이다. Acemoglu and Restrepo 2019b. 자동화와 새로운 업무가 노동 수요에 미치는 영향과 불평등에 미치는 영향은 다음을 참고하라. Acemoglu and Restrepo 2020b; 2022.

결핍의 철폐

일반적인 논의, 인구 숫자, 집을 잃은 사람 수, 유럽의 상황 등은 다음을 참고하라. Judt 2006. "세계 역사의 혁명적인…"과 "결핍의 철폐에는…" 인용문은 다음에 나온다. Beveridge 1942, 각각 6페이지와 7페이지. 베버리지 보고서에 대한 반응과 노동당의 입장은 다음을 참고하라. Baldwin 1990.

사회적 진보와 그것의 한계

고대 그리스의 성장률은 다음에 나온다. Ober 2015b. 고대 로마의 성장률은 다음에 나온다. Morris 2004. 다음도 참고하라. Allen 2009b. 건강 통계 및 관련 논의는 다음을 참고하라. Deaton 2013. 교육 통계는 다음에 나온다. Organisation for Economic Cooperation and Development, https://data.oecd.org/education.htm; Goldin and Katz 2008. 전 산업 사회와 산업 사회 초기의 성장률은 총 GDP를 기준으로 한 것이다. 다음을 참고하라. Maddison 2001, 28, 126 등. 1900년 출생 시 기대수명은 다음에 나온다. Maddison 2001, 30. 1970년의 출생시 기대수명은 다음에 나온다. World Bank's Development Indicators(온라인 데이터베이스).

8장. 디지털 피해

이 장의 개념 체계 역시 1장에서 개괄하고 6장과 7장에서 사용한 것과 동일하며, 여기에서는 1980년 이후 미국에서 공유된 번영을 지탱했던 두 가지 요소 모두가 어떻게 해체되었는지에 초점을 맞추었다. 특히 우리는 다음의 논의를 토대로 테크놀로지가 자동화에 더 중점을 두게 된 것과 노동자의 길항 권력이 약화된 것을 강조했다. Acemoglu and Restrepo 2019b. 후자에 대해서는, 예를 들어, 다음을 참고하라. Phillips-Fein 2010; Andersen 2021; Gerstle 2022. 다음도 참고하라. Perlstein 2009; Burgin 2015; Appelbaum 2019. 또한 우리는 다음에서 영감을 받아 노동의 협상력이 약화되면서 테크놀로지의 방향이 더 자동화로 치우치게 되었다고 주장했다. Noble 1984.

이 장에서 언급한 실증적 패턴은 주로 다음을 토대로 했다. Acemoglu and Autor 2011; Autor 2019. 우리는 이 논문에서 개진한 내용을 이 책에서 반복하고 확장했다. 둘 다 동일한 데이터 원천에 기초하고 있으며 뛰어난 연구 조교 카를로스 몰리나 Carlos Molina의 도움을 크게 받았다. 자동화가 노동소득 분배율 저하, 임금(중앙값) 성장 둔화, 불평등 증가에 미친 영향은 다음을 참고했다. Acemoglu and Restrepo 2022.

초창기 컴퓨터 주창자와 해커들의 접근 방식 및 윤리, 그리고 그들의 초점이 톱다운식 자동화가 아니었다는 개념은 다음을 토대로 했다. Levy 2010; Isaacson 2014. 공장 및 사무실 자동화에 대한 노동자들의 반응은 다음을 참고했다. Noble 1984; Zuboff 1988. 디지털 테크놀로지가 가져온 생산성 이득이 실망스러운 수준이라는 점은 다음을 참고했다. Gordon 2016. 이론적인 개념은 다음을 참고했다. Acemoglu and Restrepo 2019b.

이 장 제사의 첫 인용문은 많은 곳에서 테드 넬슨이 한 말이라고 언급하고 있지만 확인된 출처는 없다. 레온티예프의 인용문은 다음에 나온다. Leontief 1983, 405.
"비밀이 모든 압제의 핵심" 인용문은 다음에 나온다. Levy 2010, 131. "대중은 내 어주는 대로만…"과 "이 책은 개인의 자유를…" 인용문은 다음에 나온다. Levy 2010, 144. 그레이스 호퍼에 대해서는 다음에 상세히 논의되어 있다. Isaacson 2014, 3장.

역행

미국의 불평등 추세는 다음에 논의되어 있다. Goldin and Margo 1992; Katz and Murphy 1992; Piketty and Saez 2003; Goldin and Katz 2008; Autor and Dorn 2013. 우리의 접근은 다음을 기초로 했으며 관련 통계도 여기에서 찾을 수 있다. Acemoglu and Autor 2011; Autor 2019; Acemoglu and Restrepo 2022. 이에 더해, 추가적인 데이터 원천과 방법론을 여기에서 설명해 두고자 한다. 노동시장의 불평등, 고용, 임금 추세는 1940, 1950, 1970, 1980, 1990, 2000년 미국 인구총조사 데이터를 "3월 현재인구보충자료March Current Population Survey, March CPS"와 "미국지역사회보충자료 American Community Survey ACS"와 함께 분석했다. 모든 데이터는 IPUMS에서 볼 수 있다. 수십 년에 걸친 직종 분류는 다음의 분류 시스템을 통해 범주를 일치시켰다. Dorn 2009. 서베이 도구가 규정한 대로 연소득의 가장 높은 구간이 탑코드 값으로 제시되어 있을 때는 탑코드 값의 1.5배로 계산했다(연도에 따라 다르고 최근 연도 자료는 주마다도 다르다). 하지만 탑코드 적용으로 영향을 받은 관찰값은 많지 않다. 이를테면, 2019년 관찰값 중 탑코드가 적용된 것은 0.5퍼센트 정도다. 가장 소득이 낮은 구간에서 잘못 보고되는 경우를 감안해 시간당 최저임금을 시간당 임금 분포의 1퍼센타일로 잡았다. 시간당 임금은 최대 노동 시간(3,570시간, 주당 70시간, 연간 51주)을 넘지 않는 한 스스로 보고한 연간 노동 시간을 연소득으로 나누어 구했다. 탑코드가 적용된 관찰값의 경우, 분모를 연간 1,750시간(주당 35시간, 연간 50주)으로 잡아 계산했다. 주당 또는 연간 임금은 시간당 소득에 주당 또는 연간 노동 시간을 곱해서 계산했다(시간당 임금 분포에서 상하한으로 조정 후).

학력 구분은 다음에 제시된 방식을 따랐다. Acemoglu and Autor 2011; Autor 2019. 전체적으로 모든 숫자는 연중 전일제 16~64세 노동자의 각 집단(모든 노동자, 고졸 노동자 등)에 대한 고용 구성 조정 후의 임금 로그값 평균과 중앙값이다. 고용 구성 조정을 위해 데이터를 젠더, 학력, 경력에 따라 두 개 성별 카테고리, 다섯 개의 학력 카테고리(고등학교 중퇴, 고졸, 대학 교육 일부, 대졸, 대학원졸), 네 개의 잠재 경력 연수 카테고리(0~9년, 10~19년, 20~29년, 30~39년)로 분류했다. 학력 카테고리는 다음에 제시된 과정에 따라 시대별로 일치시켰다. Autor, Katz, and Kearney 2008. 각 해의 더 광범위한 집단에 대한 임금 로그값 평균은 고정된 가중치를 사용해 해당 칸(고용 구성 조정을 거친 칸)의 평균값을 잡았다. 가중치는 1963~2005년에 걸쳐 각 집단이 노동한 총 시간의 평균 비중이다. 중앙값도 비슷하게 계산했다. 모든 소득은 개인 소비 지출의 연쇄 가중 가격 디플레이터로 조정한 실질소득이다.

노동시장 참가율은 미국의 경우 노동 가능 연령대에 대해 동일한 데이터로 계산했고 다른 국가들은 다음의 데이터를 사용했다. Organization for Economic Cooperation and Development, OECD, https://data.oecd.org/emp/labour-force-participation-rate.htm.

퓨리서치 센터 보고서는 다음이 작성한 것이다. Schumacher and Moncus 2021. 흑인과 백인의 임금 격차는 앞과 동일한 자료로 계산했다. 상세한 논의와 분석은 다음을 참고하라. Daly, Hobijn, and Pedtke 2017. 국가별 노동소득 분배율과 자본소득 분배율은 다음에 나온다. Karabarbounis and Neiman 2014.

무슨 일이 벌어진 것인가

미국 자동차 산업의 변화는 다음에 논의되어 있다. Murnane and Levy 1996; Krzywdzinski 2021. 블루칼라 일자리 관련 통계는 앞과 동일한 데이터로 우리가 계산한 것이다. "중국 쇼크"에 대한 일반적인 참고 자료는 다음을 참고하라. Autor, Dorn, and Hanson 2013. 중국 수입품과의 경쟁으로 미국에서 사라진 일자리 수 추산치는 다음에 나온다. Acemoglu, Autor, Dorn, Hanson, and Price 2016. 중국 수입품과의 경쟁으로 영향을 받은 지역의 목록도 나온다. 산업 로봇이 고용과 임금에 미친 영향에 대한 실증근거는 다음에 나온다. Acemoglu and Restrepo 2020a. 다음도 참고하라. Graetz and Michaels 2018. 로봇의 도입으로 가장 크게 영향을 받은 지역 목록도 나온다. 좋은 일자리에 대한 우리의 논의는 다음을 토대로 했다. Harrison and Bluestone 1990, 5장 포함, Acemoglu 1999; 2001. 산업 자동화(로봇, 특수 장비, 특화된 소프트웨어 등), 오프쇼어링, 중국 수입품과의 경쟁으로 인한 상대적인 영향 등의 추산치는 다음을 참고하라. Acemoglu and Restrepo 2022. 이 추산에 따르면, 500개 인구 집단(학력, 연령, 성별, 인종, 내국인-외국 출생 등으로 나눔) 사이에서 임금 불평등 변화의 50~70퍼센트가 자동화로 설명된다. 오프쇼어링과 중국 수입품과의 경쟁은 이보다 작은 영향을 미쳤다. 한 가지 이유는 중국 제품에 영향을 받은 산업의 종류와 자동화로 영향을 받은 산업의 종류가 무엇인지와 관련이 있다. 다음을 참고하라. Acemoglu and Restrepo 2020a. "절망의 죽음"이라는 표현은 다음에 나온다. Case and Deaton 2020. 알코올(간 질환), 마약 남용, 자살로 인한 죽음을 일컬으며, 부정적인 경제적 충격이 이러한 죽음에 미칠 수 있는 영향이 상세히 고찰되어 있다. 중국 쇼크가 결혼, 혼외 출산, 10대 임신 등 사회적 문제에 미치는 영향에 대한 통계적 분석은 다음을 참고하라. Autor, Dorn, and Hanson 2019.

세계화가 미국 노동시장에 미친 영향에 대한 더 일반적인 논의는 다음을 참고하라. Autor, Dorn, and Hanson 2013. 기업의 시장 권력 증가가 미친 영향은 다음을 참고하라. Philippon 2019. 금융 산업의 역할에 대해서는 다음을 참고하라. Philippon and Reshef 2012. 이데올로기의 변화가 미친 영향에 대한 더 광범위한 논의는 다음을 참고하라. Sandel 2020.

리버럴 기득권과 그에 대한 불만들

소비자 보호의 역사에 대한 이야기의 특정한 버전을 다음에서 볼 수 있다. Digital History 2021. 뉴딜에 대한 여러 기업계 단체와 주요 기업들의 반대는 다음에 상세하게 논의되어 있다. Phillips-Fein 2010. M. 스탠턴 에반스에 대해서는 다음을 참고하라. Evans 1965; Phillips-Fein 2010. "리버럴 기득권과 관련해 핵심적인…" 인용문은 다음에 나온다. Evans 1965, 18. 미국의 복지 시스템에 대해서는 다음을 참고하라. Hacker 2002.

제너럴 모터스에 좋은 것

"우리나라에 좋은 것은…" 인용문은 찰스 윌슨이 1953년 1월 15일 상원 군사위원회 인사청문회에서 한 말이다(속기록, 26). 상원의원 헨릭슨이 윌슨에게 미국 정부의 이해관계에는 부합하지만 "제너럴 모터스 회사와 당신이 보유하고 있는 그 회사의 주식에는 극도로 해가 되는" 결정을 해야 하는 상황이라면 그렇게 할 수 있겠느냐고 질문했다. 윌슨의 답변 전체는 다음과 같다. "네, 의원님, 그렇게 할 수 있습니다. [하지만] 저는 그런 경우를 생각하지 못하겠습니다. 오랫동안 저는 우리나라에 좋은 것은 GM에도 좋고 GM에 좋은 것은 우리나라에도 좋다고 생각했기 때문입니다. 여기에 차이는 존재하지 않습니다. 저희 회사는 너무나 큽니다. 저희 회사는 우리나라의 후생과 함께 갑니다. 우리가 국가에 기여하는 바는 상당합니다."

버클리에 대해서는 다음을 참고하라. Judis 1988; Schneider 2003. "그 경향이…"

와 "아이디어가 세상을 지배하므로…" 인용문은 다음에 나온다. Buckley 1955. 비즈니스 라운드테이블과 상공회의소의 태도 변화에 대한 논의는 다음에 나온다. Phillips-Fein 2010, 9장. "기업들이 학계, 언론,…" 인용문은 다음에 나온다. Phillips-Fein 2010, 192. "미국에서 기업들이 '일용할…'과 "자유 기업 시스템이…", "자유 기업은 부와…" 인용문은 다음에 나온다. Phillips-Fein 2010, 193. "불과 50년 전에…" 인용문은 다음에 나온다. Phillips-Fein 2010, 185. 하이에크에 대해서는 다음을 참고하라. Phillips-Fein 2010, 2장; Appelbaum 2019. 시카고 대학과 스탠퍼드 대학 후버 연구소의 친시장적 견해에 대한 일반적인 설명은 다음을 참고하라. Appelbaum 2019.

천사와 주주의 편에서

"프리드먼 독트린"은 다음 칼럼의 제목이다. Friedman 1970. 프리드먼에 대한 배경과 맥락 설명은 다음에서 볼 수 있다. Appelbaum 2019, 1장. "젠슨의 수정 이론"이라고 불리는 것에 대해서는 다음을 참고하라. Jensen and Meckling 1976; Jensen 1986. "비즈니스 라운드테이블은 생산…" 인용문은 다음에 나온다. Phillips-Fein 2010, 194. 엔론 스캔들에 대해서는 다음을 참고하라. McLean and Elkind 2003. 경영학 학위가 있는 CEO가 임금 정책 등에 미치는 영향은 다음을 참고하라. Acemoglu, He, and LeMaire 2022. 이 주제에 대한 통계 숫자도 모두 이 논문에서 가져왔다. 일반적인 설명은 다음도 참고하라. Marens 2011.

큰 것이 아름답다

"동종 업계에 있는…" 인용문은 다음에 나온다. Smith 1776 [1999], 232. 애로 대체 효과는 다음을 참고하라. Arrow 1962. "우리는 민주주의를 갖거나…" 인용문은 다음에 나온다. Lonergan 1941, 42. 브랜다이스가 이 말을 "더 어린 친구"에게 했다고 되어 있다. 이 글은 브랜다이스의 사망 후 『노동Labor』에 추도문으로 처음 게재되었다. 이 매체는 "공인된 철도 노조 조직 15곳의 기관지"였다.

더 작고 신생인 기업들의 혁신에 대해서는 다음을 참고하라. Acemoglu, Akcigit, Alp, Bloom, and Kerr 2018. 특히 이 논문은 작고 신생인 기업들이 크고 오래된 기업들보다 더 혁신적임을 발견했다. 큰 기업은 종업원 200명 이상, 작은 기업은 200명

미만. 신생 기업은 창립 후 9년 이하를 의미한다. 매출 대비 연구개발비 지출은 작고 신생인 기업이 크고 오래된 기업의 두 배였다. 특허 출원 경향도 규모가 작고 신생인 기업이 더 컸다. 로버트 보크에 대해서는 다음에 논의되어 있다. Appelbaum 2019. "연방 판사를 위한 만 경제 연구소" 교육 과정과 그것이 판결에 미치는 영향은 다음을 참고하라. Ash, Chen, and Naidu 2022. 현 대법관들과 페더럴리스트 소사이어티와의 관련은 다음을 참고하라. Feldman 2021. 내용 중 일부에 대해서는 논란이 있다.

잃어버린 대의

일반적인 논의는 다음을 참고하라. Phillips-Fein 2010. 태프트-하틀리법에 대해서는 다음을 참고하라. Phillips-Fein 2010, 31-33. 1947년부터의 연간 자료를 포함해 노사 분규 통계는 미국 노동통계국 홈페이지에서 볼 수 있다.

암울한 리엔지니어링

기업을 리엔지니어링해야 한다는 주장은 다음에서 개진되었고 이 표현이 처음 사용된 것도 여기에서다. Hammer and Champy 1993. 관련된 개념은 다음도 참고하라. Davenport 1992. "옛 방식의 반복 작업은⋯" 인용문은 다음에 나온다. Hammer and Champy 1993, 74. IBM의 "워드 프로세싱 기계"에 대해서는 다음을 참고하라. Haigh 2006.

 "사무 자동화는 오래전부터⋯" 인용문은 다음에 나온다. Hammer and Sirbu 1980, 38. "우리는 탈산업 사회로의⋯" 인용문은 다음에 나온다. Spinrad 1982, 812. "정보의 수집부터 확산까지⋯" 인용문은 다음에 나온다. Zuboff 1988, 3. 은행의 수표 처리 업무 자동화에 대해서는 다음을 참고하라. Autor, Levy, and Murnane 2002. 미국 여성 사무직 노동자 비중과 변천은 위와 동일한 원자료로 우리가 계산한 것이다. 펠젠스타인의 "이와 같은 산업계의 접근은⋯"과 "도구에 대해 배워나가는⋯" 인용문은 다음에 나온다. Levy 2010, 201. 밥 마시의 "우리는 마이크로컴퓨터가⋯" 인용문은 다음에 나온다. Levy 2010, 203. "취미로 이 일을 하는⋯" 인용문이 나온 빌 게이츠의 공개 서한은 다음에서 볼 수 있다. https://lettersofnote.com/2009/10/08/most-of-you-steal-your-software. 다음에도 인용되어 있다. Levy 2010, 193. 미국에서 로봇 도입의 변천은 다음을 참고하라. Acemoglu and Restrepo 2020a. 인구통계학적 요인이 독일, 일본, 한국에서 로봇의 빠른 도입을 촉진했으며 미국에서는 인구통계학적 조건이 그와 달랐던 것이 로봇 도입이 상대적으로 느렸던 요인이었다는 점은 다음을 참고하라. Acemoglu and Restrepo 2021. 블루칼라 직종의 변화와 관련한 통계 숫자들은 앞과 동일한 원자료로 우리가 계산한 것이다.

이번에도, 선택의 문제다

독일에서 산업용 로봇이 미친 영향에 대한 추산은 다음을 참고하라. Dauth, Findeisen, Suedekum, and Woessner 2021. 이들은 다음에서 사용된 것과 같은 방법론을 사용했다. Acemoglu and Restrepo 2020a. 블루칼라 일자리와 임금에 미친 부정적인 영향은 추산되었지만 화이트칼라 일자리가 증가한 것으로 보였기 때문에 전체 일자리에 대해서는 부정적인 영향이 추산되지 않았다. 독일과 일본의 화이트칼라 일자리 변화와 "인더스트리 4.0" "디지털 팩토리" 운동 등 테크놀로지에 대한 접근이 미국과 달랐던 점에 대해서는 다음을 참고하라. Krzywdizinski 2021; Krzywdzinski and Gerber 2020. 독일, 일본, 미국 자동차 업계의 매출, 고용 추세, 블루칼라 일자리는 다음을 참고하라. Krzywdzinski 2021. 독일의 견습 시스템은 다음에 논의되어 있다. Acemoglu and Pischke 1998; Thelen 1991. 개별 기업 수준에서 노동자가 노동위원회를 통해 기업 이사회에 목소리를 낼 수 있는 구조는 다음을 참고하라. Thelen 1991; Jager, Schoefer, and Heining 2021. 뒤의 논문은 이러한 유형의 참여를 통해 노동자들이 테크놀로지 선택에 목소리를 낼 수 있었음을 보여준다. 장비, 소프트웨어 등 자본에 대한 실효 세율과 노동에 대한 실효 세율 추산은 다음을 참고하라. Acemoglu, Manera, and Restrepo 2020. 이 책에서 언급한 숫자도 여기에 나온 것이다. 연방 정부의 연구 지원 변화는 다음을 참고하라. Gruber and Johnson 2019.

디지털 유토피아

"나에게 문제를 보여주십시오…" 인용문은 다음에 나온다. Gates 2021, 14. 저커버그의 초기 모토였던 "빠르게 움직이고 기존의 것들을 깨부숴라"는 다음에 언급되어 있다. Blodget 2009. 우리가 요약한 디지털 유토피아적 태도에 대한 상세한 내용은 다음을 참고하라. Ferenstein 2017. "중요한 회사를 시작하는…"과 "나는 경제 불평등을 증가시키는…" 인용문도 여기에 나온다.

생산성 통계에서는 볼 수 없는 것

혁신의 둔화에 대해서는 다음을 참고하라. Gordon 2016; Gruber and Johnson 2019. 동일한 만큼의 향상을 위해 더 많은 연구개발 지출이 들어가고 있는 현상이 여러 산업 분야에서 나타나고 있음을 보여준 논문으로는 다음을 참고하라. Bloom, Jones, Van Reenen, and Webb 2020. 특허 숫자와 생산성 증가 추세는 다음도 참고하라. Acemoglu, Autor, and Patterson (근간). "모든 곳에서 컴퓨터 시대를…" 인용문은 다음에 나온다. Solow 1987. 총요소생산성 추산은 콥-더글라스 생산함수의 표준 공식을 이용해 계산했다. 노동과 자본의 가중치는 다음에서처럼 각각 0.7과 0.3으로 잡았다. Gordon 2016. 따라서 총요소생산성 성장은 GDP 성장에서 노동투입 성장에 0.7을 곱한 것과 자본투입 성장에 0.3을 곱한 것을 제한 것이다.

노동투입 성장은 노동력의 학력 구성 변천을 반영한 노동의 질 인덱스로 조정했다. 학력 구성은 다음에 나온 추산치를 사용했다. Goldin and Katz 2008. GDP는 다음의 자료다. Bureau of Economic Analysis National Income and Product Accounts tables. 우리는 다른 데이터와 다른 계산 방법으로도 총요소생산성을 계산해 보았는데 비슷한 결과가 나왔다. 예를 들어 다음에 나온 방법을 취해보았다. Fernald 2014; Bergeaud, Cette, and Lecat 2016; Feenstra, Inklaar, and Timmer 2015. 1948-1960, 1961-1980, 1981-2000, 2001-2019년 동안 연평균 총요소생산성 성장률 추산치는 고든(Gordon 2016)의 방법론으로 했을 때 각각 2, 1, 0.7, 0.6퍼센트, 퍼널드(Fernald 2014)의 방법론으로 했을 때 각각 2.2, 1.5, 0.8, 0.8퍼센트, 베르거드 등(Bergeaud, Cette, and Lecat 2016)의 방법론으로 했을 때 2.4, 1.5, 1.3, 0.9퍼센트, 핀스트라 등(Feenstra, Inklaar, and Timmer 2015)의 방법론으로 했을 때 1.3, 0.7, 0.6, 0.6퍼센트였다.

"우리는 혁신의 황금기…" 인용문은 다음에 나온다. Irwin 2016. 측정의 오류에 대한 여러 주장은 다음을 참고하라. Varian 2016; Pethokoukis 2017a. "통계학자들이 생산성 성장을 정확하게…" 인용문은 다음에 나온다. Pethokoukis 2016. 다음도 참고하라. Pethokoukis 2017b.

제조업에서 디지털 기술에 더 많이 투자한 기업이 생산성의 더 빠른 성장을 보이지는 않는다는 내용과 디지털 테크놀로지와 관련해 측정의 오류가 딱히 더 크다는 증거는 없다는 내용은 다음을 참고하라. Acemoglu, Autor, Dorn, Hanson, and Price 2014. 로버트 고든의 견해는 다음을 참고하라. Gordon 2016. 타일러 카우언의 견해는 다음을 참고하라. Cowen 2010.

일본의 로봇 및 유연 생산 방식 도입은 다음에 논의되어 있다. Krzywdzinski 2021. 토요타가 투자하기 전과 후의 프리몬트 공장 비교, 그리고 여타 미국 공장과의 비교는 다음을 참고하라. Shimada and MacDuffie 1986; MacDuffie and Krafcik 1992.

테크 업계의 리더들과 다른 길을 가는 사람들에 대해서는 다음을 참고하라. Andrews, Criscuolo, and Gal 2016. 연구개발 투자의 분야별 불균등은 다음을 참고하라. Acemoglu, Autor, and Patterson (근간). 테슬라의 자동화에 대해서는 다음을 참고하라. Boudette 2018; Büchel and Floreano 2018. 머스크의 "그래요, 테슬라에서 과도한…" 인용문은 그가 트위터에 올린 글이다. https://twitter.com/elonmusk/status/984882630947753984 (@elonmusk, 2018년 4월 13일). "수년간에 걸친 실행을 …" 인용문은 다음에 나온다. Čapek 1929 [2004].

디스토피아를 향해 가다

오늘날을 예견한 듯한 초창기의 논의는 다음을 참고하라. Zuboff 1988.

9장. 인공 투쟁

이 장에 제시된 우리의 해석에는 세 개의 주춧돌이 있다. 첫 번째 주춧돌은 우리가 채택한 전반적인 개념 체계, 특히 "그저 그런 자동화"에 대한 논의에서 나오는데, 열광적인 주창자들이 기대하는 것보다 인공지능이 창출할 생산성 이득은 제한적일 가능성이 크다는 것이 우리의 주장이다. 인공지능이 침투하고 있는 업무들이 여전히 기계가 꽤 제한적인 역량밖에 가질 수 없는 업무들이고 인간의 생산성이 [기계로 단순 대체가 어려운] 암묵적 지식, 축적된 전문 지식과 노하우, 그리고 사회적 지능을 토대로 하기 때문이다. 이 해석은 현재로서 AI가 닿을 수 있는 범위 밖인 인간의 논증 능력에 대한 라슨의 저술(Larson 2021)과 인간 지능의 사회적 속성에 대한 스퍼버의 저술(Sperber 2017), 인간 집단의 유연한 적응에 대한 실증근거들(가령 Henrish 2016), 그리고 기계 학습의 한계에 대한 펄의 논의(Pearl 2021)와 AI 기반 언어 모델의 결합에 대한 촘스키의 견해(가령 다음의 패널 토론에서 제시된 견해. http://languagelog. ldc.upenn.edu/myl/PinkerChomskyMIT.html)를 토대로 했다. 인공지능 테크놀로지, 기계 학습 방법, 딥러닝과 인공신경망 등에 대한 일반적인 논의는 다음을 참고하라. Russell and Norvig 2009; Neapolitan and Jiang 2018; Wooldridge 2020. 인공지능 기술이 예측과 범주화에 초점을 맞추게 된 데 대해서는 다음을 참고하라. Agrawal, Gans, and Goldfarb 2018.

둘째, 우리는 테크놀로지의 "유연성"이라는 말이 테크놀로지가 발달해 갈 수 있는 경로가 매우 다양하다는 의미를 내포하며 특히 디지털 테크놀로지 같은 광범위한 영역에서는 더욱 그렇다는 점을 강조했다. 이 역시 우리의 전반적인 개념 체계와 부합한다. 또한 AI 기반의 자동화는 설령 그것이 "그저 그런 자동화"로 판명 난다 해도 여전히 빠르게 확산될 수 있다. 이는 자동화로 얻을 수 있는 추가적인 이윤, 노동자에 대한 모니터링, 그 밖에 지대를 노동자와 공유하지 않고 다른 쪽으로 이전하는 행동과 같은 시장 인센티브 때문일 수도 있고, 테크 업계의 강력한 행위자들이 가진 특정한 비전 때문일 수도 있다.

셋째, 우리는 기계 지능보다 "기계 유용성"에 초점을 두어야 한다고 강조했다. 우리가 아는 바로 이 점을 두드러지게 강조한 기존 연구는 없지만, 우리의 개념은 다음을 비중 있게 참고했다. Wiener 1954; Licklider 1960. 엥겔바트의 삶과 업적은 다음에 읽기 쉽고 흥미롭게 잘 설명되어 있다. Markoff 2015. 컴퓨터가 사용될 수 있는 방식에 대한 서로 다른 두 개의 비전도 여기에 논의되어 있다.

이러한 개념들이 아직 이 분야에서 전혀 주류가 아니라는 점을 짚어두어야 할 것 같다. 주류 아이디어는 인공지능, 그리고 인공 일반지능이 가져다줄 이득을 훨씬 더 낙관적으로 전망하는 경향이 있다. 예를 들어, 인공지능의 발전에 대한 낙관은 다음을 참고하라. Bostrom 2017; Christian 2020; Stuart Russell 2019; Ford 2021. 인공지능의 발달이 가져올 경제적 풍요로움에 대한 전망은 다음을 참고하라. Kurzweil 2005; Diamandis and Kotler 2014.

루틴한 업무와 루틴하지 않은 업무, 그리고 자동화의 한계에 대한 논의는 각각 다음 두 논문을 토대로 했다. Autor, Levy, and Murnane 2003; Autor 2014. 현재의 인공지능이 여전히 루틴한 업무에 집중하고 있다는 점은 다음의 실증근거를 토대로 했다. Acemoglu, Autor, Hazell, and Restrepo 2022. 다음의 유명한 연구도 인공지능이 주로 자동화와 관련 있다는 개념을 뒷받침한다. Frey and Osborne 2013. 이 연구는 향후 몇십 년간 미국 일자리의 약 50퍼센트가 인공지능에 의해 자동화될 수 있다고 추산했다. 기계 학습을 인간의 의사결정을 향상시키기 위해 사용하는 것의 어려움에 대해서는 다음을 참고하라. Kleinberg, Lakkaraju, Leskovec, Ludwig, and Mullainathan 2018.

끝으로, 우리는 현재의 인공지능이 노동자 감시하에 방대하게 사용되고 있다는 점을 강조했는데 이는 다음 저술들을 토대로 했다. Zuboff 1988(사무 업무에 디지털 테크놀로지가 도입되었을 때 화이트칼라 노동자의 반응에 대한 연구); Zuboff 2019; Pasquale 2015; O'Neil 2016. 노동자 감시가 지대와 보수를 노동자에게서 자본으로 이전하는 한 가지 방식이라는 해석 및 이것이 사회에 미치는 부정적인 영향에 대한 논의는 다음을 토대로 했다. Acemoglu and Newman 2002.

9장 제사의 에드거 앨런 포와 노버트 위너 인용문은 각각 다음에 나온다. Poe 1836 [1975], 421; Wiener 1964, 43.

『이코노미스트』의 "자본주의가 발흥한 이래로…"와 "노동의 세계에 대한 대중의…" 인용문은 다음 기사의 첫 절인 "노동의 세계에 대한 밝은 미래"에 나온다. Williams 2021. "오히려 자동화는 생산 비용을…" 인용문은 다섯 번째 절인 "공포를 조장하는 사람들이 주장하는 것보다 로봇은 일자리를 위협하지 않는다"에 나온다. "전 세계의 노동력을 구성하는…" 인용문은 다음에 나온다. Luchtenberg 2022. 이 것은 맥킨지 토크 오퍼레이션McKinsey Talks Operations 팟캐스트의 인트로에 나온다. 이 인용문은 맥킨지 홈페이지의 다음 섹션에도 나온다. capabilities/operations/our-insights. 전체 웹사이트 주소는 다음의 참고 문헌을 참고하라. Luchtenberg 2020. 맥킨지 글로벌 연구소는 인공지능으로 일자리가 상실될 가능성을 명시적으로 고려한 보고서들을 내놓았다. 예를 들어 다음을 참고하라. Manyika et al. 2017. "앞으로 12년 동안…"과 "물론 몇몇 단점은…"은 다음에 나온다. Anderson and Rainie 2018. "우리가 해결해야 할 과제는…"과 "창조적 자본주의"는 다음에 나온다. Gates 2008.

인공지능의 여러 정의는 이 분야의 저명한 교재인 다음을 참고하라. Russell and Norvig 2009.

AI 드림의 현장에서

자카르 문직기는 다음을 참고하라. Essinger 2004. 로봇 기반 프로세스 자동화RPA는 다음을 참고하라. AIIM 2022; Roose 2021. RPA의 영향에 대한 혼합적인 결과는 다음을 참고하라. Trefler 2018. 루틴한 업무의 분류는 다음을 참고하라. Autor, Levy, and Murnane 2003; Acemoglu and Autor 2011. 인공지능이 현재 인간이 하는 일자리의 약 50퍼센트를 차지할 것이라는 예측은 다음에 나온다. Frey and Osborne 2013. 추가적인 논의는 다음을 참고하라. Susskind 2020. "대부분의 테크놀로지처럼 AI도…" 인용문은 다음의 서문에 나온다. Lee and Qiufan 2021, xiv. 실증연구들에 따르면, 인공지능으로 업무를 대체할 수 있는 기업들에서 인공지능이 집중적으로 도입되었고 이들 기업이 채용하는 전반적인 일자리 수는 감소했다. 다음을 참고하라. Acemoglu, Autor, Hazell, and Restrepo 2022. 산업 로봇이 전반적으로 일자리에 미친 영향은 다음을 참고하라. Acemoglu and Restrepo 2020a.

모방 오류

튜링에 대해서는 다음을 참고하라. Isaacson 2014, 2장; Dyson 2012. "나 대신 생각을 해주는 기계를…" 인용문은 다음에 나온다. Turing 1951 [2004], 105. "나는 내가 의식에 아무런 신비로운 …" 인용문은 다음에 나온다. Turing 1950, 447.

상승장, 그러나 대체로는 하락장

기계 오리와 기계 투르크인에 대한 설명은 다음을 참고하라. Wood 2002; Levitt 2000. 다트머스 콘퍼런스에 대해서는 다음을 참고하라. Isaacson 2014; Markoff 2015. "3~8년 사이에 …" 인용문은 다음에 나온다. Heaven 2020. "AI 일을 하게 되면…" 인용문은 다음에 나온다. Romero 2021. "지능을 해결하는 것, 그리고…" 인용문은 다음에 나온다. Simonite 2016. "자신이 맡은 분야에서 예외적으로…"와 "다섯 명의 위대한 …" 인용문은 다음에 나온다. Taylor 2011.

가치 절하된 인간

"그저 그런 테크놀로지" 개념은 다음에 나온다. Acemoglu and Restrepo 2019b. 카사바와 유카탄 수렵 채집민의 적응에 대한 이야기는 다음을 참고하라. Henrich 2016, 97-99. 네이키드 거리에 대해서는 다음을 참고하라. McKone 2010. 마음 이론에 대해서는 다음을 참고하라. Baron-Cohen, Leslie, and Frith 1985; Tomasello 1995; Sapolsky 2017. 사회적 기술에 대한 수요의 증가는 다음을 참고하라. Deming 2017. IQ와 기술, 비기술 분야에서의 성공 기능성 사이의 관계에 대해서는 다음을 참고하라. Strenze 2007. "5년 안에 딥러닝이 …" 인용문은 다음에 나온다. Hinton 2016, 0:29. 공정하게 말하자면 힌턴은 이어서 이렇게 말했다. "10년이 될지도 모른다." 이 예측이 어떻게 되었는지는 다음을 참고하라. Smith and Funk 2021. 이에 따르면 "미국에서 일하는 영상의학 전문의의 수는 감소한 것이 아니라 증가했다. 2015년에서 2019년 사이 7퍼센트가량 늘었고 향후 10년 동안 공급 부족이 예측된다."

당뇨성 망막증 진단과 AI 알고리즘과 인간 전문가의 결합에 대해서는 다음을 참고하라. Raghu, Blumer, Corrado, Kleinberg, Obermeyer, and Mullainathan 2019.

구글 최고기술경영자의 자율주행차에 대한 예측은 다음을 참고하라. Fried 2015. 자율주행차에 대한 일론 머스크의 발언은 다음을 참고하라. Hawkins 2021.

인공 일반지능이라는 환상

초지능에 대해서는 다음을 참고하라. Bostrom 2017. 알파제로에 대해서는 다음을 참고하라. https://www.deepmind.com/blog/alphazero-shedding-new-light-on-chess-shogi-and-go. 현재의 AI가 지능에 접근하는 방식에 대한 흥미로운 비판은 다음을 참고하라. Larson 2021. 이 비판도 지능의 사회적·상황적 측면을 강조하고 있다. 다음도 참고하라. Tomasello 2019. 여기에서는 사회적 지능과 상황적 지능이라는 용어는 사용되지 않았지만 전반적인 논의를 훌륭하게 담고 있다. 지능의 상황적·사회적 측면에 대한 더 상세한 내용은 다음을 참고하라. Mercier and Sperber 2017; Chollet 2017; 2019. 사회적 지능에 대해서는 다음을 참고하라. Riggio 2014; Henrich 2016. GPT3의 결함에 대해서는 다음을 참고하라. Marcus and Davis 2020. 과적합은 수많은 표준 참고 문헌들에 논의되어 있다. 예를 들어, 다음을 참고하라. Russell and Norvig 2009. 더 일반적인 논의는 다음을 참고하라. Everitt and Skrondal

2010. 과적합에 대한 우리의 정의는 이보다 조금 더 일반적이며, 어떤 모델이 샘플에서 관련성 없는 측면이 무엇인지를 특정하지 못해 합당한 방식으로 일반화를 해내지 못하는 것을 일컫는 "불일치malalignment" 개념도 포함한다. 이에 대해 더 상세한 내용은 다음을 참고하라. Gilbert, Dean, Lambert, Zick, and Snoswell 2022; Pan, Bhatia, and Steinhardt 2022; Ilyas, Santurkar, Tsipras, Engstrom, Tran, and Mądry 2019. "AI의 시장 파워는…" 인용문은 다음에 나온다. Romero 2021.

현대판 파놉티콘

"ETS 시스템은…" 인용문은 다음에 나온다. Zuboff 1988, 263. "우리가 계속해서 노동자들에게…" 인용문은 다음에 나온다. Lecher 2019. "기본적으로 그들은 당신이 하는…" 인용문은 다음에 나온다. Greene 2021. 직업안전보건국 통계는 다음에 나온다. Greene and Alcantara 2021. 유연 스케줄링, 제로 아워 계약, 클로프닝에 대한 일반적인 설명은 다음을 참고하라. O'Neil 2016. "여기에는 경력 발달의 가능성이…" 인용문은 다음에 나온다. Ndzi 2019.

가지 않은 길

"고양이에 대해 가장 좋은…" 인용문은 다음에 나온다. Rosenblueth and Wiener 1945, 320. "자동 기계가 감정을 …" 인용문은 다음에 나온다. Wiener 1954, 162. "인간의 행동은 피드백의…"과 "우리가 만든 기계가 …" 인용문은 다음에 나온다. Wiener 1960, 1357. "우리는 겸손하게,…" 인용문은 다음에 나온다. Wiener 1949. 위너의 칼럼에 대한 일화와 왜 이것이 60년이나 지나서 게재되었는지는 다음을 참고하라. Markoff 2013. 애플/맥킨토시 이야기와 J. C. R. 리클라이더 이야기는 다음에서 볼 수 있다. Isaacson 2014. 리클라이더의 발언은 그의 논문(Licklider 1960)에서 직접 가져온 것이다. 기계 지능에 대한 두 비전의 차이에 대해 더 상세한 내용은 다음을 참고하라. Markoff 2015.

실전에서의 기계 유용성

이 절의 내용은 다음을 토대로 했다. Acemoglu 2021. 인간 중심적 디자인에 대한 더 상세한 내용은 다음에서 볼 수 있다. Norman 2013; Shneiderman 2022. 리카이푸의 "로봇과 AI는 대부분의 제품에서 …" 인용문은 다음에 나온다. Lee 2021. "오늘날 학습이라고 불리는…" 인용문은 다음에 나온다. Asimov 1989, 267. 개인별 맞춤 교육의 이득은 다음에 논의되어 있다. Bloom 1984; Banerjee, Cole, Duflo, and Linden 2007; Muralidharan, Singh, and Ganimian 2019. 추가적인 참고 자료와 논의는 다음도 참고하라. Acemoglu 2021. 월드와이드웹의 기원에 대한 더 상세한 내용은 다음을 참고하라. Isaacson 2014. 케랄라주의 어업에서 휴대전화가 가져온 변화에 대한 논의는 다음을 토대로 했다. Jensen 2006. M-페사에 대해서는 다음을 참고하라. Jack and Suri 2011. 디지털 테크놀로지로 새로운 플랫폼을 지은 사례에 대한 더 많은 내용은 다음을 참고하라. Acemoglu, Jordan, and Weyl 2021. 2016년 인공지능 분야에 투자된 지출 추산은 다음에 나온다. McKinsey Global Institute 2017.

모든 비적정 기술의 어머니

프랜시스 스튜어트의 개념에 대해서는 다음을 참고하라. Stewart 1977. 비적정 기술에 대한 더 최근의 논의는 다음을 참고하라. Basu and Weil 1998; Acemoglu and Zilibotti 2001. 병충해에 저항성을 갖는 새로운 곡물 종자의 개발과 미국 및 서구 농업을 대상으로 개발되어 아프리카에서 적용하기에는 적절치 않은 혁신 사례에 대한 논의는 다음을 참고하라. Moscona and Sastry 2022. 여타 농업 사례들도 같은 논문을 참고했다. 녹색 혁명에 대해서는 다음을 참고하라. Evanson and Gollin 2003. 볼라그에 대해서는 다음을 참고하라. Hesser 2019. 비적정 기술이 국가 간, 국가 내 불평등에 미치는 영향은 다음을 참고하라. Acemoglu and Zilibotti 2001.

이중 구조 사회의 재탄생

이 절은 이 장의 참고 문헌 설명 앞머리에 제시한 일반 자료를 참고했다.

10장. 민주주의, 무너지다

현재 인공지능이 사용되는 방식이 대체로 데이터 수집과 관련되어 있고 이것이 소비자로서, 시민으로서, 노동자로서의 사람들을 통제하는 용도로 쓰이고 있다는 이

장의 핵심 주제는 다음을 토대로 했다. Pasquale 2015; O'Neil 2016; Lanier 2018; Zuboff 2019; Crawford 2021. 디지털 반향실의 악영향에 대한 초창기의 분석은 다음을 참고하라. Sunstein 2001. 다음도 참고하라. Cinelli et al. 2021. 이러한 유형의 데이터 수집이 소셜미디어가 작동하는 방식을 왜곡한다는 개념은 다음에서도 논의되었다. Acemoglu, Ozdaglar, and Siderius 2022; Acemoglu (근간). 우리가 아는 바로, 중국 정부의 접근 방식과 미국 주요 테크 기업의 접근 방식이 방대한 데이터에 대한 접근을 토대로 한다는 점에서 유사하다는 우리의 주장은 새로운 것이다. 중국에서 감시와 검열이 도입되기 시작한 초기 국면에 대한 논의는 다음을 참고했다. McGregor 2010. 더 최근 상황은 다음을 참고했다. Dickson 2021. 데이비드 양David Yang과 공저자들이 진행한 연구와 데이비드와 나눈 대화에서도 큰 도움을 받았다. 이들의 저술은 출처를 아래에 밝혔다.

10장 제사의 인용문은 각각 다음에 나온다. Krenkel and Kang 2021, 224; Arendt 1978.

중국의 AI 관련 지출 증가는 다음을 참고하라. Beraja, Yang, and Yuchtman 2020. "법, 규칙, 기준, 현장에…" 인용문이 포함된 국가위원회의 사회신용계획 공식 계획안의 영문 번역은 다음에서 볼 수 있다. https://chinacopyrightandmedia. wordpress.com/2014/06/14/planning-outline-for-the-construction-of-a-social-credit-system-2014-2020. "[2019년 7월 9일] 현재…" 인용문은 다음에서 볼 수 있다. https://english.court.gov.cn/2019-07/11/c_766610.htm. 중국 정부의 공식 웹사이트이며 중국의 영자 신문인 『차이나데일리China Daily』를 통해 제공된다. "디지털 독재"는 다음을 참고하라. Harari 2018. 조지프 에스트라다 대통령 탄핵을 요구한 필리핀 시민들의 저항 운동은 다음을 참고하라. Shirky 2011. "언젠가 마크 저커버그를 만나…" 인용문은 2012년 1월 17일 NPR과의 인터뷰에서 한 말이다. www.npr. org/2012/01/17/145326759/revolution-2-0-social-medias-role-in-removing-mubarak-from-power. "억압적인 국가에서 트위터상의 몇몇 글이…" 인용문은 다음에 나온다. https://blog.twitter.com/en_us/a/2011/the-tweets-must-flow. 인터넷과 자유에 대한 힐러리 클린턴의 견해는 다음을 참고하라. Clinton 2010.

정치 무기화한 검열 시스템

마오쩌둥 사망 이후 중국 상황의 전개는 다음을 참고하라. MacFarquhar and Schoenhals 2008. 2000년대의 검열에 대해서는 다음을 참고하라. McGregor 2010. 톈안먼 사건과 일곱 가지 요구사항은 다음을 참고하라. Zhang, Nathan, Link, and Schell 2002. 본문에 언급된 2010년대 초 중국의 검열과 자유의 제약에 대한 "대규모 연구"는 다음을 말한다. King, Pan, and Roberts 2013. "또 다른 연구팀"의 연구는 다음을 말한다. Qin, Strömberg, and Wu 2017. 이 연구는 소셜미디어를 매개로 한 집합 행동이 제한적으로만 일어났음을 보여주었다. 2017년에 발표된 "차세대 인공지능 발전 계획"은 다음에서 볼 수 있다. www.newamerica.org/cybersecurity-initiative/digichina/blog/full-translation-chinas-new-generation-artificial-intelligence-development-plan-2017. "중국은 정치 무기화한…" 인용문은 다음에 나온다. Zhong, Mozur, and Krolik 2020.

더 멋진 신세계

부패에 대한 내용을 포함해 언론 보도에 대한 검열은 다음을 참고하라. Xu and Albert 2017. 중국 고위 공직자의 아들이 운영하는 회사의 나미비아 지부에서 부패가 벌어졌다는 의혹을 제기한 기사를 포함해 해외 기사에 대한 중국의 검열은 다음을 참고하라. McGregor 2010, 148. 이 사건은 당시 중국의 최고 실권자이던 후진타오의 아들 후하이펑이 관여된 사건이었다. 교과서 개편과 그것이 미친 영향은 다음에서 연구되었다. Cantoni, Chen, Yang, Yuchtman, and Zhang 2017. 만리방화벽에 대한 실험 연구와 그것의 의미는 다음을 참고하라. Chen and Yang 2019. "오웰이 두려워한 것은…" 인용문은 다음에 나온다. Postman 1985, xxi. "과학적 독재하에서는…" 인용문은 다음에 나온다. Huxley 1958, 37.

프로메테우스에서 페가수스로

VK의 확산과 시민 저항에서 VK가 수행한 역할은 다음을 참고하라. Enikolopov, Makarin, and Petrova 2020. NSO 그룹에 대해서는 다음을 참고하라. Bergman and Mazzetti 2022. 페가수스에 대한 내용은 『워싱턴포스트』, NPR, 『뉴욕타임스』, 『가디언』, 『포린폴리시』 등 여러 매체에서 확인된 바 있다. 다음을 참고하라. www.

washingtonpost.com/investigations/interactive/2021/nso-spyware-pegasus-cellphones; www.washingtonpost.com/world/2021/07/19/india-nso-pegasus; www.npr.org/2021/02/25/971215788/biden-administration-poised-to-release-report-on-killing-of-jamal-khashoggi; www.nytimes.com/2021/07/17/world/middleeast/israel-saudi-khashoggi-hacking-nso.html; www.theguardian.com/world/2021/jul/18/nso-spyware-used-to-target-family-of-jamal-khashoggi-leaked-data-shows-saudis-pegasus; https://foreignpolicy.com/2021/07/21/india-israel-nso-pegasus-spyware-hack-modi-bjp-democracy-watergate. "사기 공작"이라는 사우디아라비아 정부의 반응은 다음을 참고하라. www.reuters.com/article/us-saudi-khashoggi/saudi-arabia-calls-khashoggi-killing-grave-mistake-says-prince-not-aware-idUSKCN1MV0HI. "금지된 기사"의 폭로에 대한 NSO의 반응은 다음에서 볼 수 있다. www.theguardian.com/news/2021/jul/18/response-from-nso-and-governments. 그들의 반론은 다음과 같이 시작한다. "NSO 그룹은 당신의 기사가 이야기한 가짜 주장들을 강하게 부인합니다." NSO 그룹은 특히 카슈끄지의 살해에 관여되었다는 부분을 강하게 부인했다. "NSO가 이미 언급했듯이 NSO의 테크놀로지는 자말 카슈끄지의 끔찍한 살해와 어떤 방식으로도 연결되어 있지 않습니다." 이어 NSO는 자사의 테크놀로지가 다음과 같은 방식으로 쓰이고 있다고 회사 방침을 설명했다. "NSO는 검증된 정부 고객을 대상으로만 시스템을 판매하며 그것을 직접 운영하거나 고객의 타깃에 대한 데이터에 접근할 수 없습니다. 그렇지만 [고객들은] 수사 중인 사건에 대해서는 그러한 정보를 우리에게 제공해야 할 의무가 있습니다. NSO는 우리의 기술을 직접 운영하지 않으며 어떤 종류이든 고객의 데이터에 대해 접근, 처리, 수집하는 활동을 하지 않습니다." "내 자리에 앉아서…" 인용문은 다음에 나온다. Sorkin 2013. "이것이 테크놀로지를 가장 잘…" 인용문은 다음에 나온다. Hill 2020. 이 저술은 클리어뷰가 개발하는 AI에 대한 더 포괄적인 논의도 담고 있다.

감시와 테크놀로지의 방향

"테크놀로지는 압제를 선호한다"는 다음에 나온다. Harari 2018. 중국의 지방 당국들이 AI 도구를 사용하는 방식과 기업에 데이터 접근을 열어주는 것이 어떻게 AI 기반 감시를 더욱 촉진하는지에 대한 실증근거는 다음을 참고하라. Beraja, Yang, and Yuchtman 2020. 이러한 활동이 경찰력 보유 규모에 미치는 영향도 이 저술에서 볼 수 있다. 저항을 억압하는 데 사용되는 AI 기술의 효과성에 대한 실증근거는 다음을 참고하라. Beraja, Kao, Yang, and Yuchtman 2021. 감시 테크놀로지를 여타 독재 국가들로 수출한다는 내용의 출처도 이 논문이다. 화웨이의 감시 기술 수출에 대해서는 다음도 참고하라. Feldstein 2019. 화웨이가 감시 기술을 수출한 국가가 50개국이라는 숫자의 출처도 이 저술이다.

소셜미디어와 종이 클립

종이 클립 우화는 다음에 나온다. Bostrom 2017. 페이스북의 미얀마 진출과 운영 정책은 다음을 참고하라. Frenkel and Kang 2021. 테인 세인의 로힝야족 혐오 발언은 다음에 인용되어 있다. Human Rights Watch 2013. www.hrw.org/report/2013/04/22/all-you-can-do-pray/crimes-against-humanity-and-ethnic-cleansing-rohingya-muslims. "나는 극단주의자라는 말을…"은 그가 CBS 〈60분〉과 한 인터뷰에 나온다. www.cbsnews.com/news/new-burma-aung-san-suu-kyi-60-minutes. 2019년에 미얀마 정부가 "위험"한 민족 단체를 페이스북에서 활동하지 못하게 하라고 요구한 데 대한 페이스북의 대응은 다음을 참고하라. Frenkel and Kang 2021. 네 개의 민족 분리주의 집단에 대한 페이스북 사용 금지는 다음을 참고하라. Jon Russell 2019. "공유하기 전에 한 번 더 생각하세요" 스티커는 다음을 참고하라. Frenkel and Kang 2021, 9장. 스리랑카에서 페이스북을 통해 반무슬림 선동이 퍼진 것과 "소수자 공동체 전체를…" 인용문은 다음에 나온다. Taub and Fisher 2018. 라자 싱의 페이스북 글은 다음에 나온다. Purnell and Horwitz 2020.

가짜 정보 생성기계

소셜미디어 사용과 주된 뉴스 원천에 대한 통계는 다음에 나온다. Levy 2021; Allcott, Gentzkow, and Yu 2019; Allcott and Gentzkow 2017. "모든 카테고리의 정보에 대해…" 인용문은 다음에 나온다. Vosoughi, Roy, and Aral 2018. 2015~2016년의 선거 관련 내용은 다음을 참고하라. Guess, Nyhan, and Reifler 2020. 페리서의 2010년 테드 강연은 다음에서 볼 수 있다. www.youtube.com/watch?v=B8ofWFx525s. 낸시

펠로시에 대한 조작 동영상에 대해서는 다음을 참고하라. Frenkel and Kang 2021. "우리 일은 코트가…" 인용문은 다음에 나온다. Timberg, Romm, and Harwell 2019. 오스 키퍼스에 대한 내용은 다음에 나온다. Frenkel and Kang 2021. 유튜브의 극단주의화 경향과 "알트라이트의 토끼굴에…" 인용문은 다음에 나온다. Roose 2019. "우리가 연구한 파시스트…" 인용문은 다음에 나온다. Evans 2018. "우리는 익숙한 콘텐츠를 추천하는…" 인용문은 다음에 나온다. Ditum 2019. 트럼프가 트위터에 글을 올리고 나서 반무슬림 선동 글과 실제 폭력 사건 모두가 증가했다는 내용은 다음에 나온다. Müller and Schwarz 2021. 트위터에 대해 더 자세한 내용은 다음을 참고하라. Halberstam and Knight 2016. 레딧에 대한 내용은 다음을 바탕으로 했다. Marantz 2020.

광고 흥정

이 절의 내용은 다음을 토대로 했다. Isaacson 2014; Markoff 2015. "이 논문에서 우리는 구글이라는…" 인용문은 브린과 페이지의 논문(Brin and Page 1998) 초록에 나온다. "놀라실지 모르지만 …" 인용문은 다음에 나온다. Isaacson 2014, 458.

사회적으로 파산한 웹

이 절의 내용은 다음을 토대로 했다. Frenkel and Kang 2021. 샌드버그의 "우리가 여기에서 달성했다고 …" 인용문도 여기에 나온다(61페이지). 비슷한 성향이나 취향을 가진 것으로 보이는 청중을 구성하는 것과 페이스북이 광고주에게 알린 설명인 "귀사의 기존 고객과…" 인용문은 다음에 나온다. Meta Business Help Center, www.facebook.com/business/help/164749007013531?id=401668390442328. 페이스북의 확산이 정신 건강에 미친 영향은 다음에 나온다. Braghieri, Levy, and Makarin 2022; O'Neil 2022. 소셜미디어 사용과 분노에 대해서는 다음을 참고하라. Rathje, Van Bavel, and van der Linden 2021; O'Neil 2022. 알고리즘이 감정적 반응에 미치는 영향은 다음을 참고하라. Stella, Ferrara, and De Domenico 2018. 더 일반적인 논의는 다음을 참고하라. Brady, Wills, Jost, Tucker, and Van Bavel 2017; Tirole 2021; Brown, Bisbee, Lai, Bonneau, Nagler, and Tucker 2022. 페이스북에 대한 "한 야심 찬 연구"와 여기에서 발견된 행복도, 여타 사회적 활동 등에 대한 함의는 다음

을 참고하라. Allcott, Gentzkow, and Song 2021; Allcott, Braghieri, Eichmeyer, and Gentzkow 2020. "일단 밖에 풀어 …"는 다음에 나온다. Frenkel and Kang 2021. "이 것은 지구상에서 가장 비난할 만한…" 인용문은 다음에 나온다. Cohen 2019.

반민주주의로의 방향 선회

하버마스의 공론장 이론은 다음을 참고하라. Habermas [1962] 1991. "AI에 대한 대 부분의 두려움은…"과 "테크놀로지가 일상에 완전히…" 인용문은 다음에 나온다. Vassallo 2021. 이 저자는 파운데이션 캐피탈의 임원이다. 저커버그의 "새로운 테크 놀로지나 혁신이 올 때…" 인용문은 다음에 나온다. Grossman 2014. 페이스북의 연 구에 대해『미국립과학원 회보』에 편집진이 밝힌 우려는 다음에 나온다. Verna 2014. 구글북스와 구글맵에 대한 내용은 다음에 나온다. Zuboff 2019. 이미지넷에 대해서는 다음을 참고하라. www.image-net.org. 리페이페이의 "인터넷의 시대에 우리는…" 인용문은 다음에 나온다. Markoff 2012. 클리어뷰에 대한『뉴욕타임스』 의 기사는 다음을 참고하라. "The Secretive Company That Might End Privacy as We Know It," Kashmir Hill, https://www.nytimes.com/2020/01/18/technology/ clearview-privacy-facial-recognition.html. 이 기사는 다음과 같이 설명하고 있다. "이 시스템은 30억 개가 넘는 이미지를 뼈대로 하고 있는데, 클리어뷰는 이것을 페 이스북, 유튜브, 벤모, 기타 수백만 개의 웹사이트에서 가져왔다고 밝혔다. 이 시스 템은 미국 정부나 실리콘 밸리 거대 기업이 이제까지 구축해 온 어느 것과도 비교가 되지 않는다." 클리어뷰의 관점과 피터 티엘의 초기 투자는 다음을 참고하라. Chafkin 2021, 296-297 등. "법은 무엇이 합법인지를…"은 클리어뷰 투자자인 데이 비드 스캘조David Scalzo의 말이다. 다음을 참고하라. Hill 2020.

라디오 데이즈

코플린 신부에 대한 배경 설명은 다음을 참고하라. Brinkley 1983. 코플린의 라디오 연설에 대해서는 다음에 논의되어 있다. Wang 2021. 괴벨스의 "우리가 권력을 잡 고…" 인용문은 1933년 8월에 한 말이다. 다음을 참고하라. Tworek 2019. 나치에 대한 지지를 높이는 데 라디오 프로파간다가 미친 영향은 다음을 참고하라. Adena, Enikolopov, Petrova, Santarosa, and Zhuravskaya 2015. 다음도 참고하라. Satyanath,

Voigtländer, and Voth 2017. 독일 형법, 표현의 자유, 국민선동죄 등은 다음을 참고하라. www.gesetze-im-internet.de/englisch_gg/englisch_gg.html.

디지털 선택

레딧과 유튜브의 혐오 표현에 대한 대응의 제한적인 개선은 다음을 참고하라. www.nytimes.com/2019/06/05/business/youtube-remove-extremist-videos. html; https://variety.com/2020/digital/news/reddit-bans-hate-speech-groups-removes-2000-subreddits-donald-trump-1234692898. 하지만 다음도 참고하라. https://time.com/6121915/reddit-international-hate-speech. 위키피디아의 조정 절차와 "관료" 시스템은 다음을 참고하라. https://en.wikipedia.org/wiki/Wikipedia:Administration. 페이스북이 중소기업의 수출을 촉진한 효과는 다음을 참고하라. Fergusson and Molina (근간).

민주주의가 가장 필요할 때 민주주의가 훼손되다

"2 더하기 2가…" 인용문은 다음에 나온다. Orwell 1949, 92.

11장. 테크놀로지의 경로를 다시 잡기

테크놀로지의 방향을 바꾸는 것의 중요성과 몇몇 조세 보조금 체계가 여기에 어떻게 도움이 될 것인지는 다음을 참고하라. Acemoglu 2021. 우리가 아는 바로, 테크놀로지의 방향을 바꾸는 것이 어떻게 테크놀로지를 사용하고 누가 그것을 통제할 것인가에 대한 내러티브의 변화 및 새로운 길항 권력과 결합되어야 한다는 주장은 새로운 논의다.

제사의 "민중의 컴퓨터 회사" 인용문은 다음에 나온다. www.digibarn.com/collections/newsletters/peoples-computer/peoples-1972-oct/index.html. 브랜다이스 인용문은 다음에 나온다. Baron 1996. 여기에는 출처가 "조정 절차 결과, 뉴욕 의류 산업, 1913년 10월 13일"로 표시되어 있다.

진보 시대 개혁 운동에 대한 더 이른 논의는 다음을 참고하라. Acemoglu and Johnson 2017. 진보 시대 개혁 운동에 대한 배경 정보는 다음을 참고하라. McGerr 2003.

"정치에서 중요한 것 두 가지가…"는 마크 해나의 말로 널리 알려져 있다. 예를 들어 다음을 참고하라. Safire 2008, 237. 아이다 타벨에 대해서는 다음을 참고하라. Tarbell 1904. 마더 존스와 "아동의 행진"은 다음을 참고하라. McFarland 1971. 푸조 위원회의 조사, 스탠더드 오일 해체, 그리고 초창기의 반독점 논의에 대해서는 다음을 참고하라. Johnson and Kwak 2010.

테크놀로지 변화의 방향을 다시 잡기

에너지 분야에서 테크놀로지 선택의 방향을 바꾸는 데 정책이 수행한 역할은 다음에 논의되어 있다. Acemoglu 2021. 국가별 녹색 또는 재생 에너지 기술 관련 특허는 다음에 나온다. Acemoglu, Aghion, Barrage, and Hemous (근간). 재생 에너지 비용의 시간에 따른 변천은 다음에 나온다. www.irena.org/publications/2021/Jun/Renewable-Power-Costs-in-2020. 여러 에너지원에 대해 생산된 전기의 "평준 비용"을 추산했다. "50년 안에 아무도 …" 인용문은 다음에 나온다. McKibben 2013.

길항 권력을 다시 일구기

거대 테크 기업으로의 시장 집중화가 심화되는 것이 경제에, 또 더 광범위한 영역에 어떤 함의를 갖는지에 대해서는 다음을 참고하라. Foer 2017. 미국 노동력 중 블루칼라 생산직 노동자 비중은 다음을 참고하라. https://bluecollarjobs.us/2017/04/10/highest-to-lowest-share-of-blue-collar-jobs-by-state. 스타벅스의 노조 조직화 시도는 다음에 논의되어 있다. Eavis 2022. 홍콩의 시위에 대해서는 다음을 참고하라. Cantoni, Yang, Yuchtman, and Zhang 2019. 1936년 GM 노동자들의 파업 시위는 다음을 참고하라. Fine 1969. 보츠와나의 부족 회의 "고틀라"는 다음을 참고하라. Acemoglu, Johnson, and Robinson 2003. 뉴-퍼블릭 프로젝트와 어슐라 르귄의 "우리가 무언가를 행하기 위해 배울 수 있는 것" 인용문은 다음에 나온다. Chan 2021. "우리가 무언가를 행하기 위해 배울 수 있는 것"이라는 표현의 원 출처는 다음이다. Le Guin 2004. 이 표현이 포함된 전체 구절은 다음과 같다. "테크놀로지에 대해서는 분명한 것이 하나 있습니다. 테크놀로지란 우리가 무언가를 행하기 위해 배울 수 있는 것입니다." 오드리 탕의 노력과 총통배 해커톤 대회는 다음을 참고하라. Tang 2019. 타이완의 코로나19 대응에 시민 사회와 민간 기업이 어떻게 참여했는지는 다음을 참고하라. Lanier and Weyl 2020. "인터넷의 도래로 지출이…" 인용문은 앤서니 케네디 대법관이 쓴 2010년 1월 "시민 연합" 사건 대법원 결정문에 나온다. 대법원에서 5대 4로 결정된 이 판결은 기업이 무제한으로 정치 선거 자금을 후원할 수 있게 허용했다. 다음을 참고하라. Citizens United v. Federal Election Commission, 558 U.S. 310 (2010), https://www.supremecourt.gov/opinions/boundvolumes/558bv.pdf. 310페이지부터.

테크놀로지의 방향을 다시 잡기 위한 정책들

조세 개혁에 대해서는 다음을 참고하라. Acemoglu, Manera, and Restrepo 2020. 교육 훈련에 대해서는 다음을 참고하라. Becker 1993; Acemoglu and Pischke 1999. 항생제 개발과 제2차 세계대전 때의 항생제 사용은 다음을 참고하라. Gruber and Johnson 2019. GDPR를 통한 규제가 중소기업에 미친 부정적인 영향은 다음을 참고하라. Prasad 2020. 개인이 자신의 소셜 네트워크에 스스로 정보를 공개할 때 데이터가 매매되는 시장에서 어떠한 문제로 이어질 수 있는지는 다음을 참고하라. Acemoglu, Makhdoumi, Malekian, and Ozdaglar (근간). 데이터 소유권에 대해서는 다음을 참고하라. Lanier 2018; 2019; Posner and Weyl 2019. 저커버그의 "저는 페이스북이…" 인터뷰 내용은 다음에 보도되었다. McCarthy 2020. 자본 과세와 노동 과세 사이의 비대칭을 없애는 것이 자동화에 어떤 영향을 미칠 수 있는지는 다음을 참고하라. Acemoglu, Manera, and Restrepo 2020. 디지털 광고세는 다음에서 제안되었다. Romer 2021. 통신품위법 230조에 대해서는 다음을 참고하라. Waldman 2021. 한국과 핀란드의 산업 정책은 각각 다음을 참고하라. Lane 2022; Mitrunen 2019.

그 밖의 유용한 정책들

부유세에 대해서는 다음을 참고하라. Boston Review 2020. 국가별 사회적 계층 이동성에 대해서는 다음을 참고하라. Corak 2013; Chetty, Hendren, Kline, and Saez

2014. 덴마크와 미국에서 가구 간 소득 차이 중 한 세대 안에 어느 정도가 사라지는 지에 대한 추산치는 다음을 토대로 했다. Corak 2013, 그림 1. 현재의 주 및 연방 최저임금은 다음을 참고하라. www.dol.gov/agencies/whd/minimum-wage/state. 최저임금제의 효과는 다음을 참고하라. Card and Krueger 2015. 더 높은 최저임금이 더 노동자 친화적인 투자를 촉진한다는 점은 다음을 참고하라. Acemoglu and Pischke 1999. 코로나 팬데믹이 자동화에 어떤 영향을 미쳤을지는 다음을 참고하라. Chernoff and Warman 2021.

테크놀로지의 미래는 아직 고정되지 않았다

HIV 운동과 그에 대한 사회의 반응에 대한 논의는 토대로 했다. Shilts 2007; Specter 2021.

참고 문헌

Acemoglu, Daron. 1997. "Training and Innovation in an Imperfect Labor Market." *Review of Economic Studies* 64, no. 2: 445-464.

Acemoglu, Daron. 1998. "Why Do New Technologies Complement Skills? Directed Technical Change and Wage Inequality." *Quarterly Journal of Economics* 113, no. 4: 1055-1089.

Acemoglu, Daron. 1999. "Changes in Unemployment and Wage Inequality: An Alternative Theory and Some Evidence." *American Economic Review* 89, no. 5: 1259-1278.

Acemoglu, Daron. 2001. "Good Jobs Vs. Bad Jobs." *Journal of Labor Economics* 19, no. 1: 1-21.

Acemoglu, Daron. 2002a. "Directed Technical Change." *Review of Economic Studies* 69, no. 4: 781-810.

Acemoglu, Daron. 2002b. "Technical Change, Inequality, and the Labor Market." *Journal of Economic Literature* 40, no. 1: 7-72.

Acemoglu, Daron. 2003a. "Labor- and Capital-Augmenting Technical Change." *Journal of European Economic Association* 1, no. 1: 1-37.

Acemoglu, Daron. 2003b. "Patterns of Skill Premia." *Review of Economic Studies* 70, no. 2: 199-230.

Acemoglu, Daron. 2009. *Introduction to Modern Economic Growth*. Princeton, NJ: Princeton University Press.

Acemoglu, Daron. 2010. "When Does Labor Scarcity Encourage Innovation?" *Journal of Political Economy* 118, no. 6: 1037-1078.

Acemoglu, Daron. 2021. "AI's Future Doesn't Have to Be Dystopian." *Boston Review*, May 20, 2021. https://www.bostonreview.net/forum/ais-future-doesnt-have-to-be-dystopian/.

Acemoglu, Daron. Forthcoming. "Harms of AI." In *The Handbook of AI Governance*, edited by Justin Bullock, Yu-Che Chen, Johannes Himmelreich, Valerie M. Hudson, Anton Korinek, Matthew Young, and Baobao Zhang. New York: Oxford University Press.

Acemoglu, Daron, Philippe Aghion, Lint Barrage, and David Hemous. Forthcoming. "Climate Change, Director Innovation, and the Energy Transition: The Long-Run Consequences of the Shale Gas Revolution."

Acemoglu, Daron, Philippe Aghion, Leonardo Bursztyn, and David Hemous. 2012. "The Environment and Directed Technical Change." *American Economic Review* 102, no. 1: 131-166.

Acemoglu, Daron, Nicolas Ajzeman, Cevat Giray Aksoy, Martin Fiszbein, and Carlos Molina. 2021. "(Successful) Democracies Breed Their Own Support." NBER Working Paper no. 29167. DOI:10.3386/w29167.

Acemoglu, Daron, Ufuk Akcigit, Harun Alp, Nicholas Bloom, and William Kerr. 2018. "Innovation, Reallocation, and Growth." *American Economic Review* 108, no. 11: 3450-3491.

Acemoglu, Daron, and David H. Autor. 2011. "Skills, Tasks and Technologies: Implications for Employment and Earnings." *Handbook of Labor Economics* 4:1043-1171.

Acemoglu, Daron, David H. Autor, David Dorn, Gordon H. Hanson, and Brendan Price. 2014. "Return of the Solow Paradox? IT, Productivity, and Employment in US Manufacturing." *American Economic Review* 104, no. 5: 394-399.

Acemoglu, Daron, David H. Autor, David Dorn, Gordon H. Hanson, and Brendan Price. 2016. "Import Competition and the Great U.S. Employment Sag of the 2000s." *Journal of Labor Economics* 34:S141-S198.

Acemoglu, Daron, David H. Autor, Jonathon Hazell, and Pascual Restrepo. 2022. "AI and Jobs: Evidence from Online Vacancies." *Journal of Labor Economics* 40 (S1): S293-S340.

Acemoglu, Daron, David H. Autor, and Christina H. Patterson. Forthcoming. "Bottlenecks: Sectoral Imbalances in the U.S. Productivity Slowdown." Prepared for the NBER Macroeconomics Annual, 2023.

Acemoglu, Daron, Alex Xi He, and Daniel LeMaire. 2022. "Eclipse of Rent-Sharing: The Effects of Managers Business Education on Wages and the Labor Share in the US and Denmark." NBER Working Paper no. 29874. DOI:10.3386/w29874.

Acemoglu, Daron, and Simon Johnson. 2005. "Unbundling Institutions." *Journal of Political Economy* 113:949-995.

Acemoglu, Daron, and Simon Johnson. 2017. "It's Time to Found a New Republic." *Foreign Policy*, August 15. https://foreignpolicy.com/2017/08/15/its-time-to-found-a-new-republic.

Acemoglu, Daron, Simon Johnson, and James A. Robinson. 2003. "An African Success Story: Botswana." In *In Search of Prosperity: Analytical Narratives on Economic Growth*, edited by Dani Rodrik, 80-119. Princeton, NJ: Princeton University Press.

Acemoglu, Daron, Simon Johnson, and James A. Robinson. 2005a. "Institutions as Fundamental Determinants of Long-Run Growth." In *Handbook of Economic Growth*, edited by Philippe Aghion and Steven Durlauf, 1A:385-472. Amsterdam: North-Holland.

Acemoglu, Daron, Simon Johnson, and James A. Robinson. 2005b. "The Rise of Europe: Atlantic Trade, Institutional Change and Economic Growth." *American Economic Review* 95:546-579.

Acemoglu, Daron, Michael Jordan, and Glen Weyl. 2021. "The Turing Test Is Bad for

Business." *Wired*, www.wired.com/story/artificial-intelligence-turing-test-economics-business.

Acemoglu, Daron, Claire Lelarge, and Pascual Restrepo. 2020. "Competing with Robots: Firm-Level Evidence from France." *American Economic Review Papers and Proceedings* 110:383-388.

Acemoglu, Daron, and Joshua Linn. 2004. "Market Size in Innovation: Theory and Evidence from the Pharmaceutical Industry." *Quarterly Journal of Economics* 119:1049-1090.

Acemoglu, Daron, Ali Makhdoumi, Azarakhsh Malekian, and Asu Ozdaglar. Forthcoming. "Too Much Data: Prices and Inefficiencies in Data Markets." *American Economic Journal*.

Acemoglu, Daron, Andrea Manera, and Pascual Restrepo. 2020. "Does the US Tax Code Favor Automation?" *Brookings Papers on Economic Activity*, no. 1, 231-285.

Acemoglu, Daron, Suresh Naidu, Pascual Restrepo, and James A. Robinson. 2019. "Democracy Does Cause Growth." *Journal of Political Economy* 127, no. 1: 47-100.

Acemoglu, Daron, and Andrew F. Newman. 2002. "The Labor Market and Corporate Structure." *European Economic Review* 46, no. 10: 1733-1756.

Acemoglu, Daron, Asu Ozdaglar, and James Siderius. 2022. "A Model of Online Misinformation." NBER Working Paper no. 28884. DOI:10.3386/w28884.

Acemoglu, Daron, and Jorn-Steffen Pischke. 1998. "Why Do Firms Train? Theory and Evidence." *Quarterly Journal of Economics* 113, no. 1: 79-119.

Acemoglu, Daron, and Jorn-Steffen Pischke. 1999. "The Structure of Wages and Investment in General Training." *Journal of Political Economy* 107, no. 3: 539-572.

Acemoglu, Daron, and Pascual Restrepo. 2018. "The Race Between Machine and Man: Implications of Technology for Growth, Factor Shares and Employment." *American Economic Review* 108, no. 6: 1488-1542.

Acemoglu, Daron, and Pascual Restrepo. 2019a. "Artificial Intelligence, Automation, and Work." In *The Economics of Artificial Intelligence: An Agenda*, edited by Ajay Agarwal, Joshua S. Gans, and Avi Goldfarb, 197-236. Chicago: University of Chicago Press.

Acemoglu, Daron, and Pascual Restrepo. 2019b. "Automation and New Tasks: How Technology Changes Labor Demand." *Journal of Economic Perspectives* 33, no. 2: 330.

Acemoglu, Daron, and Pascual Restrepo. 2020a. "Robots and Jobs: Evidence from U.S. Labor Markets." *Journal of Political Economy* 128, no. 6: 2188-2244.

Acemoglu, Daron, and Pascual Restrepo. 2020b. "Unpacking Skill Bias: Automation and New Tasks." *American Economic Review, Papers and Proceedings* 110:356-361.

Acemoglu, Daron, and Pascual Restrepo. 2020c. "The Wrong Kind of AI." *Cambridge Journal of Regions, Economy, and Society* 13:25-35.

Acemoglu, Daron, and Pascual Restrepo. 2021. "Demographics and Automation." *Review of Economic Studies* 89, no. 1: 1-44.

Acemoglu, Daron, and Pascual Restrepo. 2022. "Tasks, Automation and the Rise in US Wage Inequality." *Econometrica* 90, no. 5: 1973-2016.

Acemoglu, Daron, and James A. Robinson. 2006a. "Economic Backwardness in Political Perspective." *American Political Science Review* 100, no. 1: 15-31.

Acemoglu, Daron, and James A. Robinson. 2006b. *Economic Origins of Dictatorship and Democracy.* New York: Cambridge University Press.

Acemoglu, Daron, and James A. Robinson. 2012. *Why Nations Fail: The Origins of Power, Prosperity, and Poverty.* New York: Crown.

Acemoglu, Daron, and James A. Robinson. 2019. *The Narrow Corridor: States, Societies, and the Fate of Liberty.* New York: Penguin.

Acemoglu, Daron, and Alexander Wolitzky. 2011. "The Economics of Labor Coercion." *Econometrica* 79, no. 2: 555-600.

Acemoglu, Daron, and Fabrizio Zilibotti. 2001. "Productivity Differences." *Quarterly Journal of Economics* 116, no. 2: 563-606.

Adena, Maja, Ruben Enikolopov, Maria Petrova, Veronica Santarosa, and Ekaterina Zhuravskaya. 2015. "Radio and the Rise of the Nazis in Prewar Germany." *Quarterly Journal of Economics* 130, no. 4: 1885-1939.

Ager, Philipp, Leah Boustan, and Katherine Eriksson. 2021. "The Intergenerational Effects of a Large Wealth Shock: White Southerners After the Civil War." *American Economic Review* 111, no. 11: 3767-3794.

Agrawal, Ajay, Joshua S. Gans, and Avi Goldfarb. 2018. *Prediction Machines: The Simple Economics of Artificial Intelligence.* Cambridge, MA: Harvard Business Review Press.

Agrawal, D. P. 2007. *The Indus Civilization: An Interdisciplinary Perspective.* New Delhi: Aryan.

AIIM (Association for Intelligent Information Management). 2022. "What Is Robotic Process Automation?" www.aiim.org/what-is-robotic-process-automation.

Alexander, Magnus W. 1929. "The Economic Evolution of the United States: Its Background and Significance." Address presented at the World Engineering Congress, Tokyo, Japan, November 1929. National Industrial Conference Board, New York.

Alexopoulos, Michelle, and Jon Cohen. 2016. "The Medium Is the Measure: Technical Change and Employment, 1909-1949." *Review of Economics and Statistics* 98, no. 4: 792-810.

Allcott, Hunt, Luca Braghieri, Sarah Eichmeyer, and Matthew Gentzkow. 2020. "The Welfare Effects of Social Media." *American Economic Review* 110, no. 3: 629-676.

Allcott, Hunt, and Matthew Gentzkow. 2017. "Social Media and Fake News in the 2016 Election." *Journal of Economic Perspectives* 31:211-236.

Allcott, Hunt, Matthew Gentzkow, and Lena Song. 2021. "Digital Addiction." NBER Working Paper no. 28936. DOI:10.3386/w28936.

Allcott, Hunt, Matthew Gentzkow, and Chuan Yu. 2019. "Trends in the Diffusion of

Misinformation on Social Media." *Research and Politics* 6, no. 2: 1-8.

Allen, Robert C. 1992. *Enclosure and the Yeoman: The Agricultural Development of the South Midlands, 1450-1850.* Oxford: Clarendon.

Allen, Robert C. 2003. *Farm to Factory: A Reinterpretation of the Soviet Industrial Revolution.* Princeton, NJ: Princeton University Press.

Allen, Robert C. 2009a. *The British Industrial Revolution in Global Perspective.* New York: Cambridge University Press.

Allen, Robert C. 2009b. "How Prosperous Were the Romans? Evidence from Diocletian's Price Edict (301 ad)." In *Quantifying the Roman Economy: Methods and Problems,* edited by Alan Bowman and Andrew Wilson, 327-345. Oxford: Oxford University Press.

Ammen, Daniel. 1879. "The Proposed Interoceanic Ship Canal Across Nicaragua." In "Appendix A, Proceedings in the General Session of the Canal Congress in Paris, May 23, and in the 4th Commission." *Journal of the American Geographical Society of New York* 11 (May 26): 153-160.

Andersen, Kurt. 2021. *Evil Geniuses: The Unmaking of America, a Recent History.* New York: Random House.

Anderson, Cameron, Sebastien Brion, Don A. Moore, and Jessica A. Kennedy. 2012. "A Status-Enhancement Account of Overconfidence." *Journal of Personality and Social Psychology* 103, no. 4: 718-735.

Anderson, Janna, and Lee Rainie. 2018. "Improvements Ahead: How Humans and AI Might Evolve Together in the Next Decade." Pew Research Center, December 10. www. pewresearch.org/internet/2018/12/10/improvements-ahead-how-humans-and-ai-might-evolve-together-in-the-next-decade.

Andrews, Dan, Chiara Criscuolo, and Peter N. Gal. 2016. "The Best vs. the Rest: The Global Productivity Slowdown, Divergence across Firms in the Role of Public Policy." OECD Working Paper no. 5, www.oecd-ilibrary.org/economics/the-best-versus-the-rest_63629cc9-en.

Appelbaum, Binyamin. 2019. *Economists' Hour: False Prophets, Free Markets, and the Fracture of Society.* New York: Little, Brown.

Applebaum, Anne. 2017. *Red Famine: Stalin's War on Ukraine.* New York: Doubleday.

Arendt, Hannah. 1978. "Totalitarianism: Interview with Roger Errera." *New York Review of Books,* www.nybooks.com/articles/1978/10/26/hannah-arendt-from-an-interview.

Arrow, Kenneth J. 1962. "The Economic Implications of Learning by Doing." *Review of Economic Studies* 29:155-173.

Ash, Elliott, Daniel L. Chen, and Suresh Naidu. 2022. "Ideas Have Consequences: The Impact of Law and Economics on American Justice." NBER Working Paper no. 29788. DOI:10.3386/w29788.

Ashton, T. S. 1986. *The Industrial Revolution 1760-1830.* Oxford: Oxford University Press.

Asimov, Isaac. 1989. "Interview with Bill Moyers." In *Bill Moyers: A World of Ideas*, edited by Betty Sue Flowers, 265-278. New York: Doubleday.

Atkinson, Anthony B., and Joseph E. Stiglitz. 1969. "A New View of Technological Change." *Economic Journal* 79, no. 315: 573-578.

Atkinson, Rick. 2002. *An Army at Dawn: The War in North Africa, 1942-1943.* New York: Henry Holt.

Auerbach, Jeffrey A. 1999. *The Great Exhibition of 1851: A Nation on Display.* New Haven, CT: Yale University Press.

Autor, David H. 2014. "Skills, Education and the Rise of Earnings Inequality Among the Other 99 Percent." *Science* 344, no. 6186: 843-851.

Autor, David H. 2019. "Work of the Past, Work of the Future." *American Economic Review, Papers and Proceedings* 109:1-32.

Autor, David H., Caroline Chin, Anna Salomons, and Bryan Seegmiller. 2022. "New Frontiers: The Origins and Content of New Work, 1940-2018." NBER Working Paper no. 30389. DOI:10.3386/w30389.

Autor, David H., and David Dorn. 2013. "The Growth of Low-Skill Service Jobs and the Polarization of the U.S. Labor Market." *American Economic Review* 103, no. 5: 1553-1597.

Autor, David H., David Dorn, and Gordon H. Hanson. 2013. "The China Syndrome: Local Labor Market Effects of Import Competition in the United States." *American Economic Review* 103:2121-2168.

Autor, David H., David Dorn, and Gordon Hanson. 2019. "When Work Disappears: How Adverse Labor Market Shocks Affect Fertility, Marriage, and Children's Living Circumstances." *American Economic Review: Insights* 1, no. 2: 161-178.

Autor, David H., Lawrence Katz, and Melissa Kearney. 2008. "Trends in U.S. Wage Inequality: Revising the Revisionists." *Review of Economics and Statistics* 90, no. 2: 300-323.

Autor, David H., Frank Levy, and Richard J. Murnane. 2002. "Upstairs, Downstairs: Computers and Skills on Two Floors of a Large Bank." *Industrial Labor Relations Review* 55, no. 3: 432-447.

Autor, David H., Frank Levy, and Richard J. Murnane. 2003. "The Skill Content of Recent Technological Change: An Empirical Exploration." *Quarterly Journal of Economics* 118, no. 4: 1279-1333.

Babbage, Charles. 1851 [1968]. *The Exposition of 1851; Or, Views of the Industry, the Science, and the Government, of England*, 2nd ed. Abingdon: Routledge.

Bacon, Francis. 1620 [2017]. *The New Organon: Or True Directions Concerning the Interpretation of Nature.* Translated by Jonathan Bennett. www.earlymoderntexts.com/assets/pdfs/bacon1620.pdf.

Baines, Edward. 1835. *History of the Cotton Manufacture in Great Britain*. London: Fisher, Fisher, and Jackson.

Baldwin, Peter. 1990. *The Politics of Social Solidarity: Class Bases of the European Welfare State 1875-1975*. Cambridge: Cambridge University Press.

Banerjee, Abhijit V., Shawn Cole, Esther Duflo, and Leigh Linden. 2007. "Remedying Education: Evidence from Two Randomized Experiments in India." *Quarterly Journal of Economics* 122, no. 3: 1235-1264.

Baptist, Edward E. 2014. *The Half Has Never Been Told: Slavery and the Making of American Capitalism*. New York: Basic Books.

Barker, Juliet. 2014. *1381: The Year of the Peasants' Revolt*. Cambridge, MA: Harvard University Press.

Barlow, Frank. 1999. *The Feudal Kingdom of England, 1042-1216*, 5th ed. London: Routledge.

Baron, Joseph L. 1996. *A Treasury of Jewish Quotations*, rev. ed. Lanham, MD: Jason Aronson.

Baron-Cohen, Simon, Alan M. Leslie, and Uta Frith. 1985. "Does the Autistic Child Have a 'Theory of Mind'?" *Cognition* 21, no. 1: 37-46.

Barro, Robert, and Xavier Sala-i-Martin. 2004. *Economic Growth*. Cambridge, MA: MIT Press.

Basu, Susanto, and David N. Weil. 1998. "Appropriate Technology and Growth." *Quarterly Journal of Economics* 113, no. 4: 1025-1054.

Beatty, Charles. 1956. *De Lesseps of Suez: The Man and His Times*. New York: Harper.

Becker, Gary S. 1993. *Human Capital*, 3rd ed. Chicago: University of Chicago Press.

Beckert, Sven. 2014. *Empire of Cotton: A Global History*. New York: Vintage.

Bentham, Jeremy. 1791. *Panopticon, or The Inspection House*. Dublin: Thomas Payne.

Beraja, Martin, Andrew Kao, David Y. Yang, and Noam Yuchtman. 2021. "AI-tocracy." NBER Working Paper no. 29466. DOI:10.3386/w29466.

Beraja, Martin, David Y. Yang, and Noam Yuchtman. 2020. "Data-Intensive Innovation and the State: Evidence from AI Firms in China." NBER Working Paper no. 27723. DOI:10.3386/w27723. Forthcoming in *Review of Economic Studies*.

Berg, Maxine. 1980. *The Machinery Question in the Making of Political Economy 1815-1848*. Cambridge: Cambridge University Press.

Bergeaud, Antonin, Gilbert Cette, and Remy Lecat. 2016. "Productivity Trends in Advanced Countries Between 1890 and 2012." *Review of Income and Wealth* 62, no. 3: 420-444.

Bergman, Ronen, and Mark Mazzetti. 2022. "The Battle for the World's Most Powerful Cyberweapon." *New York Times Magazine*, January 28 (updated January 31).

Berman, Sheri. 2006. *The Primacy of Politics: Social Democracy in the Making of Europe's 20th Century*. New York: Cambridge University Press.

Bernays, Edward L. 1928 [2005]. *Propaganda*. Brooklyn: Ig Publishing.

Bernstein, Peter L. 2005. *Wedding of the Waters: The Erie Canal and the Making of a Great*

Nation. New York: W.W. Norton.

Besley, Timothy, and Torsten Persson. 2011. *The Pillars of Prosperity*. Princeton, NJ: Princeton University Press.

Beveridge, William H. 1942. "Social Insurance and Allied Services." Presented to Parliament, November 1942. http://pombo.free.fr/beveridge42.pdf.

Blake, Robert. 1966. *Disraeli*. London: Faber and Faber.

Blodget, Henry. 2009. "Mark Zuckerberg on Innovation." *Business Insider*, October 1. www.businessinsider.com/mark-zuckerberg-innovation-2009-10.

Bloom, Benjamin. 1984. "The Two Sigma Problem: The Search for Methods of Proof Instruction as Effective as One-To-One Tutoring." *Educational Researcher* 13, no. 6: 4-16.

Bloom, Nicholas, Charles I. Jones, John Van Reenen, and Michael Webb. 2020. "Are Ideas Getting Harder to Find?" *American Economic Review* 110, no. 4: 1104-1144.

Bonin, Hubert. 2010. *History of the Suez Canal Company, 1858-2008: Between Controversy and Utility*. Geneva: Librarie Droz.

Boston Review. 2020. "Taxing the Superrich." Forum, March 17, https://bostonreview.net/forum/gabriel-zucman-taxing-superrich.

Bostrom, Nick. 2017. *Superintelligence*. New York: Dunod.

Boudette, Neal. 2018. "Inside Tesla's Audacious Push to Reinvent the Way Cars Are Made." *New York Times*, June 30, www.nytimes.com/2018/06/30/business/tesla-factory-musk.html.

Boustan, Leah Platt, Jiwon Choi, and David Clingingsmith. 2022. "Automation After the Assembly Line: Computerized Machine Tools, Employment and Productivity in the United States." NBER Working Paper no. 30400, October.

Brady, William J., Julian A. Wills, John T. Jost, Joshua A. Tucker, and Jay J. Van Bavel. 2017. "Emotion Shapes the Diffusion of Moralized Content in Social Networks." *Proceedings of the National Academy of Sciences* 114, no. 28: 7313-7318.

Braghieri, Luca, Ro'ee Levy, and Alexey Makarin. 2022. "Social Media and Mental Health." SSRN working paper. https://papers.ssrn.com/sol3/papers.cfm?abstract_id=3919760.

Brenner, Robert. 1976. "Agrarian Class Structure and Economic Development in Preindustrial Europe." *Past and Present* 70:30-75.

Brenner, Robert. 1993. *Merchants and Revolution*. Princeton, NJ: Princeton University Press.

Brenner, Robert, and Christopher Isett. 2002. "England's Divergence from China's Yangzi Delta: Property Relations, Microeconomics, and Patterns of Development." *Journal of Asian Studies* 61, no. 2: 609-662.

Bresnahan, Timothy F., and Manuel Trajtenberg. 1995. "General-Purpose Technologies: Engines of Growth?" *Journal of Econometrics* 65, no. 1: 83-108.

Briggs, Asa. 1959. *Chartist Studies*. London: Macmillan.

Brin, Sergey, and Lawrence Page. 1998. "The Anatomy of a Large-Scale Hypertextual Web

Search Engine." *Computer Networks and ISDNSystems* 30:107-117.

Brinkley, Alan. 1983. *Voices of Protests: Huey Long, Father Coughlin, and the Great Depression.* New York: Vintage.

Brinkley, Alan. 1989. "The New Deal and the Idea of the State." In *The Rise and Fall of the New Deal Order, 1930-1980,* edited by Steve Fraser and Gary Gerstle, 85-121. Princeton, NJ: Princeton University Press.

Broodbank, Cyprian. 2013. *The Making of the Middle Sea: A History of the Mediterranean from the Beginning to the Emergence of the Classical World.* Oxford: Oxford University Press.

Brothwell, Don, and Patricia Brothwell. 1969. *Food in Antiquity: A Survey of the Diet of Early Peoples.* Baltimore: Johns Hopkins University Press.

Brown, John. 1854 [2001]. *Slave Life in Georgia: A Narrative of the Life, Sufferings, and Escape of John Brown, a Fugitive Slave, Now in England.* Edited by Louis Alexis Chamerovzow. https://docsouth.unc.edu/neh/jbrown/jbrown.html.

Brown, Megan A., James Bisbee, Angela Lai, Richard Bonneau, Jonathan Nagler, and Joshua A. Tucker. 2022. "Echo Chambers, Rabbit Holes, and Algorithmic Bias: How YouTube Recommends Content to Real Users." May 25. https://ssrn.com/abstract=4114905.

Brundage, Vernon Jr. 2017. "Profile of the Labor Force by Educational Attainment." US Bureau of Labor Statistics, Spotlight on Statistics, www.bls.gov/spotlight/2017/educational-attainment-of-the-labor-force.

Brynjolfsson, Erik, and Andrew McAfee. 2014. *The Second Machine Age: Work, Progress, and Prosperity in a Time of Brilliant Technologies.* New York: W.W. Norton.

Buchanan, Angus. 2001. *Brunel: The Life and Times of Isambard Kingdom Brunel.* London: Bloomsbury.

Buchanan, Robertson. 1841. *Practical Essays on Millwork and Other Machinery,* 3rd ed. London: John Weale.

Buchel, Bettina, and Dario Floreano. 2018. "Tesla's Problem: Overestimating Automation, Underestimating Humans." *Conversation,* May 2. https://theconversation.com/teslas-problem-overestimating-automation-underestimating-humans-95388.

Buckley, William F. Jr. 1955. "Our Mission Statement." *National Review,* November 19. www.nationalreview.com/1955/11/our-mission-statement-william-f-buckley-jr.

Burgin, Angus. 2015. *The Great Persuasion: Reinventing Free-Markets Since the Great Depression.* Cambridge, MA: Harvard University Press.

Burke, Edmund. 1795. *Thoughts and Details on Scarcity.* London: F. and C. Rivington.

Burton, Janet. 1994. *Monastic and Religious Orders in Britain, 1000-1300,* Cambridge Medieval Textbooks. Cambridge: Cambridge University Press.

Buttelmann, David, Malinda Carpenter, Josep Call, and Michael Tomasello. 2007. "Enculturated Chimpanzees Imitate Rationally." *Developmental Science* 10, no. 4: F31-F38.

Butterfield, Herbert. 1965. *The Whig Interpretation of History*. New York: W.W. Norton.

Calhoun, John C. 1837. "The Positive Good of Slavery." Speech before the US Senate, February 6.

Cantoni, Davide, Yuyu Chen, David Y. Yang, Noam Yuchtman, and Y. Jane Zhang. 2017. "Curriculum and Ideology." *Journal of Political Economy* 125, no. 1: 338-392.

Cantoni, Davide, David Y. Yang, Noam Yuchtman, and Y. Jane Zhang. 2019. "Protests as Strategic Games: Experimental Evidence from Hong Kong's Antiauthoritarian Movement." *Quarterly Journal of Economics* 134, no. 2: 1021-1077.

Čapek, Karel. 1920 [2001]. *R.U.R. (Rossum's Universal Robots)*. Translated by Paul Selvir and Nigel Playfair. New York: Dover.

Čapek, Karel. 1929 [2004]. *The Gardener's Year*. London: Bloomsbury.

Card, David, and Alan Krueger. 2015. *Myth and Measurement: The New Economics of the Minimum Wage*, 20th anniversary ed. Princeton, NJ: Princeton University Press.

Carlyle, Thomas. 1829. "Signs of the Times." *Edinburgh Review* 49:490-506.

Carpenter, Malinda, Josep Call, and Michael Tomasello. 2005. "Twelveand 18-Month-Olds Copy Actions in Terms of Goals." *Developmental Science* 8, no. 1: F13-F20.

Cartwright, Frederick F., and Michael Biddiss. 2004. *Disease & History*, 2nd ed. Phoenix Mill: Sutton.

Carus-Wilson, E. M. 1941. "An Industrial Revolution of the Thirteenth Century." *Economic History Review* 11, no. 1: 39-60.

Case, Anne, and Angus Deaton. 2020. *Deaths of Despair and the Future of Capitalism*. Princeton, NJ: Princeton University Press.

Cauvin, Jacques. 2007. *The Birth of the Gods and the Origins of Agriculture*. Cambridge: Cambridge University Press.

Centennial Spotlight. 2021. *The Complete Guide to the Medieval Times*. Miami: Centennial Media.

Centers for Disease Control and Prevention. 2019. "1918 Pandemic (H1N1 Virus)." www.cdc.gov/flu/pandemic-resources/1918-pandemic-h1n1.html.

Chafkin, Max. 2021. *The Contrarian: Peter Thiel and Silicon Valley's Pursuit of Power*. New York: Penguin Press.

Chan, Wilfred. 2021. "A First Look at Our New Magazine." *New_Public*, September 12. https://newpublic.substack.com/p/-a-first-look-at-our-new-magazine?s=r.

Chandler, David G. 1966. *The Campaigns of Napoleon*. New York: Scribner.

Chase, Brad. 2010. "Social Change at the Harappan Settlement of Gola Dhoro: A Reading from Animal Bones." *Antiquity* 84:528-543.

Chen, Yuyu, and David Y. Yang. 2019. "The Impact of Media Censorship: *1984* or *Brave New World*?" *American Economic Review* 109, no. 6: 2294-2332.

Chernoff, Alex, and Casey Warman. 2021. "COVID-19 and Implications for Automation."

Bank of Canada, Staff Working Paper 2021-5,May 31. www.bankofcanada.ca/wp-content/uploads/2021/05/swp2021-25.pdf.

Chetty, Raj, Nathaniel Hendren, Patrick Kline, and Emmanuel Saez. 2014. "Where Is the Land of Opportunity? The Geography of Intergenerational Mobility in the United States." *Quarterly Journal of Economics* 129, no. 4 (November): 1553–1623.

Childe, Gordon. 1950. "The Urban Revolution." *Town Planning Review* 21, no. 1 (April): 3-17.

Chollet, Francois. 2017. "The Implausibility of Intelligence Explosion." *Medium*, November 27, https://medium.com/@francois.chollet/the-impossibility-of-intelligence-explosion-5be4a9eda6ec.

Chollet, Francois. 2019. "On the Measure of Intelligence." Working paper, https://arxiv.org/pdf/1911.01547.pdf?ref=https://githubhelp.com.

Christian, Brian. 2020. *The Alignment Problem: Machine Learning and Human Values*. New York: W.W. Norton.

Chudek, Maciej, Sarah Heller, Susan Birch, and Joseph Henrich. 2012. "Prestige-Biased Cultural Learning: Bystander's Differential Attention to Potential Models Influences Children's Learning." *Evolution andHuman Behavior* 33, no. 1: 46-56.

Cialdini, Robert B. 2006. *Influence: The Psychology of Persuasion*, rev. ed. New York: Harper Business.

Cinelli, Matteo, Gianmarco De Francisci Morales, Alessandro Galeazzi, Walter Quattrociocchi, and Michele Starnini. 2021. "The Echo Chamber Effect on Social Media." *Proceedings of the National Academy of Sciences* 118, no. 9. www.pnas.org/doi/10.1073/pnas.2023301118.

Cipolla, Carlo M., ed. 1972a. *The Fontana Economic History of Europe: The Middle Ages*. London: Collins/Fontana.

Cipolla, Carlo M. 1972b. "The Origins." In *The Fontana Economic History of Europe: The Middle Ages*, edited by Cipolla, 11-24. London: Collins/Fontana.

Clinton, Hillary Rodham. 2010. "Remarks on Internet Freedom." *Newseum*, January 10. https://2009-2017.state.gov/secretary/20092013clinton/rm/2010/01/135519.htm.

Cohen, Sacha Baron. 2019. "Keynote Address." ADL's 2019 Never Is Now Summit on Anti-Semitism and Hate, November 21. www.adl.org/news/article/sacha-baron-cohens-keynote-address-at-adls-2019-never-is-now-summit-on-anti-semitism.

Collins, Andrew. 2014. *Gobekli Tepe: Genesis of the Gods, The Temple of the Watchers and the Discovery of Eden*. Rochester: Bear.

Colvin, Fred H. 1913a. "Building an Automobile Every 40 Seconds." *American Machinist* 38, no. 19 (May 8): 757-762.

Colvin, Fred H. 1913b. "Special Machines for Auto Small Parts." *American Machinist* 39, no. 11 (September 11): 439-443.

Congres International d'Etudes du Canal Interoceanique. 1879. *Compte Rendu des Seances*. Du

15 au 29 Mai. Paris: Emile Martinet.

Conquest, Robert. 1986. *The Harvest of Sorrow: Soviet Collectivization and the Terror Famine*. Oxford: Oxford University Press.

Cooke, Morris Llewellyn. 1929. "Some Observations on Workers' Organizations." Presidential Address Before the Fifteenth Annual Meeting of the Taylor Society, December 6, 1928. *Bulletin of the Taylor Society* 14, no. 1 (February): 2-10.

Corak, Miles. 2013. "Income Inequality, Equality of Opportunity, and Intergenerational Mobility." *Journal of Economic Perspectives* 27, no. 3 (Summer): 79-102.

Cowen, Tyler. 2010. *The Great Stagnation*. New York: Dutton.

CQ Researcher. 1945. "Automobiles in the Postwar Economy." https://library.cqpress.com/cqresearcher/document.php?id=cqresrre1945082100.

Crafts, Nicholas F. R. 1977. "Industrial Revolution in England and France: Some Thoughts on the Question, Why Was England First?" *Economic History Review* 30, no. 3: 429-441.

Crafts, Nicholas F. R. 2011. "Explaining the First Industrial Revolution: Two Views." *European Economic History Review* 15, no. 1: 153-168.

Crawford, Kate. 2021. *Atlas of AI: Power, Politics, and the Planetary Cost of Artificial Intelligence*. New Haven, CT: Yale University Press.

Crouzet, Francois. 1985. *The First Industrialists: The Problem of Origins*. New York: Cambridge University Press.

Curtin, Philip D. 1998. *Disease and Empire: The Health of European Troops in the Conquest of Africa*. Cambridge: Cambridge University Press.

Dalhousie, Lord. 1850. "Minute by Dalhousie on Introduction of Railways in India." In *Our Indian Railway*, edited by Roopa Srinivasan, Manish Tiwari, and Sandeep Silas, Chapter 2. Delhi: Foundation Books, 2006.

Dallas, R. C. 1824. *Recollections of the Life of Lord Byron, from the Year 1808 to the End of 1814*. London: Charles Knight.

Dalton, Hugh. 1986. *The Second World War Diary of Hugh Dalton, 1940-45*. Edited by Ben Pimlott. London: Jonathan Cape.

Daly, Mary C., Bart Hobijn, and Joseph H. Pedtke. 2017. "Disappointing Facts About the Black-White Wage Gap." *FRBSF Economic Letter*, Federal Reserve Bank of San Francisco, September 5.

Dauth, Wolfgang, Sebastian Findeisen, Jens Suedekum, and Nicole Woessner. 2021. "The Adjustment of Labor Markets to Robots." *Journal of the European Economic Association* 19, no. 6: 3104-3153.

Davenport, Thomas H. 1992. *Process Innovation: Reengineering Work Through Information Technology*. Cambridge, MA: Harvard Business Review Press.

David, Paul A. 1989. "Computer and Dynamo: The Modern Productivity Paradox in a Not-Too-Distant Mirror." www.gwern.net/docs/economics/automation/1989-david.pdf.

David, Paul A., and Gavin Wright. 2003. "General Purpose Technologies and Surges in Productivity: Historical Reflections on the Future of the ICT Revolution." In *The Economic Future in Historical Perspective*, edited by Paul A. David and Mark Thomas, 135-166. Oxford: Oxford University Press.

Davies, R. W., and Stephen G. Wheatcroft. 2006. "Stalin and the Soviet Famine of 1932-33: A Reply to Ellman." *Europe-Asia Studies* 58, no. 4 (June): 625-633.

Dawkins, Richard. 1976. *The Selfish Gene*. Oxford: Oxford University Press.

De Brakelond, Jocelin. 1190s [1903]. *The Chronicle of Jocelin of Brakelond: A Picture of Monastic Life in the Days of Abbot Samson*. London: De La More.

De Vries, Jan. 2008. *The Industrious Revolution: Consumer Behavior and the Household Economy, 1650 to the Present*. Cambridge: Cambridge University Press.

Deaton, Angus. 2013. *The Great Escape: Health, Wealth, and the Origins of Inequality*. Princeton, NJ: Princeton University Press.

Defoe, Daniel. 1697 [1887]. *An Essay on Projects*. London: Cassell.

Deming, David J. 2017. "The Growing Importance of Social Skills in the Labor Market." *Quarterly Journal of Economics* 132, no. 4: 1593-1640.

Denning, Amy. 2012. "How Much Did the Gothic Churches Cost? An Estimate of Ecclesiastical Building Costs in the Paris Basin Between 1100-1250." Bachelor's thesis, Florida Atlantic University. www.medievalists.net/2019/04/how-much-did-the-gothic-churches-cost-an-estimate-of-ecclesiastical-building-costs-in-the-paris-basin-between-1100-1250.

Deutsch, Karl. 1963. *The Nerves of Government: Models of Political Communication and Control*. New York: Free Press.

Diamandis, Peter H., and Steven Kotler. 2014. *Abundance: The Future Is Better Than You Think*, rev. ed. New York: Free Press.

Diamond, Peter. 1982. "Wage Determination and Efficiency in Search Equilibrium." *Review of Economic Studies* 49, no. 2: 217-227.

Dickson, Bruce J. 2021. *The Party and the People: Chinese Politics in the 21st Century*. Princeton, NJ: Princeton University Press.

Digital History. 2021. "Ralph Nader and the Consumer Movement." www.digitalhistory.uh.edu/disp_textbook.cfm?smtid=2&psid=3351.

Disraeli, Benjamin. 1872. "Speech of the Right Hon. B. Disraeli, M.P." Free Trade Hall, Manchester, April 3.

Ditum, Sarah. 2019. "How YouTube's Algorithms to Keep Us Watching Are Helping to Radicalise Viewers." *New Statesman*, July 31. www.newstatesman.com/science-tech/2019/07/how-youtube-s-algorithms-keep-us-watching-are-helping-radicalise.

Dobson, R. B. 1970. *The Peasants' Revolt of 1381*. London: Macmillan.

Donnelly, F. K. 1976. "Ideology and Early English Working-Class History: Edward Thompson and His Critics." *Social History* 1, no. 2: 219-238.

Dorn, David. 2009. *Essays on Inequality, Spatial Interaction, and the Demand for Skills*. PhD diss., University of St. Gallen.

Douglas, Paul H. 1930a. "Technological Unemployment." *American Federationist* 37, no. 8 (August): 923-950.

Douglas, Paul H. 1930b. "Technological Unemployment: Measurement of Elasticity of Demand as a Basis of Prediction of Labor Displacement." *Bulletin of Taylor Society* 15, no. 6: 254-270.

Drandakis, E. M., and Edmund Phelps. 1966. "A Model of Induced Invention, Growth and Distribution." *Economic Journal* 76:823-840.

Du Bois, W. E. B. 1903. *The Souls of Black Folk*. New York: AC McClurg.

Duby, Georges. 1972. "Medieval Agriculture." In *The Fontana Economic History of Europe: The Middle Ages*, edited by Carlo M. Cipolla, 175-220. London: Collins/Fontana.

Duby, Georges. 1982. *The Three Orders: Feudal Society Imagined*. Chicago: University of Chicago Press.

Dunnigan, James F., and Albert A. Nofi. 1995. *Victory at Sea: World War II in the Pacific*. New York: William Morrow.

DuVal, Miles P. Jr. 1947. *And the Mountains Will Move*. Stanford, CA: Stanford University Press.

Dyer, Christopher. 1989. *Standards of Living in the Later Middle Ages: Social Change in England c. 1200-1520*, Cambridge Medieval Textbooks. Cambridge: Cambridge University Press.

Dyer, Christopher. 2002. *Making a Living in the Middle Ages: The People of Britain 850-1520*. New Haven, CT: Yale University Press.

Dyson, George. 2012. *Turing's Cathedral: The Origins of the Digital World*. New York: Pantheon.

Eavis, Peter. 2022. "A Starbucks Store in Seattle, the Company's Hometown, Votes to Unionize." *New York Times*, March 22.

Ellman, Michael. 2002. "Soviet Repression Statistics: Some Comments." *Europe-Asia Studies* 54, no. 7: 1151-1172.

Elvin, Mark. 1973. *The Pattern of the Chinese Past*. Stanford, CA: Stanford University Press.

Engels, Friedrich. 1845 [1892]. *The Condition of the Working-Class in England in 1844 with a Preface Written in 1892*. Translated by Florence Kelley Wischnewetzky. London: George Allen & Unwin.

Enikolopov, Ruben, Alexey Makarin, and Maria Petrova. 2020. "Social Media and Protest Participation: Evidence from Russia." *Econometrica* 88, no. 4: 1479-1514.

Ertman, Thomas. 1997. *Birth of the Leviathan: Building States and Regimes in Medieval and Early Modern Europe*. New York: Cambridge University Press.

Essinger, Jesse. 2004. *Jacquard's Web: How a Hand-Loom Led to the Birth of the Information Age.* Oxford: Oxford University Press.

Evans, Eric J. 1996. *The Forging of the Modern State: Early Industrial Britain, 1783-1870,* 2nd ed. New York: Longman.

Evans, M. Stanton. 1965. *The Liberal Establishment: Who Runs America . . . and How.* New York: Devin-Adair.

Evans, Richard J. 2005. *The Coming of the Third Reich.* New York: Penguin.

Evans, Robert. 2018. "From Memes to Infowars: How 75 Fascist Activists Were 'Red-Pilled.'" bell.ngcat. www.bellingcat.com/news/americas/2018/10/11/memes-infowars-75-fascist-activists-red-pilled.

Evanson, Robert E., and Douglas Gollin. 2003. "Assessing the Impact of the Green Revolution, 1960 to 2000." *Science* 300, no. 5620: 758-762.

Everitt, B. S., and Anders Skrondal 2010. *Cambridge Dictionary of Statistics.* Cambridge: Cambridge University Press.

Feenstra, Robert C., Robert Inklaar, and Marcel P. Timmer. 2015. "The Next Generation of the Penn World Table." *American Economic Review* 105, no. 10: 3150-3182. www.ggdc.net/pwt.

Feigenbaum, James, and Daniel P. Gross. 2022. "Answering the Call of Automation: How the Labor Market Adjusted to the Mechanization of Telephone Operation." NBER Working Paper no. w28061, revised April 30. DOI:10.3386/w28061.

Feinstein, Charles H. 1998. "Pessimism Perpetuated: Real Wages and the Standard of Living in Britain During and After the Industrial Revolution." *Journal of Economic History* 58, no. 3: 625-658.

Feldman, Noah. 2021. *Takeover: How a Conservative Student Club Captured the Supreme Court.* Audiobook. www.pushkin.fm/audiobooks/takeover-how-a-conservative-student-club-captured-the-supreme-court.

Feldstein, Steven. 2019. "The Global Expansion of AI Surveillance." Carnegie Endowment for International Peace working paper.https://carnegieendowment.org/2019/09/17/global-expansion-of-ai-surveillance-pub-79847.

Ferenstein, Gregory. 2017. "The Disrupters: Silicon Valley Elites' Vision of the Future." *City Journal*, Winter 2017, www.city-journal.org/html/disrupters-14950.html.

Fergusson, Leopoldo, and Carlos Molina. Forthcoming. 2022. "Facebook and International Trade."

Fernald, John. 2014. "A Quarterly, Utilization-Adjusted Series on Total Factor Productivity." Federal Reserve Bank of San Francisco Working Paper 2012-19. https://doi.org/10.24148/wp2012-19.

Ferneyhough, Frank. 1975. *The History of Railways in Britain.* Reading: Osprey. Ferneyhough, Frank. 1980. *Liverpool & Manchester Railway, 1830-1980.* London: Hale.

Field, Joshua. 1848. "Presidential Address." *Proceedings of the Institute of Civil Engineers*, February 1. www.icevirtuallibrary.com/doi/epdf/10.1680/imotp.1848.24213.

Fine, Sidney. 1969. *Sit-Down: The General Motors Strike of 1936-1937*. Michigan: University of Michigan Press.

Finer, S. E. 1952. *The Life and Times of Sir Edwin Chadwick*. London: Routledge.

Finkelstein, Amy. 2004. "Static and Dynamic Effects of Health Policy: Evidence from the Vaccine Industry." *Quarterly Journal of Economics* 119:527-564.

Fiszbein, Martin, Jeanne Lafortune, Ethan G. Lewis, and Jose Tessada. 2020. "New Technologies, Productivity, and Jobs: The (Heterogeneous) Effects of Electrification on US Manufacturing." NBER Working Paper no. 28076. DOI:10.3386/w28076.

Flannery, Kent, and Joyce Marcus. 2012. *The Creation of Inequality: How Our Prehistoric Ancestors Set the Stage for Monarchy, Slavery, and Empire*. Cambridge, MA: Harvard University Press.

Foer, Franklin. 2017. *World Without Mind: The Existential Threat of Big Tech*. New York: Penguin.

Foner, Eric. 1989. *Reconstruction: America's Unfinished Revolution, 1863-1877*, 2014 Anniversary Edition. New York: Harper Perennial.

Ford, Henry. 1926. "Mass Production." In *Encyclopedia Britannica*, edited by J. L. Garvin, 13th ed., supplementary volume 2: 821-823.

Ford, Henry, in collaboration with Samuel Crowther. 1930. *Edison as I Know Him*. New York: Cosmopolitan.

Ford, Martin. 2021. *Rule of the Robots: How Artificial Intelligence Will Transform Everything*. New York: Basic Books.

Fox, H. S. A. 1986. "The Alleged Transformation from Two-Field to Three-Field Systems in Medieval England." *Economic History Review* 39, no. 4 (November): 526-548.

Fraser, Steve, and Gary Gerstle. 1989. *The Rise and Fall of the New Deal Order, 1930-1980*. Princeton, NJ: Princeton University Press.

Freeman, Joshua B. 2018. *Behemoth: A History of the Factory and the Making of the Modern World*. New York: W.W. Norton.

Frenkel, Sheera, and Cecelia Kang. 2021. *An Ugly Truth: Inside Facebook's Battle for Domination*. New York: HarperCollins.

Frey, Carl Benedikt. 2019. *The Technology Trap: Capital, Labor, and Power in the Age of Automation*. Princeton, NJ: Princeton University Press.

Frey, Carl Benedikt, and Michael A. Osborne. 2013. "The Future of Employment: How Susceptible Are Jobs to Computerisation?" Mimeo. Oxford: Oxford Martin School.

Fried, Ina. 2015. "Google Self-Driving Car Chief Wants Tech on the Market Within Five Years." *Vox*, March 17. www.vox.com/2015/3/17/11560406/google-self-driving-car-chief-wants-tech-on-the-market-within-five.

Friedman, Milton. 1970. "A Friedman Doctrine—he Social Responsibility of Business Is to Increase Its Profits." *New York Times*, September 13. www.nytimes.com/1970/09/13/archives/a-friedman-doctrine-the-social-responsibility-of-business-is-to.html.

Gaither, Sarah E., Evan P. Apfelbaum, Hannah J. Birnbaum, Laura G. Babbitt, and Samuel R. Sommers. 2018. "Mere Membership in Racially Diverse Groups Reduces Conformity." *Social Psychological and Personality Science* 9, no. 4: 402-410.

Galbraith, John Kenneth. 1952. *American Capitalism: The Concept of Countervailing Power.* New York: Houghton Mifflin.

Galloway, James A., Derek Kane, and Margaret Murphy. 1996. "Fuelling the City: Production and Distribution of Firewood and Fuel in London's Region, 1290-1400." *Economic History Review* 49 (n.s.), no. 3 (August): 447-472.

Gancia, Gino, and Fabrizio Zilibotti. 2009. "Technological Change and the Wealth of Nations." *Annual Review of Economics* 1:93-120.

Gaskell, P. 1833. *The Manufacturing Population of England: Its Moral, Social, and Physical Conditions, and the Changes Which Have Arisen from the Use of Steam Machinery, with an Examination of Infant Labor.* London: Baldwin and Cradock.

Gates, Bill. 2008. "Prepared Remarks." 2008 World Economic Forum, January 24. www.gatesfoundation.org/ideas/speeches/2008/01/bill-gates-2008-world-economic-forum.

Gates, Bill. 2021. *How to Avoid a Climate Disaster: The Solutions We Have and the Breakthroughs We Need.* New York: Alfred A. Knopf.

Gazley, John G. 1973. *The Life of Arthur Young.* Philadelphia: American Philosophical Society.

Geertz, Clifford. 1963. *Peddlers and Princes.* Chicago: University of Chicago Press.

Gergely, Gyorgy, Harold Bekkering, and Ildiko Kiraly. 2002. "Rational Imitation in Preverbal Infants." *Nature* 415, no. 6873: 755.

Gerstle, Gary. 2022. *The Rise and Fall of the Neoliberal Order: America and the World in the Free Market Era.* New York: Oxford University Press.

Gies, Frances, and Joseph Gies. 1994. *Cathedral, Forge, and Waterwheel: Technology and Invention in the Middle Ages.* New York: HarperCollins.

Gilbert, Thomas Krendl, Sarah Dean, Nathan Lambert, Tom Zick, and Aaron Snoswell. 2022. "Reward Reports for Reinforcement Learning." https://arxiv.org/abs/2204.10817.

Gimpel, Jean. 1976. *The Medieval Machine: The Industrial Revolution of the Middle Ages.* New York: Penguin.

Gimpel, Jean. 1983. *The Cathedral Builders.* New York: Grove.

Goldin, Claudia, and Lawrence F. Katz. 2008. *The Race Between Education and Technology.* Cambridge, MA: Harvard University Press.

Goldin, Claudia, and Robert A. Margo. 1992. "The Great Compression: The Wage Structure in the United States at Midcentury." *Quarterly Journal of Economics* 107, no. 1: 1-34.

Goldsworthy, Adrian. 2009. *How Rome Fell: Death of a Superpower.* New Haven, CT: Yale

University Press.

Gordon, Robert. 2016. *The Rise and Fall of American Growth*. Princeton, NJ: Princeton University Press.

Gourevitch, Peter. 1986. *Politics in Hard Times: Comparative Responses to International Economic Crises*. Ithaca, NY: Cornell University Press.

Graetz, Georg, and Guy Michaels. 2018. "Robots at Work." *Review of Economics and Statistics* 100, no. 5: 753-768.

Greeley, Horace. 1851. *The Crystal Palace and Its Lessons: A Lecture*. New York: Dewitt and Davenport.

Green, Adam S. 2021. "Killing the Priest-King: Addressing Egalitarianism in the Indus Civilization." *Journal of Archaeological Research* 29:153-202.

Green, Adrian. 2017. "Consumption and Material Culture." In *A Social History of England, 1500-1750*, edited by Keith Wrightson, 242-266. Cambridge: Cambridge University Press.

Greene, Jay. 2021. "Amazon's Employee Surveillance Fuels Unionization Efforts: 'It's Not Prison, It's Work.'" *Washington Post*, December 2. www.washingtonpost.com/technology/2021/12/02/amazon-workplace-monitoring-unions.

Greene, Jay, and Chris Alcantara. 2021. "Amazon Warehouse Workers Suffer Serious Injuries at Higher Rates Than Other Firms." *WashingtonPost*, June 1, www.washingtonpost.com/technology/2021/06/01/amazon-osha-injury-rate.

Grey, Earl. 1830. Speech in House of Lords Debate. *Hansard*, November 22, 1830, volume 1, cc604-18.

Grossman, Lev. 2014. "Inside Facebook's Plan to Wire the World." *Time*, December 15. https://time.com/facebook-world-plan.

Gruber, Jonathan, and Simon Johnson. 2019. *Jump-Starting America: How Breakthrough Science Can Revive Economic Growth and the American Dream*. New York: PublicAffairs.

Guess, Andrew M., Brendan Nyhan, and Jason Reifler. 2020. "Exposure to Untrustworthy Websites in the 2016 US Election." *Nature Human Behaviour* 4, no. 5: 472-480.

Guy, John. 2012. *Thomas Becket: Warrior, Priest, Rebel*. New York: Random House.

Habakkuk, H. J. 1962. *American and British Technology in the Nineteenth Century: The Search for Labour-Saving Inventions*. Cambridge: Cambridge University Press.

Haberler, Gottfried. 1932. "Some Remarks on Professor Hansen's View on Technological Unemployment." *Quarterly Journal of Economics* 46, no. 3: 558-562.

Habermas, Jurgen. [1962] 1991. *The Structural Transformation of the Public Sphere*. Cambridge, MA: MIT Press.

Hacker, Jacob S. 2002. *The Divided Welfare State: The Battle over Public and Private Social Benefits in the United States*. New York: Cambridge University Press.

Haigh, Thomas. 2006. "Remembering the Office of the Future: The Origins of Word

Processing and Office Automation." *IEEE Annals of the History of Computing* 28, no. 4: 6-31.

Halberstam, Yosh, and Brian Knight. 2016. "Homophily, Group Size, and the Diffusion of Political Information in Social Networks: Evidence from Twitter." *Journal of Public Economics* 143, no. 1: 73-88.

Hammer, Michael, and James Champy. 1993. *Reengineering the Corporation: A Manifesto for Business Revolution*. New York: HarperBusiness Essentials.

Hammer, Michael, and Marvin Sirbu. 1980. "What Is Office Automation?" 1980 Automation Conference, March 3-, Georgia World Congress Center.

Hammond, James Henry. 1836. "Remarks of Mr. Hammond of South Carolina on the Question of Receiving Petitions for the Abolition of Slavery in the District of Columbia." Delivered in the House of Representatives, February 1.

Hanlon, W. Walker. 2015. "Necessity Is the Mother of Invention: Input Supplies and Directed Technical Change." *Econometrica* 83, no. 1: 67-100.

Harari, Yuval Noah. 2018. "Why Technology Favors Tyranny." *Atlantic*, October. www.theatlantic.com/magazine/archive/2018/10/yuval-noah-harari-technology-tyranny/568330.

Harding, Alan. 1993. *England in the Thirteenth Century*, Cambridge Medieval Textbooks. Cambridge: Cambridge University Press.

Harland, John. 1882. *Ballads and Songs of Lancashire, Ancient and Modern*, 3rd ed. Manchester: John Heywood.

Harrison, Bennett, and Barry Bluestone. 1990. *The Great U-Turn: Corporate Restructuring and the Polarizing of America*. New York: Basic Books.

Harrison, Mark. 2004. *Disease and the Modern World*. Cambridge, UK: Polity.

Hatcher, John. 1981. "English Serfdom and Villeinage: Towards a Reassessment." *Past and Present* 90:3-39.

Hatcher, John. 1994. "England in the Aftermath of the Black Death." *Past and Present* 144:3-35.

Hatcher, John. 2008. *The Black Death: A Personal History*. Philadelphia: Da Capo.

Hawkins, Andrew J. 2021. "Elon Musk Just Now Realizing That Self-Driving Cars Are a 'Hard Problem.'" *Verge*, July 5. www.theverge.com/2021/7/5/22563751/tesla-elon-musk-full-self-driving-admission-autopilot-crash.

Heaven, Will Douglas. 2020. "Artificial General Intelligence: Are We Close, and Does It Even Make Sense to Try?" *MIT Technology Review*, October 15. www.technologyreview.com/2020/10/15/1010461/artificial-general-intelligence-robots-ai-agi-deepmind-google-openai.

Heldring, Leander, James Robinson, and Sebastian Vollmer. 2021a. "The Economic Effects of the English Parliamentary Enclosures." NBER Working Paper no. 29772.

DOI:10.3386/w29772.

Heldring, Leander, James Robinson, and Sebastian Vollmer. 2021b. "The Long-Run Impact of the Dissolution of the English Monasteries." *Quarterly Journal of Economics* 136, no. 4: 2093-2145.

Helpman, Elhanan, and Manuel Trajtenberg. 1998. "Diffusion of General-Purpose Technologies." In *General-Purpose Technologies and Economic Growth*, edited by Helpman, 85-120. Cambridge, MA: MIT Press.

Henrich, Joseph. 2016. *The Secret of Our Success: How Culture Is Driving Human Evolution, Domesticating Our Species, and Making Us Smarter*. Princeton, NJ: Princeton University Press.

Hesser, Leon. 2019. *The Man Who Fed the World*. Princeton, NJ: Righter's Mill.

Hicks, John. 1932. *The Theory of Wages*. London: Macmillan. Hill, Kashmir. 2020. "The Secretive Company That Might End Privacy as We Know It." *New York Times*, January 18 (updated November 2,2021). www.nytimes.com/2020/01/18/technology/clearview-privacy-facial-recognition.html.

Hills, Richard L. 1994. *Power from Wind: A History of Windmill Technology*. Cambridge: Cambridge University Press.

Hindle, Steve. 1999. "Hierarchy and Community in the Elizabethan Parish: The Swallowfield Articles of 1596." *Historical Journal* 42, no. 3: 835-851.

Hindle, Steve. 2000. *The State and Social Change in Early Modern England, 1550-1640*. New York: Palgrave Macmillan.

Hinton, Geoff. 2016. "On Radiology." Creative Destruction Lab: Machine Learning and the Market for Intelligence, November 24. www.youtube.com/watch?v=2HMPRXstSvQ.

Hirschman, Albert O. 1958. *The Strategy of Economic Development*. NewHaven, CT: Yale University Press.

Hochschild, Adam. 1999. *King Leopold's Ghost: A History of Greed, Terror, and Heroism in Colonial Africa*. Boston: Mariner.

Hollander, Samuel. 2019. "Ricardo on Machinery." *Journal of Economic Perspectives* 33, no. 2: 229-242.

Hounshell, David A. 1984. *From the American System to Mass Production, 1800-1932: The Development of Manufacturing Technology in the United States*. Baltimore: Johns Hopkins University Press.

Human Rights Watch. 2013. "'All You Can Do Is Pray': Crimes Against Humanity and Ethnic Cleansing of Rohingya Muslims in Burma's Arakan State," April. www.hrw.org/report/2013/04/22/all-you-can-do-pray/crimes-against-humanity-and-ethnic-cleansing-rohingya-muslims.

Hundt, Reed. 2019. *A Crisis Wasted: Barack Obama's Defining Decisions*. New York: Rosetta.

Huxley, Aldous. 1958. *Brave New World Revisited*. www.huxley.net/bnw-revisited.

Ilyas, Andrew, Shibani Santurkar, Dimitris Tsipras, Logan Engstrom, Brandon Tran, and Aleksander Mądry. 2019. "Adversarial Examples Are Not Bugs, They Are Features." *Gradient Science*, May 6. https://gradientscience.org/adv.

Irwin, Neil. 2016. "What Was the Greatest Era for Innovation? A Brief Guided Tour." *New York Times*, May 13, www.nytimes.com/2016/05/15/upshot/what-was-the-greatest-era-for-american-innovation-a-brief-guided-tour.html.

Isaacson, Walter. 2014. *The Innovators: How a Group of Hackers, Geniuses and Geeks Created the Digital Revolution*. New York: Simon & Schuster.

Jack, William, and Tavneet Suri. 2011. "Mobile Money: The Economics of M-PESA." NBER Working Paper no. 16721. DOI:10.3386/w16721.

Jager, Simon, Benjamin Schoefer, and Jorg Heining. 2021. "Labor in the Boardroom." *Quarterly Journal of Economics* 136, no. 2: 669-725.

James, John A., and Jonathan S. Skinner. 1985. "The Resolution of the Labor-Scarcity Paradox." *Journal of Economic History* 45:513-540.

Jefferys, James B. 1945 [1970]. *The Story of the Engineers, 1800-1945*. New York: Johnson Reprint.

Jensen, Michael C. 1986. "Agency Costs of Free Cash Flow, Corporate Finance, and Takeovers." *American Economic Review* 76, no. 2: 323-329.

Jensen, Michael C., and William H. Meckling. 1976. "Theory of the Firm: Managerial Behavior, Agency Costs and Ownership Structure." *Journal of Financial Economics* 3, no. 4: 305-360.

Jensen, Robert. 2006. "The Digital Provide: Information (Technology), Market Performance, and Welfare in the Indian Fisheries Sector." *Quarterly Journal of Economics* 122, no. 3: 879-924.

Johnson, Simon, and James Kwak. 2010. *13 Bankers: The Wall Street Takeover and the Next Financial Meltdown*. New York: Pantheon.

Johnson, Simon, and Peter Temin. 1993. "The Macroeconomics of NEP." *Economic History Review* 46, no. 4: 750-767.

Johnston, W. E. 1879. "Report." Part of "The Interoceanic Ship Canal Meeting at Chickering Hall." *Journal of the American Geographical Society of New York* 11:172-180.

Jones, Charles I. 1998. *Introduction to Economic Growth*. New York: Norton.

Jones, Robin. 2011. *Isambard Kingdom Brunel*. Barnsley: Pen and Sword.

Judis, John B. 1988. *William F. Buckley: Patron Saint of Conservatives*. New York: Simon & Schuster.

Judt, Tony. 2006. *Postwar: A History of Europe Since 1945*. New York: Penguin.

Kapelle, William E. 1979. *The Norman Conquest of the North: The Region and Its Transformation, 1000-1135*. Chapel Hill: University of North Carolina Press.

Karabarbounis, Loukas, and Brent Neiman. 2014. "The Global Decline of the Labor Share."

Quarterly Journal of Economics 129, no. 1: 61-103.

Karabell, Zachary. 2003. *Parting the Desert*. New York: Knopf Doubleday.

Katz, Lawrence F., and Kevin M. Murphy. 1992. "Changes in Relative Wages, 1963-1987: Supply and Demand Factors." *Quarterly Journal of Economics* 107, no. 1: 35-78.

Katznelson, Ira. 2013. *Fear Itself: The New Deal and the Origins of Our Time*. New York: W.W. Norton.

Keene, Derek. 1998. "Feeding Medieval European Cities, 600-500." Institute of Historical Research, University of London: School of Advanced Study. https://core.ac.uk/download/pdf/9548918.pdf.

Kelly, Morgan, Joel Mokyr, and Cormac O Grada. 2014. "Precocious Albion: A New Interpretation of the British Industrial Revolution." *Annual Review of Economics* 6, no. 1: 363-389.

Kelly, Morgan, Joel Mokyr, and Cormac O Grada. Forthcoming. "The Mechanics of the Industrial Revolution." *Journal of Political Economy*, https://papers.ssrn.com/sol3/papers.cfm?abstract_id=3628205.

Keltner, Dacher. 2016. *The Power Paradox: How We Gain and Lose Influence*. New York: Penguin.

Keltner, Dacher, Deborah H. Gruenfeld, and Cameron Anderson. 2003. "Power, Approach, and Inhibition." *Psychological Review* 110, no. 2: 265-284.

Kennedy, Charles. 1964. "Induced Bias in Innovation and the Theory of Distribution." *Economic Journal* 74:541-547.

Kennedy, John F. 1963. "Address at the Anniversary Convocation of the National Academy of Sciences," October 22. www.presidency.ucsb.edu/documents/address-the-anniversary-convocation-the-national-academy-sciences.

Kerr, Ian. 2007. *Engines of Change: The Railroads That Made India*. Santa Barbara, CA: Praeger.

Keynes, John Maynard. 1930 [1966]. "Economic Possibilities for Our Grandchildren." In Keynes, *Essays in Persuasion*. New York: W.W. Norton.

Kiley, Michael T. 1999. "The Supply of Skilled Labor and Skill-Biased Technological Progress." *Economic Journal* 109, no. 458: 708-724.

King, Gary, Jennifer Pan, and Margaret Roberts. 2013. "How Censorship in China Allows Government Criticism but Silences Collective Expression." *American Political Science Review* 107, no. 2: 326-343.

Kinross, Lord. 1969. *Between Two Seas: The Creation of the Suez Canal*. New York: William Morrow.

Kleinberg, Jon, Himabindu Lakkaraju, Jure Leskovec, Jens Ludwig, and Sendhil Mullainathan. 2018. "Human Decisions and Machine Predictions." *Quarterly Journal of Economics* 133, no. 1: 237-293.

Knowles, Dom David. 1940. *The Religious Houses of Medieval England*. London: Sheed &

Ward.

Koepke, Nikola, and Joerg Baten. 2005. "The Biological Standard of Living in Europe during the Last Two Millennia." *European Review of Economic History* 9:61-95.

Koyama, Mark, and Jared Rubin. 2022. *How the World Became Rich: The Historical Origins of Economic Growth*. New York: Polity.

Kraus, Henry. 1979. *Gold Was the Mortar: The Economics of Cathedral Building*, Routledge Library Editions: The Medieval World, vol. 30. London: Routledge.

Krusell, Per, and Jose-Victor Rios-Rull. 1996. "Vested Interests in a Theory of Stagnation and Growth." *Review of Economic Studies* 63:301-330.

Krzywdzinski, Martin. 2021. "Automation, Digitalization, and Changes in Occupational Structure in the Automobile Industry in Germany, Japan, and the United States: A Brief History from the Early 1990s Until 2018." *Industrial and Corporate Change* 30, no. 3: 499-535.

Krzywdzinski, Martin, and Christine Gerber. 2020. "Varieties of Platform Work: Platforms and Social Inequality in Germany and the United States." Weizenbaum Series, number 7, May. DOI:10.34669/wi.ws/7.

Kuhn, Tom, and David Constantine, trans. and ed. 2019. *The Collected Poems of Bertolt Brecht*. New York: Liveright/Norton.

Kurzweil, Ray. 2005. *The Singularity Is Near: When Humans Transcend Biology*. New York: Penguin.

Lakwete, Angela. 2003. *Inventing the Cotton Gin: Machine and Myth in Antebellum America*. Baltimore: Johns Hopkins University Press.

Landemore, Helene. 2017. *Democratic Reason: Politics, Collective Intelligence, and the Rule of the Many*. Princeton, NJ: Princeton University Press.

Lane, Nathan. 2022. "Manufacturing Revolutions: Industrial Policy and Industrialization in South Korea." University of Oxford working paper, http://nathanlane.info/assets/papers/ManufacturingRevolutions_Lane_Live.pdf.

Langdon, John. 1986. *Horses, Oxen, and Technological Innovation: The Use of Draft Animals in English Farming from 1066 to 1500*. Cambridge: Cambridge University Press.

Langdon, John. 1991. "Water-Mills and Windmills in the West Midlands, 1086-1500." *Economic History Review* 44, no. 3: 424-444.

Lanier, Jaron. 2018. *Ten Arguments for Deleting Your Social Media Accounts Right Now*. New York: Hoffmann.

Lanier, Jaron. 2019. "Jaron Lanier Fixes the Internet." *New York Times*, September 23. www.nytimes.com/interactive/2019/09/23/opinion/data-privacy-jaron-lanier.html.

Lanier, Jaron, and E. Glen Weyl. 2020. "How Civic Technology Can Help Stop a Pandemic. Taiwan's Initial Success Is a Model for the Rest of the World." *Foreign Affairs*, March 20. www.foreignaffairs.com/articles/asia/2020-03-20/how-civic-technology-can-help-stoppandemic.

Larson, Erik J. 2021. *The Myths of Artificial Intelligence: Why Computers Can't Think the Way We Do*. Cambridge, MA: Harvard University Press.

Le Guin, Ursula. 2004. "A Rant About 'Technology.'" www.ursulakleguinarchive.com/Note-Technology.html.

Leapman, Michael. 2001. *The World for a Shilling: How the Great Exhibition of 1851 Shaped a Nation*. London: Headline.

Leaver, E. W., and J. J. Brown. 1946. "Machines Without Men." *Fortune*, November 1.

Lecher, Colin. 2019. "How Amazon Automatically Tracks and Fires Warehouse Workers for 'Productivity.'" *Verge*, April 25. www.theverge.com/2019/4/25/18516004/amazon-warehouse-fulfillment-centers-productivity-firing-terminations.

Lee, Kai-Fu. 2021. "How AI Will Completely Change the Way We Live in the Next 20 Years." *Time*, September 14. https://time.com/6097625/kai-fu-lee-book-ai-2041.

Lee, Kai-Fu, and Chen Qiufan. 2021. *AI 2041: Ten Visions for Our Future*. New York: Currency.

Lehner, Mark. 1997. *The Complete Pyramids*. London: Thames & Hudson.

Lenin, Vladimir I. 1920 [1966]. *Collected Works*, vol. 31. Moscow: Progress.

Lent, Frank. 1895. *Suburban Architecture, Containing Hints, Suggestions, and Bits of Practical Advice for the Building of Inexpensive Country Houses*, 2nd ed. New York: W.T. Comstock.

Leontief, Wassily W. 1936. "Quantitative Input and Output Relations in the Economic Systems of the United States." *Review of Economic Statistics* 18, no. 3: 105-125.

Leontief, Wassily. 1983. "Technological Advance, Economic Growth, and the Distribution of Income." *Population and Development Review* 9, no. 3: 403-410.

Lesseps, Ferdinand de. 1880. "The Interoceanic Canal." *North American Review* 130, no. 278 (January): 1-15.

Lesseps, Ferdinand de. 1887 [2011]. *Recollections of Forty Years*, vol. 2. Translated by C. B. Pitman. Cambridge: Cambridge University Press.

Levasseur, E. 1897. "The Concentration of Industry, and Machinery in the United States." *Annals of the American Academy of Political and Social Science* 9 (March): 6-25.

Levine, Sheen S., Evan P. Apfelbaum, Mark Bernard, Valerie L. Bartelt, Edward J. Zajac, and David Stark. 2014. "Ethnic Diversity Deflates Price Bubbles." *Proceedings of the National Academy of Sciences* 111, no. 4: 18524-18529.

Levinson, Marc. 2006. *The Box: How the Shipping Container Made the World Smaller and the World Economy Bigger*. Princeton, NJ: Princeton University Press.

Levitt, Gerald M. 2000. *The Turk, Chess Automaton*. Jefferson, NC: McFarland.

Levy, Ro'ee. 2021. "Social Media, News Consumption, and Polarization: Evidence from a Field Experiment." *American Economic Review* 111, no. 3: 831-870.

Levy, Steven. 2010. *Hackers: Heroes of the Computer Revolution*, 25th anniversary ed. New York:

O'Reilly.

Lewis, C. S. 1964. *Poems*. New York: Harcourt Brace.

Lewis, Michael. 1989. *Liar's Poker: Rising Through the Wreckage of Wall Street*. New York: W.W. Norton.

Lewis, R. A. 1952. *Edwin Chadwick and the Public Health Movement 1832-1854*. London: Longmans.

Li, Robin. 2020. *Artificial Intelligence Revolution: How AI Will Change Our Society, Economy, and Culture*. New York: Skyhorse. Kindle.

Licklider, J. C. R. 1960. "Man-Computer Symbiosis." *IRE Transactions on Human Factors in Electronics*, HFE-1: 4-11. https://groups.csail.mit.edu/medg/people/psz/Licklider.html.

Lin, Jeffrey. 2011. "Technological Adaptation, Cities, and New Work." *Review of Economics and Statistics* 93, no. 2: 554-574.

Link, Andreas. 2022. "Beasts of Burden, Trade, and Hierarchy: The Long Shadow of Domestication." University of Nuremberg working paper.

Lockhart, Paul. 2021. *Firepower: How Weapons Shaped Warfare*. New York: Basic Books.

Lonergan, Raymond. 1941. "A Steadfast Friend of Labor." In *Mr. Justice Brandeis, Great American*, edited by Irving Dillard, 42-45. Saint Louis: Modern View.

Lucas, Robert E. 1988. "On the Mechanics of Economic Development." *Journal of Monetary Economics* 22:3-42.

Luchtenberg, Daphne. 2022. "The Fourth Industrial Revolution Will Be People Powered." McKinsey: podcast, January 7. www.mckinsey.com/business-functions/operations/our-insights/the-fourth-industrial-revolution-will-be-people-powered.

Lyman, Joseph B. 1868. *Cotton Culture*. New York: Orange Judd.

Lyons, Derek E., Andrew G. Young, and Frank C. Keil. 2007. "The Hidden Structure of Overimitation." *Proceedings of the National Academy of Sciences* 104, no. 50: 19751-19756.

Macaulay, Thomas Babbington. 1848. *Macaulay's History of England, from the Accession of James II*, vol. 1. London: J.M. Dent.

MacDuffie, John Paul, and John Krafcik. 1992. "Integrating Technology and Human Resources for High-Performance Manufacturing: Evidence from the International Auto Industry." In *Transforming Organizations*, edited by Thomas A. Kochan and Michael Useem, 209-225. Oxford: Oxford University Press.

Macfarlane, Alan. 1978. *The Origins of English Individualism*. Oxford: Basil Blackwell.

MacFarquhar, Roderick, and Michael Schoenhals. 2008. *Mao's Last Revolution*. Cambridge, MA: Harvard University Press.

Mack, Gerstle. 1944. *The Land Divided: A History of the Panama Canal and Other Isthmian Canal Projects*. New York: Alfred A. Knopf.

Maddison, Angus. 2001. *The World Economy: A Millennial Perspective*. Paris: OECD Development Centre.

Malmendier, Ulrike, and Stefan Nagel. 2011. "Depression Babies: Do Macroeconomic Experiences Affect Risk Taking?" *Quarterly Journal of Economics* 126, no. 1: 373-416.

Malthus, Thomas. 1798 [2018]. *An Essay on the Principle of Population*. Edited by Joyce E. Chaplin. New York: W.W. Norton.

Malthus, Thomas. 1803 [2018]. *An Essay on the Principle of Population*. Edited by Shannon C. Stimson. New Haven, CT: Yale University Press.

Mankiw, N. Gregory. 2018. *Principles of Economics*, 8th ed. New York: Cengage.

Mann, Michael. 1986. *The Sources of Social Power*. Vol. 1, *A History of Power from the Beginning to ad 1760*. Cambridge: Cambridge University Press.

Mantoux, Paul. 1927. *The Industrial Revolution in the Eighteenth Century: An Outline of the Beginning of the Factory System in England*. Translated by Marjorie Vernon. London: Jonathan Cape.

Manuel, Frank E. 1956. *The New World of Henri Saint-Simon*. Cambridge, MA: Harvard University Press.

Manyika, James, Susan Lund, Michael Chui, Jacques Bughin, Jonathan Woetzel, Parul Batra, Ryan Ko, and Saurabh Sanghvi. 2017. "Jobs Lost, Jobs Gained: Workforce Transitions in a Time of Automation,"

McKinsey Global Institute, December. https://www.mckinsey.com/~/media/BAB489A30B724BECB5DEDC41E9BB9FAC.ashx.

Marantz, Andrew. 2020. *Antisocial: Online Extremists, Techno-utopians and the Hijacking of the American Conversation*. New York: Penguin.

Marcus, Gary, and Ernest Davis. 2020. "GPT-3, Bloviator: OpenAI's Language Generator Has No Idea What It's Talking About." *MIT Technology Review*, August 22.

Marcus, Steven. 1974 [2015]. *Engels, Manchester, and the Working Class*. Routledge: London.

Marens, Richard. 2011. "We Don't Need You Anymore: Corporate Social Responsibilities, Executive Class Interests, and Solving Mizruchi and Hirschman's Paradox." https://heinonline.org/HOL/Page?handle=hein.journals/sealr35&id=1215&collection=journals&index.

Markoff, John. 2012. "Seeking a Better Way to Find Web Images." *New York Times*, November 19. www.nytimes.com/2012/11/20/science/for-web-images-creating-new-technology-to-seek-and-find.html.

Markoff, John. 2013. "In 1949, He Imagined an Age of Robots." *New York Times*, May 20. www.nytimes.com/2013/05/21/science/mit-scholars-1949-essay-on-machine-age-is-found.html.

Markoff, John. 2015. *Machines of Loving Grace: The Quest for Common Ground Between Humans and Robots*. New York: HarperCollins.

Marlowe, John. 1964. *The Making of the Suez Canal*. London: Cresset.

Marx, Karl. 1867 [1887]. *Capital: A Critique of Political Economy*. Moscow: Progress. www.

marxists.org/archive/marx/works/download/pdf/Capital-Volume-I.pdf.

May, Alfred N. 1973. "An Index of Thirteenth-Century Peasant Impoverishment? Manor Court Fines." *Economic History Review* 26, no. 3: 389-402.

McCarthy, Tom. 2020. "Zuckerberg Says Facebook Won't Be 'Arbiters of Truth' After Trump Threat." *Guardian*, 28 May. www.theguardian.com/technology/2020/may/28/zuckerberg-facebook-police-online-speech-trump.

McCauley, Brea. 2019. "Life Expectancy in Hunter-Gatherers." *Encyclopedia of Evolutionary Psychological Science*, January 1: 4552-4554.

McCloskey, Deirdre N. 2006. *The Bourgeois Virtues: Ethics for an Age of Commerce*. Chicago: University of Chicago Press.

McCormick, Brian. 1959. "Hours of Work in British Industry." *ILR Review* 12, no. 3 (April): 423-433.

McCraw, Thomas K. 2009. *American Business Since 1920: How It Worked*, 2nd ed. Chichester: Wiley Blackwell.

McCullough, David. 1977. *The Path Between the Seas: The Creation of the Panama Canal, 1870-1914*. New York: Simon & Schuster.

McEvedy, Colin, and Richard Jones. 1978. *Atlas of World Population History*. London: Penguin.

McFarland, C. K. 1971. "Crusade for Child Labourers: 'Mother' Jones and the March of the Mill Children." *Pennsylvania History: A Journal of Mid-Atlantic Studies* 38, no. 3 (July): 283-296.

McGerr, Michael. 2003. *A Fierce Discontent: The Rise and Fall of the Progressive Movement in America*. Oxford: Oxford University Press.

McGregor, Richard. 2010. *The Party: The Secret World of China's Communist Rulers*. New York: Harper.

McKibben, Bill. 2013. "The Fossil Fuel Resistance." *Rolling Stone*, April 11. www.rollingstone.com/politics/politics-news/the-fossil-fuel-resistance-89916.

McKinsey Global Institute. 2017. "Artificial Intelligence: The Next Digital Frontier." Discussion paper, June.

McKone, Jonna. 2010. "'Naked Streets' Without Traffic Lights Improve Flow and Safety." TheCityFix, October 18. https://thecityfix.com/blog/naked-streets-without-traffic-lights-improve-flow-and-safety.

McLean, Bethany, and Peter Elkind. 2003. *The Smartest Guys in the Room: The Amazing Rise and Scandalous Fall of Enron*. New York: Penguin.

Menocal, A. G. 1879. "Intrigues at the Paris Canal Congress." *North American Review* 129, no. 274 (September): 288-293.

Menzies, Heather. 1981. "Women and the Chip: Case Studies of the Effects of Informatics on Employment in Canada." Montreal: Institute for Research on Public Policy.

Mercier, Hugo, and Dan Sperber. 2017. *The Enigma of Reason*. Cambridge, MA: Harvard

University Press.

Michaels, Guy. 2007. "The Division of Labour, Coordination, and the Demand for Information Processing." CEPR Discussion Paper no. DP6358. https://cepr.org/ publications/dp6358.

Mill, John Stuart. 1848. *Principles of Political Economy*. Edited by W. G. Ashley. London: Longmans, Green.

Mingay, G. E. 1997. *Parliamentary Enclosure in England: An Introduction to Its Causes, Incidence, and Impact 1750-1850*. London: Routledge.

Mithen, Steven. 2003. *After the Ice: A Global Human History 20,000-5,000 bc*. Cambridge, MA: Harvard University Press.

Mitrunen, Matti. 2019. "War Reparations, Structural Change, and Intergenerational Mobility." Institute for International Economic Studies, Stockholm University, working paper, January 2.

Moene, Karl-Ove, and Michael Wallerstein. 1997. "Pay Inequality." *Journal of Labor Economics* 15, no. 3 (July 1997): 403-430.

Mokyr, Joel. 1988. "Is There Still Life in the Pessimistic Case? Consumption During the Industrial Revolution, 1790-1850." *Journal of Economic History* 48, no. 1: 69-92.

Mokyr, Joel. 1990. *The Lever of Riches, Technological Creativity and Economic Progress*. New York: Oxford University Press.

Mokyr, Joel. 1993. "Introduction." In *The British Industrial Revolution: An Economic Perspective*, edited by Mokyr, 1-131. Boulder, CO: Westview.

Mokyr, Joel. 2002. *The Gifts of Athena: Historical Origins of the Knowledge Economy*. Princeton, NJ: Princeton University Press.

Mokyr, Joel. 2010. *Enlightened Economy: An Economic History of Britain, 1700-1850*. New Haven, CT: Yale University Press.

Mokyr, Joel. 2016. *A Culture of Growth: The Origins of the Modern Economy*.Princeton, NJ: Princeton University Press.

Mokyr, Joel, Chris Vickers, and Nicolas L. Ziebarth. 2015. "The History of Technological Anxiety in the Future of Economic Growth: Is This Time Different?" *Journal of Economic Perspectives* 29, no. 3: 31-50.

Morris, Ian. 2004. "Economic Growth in Ancient Greece." *Journal of Institutional and Theoretical Economics* 160:709-742.

Morris, Ian. 2013. *The Measure of Civilization: How Social Development Decides the Fate of Nations*. Princeton, NJ: Princeton University Press.

Morris, Ian. 2015. *Foragers, Farmers, and Fossil Fuels: How Human Values Evolve*. Princeton, NJ, Princeton University Press.

Mortensen, Dale. 1982. "Property Rights and Efficiency in Mating, Racing and Related Games." *American Economic Review* 72:968-979.

Mortimer, Thomas. 1772. *The Elements of Commerce, Politics and Finances*. London: Hooper.

Moscona, Jacob, and Karthik Sastry. 2022. "Inappropriate Technology: Evidence from Global Agriculture." April 19. Available at SSRN 3886019.

Mougel, Nadege. 2011. "World War I Casualties." REPERES, module 1-, explanatory notes. http://www.centre-robert-schuman.org/userfiles/files/REPERES%20-%20module%20 1-1-1%20-%20explanatory%20notes%20-%20World%20War%20I%20 casualties%20-%20EN.pdf.

Muldrew, Craig. 2017. "The 'Middling Sort': An Emergent Cultural Identity." In *A Social History of England, 1500-1750*, edited by Keith Wrightson, 290-309. Cambridge: Cambridge University Press.

Muller, Karsten, and Carlo Schwarz. 2021. "Fanning the Flames of Hate: Social Media and Hate Crime." *Journal of the European Economic Association* 19, no. 4: 2131-2167.

Muralidharan, Karthik, Abhijeet Singh, and Alejandro J. Ganimian. 2019. "Disrupting Education? Experimental Evidence on Technology-Aided Instruction in India." *American Economic Review* 109, no. 4: 1426-1460.

Murnane, Richard J., and Frank Levy. 1996. *Teaching the New Basic Skills: Principles for Educating Children to Thrive in the Changing Economy*. New York: Free Press.

Naidu, Suresh, and Noam Yuchtman. 2013. "Coercive Contract Enforcement: Law and the Labor Market in Nineteenth Century Industrial Britain." *American Economic Review* 103, no. 1: 107-144.

Napier, William. 1857 [2011]. *The Life and Opinions of General Sir Charles James Napier, G.C.B.*, vol. 2. Cambridge: Cambridge University Press.

Ndzi, Ernestine Gheyoh. 2019. "Zero-Hours Contracts Have a Devastating Impact on Career Progression—Labour Is Right to Ban Them." *Conversation*, September 24. https:// theconversation.com/zero-hours-contracts-have-a-devastating-impact-on-career-progression-labour-is-right-to-ban-them-123066.

Neapolitan, Richard E., and Xia Jiang. 2018. *Artificial Intelligence: With an Introduction to Machine Learning*, 2nd ed. London: Chapman and Hall/CRC.

Neeson, J. M. 1993. *Commoners, Common Right, Enclosure and Social Change in England, 1700-1820*. Cambridge: Cambridge University Press.

Noble, David. 1977. *America by Design: Science, Technology, and the Rise of Corporate Capitalism*. New York: Alfred A. Knopf.

Noble, David. 1984. *Forces of Production: A Social History of Industrial Automation*. New York: Alfred A. Knopf.

Norman, Douglas. 2013. *The Design of Everyday Things*. New York: Basic Books.

North, Douglass C. 1982. *Structure and Change in Economic History*. New York: W.W. Norton.

North, Douglass C., and Robert Paul Thomas. 1973. *The Rise of the Western World: A New Economic History*. Cambridge: Cambridge University Press.

North, Douglass C., John Wallis, and Barry R. Weingast. 2009. *Violence and Social Orders: A Conceptual Framework for Interpreting Recorded Human History*. New York: Cambridge University Press.

Nye, David E. 1992. *Electrifying America: Social Meanings of a New Technology*. Cambridge, MA: MIT Press.

Nye, David E. 1998. *Consuming Power: A Social History of American Energies*. Cambridge, MA: MIT Press.

Ober, Josiah. 2015a. "Classical Athens." In *Fiscal Regimes and Political Economy of Early States*, edited by Walter Scheidel and Andrew Monson, 492-522. Cambridge: Cambridge University Press.

Ober, Josiah. 2015b. *The Rise and Fall of Classical Greece*. New York: Penguin.

O'Neil, Cathy. 2016. *Weapons of Math Destruction: How Big Data Increases Inequality and Threatens Democracy*. New York: Penguin.

O'Neil, Cathy. 2022. *The Shame Machine: Who Profits in the New Age of Humiliation*. New York: Crown.

Orwell, George. 1949. *Nineteen Eighty-Four*. London: Secker and Warburg.

Overton, Mark. 1996. *Agricultural Revolution in England: The Transformation of the Agrarian Economy 1500-1850*. Cambridge: Cambridge University Press.

Pan, Alexander, Kush Bhatia, and Jacob Steinhardt. 2022. "The Effects of Reward Misspecification: Mapping and Mitigating Misaligned Models." arxiv.org. https://arxiv.org/abs/2201.03544.

Pasquale, Frank. 2015. *The Black Box Society: The Secret Algorithms That Control Money and Information*. Cambridge, MA: Harvard University Press.

Pearl, Judea. 2021. "Radical Empiricism and Machine Learning Research." *Journal of Causal Inference* 9, no. 1 (May 24): 78-82.

Pelling, Henry. 1976. *A History of British Trade Unionism*, 3rd ed. London: Penguin.

Perlstein, Rick. 2009. *Before the Storm: Barry Goldwater and the Unmaking of the American Consensus*. New York: Bold Type Books.

Pethokoukis, James. 2016. "The Productivity Paradox: Why the US Economy Might Be a Lot Stronger Than the Government Is Saying." AEI Blog, May 20. www.aei.org/technology-and-innovation/the-productivity-paradox-us-economy-might-be-a-lot-stronger.

Pethokoukis, James. 2017a. "Google Economist Hal Varian Tries to Explain America's Productivity Paradox, and How Workers Should Deal with Automation," May 5. www.aei.org/economics/google-economist-hal-varian-tries-to-explain-americas-productivity-paradox-and-how-workers-should-deal-with-automation.

Pethokoukis, James. 2017b. "If Not Mismeasurement, Why Is Productivity Growth So Slow?" AEI Blog, February 14. https://www.aei.org/economics/if-not-mismeasurement-why-is-productivity-growth-so-slow/.

Philippon, Thomas. 2019. *The Great Reversal: How America Gave Up on Free Markets*. Cambridge, MA: Harvard University Press.

Philippon, Thomas, and Ariell Reshef. 2012. "Wages in Human Capital in the U.S. Finance Industry: 1909-2006." *Quarterly Journal of Economics* 127:1551-1609.

Phillips-Fein, Kim. 2010. *Invisible Hands: The Businessmen's Crusade Against the New Deal*. New York: W.W. Norton.

Piff, Paul K., Daniel M. Stancato, Stephane Cote, Rodolfo Mendoza-Denton, and Dacher Keltner. 2012. "Higher Social Class Predicts Increased Unethical Behavior." *Proceedings of the National Academy of Sciences* 109, no. 11: 4086-4091.

Piketty, Thomas, and Emmanuel Saez. 2003. "Income Inequality in the United States, 1913–1998." *Quarterly Journal of Economics* 118, no.1: 1-41.

Pirenne, Henri. 1937. *Economic and Social History of Medieval Europe*. New York: Harcourt Brace.

Pirenne, Henri. 1952. *Medieval Cities: Their Origins and the Revival of Trade*. Princeton, NJ: Princeton University Press.

Pissarides, Christopher. 1985. "Short-Run Equilibrium Dynamics of Unemployment, Vacancies, and Real Wages." *American Economic Review* 75, no. 4: 676-690.

Pissarides, Christopher. 2000. *Equilibrium Unemployment Theory*, 2nd ed. Cambridge, MA: MIT Press.

Poe, Edgar Allan. 1836 [1975]. "Maelzel's Chess Player." In *The Complete Tales and Poems of Edgar Allan Poe*. New York: Vintage.

Pollard, Sidney. 1963. "Factory Discipline in the Industrial Revolution." *Economic History Review* 16, no. 2: 254-271.

Pomeranz, Kenneth. 2001. *The Great Divergence: China, Europe and the Making of the Modern World Economy*. Princeton, NJ: Princeton University Press.

Popp, David. 2002. "Induced Innovation and Energy Prices." *American Economic Review* 92:160-180.

Porter, Roy. 1982. *English Society in the Eighteenth Century*, Penguin Social History of Britain. London: Penguin.

Posner, Eric A., and E. Glen Weyl. 2019. *Radical Markets*. Princeton, NJ: Princeton University Press.

Postan, M. M. 1966. "Medieval Agrarian Society in Its Prime: England." In *The Cambridge Economic History of Europe*, edited by Postan, 548-632. London: Cambridge University Press.

Postman, Neil. 1985. *Amusing Ourselves to Death: Public Discourse in the Age of Show Business*. New York: Penguin.

Prasad, Aryamala. 2020. "Two Years Later: A Look at the Unintended Consequences of GDPR." Regulatory Studies Center, George Washington University, September 2.

https://regulatorystudies.columbian.gwu.edu/unintended-consequences-gdpr.

Purnell, Newley, and Jeff Horwitz. 2020. "Facebook's Hate-Speech Rules Collide with Indian Politics." *Wall Street Journal*, August 14.

Pyne, Stephen J. 2019. *Fire: A Brief History*, 2nd ed. Seattle: University of Washington Press.

Qin, Bei, David Stromberg, and Yanhui Wu. 2017. "Why Does China Allow Freer Social Media? Protests vs. Surveillance and Propaganda." *Journal of Economic Perspectives* 31, no. 1: 117-140.

Raghu, Maithra, Katy Blumer, Greg Corrado, Jon Kleinberg, Ziad Obermeyer, and Sendhil Mullainathan. 2019. "The Algorithmic Automation Problem: Prediction, Trash, and Human Effort." arxiv.org. https://arxiv.org/abs/1903.12220.

Rathje, Steve, Jay J. Van Bavel, and Sander van der Linden. 2021. "Out-Group Animosity Drives Engagement on Social Media." *Proceedings of the National Academy of Sciences* 118, no. 26: e2024292118.

Reich, David. 2018. *Who We Are and How We Got Here: Ancient DNA and the New Science of the Human Past*. New York: Pantheon.

Remarque, Erich Maria. 1928 [2013]. *All Quiet on the Western Front*. Translated by A. W. Wheen. New York: Random House.

Reuters Staff. 2009. "Goldman Sachs Boss Says Banks Do 'God's Work.'" November 8. www.reuters.com/article/us-goldmansachs-blankfein/goldman-sachs-boss-says-banks-do-gods-work-idUSTRE5A719520091108.

Reynolds, Terry S. 1983. *Stronger Than a Hundred Men: A History of the Vertical Water Wheel*. Baltimore: Johns Hopkins University Press. Ricardo, David. 1821 [2001]. *On the Principles of Political Economy, and Taxation*, 3rd ed. Kitchener, ON: Batoche.

Ricardo, David. 1951-1973. *The Works and Correspondences of David Ricardo*. Edited by Piero Sraffa. Cambridge: Cambridge University Press.

Richardson, Ruth. 2012. *Dickens and the Workhouse: Oliver Twist and the London Poor*. Oxford: Oxford University Press.

Richmond, Alex B. 1825. *Narrative of the Condition of the Manufacturing Population*. London: John Miller.

Riggio, Ronald E. 2014. "What Is Social Intelligence? Why Does It Matter?" *Psychology Today*, July 1. www.psychologytoday.com/us/blog/cutting-edge-leadership/201407/what-is-social-intelligence-why-does-it-matter.

Roberts, Andrew. 1991. *The Holy Fox: The Life of Lord Halifax*. London: George Weidenfeld and Nicolson.

Rolt, L. T. C. 2009. *George and Robert Stephenson: The Railway Revolution*. Chalford: Amberley.

Romer, Paul M. 1990. "Endogenous Technological Change." *Journal of Political Economy* 98 (part I): S71-S102.

Romer, Paul M. 2021. "Taxing Digital Advertising," May 17. https://adtax.paulromer.net.

Romero, Alberto. 2021. "5 Reasons Why I Left the AI Industry."https://towardsdatascience. com/5-reasons-why-i-left-the-ai-industry-2c88ea183cdd.

Roose, Kevin. 2019. "The Making of a YouTube Radical." *New York Times*, June 8.

Roose, Kevin. 2021. "The Robots Are Coming for Phil in Accounting." *New York Times*, March 6.

Rosen, George. 1993. *A History of Public Health*. Baltimore: Johns Hopkins.

Rosenberg, Nathan. 1972. *Technology in American Economic Growth*. New York: M.E. Sharpe.

Rosenblueth, Arturo, and Norbert Wiener. 1945. "The Role of Models in Science." *Philosophy of Science* 12, no. 4 (October): 316-321.

Rosenthal, Caitlin. 2018. *Accounting for Slavery: Masters and Management*. Cambridge, MA: Harvard University Press.

Royal Commission of Inquiry into Children's Employment. 1842 [1997]. *Report by Jelinger C. Symons Esq., on the Employment of Children and Young Persons in the Mines and Collieries of the West Riding of Yorkshire, and on the State, Condition and Treatment of Such Children and Young Persons*. Edited by Ian Winstanley. Coal Mining History Resource Centre. Wigan: Picks Publishing. www.cmhrc.co.uk/cms/document/1842_Yorkshir__1.pdf.

Russell, J. C. 1972. "Population in Europe." In *The Fontana Economic History of Europe: The Middle Ages*, edited by Carlo M. Cipolla, 25-70. London: Collins/Fontana.

Russell, Jon. 2019. "Facebook Bans Four Armed Groups in Myanmar." *TechCrunch*, February 5. https://techcrunch.com/2019/02/05/facebook-bans-four-insurgent-groups-myanmar.

Russell, Josiah Cox. 1944. "The Clerical Population of Medieval England." *Traditio* 2:177-212.

Russell, Stuart J. 2019. *Human Compatible: Artificial Intelligence and the Problem of Control*. New York: Penguin.

Russell, Stuart J., and Peter Norvig. 2009. *Artificial Intelligence: A Modern Approach*, 3rd ed. Hoboken, NJ: Prentice Hall.

Safire, William. 2008. *Safire's Political Dictionary*, rev. ed. Oxford: Oxford University Press.

Samuelson, Paul A. 1965. "A Theory of Induced Innovation Along Kennedy-Weisacker Lines." *Review of Economics and Statistics* 47:343-356.

Sandel, Michael J. 2020. *The Tyranny of Merit: What's Become of the Common Good?* New York: Penguin.

Sapolsky, Robert M. 2017. *Behave: The Biology of Humans at Our Best and Worst*. New York: Penguin.

Satyanath, Shanker, Nico Voigtlander, and Hans-Joachim Voth. 2017. "Bowling for Fascism: Social Capital and the Rise of the Nazi Party." *Journal of Political Economy* 125, no. 2: 478-526.

Schneider, Gregory. 2003. *Conservatism in America Since 1930: A Reader*. New York: New York University Press.

Schumacher, Shannon, and J. J. Moncus. 2021. "Economic Attitudes Improve in Many

Nations Even as Pandemic Endures." Pew Research Center, July 21, 2021. www.pewresearch.org/global/2021/07/21/economic-attitudes-improve-in-many-nations-even-as-pandemic-endures.

Scott, James C. 2017. *Against the Grain: A Deep History of the Earliest States*. New Haven, CT: Yale University Press.

Select Committee. 1834. *Report from Select Committee on Hand-Loom Weavers' Petitions*, August 4, 1834, House of Commons.

Select Committee. 1835. *Report from Select Committee on Hand-Loom Weavers' Petitions*, July 1, 1835, House of Commons.

Sharp, Andrew. 1998. *The English Levellers*. Cambridge: Cambridge University Press.

Shears, Jonathan. 2017. *The Great Exhibition, 1851: A Sourcebook*. Manchester, UK: Manchester University Press.

Shilts, Randy. 2007. *And the Band Played On: Politics, People, and the AIDS Epidemic*, 20th anniversary ed. New York: St. Martin's Griffin.

Shimada, Haruo, and John Paul MacDuffie. 1986. "Industrial Relations and 'Humanware': Japanese Investments in Automobile Manufacturing in the United States." MIT Sloan School Working Paper no.1855-87, December. https://dspace.mit.edu/bitstream/handle/1721.1/48159/industrialrelati00shim.pdf;sequence=1.

Shirky, Clay. 2011. "The Political Power of Social Media." *Foreign Affairs*, January/February.

Shneiderman, Ben. 2022. *Human-Centered AI*. New York: Oxford University Press.

Shteynberg, Garriy, and Evan P. Apfelbaum. 2013. "The Power of Shared Experience: Simultaneous Observation with Similar Others Facilitates Social Learning." *Social Psychological and Personality Science* 4, no. 6: 738-744.

Siegfried, Andre. 1940. *Suez and Panama*. Translated by Henry Harold Hemming and Doris Hemming. London: Jonathan Cape.

Silvestre, Henri. 1969. *L'isthme de Suez 1854-869*. Marseille: Cayer.

Simonite, Tom. 2016. "How Google Plans to Solve Artificial Intelligence." *MIT Technology Review*, March 31. www.technologyreview.com/2016/03/31/161234/how-google-plans-to-solve-artificial-intelligence.Smil, Vaclav. 1994. *Energy in World History*. New York: Routledge.

Smil, Vaclav. 2017. *Energy and Civilization: A History*, rev. ed. Cambridge, MA: MIT Press.

Smith, Adam. 1776 [1999]. *The Wealth of Nations*, books I-III. London: Penguin Classics.

Smith, Bruce D. 1995. *The Emergence of Agriculture*. New York: Scientific American Library.

Smith, Gary, and Jeffrey Funk. 2021. "AI Has a Long Way to Go Before Doctors Can Trust It with Your Life." *Quartz*, June 4, last updated July 20, 2022. https://qz.com/2016153/ai-promised-to-revolutionize-radiology-but-so-far-its-failing.

Solow, Robert M. 1956. "A Contribution to the Theory of Economic Growth." *Quarterly Journal of Economics* 70:65-94.

Solow, Robert M. 1987. "We'd Better Watch Out." *New York Times Book Review*, July 12, 36.

Sorkin, Amy Davidson. 2013. "Edward Snowden, the N.S.A. Leaker, Comes Forward." *New Yorker*, June 9.

Spear, Percival. 1965. *The Oxford History of Modern India, 1740-1947*. Oxford: Clarendon.

Specter, Michael. 2021. "How ACT UP Changed America." *New Yorker*, June 7. www.newyorker.com/magazine/2021/06/14/how-act-up-changed-america.

Spinrad, R. J. 1982. "Office Automation." *Science* 215, no. 4534: 808-813.

Stalin, Joseph V. 1954. *Works*, vol. 12. Moscow: Foreign Languages Publishing.

Statute of Labourers. 1351. From *Statutes of the Realm*, 1:307. https://avalon.law.yale.edu/medieval/statlab.asp.

Steadman, Philip. 2012. "Samuel Bentham's Panopticon." *Journal of Bentham Studies* 14, no. 1: 1–30.

Steinfeld, Robert J. 1991. *The Invention of Free Labor: The Employment Relation in English and American Law and Culture, 1350-1870*. Chapel Hill: University of North Carolina Press.

Stella, Massimo, Emilio Ferrara, and Manlio De Domenico. 2018. "Bots Increase Exposure to Negative and Inflammatory Content in Online Social Systems." *Proceedings of the National Academy of Sciences* 115, no. 49: 12435-12440.

Steuart, James. 1767. *An Inquiry into the Principles of Political Economy*. London: A. Millar and T. Cadell.

Stewart, Frances. 1977. *Technology and Underdevelopment*. London: Macmillan.

Story, Louise, and Eric Dash. 2009. "Bankers Reaped Lavish Bonuses During Bailouts." *New York Times*, July 30.

Strenze, Tarmo. 2007. "Intelligence and Socioeconomic Success: A Meta-analytical Review of Longitudinal Research." *Intelligence* 35:401-426.

Sunstein, Cass. 2001. *Republic.com*. Princeton, NJ: Princeton University Press.

Susskind, Daniel. 2020. *A World Without Work: Technology, Automation and How We Should Respond*. New York: Picador.

Suzman, James. 2017. *Affluence Without Abundance: What We Can Learn from the World's Most Successful Civilization*. London: Bloomsbury.

Swaminathan, Nikhil. 2008. "Why Does the Brain Need So Much Power?" *Scientific American*, April 28.

Swanson, R. N. 1995. *Religion and Devotion in Europe, c. 1215-c. 1515*, Cambridge Medieval Textbooks. Cambridge: Cambridge University Press.

Tallet, Pierre, and Mark Lehner. 2022. *The Red Sea Scrolls: How Ancient Papyri Reveal the Secrets of the Pyramids*. London: Thames & Hudson.

Tang, Audrey. 2019. "A Strong Democracy Is a Digital Democracy." *New York Times*, October 15.

Tarbell, Ida M. 1904. *The History of the Standard Oil Company*. New York: Macmillan.

Taub, Amanda, and Max Fisher. 2018. "Where Countries Are Tinderboxesand Facebook Is a Match." *New York Times*, April 21.

Tawney, R. H. 1941. "The Rise of the Gentry." *Economic History Review* 11:1-38.

Taylor, Bill. 2011. "Great People Are Overrated." *Harvard Business Review*, June 20. https://hbr.org/2011/06/great-people-are-overrated.

Taylor, Keith, trans. and ed. 1975. *Henri Saint-Simon (1760-1825): Selected Writings on Science, Industry, and Social Organisation*. London: Routledge.

Tellenbach, Gerd. 1993. *The Church in Western Europe from the Tenth to the Early Twelfth Century*, Cambridge Medieval Textbooks. Cambridge: Cambridge University Press.

Thelen, Kathleen A. 1991. *Union of Parts: Labor Politics and Postwar Germany*. Ithaca, NY: Cornell University Press.

Thelwall, John. 1796. *The Rights of Nature, Against the Usurpations of Establishments*. London: H.D. Symonds.

Thompson, E. P. 1966. *The Making of the English Working Class*. New York: Vintage.

Thrupp, Sylvia L. 1972. "Medieval Industry." In *The Fontana Economic History of Europe: The Middle Ages*, edited by Carlo M. Cipolla, 221-273. London: Collins/Fontana.

Timberg, Craig, Tony Romm, and Drew Harwell. 2019. "A Facebook Policy Lets Politicians Lie in Ads, Leaving Democrats Fearing What Trump Will Do." *Washington Post*, October 10. www.washingtonpost.com/technology/2019/10/10/facebook-policy-political-speech-lets-politicians-lie-ads.

Time. 1961. "Men of the Year: U.S. Scientists," January 2. https://content.time.com/time/subscriber/article/0,33009,895239,00.html.

Tirole, Jean. 2021. "Digital Dystopia." *American Economic Review* 111, no. 6: 2007-2048.

Tomasello, Michael. 1995. "Joint Attention as Social Cognition." In *Joint Attention: Its Origins and Role in Development*, edited by C. Moore and P. J. Dunham, 103–130. Mahwah, NJ: Lawrence Erlbaum.

Tomasello, Michael. 2019. *Becoming Human: A Theory of Ontogeny*. Cambridge, MA: Harvard University Press.

Tomasello, Michael, Malinda Carpenter, Josep Call, Tanya Behne, and Henrike Moll. 2005. "Understanding and Sharing Intentions: The Origins of Cultural Cognition." *Behavioral and Brain Sciences* 28, no. 5: 675-691.

Trefler, Alan. 2018. "The Big RPA Bubble." *Forbes*, December 2. www.forbes.com/sites/cognitiveworld/2018/12/02/the-big-rpa-bubble/?sh=9972fe68d950.

Tugwell, Rexford G. 1933. "Design for Government." *Political Science Quarterly* 48, no. 3 (September): 331-332.

Tunzelmann, G. N. von. 1978. *Steam Power and British Industrialization to 1860*. Oxford: Clarendon.

Turing, Alan. 1950. "Computing Machinery and Intelligence." *Mind* 59, no. 236: 433–460.

Turing, Alan. 1951 [2004]. "Intelligent Machinery, a Heretical Theory." In *The Turing Test: Verbal Behavior as the Hallmark of Intelligence*, edited by Stuart M. Shieber, 105–110. Cambridge, MA: MIT Press.

Turner, John. 1991. *Social Influence*. New York: Thomson Brooks/Cole.

Tworek, Heidi. 2019. "A Lesson from 1930s Germany: Beware State Control of Social Media." *Atlantic*, May 26. www.theatlantic.com/international/archive/2019/05/germany-war-radio-social-media/590149.

Tzouliadis, Tim. 2008. *The Forsaken: An American Tragedy in Stalin's Russia*. New York: Penguin.

Ure, Andrew. 1835 [1861]. *The Philosophy of Manufactures or, an Exposition of the Scientific, Moral, and Commercial Economy of the Factory System of Great Britain*. London: H.G. Bohn.

Varian, Hal. 2016. "A Microeconomist Looks at Productivity: A View from the Valley." Brookings Institute Presentation slides. www.brookings.edu/wp-content/uploads/2016/08/varian.pdf.

Vassallo, Steve. 2021. "How I Learned to Stop Worrying and Love AI." *Forbes*, February 3. www.forbes.com/sites/stevevassallo/2021/02/03/how-i-learned-to-stop-worrying-and-love-ai.

Verna, Inder M. 2014. "Editorial Expression of Concern: Experimental Evidence of Massivescale Emotional Contagion Through Social Networks." *PNAS* 111, no. 29 (July 3): 10779. www.pnas.org/doi/10.1073/pnas.1412469111.

Vosoughi, Soroush, Deb Roy, and Sinan Aral. 2018. "The Spread of True and False News Online." *Science* 359:1146-1151.

Voth, Hans-Joachim. 2004. "Living Standards and the Urban Environment." In *The Cambridge Economic History of Modern Britain*, edited by Roderick Floud and Paul Johnson, 268-294. Cambridge: Cambridge University Press.

Voth, Hans-Joachim. 2012. *Time and Work in England During the Industrial Revolution*. New York: Xlibris.

Waldman, Steve Randy. 2021. "The 1996 Law That Ruined the Internet." *Atlantic*, January 3. www.theatlantic.com/ideas/archive/2021/01/trump-fighting-section-230-wrong-reason/617497.

Wang, Tianyi. 2021. "Media, Pulpit, and Populist Persuasion: Evidence from Father Coughlin." *American Economic Review* 111, no. 9: 3064-3094.

Warner, R. L. 1904. "Electrically Driven Shops." *Journal of the Worcester Polytechnic Institute* 7, no. 2 (January): 83-100.

Welldon, Finn, R. 1971. *The Norman Conquest and Its Effects on the Economy*. Hamden, CT: Archon.

Wells, H. G. 1895 [2005]. *The Time Machine*. London: Penguin Classics.

West, Darrell M. 2018. *The Future of Work: Robots, AI and Automation*. Washington: Brookings Institution.

White, Lynn Jr. 1964. *Medieval Technology and Social Change*. New York: Oxford University Press.

White, Lynn Jr. 1978. *Medieval Religion and Technology: Collected Essays*. Berkeley: University of California Press.

Wickham, Christopher. 2016. *Medieval Europe*. New Haven, CT: Yale University Press.

Wiener, Jonathan M. 1978. *Social Origins of the New South: Alabama 1860-1885*. Baton Rouge: Louisiana State University Press.

Wiener, Norbert. 1949. "The Machine Age." Version 3. Unpublished paper, Massachusetts Institute of Technology. https://libraries.mit.edu/app/dissemination/DIPonline/MC0022/MC0022_MachineAgeV3_1949.pdf.

Wiener, Norbert. 1954. *The Human Use of Human Beings: Cybernetics and Society*. Boston: Da Capo.

Wiener, Norbert. 1960. "Some Moral and Technical Consequences of Automation." *Science* 131 (n.s.), no. 3410: 1355-1358.

Wiener, Norbert. 1964. *God and Golem, Inc: A Comment on Certain Points Where Cybernetics Impinges on Religion*. Cambridge, MA: MIT Press.

Wilkinson, Toby. 2020. *A World Beneath the Sands: The Golden Age of Egyptology*. New York: W.W. Norton.

Williams, Callum. 2021. "A Bright Future for the World of Work." *The Economist: Special Report*, April 8. www.economist.com/special-report/2021/04/08/a-bright-future-for-the-world-of-work.

Williamson, Jeffrey G. 1985. *Did British Capitalism Breed Inequality?* London: Routledge.

Wilson, Arnold. 1939. *The Suez Canal: Its Past, Present, and Future*. Oxford: Oxford University Press.

Wolmar, Christian. 2007. *Fire & Steam: How the Railways Transformed Britain*. London: Atlantic.

Wolmar, Christian. 2010. *Blood, Iron, & Gold: How the Railways Transformed the World*. New York: PublicAffairs.

Wood, Gaby. 2002. *Edison's Eve: A Magical History of the Quest for Mechanical Life*. New York: Anchor.

Woodward, C. Vann. 1955. *The Strange Career of Jim Crow*. New York: Oxford University Press.

Wooldridge, Michael. 2020. *A Brief History of Artificial Intelligence: What It Is, Where We Are, and Where We Are Going*. New York: Flatiron.

Wright, Gavin. 1986. *Old South, New South: Revolutions in the Southern Economy Since the Civil War*. New York: Basic Books.

Wright, Katherine I. (Karen). 2014. "Domestication and Inequality? Households, Corporate Groups, and Food Processing Tools at Neolithic Catalhoyuk." *Journal of Anthropological Archaeology* 33:1-33.

Wrightson, Keith. 1982. *English Society, 1580-1680.* New Brunswick, NJ: Rutgers University Press. Kindle.

Wrightson, Keith, ed. 2017. *A Social History of England, 1500-1750.* Cambridge: Cambridge University Press.

Xu, Beina, and Eleanor Albert. 2017. "Media Censorship in China." Council on Foreign Relations, https://www.cfr.org/backgrounder/media-censorship-china.

Young, Arthur. 1768. *The Farmer's Letters to the People of England.* London: Strahan.

Young, Arthur. 1771. *The Farmer's Tour Through the East of England.* London: Strahan.

Young, Arthur. 1801. *An Inquiry into the Propriety of Applying Wastes to the Better Maintenance and Support of the Poor.* Rackham: Angel Hill.

Zeira, Joseph. 1998. "Workers, Machines, and Economic Growth." Quarterly Journal of Economics 113, no. 4: 1091-1117.

Zhang, Liang, Andrew Nathan, Perry Link, and Orville Schell. 2002. *The Tiananmen Papers.* New York: PublicAffairs.

Zhong, Raymond, Paul Mozur, Aaron Krolik, and Jeff Kao. 2020. "Leaked Documents Show How China's Army of Paid Internet Trolls Helped Censor the Coronavirus." *ProPublica,* December 19. www.propublica.org/article/leaked-documents-show-how-chinas-army-of-paid-internet-trolls-helped-censor-the-coronavirus.

Zuboff, Shoshana. 1988. *In the Age of the Smart Machine: The Future of Work and Power.* New York: Basic Books.

Zuboff, Shoshana. 2019. *The Age of Surveillance Capitalism: The Fight for a Human Future at the New Frontier of Power.* London: Profile Books.

Zweig, Stefan. 1943. *The World of Yesterday.* Translated by Benjamin W. Huebsch and Helmut Ripperger. New York: Viking.

사진 출처

1: Smith Archive/ Alamy Stock Photo

2: ©British Library Board. All Rights Reserved/ Bridgeman Images

3: The Print Collector/Hulton Archive/ Getty Images

4: North Wind Picture Rchives/ Almy Stock Photo

5: 과학사연구소Science History Institute 제공

6: MrMoschi, CCBY-SA4.0, https://creativecommons.org/licenses/by-sa/4.0, 다음에서
가져옴. Wikimedia Commons. https://commons.wikimedia.org/wiki/File:Lincoln_
Cathedral_viewed_from_Lincoln_Castle.jpg.

7: akg-images/ Florilegius

8: akg-images/ WHA/ World History Archive

9: GRANGER

10: SSPL/ Getty Images

11: Heritage Images/ Historica Graphica Collection/akg-images

12: LIbrary of Congress, Prints & Photographs Division, LC-DIG-ggbain-09513

13: Bridgeman Images

14: ©Hulton-Deutsch Collection/CORBIS/Corbis. 다음에서 가져옴. Getty Images

15: World History Archive/ Alamy Stock Photo

16: 헨리 포드 콜렉션Collections of The Henry Ford 중에서

17: Bettmann/Getty Images

18: AP/Bourdier

19: London Dtereoscopic COmpany/ Hulton Archive/ Getty Images

20: Press Association. 다음에서 가져옴. AP images

21: Hum Images/Alamy Stock Photo

22: Jan Woitas/picture-alliance/dpa/APImages

23: Andrew Nicholson/ Alamy Stock Photo

24: Bettermann/Getty Images

25: Photo12/ Alamy Stock Photo

26: Christoph Dernbach/ picture-alliance/dpa/APImages

27: Jerffrey Isaac Grenber 3+/ Alamy Stock Photo

28: NOAH BERGER/AFP. 다음에서 가져옴. Getty Images

29: THorsten Wagner/ Bloomberg. 다음에서 가져옴. Getty Images

30: Qilai Shen/ Bloomberg. 다음에서 가져옴. Getty Images

31: akg-images/ brandstaetter images/ Votava

32: ASSOCIATED PRESS

33: Dgies, CCBY-SA3.0, https://creativecommons.org/licenses/by-sa/3.0, 다음에서 가져옴. Wikimedia Commons, https://commons.wikimedia.org/wiki/File:Ted_Nelson_cropped.jpg.

34: Benjamin Lowy/ Contour. 다음에서 가져옴. Getty Images

찾아보기

권력과 진보

기술과 번영을 둘러싼 천년의 쟁투

1판 1쇄 펴냄 | 2023년 6월 30일
1판 9쇄 펴냄 | 2025년 1월 10일

지은이 | 대런 아세모글루·사이먼 존슨
옮긴이 | 김승진
발행인 | 김병준·고세규
발행처 | 생각의힘

등록 | 2011. 10. 27. 제406-2011-000127호
주소 | 서울시 마포구 독막로6길 11, 우대빌딩 2, 3층
전화 | 02-6925-4185(편집), 02-6925-4188(영업)
팩스 | 02-6925-4182
전자우편 | tpbook1@tpbook.co.kr
홈페이지 | www.tpbook.co.kr

ISBN 979-11-93166-14-7 (03300)

테크놀로지가 일자리를 자동화하고 불평등을 악화하고 민주주의에 위협이 되는 가짜 정보와 감시의 도구를 만들어 내면서 우리 세계를 뒤흔들고 있다. 하지만 아세모글루와 존슨은 꼭 이래야만 하는 것은 아님을 보여준다. 테크놀로지의 방향은 바람의 방향처럼 인간의 통제 범위를 벗어난 자연의 요인이 아니다. 그것이 어느 방향을 향하게 할지는 우리에게 달려 있다. 인간적이고 희망적인 이 책은 어떻게 공공의 이익을 촉진하는 방향으로 테크놀로지의 경로를 잡을 수 있을지 보여준다. 디지털 시대에 민주주의의 운명을 걱정하는 사람이라면 꼭 읽어야 할 책이다.

– 마이클 J. 샌델, 『정의란 무엇인가』 저자

인공지능 혁명이 평균적인 노동자의 생산성을 높이고 그들에게서 고된 일을 덜어주게 될까? 아니면 단순히 로봇 군주들이 더 착취적이고 더 면밀하게 감시되는 일터를 관리하는 상황으로 귀결될까? 이는 꼭 물어야 할 질문이다. 다행히 아세모글루와 존슨은 답으로 가는 길을 제시하며, 경제적 유인을 면밀히 분석하고 더 나은 경로에 불을 밝히면서 이 논의에 깊이 있는 역사적 맥락을 부여한다.

– 캐시 오닐, 『대량살상 수학무기』 저자

기술 진보와 인간의 존엄 사이에 펼쳐지고 있는 드라마에 대한 놀라운 분석이다. 오늘날 이 드라마에서는 불평등을 일으키는 강력한 세력이 노동의 고귀함과 평등한 진보의 도래에 대한 우리의 믿음을 계속해서 파괴한다. 아세모글루와 존슨은 인간이 가진 역량과 사회적 기술을 강조하면서 이 드라마가 어떻게 전개될지에 대해 새로운 비전을 제시한다. 저자들은 지식의 깊이도 독보적일 뿐 아니라 다양한 지식을 종합하는 데도 뛰어나며 기술 혁신이 평등에 이바지하는 미래를 만드는 데 대한 열정도 크다.

– 벤 슈나이더만, 메릴랜드 대학 교수, 『인간 중심적인 인공지능』 저자

'우리의 미래가 가는 경로는 정해져 있으며 그것은 인공지능과 웹3.0 같은 테크놀로지의 가속적 발전에 의해 결정될 것'이라고들 말한다. 이에 대해, 우리 시대의 위대한 경제학자 두 명이 지난 40년간 더 나은 미래를 일구지 못하게 우리 발목을 잡아온 기술결정론적 주장을 강력하게 반박한다. 운이 좋다면, 우리는 미래에 이 시점을 돌아보면서 테크놀로지가 우리에게 공존의 역량을 높여주는 쪽으로 복무하는 세상을 만들기 위해 다시 한번 집합적으로 책임 있는 의사결정에 나선 전환점이라고 여기게 될 것이다.

– E. 글렌 웨일, 마이크로소프트의 특별 리서치 프로젝트인
"탈중심적인 사회적 테크놀로지 협업 연구소" 연구주임 겸 설립자

아세모글루와 존슨은 테크놀로지 변화의 과거와 현재를 큰 틀로 아우르는 뛰어난 고찰을 통해, 오늘날의 승자독식 테크놀로지가 전 세계의 사회와 민주화 프로젝트에 더 손상을 끼치기 전에 우리를 붙잡고 흔들어 깨워준다. 너무나 중요한 책이며 기술 불가피성이라는 유독한 화법을 중화하는 데 꼭 필요한 해독제다. 저자들은 테크놀로지의 현실 정치가 소수의 이윤 추구를 다수의 이득보다 우위에 놓는 경제 권력을 위해 작동하는 영구적인 트로이의 목마임을 보여준다. 이 책은 앞으로의 어려움에 직면하기 위해 우리에게 꼭 필요했던 교훈을 준다. 그 교훈은, 민주적 권리, 가치, 원칙, 그리고 이것들을 일상에서 지탱해 주는 법과 제도가 있을 때만 테크놀로지가 공유된 번영에 기여할 수 있다는 사실이다."

— 쇼샤나 주보프, 하버드 대학 경영대학원 명예교수, 『감시 자본주의 시대』 저자

미국은 (그리고 세계는) 교차로에 서 있다. 1970년대 이래로 자동화와 오프쇼어링이 게임의 판을 바꾸고 있는 시기에 거대 기업과 갑부들도 미국 정치경제의 규칙을 새로 쓰면서 이전 어느 때보다도 추악한 불공정의 모습을 보이게 만들었다. MIT의 저명한 경제학자인 대런 아세모글루와 사이먼 존슨은 이제 인공지능으로 인한 노동의 변모가 대다수 사람들의 삶을 한층 더 악화시킬 수 있음을 보여준다. 그러나 저자들은 어쩌면 사람들의 삶이 더 나아지는 쪽으로 변모할 수도 있으며, 어느 쪽이 될지는 우리가 지금부터 내리기 시작할 정치적·사회적 선택과 테크놀로지 방향에 대한 선택에 달려 있음도 보여준다. 저자들은 '진보는 절대로 자동적인 것이 아니기' 때문에 우리가 '테크 업계의 억만장자들에게 푹 홀려 있는 것을 멈추어야' 한다고 경고한다. 이 책은 경제의 역사 전반에서 중요하고 시의성 있는 지점들을 드러내고 시스템의 개혁에 대한 사려 깊은 아이디어를 제시하며, 권력자와 나머지 모든 사람 사이에 펼쳐져 온 '천년의 투쟁'에서 우리 시대에 우리 몫의 중요한 전투를 치르는 데 주된 지침으로 삼기에 손색이 없다.

— 커트 앤더슨, 『악한 천재들』 저자